Brandt
Computergestützte Angebotssysteme in der persönlichen

GABLER EDITION WISSENSCHAFT

Frank Brandt

Computergestützte Angebotssysteme in der persönlichen Verkaufsberatung

Mit einem Geleitwort
von Prof. Dr. Peter Hammann

DeutscherUniversitätsVerlag

Die Deutsche Bibliothek - CIP-Einheitsaufnahme

Brandt, Frank:
Computergestützte Angebotssysteme in der persönlichen Verkaufsberatung
/ Frank Brandt. Mit einem Geleitw. von Peter Hammann.
- Wiesbaden : Dt. Univ.-Verl. ; Wiesbaden : Gabler, 1998
(Gabler Edition Wissenschaft)
Zugl.: Bochum, Univ., Diss., 1997

ISBN 978-3-8244-6681-8   ISBN 978-3-322-93371-3 (eBook)
DOI 10.1007/978-3-322-93371-3

Rechte vorbehalten

Gabler Verlag, Deutscher Universitäts-Verlag, Wiesbaden
© Betriebswirtschaftlicher Verlag Dr. Th. Gabler GmbH, Wiesbaden 1998

Der Deutsche Universitäts-Verlag und der Gabler Verlag sind Unternehmen der
Bertelsmann Fachinformation.

http://www.gabler-online.de

Höchste inhaltliche und technische Qualität unserer Produkte ist unser Ziel. Bei der Produktion und
Auslieferung unserer Bücher wollen wir die Umwelt schonen: Dieses Buch ist auf säurefreiem und
chlorfrei gebleichtem Papier gedruckt.

Die Wiedergabe von Gebrauchsnamen, Handelsnamen, Warenbezeichnungen usw. in diesem
Werk berechtigt auch ohne besondere Kennzeichnung nicht zu der Annahme, daß solche Namen
im Sinne der Warenzeichen- und Markenschutz-Gesetzgebung als frei zu betrachten wären
und daher von jedermann benutzt werden dürften.

Lektorat: Ute Wrasmann / Michael Gließner

Für
Cornelia und Katharina

Geleitwort

In den letzten zehn Jahren hat die Computerunterstützung in allen betrieblichen Teilbereichen ungehindert Einzug gehalten und dort zu erheblichen Erleichterungen und Vereinfachungen geführt. Den Investitionen in neue Technologien standen zum Teil beträchtliche Kosteneinsparungen gegenüber, die vor allem auf Zeitersparnisse zurückzuführen sind. Im Zuge dieser Entwicklungen konnte es nicht ausbleiben, Computerunterstützung auch dort vorzusehen, wo bisher Dienste von Personen besonders wichtig, weil notwendig waren: im persönlichen Beratungsgespräch. Hier schien für eine Computerunterstützung deshalb ein aussichtsreiches Einsatzfeld, weil die Komplexität vieler Beratungsfälle Anforderungen an die Kompetenz, Flexibilität und Vielseitigkeit der Verhandlungsführer stellten, die ohne ein effizientes technisches Hilfsmittel nicht zu bewältigen waren.

Hier setzt der Verfasser der vorliegenden Schrift ein. Ihn interessiert weniger die Vielfalt der möglichen Anwendungen und Einsatzmöglichkeiten als vielmehr eine betriebswirtschaftliche Analyse dieser verschiedenen Formen hinsichtlich ihrer Vorteile beim Einsatz im persönlichen Verkauf von stark erklärungsbedürftigen Produkten, die von Anbieter und Nachfrager gemeinsam konfiguriert werden müssen. Die Schrift schließt eine Lücke im Schrifttum, da sie unseres Wissens erstmals aus Marketingsicht eine betriebswirtschaftliche Analyse vornimmt.

In sinnfälliger Weise hat der Verfasser seine Schrift in drei große Teile gegliedert. Der erste Teil beinhaltet die theoretischen und technischen Grundlagen der Vermarktung konfigurationsbedürftiger Produkte. Dreh- und Angelpunkt der Überlegungen ist die Risikoreduktion des Nachfragers, die -im Rahmen der persönlichen Verkaufsberatung- durch computergestützte Angebotssysteme bewirkt werden kann und soll.

Im zweiten Teil nimmt der Verfasser eine detaillierte Aufarbeitung aller relevanten Aspekte im Zusammenhang mit Effektivität und Effizienz computergestützter Angebotssysteme vor. Brandt differenziert im Hinblick auf die Beziehungen zu Nachfragern und Wettbewerbern einerseits sowie bezüglich unternehmensinterner Vorteilspotentiale andererseits. Der Verfasser untersucht in diesem Zusammenhang die Nutzenstiftung für den Nachfrager vor dem Hintergrund eines Blueprinting der persönlichen Verkaufsberatung und deckt damit die Möglichkeiten zur vertieften Wertschöpfung durch computergestützte Angebotssysteme auf. Die Analyse der internen Vorteilspotentiale hebt vor allem den Nutzen computergestützter Angebotssysteme in bezug auf Rationalisierungspotentiale, auf die synergetische Nutzung im Rahmen einer integrierten Kommunikation und als Beitrag zum umfassenden Qualitätsmanagement (TQM) hervor.

Der dritte Teil der Arbeit belegt die Ergebnisse des analytischen Teils durch empirische Befunde. Anhand zweier Untersuchungen computergestützter Angebotssysteme für Fertighäuser und Polstermöbel werden die Aussagen des theoretischen Erarbeitung überprüft und die zentralen Wirkungshypothesen bestätigt.

Alles in allem liegt mit der Arbeit von Brandt eine analytisch und empirisch ergiebige und auch innovative Arbeit zu einem Forschungsfeld vor, in welchem vergleichbare Erkenntnisse nicht bzw. nur spärlich existieren. Sie bietet zahlreiche Anknüpfungspunkte für erweiterte und vertiefte Forschungsarbeiten sowie für die praktische Umsetzung.

Prof. Dr. Peter Hammann

Vorwort

Die vorliegende Arbeit wurde vor allem durch Praxisentwicklungen im Rahmen der informationstechnologischen Unterstützung des persönlichen Verkaufs geprägt. Der seit Mitte der 80-er Jahre zunehmende EDV-Einsatz in der persönlichen Verkaufsberatung hat seit Beginn dieses Jahrzehnts durch Weiterentwicklungen im Hardware- und insbesondere im Software-Bereich (Expertensysteme, Multimedia) erhebliche Fortschritte realisieren können. Insbesondere im Bereich der Verkaufsberatung konfigurationsbedürftiger Produkte kann zunehmend den aus der Erklärunsbedürftigkeit resultierenden Anforderungen einer ausführlichen und individualisierten Beratung und Angebotserstellung entsprochen werden. Indes ist nicht jeder Systemimplementierung Erfolg beschieden. Die Vorteile des Systemeinsatzes werden vielfach falsch eingeschätzt und im Hinblick auf ihre spezifische Zielsetzung überschätzt. Angezeigt erscheint daher eine detaillierte Analyse der konkreten Vorteilspotentiale computergestützter Angebotssysteme, die Transparenz über deren konkrete Leistungsfähigkeit und die bestehenden Wirkungszusammenhänge schafft.

Besonderer Dank gilt meinem wissenschaftlichen Lehrer, Herrn Prof. Dr. Peter Hammann, für den eingeräumten Spielraum bei der Themenwahl, die fachliche Betreuung und wohlwollende Förderung und Unterstützung. Für wertvolle Anregungen und die Übernahme des Koreferates danke ich Herrn Prof. Dr. Dr. h.c. Werner H. Engelhardt. Zu danken ist weiterhin Herrn Dr. Rainer Palupski für seine ständige Bereitschaft zum kritischen Dialog sowie Frau Blanka A. Bohmann, Frau Anja Götte und Herrn Christoph Heise für ihre formal-gestalterische bzw. redaktionelle Unterstützung. Für ihre Unterstützung im Rahmen der empirischen Untersuchungen habe ich zahlreichen Vertretern der Praxis zu danken, vor allem Herrn Folberth und Herrn Köpe.

Den größten Dank schulde ich allerdings meiner Ehefrau Cornelia. Sie hat mich jederzeit in vielfältiger Weise vorbehaltlos unterstützt und erheblich zum redaktionellen Gelingen des Werkes beigetragen. Nicht zuletzt danke ich meiner Tochter Katharina, die viel Verständnis für ihren oft zu entbehrenden Vater aufbringen mußte. Beiden ist zu verdanken, daß Lebensfreude und Besinnung nicht in den Dissertationsanforderungen untergingen.

Frank Brandt

Inhaltsverzeichnis

Teil B: Analyse

Teil C: Empirische Überprüfung und Ausblick

Abkürzungsverzeichnis

Abb.	Abbildung
AG	Aktiengesellschaft
AODV	Aktionsorientierte Datenverarbeitung
Aufl.	Auflage
AUS	Angebotsunterstützungssystem(e)
BDSG	Bundesdatenschutzgesetz
Btx	Bildschirmtext
bzw.	beziehungsweise
ca.	circa
CAD	Computer Aided Design
CAS	Computer Aided Selling
CBT	Computer Based Training
CD-I	Compact Disc - Interactive
CD-ROM	Compact Disc - Read Only Memory
CIB	Computer Integrated Business
CIM	Computer Integrated Manufacturing
DBM	Data Base Marketing
DFÜ	Datenfernübertragung
d.h.	das heißt
DIN	Deutsches Institut für Normung
Diss.	Dissertation
DSS	Decision Support System
DV	Datenverarbeitung
EDV	Elektronische Datenverarbeitung
E-Mail	Electronic Mail
EPK	Elektronischer Produktkatalog
etc.	et cetera
f.	folgende [Seite]
ff.	fort folgende [Seiten]
F&E	Forschung und Entwicklung
FTP	File Transfer Protocol
Hrsg.	Herausgeber
IDN	Integriertes Text- und Datennetz
i.d.R.	in der Regel
inkl.	inklusive

ISDN	Integrated Services Digital Network
ISO	International Organization for Standardization
i.e.S.	im engeren Sinn
i.w.S.	im weiteren Sinn
Jg.	Jahrgang
JPEG	Joint Picture Encoding Experts Group
Kap.	Kapitel
Kat.	Kategorie
Kbit/s	Kilobit pro Sekunde
KHD	Know-How-Datenbank
LCD	Liquid Cristal Display
MAIS	Marketinginformationssystem
Mass.	Massachusetts
MB	Mega Byte
Mbit/s	Megabit pro Sekunde
MD	Mini Disc
MD-ROM	Mini Disc - Read Only Memory
Mio.	Millionen
MIS	Managementinformationssystem
MPEG	Moving Picture Encoding Experts Group
Mrd.	Milliarden
Nr.	Nummer
o.g.	obengenannt(e)
o.V.	ohne Verfasser
PC	Personal Computer
PIMS	Profit Impact of Market Strategies
POI	Point of Information
PPS	Produktions-Planungs-System
PR	Public Relation
S.	Seite(n)
Sp.	Spalte(n)
TDM	Tausend Deutsche Mark
u.	und
u.a.	und andere; unter anderem
u.a.O.	und andere Orte
u.ä.	und ähnliche(s)
UrhG	Urhebergesetz

usw.	und so weiter
VDI	Verein Deutscher Ingenieure e.V.
vgl.	vergleiche
VHS	Very High Speed
VR	Virtuelle Realität
WAIS	Wide Area Information Servers
WWW	World Wide Web
z.B.	zum Beispiel
ZFP	Zeitschrift für Forschung und Praxis
z.T.	zum Teil

Abbildungsverzeichnis

XXIII

Tabellenverzeichnis

Anhangverzeichnis

1. Einführung in die Problemstellung und Aufbau der Untersuchung

Im Zuge einer zunehmend entscheidungsorientiert ausgerichteten Betriebswirtschaftslehre rücken die Entscheidungsprozesse auf allen Ebenen und Teilbereichen der Unternehmen in den Mittelpunkt des Interesses.[1] Da Entscheidungsprozesse Informationsverarbeitungsprozesse implizieren, kommt der Verfügbarkeit von Informationen, die hier als die zweckgerichtete Nutzung entscheidungsrelevanten Wissens verstanden werden sollen,[2] aus Sicht des Entscheidungsträgers erhebliche Bedeutung zu.[3] Die Relevanz von Informationen als Produktionsfaktor[4] oder als Voraussetzung für das produktive Zusammenwirken der klassischen Produktionsfaktoren Arbeit, Boden und Kapital[5] zeigt sich indes in der Bedeutung der Informationsallokation für die Wettbewerbsposition des Unternehmens.[6] Die Bedeutung der Verfügbarkeit von Informationen insbesondere an der Schnittstelle zum Nachfrager läßt sich aus der Zielsetzung der Sicherung der Wettbewerbsfähigkeit bzw. des Fortbestandes des Unternehmens ableiten, die sich auf der Ebene absatzpolitischer Bereichsziele in der Erzielung von Auftragsabschlüssen und der Festigung von Kundenbeziehungen konkretisiert.[7] Voraussetzung hierfür ist, die vorliegende Problemstellung des Nachfragers besser als die Konkurrenz lösen zu können und dies dem Marktpartner auch zu vermitteln. Bei derartigen Problemlösungsprozessen kommt Informationen in mehrfacher Hinsicht Bedeutung zu. So gilt es zunächst, Informationen über die konkrete Problemstellung des Nachfragers zu erlangen, die im daran anschließenden Problemlösungsprozeß unter Rückgriff auf spezifisches Wissen über die geeignete Kombination der verfügbaren Produktionsfaktoren in die Entwicklung eines adäquaten Problemlösungsvorschlages eingehen. Dieser wiederum muß letztendlich dem

---

1 Vgl. z.B. Link, J.; Hildebrand, V. (1993), S. 1.
2 Vgl. z.B. Becker, L. (1994), S. 22 f.; Hammann, P.; Erichson, B. (1994), S. 2; Rüttler, M. (1991), S. 29. Daten hingegen stellen die Abbildung von Realzuständen dar, deren Speicherung zu Wissen führt, dessen zweckorientierte Nutzung wiederum zu Informationen führt. Vgl. Jacob, F. (1995), S. 82; Kleinaltenkamp, M. (1993b), S. 107; Wessling, E. (1991), S. 27. Wissen in Form gespeicherter Daten stellt somit einen Potentialfaktor dar, der durch die zweckgerichtete Nutzung zum Verbrauchsfaktor Information wird. Vgl. Kleinaltenkamp, M. (1993b), S. 107. Zur Strukturierung der Definitionsansätze des Begriffs der Information werden vielfach die Ebenen der Sprachtheorie (Semiotik) herangezogen. Abgestellt wird in dieser Arbeit auf das *pragmatische* Informationsverständnis, das Informationen als Signale bzw. Zeichen versteht, für die eine Zweckorientierung besteht, also deren Wirkung auf die Empfänger meint. Das *syntaktische* Begriffsverständnis, das sich auf Signale/Zeichen und deren Beziehungen zu anderen Signalen/Zeichen bezieht bzw. das *semantische* Verständnis, das die inhaltliche Bedeutung der Signale/Zeichen meint, erscheint für betriebswirtschaftliche Problemstellungen hingegen weniger geeignet. Vgl. Becker, L. (1994), S. 25; Hopf, M. (1983), S. 11 ff.; Picot, A. u.a. (1996), S. 67; Rüttler, M. (1991), S. 28; Wessling, E. (1991), S. 13.
3 Vgl. Becker, L. (1994), S. 29.
4 Vgl. z.B. Becker, L. (1993), S. 174; Frese, E.; Werder, A.v. (1992), Sp. 380.
5 Vgl. Picot, A.; Franck, E. (1988a), S. 544 ff.
6 Vgl. z.B. Becker, L. (1993), S. 177.
7 Zum Zielsystem von Unternehmen vgl. z.B. Becker, J. (1993), S. 27; Holzapfel, M. (1992), S. 11 ff.

Marktpartner in verständlicher Weise als die spezifischen Vorteile des unterbreiteten Angebotes herausstellende Information vermittelt werden.

Gegenstand dieser Arbeit ist die Erarbeitung der Implikationen des Einsatzes der Informati-
ons- und Kommunikationstechnologie[8] zur Unterstützung dieser notwendigen Problemlö-
sungs- und Informationsprozesse am Beispiel eines auf die Akquisitionsberatung und Angebotserstellung erklärungsbedürftiger Produkte zugeschnittenen Systemdesigns. Die Bedeutung der technologischen Unterstützung der Akquisitionsberatung und Angebotserstellung
soll hier einführend zunächst aus dem Blickwinkel der Informationsflüsse angedacht werden.
Sowohl der Zufluß von Informationen aus dem Markt in das Unternehmen als auch die Informationsversorgung des Nachfragers als Kernaufgabe der Kommunikation klassischer Prä-
gung[9] sind dabei gleichermaßen bedeutsam. Der im persönlichen Verkauf als Schnittstelle
zwischen dem Unternehmen und dem Markt erfolgende beidseitige Informationstransfer greift
dabei den Kreislaufgedanken zur Verdeutlichung der Relevanz sowohl innen- als auch außen-
gerichteter Informationsflüsse auf, der den Markt als gemeinsame Klammer und letztendlich
auch als Ausdruck marktorientierter Unternehmensführung in das Zentrum der Betrachtung
rückt. Abbildung 1 erläutert diese Zusammenhänge.

Erfolgreiches Agieren eines Anbieters im Markt setzt die Information der Nachfrager über das
Leistungsspektrum des Unternehmens und dessen Problemlösungseignung voraus. Dies kann
zum einen in Form primärer Informationen durch das Produkt selbst oder als sekundäre
Informationen durch die Inhalte der Kommunikationspolitik geschehen.[10] Beim Nachfrager
erfolgt durch die Umsetzung der durch die Kommunikationspolitik bereitgestellten Informationen und das über die Ausgestaltung der Problemlösung bereits vorhandene Wissen (z.B.
Erfahrungen) in eine Nutzenerwartung eine Informationstransformation, die nach Abwägung
der verfügbaren Alternativen im Kaufverhalten letztendlich ihren Niederschlag findet. In
Verbindung mit weiteren Marktforschungstätigkeiten ergibt sich ein Informationsfluß zum
Anbieter, der in Abhängigkeit des Erfolges der ursprünglichen Umsetzung der Nachfrager-
bedürfnisse in die angebotenen Problemlösungen erneut produktpolitische Transformations-
prozesse in Gang setzt. Aus Sicht einer marktorientierten Unternehmensführung ist damit die
Übermittlung leistungsspezifischer Informationen an den Nachfrager nichts anderes, als eine
Mitteilung über seine ureigenen Bedürfnisse, in Form von in der Problemlösung geronnenen

---

[8] Bezogen auf Unternehmen können darunter alle Methoden und Prozesse zur Erfassung, Übertragung,
     Verarbeitung und Speicherung von Informationen zur Abwicklung betrieblicher Aufgabenstellungen ver-
     standen werden. Vgl. Link, J.; Hildebrand, V. (1993), S. 4.; Mayer, R. (1993), S. 210. Einen Überblick
     über die Entwicklung der Informationstechnologien findet sich bei Baur, H. (1991), S. 4 ff.
[9] Vgl. Nieschlag, R. u.a. (1991), S. 23; Meffert, H. (1986), S. 443.
[10] Vgl. Jaspersen, T. (1994), S. 85.

3

Informationen.[11] In diesem Sinne können die beschriebenen Prozeßabfolgen also als Kreislauf des Informationsflusses und der Informationstransformation verstanden werden.[12]

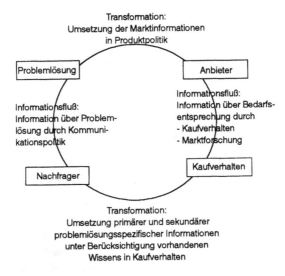

Abb. 1: Kreislauf des Informationsflusses und der Informationstransformation zwischen Anbieter und Nachfrager[13]

Die Schnittstelle zwischen Unternehmung und Markt läßt dem Vertrieb und bei erklärungsbedürftigen Produkten vor allem der Akquisitionsberatung und Angebotserstellung als zentrale Elemente des angesprochenen Problemlösungsprozesses grundlegende Bedeutung für den Informationstransfer in beide Richtungen zukommen. Aus der auf den Markt gerichteten Perspektive gilt es, den Nachfrager über das Problemlösungsangebot zu informieren (Informationsfluß) und ihn zur Realisierung von Wettbewerbsvorteilen möglichst von der offerierten Alternative zu überzeugen. Hier erfolgt auf Seiten des Nachfragers damit eine Informationstransformation, die sich im Kaufverhalten niederschlägt. Dabei gilt im Rahmen des in dieser Arbeit betrachteten persönlichen Verkaufskontaktes die Aufhebung des unidirektionalen Informationsflusses insofern, als die Entwicklung einer bedarfsgerechten Problem-

---

11 Von rein technologieinitiierten Innovationen wird in diesem Zusammenhang abstrahiert.
12 Spezifische distributionspolitische Ausgestaltungen bleiben in dieser grundsätzlichen Betrachtung unberücksichtigt.
13 Grundlage der Darstellung ist das allgemeine Kommunikationsmodell, das als Element des Kommunikationsprozesses Sender, Empfänger und Übertragungskanal unterscheidet. Vgl. z.B. Kotler, P.; Bliemel, F. (1992), S. 830.

lösung die konkrete Einbeziehung problemspezifischer Informationen des Nachfragers beinhaltet und damit Feedback-Prozesse notwendig macht.[14] In bezug auf die unternehmensorientierten Informationsprozesse nimmt der persönliche Verkauf darüber hinaus durch seine Marktnähe eine wichtige Funktion im Rahmen der Generierung und Weiterleitung aktueller Marktinformationen (Informationsfluß) ein. Dieser Zufluß an Informationen führt wiederum zu einer Informationstransformation auf der Anbieterseite, da er nicht unerheblichen Einfluß auf die Entwicklung neuer Problemlösungen ausüben kann. Die in der allgemeinen Marktbeobachtung und im persönlichen Nachfragerkontakt wahrgenommenen Änderungen von Nachfragerbedürfnissen, aktuellen Konkurrenzaktivitäten und sozio-politischen Umfeldentwicklungen zur Gewährleistung der Bedarfsgerechtigkeit des Leistungsangebotes tragen damit zur Sicherung zukünftiger Erfolgspotentiale bei.

Die Bedeutung informationstechnologischer Systeme zur effizienten und effektiven Gestaltung dieser Informationsprozesse wird hier schnell einsichtig.[15] Konnten im Rahmen der Weiterverarbeitung der im persönlichen Verkaufskontakt und mit Hilfe von Marktforschung generierten Daten bereits erhebliche Verbesserungen durch Management- bzw. Marketingunterstützungssysteme (MIS/MAIS)[16] und Entscheidungsunterstützungssysteme[17] erzielt werden, so ist die Realisierung der informationstechnologischen Unterstützung zum effizienten Informationstransfer von der Verkaufsfront an die innerbetrieblichen Instanzen erst in Teilbereichen vollzogen. Die Entwicklung informationstechnologischer Anwendungen zur Unterstützung des persönlichen Verkaufskontaktes hat aufgrund der Notwendigkeit der Anpassung an die zum Teil sehr individuellen, kaum standardisierbaren Prozeßabläufe in der persönlichen Verkaufsberatung hingegen erst begonnen. Insbesondere für die Informationsbereitstellung gegenüber dem Nachfrager aber auch für den unternehmensgerichteten Informationstransfer ergibt sich damit ein nicht unerheblicher Bedarf an computertechnologischer Unterstützung. Voraussetzung für deren erfolgreichen Einsatz im persönlichen Verkauf stellt allerdings die Kenntnis der Wirkungspotentiale der zu implementierenden Systeme dar. Grundlage der Entwicklung dieser Unterstützungssysteme zur gezielten Verbesserung der im einzelnen bestehenden Defizite ist aber wiederum das Wissen über die konkreten Vorteilspotentiale, deren Analyse Gegenstand dieser Arbeit sein soll.

Die Kenntnis des Wirkungspotentials innovativer Technologien fördert damit auch insofern deren Verbreitung, als Unsicherheit über die wirtschaftlichen Konsequenzen eine wesentliche

---

[14] Vgl. z.B. Jacob, F. (1995), S. 95.
[15] Vgl. z.B. Hermanns, A.; Bochum, U. (1989), S. 2 f.; Link, J.; Hildebrand, V. (1993), S. 5; Picot, A.; Franck, E. (1988a), S. 544; Porter, M.E.; Millar, V.E. (1985), S. 144 ff.
[16] Vgl. Both, M. (1989), S. 105 ff.; Jaspersen, T. (1994), S. 192 f.
[17] Vgl. Gaul, W.; Both, M. (1992), S. 78 ff.; Scheer, A.W. (1990a), S. 71 f.

Ursache für eine verzögerte Adaption darstellt.[18] Informationsdefizite resultieren dabei in erster Linie aus der Problematik der Quantifizierung des tatsächlichen betriebswirtschaftlichen Nutzens des Systemeinsatzes und mangelnder Analysekenntnisse. Wenig förderlich wirken hier auch die zum Teil widersprüchlichen und recht undifferenzierten Darstellungen der Vorteilspotentiale von Systeminnovationen in der praxisnahen Fachpresse.[19] Auf dieser Basis werden die ökonomischen Vorteilspotentiale vieler Anwendungen falsch eingeschätzt und häufig im Hinblick auf ihre spezifische Zielsetzung überschätzt; eine Ursache für zahlreiche Mißerfolge bei der Einführung von Informationsverarbeitungstechnologien. Systemeinführungen werden dabei aber auch durch die methodengerechte Anwendung solcher Verfahren der Wirtschaftlichkeitsbeurteilung verhindert, die lediglich quantitative, direkt meßbare Wirkungen einbeziehen und vor allem qualitative und marktgerichtete Wirkungen infolge bestehender Intransparenz über den Grad der Zielerreichung bzw. aufgrund von Problemen der direkten Zurechenbarkeit der Wirkungseffekte vernachlässigen.[20]

Um dieser Entwicklung entgegenzuwirken, wird in der vorliegenden Arbeit versucht, das ökonomische Wirkungspotential von computergestützten Anwendungen zur Unterstützung der persönlichen Akquisitionsberatung und Angebotserstellung, sogenannte Angebotsunterstützungssysteme (im folgenden AUS), herauszuarbeiten und ein Stück weit Transparenz in bezug auf das Wirkungspotential konkreter Systemfunktionalitäten zu schaffen. Dabei gilt es insbesondere, die Vorteilhaftigkeit der computergestützten Beratung und Angebotserstellung relativ zur konventionellen Vorgehensweise zu analysieren, da die Akzeptanz einer Technologie maßgeblich nicht von ihrem absoluten Leistungspotential, sondern von den Verbesserungen gegenüber dem vorhandenen Ist-Zustand abhängt. Da vor allem erklärungsbedürftige Produkte der ausführlichen Beratung und Informationsbereitstellung bedürfen und insofern der Einsatz des persönlichen Verkaufs im Rahmen der kommunikationspolitischen Maßnahmen vielfach dominiert, erfolgt die Betrachtung hier stellvertretend aus dem Blickwinkel konfigurationsbedürftiger Leistungen, für die der Einsatz von AUS besondere Vorteilspotentiale vermuten läßt.

Die vorliegende Arbeit gliedert sich in drei Teile. Im ersten Teil, der die Kapitel 2, 3 und 4 umfaßt, werden zunächst die theoretischen und technischen Grundlagen erarbeitet. Diese beziehen sich auf die Charakteristika konfigurationsbedürftiger Produkte und den daraus resultierenden Problemfeldern der Vermarktung (Kap. 2), deren Implikationen für die persönliche

---

[18] Vgl. dazu Swoboda, B. (1996), S. 2, der in diesem Zusammenhang auf die noch zögerliche Nutzung multimedialer Informationssysteme am Point of Sale hinweist.
[19] Vgl. hierzu auch die Ausführungen bei Holzapfel, M. (1992), S. 3, 5.
[20] Vgl. Holzapfel, M. (1992), S. 76.

Verkaufsberatung (Kap. 3) sowie die technischen Grundlagen computergestützter Angebotssysteme (Kap. 4).

Zunächst erfolgt in Kapitel 2 nach einer Begriffsdefinition und kurzen Abgrenzung konfigurationsbedürftiger Produkte von bestehenden Güterkategorien die Erörterung der Bedeutung der Integrativität und deren Wirkungen auf die Leistungserstellung als wesentliches Charakteristikum konfigurationsbedürftiger Produkte. Hingeführt wird damit bereits gleichzeitig zu einem der zentralen Problemfelder der Vermarktung konfigurationsbedürftiger Produkte, das in der Reduzierung von Nachfragerunsicherheit gesehen wird, die wiederum insbesondere durch die mit der Integrativität in Verbindung stehenden Charakteristika konfigurationsbedürftiger Produkte zusammenhängt und im zweiten Kapitel abschließend erörtert wird.

Deutlich wird in diesen Ausführungen die zentrale Bedeutung der persönlichen Verkaufsberatung für die Vermarktung konfigurationsbedürftiger Produkte, deren Stellenwert zunächst in Kapitel 3 erläutert wird. Weiterführend wird hier allerdings auch auf die Problemfelder des persönlichen Verkaufs eingegangen, die einerseits in den Rahmenbedingungen, und hier insbesondere im Außendiensteinsatz, vor allem aber in den Implikationen der leistungsspezifischen Besonderheiten konfigurationsbedürftiger Produkte für die Verkaufsberatung gesehen werden. In Verbindung mit den sich an den Verkaufsberater stellenden Handlungszwängen der Leistungserstellung können sich nicht unerhebliche Verhaltensunsicherheiten beim Nachfrager ergeben. Angesichts der Notwendigkeit der Realisierung der gegenläufigen Ziele der Rationalisierung und Effizienzsteigerung des Vertriebs bei gleichzeitigem Abbau von Nachfragerunsicherheit durch Entwicklung individueller Problemlösungsvorschläge wird das Potential des Computereinsatzes zur Unterstützung der Aufgabenerfüllung im persönlichen Verkauf vorbereitend auf die weiteren Ausführungen abschließend angesprochen.

Implizit fokussiert diese Betrachtung bereits die zentralen Vorteilspotentiale von AUS, deren konkrete soft- und hardwarekonzeptionelle Ausgestaltung aufgrund der vielfältigen Optionen und der auf diesen Funktionspotentialen basierenden Vorteilspotentiale in Kapitel 4 detailliert an einer Referenzsystemausgestaltung erörtert wird. Die zu einem nicht unerheblichen Teil aus den Möglichkeiten der multimedialen Konzipierung der Anwendungen zu begründenden Vorteilspotentiale lassen hier eine Abgrenzung der AUS von bereits bestehenden Formen des Computer Aided Selling (CAS), gleichzeitig aber auch eine Auseinandersetzung mit den zentralen Charakteristika multimedialer Informationssysteme notwendig werden.

In Teil B erfolgt die Analyse der Vorteilspotentiale des Einsatzes computergestützter Angebotssysteme in der persönlichen Verkaufsberatung, die den Schwerpunkt der Arbeit darstellt.
Nach der Ableitung der Vorgehensweise (Kap. 5) folgt die Analyse der unternehmensexternen und unternehmensinternen Vorteilspotentiale (Kap. 6 und Kap. 7), die hier abschließend
in die Erörterung bestehender Problembereiche (Kap. 8) mündet.

Die in Kapitel 5 vorgenommene einleitende Diskussion zur Problematik der Wirtschaftlichkeitsbeurteilung dieser Systeme dient als Richtschnur und Begründung der nachfolgenden
Vorgehensweise der Wirkungsanalyse. Zur Verdeutlichung der vielfältigen direkten und
indirekten Wirkungseffekte für die unterschiedlichen Unternehmensaktivitäten erfolgt hier
zunächst eine prozeßorientierte Systematisierung der Wirkungseffekte entlang der Wertschöpfungskette (Kap. 5.2).

Die konkrete Analyse der Wirkungspotentiale wird in Anlehnung an die Erörterungen der
Problembereiche der persönlichen Verkaufsberatung zunächst aus der Marktperspektive in
Kapitel 6 vorgenommen (unternehmensexterne Vorteilspotentiale). Der Dienstleistungscharakter der Akquisitionsberatung bzw. Angebotserstellung läßt dabei zunächst eine übergreifende Erörterung der Implikationen des Einsatzes von AUS unter dem Aspekt der Reduzierung von Unsicherheit sinnvoll erscheinen. Wesentlichen Beitrag leistet hier die Erhöhung der
wahrgenommenen Beratungsqualität entlang der Leistungsdimensionen -Potentiale, Prozesse,
und Ergebnisse-, insbesondere auch vor dem Hintergrund der zentralen Bedeutung für und
unter Bezugnahme auf die nachfolgende Erstellung des letztendlich nachgefragten
Endproduktes. Die grundsätzlich prozeßorientierte Sichtweise erlaubt eine Überwindung der
Strukturgrenzen der funktionsorientierten Betrachtungsperspektive und läßt Gesamt-
zusammenhänge besser erkennen[21] und damit eine Analyse der Einzelwirkungen des Einsatzes
von AUS in der persönlichen Verkaufsberatung zu. Im Anschluß an die zunächst durchgeführte potentialorientierte Diskussion der Kompetenzwirkungen von AUS erfolgt eine
differenzierte Betrachtung der Implikationen des Systemeinsatzes in bezug auf die Interaktionsprozesse zwischen Verkaufsberater und Nachfrager entlang eines idealtypisch
angenommenen Verlaufs von Beratung und Angebotserstellung. Hier setzt nun eine integrative Betrachtung der prozeß- und ergebnisbezogenen Wirkungspotentiale an, die ihre
Konkretisierung in der Erörterung der einzelnen Vorteilspotentiale mit der Zielsetzung erfährt
eine bedarfsgerechte Problemlösung zu entwickeln und die Unsicherheit des Nachfragers zu
reduzieren (Kap. 6.2.2). Ausgangspunkt der Erörterung stellen die Implikationen des Einsatzes von AUS auf die Integration externer Faktoren dar, die entlang der
Leistungsdimensionen zunächst grundsätzlich analysiert werden. Im Anschluß werden die

---

[21] Vgl. Flory, M. (1995), S. 12.

konkreten Wirkungsausprägungen im Hinblick auf die Integration externer Faktoren diskutiert, die sich einerseits stärker ergebnisbezogen auf die Individualisierung des zu erstellenden Angebotes beziehen, zum anderen stärker prozeßorientiert ein Potential zur Intensivierung der Interaktion zwischen Verkaufsberater und Nachfrager beinhalten. Die Diskussion der weiteren marktbezogenen Wirkungspotentiale von AUS umfaßt die Reduzierung der wahrgenommenen Komplexität und die Erhöhung der Schnelligkeit der Beratung und Angebotserstellung sowie die Vermittlung eines monetären Mehrwertes und schließlich Imagewirkungen computergestützter Angebotssysteme. Diese strukturell zweischichtige Vorgehensweise stellt dabei keinen Widerspruch dar. Die grundsätzlich prozeßorientierte Vorgehensweise wird im Rahmen der Analyse der Einzelwirkungen beibehalten, indem die Darstellung der konkreten Vorteilspotentiale an den jeweiligen Teilprozessen erfolgt und damit nicht nur Redundanzen vermieden, sondern auch teilprozeßübergreifende Zusammenhänge aufzeigt werden können.

In Kapitel 7 folgt die Untersuchung der unternehmensinternen Vorteilspotentiale von AUS. Ausgangspunkt stellt hier zunächst die Analyse des Intergrationspotentials computergestützter Angebotssysteme in die unternehmensweite EDV dar, da hierin eine wesentliche Voraussetzung für die Erschließung der weiteren Vorteilspotentiale besteht. Diese beziehen sich im Kern auf die Rationalisierung der Prozeßabläufe in der persönlichen Verkaufsberatung, die synergetische Nutzung computergestützter Angebotssysteme sowie die Betrachtung des Systemeinsatzes als Instrument eines umfassenden Qualitätsmanagements.

In Kapitel 8 werden bestehende Problembereiche des Einsatzes von AUS erörtert. Im Vordergrund steht hier vor allem das Problem mangelnder Akzeptanz in den betroffenen Bezugsgruppen und die Problematik der Beurteilung der Wirtschaftlichkeit der Systeme im Hinblick auf die Systemimplementierung. Probleme des Datenschutzes und des Urheberschutzes werden am Rande angesprochen.

In Teil C erfolgt die empirische Überprüfung der analysierten Vorteilspotentiale sowie eine abschließende Ergebniszusammenfassung mit Ausblick.

Die in den vorangegangenen Kapiteln geschaffenen theoriegestützten Grundlagen für die Ableitung von Hypothesen werden in Kapitel 9 der empirischen Überprüfung unterzogen. Dies erfolgt anhand zweier bereits realisierter Applikationen zur Unterstützung der Beratung und Angebotserstellung konfigurationsbedürftiger Produkte, die die softwarekonzeptionellen Grundlagen wissensbasierter und multimedialer Anwendungen integrieren. Analysiert werden hier im einzelnen die tatsächlichen wahrgenommenen Vorteile des Einsatzes von AUS gegenüber der konventionellen Vorgehensweise der Beratung und Angebotserstellung. Abschließend erfolgt die faktorenanalytische Ermittlung der zentralen Vorteilsdimensionen.

Kapitel 10 faßt abschließend die wesentlichen Ergebnisse der Analyse zusammen und zeigt eine Perspektive für zukünftige Formen der Computerunterstützung der Verkaufsberatung auf.

Teil A: Theoretische und technische Grundlagen

2. Grundprobleme der Vermarktung konfigurationsbedürftiger Produkte

2.1 Begriffsdefinition konfigurationsbedürftiger Produkte

Konfigurieren bedeutet das Zusammenstellen einzelner Elemente zu einem komplexen Gebilde und bezieht sich im Rahmen der Angebotserstellung auf einen Selektionsvorgang, in dem nach den parametrisierten Wünschen des Nachfragers bzw. den Erfordernissen des Anwendungsfalles ein (komplexes) Endprodukt zusammengestellt wird.[22] Dabei besteht die Schwierigkeit darin, eine Lösung zu ermitteln, die den vorgegebenen Anforderungen des Aufgabenstellers entspricht und gleichsam die aufbaustrukturellen Restriktionen in bezug auf die Kombinierbarkeit der Elemente berücksichtigt.[23] Übertragen auf die generelle Leistungs- bzw. Produktebene[24] beinhaltet eine Konfiguration damit die Ermittlung des Profils eines Produktes, das aus Sicht einer marktorientierten Unternehmensführung im Sinne eines durch den Nachfrager im einzelnen festzulegenden Anforderungsprofils verstanden werden soll, dessen einzelne Komponenten in bezug auf die Schnittstellengestaltung Kompatibilität aufweisen.[25] Unter konfigurationsbedürftigen Produkten sollen damit im folgenden Leistungsbündel verstanden werden, die sich aus unterschiedlichen standardisierten Komponenten bzw. aus eigenständig nutzenstiftenden Fertigprodukten zusammensetzen,[26] deren konkrete Eigenschaftsausprägung oder Einbeziehung durch ein nachfragerspezifisches Anforderungsprofil festgelegt wird.[27]

---

[22] Vgl. Thesmann, S. (1995), S. 71. Steppan, G. (1990a), S. 61 unterscheidet in diesem Zusammenhang zwischen Konfiguration im weiteren Sinne und im engeren Sinne. Während sich erstere lediglich auf die Produktzusammenstellung nach den Bedarfsparametern bezieht, beinhaltet die Konfiguration i.e.S. die zusätzliche Überprüfung der Schnittstellenverträglichkeit. Im folgenden soll die Verwendung des Begriffs der Konfiguration beide Aspekte berücksichtigen.

[23] Vgl. z.B. Tank, W. (1993), S. 7; Thesmann, S. (1995), S. 71.

[24] Unter Produkten sollen im folgenden Leistungsbündel verstanden werden. Vgl. Engelhardt, W.H. u.a. (1993), S. 407. Zu unterschiedlichen Auslegungen des Produktbegriffes vgl. z.B. Böcker, J. (1995), S. 11. In dieser Arbeit erfolgt die Verwendung der Begriffe Produkt und Leistung synonym.

[25] Vgl. Jakob, F. (1995), S. 9; Specht, G. (1995), Sp. 2429.

[26] Komponenten werden im folgenden im Sinne der eigentlichen Wortbedeutung als Bestandteile eines Ganzen verstanden. Vgl. Duden (1991), S. 407. Einbezogen werden sowohl Teile als auch höher aggregierte Module oder Baugruppen. Handelt es sich bei Teilen um Fertigprodukte, die ohne wesentliche Be- oder Verarbeitung im Produktionsprozeß in andere Produkte eingebaut werden, so bestehen Baugruppen aus einer Teilekombination (z.B. PKW-Achse, ABS), die meist zum Zweck der Erhöhung der unmittelbaren Einbaufähigkeit erfolgt, sofern diese nicht bereits für ein Einzelteil gegeben ist. Vgl. Engelhardt, W.H. (1993b), S. 1137. Diese aus fertigungswirtschaftlicher Sicht relevante Unterscheidung soll aufgrund mangelnden Erklärungszuwachses in dieser Betrachtung unterbleiben, da die unter diesem Aspekt diskutierte Schnittstellenkompatibilität für die genannten Elemente gleichermaßen relevant ist.

[27] Eine ähnliche Begriffsfassung konfigurationsbedürftiger Leistungen findet sich bei Hermanns, A.; Flory, M. (1995a), S. 53, die unter konfigurierbaren Produkten die durch Mitwirkung des Kunden erfolgende Zusammenstellung modularer Teilprodukte zum gewünschten Gesamtprodukt verstehen.

12

Diese Begriffsfassung wurde bewußt gewählt, um die Eignung des hier dargestellten Referenzkonzeptes von AUS[28] zur Unterstützung der Akquisitionsleistungen in bezug auf das produktspezifische Anwendungsspektrum nicht einzuengen, gleichwohl aber das gemeinsame Charakteristikum der gemeinten Leistungen herauszustellen.[29] Nachfolgend erfolgt eine Begründung der Begriffsfassung unter Bezugnahme auf die Charakteristika ähnlicher Leistungskategorien, deren Akquisitionsbemühungen sich für eine Unterstützung durch AUS eignen.[30] Zum Ausdruck kommt damit sowohl die für die Unterstützung durch das hier vorgeschlagene Systemkonzept besonders geeignete Produktspektrum, als auch das vielfältige Anwendungsspektrum des Einsatzes von AUS.

In Abgrenzung von konfigurationsbedürftigen Produkten stellt bei *spezifikationsbedürftigen* Produkten zwar ebenso die Spezifizierung, also das durch den Nachfrager bedarfsspezifisch festzulegende Anforderungsprofil der Eigenschaftsausprägungen der Produkte einen zentralen Aspekt dar.[31] Allerdings erfolgt hier keine Eingrenzung auf die Zusammensetzung der Leistung aus unterschiedlichen individuell konfigurierbaren Komponenten, da ebenso etwa ein Stahlblech in bezug auf seine Abmessungen oder die gewünschte Oberflächenbehandlung zu spezifizieren ist.[32]

Variantenprodukte, die nach dem Baukastenprinzip[33] aus unterschiedlichen standardisierten Modulen individuell zusammenstellbare Problemlösungen ermöglichen, fokussieren zwar den zentralen Aspekt der bedarfsspezifischen Zusammenstellung der einzelnen Produktbestandteile. Diese Begriffsfassung würde allerdings nicht die besondere Eignung von AUS zur Konfiguration der wiederum aus einzelnen standardisierten Produkten bzw. Variantenpro-

---

[28] Vgl. dazu Kap. 4.3.

[29] Diese Sichtweise wird durch die der hier vorgestellten Systemausrichtung weitgehend entsprechenden und in der Praxis mit Erfolg eingesetzten Anwendungen unterstützt. Vgl. dazu Kap. 4.4. Siehe dazu auch Hermanns, A.; Flory, M. (1995a), S. 56 ff., die die Eignung zentraler Funktionsmodule der hier dargestellten AUS-Konzeption zur Unterstützung der Beratung und Angebotserstellung von Variantenprodukten und komplexen Systemen herausstellen.

[30] In diesem Zusammenhang sei darauf hingewiesen, daß die hier erfolgende Analyse auf sachleistungszentrierte Leistungen eingeschränkt wird. Zwar weisen einige dienstleistungszentrierte Leistungsbündel durchaus Konfigurationsbedürftigkeit auf (z.B. Urlaubsreise, spezifische Beratungsleistungen), jedoch ergeben sich infolge der Immaterialität erhebliche Probleme der visuellen Präsentation der einzelnen Leistungskomponenten, die die Einsatzmöglichkeit der betrachteten multimedialen AUS einschränken. Gleichwohl sei auf das erhebliche Potential der Multimedia-Technologie zur Verbesserung der Vorstellung und des Verständnisses bestimmter immaterieller Leistungsbestandteile, z.B. durch Visualisierung der materiellen Aspekte der tangierten Prozesse hingewiesen. Vgl. Kap. 4.1 und Kap. 6.2.2.2.2.

[31] Vgl. Gabler Wirtschaftslexikon (1988), Sp. 1601.

[32] Vgl. Engelhardt, W.H. u.a. (1993), S. 402 f.

[33] Das Baukastensystem beruht auf dem Prinzip der Elementarisierung, also der Aufteilung von Produkten in einzelne Elemente, die als genormte Bausteine nach bestimmten Ordnungsprinzipien zu einem individuellen Endprodukt zusammengesetzt werden. Vgl. Jacob, F. (1995), S. 67 f. Siehe auch Belz, C.; Bircher, B. (1991), S. 61; Bode, J.; Zelewski, S. (1992), S. 602; Corsten, H. (1990), S. 182; Hermanns, A.; Flory, M. (1995a), S. 56; Mayer, R. (1993), S. 152; Mertens, P. (1995), S. 503.

dukten bestehenden informations-, kommunikations- oder fertigungstechnologischen Systeme (z.B. EDV-System, Telekommunikationssysteme, CIM-Systeme) berücksichtigen.[34] Dem Begriff *System* liegt allerdings wiederum ein heterogenes Begriffsverständnis zugrunde, dessen gemeinsamer Nenner noch ein aus einzelnen Elementen bestehendes Gebilde darstellt, die miteinander in einer bestimmten Beziehung stehen.[35] Da die Vielzahl der insgesamt am Markt angebotenen Produkte dieser Anforderung genügt, in bezug auf ihre einzelnen Bestandteile aber nicht unbedingt durch den Nachfrager individuell konfigurierbar sind (z.B. für den anonymen Markt produzierte Kleinbildkameras)[36], eignet sich der in diesem allgemeinen Sinne verstandene Terminus System als Differenzierungskriterium wenig. Bezieht man den Systembegriff über diese zur Umschreibung des Einsatzfeldes von AUS wenig geeignete objektorientierte Sichtweise[37] hinaus auf die im Rahmen des *Systemgeschäftes* zu vermarktenden Leistungen, so stellt man auf den Transaktionsprozeß zwischen Anbieter und Nachfrager, also einen bestimmten Geschäftstyp, ab.[38] Hier wären dann nur die an einem bestimmten Schnittstellenkonzept ausgerichteten Leistungen einzubeziehen, die sukzessive durch den Nachfrager beschafft werden. Ebenso ungeeignet zur Charakterisierung des besonderen Eignungsbereichs von AUS erscheint der Terminus *Leistungssystem*, der ein zur Erhöhung des Nachfragernutzens und zur Differenzierung gegenüber dem Wettbewerb um zusätzliche Serviceleistungen angereichertes technisches Kernsystem meint.[39] In diesem Kontext stellt vielmehr ein AUS ein die Beratungsleistung unterstützendes Element eines sogenannten "Service-Systems"[40] dar oder es kann als Bestandteil eines umfassenden CIM-Systems wiederum eine Komponente des technischen Kernsystem sein. Zusammenfassend sollen damit unter den Begriff konfigurationsbedürftiger Produkte sowohl Leistungsbündel einbezogen werden, deren Komponentenzusammenstellung eine autonome Nutzenstiftung beinhaltet (Variantenprodukte), als auch Systemleistungen, deren Nutzenstiftung erst aus einem integrierenden Verbund verschiedener eigenständiger Systemkomponenten bzw. Teilsysteme resultiert.

---

[34] Vgl. z.B. Backhaus, K. Späth, G. (1994), S. 22.
[35] Vgl. z.B. Böcker, J. (1995), S. 8; Brecheis, D. (1991), S. 20 f.; Zerr, K. (1994), S. 15. So würde etwa das von Backhaus mit Systemtechnologie bezeichnete Systemverständnis einer "Kombination von serien- bzw. einzelgefertigten Produkten"...,"die über ein bestimmtes Integrationskonzept"..."miteinander in Verbindung stehen" Variantenprodukte nicht explizit einbeziehen. Vgl. Backhaus, K.; Späth, G. (1994), S. 22.
[36] Vgl. Zerr, K. (1994), S. 20.
[37] Vgl. Brecheis, D. (1991), S. 71.
[38] Vgl. Backhaus, K. (1992b), S. 347; Flory, M. (1995), S. 16.
[39] Vgl. vor allem Zerr, K. (1994), S. 20 ff. Siehe auch Belz, C.; Bircher, B. (1991), S. 61 ff.; Böcker, J. (1995), S. 11 ff.
[40] Zerr, K. (1994), S. 22.

2.2 Die Integrativität der Leistungserstellung als Charakteristikum konfigurationsbedürftiger Produkte

Die Integrativität der Leistungserstellung stellt insofern ein zentrales Charakteristikum konfigurationsbedürftiger Produkte dar, als deren Problemfelder der Vermarktung hierdurch wesentlich beeinflußt werden. Konfigurationsbedürftige Produkte sind Leistungsbündel, deren Komponenten unter Beachtung der zugrunde liegenden technischen Restriktionen entsprechend den nachfragerspezifischen Anforderungen zusammengestellt werden.[41] Die Entwicklung einer bedürfnisgerechten Problemlösung kann damit nur unter Einbeziehung externer Faktoren in den Prozeß der Leistungserstellung erfolgen.[42] Konfigurationsbedürftige Produkte machen die Spezifikation der gewünschten Endproduktvariante auf Basis der verfügbaren Komponenten durch den Nachfrager notwendig. Aufgrund der Individualität der Produktkonfiguration kann die Findung des Leistungsergebnisses damit erst durch die Interaktion mit dem Nachfrager erfolgen.[43] Die Abstimmung auf die spezifischen Nachfragerwünsche und die Klärung der Besonderheiten der Leistungsverwendung im konkreten Fall macht für den Anbieter die Integration externer Faktoren in Form leistungsauslösender, bedarfsspezifischer Informationen notwendig, die in geeigneter Form durch den Nachfrager bereitgestellt werden und als Basis für die Ermittlung einer auf die individuelle Bedarfslage des Nachfragers abgestimmten Leistungskonfiguration dienen.[44] Der Integration externer Faktoren im Rahmen

---

[41] Vgl. Kap. 2.1.
[42] Vgl. Engelhardt, W.H. u.a. (1993), S. 401 f.; Engelhardt, W.H.; Freiling, J. (1995), S. 38; Jacob, F. (1995), S. 52; Meißner, H.; Gersch, M. (1995), S. 31; Kleinaltenkamp, M.; Marra, A. (1995), S. 107; Mösslang, A.M. (1995), S. 18. Siehe auch Mayer, R. (1993), S. 88. Externe Faktoren sind solche Faktoren, die in Form von Personen, Objekten, Tieren, Rechten, Nominalgütern und/oder Informationen zeitlich begrenzt in den Verfügungsbereich des Anbieters gelangen und zur Leistungserstellung mit internen Faktoren kombiniert werden. Informationen kommt dabei besondere Bedeutung zu, da sie sowohl als reine Information den Leistungserstellungsprozeß auslösen, oder, da alle anderen Arten externer Faktoren generell Informationen beinhalten, in einem Trägermedium gebunden zur Informationsversorgung des Anbieters in den Leistungserstellungsprozeß eingehen. Vgl. Engelhardt, W.H. u.a. (1993), S. 401 f.; Kleinaltenkamp, M. (1993b), S. 105; Rosada, M. (1990), S. 16. Dabei sei angemerkt, daß der zeitlichen Begrenzung der Verfügbarkeit externer Faktoren in Form von Informationen aufgrund der grundlegenden Eigenschaft als Verbrauchsfaktor definitionsgemäß zwar zugestimmt werden kann, die Aussage aber für die Umwandlung in nachfrager- bzw. marktspezifisches Wissen, das dauerhaft im Unternehmen verbleibt, aber nicht aktzeptabel erscheint. Vgl. Kleinaltenkamp, M. (1993b), S. 105. Siehe auch Wieandt, A. (1995), S. 456, der auf das "unbegrenzte ökonomische Leben" von Informationen hinweist.
[43] Vgl. Kleinaltenkamp, M. (1995), S. 78. Die Integrativität ist dabei durchaus nicht allein auf den Nachfrager zu beziehen. Ebenso kann eine Integration des Anbieters in das Leistungsgeschehen beim Verwender vorkommen. Vgl. Hammann, P. (1997), S. 455 ff. Aufgrund der bei konfigurationsbedürftigen Produkten zentralen Bedeutung für die Vermarktung soll die Erörterung der Integrativität nachfolgend auf die nachfragerseitige Integration externer Faktoren beschränkt werden.
[44] Vgl. Jacob, F. (1995), S. 52; Meißner, H.; Gersch, M. (1995), S. 31; Kleinaltenkamp, M.; Marra, A. (1995), S. 107; Mösslang, A.M. (1995), S. 18. Siehe auch Mayer, R. (1993), S. 88. Hermanns, A.; Flory, M. (1995a), S. 53 sprechen im Zusammenhang mit konfigurationsbedürftigen Leistungen von einer integrierenden Wertschöpfung.

der Beratung und Angebotserstellung kommt somit in zweifacher Hinsicht erhebliche Bedeutung zu:

Zum einen determiniert die auf Basis der bedarfsspezifischen Informationen erfolgende Produktkonfiguration die Problemlösungseignung des Endproduktes, da die der Konfiguration zugrunde liegenden technischen Daten die Parameter für die Erstellung des physischen Endproduktes beinhalten. Zwar bestehen konfigurationsbedürftige Produkte zum Teil aus standardisierten Komponentenbausteinen bzw. Modulen, die ohne Einbeziehung des Nachfragers vorproduziert werden können. Im Hinblick auf die Komponentenkombination erfolgt aber mit Ausnahme der die technische Realisierbarkeit gewährleistenden anbieterseitig vorgegebenen Komponentenbeziehungen der Großteil der Zusammenstellung der Produktelemente entsprechend den spezifischen Nachfragerwünschen. Die Integrativität der Leistungserstellung und deren Bedeutung für die Problemlösungseignung des Endproduktes wird damit unmittelbar einsichtig.

Zum anderen kommt der Integrativität aber auch Bedeutung in bezug auf die Problemfelder der Vermarktung konfigurationsbedürftiger Produkte zu. Dies bezieht sich nicht nur auf die konkrete physische Einbeziehung des Nachfragers im Rahmen des dyadischen Interaktionsverhältnisses der Beratung und Angebotserstellung.[45] Die Berücksichtigung der differierenden spezifischen Nachfragerbedürfnisse auch in bezug auf die konkrete Gestaltung der Interaktion stellt nicht unerhebliche Anforderungen an den Verkaufsberater. Insbesondere steht die Integrativität aber auch mit der Erklärungsbedürftigkeit konfigurationsbedürftiger Produkte im Zusammenhang, die sich aus der Vielfalt der Kombinationsmöglichkeiten unter Berücksichtigung der bestehenden Ausschlußregeln ergibt und insofern zu nicht unerheblichen Verständnisproblemen beim Nachfrager führen kann.[46] Zwar stellen bereits die für die technische Realisierbarkeit vorgeschriebenen Kombinationsgebote und -verbote einen komplexen Sachverhalt dar. Allerdings führt gerade die zur Entwicklung eines dem spezifischen Bedarfsfall entsprechenden Lösungsvorschlages notwendige Überprüfung einzelner Komponentenausprägungen im Hinblick auf ihre Eignung im Einzelfall zu erheblichem Erklärungsbedarf. Kann etwa eine vom Nachfrager gewünschte Zusammenstellung aufgrund bestehender Schnittstelleninkongruenz nicht realisiert werden, so entsteht zum einen Begründungsbedarf in bezug auf die technischen Hintergründe. Zum anderen ist die Entwicklung von Alternativvorschlägen notwendig, die den spezifischen Anforderungen möglichst weitgehend gerecht werden.

Die Integrativität der Leistungserstellung impliziert weiterhin, daß zum Zeitpunkt des Kaufvertragsabschlusses das nachgefragte Endprodukt physisch noch nicht verfügbar ist. Die

---

[45] Vgl. Kap. 3.1.
[46] Vgl. z.B. Bless, H.J.; Matzen, T. (1995), S. 308; Specht, G. (1995), Sp. 2427; Weiß, H.C. (1995), Sp. 1983.

Konfiguration der konkreten Leistungsbeschaffenheit nach den Bedürfnissen des Nachfragers impliziert das Prinzip der Auftragsfertigung, d.h. die Fertigung erfolgt nach dem die Leistungsspezifikation festlegenden Vertragsabschluß.[47] Konfigurationsbedürftige Produkte existieren zum Zeitpunkt der Kontaktaufnahme zwischen Anbieter und Nachfrager lediglich als durch das Leistungsspektrum des Anbieters begründete Option, die im Rahmen des Spezifikationsprozesses zwar eine bedarfsspezifische Konkretisierung erfährt, letztendlich aber als noch nicht realisierte Leistungskonzeption eine Vorstufe des vermarkteten Endproduktes bleibt.[48] Vermarktet wird damit ein Leistungsversprechen,[49] dessen tatsächliche Ausprägung bzw. Qualität zum Zeitpunkt des Kaufvertragsabschlusses durch den Nachfrager in bezug auf die physische Beschaffenheit nicht beurteilt werden kann.

Die Erörterung der Wirkungen der Integrativität der Leistungserstellung weist damit zum einen auf deren zentrale Bedeutung für die Vermarktung konfigurationsbedürftiger Produkte hin. Die Ausführungen zeigen aber weiterhin, daß den Wirkungen der Integrativität aber ebenso nicht unerhebliche Bedeutung im Hinblick auf die Nachfragerunsicherheit als zentrales Problemfeld der Vermarktung zukommt. Die Implikationen der Integrativität für die Nachfragerunsicherheit sollen daher im Anschluß an eine grundlegende Betrachtung der Bedeutung von Nachfragerunsicherheit bei Vermarktungsprozessen nachfolgend erörtert werden.

---

[47] Dies schließt die Vorproduktion einzelner Leistungsbestandteile allerdings nicht aus.
[48] Vgl. Kleinaltenkamp, M.; Marra, A. (1995), S. 104.
[49] Zur Unterscheidung von Austauschgütern und Leistungsversprechen vgl. vor allem Alchian, A.A.; Woodward, S. (1988), S. 66. Siehe auch Kaas, K.P. (1994), S. 249, der in diesem Zusammenhang von Kontraktgütern spricht.

2.3 Die Unsicherheit des Nachfragers als zentrales Problemfeld der Vermarktung konfigurationsbedürftiger Produkte

2.3.1 Aspekte der Nachfragerunsicherheit bei Vermarktungsprozessen

Unter Unsicherheit kann allgemein die Unkenntnis über die eintretende Zukunftslage verstanden werden.[50] Einbezogen sind damit nicht nur alle im vorhinein einer Entscheidung denkbaren zukünftigen Umweltlagen, sondern auch die, die zum Planungszeitpunkt übersehen bzw. als nicht relevant erachtet wurden.[51] Für die weitere Betrachtung soll der Begriff der Unsicherheit aufgrund seiner weiten Fassung gewählt werden. So kann der Nachfrager zwar eine gewisse Anzahl der mit einer Kaufentscheidung verbundenen zukünftigen Umweltkonstellationen abschätzen und auch gewisse Vermutungen über die Wahrscheinlichkeit des Eintretens der einen oder anderen Lage äußern, jedoch dürfte ihm die Berücksichtigung aller künftig denkbaren Umweltlagen oder die Angabe einer Wahrscheinlichkeitsverteilung über deren Eintreten kaum möglich sein.[52] Nachfolgend soll nun der Begriff der Unsicherheit in bezug auf die Markttransaktion zwischen Anbieter und Nachfrager vor dem Hintergrund der hier zu betrachtenden konfigurationsbedürftigen Leistungen näher spezifiziert werden.

Generell kann im Rahmen der Betrachtung von Austauschprozessen auf Märkten zwischen *Umweltunsicherheit* und *Marktunsicherheit* unterschieden werden.[53] Bezieht sich erstere auf ein Informationsdefizit in bezug auf die außerhalb des betrachteten ökonomischen Systems liegende Umwelt (auch exogene Unsicherheit), so beinhaltet die Marktunsicherheit einen unvollkommenen Informationsstand über die relevanten Marktbedingungen (endogene Unsicherheit),[54] z.B. über Preise und Qualität der Leistung.[55] Abstrahiert man von den vergleichsweise besser beschaffbaren Preisinformationen, ist unter Annahme nicht unentgeltlicher

---

50   Vgl. Schneider, D. (1995), S. 27.
51   Vgl. Aufderheide, D.; Backhaus, K. (1995), S. 51. Siehe auch Schneider, D. (1995), S. 27, der auch auf die vielfach unscharfe Begriffsverwendung der Unsicherheit sowie verwandter Begriffe hinweist, die sich zum Teil überlagern.
     Der Begriff des *Risikos* ist enger gefaßt, da er sowohl die Kenntnis der möglichen Umweltzustände als auch der Wahrscheinlichkeitsverteilung ihres Eintreffens umfaßt. Vgl. z.B. Brauchlin, E.; Heene, R. (1993), S. 35; Wöhe, G. (1986), S. 133.
     Ungewißheit beinhaltet hingegen die Kenntnis aller denkbaren Umweltlagen, lediglich der tatsächlich eintreffende Fall ist nicht bekannt. Kann keine Wahrscheinlichkeitsverteilung über die Umweltlagen angegeben werden, wird von Unsicherheit i.e.S. gesprochen, ist diese bekannt, liegt der Fall des Risikos vor. Vgl. Busse von Colbe, W., Laßmann, G. (1991), S. 35.
52   Vgl. auch die Argumentation von Plötner, O. (1995), S. 12.
53   Vgl. Hirshleifer, J.; Riley, J.G. (1979), S. 1377; Kaas, K.P. (1991a), S. 3.
54   Vgl. Hirshleifer, J.; Riley, J.G. (1979), S. 1377; Kleinaltenkamp, M. (1992), S. 55; Weiber, R.; Adler, J. (1995), S. 47.
55   Vgl. bereits Stigler, G.J. (1961), S. 213 ff. Siehe auch Hopf, M. (1983), S. 30 f.

18

Informationsbeschaffung hier vor allem eine Betrachtung der problematischeren Beur-
teilbarkeit der Qualität des Leistungsergebnisses vor dem Kaufabschluß und damit der Kosten
zur Überwindung der durch die Leistungseigenschaften determinierten Qualitätsunsicherheit
anzuschließen.[56] Angesprochen ist hier die auf *Nelson* zurückgehende Klassifikation von
Such- und Erfahrungseigenschaften (search qualities, experience qualities), die später durch
Darby/Karni um Vertrauenseigenschaften (credence qualities) erweitert wurde.[57] Ermöglichen Sucheigenschaften die Beurteilung der Produktqualität vor dem Kauf durch Inspektion,
so ist dies bei Erfahrungseigenschaften erst durch die Nutzung der Leistung, also nach dem
Kauf möglich. Hingegen ist die Qualitätsbeurteilung einer Leistung in bezug auf Vertrauenseigenschaften selbst nach Kauf und Nutzung nicht oder nur zu prohibitiv hohen Kosten möglich.[58] Diese Betrachtung zeigt zwei Aspekte auf. Einerseits wird tendenziell der Grad der
Unsicherheit des Nachfragers mit einer Verlagerung von Such- zu Erfahrungs- bzw. Vertrauenseigenschaften zunehmen.[59] Zum anderen stellt die Bedeutung von Informationsdefiziten
bei der Kaufentscheidung die Notwendigkeit der Informationsbereitstellung als zentrales
Element der Unsicherheitsreduzierung heraus.[60]

Nicht nur unvollkommene, sondern auch ungleich verteilte, asymmetrische Informationsstän-
de führen zudem zu *Verhaltensunsicherheiten* als zentraler Ausprägung der Marktunsicherheit, die die Gefahr des Ausnutzens von Informationsvorsprüngen gegenüber der schlechter
informierten Seite durch opportunistisches Verhalten beinhaltet.[61] Angenommen werden kann
dabei eine Informationsverkeilung,[62] die eine jeweils bessere Kenntnis der Marktpartner über
die eigenen transaktionsspezifischen Belange, insbesondere einen Informationsvorsprung über
den jeweils einzubringenden Kooperationsinput beinhaltet. Aufgrund des trotz der möglichen

---

[56] Vgl. Kaas, K.P. (1992), S. 31 f. Siehe auch Jacob, F. (1995), S. 150. Zu berücksichtigen ist dabei, daß
sich die Qualitätsunsicherheit nicht nur auf den funktionalen Nutzen im Sinne des Kernnutzens, also auf
den dem Produkt primär zugedachten Verwendungszweck, beziehen muß. Vielmehr kann sich Unsicherheit ebenso aus den damit in Verbindung stehenden finanziellen Implikationen der Leistungsnutzung
oder auch hinsichtlich psycho-sozialer Leistungsanforderungen ergeben. Vgl. dazu auch die im Rahmen
der Theorie des wahrgenommenen Risikos behandelte inhaltliche Risikodifferenzierung. Vgl. z.B. Beh-
rens, G. (1991), S. 124; Gerhard, A. (1995), S. 19 f.; Grunert, K.; Saile, H. (1979), S. 438.
[57] Vgl. Darby, M.R.; Karny, E. (1973), S. 67 ff.; Nelson, P. (1970), S. 311. Die Eigenschaften stehen dabei
nicht alternativ, sondern komplementär zueinander, so daß nicht von Such-, Erfahrungs- oder Vertrau-
ensgütern gesprochen werden sollte, sondern von primär durch die entsprechende(n) Eigenschaft(en) bestimmten Leistungen. Vgl. dazu Weiber, R.; Adler, J. (1995), S. 53 f.; Kaas, K.P. (1992), S. 31 ff.
[58] Vgl. z.B. Kaas, K.P. (1990), S. 543; Kotler, P.; Bliemel, F. (1992), S. 670; Zeithaml, V.A. (1984), S. 191
ff. Auf das Problem der intersubjektiv unterschiedlich wahrgenommenen Eigenschaften ein und desselben
Produktes weisen Weiber, R.; Adler, J. (1995), S. 60 hin.
[59] Vgl. z.B. Backhaus, K. (1992b), S. 22; Paul, M.; Reckenfelderbäumer, M. (1995), S. 228.
[60] Vgl. Weiber, R.; Adler, J. (1995), S. 60.
[61] Vgl. Kaas, K.P. (1991a), S. 4; Kleinaltenkamp, M. (1992), S. 55; Spremann, K. (1990), S. 562. Opportunistisches Verhalten meint die Verfolgung des Eigeninteresses durch List und bezieht sich im Zusammenhang mit Informationsasymmetrien vor allem auf das Verzerren, Verschleiern oder Verbergen von
Informationen. Vgl. Williamson, O.E. (1990), S. 54.
[62] Vgl. Gemünden, H.G. (1985), S. 30 f.; Kaas, K.P. (1991a), S. 4; Picot, A. u.a. (1996), S. 42.

Integration externer Faktoren naturgemäß vor allem durch den Anbieter zu leistenden Kooperationsinputs bestehen hier insbesondere nachfragerseitig Informationsdefizite. Diese beziehen sich sowohl auch die Beschaffenheit des Leistungsergebnisses, als auch auf die dieses determinierenden transaktionsspezifischen Verhaltensweisen des Anbieters. Vor dem Hintergrund dieser Erkenntnisse sollen nachfolgend die sich aus den leistungsspezifischen Besonderheiten konfigurationsbedürftiger Leistungen ergebenden Problembereiche der Vermarktung erläutert werden.

2.3.2 Die aus den Leistungscharakteristika konfigurationsbedürftiger Produkte resultierende Nachfragerunsicherheit

Die auf die konkreten Bedürfnisse des Nachfragers abgestimmte Produktkonfiguration impliziert, daß ein Leistungsversprechen vermarktet wird. Da die tatsächliche Ausprägung bzw. Qualität des Endproduktes zum Zeitpunkt des Vertragsabschlusses für den Nachfrager in bezug auf die physische Beschaffenheit nicht beurteilbar ist, dürfte dessen Kaufentscheidung bei konfigurationsbedürftigen Leistungen durch ein nicht unerhebliches Maß an Unsicherheit geprägt sein.[63] Zwar können noch z.B. etwa zu Präsentationszwecken bereitgestellte ähnliche Leistungsvarianten inspiziert werden (z.B. Kraftfahrzeuge) oder auch, wenn eigene Erfahrung etwa aufgrund der Wertigkeit der Leistung als Beurteilungskriterium ausscheidet (z.B. Eigenheim in Fertigbauweise, informations- oder fertigungstechnologische Systeme), Erfahrungen Dritter als Indikatoren für die zu erwartende Beschaffenheit des Leistungsergebnisses herangezogen werden. Auch mag die Versicherung der Einhaltung bestimmter Standards in bezug auf die eingesetzten Materialien bzw. Herstellungsverfahren die Qualitätserwartungen festigen.[64] Aufgrund der Individualität des Einzelfalles ist eine

---

63 Vgl. Backhaus, K.; Weiber, R. (1993), S. 72; Freiling, J.; Paul, M. (1995), S. 34; Kaas, K.P. (1994), S. 251; Kühnapfel, J. (1995), S. 25; Weiber, R.; Adler, J. (1995), S. 50. Die Bedeutung der Unsicherheit bei der Kaufentscheidung von CAD-Systemen stellen *Backhaus/Weiber* in einer empirischen Untersuchung heraus, in der die empfundene Unsicherheit der Nachfrager als zentrales Kriterium des Marktwiderstandes ermittelt wurde. Vgl. Backhaus, K.; Weiber, R. (1987), S. 70 ff. Siehe dazu auch die Studie von *Bauer/Bayon*, die in einer empirischen Überprüfung eines institutionenökonomischen Untersuchungsansatzes zur Beschaffung von Fertigungs-Sondermaschinen faktorenanalytisch die Unsicherheit über Konstruktionsprobleme beim Hersteller als eine zentrale Unsicherheitsdimension des Nachfragers ermittelten. Vgl. Bauer, H.H.; Bayon, T. (1995), S. 91.

64 Vgl. Kleinaltenkamp, M.; Marra, A. (1995), S. 110 und Gersch, M. (1995), S. 66 f. der die Bedeutung der Standardisierung als Möglichkeit zur Verbesserung der Qualitätsbeurteilung analysiert. Dabei kann genaugenommen der vertretenen Auffassung, Standards veränderten die spezifizierten Eigenschaften von Prozessen bzw. Teilergebnissen tendenziell zu Sucheigenschaften nicht uneingeschränkt gefolgt werden, da Standards im Grunde nur Indikatoren bzw. Verpflichtungen, also auch nur ein Leistungsversprechen, zur Einhaltung einer bestimmten Leistungsbeschaffenheit darstellen, deren konkrete Ausprägung im Einzelfall gerade angesichts nicht immer vollständig kontrollierbarer Leistungserstellungsprozesse nicht unbedingt der vorgegebenen Spezifikation vollständig entsprechen muß. Die durch Standards fest-

Qualitätsbeurteilung zum Zeitpunkt des Vertragsabschlusses letztendlich aber nicht möglich.[65] Die Unsicherheit des Nachfragers dürfte sich bei konfigurationsbedürftigen Produkten dabei sowohl auf die technisch-funktionalen Qualitäten einzelner Leistungskomponenten als auch auf den bestehenden Variationsspielraum hinsichtlich der Leistungskonfiguration beziehen. Angesprochen ist hier also primär die Fähigkeit und Willigkeit des Anbieters zur Erkennung der spezifischen Problemstellung und deren Umsetzung in eine individuelle Problemlösung unter Berücksichtigung der technischen Konfigurationsmöglichkeiten und -restriktionen. Zudem können sich aufgrund der zum Teil längere Zeiträume in Anspruch nehmenden Leistungserstellung die exogenen Rahmenbedingungen ändern und damit Umweltunsicherheit entstehen, die bei ungleicher Verteilung des Wissens unter opportunistischen Verhaltensannahmen wiederum zu Verhaltensunsicherheit führen kann.[66] Insbesondere bei höherwertigen Leistungsbündeln dürfte zudem die Bedeutung der Erfahrung zur Qualitätsbeurteilung zurücktreten,[67] so daß die Kaufentscheidung durch ein nicht unerhebliches Maß an Vertrauen in die Problemlösungsfähigkeit und Problemlösungswilligkeit des Anbieters geprägt sein wird, das im Backhausschen Verständnis des Systemgeschäftes[68] aufgrund der Sukzessivität der zu beschaffenden Systemleistungen zudem an Bedeutung gewinnen dürfte.

Obige Erörterung beinhaltet damit aber nichts anderes als das Problem der mangelnden physischen Verfügbarkeit zum Kaufzeitpunkt. Bei der hier detaillierter betrachteten Teilleistung der Akquisitionsberatung und der Angebotserstellung stellt die mangelnde physische Verfügbarkeit des Beschaffungsobjektes ein nicht unerhebliches Problemfeld dar, da nicht das inspizierbare Produkt, sondern lediglich ein Leistungsversprechen angedient werden kann.[69] Die mangelnde physische Existenz des Endproduktes konkretisiert sich dabei als Unsicherheitsquelle bei konfigurationsbedürftigen Leistungen wie folgt: Aufgrund des erst noch zu erstellenden Produktes können zunächst aus der Schwierigkeit der Abschätzbarkeit des Problemlösungswissens des Anbieters an der Potentialebene ansetzende Unsicherheiten auftreten.[70] Möglicherweise ist der Anbieter nur unzureichend in der Lage, die Problemsituation des Nachfragers zu erkennen bzw. dieser ein adäquates Lösungsangebot gegenüberzustellen. Bezogen auf die Prozeßdimension der Angebotserstellung wird die Nachfragerunsicherheit zudem konkret von der Verständlichkeit der Leistungszusammenstellung bzw. der um-

---

gesetzten Eigenschaftsausprägungen sind somit ein Leistungsversprechen und keine vor dem Kauf beurteilbare Sucheigenschaften, mögen allerdings in ihrer Wirkung Sucheigenschaften entsprechen.

[65] Vgl. Gersch, M. (1995), S. 67; Kleinaltenkamp, M.; Marra, A. (1995), S. 104.
[66] Vgl. Kaas, K.P. (1994), S. 251.
[67] Vgl. Schade, C.; Schott, C. (1992b), S. 12.
[68] Vgl. Kap. 2.1.
[69] Vgl. Kap.2.2.
[70] Vgl. Freiling, J.; Paul, M. (1995), S. 35.

fassenden Angebotsausarbeitung bestimmt. Diese wiederum kommt letztendlich im erstellten Angebot über die Nachvollziehbarkeit der Problemlösungseignung auf der Ebene des Teilleistungsergebnisses und die Vorstellungsmöglichkeiten von der zu erwartenden Leistung zum Ausdruck und wirkt damit auf das Unsicherheitsempfinden des Nachfragers.[71] Angesprochen ist hier nichts anderes als der wahrgenommene Komplexitätsgrad der Leistungszusammenstellung,[72] der sich auf die Kombinationsmöglichkeiten und -restriktionen der aus verschiedenen Einzelkomponenten mit unterschiedlichen Ausprägungsformen bestehenden Leistungsbündel bezieht und die Auswahl der im Bedarfsfall geeigneten Variante erschwert. Je geringer das Verständnis über das Zusammenwirken unterschiedlicher Komponenten oder über die zur Verfügung stehenden technisch konsistenten Kombinationen in bezug auf bestimmte Funktionsanforderungen an das Endprodukt ausfällt, desto höher wird tendenziell der Komplexitätsgrad der Leistungszusammenstellung empfunden.[73] Mangelnde Kenntnis des Nachfragers über diese technisch-anbieterspezifischen Aspekte führt damit zu Unsicherheit über die Problemlösungseignung der Angebotskonzeption und rückt das Vertrauen in den Anbieter stärker in den Vordergrund der Kaufentscheidung.

Beeinflußt werden kann das Unsicherheitsempfinden des Nachfragers durch die in den vorangegangenen Ausführungen bereits erörterte notwendige Integrativität, also die eigene Mitwirkung an der Leistungserstellung i.w.S.,[74] deren Art und Weise das Leistungsergebnis nicht unerheblich mitbestimmt.[75] Dies kann allerdings sowohl zur Reduzierung als auch zur Erhöhung von Nachfragerunsicherheit führen. Aus Sicht des Nachfragers kann zwar auf den Leistungserstellungsprozeß und dessen Ergebnis Einfluß genommen und damit die Unsicherheit über die Problemlösungseignung der Produktkonfiguration durch sein Einwirken in Richtung einer den vorliegenden Bedürfnissen entsprechenden Lösung reduziert werden. Allerdings kann ebenso, aufgrund der durch die Einbringung externer Faktoren bedingten schwierigeren Abschätzung des Ablaufs und der Ergebnisse der betrieblichen Prozesse im allgemeinen, Unsicherheit entstehen.[76] Dies kann im besonderen entweder als Ausdruck mangelnder Evidenz[77]

---

[71] Vgl. Freiling, J.; Paul, M. (1995), S. 35 f.
[72] Vgl. dazu ausführlich Kap. 6.2.2.2.
[73] Zwar dürfte sich bei den vornehmlich Gebrauchsgüter darstellenden konfigurationsbedürftigen Produkten die Qualität der Leistung zu großen Teilen auch erst im Rahmen der (mehrmaligen) Leistungsnutzung herausstellen. Damit würde auch die materielle Verfügbarkeit zum Kaufzeitpunkt die Nachfragerunsicherheit nicht vollständig reduzieren. Allerdings dürfte die Möglichkeit der visuellen Inspektion und gegebenenfalls probeweisen Nutzung einer individualisierten Problemlösung die bestehende Qualitätsunsicherheit nicht unerheblich mindern, da ein mehr oder weniger großer Teil der Produktbestandteile auf seine korrekte Beschaffenheit und Kombination zumindest visuell, möglicherweise auch durch Ausprobieren, überprüft werden kann.
[74] Vgl. Kap. 2.2.
[75] Vgl. Bruhn, M. (1995b), S. 21; Jacob, F. (1995), S. 52; Kleinaltenkamp, M. (1993b), S. 113; Paul, M.; Reckenfelderbäumer, M. (1995), S. 228; Peters, M. (1995), S. 49; Woratschek, H. (1996), S. 61.
[76] Vgl. Backhaus, K.; Weiber, R. (1993), S. 73; Kleinaltenkamp, M. (1995), S. 105; Paul, M.; Reckenfelderbäumer, M. (1995), S. 228.

in bezug auf generell geeignete Anbieter oder durch die Unkenntnis des Integrationsver-
mögens eines bereits kontaktierten Herstellers im Hinblick auf die Umsetzung der Bedürfnisse
in eine problemadäquate Leistung verstärkt werden.[78] Insofern wird ebenso zur Unsicherheit
über die Problemlösungseignung der Leistungszusammenstellung beigetragen. Der
Nachfrager kann die Problemlösungskompetenz des Anbieters erst im Verlauf des interaktiven Leistungserstellungsprozesses erkennen und ist zum Zeitpunkt der Beschaffungsentscheidung in bezug auf die Integration externer Faktoren ebenso auf das Vertrauen in den
Anbieter angewiesen.[79] Zusammenfassend kann sich die Unsicherheit über die Integrationsfähigkeit des Anbieters in diesem Kontext damit sowohl auf den Teilprozeß der Akquisitionsberatung und Angebotserstellung als auch auf die konkrete Umsetzung in das vertraglich
vereinbarte Endprodukt beziehen.

Angesichts der bestehenden Nachfragerunsicherheit kommt der glaubhaften Vermittlung von
Informationen über die Problemlösungseignung des angebotenen Leistungsspektrums nicht
unerhebliche Bedeutung zu. Die Erklärungsbedürftigkeit konfigurationsbedürftiger Produkte
läßt dabei die persönliche Verkaufsberatung als Instrument der Informationsbereitstellung eine zentrale Stellung einnehmen. Nachfolgend soll nunmehr zunächst die Bedeutung der persönlichen Verkaufsberatung für den Vermarktungserfolg konfigurationsbedürftiger Produkte
analysiert, gleichfalls aber auch damit verbundene Problemfelder und daran anknüpfende
Ansatzpunkte für den Einsatz computergestützter Angebotssysteme aufgezeigt werden.

---

[77] Vgl. dazu ausführlich Kap. 6.2.2.2.
[78] Vgl. Gersch, M. (1995b), S. 15; Paul, M.; Reckenfelderbäumer, M. (1995), S. 228.
[79] Vgl. Backhaus, K.; Weiber, R. (1993), S. 73.

3. Persönliche Verkaufsberatung als Instrument zur Vermarktung konfigurationsbedürftiger Produkte

3.1 Stellenwert der persönlichen Verkaufsberatung bei der Vermarktung konfigurationsbedürftiger Produkte

Ohne die spezifischen Ausprägungen der Aufgabenfelder des persönlichen Verkaufs im einzelnen erläutern zu wollen,[80] sollen die zentralen Aufgabenbereiche, die gleichzeitig Ansatzpunkte für die später analysierten Wirkungspotentiale computergestützter Angebotssyteme darstellen, kurz veranschaulicht werden. Generell unterschieden werden kann dabei zwischen einer auf den Markt bzw. konkret auf den Nachfrager und einer auf das Unternehmen gerichteten Perspektive.

Im Rahmen der den Schwerpunkt der Aufgabentätigkeit darstellenden marktgerichteten Aktivitäten steht neben der Durchführung logistischer Funktionen und der Pflege bestehender Geschäftsbeziehungen vor allem die im Vordergrund dieser Betrachtung stehende Erbringung von Akquisitionsleistungen.[81] Allgemein gilt es, den Nachfrager im Rahmen der Außendiensttätigkeit zu kontaktieren,[82] die vorliegende spezifische Problemsituation zu erfassen, geeignete Problemlösungsalternativen zu präsentieren und durch leistungsspezifische Informationen beratend und in Zusammenarbeit mit dem Nachfrager gemeinsam ein umfassendes Problemlösungsangebot mit dem Ziel der Erreichung des Kaufabschlusses zu entwickeln.[83] Aus Sicht des Kommunikationsprozesses ist der persönliche Verkauf gegenüber anderen Formen der Marktkommunikation insofern als besonders wirksam einzustufen, da der Verkaufsberater sich auf die individuelle Bedarfssituation des Nachfragers einstellen und seine Argumentation auf die Reaktionen des Kunden abstimmen kann.[84] Dabei kommt neben der Vermittlung rein leistungsbezogener Informationen vor allem auch dem persönlichen Element des Verkaufsgesprächs in bezug auf die Überzeugung des Nachfragers erhebliche Bedeutung zu.[85] Die persönliche Anbieter-Nachfrager-Interaktion ist zudem über den Kaufabschluß

---

80 Vgl. dazu z.B. Belz, C.; Bircher, B. (1991), S. 66; Encarnacao, J.L. u.a. (1990), S. 66 ff.; Ernd, W. (1991), S. 250; Hermanns, A. (1988), S. 266; Hinkel, M. (1986), S. 95 ff.; Sewing, E. (1994), S. 27 ff.
81 Vgl. Hinze, S. (1983), S. 147; Meffert, H. (1986), S. 482. Zur Einordnung der Akquisitionsberatung und Angebotserstellung in die Phasen einer Markttransaktion vgl. z.B. Fließ, S. (1996), S. 6 f.; Jacob, F. (1994), S. 164 ff.
82 Der Außendienst übernimmt die Erfüllung der Aufgabenbereiche des persönlichen Verkaufs außerhalb der Geschäftsräume des Anbieters. Vgl. Plinke, W. (1995), Sp. 119.
83 Vgl. z.B. Bergmann, H. (1995), S. 210; Hermanns, A. (1988), S. 266; Weis, H.C. (1995), S. 1980.
84 Vgl. Frischen, H. (1993), S. 86.
85 Vgl. z.B. Kühnapfel, J. (1995), S. 206; Hinkel, M. (1986), S. 89 f.; Weis, H.C. (1995), Sp. 1981 f.; Zeutschel, U. u.a. (1995), S. 66.

24

hinaus vor allem zur Reaktion auf kognitive Dissonanzen sowie zur Festigung der Geschäftsbeziehungen nicht zu unterschätzen.[86]
In bezug auf die zentralen Akquisitionsaufgaben des Verkaufsberaters bei der Vermarktung
konfigurationsbedürftiger Leistungen kann unterschieden werden zwischen der reinen Angebotserstellung und der darüber hinausgehenden Erbringung von Beratungsleistungen. Während sich die reine Angebotserstellung auf die Festlegung der technischen Spezifikation, die
Preisermittlung und die Zahlungs- und Lieferkonditionengestaltung bezieht, rückt bei erklärungsbedürftigen Produkten stärker die bedarfsspezifische Beratung und Informationsversorgung in den Vordergrund.[87] Diese kann sich je nach bereits vorhandenem Informationsstand, dem Stand des Kaufentscheidungsprozesses und des gewünschten Leistungsumfangs
beziehen auf

- die Präsentation des Leistungsspektrums im Überblick,
- die Durchführung einer detaillierten Analyse der Problemsituation zur Ableitung des
  konkreten Bedarfs,
- die Auswahl und Präsentation geeigneter Basislösungen (Grundtypen) und deren Feinabstimmung auf die individuelle Bedarfssituation,
- die Bereitstellung spezifischer Informationen über produkttechnische Details (z.B. Verwendungshinweise),
- Vorteilhaftigkeitsvergleiche zwischen unterschiedlichen Angebotsalternativen aus technischer und wirtschaftlicher Sicht zur Überprüfung der betriebswirtschaftlichen Sinnhaftig-
  keit der Beschaffung der zur Auswahl stehenden Alternativen,
- die Information über marktübliche Finanzierungsvarianten entweder als reiner Beratungsservice oder in Form eines konkreten Absatzfinanzierungsangebotes unter Prüfung der Inanspruchnahme öffentlicher Fördermittel,
- die Ausarbeitung eines umfassenden Problemlösungsvorschlages und die Erstellung des
  schriftlichen Angebotes.

Die zur Erbringung einer umfassenden Akquisitionsleistung notwendigen Beratungstätigkei-
ten offenbaren allerdings gleichsam die nicht unerheblichen Ansprüche an den Verkaufsberater. Im Rahmen der reinen produkttechnischen Beratung stellt sich für diesen das Problem,
aus den nachfragerindividuell differierenden Problemstellungen und deren Darstellung zunächst im Sinne einer Diagnose ein gedankliches Modell der Aufgabenstellung zu entwerfen.
In diesem Zusammenhang ist ebenfalls zu überprüfen, inwieweit ein vom Nachfrager bereits in
die nähere Auswahl einbezogenes Produkt auch tatsächlich den Erwartungen hinsichtlich der
Problemlösungsfähigkeit entspricht. Ist die Problemstellung durch die Bedarfsanalyse erkannt,

---

[86] Vgl. Ernd, W. (1991), S. 267 ff.; Hinkel, M. (1986), S. 89 f.; Weis, H.C. (1995), Sp. 1981 f.
[87] Vgl. Hermanns, A.; Flory, M. (1995a), S. 62 f.; Walter, G. (1995), S. 52.

gilt es, aus der Vielfalt der verfügbaren Komponenten und der generell als Lösungsalternative denkbaren Komponentenkombinationen in Interaktion mit dem Nachfrager die letztendlich bestgeeignete Variante zu ermitteln. Über fundierte Kenntnisse im ingenieurtechnischen Bereich hinaus erfordern etwa wirtschaftliche Vergleichsanalysen und die Entwicklung von Finanzierungsvorschlägen nicht unerhebliche betriebswirtschaftliche Kenntnisse. Schließlich ergeben sich zusätzliche Anforderungen aus der Abstimmung der Erläuterungen auf das individuelle Argumentationsniveau des Nachfragers. Weder sollte eine Unterforderung noch Überforderung des Gesprächspartners erfolgen. Dessen Geduld sollte nicht zu stark strapaziert, gleichwohl aber zu plausiblen und nachvollziehbaren Ergebnissen gelangt werden.[88]

Zudem ergeben sich unterschiedliche Anforderungen an die Beratung und Angebotserstellung aus den Charakteristika des Beschaffungsprozesses. Vergleicht man etwa eine Ein-Personen-Konsumentenentscheidung mit der Entscheidungsfindung im Rahmen eines Einkaufsgremiums (Buying Center),[89] so dürften sich die Beratungsanforderungen schon allein im Hinblick auf die Anzahl der Anspruchsträger unterscheiden. Ebenso dürften die Mitglieder eines Einkaufsgremiums höhere Anforderungen an das Beratungsniveau stellen als ein einzelner Konsument. Zwar will dieser im Hinblick auf die Bedarfsanalyse, die Produktkonfiguration, Vorteilhaftigkeitsvergleiche und möglicherweise auch Finanzierungsvorschläge nicht minder differenziert beraten werden. Allerdings dürfte im anderen Fall das geforderte Expertiseniveau insofern höher ausfallen, als das Beschaffungsobjekt einerseits durch die anstehende Weiterverarbeitung erhebliche technische Klärungen notwendig macht, die sich möglicherweise auch auf die Auswirkungen in späteren Wertschöpfungsstufen beziehen. Zum anderen handelt es sich bei den Mitgliedern des Einkaufsgremiums jeweils um Experten in ihrer Funktion, die ein ihrem Kenntnisstand entsprechendes Auskunftsniveau der Marktgegenseite erwarten. Im Rahmen der konventionellen Beratung und Angebotserstellung wird der Verkaufsberater diesen spezifischen Wünschen (z.B. detaillierte Vorteilhaftigkeitsvergleiche im Hinblick auf die zu erwartenden Nutzungskosten des Beschaffungsobjektes bei unterschiedlichen Einsatzbedingungen, Entwicklung eines Finanzierungsvorschlages unter Berücksichtigung der Inanspruchnahme öffentlicher Fördermittel) nur mittelbar und mit Verzögerung durch Rückgriff auf das Wissen unternehmensinterner Fachleute entsprechen können.[90] Die vollständige Ausarbeitung eines Angebotsvorschlages im Rahmen eines Gesprächstermins dürfte allerdings kaum möglich sein. Diese vielfältigen, durch die überwiegend technisch orientierten Beratungsfachleute ohne die Unterstützung Dritter kaum zu bewältigenden An-

---

88 Vgl. Lödel, D. (1994), S. 14 ff.
89 Vgl. Backhaus, K. (1992b), S. 60 ff.
90 Genau dieser Aspekt war z.B. eines der ausschlaggebenden Kriterien zur Entwicklung eines elektronischen Beratungsunterstützungssystems für die Nutzfahrzeugberatung bei Mercedes-Benz (Interview mit Vertretern der Mercedes-Benz AG, Stuttgart 1995).

forderungen zeigen damit einerseits den Stellenwert der persönlichen Verkaufsberatung bei der Vermarktung konfigurationsbedürftiger Produkte auf, offenbaren aber gleichzeitig bereits erheblichen Bedarf zur Unterstützung dieser umfassenden Tätigkeitsdurchführung.

Auf der anderen Seite erlangt im Zuge einer zunehmend marktorientierten Ausrichtung der Unternehmensführung die Erfassung von Marktinformationen zunehmende Bedeutung als Aufgabe des Verkaufsberaters.[91] Hier gilt es, Änderungen im sozio-politischen bzw. konkreten Wettbewerbsumfeld sowie in der Bedürfnisstruktur der Nachfrager zu erkennen, um durch die rechtzeitige Entwicklung adäquater Problemlösungen bzw. Anpassungen der Strategieausrichtung die Marktposition zu sichern und zukünftige Erfolgspotentiale zu erschließen.

Im Rahmen der Absatzbemühungen zur Vermarktung konfigurationsbedürftiger Leistungen nimmt die persönliche Verkaufsberatung damit bereits aufgrund der strukturellen Beschaffenheit der Produkte und der damit in Verbindung stehenden bereits aufgezeigten Vermarktungsprobleme eine zentrale Stellung ein.[92] Die Interaktion zwischen dem Vertriebsmitarbeiter und dem Nachfrager ermöglicht gegenüber einseitiger Informationsübermittlung, im gemeinsamen Gespräch Probleme zu diskutieren und Fragen zu klären.

Besondere Bedeutung kommt dabei den interaktionsspezifischen Vorteilen der persönlichen Kommunikation zu.[93] Der direkte unmittelbare Austausch, die Möglichkeit sich auf die Persönlichkeitsspezifika und die bedarfsspezifische Situation einzustellen bzw. sich unmittelbar an die jeweilige Kommunikationssituation anzupassen sowie die unmittelbare Wahrnehmung von Reaktionen des Partners und die Möglichkeit eigener Reaktion auf dessen Wünsche stellen hier zentrale Aspekte dar. Weiterhin lassen die Möglichkeit der Erklärung von Sachverhalten, angepaßt an das individuell verständliche Komplexitätsniveau, und auch die Beeinflussung des Ablaufs der Interaktion mit Blick auf die nachstehenden Vermarktungscharakteristika konfigurationsbedürftiger Produkte die Bedeutung einer persönlichen Kommunikationssituation unmittelbar einleuchtend werden.

Ansatzpunkt ist hier also die aus der Vielfalt der möglichen Komponentenkombination sich ergebende Erklärungsbedürftigkeit,[94] die zu erheblichen Verständnisproblemen über die zur Problemlösung geeignete(n) Produktalterntive(n) beim Nachfrager führen kann. Diese kann sich zum einen auf die generelle Eignung unterschiedlicher Konfigurationsalternativen, also technisch konsistente Komponentenkombinationen in bezug auf ihre grundsätzliche Problem-

---

[91] Vgl. Ernd, W. (1991), S. 250; Hermanns, A. (1988), S. 266; Hinze, S. (1983), S. 147; McQuarrie, E. (1995), S. 306; Meffert, H. (1986), S. 482.

[92] Vgl. zur Bedeutung des persönlichen Verkaufs bei erklärungsbedürftigen Leistungen z.B. Ernd, W. (1991), S. 248; Kühnapfel, J. (1995), S. 206; Meffert, H. (1986), S. 481; Niedetzky, H.M. (1988), S. 28; Plinke, W. (1995), Sp. 119; Specht, G. (1995), Sp. 2433; Weis, H.C. (1995), Sp. 1981.

[93] Vgl. z.B. Weis, H. C. (1995), Sp. 1980.

[94] Vgl. Kap. 2.2

lösungseignung im Sinne einer Ausgangsvariante, zum anderen aber auch auf die besondere Eignung einzelner Komponentenausprägungen im spezifischen Bedarfsfall im Detail im Zuge der Feinabstimmung beziehen. Besteht zudem die Möglichkeit der Inanspruchnahme öffentlicher Fördermittel, so beinhaltet die Ermittlung der für den Einzelfall geeigneten Fördermittelkombination unter Berücksichtigung möglicher auflagenbedingter Rückwirkungen auf die technische Leistungskonfiguration oder die gewählte Finanzierungsalternative einen weiteren iterativen Konfigurationsprozeß, der erfolgversprechend letztendlich nur im direkten persönlichen Austausch erbracht werden kann.

Deutlich wird in diesem Zusammenhang die Notwendigkeit eines intensiven persönlichen Abstimmungsprozesses zur konkreten Integration externer Faktoren in Form leistungsauslösender bedarfsspezifischer Informationen.[95] Dem Nachfrager wird damit eine Kommunikationsplattform geboten, die eine umfassende Befriedigung der individuellen Informationsbedürfnisse ermöglicht und eine bestmögliche Berücksichtigung der bedarfsspezifischen Anforderungen bei der Entwicklung einer individuellen Problemlösungsofferte bietet. Dabei ist nicht nur die schlichte Berücksichtigung einer Vielzahl bedarfsindividueller Anforderungskriterien von Bedeutung, wichtig ist ebenso ein Rahmen zur Reflexion und Diskussion, der die Möglichkeit des Abwägens und Überdenkens bereits vorgefaßter Meinungen über Bedarf und geeignete Produktvarianten durch detaillierte Analysen oder die Präsentation alternativer Konfigurationen einräumt. Verständnisprobleme, die sich etwa aus divergierenden Interpretationen eines Sachverhaltes ergeben, sollten ebenso unmittelbar geklärt werden können.

Kann durch die Deckung des leistungsspezifischen Informationsbedarfs des Nachfragers bereits teilweise die aus den Verständnisschwierigkeiten über die zur Problemlösung geeignete(n) Alternative(n) resultierende Unsicherheit reduziert werden, so beinhaltet die persönliche Interaktion zwischen Verkaufsberater und Nachfrager durch die Schaffung eines Vertrauensverhältnisses weiteres Potential zum Unsicherheitsabbau.[96] Von zentraler Bedeutung für den Vertrauensaufbau ist dabei die Glaubwürdigkeit des Kontaktpersonals.[97] Dabei geht es darum, eine Erwartungshaltung beim Nachfrager zu schaffen, die diesen überzeugt, auf opportunistisches Ausnutzen bestehender Handlungsspielräume zu verzichten. Je stärker die wahrgenommene Unsicherheit, desto größer wird tendenziell die Bedeutung des sozialen Austausches zum Vertrauensaufbau.[98] Gerade bei technisch komplexen Leistungsversprechen tragen verhandlungstaktisches Geschick und soziale Kompetenzen nicht unerheblich zum Vertrauensaufbau beim Nachfrager bei. Geboten ist ein hohes Maß an Sensibilität und situa-

---

95 Vgl. Bergmann, H. (1995), S. 210; Bruhn, M. (1995a), S. 173; Specht, G. (1995), Sp. 2433.
96 Zur Bedeutung des Vertrauens für Vermarktungsprozesse vgl. Plötner, O. (1995), S. 35 ff. Siehe auch Kühnapfel, J. (1995), S. 206.
97 Vgl. Bergmann, H. (1995), S. 211; Wilde, G. (1988), S. 143.
98 Vgl. Wikström, S. (1996), S. 362.

tivem Einfühlungsvermögen.[99] Zweifel über die letztendliche Problemlösungseignung des zum Zeitpunkt des Vertragsabschlusses lediglich in der Konzeption existierenden Produktes und insbesondere Unsicherheit über die Integrationsfähigkeit externer Faktoren und damit über die Eignung des gewählten Anbieters zur Problemlösung können durch eine kompetenzvermittelnde persönliche Interaktion abgebaut werden.

3.2 Problemfelder der persönlichen Verkaufsberatung bei der Vermarktung konfigurationsbedürftiger Produkte

Nach der Erörterung der Bedeutung der persönlichen Akquisitionsberatung für eine erfolgreiche Vermarktung konfigurationsbedürftiger Produkte sollen nachfolgend die zentralen Problemfelder der persönlichen Verkaufsberatung konfigurationsbedürftiger Produkte erarbeitet werden. Zwar beinhaltet die persönliche Verkaufsberatung, wie bereits aufgezeigt, nicht unerhebliches Potential zur Reduzierung bestehender Nachfragerunsicherheiten, gleichfalls können sich aber ebenso Problembereiche aus dem persönlichen Beratungsverhältnis ergeben, die mit den Leistungscharakteristika konfigurationsbedürftiger Produkte in Verbindung stehen und ihrerseits Unsicherheit beim Nachfrager erzeugen können. Neben diesen Implikationen der leistungsspezifischen Besonderheiten für den persönlichen Beratungs- und Angebotserstellungsprozeß existieren weitere Problembereiche der Vermarktung konfigurationsbedürftiger Produkte, die sich aus den allgemeinen Rahmenbedingungen der persönlichen Verkaufsberatung, insbesondere im Außendiensteinsatz, ergeben und zunächst den Ausgangspunkt der nachfolgenden Erörterung darstellen sollen.

3.2.1 Die Rahmenbedingungen der persönlichen Verkaufsberatung als Problemfeld

Die Notwendigkeit der bedarfsspezifischen Produktkonfiguration und individuellen Angebotserstellung, möglicherweise unter Einbeziehung individuell geeigneter Finanzierungsvorschläge, erfordert einen erheblich längeren Zeitbedarf und verlängert damit die Reaktionszeiten gegenüber der entsprechenden Leistungserstellung bei standardisierten Leistungen.[100] Diesen Markterfordernissen steht allerdings vor allem im Außendienst häufig das Problem einer nur vergleichsweise geringen verfügbaren tatsächlichen *Kontaktzeit* gegenüber.[101] Der hohe Umfang der nicht zum direkten Kundenkontakt gehörenden Tätigkeiten, wie z.B.

---

[99] Vgl. Domman, D. (1993), S. 751; Toemmler-Stolze, K. (1996), S. 64.
[100] Vgl. Böcker, J. (1995), S. 192 f.; Ernst, K.W. (1992), S. 122; Glomb, H.J. (1995a), S. 257; Lebsanft, E. (1992), S. 353.
[101] Vgl. Plinke, W. (1995), Sp. 120.

Vorbereitung der Kundenbesuche, Anreise zum Kunden, Kontaktnachbereitung und Berichterstellung, interne Besprechungen und sonstige Verwaltungs- und Routineaufgaben wirken hier kontraproduktiv.[102] Zudem liegen nachfragerseitig oft ungenaue oder unvollständige Informationen vor, gleichwohl soll aber ein möglichst detaillierter Angebotsvorschlag erstellt werden.[103] Berücksichtigt man einerseits die in einer empirischen Untersuchung im Investitionsgüterbereich ermittelte Erfolgsquote bei der Angebotsabgabe von ca. 12%,[104] wird die Notwendigkeit sowohl zur Rationalisierung der Vertriebsprozesse als auch zur Erhöhung der Beratungsqualität zur Differenzierung vom Wettbewerb besonders deutlich. Dies umso mehr als *steigende Personalkosten* bei sich tendenziell verkürzenden Arbeitszeiten die Situation weiter verschärfen[105]. Ein effektiverer Einsatz des Vertriebspersonals erscheint zudem insbesondere geboten, da bereits im Rahmen der Angebotsausarbeitung hohe Kosten entstehen, die, da für die Angebotserstellung in der Regel kein Entgelt am Markt durchsetzbar ist, nur im Falle des Auftrages gedeckt werden können.[106] Darüber hinaus führen *Mängel im Informationsfluß* zwischen der Unternehmenszentrale und dem Außendienst,[107] wie z.B. unvollständige, ungenaue oder verzögerte Informationsbereitstellung zu Behinderungen und Verzögerungen der Leistungserstellung. In bezug auf die unternehmensinterne Weiterverarbeitung generierter Auftrags- bzw. Marktdaten implizieren Verzögerungen des Informationstransfers nicht nur Fertigungsverzögerungen, sondern wirken in bezug auf die strategische Nutzung von Daten über aktuelle Trends oder Konkurrenzaktivitäten stark wertmindernd.[108] Vor allem aber vermindern veraltete bzw. unvollständige angebotsspezifische Daten marktseitig tendenziell die Beratungsqualität und verärgern durch Verzögerung der Angebotserstellung potentielle Kunden. Dies erscheint umso problematischer, als die zunehmende Leistungskomplexität das im Beratungsgespräch aus Gründen der Vollständigkeit notwendig *vorzuhaltende Informationsvolumen weiter erhöht.*[109] Über die rein mentale Bewältigung dieser Informationsflut hinaus ergibt sich hier die Notwendigkeit eines

---

[102] Unterschiedlichen empirischen Untersuchungen zufolge weist die tatsächliche Zeit für Kundenbesuche und Beratungsgespräche in der Regel weniger als ein Drittel der Arbeitszeit eines Außendienstmitarbeiters auf. Vgl. z.B. Gaul, W. u.a. (1993), S. 38; Hermanns, A. (1995), Sp. 366; Schwetz, W. (1993), S. 5. Wage, J. L. (1981), S. 45 ff. ermittelte in einer branchenübergreifenden Studie eine tatsächliche Beratungs- bzw. Verkaufszeit von 16 % (17 %) durchschnittlich in der Konsumgüter(Investitionsgüter)industrie.

[103] Vgl. Krause, F.L. u.a. (1993), S. 180.

[104] Vgl. Hampl, R. (1985), S. 18.

[105] Vgl. Bußmann, W.F.; Rutschke, K. (1996), S. 50; Dornis, P.; Herzig, A. (1992), S. 58 f.; Ernd, W. (1991), S. 249; Jacob, F. (1995), S. 97; Schwetz, W. (1988), S. 50.

[106] Vgl. Encarnacao, J. L. u.a. (1990), S. 50.

[107] Vgl. vor allem Encarnacao, J. L. u. a. (1990), S. 63; Dornis, P.; Herzig, A. (1992), S. 14; Gaul, W. u.a. (1993), S. 38; Kieliszek, K. (1994), S. 6; Niedetzky, H.M. (1988), S. 51. Zum Informationsfluß zwischen Unternehmenszentrale, Außendienst und Kunde vgl. ausführlich Encarnacao, J. L. (1990), S. 130 ff. Empirische Ergebnisse zu Problemen beim Informationsfluß zwischen Unternehmenszentrale und Außendienst finden sich bei Niedetzky, H.M. (1988), S. 46 ff.

[108] Vgl. Schwetz, W. (1988), S. 50.

[109] Vgl. Encarnacao, J.L. (1990), S. 130 ff.; Hünerberg, R.; Heise, G. (1995), S. 12.

effizienten Informationshandlings zur Entlastung der Verkaufsberater von der Informationsorganisation.[110]

Als Folge dieser Problemfelder leidet die Beratungsqualität nicht unerheblich. Vor allem wirkt
sich die vergleichsweise geringe effektive Beratungszeit zunächst kontraproduktiv auf das
Ziel der Individualisierung der Leistungserstellung aus. Insbesondere das infolge des Zeit-
mangels vielfach nur im Ansatz erfolgende Abwägen und Vergleichen unterschiedlicher Kon-
figurations- und Angebotsalternativen wirkt der Entwicklung einer den spezifischen Nachfragerbedürfnissen entsprechenden Problemlösung entgegen. Die Gewährleistung einer schnittstellenkongruenten Konfiguration läßt zudem in der Regel nur die simultane Berücksichtigung
weniger Anforderungskriterien des Nachfragers zu. Die Individualisierung der Leistungserstellung wird hierdurch ebenfalls nicht gefördert. Gleichermaßen leidet dadurch auch die Interaktion zwischen Verkaufsberater und Nachfrager. Anstelle der gemeinsamen dialogorientierten Entwicklung einer Problemlösung reduziert sich die Einbeziehung des Nachfragers in
vielen Fällen auf die Angabe der Bedarfskriterien und die Stellungnahme zur Endkonfiguration. Damit in Verbindung stehen auch Verständnisprobleme des Nachfragers über die bestehenden Möglichkeiten der technisch konsistenten Kombination der Komponenten zu einer
Problemlösung. Hier würde insbesondere eine schrittweise Vorgehensweise, die auf jeder
Konfigurationsstufe die für den nachfolgenden Schritt technisch zulässigen Komponenten
offenlegt, sich positiv auf die Transparenz der Produktkonfiguration und Angebotserstellung
auswirken. Von Vorteil wäre in diesem Zusammenhang auch der Einsatz von Visualisierungsmöglichkeiten, die über die in den üblicherweise verwendeten Konfigurationshandbüchern genannten technischen Angaben hinaus die jeweiligen Komponenten bzw. Zwischenlösungen unmittelbar veranschaulichen. Der Einsatz konventioneller Visualisierungsmöglichkeiten scheidet aufgrund des vorzuhaltenden Umfangs aber vielfach aus.
Diese Probleme der technischen Produktkonfiguration gelten in gleicher Weise für die Finanzierungsberatung. Angesichts des breiten Spektrums an Finanzierungsformen beinhaltet die
Entwicklung eines bedürfnisgerechten Finanzierungsvorschlages unter Berücksichtigung
alternativer Bestimmungsgrößen (z.B. Laufzeiten, Eigenkapital) eine anspruchsvolle Aufgabe,
die allein bereits einen Beratungstermin beanspruchen kann. Ist zudem die Inanspruchnahme
öffentlicher Fördermittel möglich, so sind zusätzlich die vielschichtigen Ge- und Verbote der
Fördermittelkombination zu beachten, deren Anforderungen möglicherweise wieder zu
Rückwirkungen auf die technische Produktkonfiguration führen.[111]
Zudem ist, sofern die Kaufentscheidung des Nachfragers auch von den mit der Nutzung des
Beschaffungsobjektes verbundenen Kosten abhängt, eine möglichst genaue Abschätzung der

---

[110] Vgl. Bless, H.J.; Matzen, T. (1995), S. 299.
[111] Vgl. ausführlich Kap. 6.2.2.2.1.

Nutzungskosten notwendig. Hier gilt es, die determinierenden Kriterien möglichst umfassend und simultan zu berücksichtigen und unterschiedliche Produktvarianten auf ihre Vorteilhaftigkeit gegeneinander abzuwägen. Modifiziert sich infolge dessen wiederum die technische Produktkonfiguration ist zusätzlicher Beratungsaufwand notwendig. Insgesamt erweist sich die persönliche Verkaufsberatung damit zwar als geeignetes Instrument zur Vermarktung konfigurationsbedürftiger Produkte. Angesichts der aufgezeigten Beratungsanforderungen beinhalten die Rahmenbedingungen der Verkaufsberatung aber gleichwohl Problemfelder, die der Entwicklung einer bedürfnisgerechten Problemlösung entgegen stehen.

3.2.2 Spezifische Probleme des persönlichen Beratungsverhältnisses

Erweitert man die Betrachtungsperspektive der aufgezeigten Problembereiche der Rahmenbedingungen der persönlichen Verkaufsberatung und leistungsspezifischen Problemfelder der Verkaufsberatung bei konfigurationsbedürftigen Produkten um die sich aus dem persönlichen Beratungsverhältnis resultierenden Verhaltensaspekte, so ergibt sich ein weiteres Problemfeld, das der Vermarktung entgegensteht. Diese spezifischen Einsatzprobleme der Verkaufsberatung beziehen sich insbesondere auf die mit den leistungsspezifischen Besonderheiten in Verbindung stehende Verhaltensunsicherheit des Nachfragers.

Ausgangspunkt der Überlegung in bezug auf zusätzliche Unsicherheitsaspekte im Rahmen der persönlichen Verkaufsberatung stellen deren Akteure dar, denen im vorgegebenen Handlungsrahmen unter der Annahme rationalen Verhaltens die Verfolgung des Eigeninteresses unterstellt werden kann. Gerade der im persönlichen Verkauf, insbesondere im Außendiensteinsatz bestehende und zur Anpassung an die individuellen Nachfragerbedürfnisse auch notwendige Freiheitsspielraum läßt die Verkaufsberatung zu einer nur teilweise kontrollierbaren Variable im Rahmen der Absatzbemühungen werden.[112] Gefördert durch die vielfach zu einem nicht unerheblichen Maße in Abhängigkeit vom quantitativen Absatzerfolg entlohnten Vertriebsmitarbeiter, erscheint die Vermeidung von Aktivitäten, die sich kontraproduktiv auf Menge und/oder Wert des Produktabsatzes auswirken können, durchaus einsichtig. Die Verwendung eines möglichst geringen zeitlichen Aufwandes für die Beratung und Angebotserstellung beim einzelnen Kunden bei gleichzeitiger Überzeugung von der Problemlösungsgerechtigkeit der entwickelten Offerte kann angesichts der zusätzlichen Aufgabenfelder des Verkaufsberaters[113] eine zentrale Bestrebung darstellen. Betrachtet man die persönliche

---

[112] Vgl. Hinze, S. (1983), S 148.
[113] Vgl. Kap. 3.1 und die angegebene Literatur.

Verkaufsberatung konfigurationsbedürftiger Produkte nun unter diesem Aspekt, so kann zunächst von einer Auftragnehmer-Auftraggeber-Beziehung zwischen Verkaufsberater und Nachfrager ausgegangen werden. Realistischerweise kann dabei von einer asymmetrischen Informationsverteilung zwischen den Transaktionspartnern in bezug auf die jeweils zu leistenden Transaktionsinputs ausgegangen werden. Diese kann aufgrund der sich daraus ergebenden Handlungsspielräume zur Eigennutzverfolgung zu Verhaltensunsicherheit[114] bei den Marktpartnern führen.[115] Austauschbeziehungen, die eine integrative Leistungserstellung mit Inputs beider Partner bei bestehenden Informationsvorsprüngen verlangen, können prinzipiell bilaterale Verhaltensunsicherheit der jeweils schlechter informierten gegenüber der besser informierten Seite in bezug auf die Bereitstellung der vereinbarten Leistungen beinhalten,[116] da zum Zeitpunkt des Vertragsabschlusses das Absatzobjekt noch nicht existiert und damit Handlungsspielraum für opportunistisches Verhalten der Vertragspartner entsteht.[117]

Dieser Aspekt hat bei der hier betrachteten Beratung und Angebotserstellung insofern Relevanz, als dieser Leistung zwar in der Regel kein Vertragsabschluß vorausgeht, die spezifische Leistungsgestaltung im Sinne einer Vorleistung aber Grundlage eines späteren Vertragsabschlusses über das nachgefragte Endprodukt darstellt. Insofern entsteht den Transaktionspartnern zwar ein dem Vertragsabschluß vorgelagerter, in seiner Wirkung aber für die Endprodukterstellung durchaus relevanter Handlungsspielraum, der sich im Rahmen der Akquisitionsberatung und Produktkonfiguration vor allem auf die Bereitstellung relevanter Informationen bezieht. Dabei ist in erster Linie nicht von einer Verhaltensunsicherheit des Verkaufsberaters mit Blick auf eine Informationszurückhaltung bzw. -verfälschung durch den Nachfrager auszugehen. Dieser dürfte vielmehr an einem möglichst problemadäquaten Angebotsvorschlag interessiert sein und wird insofern in dieser Transaktionsphase nicht mit einer Zurückhaltung von Leistungsinputs Gebrauch machen.[118]

Umgekehrt kann jedoch der am Vertragsabschluß interessierte Verkaufsberater unter Berücksichtigung einer als möglichst problemgerecht wahrgenommenen Angebotskonzeption

---

[114] Vgl. Kaas, K.P. (1991a), S. 4; Kleinaltenkamp, M. (1992), S. 55.

[115] Zur institutionenökonomischen Diskussion der im Rahmen von Auftragsverhältnissen auftretenden Ausprägungen asymmetrischer Informationsverteilungen und resultierender Unsicherheitskonstellationen im Rahmen des Principal-Agent-Ansatzes vgl. etwa Elschen, R. (1988), S. 248; Picot, A. (1991), S. 150 f.; Spremann, K. (1990), S. 561 ff.

[116] Vgl. Kaas, K.P. (1991a), S. 10.

[117] Vgl. Woratschek, H. (1996), S. 64. Auch Bergmann, H. (1995), S. 210 weist auf die in einer empirischen Untersuchung im Zusammenhang mit der Vermarktung von CIM-Systemen ermittelten Vorbehalte von Nachfragern hin, die eher einen am kurzfristigen Verkaufserfolg, denn an der mittel- bis langfristigen Problemlösung interessierten Verkaufsberater befürchteten.

[118] Grundsätzlich ist das Problem der Zurückhaltung externer Faktoren in dieser Phase allerdings nicht zu vernachlässigen, insbesondere wenn damit ein befürchteter Know-How-Abfluß bzw. die Bindung von Ressourcen seitens des Nachfragers in Verbindung steht. Vgl. Fließ, S. (1996), S. 12.

durchaus darauf bedacht sein, Informationsvorsprünge zur Reduzierung des dazu notwendigen Aufwandes auszunutzen und damit den Aufbau von Faktorspezifität möglichst gering zu halten. Dies erscheint insbesondere vor dem Hintergrund der sich an den Verkaufsberater stellenden zeitlichen Restriktionen als Verhaltensabsicht nicht unrealistisch. So kann er etwa seinen leistungsspezifischen Informationsvorsprung dahingehend ausnutzen, daß er eine vielfach verwandte und damit infolge von Erfahrungskurveneffekten in kurzer Zeit erstellbare Präferenzkonfiguration dem Nachfrager als individualisierten Lösungsvorschlag anbietet, obwohl eine genauere Beachtung der spezifizierten Bedarfskriterien bzw. eine vollständige Berücksichtigung der zur Leistungskonfiguration geeigneten Komponenten möglicherweise die bedarfsadäquate Lösung ergeben hätte. Können in der eingesparten Beratungszeit weitere Nachfrager erfolgreich beraten und damit das in der Regel zumindest anteilig erfolgsabhängige Einkommen gesteigert werden, erscheint derartiges Verhalten durchaus denkbar. Gleichfalls könnte der Verkaufsberater daran Interesse zeigen, den gegebenen Preisspielraum des Nachfragers durch das bevorzugte Angebot höherpreisiger Komponenten möglichst auszunutzen und damit das eigene provisionsabhängige Einkommen zu erhöhen. Dies umso mehr, als bei der üblicherweise im Anschluß an die technische Produktkonfiguration erfolgenden Angebotspreisermittlung die Beiträge der einzelnen Komponenten über die erstellte Stückliste möglicherweise zwar noch nachvollziehbar sind, der Preis alternativer Komponentenausprägungen aber verborgen bleibt. Wünscht der Nachfrager nachträglich zunächst noch eine preisgünstigere Variante bei einzelnen Komponenten, so wird die Umsetzung durch den Verkaufsberater vielfach doch unterbleiben, wenn aufgrund der Änderung der Abhängigkeitsbeziehungen zwischen den Konfigurationselementen eine vollständige oder teilweise Neukonfiguration notwendig ist oder dies vom Verkaufsberater vorgegeben wird. Ebenso können im Rahmen der Finanzierungsberatung anbieterseitig präferierte, für den Nachfrager aber suboptimale Finanzierungsvarianten bevorzugt offeriert werden. Auch hier erscheint eine Informationszurückhaltung nicht unrealistisch.

Die Entwicklung dieser Verhaltensweisen erweist sich insbesondere auch aufgrund eigener Unsicherheit des Verkaufsberaters als nicht abwegig. Derartige Verhaltensunsicherheit kann sich aus dem Charakter des Angebotes ergeben, das aus Sicht des Nachfragers in der Regel lediglich eine unter mehreren Optionen seiner Kaufentscheidung darstellt. Die Unterbreitung eines problemlösungsgerechten Angebotes muß nämlich nicht notwendigerweise dazu führen, daß der betreffende Anbieter auch den Auftrag erhält.[119] So kann der Nachfrager zwar einerseits durchaus gewillt sein, einer problemgerechten Offerte den Auftragsabschluß folgen zu lassen, er kann andererseits aber auch das im Zuge der Beratung und Angebotserstellung akquirierte produktspezifische Know-How entweder zur Selbsterstellung nutzen oder einen

---

[119] Vgl. Kleinaltenkamp, M. (1993b), S. 112.

möglicherweise ursprünglich weniger geeigneten, aber preisgünstigeren Anbieter durch entsprechenden Wissenstransfer zum adäquaten Problemlöser avancieren lassen.[120] Ebenso sind auch die Nutzung des Angebots zu rein informatorischen Zwecken bzw. die Aufschiebung der geplanten Kaufentscheidung denkbar. Aus Sicht des Verkaufsberaters und der anbietenden Unternehmung stellen die erbrachten Akquisitionsleistungen damit nichts anderes als Vorleistungen im Sinne spezifischer Investitionen dar, die nur in bezug auf den bestimmten Kunden ihren Wert besitzen und im Falle der Angebotsablehnung zu sunk costs werden,[121] da die Individualität des Einzelfalles die Verwendung in anderen Bedarfsfällen erheblich einschränkt. Bestrebungen zur Reduzierung des Aufwandes zur Erstellung dieser Leistung erscheinen insofern nicht unrealistisch.

Für den Nachfrager tendenziell unsicherheitsfördernd dürfte zudem die Einbeziehung sich sowohl auf das Integrationsvermögen als auch auf das Verhalten beziehender interpersoneller Aspekte wirken.[122] Da die Erbringung der Akquisitionsleistung an den nur schwer standardisierbaren Faktor Mensch gebunden ist, können interindividuell anzunehmende Unterschiede in bezug auf Verhaltensabsichten bzw. geistige Fähigkeiten zu Unsicherheit über die Kontaktierung des geeigneten Beraters führen. Dies dürfte vor allem dann relevant werden, wenn eine eindeutige Zuordnung des Vertriebspersonals zu Nachfragern (z.B. Verkaufsgebiete im Außendiensteinsatz) besteht und insofern keine Möglichkeiten des Beraterwechsels bestehen. Darüber hinaus sind durchaus auch intrapersonelle Varianzen in bezug auf die Qualität der Beratung und Angebotserstellung denkbar,[123] deren Unsicherheitswirkung auf den Nachfrager zwar mit zunehmender Anzahl der Beratungskontakte aufgrund bestehender Korrekturmöglichkeiten tendenziell abnehmen dürfte, insbesondere aber mit Blick auf befürchtete Schwachstellen bei den zentralen Phasen der Leistungskonfiguration dennoch bestehen bleiben dürften.[124] Trotz des nicht unerheblichen Potentials der persönlichen Verkaufsberatung zum Unsicherheitsabbau und zur Vertrauensbildung können sich somit gleichsam weitere Aspekte von Nachfragerunsicherheiten ergeben.

Die im einzelnen erörterten Facetten der leistungsspezifischen Besonderheiten konfigurationsbedürftiger Leistungen lassen damit insgesamt eine Beurteilung der bedarfsspezifischen Problemadäquanz des im erstellten Angebot abgegebenen Leistungsversprechens vor dem Kauf

---

[120] Vgl. Belz, C.; Bircher, B. (1991), S. 7.
[121] Vgl. Engelhardt, W.H.; Freiling, J. (1995), S. 41 f.
[122] Vgl. Corsten, H. (1986), S. 25 f.; Meyer, A.; Westerbarkey, P. (1995), S. 85.
[123] Vgl. z.B. Hilke, W. (1989), S. 27; Meyer, A.; Westerbarkey, P. (1995), S. 51; Peters, M. (1995), S. 51.
[124] Diese Überlegungen dürften vor allem für das von der Tagesform sicherlich nicht unabhängige Integrationsvermögen des Verkaufsberaters gelten, während Verhaltensabsichten insgesamt eher längerfristig angelegt sein dürften.

nicht unproblematisch erscheinen.[125] Das Vertrauen in den Hersteller bleibt hier ein zentrales Beurteilungskriterium der Kaufentscheidung des Nachfragers.[126] Für den Verkaufsberater stellt sich im Rahmen der Reduzierung des Unsicherheitsempfindens des Nachfragers das Problem, diesen nicht nur durch die Vermittlung umfassender Problemlösungskompetenz von der Leistungsfähigkeit, sondern durch die freiwillige Einschränkung bestehender Handlungsspielräume auch von seiner Leistungswilligkeit zu überzeugen und damit Vertrauen in bezug auf eine problemgerechte Leistungserstellung nicht nur aufzubauen, sondern auch zu begründen. Die Crux des für die Vermarktung konfigurationsbedürftiger Produkte sehr bedeutsamen Nachfragervertrauens liegt nämlich in seiner Stärke, da Vertrauen auch immer einen Aspekt der Unsicherheit und die Möglichkeit der Enttäuschung beinhaltet.[127] Zumindest unter zeitpunktbezogener Betrachtung beinhaltet die Vertrauenskonstituierung beim Nachfrager die Bildung einer auf die Nichtausnutzung bestehender Handlungsspielräume gerichteten Erwartung. Bezogen auf den Teilprozeß der Akquisitionsberatung und Angebotserstellung kann der Nachfrager nämlich in der Regel nicht nachprüfen, ob der Verkaufsberater hinreichende Anstrengungen zur Entwicklung einer individuellen Problemlösung unternommen hat. Auch wenn im Zuge der persönlichen Interaktion Vertrauen aufgebaut wurde, kann der Agent des Anbieters sich letztlich doch opportunistisch verhalten haben. Genau diese "Ohnmacht" des Nachfragers fördert zudem tendenziell die empfundene Unsicherheit, so daß für den Vermarktungserfolg Ansatzpunkte zu entwickeln sind, die die Glaubwürdigkeit des Anbieters verdeutlichen und das aufgebaute Vertrauen damit begründen. Besonders wirksam werden dabei solche Mechanismen sein, die auf eine Selbstbeschränkung im Sinne des Verzichts auf opportunistisches Verhalten zielen und den Nachfrager von einer wirklich auf die spezifische Bedarfslage ausgerichteten Angebotsentwicklung überzeugen.

3.3 Computereinsatz als Hilfsmittel zur Unterstützung der Verkaufsberatung bei der Vermarktung konfigurationsbedürftiger Produkte

Eine marktgerechte Erbringung der Leistungskonfiguration und Angebotserstellung erfordert damit einerseits die Reduzierung der sich aus den leistungsspezifischen Besonderheiten erge-

---

[125] Vgl. Engelhardt, W.H. u.a. (1993), S. 421; Freiling, J.; Paul, M. (1995), S. 34.
Dies dürfte besonders ausgeprägt sein bei Leistungen, die im Backhausschen Verständnis des Systemgeschäftes der sukzessiven Beschaffung einzelner Teilleistungen bzw. Teilsysteme unterliegen. Damit ist der Fall der Vermarktung von Systemtechnologien im Systemgeschäft angesprochen. Hier treten insbesondere bei relativ geschlossenen Systemen aufgrund der Bindungswirkung der gewählten Systemarchitekturen, vor allem bei noch nicht etablierten einheitlichen Marktstandards, Unsicherheiten in bezug auf das Bestehen des Herstellers am Markt im Hinblick auf die Deckung von Erweiterungsbedarfen auf. Vgl. Backhaus, K. u.a. (1994), S. 126 ff.

[126] Vgl. Bergmann, H. (1995), S. 211; Kleinaltenkamp, M. (1993b), S. 112.

[127] Vgl. Petermann, F. (1985), S. 9.

benden Unsicherheit des Nachfragers unter Einbeziehung der spezifischen Aspekte der persönlichen Beratungssituation, andererseits die Berücksichtigung der aus den aufgezeigten Rahmenbedingungen des persönlichen Verkaufs resultierenden Erfordernisse.[128]

Dabei werden sich vor allem diejenigen Anbieter im Wettbewerb behaupten können, die durch ein aktives Integrationskonzept gemeinsam mit dem Nachfrager ein individuelles und problemlösungsgerechtes Angebot zu entwickeln und dies dem Nachfrager auch glaubhaft zu vermitteln in der Lage sind.[129] Über das konkrete Produktangebot hinaus werden zunehmend die Professionalität und die wahrgenommene Qualität der Leistungserbringung an der Schnittstelle zu den Bedarfsträgern zum Wettbewerbsfaktor. Bevorzugt werden hier Ansprechpartner mit umfassenden Informationsgrundlagen und hoher Beratungskompetenz, die zugleich glaubhaft signalisieren können, ihre bestehenden Verhaltensspielräume nicht auszunutzen. Dabei sind für den Markterfolg nicht mehr nur überzeugende technisch-rationale Argumente notwendig.[130] Es kommt ebenso darauf an, die im Rahmen der Angebotserstellung offerierten Problemlösungsalternativen so zu präsentieren, daß der Kunde den Produktnutzen möglichst optimal wahrnehmen kann.[131] Es gilt, die Problemstellung des Nachfragers in einen adäquaten Angebotsvorschlag zu transformieren und durch die Bereitstellung selektiver, auf die konkrete Bedarfssituation bezogene, leicht verständliche leistungsspezifische Informationen den Interessenten von der Problemgerechtigkeit der Offerte und der Leistungsfähigkeit des Anbieters zu überzeugen. Durch die Unterstützung dieser Aufgaben des Verkaufsberaters durch den Computereinsatz können nicht unerhebliche Vorteilspotentiale erschlossen werden. Technischer Fortschritt im Software- und Hardwarebereich ermöglicht hier einerseits die computergestützte Durchführung von Beratungsanalysen, zum anderen die leicht verständliche Präsentation der ausgewählten Komponenten, Zwischenlösungen und letztendlichen Problemlösungskonfigurationen mittels unterschiedlicher medialer Darstellungsformen, insbesondere durch hochwertige Visualisierungstechniken. Gleichzeitig bietet die Funktionsübernahme von Aufgabenbereichen durch den Computer aber auch Ansatzpunkte zur Einschränkung des Handlungsspielraums des Verkaufsberaters als Zeichen für dessen Leistungswilligkeit.

Darüber hinaus sind Maßnahmen der Rationalisierung notwendig, um der Vertriebskostenentwicklung entgegenzuwirken und die Kapazität der Verkaufsberater effizienter und effekti-

---

[128] Vgl. Ernd, W. (1991), S. 249; Gersch, M. (1995), S. 83.
[129] Vgl. Hermanns, A.; Flegel, V. (1992a), S. 917; Specht, G. (1995), Sp. 2432.
[130] Vgl. Lödel, D. (1994), S. 105; Shaw, J. u.a.(1989), S. 50 f.
[131] Vgl. Kroeber-Riehl, W. (1992b), S. 80, 267.

ver nutzen zu können.[132] Die in der Produktion durch flexible Fertigungssysteme vielfach bereits erfolgte Reaktion auf differenzierte Nachfragerwünsche zur Realisierung einer kostengünstigen Endprodukterstellung steht im Rahmen der Akquisitionsleistungen häufig noch aus. Auch hier bietet der Computereinsatz aufgrund der höheren Informationsverarbeitungskapazität, der schnelleren Verfügbarkeit benötigter Informationen und der beschleunigten Durchführung administrativer Aufgaben unter Ausnutzung des Potentials der EDV-Integration erhebliche Verbesserungsmöglichkeiten. Insgesamt stellt der Einsatz der im folgenden erörterten computergestützten Angebotsyteme nicht unerhebliches Potential dar, die gegenläufigen Problemfelder miteinander in Einklang zu bringen und zur Bewältigung der aufgezeigten Probleme beizutragen.

[132] Vgl. Dornis, P.; Herzig, A. (1992), S. 20. Siehe dazu auch Hanser, P. (1995b), S. 49, der in einer branchenübergreifenden Studie (108 befragte Unternehmen) die Erhöhung der Effizienz, die bessere Ausschöpfung personeller Kapazitäten und die Erhöhung der Kundenorientierung als zentrale Aufgabenstellungen des Vertriebsmanagements ermittelte.

4. Computergestützte Angebotsformen zur Unterstützung der persönlichen Verkaufsberatung

4.1 Multimediale Angebotsunterstützungssysteme (AUS) im Kontext des computerunterstützten Vertriebs

Nachstehend erfolgt die Erörterung des Einsatzes multimedialer Angebotsunterstützungssysteme (AUS) im persönlichen Verkauf im Kontext der bisherigen unter dem Begriff des Computer Aided Selling (CAS) diskutierten informationstechnologischen Unterstützung des Vertriebs. Die aufgrund der zunehmend multimedialen Ausgestaltung dieser Systeme und des noch uneinheitlichen Begriffsverständnisses notwendige Auseinandersetzung mit den grundlegenden Charakteristika multimedialer Anwendungen dient als Überleitung zur Einordnung von AUS in die verschiedenen Einsatzmöglichkeiten dieser innovativen Technologie im Unternehmen. Dabei liegt der Betrachtungsschwerpunkt auch auf der Unterstützung unterschiedlicher Absatzaktivitäten, auf die im Rahmen der Diskussion der Wirkungspotentiale im Hinblick auf die synergetische Verwendung von AUS noch Bezug genommen wird.

4.1.1 Einordnung von AUS in die CAS-Terminologie

Die Einordnung von AUS in den Bereich der informationstechnologischen Unterstützung der Vertriebstätigkeiten erfordert zunächst eine Betrachtung des Mitte der achtziger Jahre durch die Anlehnung an die in der Fertigung bereits übliche Terminologie der C-Techniken geprägten Begriffs des Computer-Aided-Selling (CAS).[133] Es existiert allerdings noch kein einheitliches Begriffsverständnis der generell als informationstechnologische Unterstützung von Verkaufsprozessen verstandenen CAS-Konzeption.[134] Die bisherige Literaturdiskussion zeigt hier zwei unterschiedliche Ansatzrichtungen auf, die in der jüngeren Vergangenheit durch eine integrierende Fassung ergänzt wurden. Die erste Ausrichtung setzt an der Außendienststeuerung an.[135] Hier dient die Computerunterstützung vornehmlich der Steuerung und Kontrolle des Außendienstes. Da der Einsatz *mobiler* Computer nicht generell vorausgesetzt wird, rückt die Rolle der Vertriebsleitung hier stärker in den Vordergrund. Begriffe wie Außendienstunterstützungssystem[136] oder EDV-orientierte Außendienststeuerung[137] sind auch anstelle des Begriffs CAS geläufig. Die andere Richtung zielt darauf ab, den Au-

---

[133] Vgl. z.B. Hermanns, A. (1995), Sp. 365 ff.; Link, J.; Hildebrand, V. (1993), S. 94.

[134] Vgl. Link, J.; Hildebrand, V. (1994 c), S. 111.

[135] Vgl. z.B. die Anwendungen bei Gey, T.(1990); Giehl, M.; Mertes, H.J. (1985), S. 562 ff.; Glinz, M.; Dahlhoff, H.D. (1986), S. 159 ff.; Rauberger, S. (1989), S. 32 f.; Walter, G. (1995), S. 54 ff.; Zindel, M. (1989), S. 29 ff.

[136] Vgl. Encarnacao, J.L. u.a. (1990).

[137] Vgl. Gey, T.(1990)

ßendienstmitarbeiter durch den Einsatz mobiler Computer bei der Aufgabenerfüllung zu unterstützen, unter Einbeziehung der Informationsübertragung zwischen Innen- und Außendienst.[138] Hier steht also die direkte Marktwirkung des persönlichen Verkaufskontaktes im Vordergrund. In diesem Zusammenhang wird seit Mitte der achtziger Jahre unter CAS weitgehend der Einsatz mobiler Computer zur Außendienstunterstützung verstanden.[139] Es wird dabei auch von CAS im engeren Sinne gesprochen.[140] Der Außendienst wird in den unternehmensweiten Informationsfluß derart integriert, daß die dezentrale Aufgabenerfüllung durch die Bereitstellung geeigneter Dienste und aktueller Informationen im Zuge eines zweiseitigen Informationstransfers unterstützt wird.[141] Hier ist wiederum zu unterscheiden zwischen Anwendungen, die primär zur Optimierung der physischen Warenverteilung in den Distributionskanälen eingesetzt werden und Systemen, die stärker auf die produktspezifische Akquisitionsberatung ausgerichtet sind. Bei ersteren handelt es sich in der Regel um Weiterentwicklungen der den Ursprung der CAS-Systeme darstellenden und seit Beginn der 80-iger Jahre eingesetzten Geräte zur mobilen Datenerfassung (MDE), die über die Funktion der digitalen Erfassung und Übermittlung von Auftragsdaten per Datenfernübertragung in einer durch die interne Datenverarbeitung direkt weiterverarbeitbaren Form hinaus auch Beratungsleistungen für die Distributionspartner (z.B. Bereitstellung von Kennzahlen, Methoden zur Regalplatzoptimierung)[142] beinhalten können.[143] Die primäre Zielsetzung dieser Systeme besteht in der Rationalisierung der Verkaufsprozesse, insbesondere der Informationsübertragung zwischen Außendienst und Unternehmenszentrale. Gegenüber diesen vor allem zur Unterstützung des Vertriebs weitgehend homogener, in großer Zahl für den anonymen Bedarf produzierter Güter, eingesetzten Anwendungen dient die letztgenannte Systemausrichtung vornehmlich der Unterstützung der produktspezifischen Akquisitionsberatung und Angebotserstellung bei erklärungsbedürftigen Produkten.[144] Bei dieser Systemausrichtung ging der Einsatz vom technischen Vertrieb aus, der sich aufgrund des kontinuierlichen technischen Fortschritts der Produktentwicklung und der einhergehenden sehr hohen Änderungsrate der produktspezifischen Daten erhebliche Vorteile bei der Klärung technischer Detailfragen im Verkaufsgespräch versprach.

---

[138] Vgl. Flory, M. (1995), S. 151; Link, J.; Hildebrand, V. (1994c), S. 111; Mertens, P. (1991), S. 43. Nicht gemeint sind damit spezifische, in der Regel wissensbasierte Anwendungen, zur Unterstützung des Verkaufsberaters, die nach Eingabe persönlichkeitsspezifischer Daten des Nachfragers Empfehlungen für die Verhandlungsführung ableiten. Vgl. dazu z.B. Mertens, P. u.a. (1993), S. 63 f.
[139] Vgl. z.B. Hermanns, A.; Prieß, S. (1987), S. 11; Raab, P. (1985), Rauberger, S. (1989).
[140] Vgl. Lödel, D. (1994), S. 5. Zu weiteren Begriffsdefinitionen vgl. Kieliszek, K. (1994), S. 7 f.
[141] Vgl. Encarnacao, J. L. u.a. (1990), S. 6.
[142] Vgl. Frischen, H. (1993), S. 23.
[143] Vgl. z.B. Hermanns, A.; Prieß, V. (1987), S. 54 f.; Richter, B. (1989), S. 60 ff.; Schaffner, H. (1993), S. 13 ff.; Weis, H.C. (1993), S. 369 ff.; Zacharias, M. (1986), S. 69 ff.
[144] Vgl. dazu z.B. Bunk, B. (1992), S. 58 ff, Fischer, H. (1992), S. 61 ff.; Lebsanft, E. (1992), S. 351 ff.; Mertens, P. u.a. (1994), S. 291 ff; Müller, B. (1989), S. 23 ff; Thuy, N.H.C.; Schnuch, M. (1989), S. 48 ff.; Weindl, G. (1988), S. 76 f.

41

Nachfolgende Abbildung vermittelt zusammenfassend einen Überblick.

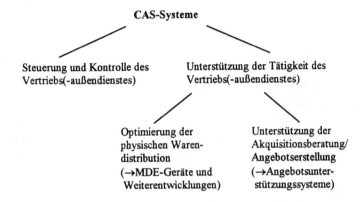

Abb. 2: Strukturierung der CAS-Systeme

Das integrierende Begriffsverständnis von *Link/Hildebrand* stellt hingegen umfassend auf die informationstechnologische Unterstützung von Planungs- und Abwicklungsaufgaben im Rahmen von Verkaufsprozessen von der Akquisitionsphase bis zum After-Sales-Stadium ab. Einbezogen wird hier die Gesamtheit aller Maßnahmen an zentraler und dezentraler Computerunterstützung für alle am Verkaufsprozeß direkt oder indirekt Beteiligten.[145]

Mit dem hier verwendeten Begriff des Angebotsunterstützungssystems soll angesichts der Uneinheitlichkeit des Begriffsverständnisses der Konkretisierung der Funktionalität der untersuchten Systemausrichtung gedient werden.[146] Es erfolgt damit die Ausrichtung an dem an

---

[145] Vgl. Link, J.; Hildebrand, V. (1993), S. 95. Zu einer ähnlichen Begriffsfassung vgl. Kieliszek, K. (1994), S. 8. Im Hinblick auf den ursprünglichen Einsatzbereich der computerbasierten Verkaufsunterstützung durchaus verständlich erscheint die enge Anlehnung an den persönlichen Verkauf, das Personal Selling. Hieraus dürfte auch die Begriffsverwandtschaft resultieren. Versteht man unter dem Begriff "selling" in seiner eigentlichen Wortbedeutung generell "verkaufen", unter "computer aided selling" also "computerunterstützter Verkauf", so erscheint allerdings angesichts der zunehmenden Entwicklung auch von Verkaufsunterstützungssystemen zur Nachfragerselbstbedienung (vgl. Kap. 4.1.3 und 7.3.1.1) diese enge Begriffsfassung nicht mehr gerechtfertigt. Dies gilt umso mehr, als Softwarebestandteile, die auf tragbaren Rechnern im persönlichen Verkauf eingesetzt werden, ebenso im Rahmen von Informationssystemen zur Nachfragerselbstbedienung verwandt oder in Datennetze eingespeist werden können und insofern ebenso der Verkaufsunterstützung dienen.

[146] Dabei stellt die Begriffsfassung keine Neuschöpfung dar. Vgl. z.B. Breuker, S. (1994), Lödel, D. (1994), die von Angebotssystemen sprechen. Siehe auch bereits Mertens, P. (1991), S. 43 f.

der Tätigkeit des Verkaufsberaters ansetzenden Begriffsverständnis. Der Schwerpunkt liegt bei den Anforderungen konfigurationsbedürftiger Produkte an die Akquisitionsleistung entsprechend im Bereich der Unterstützung der Beratung und Angebotserstellung. Der Begriff Angebotsunterstützungssystem fokussiert die Unterstützung des persönlichen Verkaufskontaktes in bezug auf die zentrale Tätigkeit der Angebotserstellung, die im Zusammenhang mit den hier betrachteten konfigurationsbedürftigen Produkten auch umfassende beratungsunterstützende Funktionen miteinbezieht. Damit werden administrative vor- bzw. nachgelagerte Tätigkeiten insoweit einbezogen, als sie der Unterstützung des Beratungskontaktes dienen. Dies beinhaltet im Rahmen der Planung und Vorbereitung der Gesprächskontakte sowohl die Unterstützung bei der Auswahl und Terminierung der durchzuführenden Besuche, als auch die Bereitstellung nachfrager- bzw. auftragsspezifischer Informationen. In bezug auf die Gesprächsnachbereitung bezieht sich die Betrachtung vor allem auf die Entlastung der Berichterstattung durch das elektronische Berichtswesen. Hier können bei in die EDV-Infrastruktur integrierten Anwendungen erhebliche Vorteilspotentiale mit Blick auf die Bereitstellung aktueller Marktinformationen im Unternehmen erzielt werden.

Die Ausgestaltung der Systemfunktionalität in bezug auf die den Schwerpunkt der Analyse darstellende Unterstützung der Beratung und Angebotserstellung ergibt sich aus den Wesensmerkmalen konfigurationsbedürftiger Produkte. Aufgrund der hohen Komplexität und Erklärungsbedürftigkeit ist ein hoher Informationsbedarf des Nachfragers und ein problemorientierter Dialog im Rahmen des persönlichen Verkaufsgesprächs zu erwarten.[147] Multimediale AUS beinhalten hier nicht unerhebliches Potential sowohl zur Erhöhung der Qualität des Beratungsangebotes, als auch zur Rationalisierung der zur Beratung und Angebotserstellung notwendigen Teilleistungen. In diesem Zusammenhang ergeben sich gegenüber der mittels konventioneller Verkaufshandbücher sehr zeitaufwendigen Kombination der Einzelelemente durch wissensbasierte Anwendungen im Rahmen der Bedarfsanalyse und Produktkonfiguration erhebliche Rationalisierungspotentiale. Gleiches gilt für die Zusammenstellung nachfragerspezifischer Finanzierungsvorschläge unter Berücksichtigung möglicherweise in Anspruch zu nehmender Fördermittel, die Kalkulation des Angebotspreises bzw. die Durchführung technischer oder wirtschaftlicher Vergleichsanalysen. Besondere Bedeutung kommt in bezug auf die Erklärungsfähigkeit der multimedialen Ausgestaltung der Applikationen[148] zu. Die Aufbereitung produktspezifischer Informationsinhalte in unterschiedlicher medialer Form in einem elektronischen Produktkatalog beinhaltet erhebliches Potential zur verständnisfördernden Visualisierung komplexer Sachverhalte oder schwierig erklärbarer

---

[147] Vgl. Bless, H.J.; Matzen, T. (1995), S. 308; Hermanns, A. Flory, M. (1995a), S. 62 f.
[148] Unter Applikation ist eine problem- bzw. aufgabenspezifische Softwarelösung zu verstehen. Vgl. Silberer, G. (1995b), S. 5.

Funktionszusammenhänge.[149] Der interaktive Systemcharakter fördert zudem die Berücksichtigung selektiver Informationsbedürfnisse des Nachfragers.[150] Insgesamt kann durch den Einsatz von AUS zum einen den Bedürfnissen des Verkaufsberaters und des Anbieters durch Potentiale zur Rationalisierung der Prozeßabläufe, zum anderen durch die unsicherheitsreduzierenden Potentiale zur Steigerung der Beratungsqualität ebenso den Bedürfnissen des Nachfragers entsprochen werden und damit letztendlich wiederum Vorteilspotentiale für den Anbieter erreicht werden.[151]

Die maßgeblich die hier erörterten Wirkungspotentiale von AUS beeinflussende multimediale Ausgestaltung der Systeme sowie das (noch) heterogene Begriffsverständnis der Terminologie machen damit zunächst die Auseinandersetzung mit den zentralen Wesensmerkmalen der Multimedialität und Interaktivität notwendig.

4.1.2 Bedeutung von Multimedialität und Interaktivität für die Informationsvermittlung

"Multimedia" bedeutet aus Sicht des Informationsnachfragers ein auf die Verwendung mehrerer Medien[152] gerichtetes Integrationskonzept zur Informationsvermittlung.[153] Diese Medienintegration auf der Verarbeitungsebene ermöglicht die Kombination und Auswahl von Informationseinheiten unterschiedlicher medialer Art aus einem vom Informationsanbieter festgelegten Informationspool. Dabei kann es sich um zeitunabhängige statuarische Medien (z.B. Text, Graphik, Standbild) bzw. um zeitabhängige transitorische Medien (z.B. Bewegtbild (Video) und -graphik (Animation), Ton (Audio) handeln.[154] Prinzipiell können die Medien

---

149 Vgl. z.B. Delpho, H. (1994), S. 22; Messina, C. (1993), S. 19 f.; Wolff, M.R. (1993), S. 10.
150 Vgl. Bless, H.J.; Matzen, T. (1995), S. 308.
151 Vgl. Bless, H.J.; Matzen, T. (1995), S. 308.
152 Ein Medium wird allgemein als Mittel zur Darstellung von Informationen definiert. Vgl. Baldi, S. u.a. (1993), S. 40; Hünerberg, R.; Heise, G. (1995), S. 3; Steinmetz, R.; Herrtwich, R.G. (1991), S. 249. Vgl. ausführlich zu den einzelnen Medien Baldi, S. u.a (1993), S. 42 ff.
153 Vgl. Bernold, T. u.a (1992), S. 241; Bialetzki, J. (1993), S.13; Delpho, H. (1994), S. 22; Denger, K.; Wirtz, B. (1995), S. 21; Fink, D.H.; Meyer, N. (1995), S. 468; Frischen, H. (1993), S. 6; Hermanns, A.; Suckrow, C. (1993), S. 106; Johannsen, G. (1993), S. 468; Messina, C. (1993), S.19 f.; Pfadler, W. (1994), S.51; Silberer, G. (1995b), S. 4; Steinbrink, B. (1992), S. 20; Szuprowicz, B. O. (1991), S. 59 f.; Wildhack, R. (1993), S. 23; Wolff, M.R. (1993), S. 10. Multimedia-Systeme können in Entwicklungs- und Anwendungssysteme unterschieden werden. Erstere dienen der Erstellung der Software-Applikationen der Anwendungssysteme, auf die sich die Betrachtung der hier zum Zwecke der Informationsübermittlung und Angebotsunterstützung behandelten Systeme beschränkt. Vgl. Silberer, G. (1995b), S. 5.
154 Vgl. Bullinger, H. J. u.a.(1992), S. 6; Hünerberg, R.; Heise, G. (1995), S. 3; Koller, F. (1992), S. 3; Schierl, T. (1996), S. 44; Schönhut, J. (1992), S. 26. Jedes Medium definiert Darstellungswerte in Darstellungsräumen (z.B. Papier, Bildschirm), die sich an die menschlichen Sinne richten. Darstellungswerte dienen der Informationsrepräsentation der Medien. Bilder erfordern Text, Bild und Sprache eine erlernte Symbolik zur Umsetzung der zunächst als Reiz wahrgenommenen Signale in Informationen. Jeder Darstellungsraum verfügt über Dimensionen (z.B. beansprucht ein Bildschirm zwei Dimensionen, Ste-

zum einen durch ihre simultane Kombination synchron (z.B. sprachliche Erläuterungen zu einer Graphik), als auch durch Auswahl des gewünschten Mediums alternativ und selektiv (z.B. Text statt Sprachanmerkungen als Hintergrundinformation) zur Übermittlung von Informationsinhalten eingesetzt werden.[155] Die Länge und Häufigkeit der Darstellung der einzelnen Informationseinheiten wird durch den Benutzer bestimmt. Multimedia vereinigt die Vorteile statuarischer und transitorischer Medien, indem über die Verbreiterung des dem Betrachter verfügbaren Medienspektrums hinaus die bei konventionellen, auf zeitabhängigen und damit "flüchtigen" Medien basierenden, kommunikationspolitischen Maßnahmen fehlende Möglichkeit der Betrachtungswiederholung sowie die Darstellung eines Sachverhaltes in unterschiedlicher medialer Aufbereitung eingeräumt wird und damit vor allem das Verständnis komplexer Informationsinhalte verbessert werden kann.[156]

Selbst bei der hier erfolgten Einschränkung auf die Anwenderperspektive kommt dem Begriff "Multimedia" der Charakter eines Oberbegriffes zu, unter dem sich ein allgemein anerkanntes Begriffsverständnis noch nicht durchgesetzt hat.[157] Im quantitativen Verständnis der Wortbedeutung im Sinne einer Aneinanderreihung von Medien kann bereits die Kombination mindestens zweier Medien (z.B. Text und Bild) den Anspruch der Multimedialität erheben.[158] Im einem enger gefaßten, eher qualitativen Begriffsverständnis wird erst bei Einbeziehung zeitunabhängiger und zeitabhängiger Medien (Bewegtbild /-graphik oder Audio) von Multimedia gesprochen. Dabei soll das System in der Lage sein, Informationen über mehr als ein Medium unabhängig verarbeiten zu können und damit die Informationen in beliebiger Form zu präsentieren (z.B. Abgrenzung von einem Videorecorder).[159] Zentrales Abgrenzungskriterium ist demnach der Grad der Fixierung der medialen Aufbereitung der Informationsbereitstellung. Bei konventionellen Anwendungen ist dieser durch die fest definierte Medienkombination hoch, bei interaktiven Multimedia-Systemen aufgrund der bestehenden Wahlfreiheit des medialen Informationsabrufs erheblich geringer. Im Hinblick auf die hier zum

reophonie dagegen eine räumliche Dimension), die durch die zeitliche Dimension ergänzt werden. Dabei können zum einen Medien aus zeitunabhängigen Werten (diskrete Medien) von Medien aus zeitabhängigen Werten (kontinuierliche Medien) unterschieden werden. Vgl. dazu Steinmetz, R.; Herrtwich, R.G. (1991), S. 249 f.

[155] Vgl. Hansen, H.R. (1992), S. 801; Hermanns, A.; Suckrow, C. (1993), S. 106; siehe auch Bernold, T. u.a. (1992), S. 290.

[156] Vgl. Schierl , T. (1996), S. 44.

[157] Vgl. Dustdar, S. (1995), S. 378; Jaspersen, T. (1993), S. 445; Johannsen, G. (1993), S. 469 f.; Kob, U. (1995), S. 10; Meyer, J.A. (1994), S. 307. Abzugrenzen ist hier ebenfalls von der Multimodalität. Beziehen sich Medien auf die Darstellung von Informationen, so beinhaltet die Modalität die Art und Weise der sinnlichen Wahrnehmung der Informationen. Multimodalität beinhaltet also die Wahrnehmung der kommunizierten Informationsinhalte über mehrere Wahrnehmungskanäle (z.B. Akustik, Optik). Vgl. z.B. Gellersen, H.W.; Mühlhäuser, M. (1995), S. 146.

[158] Vgl. Bernskötter, H. (1995), S. 372; Hünerberg, R.; Heise, G. (1995), S. 3; Meyer, J.A. (1994), S. 307. Im Falle zweier Medien müßte genaugenommen von Bimedialität gesprochen werden.

[159] Vgl. Steinmetz, R. (1993), S. 14 ff.; Steinmetz, R.; Herrtwich, R.G. (1991), S. 250. Vgl. auch Berndt, O. (1992), S. 9. Andernfalls könnte bereits ein Fernsehgerät als Multimedia-System verstanden werden. Vgl. Frischen, H. (1993), S. 6.

45

Zweck der Angebotspräsentation untersuchten Anwendungen erscheint tendenziell letztgenannter Aspekt zur Begriffseingrenzung geeignet. Das auf die Einbeziehung zeitkritischer Medien abstellende Verständnis würde computergestützte Anwendungen zur Angebotspräsentation im persönlichen Beratungsgespräch, bei denen etwa die Einbeziehung von Audio bzw. Bewegtbild und -graphik nicht unbedingt als zweckmäßig erachtet wird, aber alternative oder kombinative Informationsdarbietung durch Text, Bild und Graphik durchaus möglich ist, aus den multimedialen Anwendungen ausgrenzen.[160] [161]

Interaktivität[162] bedeutet Fähigkeit zur Wechselwirkung und kennzeichnet im Zusammenhang mit informationsverarbeitenden Systemen den wechselseitigen Informationsaustausch zwischen Mensch und Maschine.[163] Interaktivität impliziert zwar Dialogfähigkeit,[164] unterscheidet sich aber von der Interaktion im Sinne des sozialen Austausches. Interaktion meint das aufeinander bezogene Handeln mehrerer Personen unter Einbeziehung gegenseitiger Verhaltenspläne und der Steuerung des Verhaltens sowohl nach eigenen Vorstellungen als auch als Reaktion auf die vorangegangene Interaktion.[165] Dies impliziert damit einen Lernprozeß, der in der sozialen Interaktion mit jeder Aktualisierung der Handlung ausgebildet oder verändert wird.[166] Der interaktive Austauschprozeß mit den Informationsverarbeitungssystemen zur Leistungspräsentation und Beratungsunterstützung auf dem heutigen Stand der Technik beinhaltet diese Möglichkeit auf Seiten des Systems allerdings nicht, sondern suggeriert basierend auf der enormen Speicherkapazität und der aus der Datenverarbeitungskapazität der Computertechnologie resultierenden Vielfalt und Komplexität der Abfragemöglichkeiten letztendlich nur eine Interaktion.[167] Anstelle wirklicher Reaktionen, resultierend aus echter Erkenntnis, werden lediglich regelbasierte Selektionen innerhalb eines vorgegebenen Infor-

---

[160] Dies impliziert zwar bereits die Fähigkeit zur Interaktivität als weiteres zentrales Charakteristikum multimedialer Anwendungen, jedoch sollen, da Interaktivität umgekehrt nicht zwingend Multimedialität impliziert, die Begriffe hier im einzelnen dargestellt werden.

[161] Eine bereits 1991 in Großbritannien durchgeführte branchenübergreifende Studie stellte in bezug auf die gewünschte mediale Präsentationsform der Anbieter heraus, daß bei 95 % aller sich für multimediale Präsentationen eignenden Produkte Videosequenzen zur Verdeutlichung des Nutzen des Angebotes *nicht* als zwingend erforderlich angesehen wurden. Ein Großteil verlangte jedoch qualitativ hochwertige Einzelbilder des Produktes bzw. einzelner Bestandteile. Vgl. Pidduck, D. (1991), S. 62. Ein ähnliches Ergebnis weist eine Untersuchung der Kundenanforderungen an die mediale Gestaltung elektronischer Produktkataloge auf. Hier wurden von 76% bzw. 69% der Befragten Graphik- bzw. Bilddarstellungen als sinnvoll erachtet, Audio- und Videoinformationen aber nur von 9% bzw. 8% der Probanden gefordert. Vgl. Hermanns, A.; Flory, M. (1995b), S. 401.

[162] Vgl. z.B. Flory, M. (1995), S. 62; Hermanns, A.; Suckrow, C. (1993), S. 106; Silberer, G. (1995a), S. 4; (1995b), S. 87; Berndt, O. (1992), S. 9.

[163] Vgl. Fink, D.H. (1995), S. 470; Geiser, G. (1990), S. 141; Johannsen, G. (1993), S. 471.

[164] Vgl. Johannsen, G. (1993), S. 471; Staub, U. (1988), S. 12.

[165] Vgl. Piotrowski, U. (1976), S. 9 f.

[166] Vgl. Becker, L. (1994), S. 249.

[167] Vgl. Becker, L. (1994), S. 250.

mationspools und definierte Interaktionsmechanismen im Sinne vorgefertigter Verhaltensweisen angeboten.

Die Interaktivität multimedialer Informationssysteme stellt damit die Voraussetzung für die Informationsvermittlung an der Mensch-Maschine-Schnittstelle dar und beinhaltet die Möglichkeit der assoziativen Befragung durch den Systemnutzer, also des selektiven und individuellen Abrufs der in unterschiedlicher medialer Form gespeicherten Informationsinhalte.[168] Je nach Konzipierung der Anwendung kann der Benutzer die Reihenfolge der präsentierten Informationen, die Medien zur Präsentation der Informationsinhalte und die gewünschte Informationstiefe bzw. -breite und die Geschwindigkeit des Informationsabrufes selbst bestimmen.[169] Interaktivität eröffnet damit die Möglichkeit einer dialogischen Wechselbeziehung zwischen Mensch und Computer, die den Anwender in eine direkte Austauschbeziehung mit dem Informationssystem treten läßt und ihn stärker in die Informationsvermittlung integriert.[170] Durch die Entscheidung über die jeweils abgefragten Informationsinhalte Schritt für Schritt tritt er als aktiver Teilnehmer aus der Rolle des passiven Informationskonsumenten heraus.[171] Gegenüber konventioneller Werbung etwa erlaubt die selbstbestimmte Informationsdarstellung auf unterschiedlichen Abstraktionsebenen dem Nachfrager eine höhere Informationsautonomie. Der Ablauf der Informationsdarstellung[172] kann nunmehr durch den Benutzer gesteuert werden, losgelöst von der Sichtweise der Präsentationsgestaltung des Informationsanbieters. Durch den selbstbestimmten Informationsabruf aus der vorgegebenen

[168] Vgl. Bernskötter, H. (1995), S. 372; Frischen, H. (1993), S. 6; Hünerberg, R.; Heise, G. (1995), S. 4.

[169] Vgl. Jarzina, K. R. (1995), S. 42. In diesem Zusammenhang unterscheidet Backhaus, H.; Glomb, H.J. (1994b), S. 7 f. folgende Interaktivitätsstufen.

- Ein/Aus-Interaktivität: Der Nutzer entscheidet hier lediglich, ob die Informationsbereitstellung genutzt werden soll oder nicht.

- Start-Interaktivität: Der Nutzer erhält Vorabinformationen, z.B. Text, auf dessen Basis er über die Programmnutzung entscheidet.

- Menü-Interaktivität: Der Nutzer muß sich an die zu bestimmten Informationsgebieten (z.B. Produkte) vorgegebene Menüablaufstruktur halten. Er kann sie verlassen und erneut z.B. zur Abfrage anderer Informationen zu ihr zurückkehren.

- Steuerungs-Interaktivität: Der Nutzer hat die Möglichkeit innerhalb eines kompletten Informationsprogramms frei zu navigieren. Diese Dialogsteuerung umfaßt neben Wiederholung, Vor- und Rücksprung die zielgerichtete Suche nach Themenkomplexen, den Abruf von Hilfen oder Empfehlungen sowie das wunschgemäße Blättern in interessierenden Informationskomplexen.
Da in dieser Arbeit unter dem Begriff Interaktivität Dialogfähigkeit verstanden wird und damit möglichst eine Annäherung an die Anforderungen der menschlichen Kommunikation erreicht werden soll, wird hier und im folgenden unter Interaktivität nur die letztgenannte Variante verstanden. Im übrigen sei auf die Ausführungen zur Eingrenzung von Multimedia-Systemen verwiesen.

[170] Vgl. Silberer, G. (1995b), S. 4; siehe auch Bernold, T. u.a. (1992), S. 289.

[171] Vgl. Baldi, S. u.a. (1993), S. 40; Bernold, T. u.a. (1992), S. 291; Hoffmann, D.L.; Novak, T.P. (1996), S. 52; Hünerberg, R.; Kulla, B. (1995), S. 375; Hünerberg, R.; Heise, G. (1995), S. 4; Nicolay, K.P. (1995a), S. 58.

[172] Vgl. Backhaus, H.; Glomb, H.J. (1994a), S. 136; Brettreich-Teichmann, W. (1994), S. 46; Bullinger, H.J. u.a. (1992), S. 6; Delpho, H. (1994), S. 22; Hermanns, A.; Suckrow, C. (1993), S. 106; Maciejewski, P. (1992), S. 31; Müller, W. (1993), S. 592; Niemeier, J. (1993), S. 21; Petersen, W. (1992), S. 20.

Systemstruktur und den gespeicherten Informationsinhalten[173] kann somit eine Reduzierung von Streuverlusten erzielt werden.[174] Die Informationen werden zwar auch in standardisierter Form wiedergegeben, jedoch kann sich der Nachfrager im Rahmen des vordefinierten Informationsangebotes nach dem Baukastenprinzip ein individuelles Informationsbündel zusammenstellen.[175] Die Informationsübermittlung erfolgt dabei nicht mehr nach dem rein anbieterorientierten, mit dem Problem der Informationsüberlastung[176] belasteten Push-Konzept der klassischen Kommunikation über Print, TV und Rundfunk. Verglichen mit dieser herkömmlichen, auf die einseitige Informationsvermittlung an ein disperses Publikum gerichtete Massenkommunikation mit festgelegten Sender- und Empfänger-Rollen und nur sehr eingeschränktem indirekten Feedback, beinhaltet der wechselseitige Informationsaustausch den unmittelbaren Tausch der Rollen der Kommunikationspartner,[177] der ein direktes Feedback auf Informationswünsche ermöglicht. Durch die Umkehrung des Kommunikationsprozesses nunmehr vom Empfänger zum Sender (Information on demand)[178] kommt eine stärkere Bedarfsorientierung zum Ausdruck, die die Selektion der gewünschten Informationen aus dem bereitgestellten Informationspool erlaubt.[179] Durch die Nutzung der technischen Leistungsfähigkeit von Hard- und Software soll letztendlich ein dem persönlichen Gespräch angenähertes Interaktionsniveau erreicht werden,[180] indem eine flexible und bedarfsgerechte Reaktion auf die gestellten Anforderungen des Kommunikationspartners möglich wird.

Zusammenfassend sollen unter Multimedia-Systemen Informationssysteme verstanden werden, deren Benutzerschnittstelle mehrere mediale Formen der Informationsdarstellung aufweist und eine den selektiven Informationsabruf ermöglichende Steuerungskomponente beinhaltet. Die Informationsdarstellung soll dabei durch den simultanen Einsatz mehrerer Medien oder deren selektive Auswahl möglich sein.[181] Multimediale Anwendungen eignen

---

[173] Vgl. Frischen, H. (1993), S. 84.
[174] Es sei angemerkt, daß die im einzelnen standardisierten Informationsinhalte zwar aus rein fachlich-leistungsspezifischer Sicht die Kapazität des menschlichen Informationsspeichers Gehirn übertreffen können, in bezug auf die Assoziativität der Verknüpfungen die menschliche Leistungsfähigkeit aber dominieren dürfte. Vgl. Frischen, H. (1993), S. 86.
[175] Vgl. Kap. 2.1.
[176] Vgl. Kroeber-Riel, W. (1991), S. 11. Durch empirische Untersuchungen konnte bei der Informationsvermittlung durch klassische Medien (Print, TV, Funk) eine Informationsüberlastung von durchschnittlich 98 % festgestellt werden, d.h. nur 2 % der auf den Rezipienten einwirkenden Informationen werden aufgenommen. Vgl. dazu Kroeber-Riehl, W. (1987), S. 259; (1992b), S. 399 ff.
[177] Vgl. Oenicke, J. (1996), S. 61.
[178] In diesem Zusammenhang wird auch von "Information Gaining" gesprochen. Vgl. Wenke, H.G. (1995), S. 66.
[179] Vgl. Hanser, P. (1995), S. 38. Genau genommen handelt es sich um eine Kombination von anbieter- und nachfrageorientierter Kommunikationsrichtung, da der Nachfrager letztendlich auch nur die vom Anbieter bereitgestellten Informationen abrufen kann.
[180] Vgl. Hünerberg, R.; Heise, G. (1995), S. 4 f.
[181] Diese Betrachtungsweise stellt damit die Interaktivität als Implikationen der Multimedialität heraus.

sich damit für Kommunikationssituationen, in denen komplexe Informationsinhalte vermittelt werden sollen, deren Verständnis durch die simultane oder optionale Darstellung durch die genannten Medien verbessert werden kann. Zum anderen bieten sie sich für Anwendungssituationen an, in denen der Informationsabruf der Nutzer zwar vom Umfang her vergleichsweise gering ist, aber aufgrund des sich individuell ständig ändernden Informationsbedarfs die vorzuhaltende Gesamtinformationsmenge sehr groß sein muß.[182] Gleichzeitig kann hierdurch dem in der begrenzten Informationsverarbeitungskapazität des Menschen begründeten und auch durch das persönliche Verkaufsgespräch mit konventionellen Informationsträgern nur bedingt ausgleichbaren Defizit der eingeschränkt flexiblen Reaktion auf individuelle In-formationswünsche begegnet werden. Dies impliziert auch die besondere Eignung zur Prä-sentation und individuellen Zusammenstellung der hier betrachteten konfigurationsbedürftigen Leistungen, da insbesondere durch die medienintegrierte bedarfsindividuelle und komponen-ten- und variantenbezogene Informationsbereitstellung eine Produktkonfiguration erfolgen und eine realistischere Vorstellung von dem nachgefragten Endprodukt vermittelt werden kann.[183]

Bei der persönlichen Verkaufsberatung erfolgt die Kommunikation des Nachfragers mit dem Angebotsunterstützungssystem im Rahmen eines durch den Verkaufsberater geführten bzw. moderierten Dialoges.[184] Die persönliche dyadische Anbieter-Nachfrager-Interaktion[185] er-fährt insofern eine Ausweitung zu einer Triade, als ein zusätzliches Element integriert wird, das den ursprünglichen Informationsfluß zwischen dem Verkaufsberater und dem Nachfrager maßgeblich beeinflußt. Die Interaktion ist dabei zwar physisch indirekt, mental aber durchaus direkt zu verstehen, da die unmittelbare Systembedienung zwar durch den Verkaufsberater erfolgt, dieser aber zumindest in Teilbereichen der Beratung als Agent des Nachfragers lediglich dessen Informationswünsche umsetzen sollte.[186] Ebenso sollten die einzelnen Schritte der Bedienerführung des Kundenberaters bei Bedarf zur Begründung der Vorgehens-weise und Verständniserleichterung für den Nachfrager kommentiert werden. Nicht uner-heblich für den Systemerfolg erscheinen in diesem Zusammenhang auch die Art und Weise des konkreten physischen Einsatzes des AUS.[187] So sollten der Verkaufsberater und der Nachfrager eine gleichgerichtete Sitzposition vor der Applikation einnehmen, die jedoch einen bewußten persönlichen Blickkontakt zur Rückkopplung besprochener Vorschläge ermöglicht. Gleichzeitig wird damit gewährleistet, daß der Interaktionsprozeß nicht dadurch gestört wird,

---

[182] Vgl. Jaspersen, T. (1994), S. 446.
[183] Vgl. Frischen, H. (1993), S. 90.
[184] Vgl. Hünerberg, R.; Heise, G. (1995), S. 10; Kuhlmann, E. u.a. (1992), S. 56.
[185] Vgl. dazu aus sozialpsychologischer Sicht z.B. Willett, R.P.; Pennington A. C. (1976), S. 305 ff.
[186] Vgl. Kuhlmann, E. u.a. (1992), S. 56.
[187] Vgl. Bless, H.J.; Matzen T. (1995), S. 303 f.; Thuy, N.H.C.; Schnuch, M. (1989), S. 49.

daß die einer Informationsanfrage folgende Informationsbereitstellung dem Nachfrager nicht direkt zugänglich wird. Ist die Einsichtnahme in die Informationsausgabe auf dem Bildschirm nicht durchgängig sichtbar, besteht die Gefahr, daß die Informationsdarstellung als durch den Verkaufsberater gefiltert bzw. modifiziert wahrgenommen wird. Dies kann aus Sicht des Anbieters möglicherweise mitunter auch wünschenswert sein - etwa bei Produktdetails mit erheblichen Nachteilen gegenüber Konkurrenzprodukten. Allerdings sollten auch komparative Konkurrenznachteile zur Vermeidung von Vertrauensverlusten ebenso dem Gesprächspartner zugänglich gemacht werden. Eine relativierende Argumentation durch den Verkaufsberater oder eine bereits entsprechend intendierte Informationsaufbereitung sind in diesem Fall zu erwägen. Der teilweise Ausschluß des Beratenen aus dem Prozeß der Informationsvermittlung würde hingegen tendenziell eine kontraproduktive Wirkung implizieren, da entweder an der Korrektheit der elektronischen Informationsdarstellung gezweifelt und damit die beabsichtigte Wirkung der Computerunterstützung in das Gegenteil gekehrt würde oder durch die Informationsfilterung möglicherweise über die Problemlösungseignung des angebotenen Leistungsspektrums zusätzlich Unsicherheit und damit tendenziell Wettbewerbsnachteile entstehen.

Zu berücksichtigen ist allerdings, daß bei aller Technikunterstützung die mit der Persönlichkeitsstruktur des Vertriebsmitarbeiters in Verbindung stehende fachliche und soziale Kompetenz[188] weiterhin eine zentrale Position für die Leistungsbeurteilung durch den Nachfrager und den Verkaufserfolg einnehmen.[189] Die Bedeutung von Verhandlungsgeschick, Einfühlungsvermögen und Sensibilität für einen erfolgreichen Verkaufsabschluß ist unbestritten.[190] Ebenfalls sollte es nicht zu Substitutionsbeziehungen zwischen technischer Ausstattung und Mitarbeiterqualifikation kommen. Vielmehr gilt es, die Vorteile der Multimediatechnologie und Weiterentwicklungen in anderen Softwarebereichen gezielt zur Unterstützung der persönlichen Akquisition einzusetzen.[191] Ein "High-Tech"-Qualitätsverständnis sollte hier dem "High-Touch"-Qualitätsverständnis untergeordnet werden.[192]

In diesem Verständnis ermöglicht das hier dargestellte Angebotsunterstützungssystem dem Verkaufsberater durch Verbesserungen bei der Präsentation des Angebotsspektrums oder durch die Bereitstellung zusätzlicher Dienstleistungen den potentiellen Kunden die Kompetenz und Leistungsfähigkeit des Anbieters überzeugend zu vermitteln und damit die Kauf-

---

[188] Vgl. z.B. Dommann, D. (1993), S. 751 ff. Siehe auch Kap. 3.1.
[189] Vgl. Becker, L. (1993), S. 247; Klümper, R. (1995), S. 333.
[190] Vgl. z.B. Diedrich, A. (1993), S. 63; Toemmler-Stolze, K. (1996), S. 64.
[191] Vgl. Schumann, M. (1992), S. 58, der Informationsverarbeitungstechnologien in substitutive, komplementäre und innovative Anwendungen typologisiert.
[192] Vgl. Diedrich, A. (1993), S. 63, 66.

entscheidung zu den eigenen Gunsten zu beeinflussen. Der strukturierte Programmablauf fördert eine systematische Gestaltung des Beratungsgesprächs,[193] ermöglicht aber gleichfalls, sowohl flexibel auf Zwischenfragen des Nachfragers zu reagieren als auch anschließend zum erreichten Gesprächspunkt zurückzukehren. Die durch die Rechnerunterstützung im Beratungsgespräch erzielte Entlastung kann dem Verkaufsberater auch dazu dienen, in stärkerem Maße persönlichkeitsspezifische Elemente zur Überzeugung des Nachfragers einzusetzen. In diesem Sinne ist die EDV-Unterstützung als ein in den Beratungsprozeß integriertes Hilfsmittel zur Stärkung der Verhandlungsposition des Vertriebsmitarbeiters gegenüber dem Wettbewerb zu verstehen.[194]

Bei Anwendungen zur Nachfragerselbstbedienung als weiteres zentrales Einsatzgebiet der Multimedia-Technologie zur Leistungspräsentation, besteht die Möglichkeit der vorteilhaften Kombination der Prinzipien der unpersönlichen und persönlichen Kommunikation.[195] So kann durch die an ein disperses Publikum gerichtete Ansprache mittels eines vom Gesamtumfang her gesehenen standardisierten Informationsangebotes eine Vielzahl von Nachfragern erreicht werden. Dabei wird die im Rahmen der herkömmlichen Informationsvermittlung fest definierte Kombination der medialen Aufbereitung aufgelöst und somit trotz Unpersönlichkeit durch die Rückkopplung in bezug auf die Auswahl der Informationsinhalte ein wechselseitiger Informationsaustausch erreicht. Wichtig ist bei derartigen Anwendungen ohne geführten Dialog durch einen Agenten des Anbieters vor allem, daß in Annäherung an eine soziale Interaktion ein möglichst "echter Dialog" realisiert wird, der inhaltlich und ablauftechnisch weitgehend an eine persönliche Beratungsleistung angenähert werden kann.[196]
Allerdings kann der Dialog mit dem Nachfrager weiterhin nur von diesem initiiert werden. Der Anbieter schafft durch die Bereitstellung eines optionalen Dialogangebotes lediglich die Voraussetzungen für eine vom Nachfrager akzeptierte Wechselbeziehung. Der Unpersönlichkeit der Kommunikationssituation wird insofern begegnet, als eine Simulation des persönlichen Austausches durch die dialogische Wechselbeziehung mit dem Computer erfolgt. Nachfragerorientierung manifestiert sich in diesem Zusammenhang also in einem optionalen Dialogangebot.[197] Aus Sicht einer marktorientierten Unternehmensführung sollte die In-

---

[193] Vgl. Bless, H.J.; Matzen, T. (1995), S. 301.

[194] Genau dieser Aspekt wird durch eine Untersuchung über den Einsatz von Informationsverarbeitungs- und Kommunikationstechnologien im Investitionsgüterbereich betont. Aus der ermittelten hohen Bedeutung der persönlichen Kundenbetreuung einerseits und bei gleichzeitig hoher Aufgeschlossenheit der Nachfrager gegenüber dem Einsatz innovativer Kommunikationstechnologien andererseits wird der elektronisch unterstützte Kundendialog als ergänzendes Element der Anbieter-Nachfrager-Interaktion verstanden. Vgl. Hermanns, A.; Flory, M. (1995b), S. 405.

[195] Vgl. Becker, L. (1993), S. 232; Jarzina, K.R. (1995), S. 41 f.

[196] Vgl. Glomb, H.J. (1995c), S. 124.

[197] Ein konventioneller Versandhauskatalog stellt in diesem Zusammenhang zwar auch einen Pool zur individuellen Selektion der gewünschten Informationen dar. Dabei ist aber eine nach bestimmten Bedarfskriterien ausgerichtete Produktsuche nicht möglich, vielmehr müssen in umgekehrter aufwendiger

teraktivität damit in erster Linie nicht als rein technische Nutzung von Hard- und Software zur Informationsvermittlung verstanden werden. Gerade bei Anwendungen zur Nachfragerselbstbedienung sollte das Interaktivitätspotential auf den Austausch des Nachfragers mit dem Anbieter gerichtet werden, in dem durch ein den Bedürfnissen entsprechendes Informationsangebot im Rahmen einer dialogischen Wechselbeziehung bereits Problemlösungskompetenz vermittelt werden kann.

4.1.3 AUS im Kontext multimedialer Vertriebsunterstützung

Im Rahmen der multimedialen Vertriebsunterstützung stellt der skizzierte Systemeinsatz im persönlichen Verkauf nur *eine* Facette dar. Weitere Möglichkeiten zur konkreten Unterstützung des Vertriebs durch multimediale Anwendungen[198] werden in nachfolgender Abbildung zusammengefaßt und im Anschluß erläutert.

Vorgehensweise gefundene Angebote einzeln auf die Erfüllung der Bedarfskriterien geprüft werden. Daneben erfolgt eine Beschränkung der informationsübertragenden Medien auf Text und Bild. Detailliertere produkt- bzw. verwendungsspezifische Informationen können aufgrund bestehender Platzrestriktionen in der Regel nicht berücksichtigt werden.

[198] Vgl. Fischer, C. (1995), S. 292; Hünerberg, R.; Heise, G. (1995), S. 11 f.; Mertens, P. u.a. (1994), S. 291 ff.; Silberer, G. (1995b), S. 9 ff.; (1995c), S. 76 ff. Da generell eine individuelle Information des Nachfragers über eine direkte Kommunikation erfolgt, sprechen z.B. Hünerberg, R.; Heise, G. (1995), S. 12 von einer spezifischen Form des Direktmarketing.

Einsatzfelder multimedialer Vertriebsunterstützung

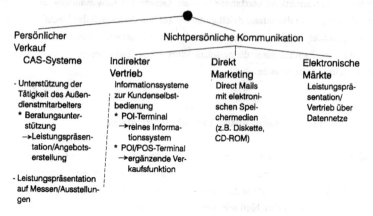

Persönlicher Verkauf	Nichtpersönliche Kommunikation		
CAS-Systeme	Indirekter Vertrieb	Direkt Marketing	Elektronische Märkte
- Unterstützung der Tätigkeit des Außendienstmitarbeiters	Informationssysteme zur Kundenselbstbedienung	Direct Mails mit elektronischen Speichermedien	Leistungspräsentation/ Vertrieb über Datennetze
* Beratungsunterstützung	* POI-Terminal	(z.B. Diskette,	
→Leistungspräsentation/Angebotserstellung	→reines Informationssystem	CD-ROM)	
	* POI/POS-Terminal		
- Leistungspräsentation auf Messen/Ausstellungen	→ergänzende Verkaufsfunktion		

Abb. 3: Einsatzfelder multimedialer Anwendungen zur Vertriebsunterstützung

Im Rahmen der auf den Endabnehmer gerichteten Leistungspräsentation im indirekten Vertrieb können z.B. elektronische Produktkataloge[199] in POI-Systemen zur Kundenselbstbedienung im Rahmen der Verkaufsförderung bzw. Werbung bei Absatzmittlern oder auf Messen/Ausstellungen eingesetzt werden.[200] Hier ist die Benutzeroberfläche in der Regel sehr bedienerfreundlich gestaltet (meist wird eine Touchscreenoberfläche[201] verwandt), um auch dem EDV-unerfahrenen Anwender die problemlose Benutzung zu ermöglichen. Dabei kann die Applikation über die Selbstbedienungsanwendung hinaus auch die Beratung des Endabnehmers unterstützen, indem eine Einbeziehung in das persönliche Verkaufsgespräch zwischen dem Verkaufspersonal des Absatzmittlers und dem Nachfrager erfolgt. Gleichzeitig können sowohl solche Kiosk-Anwendungen als auch die erwähnten AUS auf mobilen Rechnern auch auf Messen bzw. Ausstellungen etwa zur Präsentation von Produktinnovationen eingesetzt werden.[202] Daneben bieten sich aber auch Mailings elektronischer Produktkataloge auf digitalen Speichermedien, wie z.B. der CD-ROM an. Die technische Entwicklung im Rahmen der Datenkomprimierung[203] und die eingebundene Retrieval-Software[204] ermöglicht dem

---

[199] Vgl. Lödel, D. u.a. (1992), S. 509 ff.; Mertens, P. (1992a) , S. 35. Vgl. auch ausführlich Kap. 4.3.2. Auf die hier bereits angedeutete synergetische Nutzung computergestützter Angebotssysteme wird in Kap. 7.3 eingegangen.

[200] Vgl. z.B. Frischen, H. (1993), S. 33.

[201] Dabei handelt es sich um einen berührungsempfindlichen Bildschirm, auf dem der Benutzer durch Fingerdruck Programmfunktionen ausüben kann. Vgl. Charwat, H. J. (1991), S. 101 ff.; Frischen, H. (1993), S. 78.

[202] Vgl. z.B. Schneider, U. (1995), S. 359 ff.

[203] Vgl. Göbel, G. (1993), S. 85 f.; Steinbrink, B. (1994), S. 54 f.

[204] Vgl. dazu ausführlicher Kap. 4.3.2.

Nachfrager, sich am eigenen PC selektiv über das Leistungsspektrum des Anbieters zu informieren.

Von zunehmender Bedeutung und zukünftig möglicherweise eine interessante Perspektive ist die Angebotspräsentation über elektronische Marktplätze in Datennetzen (z.B. World Wide Web im Internet)[205], die gleichsam eine individuelle Informationsversorgung rund um die Uhr vom eigenen PC aus erlaubt.

Die aufgezeigten Formen innovativer Informationsübermittlung sind allerdings nicht unabhängig von den bisherigen konventionellen Kommunikationskonzepten zu betrachten. Zwar handelt es sich um eine eigenständige Form der Informationsbereitstellung, gleichzeitig stellen sie jedoch selbst ein Mix herkömmlicher Medien dar,[206] deren neuartige Kombinationsmöglichkeit neue Anwendungsgebiete erschließen läßt. Prinzipiell stellt auch ein konventionelles persönliches Beratungsgespräch mit Verkaufskatalogen aufgrund der verfügbaren Audioinformationen (Beratungsgespräch), Text-, Bild- und Graphikinformationen, die wahlweise präsentiert werden können, in der eigentlichen Wortbedeutung bereits eine multimediale Beratung dar. Neu ist am Einsatz multimedialer Systeme die Bündelung der unterschiedlichen Medien in einem gemeinsamen digitalen Informationsspeicher und die Möglichkeit des selektiven bzw. simultanen Abrufs der einzelnen Informationsinhalte durch eine zentrale Steuerungs- und Informationsausgabekomponente.[207] Die multimediale Informationsvermittlung ist in diesem Sinne also sowohl als sinnvolle Ergänzung als auch als integrierender Aspekt des bestehenden Kommunikationsmixes zu verstehen. Hier empfiehlt sich über den gemeinsamen Einsatz konventioneller bzw. digitaler Informationsträger hinaus eine gegenseitige Förderung beider Formen zur Optimierung des Kommunikationsmixes. So kann z.B. nicht nur im Rahmen konventioneller Maßnahmen die Inanspruchnahme digitalisierter multimedialer Anwendungen durch entsprechende Darstellung von Vorzügen bzw. konkreten Nutzungsmöglichkeiten forciert werden.[208] Ebenso sollten z.B. POI-Kioskanwendungen die Anforderung von digitalen, aber auch z.B. schriftlichen weiterführenden Informationsmaterialien ermöglichen oder auch das Angebot eines späteren telefonischen oder persönlichen Beratungskontaktes berücksichtigen.

Auch ist das über die Unterstützung von Vertriebsaktivitäten hinausgehende Einsatzspektrum multimedialer Anwendungen im Unternehmen vielfältig.[209] Im Rahmen der Forschung und

---

[205] Vgl. Silberer, G. (1995c), S. 80; Wenke, H. G. (1995), S. 66.

[206] Vgl. Hünerberg, R.; Kulla, B. (1995), S. 376.

[207] Vgl. Frischen, H. (1993), S. 36. Siehe auch bereits Hermanns, A.; Flegel, V. (1989b), S. 90, die auf die Möglichkeit der Integration der Medienträger durch Digitalisierung hinweisen.

[208] Vgl. Klümper, R. (1995), S. 330.

[209] Vgl. dazu und zu folgendem Silberer, G. (1995b), S. 94 ff.

Entwicklung können im Sinne eines Teleworking räumlich verteilte Experten durch multimediale Telekommunikationsverbindungen an einem Projekt gleichzeitig arbeiten oder bei individuellen Entwicklungen auch der spezifische Nachfrager einbezogen werden. Multimediale Anwendungen können sowohl integraler Bestandteil komplexer technischer Produkte oder Anlagen sein als auch etwa in Form von elektronischen Speichermedien wie Diskette oder CD-ROM als Bedienungsanleitung zur Produktinformation dienen. Daneben können die Mitarbeiterschulung durch multimedial aufbereitetes Lernmaterial unterstützt und die Selbstschulung tendenziell gefördert werden.[210] Die audiovisuelle Unterstützung des Kundendiensttechnikers auf tragbarem PC etwa zur Fehlerdiagnose und -behebung ist ebenso denkbar. Nicht zuletzt ist zukünftig auch eine verlustfreie, platz- und papiersparende multimediale Archivierung der Auftragsdokumentation vorstellbar. Im Rahmen des Marketing bietet sich der Einsatz der Multimedia-Technologie vor allem in der Marktforschung an. Gerade in Bereichen, in denen die gefragten Sachverhalte zusätzlicher Erläuterungen oder Illustrationen bedürfen, wird der Vorteil multimedialer Befragungen deutlich.[211] Hier kann etwa die Beurteilungsgrundlage bei der Durchführung von Erhebungen oder Experimenten[212] durch die visuelle Demonstration des Erhebungsobjektes, insbesondere durch die Veranschaulichung real nicht sichtbarer Produkteigenschaften oder die Präsentation des Erhebungsobjektes in unterschiedlichen Nutzungsumfeldern, verbessert werden.[213]

4.2 Softwarekonzeptionelle Grundlagen von AUS

Die hier vorgeschlagene computerbasierte Form der Beratungsunterstützung vereinigt insbesondere wissensbasierte Elemente in Form von Expertensystemen und Elemente des Hypermedia-Konzeptes. Für den Anwender ist diese Aufteilung insofern relevant, als der Umfang der in den einzelnen Modulen vorliegenden Softwarestrukturen wiederum die Möglichkeiten der Dialogsteuerung des Systems determiniert. Wissensbasierte Elemente beanspruchen primär die Systemsteuerung, bei hypermedialen Funktionen steht die Benutzersteuerung des Dialoges mit dem System im Vordergrund.[214]

Nachfolgend wird zunächst eine kurze Darstellung des Grundkonzeptes beider Techniken gegeben, in deren Anschluß die anwendungstechnischen Vorteile der Integration beider Techniken in Angebotsunterstützungssystemen erörtert werden. Auf die Darstellung von Entscheidungstabellensystemen, denen softwaretechnisch die den nachstehend erläuterten

---

[210] Vgl. Frischen, H. (1993), S. 10 f.
[211] Vgl. Meyer, J.A. (1994), S. 313.
[212] Vgl. Hammann, P.; Erichson, B. (1994), S. 60 ff., 154 ff.
[213] Zu den generellen Vorteilen der Computerbefragung vgl. Hammann, P.; Erichson, B. (1994), S. 88 f.
[214] Vgl. Ponader, M. u.a. (1993), S. 15.

Expertensystemen entsprechenden Wenn-Dann-Regeln der Wissensrepräsentation zugrunde
liegen, soll hier verzichtet werden.[215]

4.2.1 Expertensysteme als wissensbasierte Anwendungen

Expertensysteme[216] zählen zu den wissensbasierten Systemen und stellen das Teilgebiet der
Künstlichen Intelligenz dar, das sich mit entscheidungsorientierter Problemlösung beschäf-
tigt.[217] Dabei handelt es sich um Informationssysteme, die fachspezifische Kenntnisse, also
das Wissen von Experten in einem abgegrenzten Anwendungsbereich verfügbar machen[218]
und dieses in Verbindung mit fallbezogenen Fakten zur Lösung bereichsspezifischer Probleme
einsetzen. Der Einsatz von Expertensystemen bietet sich in den Bereichen an, in denen Experten in einem eingegrenzten Gebiet über komplexes Wissen verfügen und keine
ausgearbeiteten Lösungsalgorithmen vorliegen bzw. theoretisch denkbare Lösungsalternativen nicht in akzeptabler Zeit abgearbeitet werden können.[219] Die Bereitstellung von Exper-
tenkompetenz aus eng umrissenen Anwendungsfeldern soll auch fachliche Laien in die Lage
versetzen, anspruchsvolle Problemstellungen qualifiziert bearbeiten zu können.[220] Dabei wird
versucht, maschinell das Problemlösungsverhalten von Experten nachzuahmen.[221] Expertensysteme bieten sich insbesondere zur Lösung schlecht strukturierter Probleme an, bei
denen keine exakten Ergebnisse angestrebt werden, sondern versucht wird, auf Basis von
mehrdeutigen und komplexen Daten und Problemlösungsmethoden eine akzeptable Lösung
zu finden.[222] Die Datenbasis kann dabei je nach verwendeter Problemlösungsmethode sowohl
aus eindeutigen Informationsinhalten (sog. "harte Fakten") als auch aus Heuristiken und
Erfahrungswissen bestehen.[223] Die Komponenten des Expertensystems sind im einzelnen:[224]

Die Problemlösungskomponente (Inferenzkomponente) beinhaltet den Problemlösungsme-
chanismus, der aus der Wissensbasis und den vom Benutzer fallspezifisch eingegebenen Daten

---

[215] Vgl. dazu z.B. Flory, M. (1995), S. 105 f. Ein Beispiel für ein entscheidungstabellengestütztes Konfigurationssystem findet sich bei Heiob, W. (1987), S. 106.
[216] Vgl. z.B. Diller, H. (1992), S. 293 ff.; Hansen, H.R. (1992), S. 452 ff.; Kurbel, K. (1992), S. 4 ff., S. 17;
Schmidt, G. (1993), S. 847 ff. Konkrete Anforderungen an Expertensysteme in Anwendungen zur Vertriebsunterstützung finden sich z.B. bei Encarnacao, J. L. (1990), S. 78.
[217] Vgl. Scheer, A. W. (1990a), S. 169; Schmidt, G. (1993), S. 849. Die Verwendung der Begriffe wissensbasierte Systeme und Expertensysteme erfolgt vielfach synonym. Vgl. Holzapfel, M. (1992), S. 23.
[218] Vgl. Gabriel, R.; Frick, D. (1991), S. 545; Hansen, H. R. (1992), S. 452.
[219] Vgl. Encarnacao, J. L. u.a. (1990), S. 267.
[220] Vgl. Gaul, W.; Both, M. (1992), S.86.
[221] Vgl. Gaul, W. u.a. (1993), S. 37; Völcker, T.; Lange, M. (1994), S. 56.
[222] Vgl. Encarnacao, J. L. u.a. (1990), S. 266; Hansen, H.R. (1992), S. 452 f.; Schmidt, G. (1993), S. 849.
[223] Vgl. Siebdrat, H. (1994), S. 26.
[224] Vgl. z.B. Diller, H. (1992) S. 293 f.; Gabriel, R. (1992), S. 29 f.; Holzapfel, M. (1992), S. 33 ff.; Kurbel,
K. (1992), S. 18.

eine Lösung ableitet. Durch Schlüsse (Inferenzen), die auf Regeln und Heuristiken basieren, wird das in der Wissensbasis enthaltene Wissen ausgewertet. Dabei wird das implizit in der Wissensbasis vorhandene Wissen durch Schlußfolgerungen in explizite Problemlösungen transformiert. Diese Vorgehensweise erfolgt entweder mittels Vorwärtsverkettung durch den Schluß von den Prämissen auf die Konsequenzen oder retrograd durch den Schluß von den Konsequenzen auf die Prämissen (Rückwärtsverkettung).[225] Die Regelbasis stellt die Wissensbasis dar, die das Expertenwissen des jeweiligen Anwendungsgebietes enthält und in Verbindung mit den fallspezifischen Daten die Voraussetzung für die Problemlösung durch die Inferenzkomponente schafft. Grundsätzlich wird dabei in einem Bedingungsteil eine Prämisse formuliert, der bei Erfüllung dieser Bedingung die im Aktionsteil gespeicherte Konsequenz folgt (What-if-Analyse).[226] Die Eingabe der fallspezifischen Daten erfolgt über die Dialogkomponente, die als Kommunikationsschnittstelle den Dialog zwischen System und Benutzer steuert. Die Wissenserwerbskomponente dient hingegen der Eingabe, Ergänzung und Modifikation des Wissens. Die Erklärungskomponente begründet schließlich die von der Problemlösungskomponente erarbeitete Lösung und erläutert die Vorgehensweise bei der Problemlösung.

Besonderes Charakteristikum von Expertensystemen bzw. wissensbasierten Systemen allgemein ist die Trennung von Problemlösungskomponente und Wissensbasis, die eine Modifikation der Wissensbasis ohne Änderung der Problemlösungskomponente ermöglicht.[227] Hierdurch können aus dem gespeicherten Wissen für verschiedene Problemlösungen spezifische Lösungswege abgeleitet werden.[228]

Die nachfolgende Graphik stellt den Beziehungszusammenhang zwischen den Komponenten von Expertensystemen zusammenfassend dar.

---

[225] Vgl. Kurbel, K. (1992), S. 54 ff. Siehe auch Böcker, J. (1995), S. 189; Stahlknecht, P. (1993), S. 416.
[226] Vgl. z.B. Gabriel, R. (1992), S. 233; Kurbel, K. (1992), S. 47.
[227] Vgl. Schmidt, G. (1993), S. 850.
[228] Vgl. Siebdrat, H. (1994), S. 26.

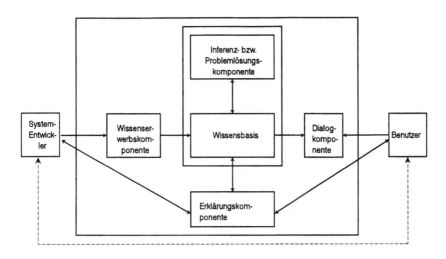

Abb. 4: Komponenten eines Expertensystems
Quelle: Diller, H. (1992), S. 294.

Basisproblemtypen des Expertensystemeinsatzes sind Analyse- und Syntheseprobleme.[229] Analyseprobleme beinhalten die gedankliche Aufspaltung eines Erkenntnisgegenstandes in seine Teilphänomene.[230] Die im Rahmen der Angebotserstellung im Vordergrund stehenden Syntheseprobleme beziehen sich hingegen auf das Zusammenfügen bekannter Teilphänomene zu einem neuartigen Erkenntnisgegenstand. Im Sinne einer Gestaltungsanforderung wird hier, ausgehend von einer Menge von Elementen im Anfangszustand, eine gewünschte zeitliche oder räumliche Anordnung dieser Elemente als Endzustand gesucht. Unter den unterschiedlichen Ausprägungsformen der Expertensystemanwendungen[231] eignen sich zur Unterstützung der Angebotserstellung vor allem Konfigurationssysteme, die allgemein der Konstruktion bzw. Zusammenstellung von Objekten bzw. Gebilden unter Berücksichtigung von Benutzeranforderungen und technischen Restriktionen dienen.[232]

Im Rahmen von AUS eignen sich Konfigurationssysteme insbesondere zur Konzeption bzw. Zusammenstellung konfigurationsbedürftiger Produkte,[233] da sie aus dem vorgehaltenen Expertenwissen in Verbindung mit abnehmerspezifischen Daten, z.B. zur individuellen Pro-

---

[229] Vgl. dazu Holzapfel, M. (1992), S. 67 f.; Schmidt, G. (1993), S. 850 f.
[230] Vgl. Holzapfel, M. (1992), S. 67.
[231] Vgl. Kurbel, K. (1992), S. 137 ff.; Mertens, P. u.a. (1993), S. 8 f.
[232] Vgl. Kurbel, K. (1992), S. 137.
[233] Vgl. Kurbel, K. (1992), S. 139, 157 ff.; Mertens, P. u.a. (1993), S. 71.

blemsituation des Nachfragers, Lösungsvorschläge erarbeiten bzw. durch den Verkaufsberater erarbeitete Problemlösungen Schritt für Schritt auf ihre technische Konsistenz überprüfen können.[234] Dabei kann durch ein Selektionssystem als Bestandteil des Konfigurationssystems die Auswahl der geeigneten Komponenten aus den zur Verfügung stehenden Alternativen erfolgen.[235] Konkret erfolgt dabei die Zusammenstellung komplexer Problemlösungen basierend auf Selektionsvorgaben unter Berücksichtigung der Schnittstellen und Inkongruenzen einzelner Systemkomponenten (z.b. Kompatibilität einzelner Hausbauelemente eines Fertighauses) und Einbeziehung spezifischer Nutzerdaten, wie z.b. der gewünschten Wohnfläche, der Anzahl bzw. Aufteilung von Etagen und Räumen oder weiterer Ausstattungsspezifikationen. Weitere Einsatzgebiete wissensbasierter Systeme in AUS können z.b. im Modul Bedarfsanalyse oder in der Finanzierungs- bzw. Subventionsberatung liegen.[236] Im Rahmen der Bedarfsanalyse können aus nachfragerspezifischen Anforderungen generell geeignete Grundtypen bzw. Komponenten für den weiteren Konfigurationsprozeß vorselektiert werden. Die elektronische Finanzierungs- und Subventionsberatung ermöglicht es, unter Berücksichtigung nachfragerspezifischer Anforderungen an Wirtschaftlichkeits-, Flexibilitäts- oder Liquiditätsaspekte geeignete Finanzierungsalternativen zu entwickeln bzw. bei der Inanspruchnahme von Fördermitteln unter Berücksichtigung der vielfältigen Kombinationsgebote und -verbote eine problemgerechte Fördermittelzusammenstellung zu konfigurieren.[237] Ohne auf die noch ausführlich erfolgende Diskussion der Vorteilspotentiale von AUS im Detail einzugehen, seien nachfolgend bereits generelle Vorteilspotentiale der Expertensystemtechnologie, als einem zentralen systemkonzeptionellen Bestandteil von AUS kurz aufgezeigt:[238]

- Arbeitsvereinigung durch Wissensvereinigung; Übernahme von Aufgaben, die zuvor durch mehrere Mitarbeiter bearbeitet werden mußten, durch eine Person.
- Beschleunigung der Leistungskonfiguration gegenüber konventioneller Vorgehensweise.
- Bessere Berücksichtigung individueller Kundenbedürfnisse bei der Leistungszusammenstellung.
- Bewältigung größerer Komplexität und Erhöhung der Transparenz der Leistungszusammenstellung.
- Vollständigkeit und Fehlerfreiheit durch automatische Fehlererkennung und -diagnose.
- Wissenssicherung auch nach Ausscheiden eines Mitarbeiters.
- Erhöhung des verfügbaren Wissens der Verkaufsberater (Wissensmultiplikation).

---

[234] Vgl. Böcker, J. (1995), S. 189.
[235] Vgl. Kurbel, K. (1992), S. 143.
[236] Vgl. Kurbel, K. (1992), S. 151 ff.; Ponader, M. (1992), S. 25 ff.; Weinhardt, C. (1993), S. 235 ff.
[237] Vgl. dazu ausführlich das Kap. 4.3.2.
[238] Vgl. dazu Mertens, P. (1987), S. 192 f.; siehe auch Böcker, J. (1995), S. 188.

4.2.2 Hypermedia-Konzept als Basis für multimediale Anwendungen

Die Grundidee des Hypermedia/-text-Konzeptes, Informationseinheiten beliebig verknüpfen zu können, soll dem Benutzer eine nicht-lineare Informationssuche gestatten und ihm größtmöglichen Freiraum bei Speicherung und Abruf von Informationen einräumen.[239] An die Stelle der Linearisierung von Darstellungen, Erläuterungen und Übersichten, wie etwa bei Schriftmaterial, tritt die Verwaltung zahlreicher Informationsfragmente oder -blöcke, die im Rahmen einer netzwerkartigen Verknüpfungsstruktur vielfältig miteinander verbunden werden können.[240] Hierdurch wird das Prinzip der menschlichen Erkenntnis gestützt, die nicht linear, sondern assoziativ, sprunghaft und durch Analogien und Querverbindungen erfolgt.[241] Dem Benutzer können somit die Informationen in einer seinen gedanklichen Prozessen entsprechenden Art und Weise dargeboten werden und die menschliche Informationsverarbeitung damit unterstützt werden.[242] Hierdurch kann nicht nur die Nutzung durch DV-unerfahrene Anwender gefördert werden. Die nicht-lineare Informationsstruktur läßt Hypermedia-Systeme insbesondere zur Verarbeitung solcher Informationen geeignet erscheinen, die nur geringe formale Strukturen aufweisen, anhand derer sie geordnet und wiedergefunden werden können. Während bei Hypertext-Systemen die Informationseinheiten noch aus Texten, Tabellen oder einfachen Graphiken bestehen, können bei modernen Hypermedia-Anwendungen die Informationseinheiten in multimedialer Form zusätzlich durch Bilder, Bewegtgraphiken (Animation), Ton und Videosequenzen unter einer einheitlichen Benutzeroberfläche optisch ansprechend präsentiert werden.[243]

Strukturelemente von Hypermediasystemen sind Knoten und Kanten.[244] Während Knoten der Speicherung von Informationsinhalten dienen und die kleinsten durch den Benutzer adressierbaren Informationseinheiten darstellen,[245] bedeuten Kanten die Verbindung zwischen den Knoten. Ausgangspunkt dieser Verbindung sind Ankerpunkte, die es ermöglichen, jeden Punkt innerhalb eines Knotens mit einem Punkt eines anderen Knotens bzw. dem ganzen

---

[239] Vgl. Bernold, T. u.a. (1992), S. 294; Bogaschewsky, R. (1992), S. 21, 24; Hansen, H.R. (1992), S. 850; Hofmann, M. (1991), S. 177 f.; Hoppe, U. (1992), S. 173; Kuhlen, R. (1991), S. 4 ff.; Schnupp, P. (1992), S. 33 f.
[240] Vgl. Meyer-Wegener, K. (1991), S. 35; Reinemuth, J.; Birkhofer, H. (1994), S. 399.
[241] Vgl. Maciejewski, P. (1992), S. 31
[242] Vgl. Marmolin, H. (1991), S. 45.
[243] Vgl. Bogaschewsky, R. (1992), S. 21 f.; Johannsen, G. (1993), S. 469; Hoffmann, D.L.; Novak, T.P. (1996), S. 53; Lödel, D. u.a. (1992), S. 52; Nüttgens, M. (1993), S. 901, 910. Hypermedia stellt demnach ein unterschiedliche Medien verbindendes Konzept dar, während Multimedia die Kombination unterschiedlicher Darstellungsmedien umfaßt. Vgl. dazu Johannsen, G. (1993), S. 469.
[244] Vgl. etwa Bogaschewsky, R. (1992), S. 22f.; Hansen, H.R. (1992), S. 850 f.; Hofmann, M. (1991), S. 178 f.; Hoppe, U. (1992), S. 174; Marmolin, H. (1991), S. 40, 48; Nüttgens, M. (1993), S. 903 f.; Nüttgens, M.; Scheer, A.W. (1993), S. 59 f.
[245] Vgl. Siebdrat, H. (1994), S. 38.

anderen Knoten zu verbinden. Diese Referenzen sind in der Regel assoziativer Art, d.h. sie definieren eine Beziehung zwischen den Knoten, die sie verbinden. Während elementare Knoten in Hypertext-Systemen typischerweise nur ein Medium nutzen (Text), können multimediale Informationseinheiten aggregierte Knoten verwenden.[246] Entscheidend für die Bildung der Knoten und Kanten ist der semantische Zusammenhang der Informationen. Dabei hängt die inhaltliche Zuordnung der Informationen zu den Knoten bzw. deren Verknüpfung durch die Kanten zu einem semantischen Netz von dem jeweiligen Anwendungsgebiet ab.[247] Das semantische Netz läßt sich dabei jederzeit erweitern oder modifizieren, ohne der in hierarchisch gegliederten Systemen auftretenden Gefahr der Verfälschung der logischen Struktur zu unterliegen.[248] Die nachfolgende Graphik veranschaulicht noch einmal die Strukturzusammenhänge.

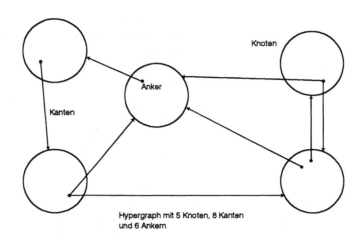

Hypergraph mit 5 Knoten, 8 Kanten
und 6 Ankern

Legende: O: Knoten   •: Anker   →: Kante

Abb. 5: Strukturelemente des Hypermedia /-text-Konzeptes
Quelle: In Anlehnung an Nüttgens, M. (1993), S. 903.

---

[246] Vgl. McAleese, R. (1989).
[247] Vgl. Nüttgens, M. (1992), S. 904; Nüttgens, M.; Scheer, A.W. (1993), S. 58; Hansen, H.R. (1992), S. 850 f.; Hoppe, U. (1992), S. 174.
[248] Vgl. Nüttgens, M. (1992), S. 909 f.

Das Bewegen in Hypermedia-Systemen kann durch Orientierungs- und Navigationshilfen erleichtert werden.[249] So können z.b. durch die graphische Gestaltung oder Beschriftung der Ankerpunkte für unterschiedliche Benutzerinteressen sinnvolle Reihenfolgen des Vorgehens vorgeschlagen bzw. bereits Informationen über den Zielpunkt vermittelt werden. Durch Backtrack- bzw. History-Funktionen kann zum vorherigen Knoten bzw. Schritt für Schritt bis zu einem vom Benutzer festzulegenden Knoten zurückgegangen werden.[250] Die Informationssuche in Hypermedia-Strukturen kann durch unterschiedliche Navigationstechniken erfolgen, z.B. Scanning (Überfliegen großer Inhaltsbereiche), Browsing (Verfolgen vorgegebener Verknüpfungen), Searching (gezielte Informationssuche durch Recherche), Exploring (assoziatives Springen zwischen Verweiszielen) und Wandering (zielloses, überblickartiges Bewegen durch die Informationsstruktur).[251]

Im Rahmen des hypermedial aufgebauten elektronischen Produktkataloges als Kernstück computergestützter Angebotssysteme ermöglicht der Einsatz hypermedialer Elemente vor allem einen strukturierten Aufbau des Informationsangebotes über das Leistungsspektrum und den selektiven Informationsabruf zu einzelnen Varianten bzw. produktspezifischen Details einerseits sowie die Integration multimedialer Informationselemente andererseits.[252] Durch interaktives Navigieren können so leistungsspezifische Informationen auf der Basis intuitiver Assoziationen generiert werden. In Verbindung mit dem Einsatz multimedialer Elemente kann bei entsprechender Aufbereitung der Informationsinhalte in unterschiedlicher medialer Art, z.B. zur grundlegenden Information über eine Produktkomponente, etwa eine Graphik- oder Bilddarstellung mit geringen Textanmerkungen gewählt werden, die bei detaillierten Informationswünschen in weiteren Knoten um zusätzliche Informationen ergänzt werden. Dies können z.B. ausführliche textuelle Hintergrundinformationen oder auch die die Vorteilhaftigkeit einer bestimmten Ausprägung der betrachteten Eigenschaft herausstellende Videosequenz über die übliche Verwendung des Produktes sein. Gegenüber dem zeitaufwendigen Blättern in konventionellen schriftlichen Verkaufsunterlagen mit linearen Strukturen, die zwar ebenso nicht-linear beansprucht werden können, gelangt der Benutzer mit Hilfe der hierarchisch und netzwerkartig angeordneten Informationseinheiten schneller zu den gewünschten Angaben.[253]

---

[249] Vgl. Bogaschewsky, R. (1992), S. 25; Nüttgens, M. (1992), S. 905; Reinemuth, J.; Birkhofer, H. (1994), S. 399.

[250] Vgl. Kuhlen, R. (1991), S. 156 f.; Nüttgens, M. (1992), S. 905; Nüttgens, M.; Scheer, A.W. (1993), S. 60 f.

[251] Vgl. vor allem Siebdrat, H. (1994), S. 40 f. Siehe auch Bauer, D. u.a. (1989), S. 352 f.; Bogaschewsky, R. (1992), S. 25; Nüttgens, M. (1992), S. 906. Ausführliche Erläuterungen zur Browsing-Funktion finden sich bei Kuhlen, R. (1991), S. 126 ff.

[252] Vgl. Thesmann, S. (1995), S. 6.

[253] Vgl. Lödel, D. (1994), S.25. Zu weiteren Softwareelementen und Multimedia-Autorensystemen zur Entwicklung eines EPK vgl. z.B. Thesmann, S. (1995), S. 5f., 25 ff.

4.2.3 Anwendungsbezogene Vorteile der Integration wissensbasierter und hypermedialer Elemente in AUS

Wissensbasierte Elemente eignen sich für Anwendungen, die umfassendes und gut strukturiertes Wissen erfordern, das auf die zu bewältigenden Aufgabenstellungen prinzipiell in der gleichen Art und Weise angewendet wird. Sowohl vom Sprachumfang als auch von der Möglichkeit her, Dialogabläufe graphisch darzustellen, sind sie allerdings für eine benutzerinitiierte Dialogsteuerung wenig geeignet.[254] Hier herrscht tendenziell ein passiver Interaktionsmodus vor. Im Gegensatz dazu bietet sich das Hypermedia /-text-Konzept aufgrund seiner Flexibilität bei der Strukturierung von Informationseinheiten und der Möglichkeit ihrer anspruchsvollen multimedialen Präsentation ergänzend zur Verbesserung der Erklärungsfähigkeit wissensbasierter Systeme oder als softwarekonzeptionelle Grundlage eigenständiger Systemmodule zur Bereitstellung von Zusatzwissen an.[255] Hinsichtlich der Informationsdarstellung ermöglicht die nicht-lineare und nutzerflexible Informationsrepräsentation im vorgegebenen Rahmen die individuelle Gestaltung des Informationsabrufs. Aufgrund der stärker vom Anwender ausgehenden Benutzersteuerung (aktiver Interaktionsmodus) sind hypermediale Elemente dabei nicht nur als Oberfläche von Expertensystemen zu verstehen, sondern können ebenso inhaltliche Funktionen im Sinne einer Dialogsteuerung übernehmen.[256]

Im einzelnen können dabei folgende nutzungsspezifischen Vorteile der Integration von Hypermedia /-text und wissensbasierten Systemen genannt werden:[257]

- Verbesserung der Ausgestaltung der Benutzerschnittstelle im Hinblick auf die Anwenderfreundlichkeit.
- Verbesserung der Informationsversorgung bezüglich der zu präsentierenden Informationsinhalte und der Dialogsteuerung.
- Erhöhung der Navigationsmöglichkeiten im System.
- Erhöhung der Übersichtlichkeit der Systemstruktur.
- Erhöhung der Verständlichkeit der Erklärungskomponente wissensbasierter Anwendungen.
- Erleichterung der Durchführung der Wissensakquisition.

---

[254] Vgl. Breuker, S. (1994), S. 91.
[255] Vgl. Bogaschewsky, R. (1992), S. 28 ff.; Hoppe, U. (1992), S. 173; siehe auch Biethahn, J.; Fischer, D. (1992) S.11 ff.; Schoop, E. (1991), S. 198 ff.; Szuprowicz, B. O. (1991), S. 60; Tins, M.; Poeck, K. (1992), S. 156.
[256] Vgl. Breuker, S. (1994), S. 91.
[257] Vgl. u.a. Biethahn, J.; Fischer, D. (1992), S. 11 ff.; Bogaschewsky, R. (1992), S. 29 f.; Mertens, P. u.a. (1993), S. 67. Es wird in diesem Zusammenhang auch von hybriden Systemen gesprochen. Vgl. Siebdrat, H. (1994). S. 59.

In AUS können sich wissensbasierte und hypermediale Elemente in Abhängigkeit der Anforderungen an die einzelnen Module bzw. Subsysteme sinnvoll ergänzen, entweder nebeneinander kooperierend oder durch Einbindung von Funktionselementen jeweils der einen Technik in die andere.[258] Bei hohen Präsentationsanforderungen eines Moduls, die die Navigation des Benutzers zwischen Text, Graphiken, Bildern oder Videosequenzen erfordert, ist die Verwendung von Hypermedia-Elementen zur Steuerung des Dialoges durch den Benutzer sinnvoll. Stehen dagegen vornehmlich Funktionsanforderungen im Vordergrund, besteht Bedarf nach wissensbasierten bzw. algorithmischen Elementen. Hier dominiert entsprechend die Systemsteuerung, hypermediale Elemente stellen nur die Oberflächen zu den wissensbasierten Systemen dar und nehmen bei der Dialogsteuerung keine oder nur eine geringe Bedeutung ein.

Im Rahmen des zusammenhängenden Ablaufs der Angebotspräsentation, Selektion und Konfiguration bietet sich die Verwendung von wissensbasierten und hypermedialen Elementen als kooperierende Techniken an.[259] So ist die Entwicklung und Implementierung eines elektronischen Produktkataloges als Hypermedia-System zu empfehlen, da der Benutzer zwischen den einzelnen Produktvarianten bzw. deren Komponenten frei beweglich sein sollte. Erfolgt die Selektion einzelner Produktkomponenten, so ist zunächst weiterhin die freie Navigation zwischen den zur Auswahl stehenden Bauteilen möglich, jedoch überprüft das im Hintergrund arbeitende wissensbasierte Konfigurationsmodul die Zusammenstellung auf Konsistenz und erteilt Rückmeldungen bei technisch nicht konsistenten Kombinationsvorgängen bzw. gibt nach einem erfolgten Konfigurationsschritt nur die weiterhin konsistenten Elemente zur weiteren Zusammenstellung frei. Hier findet dann ein Wechsel von der Benutzer- zur Systemsteuerung statt.

Ein Beispiel für die stärker wissensbasierte Ausrichtung eines Moduls mit Integration hypermedialer Elemente innerhalb bestimmter Dialogschritte stellt etwa die Subventionsberatung dar.[260] Da die Unübersichtlichkeit der Fördermöglichkeiten einen Vertriebsmitarbeiter bei der Auswahl in Frage kommender Subventionen und Fördervoraussetzungen überfordern würde, sollte hier der systemgesteuerte Dialog dominieren. Die Einbettung benutzergesteuerter Programmsequenzen kann jedoch bei erfahrenen Benutzern bei der Auswahl der relevanten Subventionen aus der Gesamtmenge aller enthaltenen Fördermittel über Schlagworte sinnvoll sein. Der erneute Übergang zur Systemsteuerung erfolgt dann bei der Prüfung der gefundenen Fördermittelprogramme und bei der Zusammenstellung der optimalen Kombination von För-

---

[258] Vgl. Breuker, S. (1994), S. 91 ff.; Ponader, M. u.a. (1993), S. 4 ff.; Mertens, P. u.a. (1994), S. 19. Siehe auch Bogaschewsky, R. (1992), S. 28 ff.
[259] Vgl. Lödel, D. u.a. (1992), S. 49 ff.; Ponader, u.a. (1993), S. 6.
[260] Vgl. Ponader, M. u.a. (1993), S. 9 ff.

der- und Finanzierungsmitteln. Die dominierende systeminitiierte Dialogsteuerung liegt darin begründet, daß die in der Subventionsberatung verwendeten Problemlösungsregeln auch das Wissen zur Dialogsteuerung beinhalten. Ist die Überschneidung von Problemlösungs- und Dialogsteuerungswissen groß, sollte eine wissensbasierte Steuerung des Dialogs durch den Rechner vorherrschen und Hypermedia-Elemente nur als Oberflächen des Expertensystems eingesetzt werden.[261]

Die umgekehrte Einbettung von wissensbasierten Funktionen in einen Hypermedia-Kontext ist dagegen bei dem Modul Finanzierungsberatung sinnvoll.[262] Basierend auf der sehr unterschiedlichen finanziellen Ausgangssituation der Nachfrager sollte die Annäherung an die Lösungsmenge sinnvoller Finanzierungsvorschläge möglichst individuell durch den Benutzer gestaltet werden können. Da aber aufgrund der vielfältigen Variationsmöglichkeiten und Einflußfaktoren wie Steuern, öffentliche Fördermittel, Budgetrestriktionen die Gefahr eines nur unvollständigen Überblicks besteht, sollte eine wissensbasierte Vorteilhaftigkeitsprüfung systemgesteuert erfolgen. Da die hier zu berücksichtigenden Systemzusammenhänge relativ einfach sind und nicht die Abfolge der Schritte zur Problemlösung determinieren, also keine oder nur geringe Überschneidungen von Dialogsteuerungs- und Problemlösungswissen vorliegen, können hier hypermediale Elemente zur Dialogsteuerung eingesetzt werden.[263]

Nach dieser Darstellung der softwarekonzeptionellen Grundlagen werden die zum Teil bereits angeklungenen Module von AUS nachfolgend i.S. eines Referenzsystems im Hinblick auf ihre Funktionalität erörtert.

4.3 Ausgewählte Module und Funktionselemente von AUS

Zentrale Bausteine eines AUS sind Datenbanken, die durch die bedarfsgerechte Speicherung von Informationen einen zielgerichteten Zugriff auf und die Verknüpfung von Daten (z.B. Kundendaten mit Auftragsdaten) ermöglichen.[264] Im Rahmen eines AUS kommt neben der Kunden- bzw. Interessentendatenbank vor allem Produkt-, teilweise auch Know-How-Datenbanken, und Datenbanken mit Markt- und Wettbewerbsinformationen Bedeutung zu.[265] In Verbindung mit den aus externen Quellen (z.B. Kundenangaben während eines Beratungsge-

---

[261] Vgl. Breuker, S. (1994), S. 91 f.
[262] Vgl. Ponader, M. u.a. (1993), S. 12 f.
[263] Vgl. Breuker, S. (1994), S. 92.
[264] Vgl. Link, J.; Hildebrand, V. (1993), S. 101.
[265] Vgl. Mertens, P. (1993), S. 661.

spräches) zu erfassenden Daten stellen die in den Datenbanken vorgehaltenen Informationen die Grundlage für die Funktionsausübung der einzelnen Systemmodule dar.

Das Leistungspotential eines Angebotsunterstützungssystems hängt im wesentlichen von den implementierten Funktionsmodulen ab.[266] Dementsprechend sollen die nachfolgend vorgeschlagenen Module eines Angebotsunterstützungssystems zugeschnitten auf die Bedürfnisse von Anbietern konfigurationsbedürftiger Leistungen im einzelnen dargestellt werden. Da der Computereinsatz grundsätzlich alle Phasen des Verkaufsprozesses unterstützen kann,[267] und die Kundenbetreuung i.w.S. aus Sicht des Vertriebsmitarbeiters neben dem Beratungsgespräch auch die Gesprächsvorbereitung und die Nachbereitung des Kundenkontaktes beinhaltet, werden über die das direkte Beratungsgespräch unterstützenden Module hinaus auch Systemkomponenten dargestellt, welche die in diesen Phasen anfallenden Tätigkeiten unterstützen können. Besonders wichtig ist dabei die Integration der unterschiedlichen Teilkomplexe zur Gewährleistung eines reibungslosen Informationsaustauschs.[268] Die nachfolgende Abbildung veranschaulicht übersichtsartig die Module des vorgeschlagenen Angebotsunterstützungssystems. Im Anschluß sollen die Module entsprechend den einzelnen Phasen des Kundenkontaktes (Gesprächsvorbereitung, -durchführung und -nachbereitung) dargestellt und erläutert werden. Dabei liegt der Schwerpunkt der Betrachtung auf den an der konkreten Schnittstelle zum Nachfrager wirkenden Modulen zur Beratung und Angebotserstellung.

Die Funktionsfähigkeit des Systems ist aufgrund seines modularen Aufbaus generell nicht von der Implementierung sämtlicher hier genannter Funktionsmodule abhängig. In der Praxis sind die hier im Sinne eines Referenzsystems dargestellten Anwendungen vielfach noch als Insellösungen vorzufinden, die erst im Zuge der fortschreitenden Technologieentwicklung zu umfassenden Gesamtsystemen integriert werden. Die umfassende Darstellung ist vielmehr eine Empfehlung mit optionalem Charakter, aus der sich das einzelne Unternehmen entsprechend der individuellen Bedürfnisse ein eigenes Modul-Portfolio zusammenstellen kann.

---

[266] Vgl. Link, J.; Hildebrand, V. (1994c), S. 80.
[267] Vgl. Link, J.; Hildebrand, V. (1995d), S. 12.
[268] Vgl. Link, J.; Hildebrand, V. (1993), S. 108.

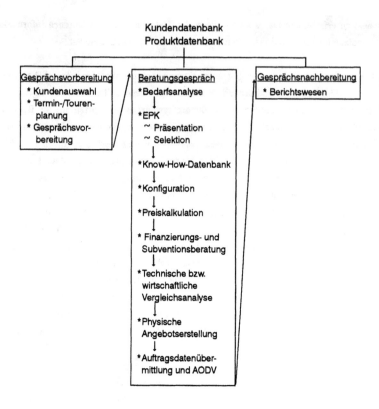

Kundendatenbank
Produktdatenbank

Gesprächsvorbereitung	Beratungsgespräch	Gesprächsnachbereitung
* Kundenauswahl	* Bedarfsanalyse	* Berichtswesen
* Termin-/Touren-	↓	
planung	* EPK	
* Gesprächsvor-	~ Präsentation	
bereitung	~ Selektion	

* Know-How-Datenbank
↓
* Konfiguration
↓
* Preiskalkulation
↓
* Finanzierungs- und
Subventionsberatung
↓
* Technische bzw.
wirtschaftliche
Vergleichsanalyse
↓
* Physische
Angebotserstellung
↓
* Auftragsdatenüber-
mittlung und AODV

Abb. 6: Softwaremodule von AUS

4.3.1 Anwendungen zur Unterstützung der Gesprächsvorbereitung

Im Rahmen der Planung und Vorbereitung von Nachfragerkontakten kann durch den Computereinsatz einerseits die Auswahl der zu besuchenden Nachfrager und die terminliche Abstimmung und Planung der Kontakte unterstützt werden. Über diese sich vor allem auf den Außendiensteinsatz beziehenden Funktionen hinaus können auf den konkreten Kundenkontakt zugeschnittene Informationen zur Optimierung der Gesprächsvorbereitung i.e.S. bereitgestellt werden.

Ausgangspunkt für die Planung und Vorbereitung von Kontakten zu Nachfragern stellt die *Kundendatenbank* dar, in der Informationen über die (potentiellen) Kunden vorgehalten werden.[269] Hierin sollten alle für die Verkaufsbemühungen um den jeweiligen Kunden relevanten Informationen enthalten sein. Für die Verwendung in einem AUS ist es dabei notwendig, daß der zur administrativen Abwicklung von Kundenaufträgen vorgehaltene Datenstamm um Informationen zur Abbildung eines umfassenden Kundenprofils ergänzt wird.[270] Eine umfassende Kundendatenbank[271] sollte zum einen *Grunddaten* (z.B. Kundennummer, Name, Adresse, Telefonnummer und Ansprechpartner, möglicherweise auch Grundhaltungen, Einstellungen, Neigungen sowohl des Nachfragers bzw. kaufentscheidungsrelevanter Personen)[272] und *Potentialdaten* (produktspezifischer Gesamtbedarf, zu einem späteren Zeitpunkt aktuell werdende Erweiterungsbedarfe) enthalten. Daneben sollten *Aktions- und Reaktionsdaten* vorgehalten bzw. laufend aktualisiert werden. Dabei können unter *Aktionsdaten* alle Inputdaten von Aktivitäten gegenüber dem Nachfrager subsumiert werden, z.B. inhaltliche und zeitliche Angaben zu Kundenkontakten, Informationen über den aktuellen Stand der Angebotsverhandlung mit allen bisher vorgeschlagenen Lösungen. Zudem sollten Informationen über bereits erfolgte kommunikationspolitische Maßnahmen, wie z.B. die werbliche Ansprache über Direct Mailings, aufgenommen werden können, um eine entsprechende Gestaltung des Beratungsgesprächs vornehmen zu können und so Zeitverluste durch überflüssige Informationsaktivitäten zu vermeiden.[273] *Reaktionsdaten* als Outputdaten geben schließlich Auskunft über den Erfolg der eigenen Aktivitäten bei der Kundenakquisition und -beratung. Neben Kundenanfragen und Angaben zu vergangenen Projekten bei Folgeaufträgen sollten hier insbesondere Gründe für Angebotsablehnungen und Reklamationen enthalten sein, um zukünftige Marketingaktivitäten daran auszurichten.[274]

Werden Kundenbesuche in der Praxis in der Regel in Abstimmung mit der zuständigen Vertriebsleitung im Innendienst und oft auch meist noch intuitiv durch den Außendienst durchgeführt,[275] so bieten Kundenauswahlsysteme dem Verkaufsberater die Möglichkeit, die Kundenkontaktplanung durch Analyse, Bewertung und Selektion der zu kontaktierenden Kunden eigenständig zu optimieren.[276] Ziel des Systemeinsatzes ist es dabei wohlgemerkt nicht, das Gespür und die Sensibilität des Vertriebsmitarbeiters im Hinblick auf die Not-

---

[269] Beispiele für konkrete in Kundendatenbanken vorgehaltene Daten finden sich etwa bei Ernd, W. (1991), S. 253; Steppan, G. (1990a), S. 32 oder Weiß, H.C. (1993), S. 365 ff.
[270] Vgl. Mertens, P. (1992), S. 34 f.; Steppan, G.; Mertens, P. (1990), S. 139.
[271] Zur nachfolgenden Kategorisierung vgl. z.B. Link, J.; Hildebrand, V. (1993), S. 102 f. Zu einer weiteren Unterscheidung in Basis-, Potential- und Transaktionsdaten vgl. Flory, M. (1995), S. 81 f.
[272] Vgl. Link, J.; Hildebrand, V. (1993), S. 102; Mertens, P. (1992), S. 34 f.; Schwetz, W. (1993), S.13; Steppan, G.; Mertens, P. (1990), S.140.
[273] Vgl. Breuker, S. u.a. (1990), S. 152; Mertens, P. (1992a), S. 34; Steppan, G.; Mertens, P. (1990), S. 140.
[274] Vgl. Flory, M. (1995), S. 82; Link, J.; Hildebrand, V. (1993), S. 103; Steppan, G.; Mertens, P. (1990), S. 140.
[275] Vgl. Encarnacao, J. L. (1990), S. 60.
[276] Vgl. Dornis, P.; Herzig, A. (1992), S. 60.

68

wendigkeit von Kundenvisiten zu untergraben. Es geht dabei vielmehr um eine bestmögliche Unterstützung des Außendienstmitarbeiters bei seiner Entscheidungsfindung.

Die Basis für die systematische Planung und Vorbereitung von Kundenkontakten bildet die *Kundenanalyse*, die auf der Grundlage der durch die Kundendatenbank zur Verfügung gestellten Daten die Art und Intensität der Kundenkontaktierung ermittelt.[277] Im Rahmen dieser Kundenanalyse bildet die *Kundenbewertung* zur Klassifizierung der Wichtigkeit der zu betreuenden Interessenten die Entscheidungsgrundlage über deren Besuchs- und Kontaktwürdigkeit. Methodisch empfiehlt sich hier die aus der strategischen Unternehmensplanung bekannte Portfolio-Technik, die eine mehrdimensionale Bewertung entlang unterschiedlicher Bestimmungsgrößen (z.B. Volumen und Anzahl der Aufträge, Erfolgsquoten der Akquisition) des Kunden ermöglicht.[278] Aus der Positionierung des Nachfragers in der Portfolio-Darstellung können Hinweise über die Dringlichkeit bzw. Häufigkeit von Kundenkontakten abgeleitet werden. Durch Aggregation einzelner Kundenbewertungen lassen sich etwa durchschnittliche Besuchszahlen pro Marktsegment ermitteln, die als Orientierungshilfe für die Akquisitionsanstrengungen herangezogen werden können.[279] Die durch den Rechner ermittelten Werte sollten jedoch nur als Anhaltspunkt dienen, da je nach Komplexität und Individualität des Bedarfs des Nachfragers und dessen Persönlichkeitsstruktur auch starke Abweichungen in der Besuchsintensität für eine erfolgreiche Auftragsakquisition notwendig sind.[280] Im Rahmen der folgenden *Kundenselektion* erfolgt die Festlegung der Prioritäten bei der Kundenkontaktierung. Dabei sollten bei Beratungsengpässen vor allem diejenigen Interessenten im Vordergrund stehen, bei denen der Vertragsabschluß hohe Rentabilitäten verspricht,[281] während weniger ertragreiche Kunden vorübergehend durch den Vertriebsinnendienst betreut werden könnten. Nachfrager, deren Verkaufsverhandlungen kurz vor dem Abschluß stehen bzw. deren Lieferantenauswahl noch nicht endgültig getroffen wurde, sollten besonders intensiv betreut werden. Durch die Festlegung von Selektionskriterien werden z.B. bei Sonderangebotsaktionen nach bestimmten Selektionsvorgaben Besuchslisten erstellt und die für die persönlichen Kontakte notwendigen Informationen bereitgestellt.[282] Bei Innovationen oder detailspezifischen Produktverbesserungen können auch diejenigen Nachfrager erneut angesprochen werden, die ein früheres Angebot z.B. aus preislichen Gründen

---

[277] Vgl. Link, J.; Hildebrand, V. (1993), S. 109.
[278] Vgl. z.B. Steppan, G.; Mertens, P. (1990), S. 142; Velte, M. (1987), S. 128 ff.
[279] Vgl. Link, J.; Hildebrand, V. (1993), S. 110.
[280] Vgl. Link, J.; Hildebrand, V. (1993), S. 110.
[281] Ein Beispiel für ein deckungsbeitrags- und reisezeitenorientiertes Kundenbesuchsplanungssystem findet sich etwa bei Wage, J. L. (1981), S. 53 ff.
[282] Vgl. Freiss, P.L. (1992), S. 502 f.

oder mangelnder Bedarfsentsprechung abgelehnt und die Kaufentscheidung verschoben haben.[283]

Ziel der Termin- und Tourenplanung ist die Festlegung der Zeitpunkte und der Reihenfolge der Besuchskontakte zur Optimierung der Beratungskapazität des Verkaufsberaters.[284] Grundlage einer EDV-gestützten Planung kann dabei eine Kontrollroutine sein, die automatisch alle, seit einem bestimmten Zeitpunkt nicht mehr kontaktierten Nachfrager anzeigt und somit insbesondere bei einer großen Nachfragerzahl der Gefahr des Vergessens notwendiger Besuche entgegenwirkt. Um dem Vertriebsmitarbeiter die im Umgang mit den Kunden notwendige Flexibilität zu ermöglichen, sollte die Tourenplanung nicht zentral, sondern dezentral durch den Vertriebsmitarbeiter selbst (z.B. Vornahme von Terminänderungen) vorgenommen werden können, da dieser aufgrund der höheren Marktnähe im Zweifel die Notwendigkeit von Kontaktaufnahmen besser als die relativ marktfernen Instanzen in der Unternehmenszentrale beurteilen kann. Wichtig ist dabei allerdings eine systematische, alle relevanten Nachfrager berücksichtigende Besuchsplanung, die gleichzeitig Flexibilitätspotentiale zur Reaktion auf kurzfristige Terminänderungen beinhaltet[285] und die ursprüngliche Planung unter Berücksichtigung der Optimierungskriterien (z.B. Wegstrecke, Zeitaufwand) möglichst geringfügig modifiziert. Angesichts des zum Teil hektischen Arbeitsablaufs der Verkaufsberater im Außendienst kann die Computerunterstützung hier einen nicht unerheblichen Beitrag zu einer systematischen und gleichzeitig vertriebskostenberücksichtigenden Besuchsdurchführung leisten. In Grundzügen sollte die Anwendung dabei die Terminplanung des Benutzers durch entsprechend gekennzeichnete Terminvorschläge unter Berücksichtigung möglicher Terminüberschneidungen inklusive ausreichender Pufferzeiten (z.B. für Fahrten) unterstützen.[286] Die Optimierung der physischen Durchführung der Kundenbesuche wird dabei durch Ermittlung der optimalen Reiseroute im Sinne einer Reiseweg- und Reisekostenminimierung gefördert. Schließlich sollte ein automatischer Abgleich zwischen geplanten und tatsächlichen Besuchen möglich sein und besuchte Kunden bis zur Festlegung eines neuen Termins im Wiedervorlage-Modus verbleiben. Je größer der Kundenkreis desto bedeutender ist die automatische Terminüberwachung, durch die zu einem früheren Zeitpunkt vereinbarte Termine bei der weiteren Planung berücksichtigt werden und Doppelbelegungen vermieden werden können.[287] Zur Erhöhung der Benutzerakzeptanz ist es schließlich unbedingt not-

[283] Vgl. Link, J.; Hildebrand, V. (1993), S. 110; (1994a), S. 11.
[284] Vgl. Link, J.; Hildebrand, V. (1993), S. 111; (1994a), S. 11 f.; Schwetz, W. (1990), S. 130. Ein Beispiel für eine Besuchstourenplanung zur Verkaufsberatung findet sich bei Schmitz-Hübsch, E. (1992), S. 131 ff. Siehe auch Derigs, K.; Grubenhauer, G. (1993), S. 116 ff.
[285] Vgl. Gey, T. (1990), S. 150; Link, J.; Hildebrand, V. (1993), S. 112.
[286] Zu den konkreten Anforderungen an die elektronische Termin- und Tourenplanung vgl. z.B. Dornis, P.; Herzig, A. (1992), S. 62 f.; Derigs, K.; Grubenhauer, G. (1993), S. 117.
[287] Vgl. Link, J.; Hildebrand, V. (1993), S. 112; Schwetz, W. (1990), S. 127.

wendig, daß jeder Kunde durch die EDV-Terminplanung erfaßt wird, da anderenfalls die Vertriebsmitarbeiter zu einer doppelten Terminplanung über den bisherigen Terminkalender tendieren.[288] Der Planungsablauf würde hierdurch nicht verbessert, das Terminplanungsmodul vielmehr obsolet.

Das Gesprächsvorbereitungsmodul erlaubt dem Vertriebsmitarbeiter, sich durch Bereitstellung aller relevanten kunden- und produktbezogenen Informationen einen Überblick über die Kundenhistorie und die aktuelle Verhandlungssituation zu verschaffen.[289] Über die durch das System automatisch bereitgestellten Basisdaten des Auftrages hinaus sollten über menügesteuerte Abfragen z.B. die Kundenhistorie mit Informationen über bereits erfolgte Kontakte, der aktuelle Stand der Verhandlungen, Auskünfte über Kontakte des Kunden zum Innendienst oder bereits erarbeitete Problemlösungsangebote abrufbar sein.[290] Der Abruf von Informationen zu aktuellen Maßnahmen der Konkurrenz im Hinblick auf den zu akquirierenden Kunden[291] und zu den eigenen vertriebsstrategischen Direktiven ist zudem empfehlenswert. Zur Vermeidung von Doppelarbeit können zudem die eigenen kommunikationspolitischen Aktivitäten (z.B. Versorgung des Interessenten mit Katalogen etc.) dargestellt werden. Um den situationsabhängig variierenden Vorbereitungszeiten eines Kundenkontaktes gerecht zu werden, empfiehlt es sich, den Umfang der Informationsdarstellung (ausführliche Darstellung, Kurzinformation) durch den Benutzer individuell festlegbar zu gestalten.[292] Über die Informationsfunktion hinaus dient die kontaktvorbereitende Informationszusammenstellung zusätzlich als Gesprächsleitfaden. Dabei sollte die Reihenfolge der Informationsdarstellung entsprechend einer geschickten Gesprächsführung aufgebaut sein und alle Informationsinhalte im Zuge des Kundengesprächs auf den neuesten Stand gebracht werden. Im Falles des plötzlichen Ausfalls eines Vertriebsmitarbeiters in einer kritischen Verhandlungsphase ermöglichen die elektronisch vorgehaltenen auftrags- und kundenrelevanten Daten schließlich die Fortführung der Verhandlungen.[293]

---

[288] Vgl. Dornis, P.; Herzig, A. (1992), S. 62. Auf die Bedeutung einer effizienten Termin- und Tourenplanung weist Hanser, P. (1995b), S. 49 hin, der in einer branchenübergreifenden Studie (108 Unternehmen) gegenüber der Ist-Situation ein erhebliches Verbesserungspotential ermittelte.

[289] Vgl. Link, J.; Hildebrand, V. (1993), S. 113; (1995d), S. 14; Glinz, M.; Dahlhoff, H.D. (1986), S. 160; Walter, G. (1995), S. 57. Siehe auch Encarnacao, J. L. u.a. (1990), S. 71. Zu detaillierten Informationsinhalten siehe Rauberger, S. (1989), S. 34.

[290] Vgl. Link, J.; Hildebrand, V. (1993), S. 112. Siehe auch Müller, B. (1989), S. 24.

[291] Vgl. Gey, T. (1990), S. 153.

[292] Vgl. Dornis, P.; Herzig, A. (1992), S. 67.

[293] Vgl. Dornis, P.; Herzig, A. (1992), S. 155.

4.3.2 Anwendungen zur Unterstützung der Beratung und Angebotserstellung

Die Entwicklung eines Angebotes für konfigurationsbedürftige Leistungen macht aufgrund ihrer Erklärungsbedürftigkeit und der Ausrichtung an den individuellen Bedürfnissen des Nachfragers die Notwendigkeit einer umfassenden Beratungsleistung deutlich.[294]

Die Ausführungen zu den nachfolgend erörterten Modulen orientiert sich dabei an dem bereits aufgezeigten idealtypischen Ablauf der Akquisitionsberatung und Angebotserstellung bei konfigurationsbedürftigen Produkten:[295]

Das Modul Bedarfsanalyse dient zur Klärung der konkreten Problemstellung und der Erfassung und Spezifizierung des individuellen Nachfragerbedarfs als Ausgangspunkt der persönlichen Beratung.[296] Diese Komponente eignet sich als Systemeinstieg insbesondere, wenn auf der Nachfragerseite noch keine exakten fach- und produktspezifischen Kenntnisse in dem Sinne vorliegen, daß die Interessenten nur unpräzise Vorstellungen besitzen und eine konkrete Problemlösung noch nicht spezifizieren können.[297] Zudem bietet sich die Bedarfsanalyse bei einem umfangreichen Angebotsprogramm mit zahlreichen Einzelkomponenten an,[298] da hier die nicht zielgerichtete Informationssuche zu erheblichen Verzögerungen des Beratungsablaufs führt. Grundsätzlich erfolgt im Rahmen dieser Anforderungsanalyse zunächst eine Analyse der Problemstellung des Nachfragers, die zur Erstellung eines individuellen Anforderungsprofils führt. Durch Plausibilitätsprüfungen der eingegebenen Daten können fehlende bzw. fehlerhafte Angaben aufgedeckt und damit die Vollständigkeit der Datenbasis für die Angebotserstellung sichergestellt werden.[299] Sogenannte Retrieval-Funktionen[300] gestatten sodann eine dialogorientierte Recherche nach Produkten über Produktmerkmale bzw.

---

[294] Vgl. Kap. 3.1.

[295] Vgl. Kap. 3.1. Siehe auch z.B. Breuker, S. (1994), S. 23; Lödel, D. (1994), S. 22; Weis, H.C. (1993), Sp. 1981.

[296] Vgl. Bless, H. J.; Matzen, T. (1995), S. 305; Breuker, S. (1994), S. 24; Flory, M. (1995), S. 88; Lödel, D. u.a. (1992), S. 515; Roemer, M. (1994), S. 16; Schwetz, W. (1993), S. 24, (1990), S. 139. Vgl. ausführlich zur Bedarfsanalyse unter Berücksichtigung einer Kundentypologie Lödel, D. (1994), S. 34 ff.

[297] Vgl. Breuker, S. (1994), S. 8; Flory, M. (1995), S. 88; Mertens, P. u.a. (1994), S. 5; Mertens, P. (1993), S. 662; Mertens, P.; Lödel, D. (1993), S. 178; Ponader, M. u.a. (1993), S. 3.

[298] Vgl. Lödel, D. u.a. (1992), S. 512; Ponader, M. (1992), S. 24 f.

[299] Vgl. Flory, M. (1995), S. 89.

[300] Information-Retrieval-Funktionen stellen intelligente Algorithmen zur selektiven Auswahl von Informationen dar. Vgl. Encarnacao, J. L. u.a. (1990), S. 69; Luft, A.L. (1987), S. 182 f.; Salton, G.; McGill, M.J. (1987), S. 11 f. Während wissensbasierte Konzepte vom Benutzer eher generelle Anforderungsangaben verlangen und aus diesen durch interne Verknüpfungen Lösungsvorschläge generieren, erfordern Selektionssysteme dagegen konkretes Fachwissen, da sie die detaillierte Spezifikation der Problemstellung als Dateninput notwendig machen. Vgl. Mertens, P. u.a. (1994), S. 292 f. Einen ausführlichen Überblick bietet etwa Panyr, J. (1986), S. 15 ff.

Merkmalskombinationen.[301] In einem nächsten Schritt werden aus dem zur Verfügung stehenden Komponentenangebot problemlösungsadäquate Elemente selektiert und erste Basislösungen aus den Einheiten des Elektronischen Produktkataloges (EPK) generiert, dem Nachfrager multimedial präsentiert und im weiteren Systemdialog verfeinert.[302] Werden die noch zu erläuternden Know-How-Datenbanken vorgehalten, kann durch Rückgriff auf die gespeicherten Informationen zu vergleichbaren Angeboten und Aufträgen aus der Vergangenheit[303] die Problemlösungskompetenz des Anbieters nicht nur unterstrichen, sondern der Prozeß der Angebotserstellung weiter rationalisiert werden. Die generierten kundenspezifischen Daten können automatisch den in der Kundendatenbank abgelegten Kundenprofilen zugeführt werden.[304] Konkret wird dabei auf Basis des in der Anforderungsanalyse ermittelten Ergebnisses zur Veranschaulichung der in Frage kommenden Alternativen aus den jeweiligen Seiten des elektronischen Produktkataloges eine Präsentation der ausgewählten Produkte generiert.[305] Zu den ausgewählten Produkten können dann im Rahmen der weiteren Beratung und Produktkonfiguration ausführliche Informationen bereitgestellt werden.[306]

Elektronische Produktkataloge (EPK) dienen sowohl der multimedialen Präsentation des Leistungsprogramms des Anbieters, als auch der Auswahl und Zusammenstellung von Produkten.[307] Die hypermediale Struktur ermöglicht die selektive und zielgerichtete Bereitstel-

---

[301] Vgl. Hermanns, A.; Flory, M. (1995a), S. 61. Die Produktretrievalkomponente sollte dahingehend möglichst flexibel sein, daß sie den Umstand berücksichtigt, daß die formulierten Anforderungen des Nachfragers keine festen, sondern bis zu einem gewissen Grad unscharfe (fuzzy) Größen darstellen. (Zur Konzeption der Fuzzy-Logik, die unscharfes Wissen numerisch auswertbar und damit präzise abbildbar macht vgl. Janko, W.H. (1989), S. 278; Vojdani, N. u.a. (1995), S. 288 f.) Zwar kann der Interessent Einzelanforderungen in der Regel möglicherweise relativ exakt definieren. Aufgrund seiner Unkenntnis der genauen Relationen und Dimensionen der Datenbasis können bei der Kombination der Einzelanforderungen zum Anforderungsprofil aber Verzerrungen entstehen. Offenbart die Datenbankrecherche, daß eine andere Merkmalskombination eine für den Nachfrager attraktivere Leistung bietet, wird dieser sich möglicherweise gerne den Gegebenheiten anpassen. Entsprechend sollte die Retrieval-Funktion nicht nur Produkte ermitteln, die mit den vorgegebenen Kriterien exakt übereinstimmen, sondern auch ähnliche oder benachbarte Alternativen aufzeigen. Vgl. dazu Lödel, D. (1994), S. 78; Mertens, P. u.a. (1994), S. 293. Siehe auch Fuhr, N. (1990), S. 276, 282.
[302] Vgl. Lödel, D. (1994), S. 23, 93; Lödel, D. u.a. (1992), S. 515; Link, J.; Hildebrand, V. (1993), S.116; Mertens, P. u.a. (1994), S. 293; Ponader, M. (1992), S. 24 f. Konkret erfolgt dabei aus dem verfügbaren Komponentenangebot die Auswahl der das Anforderungsprofil an die Leistungseigenschaften ganz oder weitgehend erfüllenden Elemente. Vgl. Mertens, P. u.a (1994), S. 293. Wurde infolge sehr weiter Formulierung der Anforderungen ein zu großer Lösungsraum gefunden, kann dieser durch Einengung der Bandbreite auf eine geringere Zahl von Problemlösungsvorschlägen reduziert werden. Vgl. dazu Steppan, G. (1990a), S. 63.
[303] Vgl. Breuker, S. u.a. (1990), S. 156 f.; Schwetz, W. (1993), S. 25; (1990), S. 140.
[304] Vgl. Breuker, S. u.a. (1990), S. 152.
[305] Vgl. Mertens, P. u.a. (1994), S. 6; Mertens, P.; Lödel, D. (1993), S. 179; Ponader, M. u.a. (1993), S. 3.
[306] Vgl. Link, J.; Hildebrand, V. (1993), S. 116.
[307] Vgl. Link, J.; Hildebrand, V. (1995), S. 48; Lödel, D. u.a. (1992), S. 509; Ponader, M. (1992), S. 23; Ponader, M. u.a. (1993), S. 3. Systemintern erfolgt dabei eine Trennung zwischen einem Präsentations- und Selektionsmodul. Vgl. Ponader, M. u.a. (1993), S. 6. Lödel, D. u.a. (1992) unterscheiden dabei noch von Elektronischen Produktpräsentationssystemen (EPPS), die sich auf die reine Informationspräsentation beschränken. Die Auswahl und Zusammenstellung von Produkten erfolgt vielfach durch die integrierte

lung multimedial aufbereiteter Informationen über produktspezifische Einzelheiten. Komplizierte Funktionszusammenhänge können durch die Medienintegration anschaulich und leicht verständlich erklärt, die Kombination einzelner Leistungskomponenten zu einer Problemlösung bei sukzessiver Vorgehensweise unproblematisch nachvollzogen werden. Durch die sofortige Umsetzung von Modifikationen wird der Abstraktionsgrad der Angebotserstellung reduziert.[308] Der Einsatz von EPK eignet sich insbesondere für konfigurationsbedürftige, aus mehreren Komponenten oder Modulen bestehende Leistungsbündel, da diese rasch anschaulich präsentiert und individuell variierbar zu kompletten Problemlösungsangeboten zusammengestellt werden können.[309] Dabei sind sowohl die einzelnen Komponenten, als auch die jeweiligen Konfigurationsstufen aus unterschiedlichen Perspektiven visualisierbar und die Auswirkungen einer Komponentenselektion auf die Gesamtkonfiguration unmittelbar darstellbar. Als Informationsbasis des EPK dient die Produktdatenbank. Hierin können sämtliche Informationen zu den angebotenen Produkten und den Komponenten in Form technischer Daten, Produktabbildungen, Zeichnungen, die Vorteilhaftigkeit eines Produktes illustrierenden Graphiken oder auch Videosequenzen, z.B. über Verwendungsmöglichkeiten, gespeichert werden.[310] Neben produktspezifischen Informationen, wie z.B. Komponentenstruktur und -funktionen, verfügbare Eigenschaftsausprägungen und deren Vorzüge in bezug auf unterschiedliche Verwendungsmöglichkeiten, Zubehör und Erweiterungsteile können alle für die weitere Angebotserstellung relevanten Angaben wie Bestellnummer und Preis, aber auch vertriebspolitische Direktiven, enthalten sein.[311] Dies ist insbesondere dann von Vorteil, wenn mehrere Produktalternativen als Lösungsvorschläge in Frage kommen. Bei den Absatzbemühungen ist dann die Forcierung von Varianten möglich, die z.B. höhere Deckungsbeiträge erzielen, freie Kapazitäten auslasten oder den Abbau der Materiallagerhaltung fördern.[312] Die selektierten Komponenten können in Stücklisten ausgewiesen bzw. an die Module zur weiteren Angebotserstellung übergeben werden.[313] Nachstehende Graphik stellt die Architektur eines EPK dar.

Funktionserfüllung von EPK und elektronischen Konfigurationssystemen. Vgl. Hermanns, A.; Flory, M. (1995a), S. 62. Aus Gründen der grundsätzlichen Funktionsunterschiede erfolgt hier eine getrennte Darstellung beider Funktionseinheiten.

[308] Vgl. Breuker, S. u.a. (1990), S. 158; Link, J.; Hildebrand, V. (1994a), S. 123.
[309] Vgl. Link, J.; Hildebrand, V. (1994c), S. 113.
[310] Vgl. Link, J.; Hildebrand, V. (1994a), S. 103.
[311] Vgl. Breuker, S. u.a. (1990), S. 152; Link, J.; Hildebrand, V. (1993), S. 116 f.
[312] Vgl. Link, J.; Hildebrand, V. (1993), S. 117.
[313] Vgl. Flory, M. (1995), S. 91.

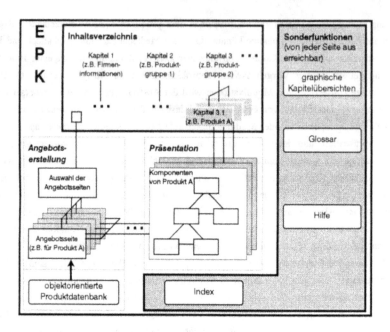

Abb. 7: Struktur eines EPK
Quelle: In Anlehnung an Ponader, M. (1992), S. 24.

Hinsichtlich der Gestaltung der Benutzung des EPK kann zwischen *Systemzugang* und *Datenzugriff* unterschieden werden. Im Zusammenhang mit dem *Systemzugang* bietet sich der produktbezogene Einstieg (z.b. über die Produktgruppe, das konkrete Produkt oder einzelne Komponenten) vor allem dann an, wenn der Benutzer den Produktnamen kennt und der Produktbezeichnung oder Produktgruppe relevante Eigenschaftsausprägungen zuordnet.[314] Liegen dagegen spezifische Anforderungen an bestimmte Leistungseigenschaften etwa durch bereits vorhandenes fachspezifisches Wissen des Nachfragers vor, ohne diese allerdings konkreten Produkten zuordnen zu können, bietet sich ein *eigenschaftsbezogener Zugang* an.[315] Beim *problembezogenen Zugang* erfolgt die Produktauswahl dagegen durch die Abfrage kundenspezifischer Daten, die die beim Nachfrager vorliegende Problemsituation umfassen. Dieser Zugang empfiehlt sich somit, wenn der Kunde noch nicht über hinreichende Problemevidenz[316] verfügt, also noch keine konkrete Vorstellungen über problemadäquate

---

[314] Vgl. Lödel, D. u.a. (1992), S. 514.
[315] Vgl. Lödel, D. (1994), S. 77 f. ; Lödel, D. u.a. (1992), S. 514.
[316] Vgl. Engelhardt, W. H.; Schwab, W. (1982), S. 506 f.

Produkte besitzt.[317] Unter Berücksichtigung des Softwareentwicklungsbudgets sollten aufgrund der Heterogenität und des unterschiedlichen Kenntnisstandes sowohl der Benutzer als auch der Kaufinteressenten bei der Systementwicklung verschiedene Zugangsmöglichkeiten zum EPK eingerichtet werden.[318] Hinsichtlich des *Zugriffs* auf die Informationsmenge ist zwischen einem explorativen und selektiven Zugriff zu unterscheiden.[319] Im ersten Fall bewegt sich der Anwender relativ frei entlang vorgegebener Verbindungen zwischen den Informationseinheiten.[320] Diese dem Blättern in einem Papierkatalog vergleichbare Vorgehensweise (Browsing) ist vorteilhaft, wenn der Kunde seine Vorstellungen und Wünsche noch nicht präzisieren kann und sich einen Überblick über mögliche Alternativen verschaffen möchte bzw. bereits konkretisierte Vorstellungen durch die gefundenen Informationen nur unzureichend abgedeckt werden.[321] Im Hinblick auf die Zeitrestriktion des persönlichen Beratungskontaktes sollte daneben der selektive Informationszugriff ermöglicht werden, der dem Benutzer durch die Angabe der gewünschten Ausprägung der Merkmale den Zugang zu den jeweiligen Informationen erlaubt.[322] Empfehlenswert ist auch die Kombination beider Zugriffsmöglichkeiten. Dadurch kann sich der Benutzer etwa zunächst einen Überblick über die Angebotsalternativen verschaffen, bevor er sich eigenschaftsbezogen über kompatible Komponentenzusammenstellungen informiert.

Eine **Know-How-Datenbank (KHD)** dient der Speicherung in der Vergangenheit konzipierter individueller Problemlösungen und des damit verbundenen Wissens.[323] KHD sind bei der Erstellung kundenspezifischer Angebote insofern nützlich, als hierdurch Erfahrungen aus vergangenen Projekten,[324] insbesondere bei sehr individuellen und außergewöhnlichen Problemstellungen, genutzt werden können. Je stärker auf bereits verwirklichte technische Lösungen zurückgegriffen wird, desto effizienter erfolgt die Angebotserstellung. Da das bei der Konzeption individueller Lösungsvorschläge entstehende Know-How häufig zumindest in Teilbereichen auf andere Projekte übertragbar ist, bietet sich die multimediale Aufbereitung dieses Erfahrungswissens zur Unterstützung der Entwicklung aktueller Problemlösungen

---

[317] Vgl. Lödel, D. u.a. (1992), S. 514 der in diesem Zusammenhang von einem anwendungsbezogenen Zugang spricht. Die zuvor geschilderte Bedarfsanalyse kann somit auch als problembezogener Zugang zu einem EPK interpretiert werden. Vgl. dazu Lödel, D. (1994), S. 34 ff., S. 77.

[318] Vgl. Lödel, D. u.a. (1992), S. 514.

[319] Trotz des engen Zusammenhangs zwischen Systemzugang und Datenzugriff handelt es sich um unterschiedliche konzeptionelle Aspekte. Während der Zugang auf die Sichtweise des externen Benutzers abstellt, bezieht sich der Zugriff auf die Navigation in der Informationsmenge. Vgl. Lödel, D. u.a. (1992), S. 514 f.; Ponader, M. (1992), S. 24.

[320] Vgl. Lödel, D. u.a. (1992), S. 514.

[321] Vgl. Lödel, D. u.a. (1992), S. 514; Link, J.; Hildebrand, V. (1993), S. 115.

[322] Vgl. Lödel, D. (1994), S. 78; Link, J.; Hildebrand, V. (1993), S. 115. Zu konkreten Navigations- und Orientierungshilfen vgl. z.B. Breuker, S. (1994), S. 46; Lödel, D. u.a. (1992a), S. 515.

[323] Vgl. Steppan, G. (1990b), S. 43; Link, J.; Hildebrand, V. (1993), S. 104.

[324] Vgl. Breuker, S. (1994), S. 8.

an.[325] Konkret können KHD Informationen über bereits realisierte Problemlösungen, technische Anpassungsmöglichkeiten und technische Zeichnungen/CAD-Graphiken mit detaillierten Erläuterungen, Aufsätze aus der Fachliteratur, Testergebnisse, Referenzkunden, produktspezifische Kundenanregungen, Reklamationen, Wartungsinformationen oder Angebotsablehnungen inklusive Begründung enthalten.[326] KHD tragen insbesondere bei außergewöhnlichen Problemstellungen durch die schnelle Verfügbarkeit der relevanten Informationen zu einem systematischen Ablauf von Beratung und Angebotserstellung bei. Der Rückgriff auf ähnliche Problemlösungen reduziert zeitaufwendige Doppelentwicklungen. Zudem können durch Untersuchung der Verwendungshäufigkeit der hergestellten Produktgruppen produkt- und sortimentspolitische Hinweise gewonnen werden. Häufiger Einsatz von Sonderanfertigungen kann z.B. ein Indiz für die Aufnahme ins Standardprogramm sein, bei seltener Verwendung beinhaltet die entsprechende Produktkonzeption möglicherweise keine neuartige Problemlösung.[327]

Im Rahmen der Angebotserstellung wird unter Konfiguration der Selektionsvorgang verstanden, bei dem aus einzelnen Komponenten unter Berücksichtigung nachfragerspezifischer Anforderungen eine komplexe Problemlösung unter Beachtung der Konfigurationsrestriktionen, also der Vermeidung technischer Inkonsistenzen zusammengestellt wird.[328] Der Einsatz eines Konfigurationssystems[329] bietet sich insbesondere bei modulartig zusammenstellbaren Leistungen an, bei denen in der Angebotsphase aus weitgehend standardisierten Systemkomponenten unter Berücksichtigung der in den Konfigurationsregeln enthaltenen Abhängigkeiten, Unverträglichkeiten und Ausschlußregeln konsistente individuelle Leistungsvarianten kombiniert werden.[330] Konfigurationsprozesse sind häufig komplexe Vorgänge, da zum einen durch die Kombination der einzelnen Komponenten in unterschiedlichen Ausprägungen eine hohe Anzahl von Varianten erzeugt werden kann, zum anderen zwischen den einzelnen Komponentenausprägungen Abhängigkeiten und Unverträglichkeiten bestehen können, die eine beliebige Kombination der Elemente wiederum nicht ermöglicht. Die com-

---

[325] Vgl. Steppan, G. (1990a), S. 77; Matschke, R. u.a. (1984), S. 471. Siehe auch Encarnacao, J. L. (1990), S. 68.

[326] Vgl. Mertens, P. (1992a), S. 35, Steppan, G.; Mertens, P. (1990), S. 145.

[327] Vgl. Steppan, G. (1990b), S. 47; Matschke, R. u.a. (1984), S. 478.

[328] Vgl. Link, J.; Hildebrand, V. (1995a), S. 48; Steppan, G. (1990a), S. 60.

[329] Vgl. ausführlich zum Einsatz von Konfigurationsanwendungen vor allem Mertens, P. u.a. (1993), S. 64 ff.

[330] Vgl. Breuker, S. (1994), S. 8; Hermanns, A.; Flory, M. (1995a), S. 62 f.; Hölzler, E.; Kraus, H. (1990), S. 65; Link, J.; Hildebrand, V. (1994c), S. 113; (1993), S. 118; Mertens, P. u.a. (1993), S. 65. Siehe auch Dornis, P.; Herzig, A. (1992), S. 74. Vgl. ausführlich zur Methodik des wissensbasierten Konfigurierens Tank, W. (1992), S. 7 ff. Die Restriktionen der Leistungszusammenstellung beziehen sich vor allem auf Produktparameter (Nicht-Kombinierbarkeit aufgrund produktspezifischer Leistungsdaten), können aber auch Produktionsparameter (bestimmte Kombinationen lassen sich mit verfügbaren Anlagen nicht herstellen) oder Vertriebsparameter (betriebswirtschaftlich unerwünschte Kombination) betreffen. Vgl. Mertens, P. u.a. (1993), S. 65.

77

putergestützte Konfiguration soll in erster Linie eine technisch inkonsistente und auch ineffiziente Komponentenkombination vermeiden und den Prozeß der Produktzusammenstellung beschleunigen.[331] Softwaretechnisch handelt es sich bei einem Konfigurationsmodul um ein Expertensystem,[332] dessen Inferenzsystem als Problemlösungskomponente die Auswertung der in der Wissensbasis gespeicherten Informationen im Hinblick auf die Zulässigkeit der Komponentenkombination vornimmt.[333] Aus Sicht des Prozeßablaufs der Leistungszusammenstellung betrachtet sollte das Konfigurationssystem sowohl über eine diagnostische als auch eine interaktive Komponente verfügen.[334] Dabei wird zunächst auf Basis der in der Bedarfsanalyse erfaßten Kundenanforderungen ein erster Konfigurationsvorschlag entwickelt (diagnostische Komponente). Im daran anschließenden Schritt wird die Feinabstimmung der vorliegenden Diskussionsgrundlage durchgeführt (interaktive Komponente). Nach der Zusammenstellung der Endkonfiguration erfolgen eine anschließende Prüfung auf Vollständigkeit und gegebenenfalls Modifikationen.

Mit Blick auf den konkreten Einsatz von Konfigurationssystemen zur Angebotserstellung lassen sich unterschiedliche Systematisierungsansätze unterscheiden.[335] So bietet der in bezug auf einen effizienten Konfigurationsablauf und bei der Zusammenstellung komplizierterer Produktkompositionen vorteilhafte *aktive* Konfigurator für jeden Arbeitsschritt jeweils nur die schnittstellenkonsistenten Komponenten zur Auswahl an (systemgesteuerter Dialog), während ein zu den Kritiksystemen[336] zählender *passiver* Konfigurator solange im Hintergrund arbeitet, bis eine fehlerhafte, nicht schnittstellenkongruente Auswahl erfolgt. Durch eine Problembeschreibung und die Präsentation einer Auswahl alternativer Komponenten wird dann die Fortführung des Konfigurationsprozesses erleichtert.[337] Bei der *mitlaufenden* bzw. *nachlaufenden* Konfiguration liegt der Unterschied im Zeitpunkt der Konfigurationsprüfung. Wird bei ersterer nach jedem Arbeitsschritt überprüft, ob dieser konsistent war bzw. welche

[331] Vgl. Breuker, S. (1994), S. 27; Mertens, P. u.a. (1994), S. 296. Aufgrund der engen Verzahnung kann ein Konfigurationssystem auch als Bestandteil eines EPK betrachtet werden, da die Konfigurationsprüfung in Verbindung mit dem Modul Selektion des EPK erst eine effektive kundenindividuelle Angebotserstellung ermöglicht. EPK und Konfigurationssystem stellen in der Regel das Kernstück der Applikation dar, auf deren Basis sukzessiv die Weiterentwicklung zum umfassenden AUS erfolgt. Vgl. Mertens, P. u.a. (1993), S. 66.
[332] Vgl. Kap. 4.2.1.
[333] Vgl. Fischer, H. (1992), S. 67. Konfigurationssysteme enthalten in unterschiedlichem Maße Objektwissen (z.B. Merkmaldefinitionen, Muß-Komponenten, optionale Komponenten), Beziehungswissen (z.B. Ausschlußregeln, Auswahlbedingungen, Restriktionen) und Kontrollwissen (z.B. Regeln zur automatisierten Konfiguration in Form von Wenn-Dann-Aktionsanweisungen). Vgl. Flory, M. (1995), S. 93.
[334] Vgl. Hölzer, E.; Kraus, H. (1990), S. 66 ff.; Mertens, P. u.a. (1993), S. 65 f. Siehe auch Böcker, J. (1995), S. 193 ff.; Ernst, K. W. (1992), S. 126.
[335] Vgl. Mertens, P. u.a. (1994), S. 296.
[336] Vgl. dazu Fischer, G.; Mastaglio, T. (1991), S. 355 ff.; Silverman, B.G. (1992), S. 106 ff.
[337] Vgl. Encarnacao, J. L. u.a. (1990), S. 47; Ponader, M. u.a. (1993), S. 6.

weiteren Auswahlmöglichkeiten zur Verfügung stehen,[338] so prüft die Nachkonfiguration, ob die insgesamt ausgewählten Komponenten technisch konsistent zueinander sind.[339] Bei einer *modifizierenden* Konfiguration erfolgt z.b. die Anpassung einer auf Basis der Bedarfsanalyse systemintern durchgeführten Produktzusammenstellung im Rahmen des Verfeinerungsprozesses an die individuellen Kundenanforderungen. Gegenüber der alternativen *Neukonfiguration* wird der Prozeß der Angebotserstellung erheblich beschleunigt.[340] Zur Vermeidung von Reaktanz bei Kunden und Beratern sollten generell zu jedem Systemeingriff bei Inkonsistenzen ausreichende Erklärungen zur Verfügung stehen, die eine Begründung des Systemvorschlages beinhalten.[341] Nach Abschluß der Konfiguration sollte zudem eine kurze Beurteilung der Gesamtkonfiguration abrufbar vorgehalten werden,[342] möglicherweise ergänzt um zusätzliche Kaufempfehlungen für nützliche und deckungsbeitragsstarke Zusatzprodukte.[343] Gegenüber der mittels Vertriebshandbüchern durchgeführten "Papierkonfiguration" bietet die computergestützte Version neben der schnelleren Leistungskonfiguration den Vorteil, alle Möglichkeiten der Leistungszusammenstellung auch wirklich ausschöpfen zu können. Zudem lassen sich oftmals notwendige Rückfragen in der Entwicklungsabteilung im Hinblick auf die technisch letztendlich mögliche Produktzusammenstellung vermeiden.

Die Integration eines Moduls zur Kalkulation und Preisfindung bietet die Möglichkeit, parallel zur Produktkonfiguration den konkreten Angebotspreis zu ermitteln.[344] Liegen, wie bei modulartigen Leistungssystemen üblich, Katalogpreise für die einzelnen Komponenten vor,[345] werden zunächst die in der Produktdatenbank abgespeicherten Einzelpreise sowie Aufpreise für Zubehörteile bzw. Sonder- und Zusatzleistungen konfigurationsbegleitend kumuliert[346] und die Rechnung bei jeder neuen Bestellposition unter Berücksichtigung kundenspezifischer Rabatte aktualisiert.[347] Erfolgt die Preiskalkulation sichtbar mitlaufend, wird durch jederzeitigen Preisvergleich von Konfigurationsalternativen[348] die Angebotserstellung zwar transparenter, jedoch wird mit zunehmender Bedeutung des Preises als kaufentscheidende Determinante der Kunde stärker vom eigentlichen Konfigurationsvorgang abgelenkt. Hier sollte die optionale Ein- bzw. Ausblendung durch den Benutzer möglich sein. Durch stärkere

---

[338] Ein Beispiel dafür findet sich bei Fischer, H. (1992), S. 61 ff.
[339] Vgl. dazu z.B. Gramm, W.; Hermann, F. (1988), S. 13.1.01. ff.
[340] Vgl. Breuker, S. u.a. (1990), S. 160 f.
[341] Vgl. Steppan, G. (1990), S. 63; Thuy, N.H.C.; Schnuch, M. (1989), S. 52.
[342] Vgl. Breuker, S. (1994), S. 28.
[343] Vgl. Mertens, P.; Lödel, D. (1993), S. 179. Siehe auch Böcker, J. (1995), S. 193.
[344] Vgl. Link, J.; Hildebrand, V. (1994c), S. 113.
[345] Vgl. Breuker, S. (1994), S. 8.
[346] Vgl. Link, J.; Hildebrand, V. (1994c), S. 113; (1993), S. 25; Lödel, D. (1994), S. 24.
[347] Vgl. Ponader, M. (1992), S. 24; Schwetz, W. (1993), S. 27.
[348] Vgl. Breuker, S. u.a. (1990), S. 153.

Integration wissensbasierter Elemente können über die reine Kalkulationsfunktion hinaus neben der Berücksichtigung kundenindividueller Rabattstaffeln durch Rückgriff auf rechnerinterne Entscheidungsregeln weitere Einflußfaktoren bei der Ermittlung des Angebotspreises in Abhängigkeit des Preisgestaltungsspielraums des Verkaufsberaters berücksichtigt werden.[349] So können durch Berücksichtigung der Nachfragerattraktivität Kunden mit lukrativen Absatzpotentialen durch entsprechende Systemhinweise auch einmalige deckungsbeitragsunterschreitende Sonderpreise eingeräumt werden, die möglicherweise bei anderen Aufträgen durch Zuschläge nach oben korrigiert werden.[350] Befristete Sonderaktionen bzw. Sonderkonditionen können sofort offeriert und in die Preisbildung mit einbezogen werden. Übersteigt der Angebotspreis die Kundenvorstellungen, wird bei anspruchsvollen Anwendungen das System Empfehlungen zur Annäherung der Preisvorstellungen, z.B. durch die Verwendung alternativer Komponenten oder den Verzicht auf Zubehörteile, geben können. Ebenso besteht die Möglichkeit, das maximale Investitionsvolumen des Kunden als Restriktion für die Produktkonfiguration zu berücksichtigen.[351] Im Hinblick auf die Optimierung der Kapazitätsbelegung sind durch entsprechende Schnittstellengestaltung zum Produktions-Planungs-System (PPS) durch Einholen von Information über die aktuelle und, soweit überschaubar, zukünftige Kapazitätsauslastung weitere Empfehlungen für die Preisgestaltung zu gewinnen.[352]

Durch die EDV-Unterstützung bei Kalkulation und Preisfindung können Funktionen der Preisermittlung, die bislang durch Instanzen des Innendienstes geleistet wurden, an die Verkaufs- und Beratungsfront verlagert werden. Dies beinhaltet insofern die Delegation von Preiskompetenz an die Vertriebsfront, als Informationen zu den relevanten Preiseinflußgrößen unmittelbar im Beratungsgespräch zur Verfügung stehen und die Auswirkungen alternativer Preisvariationen, z.B. auf den Deckungsbeitrag, unmittelbar durchkalkuliert werden.[353] Produkt- und Preisfragen können, den Kundenanforderungen entsprechend, damit in einem Zuge geklärt werden.

Aufgrund der oftmals bestehenden funktionalen Homogenität konkurrierender Produktangebote kommt dem Angebot von Absatzfinanzierungsleistungen bei der Kaufentscheidung zunehmende Bedeutung zu. Die Entscheidung über die Einbeziehung eines Moduls zur Finan-

---

[349] Vgl. Gey, T. (1990), S. 160; Link, J.; Hildebrand, V. (1994a), S. 14; Steppan, G. (1990a), S. 106.

[350] Vgl. Steppan, G. (1990a), S. 110; Steppan, G.; Mertens, P. (1990), S. 148.

[351] Vgl. Link, J.; Hildebrand, V. (1993), S. 128, 143.

[352] Vgl. Flory, M. (1995), S. 99; Steppan, G.; Mertens, P. (1990), S. 138; Steppan, G. (1990a), S. 148 f. Kapazitätsempfehlungen können ebenso bereits bei der Bedarfsanalyse oder Produktkonfiguration berücksichtigt werden.

[353] Vgl. Link, J.; Hildebrand, V. (1993), S. 124 f.

zierungs- bzw. Subventionsberatung[354] hängt, abgesehen von verfügbaren Refinanzierungs-möglichkeiten und dem Serviceverständnis des Anbieters, in erster Linie vom Preisniveau der angebotenen Leistungen ab. Bei Gütern mit hohem Investitionsvolumen, wie z.B. Fertighäu-sern oder Nutzfahrzeugen, erwarten die Nachfrager häufig eine Finanzierungsberatung, die individuell zugeschnittene Mischungen unterschiedlicher Kapitalquellen ermittelt und alter-native Finanzierungspakete im Hinblick auf deren Vorteilhaftigkeit vergleichen kann.[355] Die Finanzierungs- und Subventionsberatung eröffnet die Chance, sich durch ein kundenindivi-duelles Finanzierungspaket unter Berücksichtigung der bei größeren Investitionsvorhaben bedeutender werdenden Inanspruchnahme öffentlicher Fördermittel vom Wettbewerb zu differenzieren. Im Rahmen der computergestützten Vorgehensweise kann im Anschluß an die technische Leistungskonfiguration die Ermittlung der bedarfsoptimalen Fördermittelkombina-tion erfolgen und die Auswahl geeigneter Finanzierungsformen unterstützt werden.[356]

Die Hauptaufgabe der *Subventionsberatung*[357] besteht in der Ermittlung geeigneter För-dermittel und ihrer bedarfsadäquaten Kombination zu Fördermittelpaketen.[358] Dabei erfolgt zunächst aus der Vielzahl der Förderprogramme die Auswahl der für den speziellen Fall ge-eigneten Finanzierungshilfen und unter Berücksichtigung der vielfältigen Kombinationsge- und -verbote deren optimale, also kostenminimale Kombination zu Fördermittelblöcken.[359] Dabei können sowohl über Schlagworte gezielt Subventionen identifiziert (für erfahrene Benutzer geeignet), als auch durch einen systemgesteuerten Dialog die Voraussetzungen für die Inanspruchnahme der Fördermittelprogramme zunächst abgeprüft und die geeigneten Alternativen ermittelt werden.[360] Problematisch können sich beim Subventionsberatungssy-stem allerdings die Pflege und Aktualisierung der Datenbasis herausstellen, da Förderpro-gramme oft modifiziert oder obsolet werden bzw. neue Varianten hinzukommen und somit er-

---

[354] Vgl. dazu vor allem Ponader, M. (1992), S. 25 ff. Die Ausführungen zu den Modulen Finanzierungs- und Subventionsberatung erfolgen hier in Anlehnung an primär wissensbasiert-orientierte, bereits erfolgreich eingesetzte, Praxisanwendungen. Vgl. dazu auch Mertens, P. (1994), S. 3 ff.

[355] Vgl. Breuker, S. (1994), S. 9.

[356] Vgl. Breuker, S. (1994), S. 29; Lödel, D. (1994), S. 25.

[357] Vgl. dazu ausführlich z.B. Ponader, M. (1992) oder Michel, J. (1992), S. 657 ff. Zur Subventionsberatung können ebenso Selektionssysteme eingesetzt werden. Im Rahmen einer vergleichenden empirischen Untersuchung konnte für wissensbasierte Anwendungen eine höhere Trefferquote unabhängig von der Benutzerqualifikation festgestellt werden. Vorteile für Selektionssysteme bestanden allerdings in der vergleichsweise kürzeren Dialogdauer, wenn nur bestimmte Förderprogramme von Interesse waren. Vgl. Mertens, P. (1994), S. 13 ff. Ein ausführlicher Überblick über Anwendungen zur Subventionsanalyse findet sich bei Ponader, M. (1992), S. 30 ff.

[358] Vgl. Ponader, M. u.a. (1993), S. 9.

[359] Vgl. Hilkinger, K. (1987), S. 953 ff.; Link, J.; Hildebrand, V. (1993), S. 130; Mertens, P.; Lödel, D. (1993), S. 179; Michel, J. (1993), S. 660; Ponader M. u.a. (1993), S. 9. Prinzipiell handelt es sich dabei ebenso um einen Konfigurationsvorgang, bei dem auf Basis der vorgegebenen Leistungsspezifikation die Eignung unterschiedlicher Fördermittelprogramme überprüft und geeignete Subventionen unter Beach-tung von Konsistenzregeln zu Fördermittelpaketen kombiniert werden.

[360] Vgl. Mertens, P.; Lödel, D. (1993), S. 179 f.

heblicher Aufwand für die Modulpflege entsteht.[361] Auf der Grundlage der Ergebnisse der Subventionsberatung können in der anschließenden *Finanzierungsberatung* unter Berücksichtigung reiner Wirtschaftlichkeitskriterien, aber auch sekundärer Kriterien, wie Liquiditäts-, Flexibilitäts- und Risikoaspekten, besonders geeignete Finanzierungsmöglichkeiten ermittelt und Alternativen verglichen werden.[362] Hat sich der Nachfrager noch nicht für eine bestimmte Vertragsart entschieden, können z.B. durch Punktbewertungsverfahren grundsätzlich geeignete Vertragsformen (z.B. Kreditkauf, Leasing, Mietkauf) nach Eignungsgraden für den speziellen Fall rangeordnet werden.[363] Bei bereits bestehenden Geschäftsbeziehungen sind zusätzlich bestimmte Vorlieben des Kunden für einzelne Finanzierungsformen einbeziehbar.[364] Anschließend können im Rahmen eines Wirtschaftlichkeitsvergleiches unter Berücksichtigung der Fördermittel, Budgetbeschränkungen, Nutzungsdauer und steuerlichen Konsequenzen durch Verfahren der Investitionsrechnung die Ergebnisse für unterschiedliche Alternativen, z.B. in Tabellen oder Graphiken, gegenübergestellt werden. Ein detaillierter Finanzplan wird anschließend für die besonders geeigneten Alternativen erstellt.[365] Da aus Kundensicht der laufenden finanziellen Belastung oft entscheidende Bedeutung beigemessen wird, empfiehlt sich, alternativ aus der maximalen finanziellen Belastbarkeit das mögliche Investitionsvolumen bestimmen zu können und diesen Wert als Restriktion der Leistungszusammenstellung vorzugeben.[366]

Eine weitere Zusatzleistung stellt die Integration eines Moduls zur technischen bzw. wirtschaftlichen Vergleichsanalyse dar. *Technische Vergleiche* ermöglichen die Gegenüberstellung konfigurierter Angebotsalternativen durch Textinformationen, Tabellen oder Graphiken

---

[361] Vgl. Steppan, G. (1990), S. 104.
[362] Vgl. Breuker, S. u.a. (1990), S. 165 f.; Mertens, P.; Lödel, D. (1993), S. 180; Köhn, L. (1989); Ponader, M. u.a. (1993), S. 117 f. Die Darstellung erfolgt hier in Anlehnung an ein wissensbasiertes System, das im Gegensatz zu rein auf finanzwirtschaftlichen Methoden basierenden Anwendungen die Einbeziehung qualitativer Kriterien in den Problemlösungsprozeß ermöglicht. Vgl. dazu Mertens, P. u.a. (1994), S. 297 f. Zu einem ausführlichen Überblick über Anwendungen zur Finanzierungsberatung vgl. Ponader, M. (1992), S. 85 ff. Wissensbasierte Finanzierungsberatungssysteme können sowohl als Selektions- als auch als Konfigurationssysteme entwickelt werden. Während erste die Eignung bereits vollständig definierter Verträge entlang der Merkmalsanforderungen der Nachfrager prüfen und rangreihen, entwickeln letztere aus einer Anzahl zur Verfügung stehender Vertragskomponenten mit unterschiedlichen Ausprägungen gemäß den Nachfrageranforderungen sukzessiv das geeignete Finanzierungskonzept. Vgl. Weinhardt, C. (1993), S. 235 ff.
[363] Vgl. Mertens, P. u.a. (1994), S. 298.
[364] Vgl. Steppan, G. (1990), S. 101.
[365] Vgl. Breuker, S. u.a. (1990), S. 168 f.; Neuhaus, D.; Lusti, M. (1993), S. 94 ff.; Ponader, M. (1992), S. 95. Unterschieden werden können hier Verfahren, deren Entscheidungskriterien über die Alternativenauswahl auf kostenorientierten Verfahren der investitionsrechnerischen Partialanalyse (z.B. Kapitalwertmethode, Vermögensendwertmethode) nach einer Eingrenzung der bevorzugt geeigneten Alternativen beruhen und Verfahren auf Basis gesamtpunktwertorientierter Entscheidungsfindung mit Berücksichtigung des Kostenaspektes als einem Kriterium.
[366] Vgl. Mertens, P.; Lödel, D. (1993), S. 180.

bzw. Bilder.[367] Die Vergleiche, die sowohl statisch (konkrete Gegenüberstellungen sind bereits im System integriert) als auch dynamisch (Vergleichsobjekte lassen sich frei definieren)[368] erfolgen können, unterstützen den Nachfrager im Hinblick auf die technischen Anforderungen im Rahmen der Entscheidungsfindung, insbesondere in bezug auf das technische Funktionspotential. Die Integration eines Moduls zur *Wirtschaftlichkeitsanalyse*[369] ist vor allem bei divergierenden variablen Kosten der Leistungsnutzung sinnvoll.[370]. Hierdurch lassen sich insbesondere die voraussichtlichen Kosten bzw. Erträge ermitteln, die durch Nutzung des Beschaffungsobjektes dem Kunden entstehen.[371] Der Nachfrager kann damit in die Lage versetzt werden, die ökonomischen Wirkungen der Leistungsnutzung der beabsichtigten Investition besser abzuschätzen. Als Unterstützung für die Kaufentscheidung sind vergleichende Wirtschaftlichkeitsanalysen von Produktalternativen insbesondere bei langlebigen Gebrauchsgütern empfehlenswert, deren Nutzung beim Abnehmer Kosten verursacht und bei denen insofern ein einfacher Vergleich der Anschaffungsausgaben zu kurz gefaßt wäre.[372] Dabei sollten sowohl sämtliche mit der Nutzung des Investitionsobjektes verbundenen variablen und fixen Kosten, wie z.B. Reparatur- und Wartungskosten, Betriebsmittel- und Personalkosten, Steuern und Versicherungsprämien, Finanzierungskosten, Abschreibungen etc., als auch aufwandsmindernde Größen, etwa Subventionen, erfaßt werden.[373] Die Möglichkeit der Implementierung einer ergänzenden Nutzwertanalyse erlaubt eine über den rein technischen Vergleich hinausgehende Beurteilung der Nutzenkomponenten des Investitionsobjektes. In einer abschließenden Kosten-Nutzen-Analyse können die betrachteten Alternativen verglichen und in eine Rangordnung nach ihrer Eignung gebracht werden.[374]

Zum Abschluß der Beratung können die Ergebnisse automatisch in das Modul Angebotserstellung und Auftragserfassung übernommen werden. Mit Hilfe standardisierter Textbausteine erfolgt aus den relevanten produktspezifischen Angaben und unter Rückgriff auf die Kundenstammdaten, möglicherweise ergänzt durch individuelle Angaben, die physische Erstellung des vollständigen Angebotes.[375] Da bis zur Kaufentscheidung des Nachfragers mehrfach Modifikationen erfolgen können und möglicherweise wieder auf ältere Versionen zurück-

---

[367] Vgl. dazu Breuker, S. (1994), S. 8; Lödel, D. (1994), S. 8; Mertens, P. u.a. (1994), S. 296.

[368] Hier ist etwa an die rein vergleichende Einbeziehung der Leistungsspezifikation von Konkurrenzprodukten zu denken.

[369] Ein Beispiel für ein Modul zur Wirtschaftlichkeitsanalyse im Rahmen von Angebotsunterstützungssystemen für einen Nutzfahrzeughersteller findet sich bei Bunk, B. (1992), S. 58 ff. Siehe auch Müller, B. (1989), S. 23 ff., die ein entsprechendes System eines Herstellers flexibler Fertigungssysteme darstellt.

[370] Vgl. Lödel, D. (1994), S. 8.

[371] Vgl. Mertens, P. u.a. (1994), S. 296; Mertens, P. (1992), S. 36;

[372] Vgl. Steppan, G. ; Mertens, P. (1990), S. 143; Steppan, G. (1990), S. 66.

[373] Vgl. Link, J.; Hildebrand, V. (1993), S. 128; Steppan, G.; Mertens, P. (1990), S. 143.

[374] Vgl. Link, J.; Hildebrand, V. (1993), S. 130; Müller, B. (1989), S. 23 ff.

[375] Vgl. Dornis, P.; Herzig, A. (1992), S. 72 f.; Herzig, A. (1993), S. 48 f.; Link, J.; Hildebrand, V. (1995a), S. 48; (1993), S. 132; Schwetz, W. (1988), S. 143.

83

gegriffen wird, sollte die Möglichkeit bestehen, sowohl die ursprünglichen Angebotsdaten überschreiben zu können als auch vor jeder Änderung abzuspeichern.[376] Vorteilhaft erweisen sich dabei automatische Routinen, die die Richtigkeit und Vollständigkeit der über die technischen Daten der Produktkonfiguration hinausgehenden Angebotsdaten auch hinsichtlich ihrer Plausibilität überprüfen und damit zeitraubende Rückfragen beim Nachfrager vermeiden bzw. die Gefahr von Fehl- oder Falschlieferungen erheblich vermindern.[377] Von Vorteil ist auch die Möglichkeit der graphischen Ausgabe von Konfigurationsskizzen.[378] Wird das Angebot stark durch graphische Elemente geprägt, ermöglicht die zusätzliche Weitergabe der Offerte auf einem digitalen Speichermedium (z.B. Diskette) bei entsprechender Softwarekompatibilität eine anschauliche Präsentation der zu erwartenden Leistung im eigenen Umfeld.

Die Entscheidung über die Einbeziehung von Funktionen zur Datenfernübertragung bzw. der aktionsorientierten Datenverarbeitung (AODV)[379] hängt vom gewünschten Integrationsgrad des AUS in die unternehmensweite EDV-Infrastruktur ab.[380] Hier können in erster Linie zwei Beziehungsrichtungen unterschieden werden. Zum einen ist im Rahmen des Einsatzes von AUS die elektronische Weiterleitung generierter Auftragsdaten an die internen Administrations- und Dispositionssysteme möglich. Da die Daten automatisch an vorbestimmte innerbetriebliche Instanzen (z.B. Vertriebsinnendienst, Konstruktion, Produktion, Fakturierung etc.) weitergeleitet werden können, wird eine erneute manuelle Erfassung überflüssig.[381] Bei Weiterentwicklung des Electronic-Mail-Systems zu einem System zur Aktionsorientierten Datenverarbeitung (AODV)[382] kann eine Koordinierung der Auftragsabwicklung und Leistungserstellung insoweit erfolgen, als die einzelnen Organisationsinstanzen in der richtigen Reihenfolge mit den notwendigen Informationen versorgt und mit den relevanten Detailaktionen beauftragt werden können. Dabei können neben Aktionsnachrichten (personenorientierte Handlungsanweisungen), Triggernachrichten (Anweisungen oder Datenübermittlung an EDV-Programme) und Handhabungsnachrichten (Anweisungen an rechnergestützte Logistik- oder Bearbeitungsvorgänge und Übermittlung der Daten an die ausführenden Maschinen) verwandt werden.[383] Ebenso ist die Übermittlung relevanter Daten aus unternehmensinternen DV-Systemen an das AUS möglich. Dies umfaßt nicht nur automati-

---

376 Vgl. Dornis, P.; Herzig, A. (1992), S. 75.
377 Vgl. Dornis, P.; Herzig, A. (1992), S. 74; Link, J.; Hildebrand, V. (1993), S. 132; Mertens, P.; Steppan, G. (1988), S. 28.
378 Vgl. Breuker, S. u.a. (1990), S. 156; Encarnacao, J. L. u.a. (1990), S. 71; Steppan, G. ; Mertens, P. (1990), S. 144.
379 Vgl. Link, J.; Hildebrand, V. (1994c), S. 114.
380 Vgl. Lödel, D. (1994), S. 8 f.
381 Vgl. Link, J.; Hildebrand, V. (1994), S. 114.
382 Vgl. dazu ausführlicher Hofmann, J. (1987), S. 6 ff.
383 Vgl. Steppan, G. (1990), S. 157.

sche Rückmeldungen im Rahmen der AODV, z.B. über den aktuellen Stand der Leistungser-stellung, sondern bezieht ebenso konkret für die Akquisitionsberatung benötigte Auskünfte ein.[384] Damit können etwa bereits während der Angebotserstellung online Anfragen an das Produktions-Planungs-System (PPS) hinsichtlich der Kapazitätsbelegung gerichtet oder Aus-künfte zur voraussichtlichen Lieferzeit bzw. die direkte Reservierung von Produktions-kapazitäten unmittelbar beim Auftragsabschluß geleistet werden.[385] Sind trotz des erheblichen Leistungsumfangs des AUS während der Angebotserstellung z.B. Erfahrungswerte von Spezialisten etwa aus der Konstruktions- bzw. Fertigungsabteilung notwendig, kann die räumlich verteilte Expertise unproblematisch angefordert werden.[386]

4.3.3 Anwendungen zur Unterstützung der Nachbereitung des Gesprächskontaktes

Im Rahmen der Nachbereitung des Gesprächskontaktes eignet sich die Computerunterstüt-zung vor allem zur Unterstützung des Berichtswesens. Daneben ergeben sich Möglichkeiten der elektronischen Unterstützung im Bereich der Angebotsverfolgung oder auch der Spesen- und Provisionsabrechnung, die hier jedoch nur genannt werden sollen.

Im Rahmen der Planung und Kontrolle der Verkaufsaktivitäten kommt dem Berichtswesen und damit der Informationsbeschaffung durch den Außendienstmitarbeiter eine zentrale Be-deutung zu.[387] Neben der Durchführung der Beratungs- und Verkaufstätigkeit besteht eine wesentliche administrative Aufgabe darin, Angaben zum durchgeführten Kundenbesuch (z.B. Zeit- und Arbeitseinsatz, entstandene Spesen, Stand der Verhandlung etc.) in Kundenkon-taktberichten[388] als Basis für die Erfolgskontrolle der Vertriebstätigkeit zusammenzustellen. Daneben hat die Erfassung von gewonnenen Markt- und Wettbewerbsinformationen (z.B. Kundenpotential, Informationen zu Konkurrenzaktivitäten etc.) erhebliche Bedeutung.[389] Trotz der allgemein anerkannten Wichtigkeit, erscheint die Berichterstattung in der Praxis aufgrund nachfolgender Probleme allerdings vielfach verbesserungsbedürftig:[390]

---

[384] Vgl. Breuker, S. (1994), S. 9.

[385] Vgl. Herzig, A. (1993), S. 49; Link, J.; Hildebrand, V. (1994a), S. 14; (1993), S. 131.

[386] Vgl. Mertens, P. (1993), S. 666; Mertens, P.; Steppan, G. (1988), S. 26.

[387] Vgl. z.B. Encarnacao, J. L. u.a. (1990), S. 34; Gey, T. (1990), S. 112; Link, J.; Hildebrand, V. (1994c), S. 114.

[388] Vgl. Encarnacao, J.L. u.a. (1990), S. 34; Müller, B. (1989), S. 24; Steppan, G. (1990a), S. 13; Wage, J.L. (1981), S. 154. Zu den einzelnen Berichtsarten vgl. ausführlich z.B. Steppan, G. (1990a), S. 14 ff.; Link, J.; Hildebrand, V. (1990), S.135 f.

[389] Vgl. z.B. Freiss, P.L. (1992), S. 564; Gey, T. (1990), S. 177; Link, J.; Hildebrand, V. (1993), S.135; Steppan, G. (1990), S. 12.

[390] Vgl. dazu Encarnacao, J.L. (1990), S. 59 f.

- Zeitraubendes handschriftliches Ausfüllen der Berichtsformulare mit Folge der Beschränkung auf Kerninformationen.
- Unvollständige oder falsche Angaben, da Besuchsberichte meist erst abends nach Erledigung aller Kundenvisiten erstellt werden und Informationen vergessen bzw. vermischt werden können.
- Zeitaufwendige manuelle Auswertung der Berichte in der Unternehmenszentrale, bei der Angaben übersehen oder aufgrund Unleserlichkeit vernachlässigt werden (Gefahr des Informationsverlustes).
- Verzögerungen im Informationsfluß durch verspätete Berichterstattung mit Folge mangelnder Aktualität der Daten.
- Mangelnde Akzeptanz der Berichterstattung bei Vertriebsmitarbeitern, da bereitgestellte Informationen nicht selbst genutzt werden können.

Durch die computerunterstützte Berichterstattung können hier wesentliche Verbesserungen erzielt werden.[391] Dabei werden benutzerunfreundliche Formulare durch menügeführte Bildschirmmasken substituiert, die ein rasches, strukturiertes Eingeben der wahrgenommenen Informationen erlauben. Die unterschiedlichen Berichtsarten (z.B. Aktivitätsbericht, Reklamationsbericht, Lost-Order-Bericht etc.) können selektiert werden, Felder mit obligatorischen Informationen (z.B. Gesprächsdauer und -inhalt) mit Eingabepflichten belegt, andere Felder bei fehlender Information (z.B. Aktionen von Konkurrenten) einfach übergangen und für nicht standardisierte Angaben entsprechender Freiraum zur Verfügung gestellt werden. Per DFÜ werden die erfaßten Auftrags- und Marktdaten in Verbindung mit der AODV am Tage ihrer Erhebung zur Weiterverarbeitung und Auftragsabwicklung an die unternehmensinternen DV-Systeme übermittelt.[392] Besonders relevant erscheint nicht zuletzt eine nicht nur auf die Arbeitsentlastung zurückgehende vorstellbare Erhöhung der Akzeptanz der Berichterstattung beim Verkaufsberater durch den Computereinsatz. Da die Qualität und Aktualität der im Rahmen der zur Kundenbesuchsvorbereitung zur Verfügung gestellten Daten maßgeblich von der bei der Berichterstattung obwaltenden Sorgfalt abhängen,[393] wird dem Verkaufsberater die Notwendigkeit der systematischen Berichterstattung unmittelbar transparent.

---

[391] Vgl. dazu Link, J.; Hildebrand, V. (1993), S. 137. Siehe auch Mertens, P. (1993), S. 666. Detaillierte Empfehlungen zur Gestaltung elektronischer Kundenberichte finden sich z.B. bei Dornis, P.; Herzig, A. (1992), S. 70 ff.

[392] Vgl. Walter, T. (1995), S. 14.

[393] Vgl. Gey, T. (1990), S. 188.

4.4 Hardwarekonzeptionelle Gestaltung und bereits realisierte Anwendungen computergestützter Angebotssysteme

Je nach Struktur der Absatzorganisation ist der Einsatz von AUS im Rahmen des persönlichen Verkaufs zum einen stationär in Vertriebsstützpunkten, zum anderen aber auch als mobile Anwendung im Außendienst möglich. Der dezentrale Einsatz im Außendienst wird dabei durch die Ausstattung mit mobilen PC (z.B. Notebook) und entsprechenden Kommunikationskomponenten realisiert.[394] Grundsätzlich sollte der Großteil der zur Beratung und Angebotserstellung benötigten Daten entweder auf dem Festspeicher des eingesetzten Rechners oder auf externen Massenspeichern, wie z.B. einer CD-ROM,[395] vor Ort jederzeit verfügbar gehalten werden können. Dies gilt vor allem für nicht der laufenden Aktualisierung unterworfene Daten und multimediale Informationen, insbesondere Bewegtbild-/-graphikdaten, deren Übertragung über die bestehende Leitungsinfrastruktur im Hinblick auf die Wiedergabequalität noch verbesserungsbedürftig ist und aufgrund der geringen Übertragungsraten bei vergleichsweise hohem Speicherbedarf sehr zeit- und damit kostenintensiv ist.[396] Der Datentransfer sollte sich primär auf die im Rahmen des Kundenkontaktes benötigten aktuellen Daten beziehen, wie z.B. Kapazitätsbelegungen bzw. Lieferzeitangaben, befristete Sonderpreise bzw. Finanzierungsvergünstigungen, die online von der Unternehmenszentrale abgefragt werden können.[397]

Die technischen Voraussetzungen des Einsatzes von AUS sollen anhand der nachfolgenden Abbildung kurz erläutert werden:[398]

---

[394] Vgl. Herzig, A. (1993), S. 50 f.

[395] Die CD-ROM (Compact Disk - Read Only Memory) ist eine optische Speicherplatte mit einer Kapazität von ca. 650 Megabyte, von der Daten nur gelesen werden können. Vgl. z.B. Hansen, H.R. (1992), S. 192 f. Durch Möglichkeiten der Datenkompression insbesondere für Stand- und Bewegtbilder kann das auf einer CD-ROM verfügbar gehaltene Datenvolumen erheblich erhöht werden. So ermöglicht beispielsweise die Datenkompression nach dem MPEG-Standard für Bewegtbilder die Speicherung von maximal 72 Minuten Video in voller Bildschirmgröße auf einer CD-ROM. Vgl. Frischen, H. (1993), S. 39.

[396] Vgl. Frischen, H. (1993), S. 69; Gey, T. (1990), S. 204.

[397] Beispiele für zentral abzurufende Daten finden sich bei Niedetzky, H. M. (1988), S. 154 f.

[398] Zur technischen Gestaltung von CAS-Systemen vgl. Gey, T. (1990), S. 193 ff.; Hermanns, A.; Prieß, S. (1987), S. 41 ff.; Hermanns, A. (1992a), S. 687 ff.; Schwetz, W. (1990), S. 133 ff. Im Zuge der zum Teil einen längeren Zeitraum benötigenden Systemimplementierung werden vielfach bis zur Schaffung der Vernetzungsvoraussetzungen in der internen DV-Struktur vorübergehend stand-alone-anwendungen im Außendienst eingesetzt. Der Analyse der Wirkungspotentiale der Systeme liegt in dieser Arbeit allerdings ein integriertes AUS zugrunde.

87

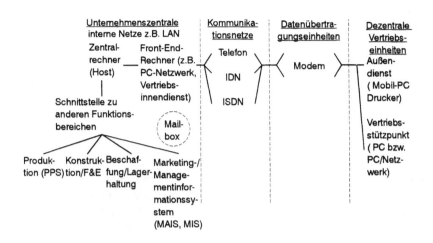

Abb. 8: Hardwarekomponenten und Informationsfluß integrierter AUS
Quelle: In Anlehnung an Gey, T. (1990), S. 195.

Ausgehend vom Einsatz des Systems im Außendienst bzw. in stationären Vertriebsstützpunkten können zentral vorgehaltene Daten je nach bestehender Leitungsstruktur durch Datenübertragungskomponenten ergänzt werden.[399] Erfolgt die Datenübertragung zumindest
zum Teil noch auf Basis des konventionellen analogen Telefonnetzes, müssen die digitalen
Signale des Computers in die für die Datenübertragung notwendige analoge Form umge-
wandelt werden (Modulation) bzw. die über das Telefonnetz ankommenden analogen Signale
entsprechend in die für die Rechnerverarbeitung notwendige digitale Form zurücktrans-
formiert werden (Demodulation). Die hierzu erforderliche Datenübertragungseinrichtung wird
als Modem bezeichnet.[400] Zur Datenübertragung können bei geringem Datentransfervolumen
die im Rahmen des Integrierten Text- und Datennetzes (IDN) zur Verfügung gestellten
Datex-Dienste[401] genutzt werden. Aufgrund der entfernungsunabhängigen Gebührenstruktur
und der beschleunigten Paketvermittlung der Daten bietet sich bei nur geringfügiger zeitlicher
Leistungsbeanspruchung vor allem das Datex-P-Netz an. Dies gilt insbesondere für den
Außendiensteinsatz, da die Herstellung der Netzverbindung über einen konventionellen

---

[399] Zu den Datenübertragungseinrichtungen vgl. Hansen, H.R. (1992), S. 620 ff.; Hermanns, A.; Prieß, S.
(1987), S. 60; siehe auch Dornis, P.; Herzig, A. (1992), S. 105.; Encarnacao, J. L. (1990), S. 161 f.; Hermanns, A. (1992a), S. 687 f.; Schwetz, W. (1990), S. 134.
[400] Vgl. Encarnacao, J. L. (1990), S. 163.
[401] Vgl. dazu Dornis, P.; Herzig, A. (1992), S. 105 ff.; Flory, M. (1995), S. 141; Gey, T. (1990), S. 207 ff.

88

Telefonanschluß möglich ist.[402] Kann dagegen das seit Beginn der 90-er Jahre in der Bundesrepublik schrittweise verwirklichte Universal-Netz ISDN[403] beansprucht werden, so ist eine durchgehende digitale Verbindung zwischen den Netzteilnehmern mit einer Übertragungsgeschwindigkeit von 64 kbit/s je Basiskanal möglich.[404] Bisher bestehende Dienste der Sprach-, Text- und Bildkommunikation können mit verbesserten Leistungsmerkmalen in Anspruch genommen werden.[405] Eine weitere Steigerung der Leistungsfähigkeit ist durch das nach der Jahrtausendwende flächendeckend implementierte ISDN-Breitbandnetz zu erwarten.[406] Die neue Glasfasertechnik dieses Netzes ermöglicht neben höheren Übertragungsgeschwindigkeiten zusätzlich die in Fernsehqualität gewohnte hochwertige Übermittlung von Bewegtbildern mit 25 Bildern pro Sekunde.[407] Weiteres Flexibilitätspotential für den Außendienst wird durch die zunehmende Verbreitung der drahtlosen Datenfernübertragung erschlossen.[408] In Verbindung mit einem tragbaren Telefon und entsprechendem Adapter kann der Außendienstmitarbeiter unabhängig von der Verfügbarkeit von Netzanschlüssen die Übermittlung aktueller Daten vom Zentralrechner in den mobilen PC und umgekehrt vornehmen. Die sich abzeichnende Überwindung der Probleme der Datenübertragung in den digitalen D-Netzen (z.B. fehlende Standardisierung bei der Fehlerkorrektur und Telefonschnittstellen, unzureichende Infrastruktur) wird eine über die Sprachanwendung hinausgehende interessante Alternative der Datenübermittlung eröffnen.[409]

Die Versorgung des Verkaufsberaters mit transaktionsspezifischen Informationen und persönlichen Mitteilungen kann zudem durch die Einrichtung sog. elektronischer Postfächer[410] realisiert werden. Dabei werden in der Regel auf Zwischenrechnern, die den Verkaufsinnendienst und -außendienst verbinden, für jeden Außendienstmitarbeiter sog. Mailbox-Adressen eingerichtet, über die der eigentliche Informationstransfer erfolgt. Dieses Kommunikationssystem ist vor allem für die Übermittlung schlecht strukturierter und unregelmäßig anfallender

402 Vgl. Gey, T. (1990), S. 209.
403 Das ISDN (Abkürzung für engl."Integrated Services Digital Network") ist ein digitales Fernmeldenetz, das Dienste der Sprach-, Daten-, Text- und Bildkommunikation integriert und den Zugang bzw. die Kommunikationsabwicklung vereinheitlicht. Vgl. Hansen, H.R. (1993), S. 694, 697.
404 Vgl. Hansen, H.R. (1992), S. 694; Thesmann, S. (1995), S. 130.
405 Vgl. Flory, M. (1995), S. 142; Hansen, H.R. (1992), S. 695.
406 Vgl. dazu Frischen, H. (1993), S. 37; Hansen, H.R. (1992), S. 757. Für den qualitativ hochwertigen Transfer von Bewegtbildern sind Übertragungsraten von mindestens 10 Mbit/s notwendig. Übertragungsraten von bis zu 140 Mbit/s im Rahmen des Breitband-ISDN ermöglichen damit die problemlose Echtzeit-Bewegtbildübermittlung in hoher Bild- und Tonqualität. Vgl. Thesmann, S. (1995), S. 130.
407 Vgl. Frischen, H. (1993), S. 39; Gey, T. (1990), S. 202; Hansen, H.R. (1992), S. 757.
408 Vgl. Hansen, H.R. (1992), S. 743 ff.; Siehe z.B auch Eberwein, M. (1994), S. 138; Thesmann, S. (1995), S. 130.
409 Vgl. Eberwein, M. (1994), S. 138; Flory, M. (1995), S. 143 f.
410 Vgl. dazu Encarnacao, J. L. u.a. (1990), S. 317 ff.; Link, J.; Hildebrand, V. (1993), S. 105 f.; Gey, T. (1990), S. 222 f.; Niedetzky, H.M. (1988), S. 150 ff.; Schmitz-Hübsch, E. (1992), S. 158; siehe auch Janko, W.; Schröter, N. ; Stucky, W. (1983), S. 1; Weiß, H. C. (1993), S. 357 f.

individueller Mitteilungen an Personen geeignet, die durch die Datenübertragung zwischen Datenverarbeitungssystemen nur unzureichend geleistet werden kann. Die asynchrone Kommunikationsmöglichkeit macht die zeitgleiche Erreichbarkeit bzw. Empfangsbereitschaft des Verkaufsberaters verzichtbar, einmal abgelegte Mitteilungen können jederzeit ortsunabhängig abgerufen werden.[411] Für die Angebotserstellung ist dabei auch die Möglichkeit der elektronischen Weiterverarbeitung der übermittelten Daten besonders interessant.[412] Die Hardware-Komponenten in der Unternehmenszentrale können sich bei vergleichsweise geringem Kommunikationsbedarf auf PC mit einer Kommunikationsschnittstelle beschränken. Bei höherem Kommunikationsaufkommen können separate Zwischenrechner (sog. Front-End-Rechner) die Telekommunikationsadministration übernehmen und den Zentralrechner (Host) entlasten.[413] Als Front-End-Rechner dienen meist lokale PC-Netzwerke, die dem Zentralrechner zur Gestaltung der Kommunikation mit dem Außendienst vorgeschaltet sind. Die empfangenen Daten werden an den Host-Rechner transferiert, in welchem sie entsprechend den Informationsbedürfnissen der einzelnen Unternehmensbereiche aufbereitet und an die entsprechenden Stellen in den Funktionalbereichen weitergeleitet werden.[414] Der Einsatz von diesen, dem Zentralrechner vorgeschalteten Front-End-Rechnern, bietet vor allem den Vorteil, daß der Host-Rechner nicht bei jeder Kommunikation mit Vertriebsstützpunkten in seinen übrigen Verarbeitungsabläufen gestört wird.[415]

Nachfolgende Übersicht stellt eine Auswahl bereits weitgehend zu umfassenden Angebots- bzw. Beratungsunterstützungssystemen entwickelten Anwendungen zur Unterstützung des persönlichen Verkaufs von Anbietern konfigurationsbedürftiger Produkte dar.[416] Deutlich wird dabei die wissensbasierte, zunächst rein kernproduktbezogene Ausrichtung der Anwendungen, die vielfach sukzessiv um Funktionsmodule zur Durchführung zusätzlicher Beratungsleistungen (Finanzierungsanalyse, vertiefende produktspezifische Informationsbereitstellung durch hypermediale Elemente) erweitert wurden.

---

[411] Vgl. Link, J.; Hildebrand, V. (1993), S.105 f.; Gey, T. (1990), S. 224.
[412] Vgl. Niedetzky, H.M. (1988), S. 150.
[413] Vgl. hierzu Flory, M. (1995), S. 151; Hermanns, A. (1992a), S. 688; Gey, T. (1990), S. 211 f.
[414] Vgl. Hermanns, A.; Prieß, S. (1987), S. 60 ff.
[415] Vgl. Gey, T. (1990), S. 212.
[416] Zu einer ausführlichen Darstellung konfigurationsbasierter Anwendungen vgl. Mertens, P. u.a. (1993), S. 72 ff.

Systembe-zeichnung	Produkt(gruppe)	Funktionsmodule	Medieneinsatz[417]	Einsatzfeld
MANEX[418] MBKS[419]	Nutzfahrzeuge	Bedarfsanalyse (Nutzeran-forderungen an Transport-aufgabe) EPK (Fahrgestellselektion, Aufbau- und Triebstrang-berechnung und -selektion) Konfigurator Preiskalkulation Wirtschaftlichkeitsvergleich Finanzierungsanalyse Schriftliche Angebots-erstellung Auftragserfassung DFÜ (bei MBKS geplant)	Graphik	Vertriebsstellen, Au-ßendienst
BIS[420]	Reifen	EPK (Zusammenstellung erlaubter Reifen-Felgen-kombinationen für sämtliche zugelassene PKW in der BRD mit Preisen und Infor-mationen über TÜV-Be-stimmungen/Montagehin-weise)	Bild	Reifenhandel
	PKW[421]	Terminplanung Kundeninformation EPK (Grundmodelle, Zusatz- und Sonderausstattungen inkl. Fuhrparkkatalog mit verfügbaren Gebraucht- und Vorführfahrzeugen) Konfigurator Preiskalkulation Finanzierungsberatung Wirtschaftlichkeitsvergleich Berichtswesen DFÜ	Video, Bild, Graphik	Automobilhandel, Außendienst
PROoVER[422]	DV-Systeme	EPK (Komponentenselek-tion) Konfigurator Preiskalkulation	Graphik (Dar-stellung der Endkonfigu-ration)	Vertriebsstellen, Außendienst
Okal-Se-lekt[423]	Fertighäuser	EPK (Selektion von Basis-typen, individuelle Kom-ponentenmodifikation) Konfigurator Preiskalkulation Angebotserstellung	Farbbild und -graphik	Vertriebsstellen, Musterhäuser

---

[417] Aufgeführt wird hier die über die textuelle- bzw. tabellarische Darstellung hinausgehende Informations-darstellung.
[418] Vgl. Frank, J. (1993), S. 20; Mertens, P. u.a. (1994), S. 292.
[419] Vgl. Bunk, B. (1992), S. 58 ff.; Thesmann, S. (1995), S. 9. Diese Anwendungen entsprechen sich von ih-rer Funktionalität weitgehend.
[420] Vgl. Schulte-Döninghaus, U. (1991), S. 119.
[421] Vgl. Thesmann, S. (1995), S. 9 f.
[422] Vgl. Fischer, H. (1992), S. 63 ff.

Systembe-zeichnung	Produkt(gruppe)	Funktionsmodule	Medieneinsatz	Einsatzfeld
Postexperte[424]	Telefonanlagen	Bedarfsanalyse (Spezifikationsanforderungen, vorhandener fernmeldetechnischer Bestand) EPK (Auswahl, Spezifikation und Zusammenstellung von Haupt-/Nebenapparaten, Anrufbeantworter, Fax, Vermittlungseinrichtungen) Konfigurator Gebührenberechnung Angebotserstellung	Graphik	Filialen der Deutschen Bundespost/Telekom
XTSS[425]	Vermittlungssysteme	Bedarfsanalyse (Spezifizierung der Serviceschnittstellen- bzw. der Ein- und Ausgabe-Anforderungen) EPK (Auswahl und Dimensionierung der Peripherie-Baugruppen und Funktionseinheiten) Konfigurator Dokumentation der Spezifikation	keine Angaben	keine Angaben
XKL[426]	Kabinenausstattung für Verkehrsflugzeuge	EPK(Auswahl, Dimensionierung und Anordnung der Kabineneinrichtungselemente unter Beachtung gesetzlicher Restriktionen) Konfigurator	Graphik	keine Angaben
COMIX[427]	Rühranlagen für chemische Industrie, Abwasseraufbereitung, Lebensmittelindustrie	Bedarfsanalyse (Verfahrenstechnische Auslegung entspr. der Nachfragerparameter) EPK (Auswahl geeigneter Rührwellen und -organe, Motoren, Getriebe, Behälter Dichtungen etc.) Konfigurator Angebotserstellung inkl. Graphikausdruck, DFÜ	Graphik	keine Angaben
GLANCE[428] VACONCE[429]	Gebäudeverglasungssysteme	Bedarfsanalyse (Spezifkation der Anforderungen an Sonneneinstrahlung, Wärmeabstrahlung, Lärm/Schallwerte etc. inkl. Preisvorstellung des Kunden bei VACONCE) EPK (Auswahl geeigneter Glaskombinationen) Konfigurator	Graphik	Außendienst/ Absatzmittler

[423] Vgl. o.V. (1994e), S. 11.
[424] Vgl. Thuy, N.H.C.; Schnuch, M. (1989), S. 48 ff.
[425] Vgl. Mertens, P. u.a. (1993), S. 82 f.
[426] Vgl. Kopisch, M. (1993), S. 82 f.
[427] Vgl. Laudwein, N.; Brinkop, A. (1993), S. 112 ff.

Systembe-zeichnung	Produkt(gruppe)	Funktionsmodule	Medieneinsatz	Einsatzfeld
Verkaufs-assistent[430]	Büromaschinen-systeme	Bedarfsanalyse EPK (Auswahl und indivi-duelle Spezifikation und Zusammenstellung der Ein-zelkomponenten) Konfiguration Preiskalkulation Finanzierungs- und Subven-tionsberatung Angebotserstellung	Farbbild und -graphik, Ani-mation, Video, Audio	keine Angaben
	Flexible Blechbear-beitungssysteme[431]	Wirtschaftlichkeitsberech-nung mit Vergleichsanalysen DFÜ	keine Angaben	Außendienst
	Kücheneinrichtung (Handel)[432]	EPK (Grundrißspezifikation, Auswahl unterschiedlicher Varianten einzelner Möbel-elemente, Zusammenstellung zu Küchenzeilen) Konfigurator Preiskalkulation Angebotserstellung	Graphik	Vertriebsstellen des Handels
	Fahrräder[433]	Bedarfsanalyse (Eingabe physischer Nutzerdaten, Einsatzzweck) EPK (Berechnung der Rah-mengeometriedaten, Kompo-nentenauswahl und zusam-menstellung)	keine Angaben	keine Angaben
	Textilmaschinen, Spinnereianlage[434]	EPK (Auswahl und Zusam-menstellung der Einzelag-gregate) Konfigurator Preiskalkulation Wirtschaftliche Vergleichs-analysen (Kosten des Anla-genbetriebs) Angebotserstellung	keine Angaben	keine Angaben

---

[428] Vgl. Mertens, P. u.a. (1993), S. 64 f.

[429] Vgl. Thesmann, S. (1995), S. 11.

[430] Vgl. Breuker, S. (1994), S. 22.

[431] Vgl. Müller, B. (1989), S. 24 ff. Diese Anwendung dient als entscheidungsunterstützende Ergänzung zur konventionellen Angebotsausarbeitung.

[432] Vgl. Mertens, P. (1992), S. 61. Dieses System enthält das Angebotsspektrum mehrerer Küchenhersteller. Zu einem weiteren System zur Unterstützung der Kücheneinrichtungsberatung vgl. Thesmann, S. (1995), S. 13.

[433] Vgl. Mertens, P. (1992b), S. 62.

[434] Vgl. Mertens, P. (1992b), S. 58.

Systembe-zeichnung	Produkt(gruppe)	Funktionsmodule	Medieneinsatz	Einsatzfeld
WohnVi-sion[435]	Polstermöbelgarni-turen	EPK (Auswahl und Zusam-menstellung einzelner Kom-ponenten zu individuellen Garnituren) Konfigurator Preiskalkulation Angebotserstellung DFÜ	Graphik, photorealis-tische Abbil-dungen	Möbelhandel
	Werkzeugmaschi-nen und flexible Fertigungssysteme [436]	Bedarfsanalyse EPK Konfigurator Technische und wirtschaft-liche Vergleichsanalyse Angebotsüberwachung	Graphik	keine Angaben

Tab. 1: Beispiele für Anwendungen computergestützter Angebotssysteme

Wie in diesen Systemanwendungen zum Ausdruck kommt, eignen sich AUS sowohl für die Beratung und Angebotserstellung bei Konsumgütern als auch bei Investitionsgütern. Zwar dürften die Entscheidungsprozesse zwischen einer Konsumentenentscheidung und der Ent-scheidungsfindung eines industriellen Einkaufsgremiums nicht unerheblich differieren[437] und damit auch die Wirkungen computergestützter Angebotssysteme. Diese dürften im letzteren Fall zumindest einer Beurteilung durch mehrere Personen mit differierender fachlicher Aus-richtung (Ingenieure, Kaufleute) ausgesetzt sein, die möglicherweise unterschiedliche Lei-stungsanforderungen an diese Systeme richten. In der nachfolgenden Analyse wird von die-sem Sachverhalt insofern abstrahiert, als primär die Wirkungen des Systemeinsatzes auf den unmittelbaren Interaktionspartner untersucht werden. Im Einkaufsgremium werden zudem häufig die konkreten Angebotsverhandlungen primär durch das dem Verkaufsberater gegen-überstehende fachliche Pendant geführt. Da ebenso eine vor allem auf diese Interaktionsdyade ausgerichtete Gestaltung der Applikationen des AUS angenommen werden kann, dürfte auch in diesem Falle die Wirkung des AUS zunächst am konkreten Verhandlungspartner ansetzen.

---

[435] Vgl. Folberth, S. (o.J.), S. 5 ff.
[436] Vgl. Krause, F.L. u.a. (1993), S. 180 ff.
[437] Vgl. Kap. 3.1.

Teil B: Analyse

5. **Ableitung der Vorgehensweise zur Analyse der Vorteilspotentiale aus der Problematik der Wirtschaftlichkeitsbeurteilung computergestützter Angebotssysteme**

Die Vorteilspotentiale[438] computergestützter Angebotssysteme werden primär durch die konkrete Ausprägung der bereits dargestellten hardware- und insbesondere softwarekonzeptionellen Grundlagen in der Anwendungsrealisierung bestimmt. Zum besseren Verständnis soll daher als Ausgangspunkt der Diskussion der Vorteilspotentiale von AUS noch einmal ein kurzer Abriß der generellen Leistungsfähigkeit der Computertechnologie im Hinblick auf das zu analysierende Einsatzfeld vorausgeschickt werden.[439]

Technischer Ausgangspunkt der nachfolgend im einzelnen analysierten Wirkungspotentiale des Einsatzes von AUS ist das der Computertechnologie zugrunde liegende Prinzip der Digitalisierung, also der Umwandlung von Signalen in einen elektronischen Binärcode.[440] Generelle Wirkungsprinzipien der computergestützten Informationsverarbeitung bestehen zum einen in der schnelleren und fehlerfreien Verarbeitung und Übermittlung auch umfangreicher und komplexer Informationsstrukturen sowie der platzsparenderen Speicherung bzw. dem schnelleren und flexibleren Abruf von Informationen unterschiedlicher medialer Art gegenüber herkömmlichen Methoden.[441] Zudem stellt die digitale Codierung eine notwendige Voraussetzung der für die Präsentation konfigurationsbedürftiger Produkte insbesondere notwendigen beliebigen Modifizierbarkeit der Präsentationsobjekte dar.[442] Steigende Kapazität zunehmend kleinerer und leichterer Datenspeicher in Verbindung mit erheblichem Fortschritt im Bereich der Datenkompressionstechniken[443] ermöglichen die wirtschaftliche sinnvolle Speicherung und qualitativ hochwertige Wiedergabe der zum Zwecke der Leistungspräsentation geradezu geeigneten audio-visuellen Informationen in Form digitalisierter Medienobjekte,[444] deren flexibler und bedarfsgerechter Abruf durch softwarekonzeptionelle Weiterentwicklungen von Hypertext- zu Hypermedia-Anwendungen erheblich gefördert wird.[445] Weiterentwicklungen wissensbasierter Systeme ermöglichen eine Ausweitung der Beratungsleistungen in bezug auf eine umfassende und vor allem bedarfsgerechte Konzipierung

---

[438] Es wird in diesem Zusammenhang von Potentialen gesprochen, da die analysierten Nutzeffekte sich nicht einer Gesetzmäßigkeit gleich einstellen, sondern insbesondere mit Blick auf die Marktwirkungen -den ordnungsgemäßen Einsatz der Systeme vorausgesetzt- letztendlich von der Wahrnehmung der vermuteten Nutzeffekte durch den Nachfrager abhängen.

[439] Eine zusammenfassende Darstellung der technischen Determinanten der Wirkungspotentiale findet sich in Anhang 2.

[440] Vgl. z.B. Hansen, H.R. (1992), S. 122 f.

[441] Vgl. Jacob, F. (1995), S. 100.

[442] Vgl. Berndt, O. (1992), S. 12.

[443] Vgl. z.B. Steinbrink, B. (1995), S. 317.

[444] Vgl. Wolff, M.R. (1993), S. 11.

[445] Vgl. Kap. 4.2.2.

eines Problemlösungsvorschlages. Angefangen bei der Planung und Vorbereitung des Nachfragerkontaktes über die Beratung und Angebotserstellung bis zur Nachbereitung der Gesprächskontakte können alle Phasen des persönlichen Verkaufskontaktes durch *ein* modular
aufgebautes System unterstützt werden.[446]

5.1 Die Aspekte der Wirtschaftlichkeitsbeurteilung computergestützter Angebotssysteme

Dieser grundsätzlichen technischen Voraussetzungen eingedenk, sollte die Nutzung der Leistungspotentiale von Informationsverarbeitungstechnologien im Absatzbereich unter betriebswirtschaftlichen Aspekten grundsätzlich dem Prinzip der Wirtschaftlichkeit, verstanden
als Nutzen-Kosten-Relation, folgen.[447] Als Einstieg in die Analyse der Wirkungspotentiale
von AUS erscheint daher eine Annäherung über die Nutzen- bzw. Kostenaspekte sinnvoll.

Die Betrachtung des Einsatzes computergestützter Angebotsformen unter dem Aspekt der
Wirtschaftlichkeit setzt zunächst die Einbeziehung der *Kosten der Systemimplementierung*
voraus.[448] Diese beinhalten Kosten für die vorbereitende Planung, Entwicklung bzw. Be-
schaffung, für die Einsatzvorbereitung und Einarbeitung sowie den laufenden Betrieb der
Technologieinnovation.[449] Nachfolgend sollen die mit der Systemeinführung verbundenen
Kosten in einmalige und laufende Kosten unterteilt werden.[450]

Im Rahmen der einmalig auftretenden Belastungen fallen bei der vorbereitenden Systemplanung zunächst Belastungen für die Systemkonzeptionierung an, die bei interner Leistungserstellung Personalkosten, bei Fremdbezug Kosten für externe Beratungsleistungen darstellen.
Planungs- und Entwicklungskosten entstehen durch Ist-Zustandsanalysen, Schwachstel-
lenanalysen, die Konzepterarbeitung oder auch durch die Beschaffung von Informationen.[451]
Bei der konkreten Systemeinführung stellen auf Seiten der Sachkosten die Kosten der Soft-

---

[446] Vgl. Mertens, P. u.a. (1994), S. 292.
[447] Vgl. Flory, M. (1995), S. 56; Hermanns, A.; Flegel, V. (1992a), S. 911; Link, J.; Hildebrand, V. (1993), S. 16.
[448] Vgl. Frese, E.; Werder, A. v. (1992), Sp. 380; Koreimann, D. (1987), S. 84; Schumann, M. (1992), S. 66. Zu den Kostenfaktoren von CAS-Systemen vgl. Kellerbach, U. (1988), S. 53. Siehe auch Link, J.; Hildebrand, V. (1993), S. 185 f.
[449] Vgl. Schumann, M. (1993), S. 168. Ein detaillierter Überblick über konkret anfallende Kosten der Einführung von Informationsverarbeitungssystemen findet sich bei Antweiler, J. (1995), S. 56 f. Siehe auch Holzapfel, M. (1992), S. 116 ff.
[450] Vgl. Nagel, K. (1988), S. 194; Schumann, M. (1992), S. 66. Dabei wird hier von den im Zusammenhang mit Finanzierungsmöglichkeiten entstehenden Kostenwirkungen abstrahiert.
[451] Vgl. Holzapfel, M. (1992), S. 117; Schumann, M. (1992), S. 67.

ware- und Hardwareimplementierung den Hauptbestandteil dar[452]. Hauptbestimmungsfaktoren der in Kosten für Standardsoftwarekomponenten (insbesondere Systemsoftware) und applikationsindividuelle Komponenten des Anwendungssystems zu unterscheidenden Softwarekosten sind vor allem der Umfang der darzubietenden Informationen und der bereitgestellten Funktionen sowie die gewünschte mediale Aufbereitung, die zusammen die Datenmenge und somit auch die entstehende Softwareentwicklungszeit determinieren. Die Hardwarekosten werden ebenso primär durch die an die Systemkonzeption im Hinblick auf die Qualität der Benutzerschnittstelle gestellten Anforderungen bestimmt, die sich im wesentlichen durch die Leistungsfähigkeit der eingesetzten Rechnerkomponenten ergeben. Daneben fallen bei Anwendungen im mobilen Einsatz mit gewünschter Kommunikationsverbindung zur Zentrale entsprechende Kosten für Datenübertragungskomponenten an. Ergänzend sind die im Rahmen der Einsatzvorbereitung und Einarbeitung mit Schulungen verbundenen Aufwendungen (z.B. Honorarkosten für externe Trainer, Opportunitätskosten des Arbeitsausfalls, Sachkosten für Schulungsmaterial) sowie bei vernetzten Anwendungen entsprechende Softwareanpassungskosten der bestehenden DV-Systeme miteinzubeziehen. Hier ist auch an den im Zusammenhang mit möglicherweise notwendigen Umgestaltungen von Arbeitsabläufen entstehenden Planungsaufwand als Kostenfaktor der Reorganisation zu denken. Ebenfalls relevant, jedoch schwieriger quantifizierbar, sind die im Rahmen der Systemeinführungsphase möglicherweise auftretenden Produktivitätsrückgänge, die sich etwa infolge längerer Bearbeitungszeiten oder auftretender Fehler durch noch unzureichende Systemvertrautheit ergeben können.[453]

Laufende Kosten beinhalten solche, die im Zusammenhang mit dem normalen Systembetrieb stehen. Laufende bzw. unregelmäßig wiederkehrende Kosten können im Bereich der Software vor allem durch Systempflege und -wartung bzw. Datenaktualisierung sowie funktionale Erweiterungen der Anwendung entstehen. Im Bereich der Hardware können Folgekosten vor allem durch Reparatur bzw. Instandhaltungsarbeiten auftreten. Weiterhin sind Kosten der Datenverarbeitung (Stromverbrauch) sowie Gebühren für Datenfernübertragung miteinzubeziehen. Auch unter Berücksichtigung der letztendlich subjektiv erfolgenden Festlegung von Gemeinkostenschlüsselungen lassen sich die konkret aus der Systemimplementierung entstehenden Kosten vergleichsweise unproblematisch ermitteln.

Die Erfassung der *Nutzenpotentiale* computergestützter Angebotssysteme gestaltet sich hingegen schwieriger. Die Analyse der Nutzenpotentiale von AUS soll daher mit Blick auf die

---

[452] Vgl. Hein, F. u.a. (1995), S. 195 f.; Jarzina, K.R. (1995), S. 44. Determinanten der Kosten der Entwicklung multimedialer Applikationen finden sich bei Siebdrat, H. (1994), S. 53 f.
[453] Vgl. Holzapfel, M. (1992), S. 119; Schumann, M. (1992), S. 69.

weitere Vorgehensweise ausgehend von einer Unterscheidung nach dem Grad ihrer Bewertbarkeit abgegrenzt werden können:[454]

- Nutzenpotentiale, die Kosteneinsparungen beinhalten,
- Nutzenpotentiale, die Rationalisierungen[455] beinhalten,
- Nutzenpotentiale, die Differenzierungsvorteile beinhalten.

Gerade die Zuordnung einzelner Vorteilspotentiale und die damit verbundenen technischen
Voraussetzungen zu unterschiedlichen Nutzenkategorien stellt nämlich neben den Kosten eine
Grundlage für die Entscheidung über den Einsatz von AUS dar, können hierdurch doch die
für das Unternehmen in Abhängigkeit von der jeweiligen Systemausgestaltung vornehmlich
betroffenen Wettbewerbsdimensionen aufgezeigt werden. Da sich gleichzeitig unternehmensinterne Wirkungen tendenziell auf Kostenreduzierungs- bzw. Rationalisierungspotentiale, Marktwirkungen hingegen primär auf Differenzierungspotentiale beziehen, bietet sich
eine Annäherung an die nachfolgend strukturell an der Unterscheidung unternehmensinterner
und unternehmensexterner Wirkungspotentiale ausgerichteten Analyse über die Erörterung
der im Rahmen der Wirtschaftlichkeitsbeurteilung zu unterscheidenden Nutzenkategorien
an.[456]

Bei der Beurteilung der Nutzeffekte sei zunächst zwischen den im Kontext mit der Bewertung
informationstechnologischer Anwendungen häufig genannten *Effizienz*- bzw. *Effektivitätswirkungen* unterschieden.[457] Während sich Effizienz auf das bewertbare Verhältnis zwischen
Mitteleinsatz und Zielerreichung bezieht, bedeutet Effektivität Wirksamkeit und stellt damit

---

[454] Vgl. Nagel, K. (1988), S. 28 f.; Nippa, M. (1994), S. 203. Eine alternative Unterscheidung von Nutzendimensionen von Informationsverarbeitungstechnologien findet sich bei Flory, M. (1995), S. 54, der zwischen Anwendungs-, Organisations-, Kundenintegrations- und Motivationspotentiale unterscheidet.
Schumann, M. (1992), S. 56 f. unterscheidet hingegen in Rationalisierungsverbesserungen, unter die er
Kostenreduzierungen subsumiert, Qualitäts- und Flexibilitätspotentiale und Wettbewerbsverbesserungen.
[455] Unter Rationalisierung wird im betriebswirtschaftlichen Sinne im allgemeinen die Wahl und Durchset-
zung von Handlungsalternativen verstanden, die gegenüber bestehenden Lösungen zu einer Erhöhung der
Wirtschaftlichkeit bzw. Produktivität führen. Beinhaltet Produktivität das Verhältnis zwischen erzielten
Ergebnissen (Output) und dem dafür notwendigen Mitteleinsatz (Input), stellt Wirtschaftlichkeit dieses
Verhältnis in Wertgrößen dar. Vgl. dazu z.B. Betge, P. (1995), Sp. 2763; Bohr, K. (1993), Sp. 866;
Holzapfel, M. (1992), S. 77; Küpper, H.U. (1992), Sp. 1774. Siehe auch Siebdrat, H. (1994), S. 96. Rationalisierung bedeutet somit eine Verbesserung des Output/Input-Verhältnisses, die in einer Steigerung
des Leistungsergebnisses bei konstantem oder geringerem Mitteleinsatz oder einem konstanten Leistungsergebnis bei geringerem Mitteleinsatz zum Ausdruck kommen kann.
[456] In diesem Zusammenhang wird einer zur Untersuchung der Wirkungseffekte von Informationsverarbeitungssystemen gängigen Unterteilung gefolgt. Vgl. Holzapfel, M. (1992), S. 112 und die dort angegebene
Literatur.
[457] Vgl. Bohr, K. (1993), Sp. 855; Frese, E.; Werder, A.v. (1992), Sp. 380 f.; Nippa, M. (1994), S. 201; Wildemann, H. (1995), S. 97.

auf den Grad der Zielerreichung ab.[458] Effizienz zielt damit auf die möglichst wirtschaftliche Erfüllung vorgegebener Aufgaben ab und kann z.B. durch Produktivitätskennzahlen ausgedrückt werden.[459] Im Zusammenhang mit dem Einsatz von AUS bezieht sich eine Effizienzsteigerung auf eine Verbesserung des bewertbaren Verhältnisses zwischen Leistungsergebnis und Mitteleinsatz, die etwa in der Erhöhung des Verhältnisses zwischen der Anzahl der beratenen Nachfrager und dem dafür notwendigen Zeiteinsatz zum Ausdruck kommen kann. Das Leistungspotential eines AUS kann hierdurch aber nur in Teilbereichen erfaßt werden.[460] Bei einer Einschränkung auf die Effizienzperspektive würden gerade die im Vordergrund stehenden auf den Markt gerichteten Vorteilspotentiale vernachlässigt.[461] Die Bedeutung von AUS als "strategische Waffe" bliebe damit unberücksichtigt.[462] Gerade zur Erfassung dieser Differenzierungspotentiale ist eine Erweiterung der Beurteilungsperspektive durch Einbeziehung der Effektivitätswirkungen notwendig. Hier wird die Bedeutung der Informationsverarbeitungstechnologie aus der Sicht der Sicherung des Unternehmenserfolges betrachtet, im Sinne eines strategischen Erfolgsfaktors, der die Stellung der Unternehmung am Markt entscheidend beeinflussen kann.[463] In einer Effektivitätsverbesserung kommen in diesem Kontext also die Wirkungen von AUS im Hinblick auf das Ziel der Erreichung von Wettbewerbsvorteilen durch eine im Konkurrenzvergleich stärker bedarfsentsprechende Akquisitionsberatung und Angebotserstellung zum Ausdruck. In diesem Sinne sollte eine Beurteilung der Wirkungen des AUS vor allem über ihren Beitrag zur Erreichung nachfragergerichteter Marketingziele erfolgen wie z.B. der Erhöhung der Bedarfsgerechtigkeit der Beratungsleistung bzw. der physischen Leistungserstellung oder der Erhöhung der Kundennähe.[464]

Die Quantifizierung dieser Nutzeffekte erscheint hingegen nicht unproblematisch,[465] da es sich insbesondere um qualitative und damit monetär nicht direkt bewertbare Größen handelt, die sich aufgrund von Unsicherheiten über ihre Ausprägung und ihre Eintrittswahrscheinlichkeit nur schwer erfassen lassen.[466] Die Bedeutung und Bewertbarkeit der genannten Nutzenkategorien verhalten sich tendenziell eher gegenläufig.[467] So kommt angesichts sich verschär-

---

[458] Vgl. Jacob, F. (1995), S. 43; Siebdrat, H. (1994), S. 97 f.; Wildemann, H. (1995), S. 97.

[459] Vgl. Bohr, K. (1993), Sp. 864.

[460] Vgl. Wildemann, H. (1995), S. 97. Siehe auch Nippa, M. (1994), S. 203, der auf die Problematik der Bewertung multimedialer Anwendungen allein nach dem Effizienz-Prinzip hinweist.

[461] Vgl. Antweiler, J. (1995), S. 56; Nippa, M. (1994), S. 205.

[462] Vgl. Frese, E.; Werder, A.v. (1992), Sp. 383; Mertens, P. (1992b), S. 65; Schumann, M. (1992), S. 28.

[463] Vgl. Frese, E.; Werder, A.v. (1992), Sp. 383.

[464] Vgl. Becker, J. (1993), S. 48 ff. Dabei können selbstverständlich auch Effzienzmaßstäbe berücksichtigt werden, sofern eine geeignete Operationalisierung möglich ist. Vgl. Frese, E.; Werder, A. v. (1992), Sp. 384.

[465] Vgl. z.B. Frese, E.; Werder, A.v. (1992), Sp. 380; Hein, F. u.a. (1995), S. 195; Holzapfel, M. (1992), S. 81; Nagel, K. (1988), S. 29.

[466] Vgl. Schumann, M. (1993), S. 168.

[467] Vgl. Nagel, K. (1988), S. 31. Zur Problematik der Quantifizierbarkeit von Nutzeffekten vgl. auch Retter, G.; Bastian, M. (1995), S. 119; Schumann, M. (1993), S. 168.

fender Wettbewerbsbedingungen und der daraus resultierenden Notwendigkeit der Erschließung bzw. Sicherung zukünftiger Erfolgspotentiale der Erzielung von Differenzierungsvorteilen zunehmende Bedeutung zu. Demgegenüber verhält sich die Bewertbarkeit im Sinne einer exakten Quantifizierung umgekehrt, da *Kostenersparnisse* noch am ehesten in monetären Größen angegeben werden können. Zwar ist eine Bewertung von *Rationalisierungs- bzw. Effizienzvorteilen* z.B. über Produktivitätskennziffern noch quantitativ möglich. *Differenzierungsvorteile* erscheinen hingegen aufgrund der Problematik der Zurechenbarkeit in exakten monetären Größen kaum erfaßbar.[468] Beispielsweise können etwa Ersparnisse aus der Reduzierung schriftlicher Verkaufsunterlagen durch die digitale Leistungspräsentation oder Einsparungen im Bereich produktspezifischer Mitarbeiterschulung mittels AUS bei Verzicht auf konventionelle Schulungsmaßnahmen noch recht gut in Zahlen abgebildet werden. Dies dürfte abgeschwächt ebenso für Rationalisierungseffekte über das bewertete Verhältnis von Leistungsergebnis zu Mitteleinsatz (z.B. durch Mengengrößen, qualitative Konsequenzen) gelten. Hier könnte etwa an eine Bewertung des sich durch den Systemeinsatz zur Angebotserstellung möglicherweise reduzierenden Zeitaufwandes gedacht werden, die z. B. durch das Verhältnis der Anzahl der erstellten Angebote zur benötigten Zeitdauer operationalisiert werden könnte. Eine Transformation in Wertgrößen könnte hier noch über das Einsparungspotential in bezug auf die Vertriebsmitarbeiterkapazität erfolgen. Dies würde allerdings nicht nur eine tatsächliche Reduzierung der Personalkapazität voraussetzen, sondern ebenso eine möglicherweise zu verstärkten Akquisitionsbemühungen genutzte Freisetzung der Zeitkapazität vernachlässigen. Würde hingegen versucht, eine Quantifizierung über die aus den verstärkten Akquisitionsbemühungen resultierenden Erlöswirkungen vorzunehmen, entstünde die Problematik der Zurechenbarkeit, die insbesondere auch für die Differenzierungsvorteile gilt. Diese lassen sich aufgrund mangelnder Isolierbarkeit und Zurechenbarkeit des Beitrages der einzelnen Vorteilsdimensionen untereinander, sowie dem Problem der Abgrenzung von der Wirkung anderer absatzpolitischer Instrumente und sonstiger Umwelteinflüsse am schwierigsten quantifizieren.[469] Zwar könnte noch versucht werden, z.B. die aus einer Erhöhung des Individualisierungsgrades der Leistungserstellung bzw. Verkürzung der Lieferzeit resultierenden Wirkungen einer höheren Wertschätzung durch die Nachfrager in zukünftig zu erwartenden Mengen- bzw. durchsetzbaren Preiserhöhungen quantifizierbar zu machen.[470] Eine direkte Wirkung des Einsatzes von AUS ist aber letztendlich auf quantifizierbare Größen, wie Marktanteil oder Umsatz, nicht ohne weiteres zurechenbar, da sich Veränderungen dieser Größen aufgrund vielfältiger nicht beeinflußbarer Bestimmungsfaktoren (z.B. allgemeine Konjunkturentwicklung, Änderungen des Nach-

---

[468] Vgl. Antweiler, J. (1995), S. 57; Nagel, K. (1988), S. 29.
[469] Vgl. Schumann, M. (1992), S. 28.
[470] Vgl. Holzapfel, M. (1992), S. 82; Link, J.; Hildebrand, V. (1993), S. 186.

fragerverhaltens, absatzpolitische Aktivitäten der Konkurrenz etc.) nicht allein auf den Einsatz der informationstechnologischen Innovation zurückführen lassen.[471] Wird etwa bei nicht durchsetzbaren Preiserhöhungen am Markt versucht, die Bewertung der Nutzeffekte des Systemeinsatzes z.B. durch den entgangenen Gewinn bei Nichterteilung des Auftrages vorzunehmen, gelten die angeführten Probleme der Zurechenbarkeit synonym. Ebenso erscheint eine Quantifizierung der angesprochenen, infolge einer gestiegenen Beratungsqualität bzw. Erhöhung des Grades der Problemlösungsgerechtigkeit der Leistung, am Markt durchsetzbaren Preiserhöhung kaum möglich, da die Bereitschaft zur Entgeltung des Nutzenzuwachses nachfragerindividuell sehr unterschiedlich ausfallen dürfte. Entsprechend schwierig ist die auf eine bedarfsgerechte Leistungserstellung zurückgehende Festigung der Kundenbindung zu bewerten. Eine Quantifizierung ließe sich zwar über die Abschätzung des zukünftigen Bedarfsvolumens des Kunden erzielen, jedoch sind diese Größen mit zunehmendem Zeitvorlauf mit nicht unerheblicher Unsicherheit sowohl bezüglich der konkreten Höhe als auch hinsichtlich des endgültigen Eintretens belastet. Einzelne negative Erfahrungen des Kunden etwa im Rahmen des Nachkaufservices könnten die erwarteten Zuwächse bereits wieder zunichte machen. Dem System zugerechnete zukünftige Erlöse müssen zudem längst nicht mehr ursächlich mit diesem in Verbindung stehen. Schließlich kann je nach Phase des Technologielebenszyklus und Tiefe der Diffusion der Systeminnovation bei Branchenkonkurrenten eine computergestützte multimediale Beratungsleistung möglicherweise bereits zu einer erwartbaren ergänzenden Leistung geworden sein, die in Abhängigkeit vom individuellen Wissensstand die Nachfrager nicht über Preiserhöhungen zu honorieren bereit sind. Die Realisierung von Erlöszuwächsen könnte insofern nicht dem Einsatz des AUS zugerechnet werden.

Angesichts dieser Zurechnungsprobleme erscheint eine Betrachtung operationaler Subziele notwendig, die durch den Einsatz von AUS eindeutig beeinflußbar sind und damit als Indikatoren bzw. Teilwirkungen nachgelagerter Verhaltenswirkungen angesehen werden können. Zu untersuchen sind demnach Wirkungspotentiale des Einsatzes computergestützter Angebotssysteme, die in bezug auf die Kaufentscheidung des Nachfragers geeignet sind, diesen von der Vorteilhaftigkeit des Leistungsangebotes zu überzeugen, insbesondere auch die mit der Kaufentscheidung verbundene Unsicherheit abzubauen. Im Hinblick auf die Bewertung der Differenzierungspotentiale von AUS erscheint also besonders relevant und zugleich problematisch, daß zur Wirkungsbeurteilung primär nicht die Sichtweise des Anbieters, sondern die Nachfragerperspektive eingenommen werden sollte. Letztlich begründen nämlich nicht die vom Anbieter als relevant erachteten Wirkungspotentiale den Markterfolg des Systems, sondern deren individuelle Wahrnehmung durch den Nachfrager. Empfindet dieser etwa die

---

[471] Vgl. Link, J.; Hildebrand, V. (1993), S. 16; Mertens, P. u. a. (1989), S. 116; Plinke, W. (1995), Sp. 128.

angesprochene Erhöhung des Individualisierungsgrades der computergestützten Beratung nicht als eine solche, so stellt dieses vermutete Vorteilspotential letztendlich doch keinen Wettbewerbsvorteil dar. Da die subjektive Wahrnehmung des Nachfragers individuell in Abhängigkeit von unterschiedlichen Faktoren, wie z.B. Erwartungen und Anforderungen an die Beratungsleistung, Erfahrungen mit anderen Anbietern oder auch spezifische Grundhaltungen bzw. Einstellungen gegenüber der Computertechnologie im allgemeinen erheblich differieren kann, wird die Beurteilung der spezifischen Vorteilspotentiale von Informationsverarbeitungstechnologien an der Schnittstelle zum Markt zusätzlich erschwert. Derartige, vor allem durch die subjektive Wahrnehmung des Nachfragers bestimmte Vorteilspotentiale, können letztendlich nur sachlogisch vermutet und durch Überprüfung im Einzelfall belegt werden.

Darüber hinaus sind sowohl Interdependenzen zwischen den Nutzenpotentialen, als auch mit vor- und nachgelagerten Bereichen zu berücksichtigen.[472] Hier ist primär zwischen direkten Wirkungen des Systemeinsatzes und daraus resultierenden indirekten Wirkungen zu unterscheiden. So können z.B. Nutzenpotentiale aus Kostenersparnissen von der Realisierung von Produktivitätsverbesserungen abhängen, aber nicht notwendigerweise eintreten. Beispielsweise können Personalkostenersparnisse im Rahmen der Mitarbeiterschulung durch die synergetische Verwendung elektronischer Produktkataloge nur dann realisiert werden, wenn durch die multimedialen und interaktiven Schulungsmaßnahmen der Lernprozeß verbessert bzw. Selbstschulungen auch tatsächlich durchgeführt werden können. Ebenso kann den Nachfragern nur dann schneller ein Angebot unterbreitet werden, wenn durch den DV-Einsatz die Produktivität des Angebotserstellungsprozesses bezogen auf den notwendigen Zeitaufwand erhöht werden kann.

Darüber hinaus müssen bei integrierten Lösungen solche Wirkungspotentiale berücksichtigt werden, die über den konkreten Ort des Systemeinsatzes hinausgehend in anderen Unternehmensbereichen auftreten.[473] Zu berücksichtigen ist hier allerdings wieder die bereits vorhandene Infrastruktur des Unternehmens. So sind bei den durch die Integration des AUS in die unternehmensweite DV-Struktur auftretenden Rationalisierungseffekten etwa im Rahmen der Auftragsabwicklung die bereits bestehenden Vernetzungen einzubeziehen. Die Bewertung wird in diesem Fall also zudem durch das Problem der internen Zurechenbarkeit bzw. der Aufteilung der festgestellten Vorteilswirkungen erschwert.[474]

---

[472] Vgl. Antweiler, J. (1995), S. 56; Retter, G.; Bastian, M. (1995), S. 119.
[473] Vgl. Schumann, M. (1993), S. 168.
[474] Holzapfel weist in diesem Zusammenhang auf die eine Bewertung technologischer Innovationen erschwerende mögliche Variabilität der Bewertungskriterien, also das zugrunde liegende Zielsystem, hin. Dieser Aspekt erscheint für die hier betrachteten AUS allerdings nicht in erster Linie relevant, da sich die mit dem Rechnereinsatz verbundene primäre Zielsetzung der bedarfsgerechten Lösung von Nachfragerproblemen zur Realisierung von Wettbewerbsvorteilen recht invariant sein dürfte.

5.2 Die Darstellung der Wirkungspotentiale des Einsatzes computergestützter Angebotssysteme entlang der Wertschöpfungskette

Die bereits angedeutete Problematik der Zurechenbarkeit der Vorteilswirkungen von AUS auf Absatz- oder Erlösveränderungen macht damit die Identifikation von Einzeleffekten notwendig.[475] Diese Vorgehensweise ist einerseits geboten, da die Bildung der Gesamtbeurteilung, soll diese nicht pauschal und undifferenziert erfolgen, sich notwendigerweise auf untergeordnete Einzelaspekte beziehen muß. Aus gestalterischer Sicht bietet sich dazu im Hinblick auf konkrete Vorschläge zur Systemrealisierung der Vorteil, über die Identifikation der erwünschten Nutzeffekte das Anforderungsprofil an die spezifische Systemausgestaltung stärker konkretisieren zu können.

Ausgehend von dieser Sichtweise soll zunächst eine Systematisierung durch die Betrachtung der vermuteten Vorteile in bezug auf die einzelnen Aktivitäten der Leistungserstellung erfolgen, die das persönliche Beratungsgespräch als zentralen Einsatzbereich von AUS in das Zentrum der Betrachtung rückt. Aufgrund der auftretenden indirekten Wirkungspotentiale bietet sich ebenfalls eine prozeßbezogene Darstellung entlang der Wertschöpfungsprozesse an.[476] Hierdurch können die Auswirkungen der Computerunterstützung des Vertriebs auf die Verrichtung der einzelnen Prozesse analysiert werden und so die Nutzenpotentiale an den Prozessen lokalisiert werden.[477] Diese prozessorientierte Vorgehensweise der Analyse der Wirkungspotentiale liegt letztendlich in der Erkenntnis begründet, daß sich alle Aktivitäten der Leistungserstellung in Prozessen vollziehen und durch die ablauforientierte Perspektive gegenüber der rein funktional ausgerichteten Sichtweise eine ganzheitliche Betrachtung der Unternehmensaufgaben erfolgen kann. Gestaltungs- bzw. Optimierungspotentiale können so besser aufgedeckt werden.[478] Dies bezieht sich vor allem auch auf die Schnittstellen zwischen den einzelnen Funktionsbereichen, die ohne die Analyse des tatsächlichen funktionsübergreifenden Prozeßverlaufs vernachlässigt würden.

Betrachtet man in diesem Kontext den Einsatz von AUS, so erfolgt dieser zwar letztendlich im Funktionalbereich Vertrieb. Eine funktionsübergreifende Analyse erscheint jedoch aufgrund der zentralen Bedeutung des Systemeinsatzes für die auftragsbezogene Leistungser-

---

[475] Vgl. Holzapfel, M. (1992), S. 80, 112.

[476] Vgl. Schumann, M. (1993), S. 173.

[477] Vgl. Retter, G.; Bastian, M. (1995), S. 119. Dabei erfolgt im Unterschied zur Analyse von Nutzeffektketten, die eine Abfolge inhaltlich zu benennender Wirkungseffekte informationstechnologischer Systeme darstellt, in der hier gewählten Darstellungsweise entlang den Prozessen der betrieblichen Leistungserstellung eine konkrete Zuordnung zu den einzelnen Wertschöpfungsstufen bzw. Tätigkeiten. Vgl. Schumann, M. (1993), S. 174.

[478] Vgl. Flory, M. (1995), S. 7. Zur Verlagerung von der funktionsorientierten zur prozeßgerichteten Betrachtungsweise von Informationsverarbeitungstechnologien vgl. Bellmann, K. (1991), S. 107 ff.

stellung geboten, da die Konzeptionierung der Problemlösung in der Verkaufsberatung stattfindet, die insofern die Parameter für die nachfolgende Umsetzung in das Endprodukt entscheidend determiniert. Gleiches gilt in diesem Zusammenhang für die Analyse der Wirkungspotentiale bezüglich der Generierung marktrelevanter Informationen und deren Distribution an die unterschiedlichen Unternehmensbereiche. Gleichfalls kann eine an den Kaufprozessen des Nachfragers ausgerichtete Perspektive eingenommen werden, die letztendlich
zu nachfragerorientierten Gestaltungsempfehlungen der Austauschvorgänge führt und damit
letztendlich Empfehlungen für die konkrete Ausgestaltung der Computeranwendung offenlegt.[479] Die Beurteilung der qualitativen Wirkungen des Systemeinsatzes wird insofern
verbessert, als sowohl·eine über den persönlichen Beratungskontakt hinausgehende konkrete
prozeßbezogene Lokalisierung der einzelnen Wirkungspotentiale[480] als auch eine funktionsübergreifende Betrachtung vorgenommen wird und damit eine ganzheitliche Erfassung der
wettbewerbsrelevanten Wirkungen computergestützter Angebotssysteme vorgenommen
werden kann.

Die vorstehenden Ausführungen legen damit eine Analyse der Wirkungspotentiale computergestützter Angebotssysteme entlang den Wertschöpfungsprozessen nahe. Methodisch soll
hier dem auf *Porter* zurückgehenden Konzept der Wertkette[481] gefolgt werden. Die Wertkette basiert auf dem Grundgedanken der Prozeßorientierung, indem das Unternehmen "als eine
Ansammlung von Tätigkeiten verstanden wird, durch die sein Produkt entworfen, hergestellt,
vertrieben, ausgeliefert und unterstützt wird."[482] In diesem Zusammenhang nimmt die
Erzielung von Wettbewerbsvorteilen im Rahmen der strategischen Analyse eine bedeutende
Stellung ein.[483] Die Wertkette beinhaltet den Gesamtwert der betrieblichen Leistungserstellung und gliedert die Aktivitäten des Unternehmens in strategisch relevante Tätigkeiten
entlang den Wertschöpfungsstufen mit dem Ziel, bei den einzelnen Aktivitäten aktuelle und
potentielle Wettbewerbsvorteile aufzudecken.[484] Die Gliederung erfolgt nach dem physischen
Durchlaufprinzip, also den Stufen, die das Produkt während des Erstellungs- und Ab-
satzprozesses durchläuft.[485] Als Instrument der strategischen Analyse von Wettbewerbsvorteilen kann jede der Aktivitäten auf Potentiale zur Verbesserung der Wettbewerbssituation

---

[479] Vgl. Flory, M. (1995), S. 7.
[480] Vgl. Retter, G.; Bastian, M. (1995), S. 118.
[481] Vgl. Porter, M. E. (1986), S. 62 ff.
[482] Porter, M.E. (1986), S. 63.
[483] Vgl. Esser, W. M. (1989), S. 194.
[484] Vgl. Porter, M. E. (1986), S. 59.
[485] Vgl. Altobelli, C. F. (1995), Sp. 2709. Zur Kritik insbesondere an der traditionellen Durchlaufgliederung
Porters vgl. vor allem Hermanns, A.; Flory, M. (1995), S. 51 ff. Aufgrund der vielfach vorproduzierten
Einzelkomponenten kann für Anbieter konfigurationsbedürftiger Produkte aber die ursprüngliche Wertkette beibehalten werden. Vgl. dazu das dieser Auffassung entsprechende Wertkettenmodell von Varian-
tenanbietern bei Hermanns, A.; Flory, M. (1995), S. 37.

überprüft werden.[486] Durch Vergleich der einzelnen Wertaktivitäten relativ zur Konkurrenz können die aus den einzelnen Tätigkeiten resultierenden Wettbewerbsvorteile ermittelt werden.

Auch die bereits angedeuteten strategischen Wirkungspotentiale von AUS machen die Betrachtung aus dem Blickwinkel der Wertkette als Instrument der strategischen Wettbewerbsanalyse sinnvoll. In diesem Kontext stellen die Nutzeffekte eines AUS nichts anderes dar als Potentiale zur Erzielung strategischer Wettbewerbsvorteile, die allgemein darin bestehen, in bezug auf nachfragerrelevante Leistungsmerkmale dauerhaft besser zu sein als die Konkurrenz[487] und vor dem Hintergrund sich verschärfender Wettbewerbsbedingungen zur Sicherstellung zukünftiger Erfolgspotentiale dienen.[488] Unterschieden werden in diesem Zusammenhang die beiden grundsätzlichen Zielrichtungen der Kostenführerschaft und der Differenzierung.[489] Die Kostenführerschaft zielt auf die Erreichung eines umfassenden Kostenvorsprungs gegenüber der Branchenkonkurrenz, die Differenzierungsstrategie soll zu einer einmaligen Stellung bei den aus Nachfragersicht besonders relevanten Leistungsmerkmalen führen. Systeme der Informationstechnologie können ausgehend von den aufgezeigten Nutzenkategorien die Wertschöpfungsprozesse ausgehend von der Wertschöpfungsstufe Marketing/Vertrieb in beide Richtungen verbessern.[490] Bei den hier betrachteten AUS stehen allerdings die Beiträge zur Differenzierung vom Wettbewerb im Bereich der Bereitstellung von Akquisitionsleistungen im Vordergrund. Die Sicherstellung von Erfolgspotentialen kann indes nur gelingen, wenn aus Sicht des Kunden ein überlegenes Preis-/Nutzenverhältnis, ein sog.

---

[486] Vgl. Esser, W.M. (1989), S. 193.

[487] Vgl. z.B. Esser, W. M. (1989), S. 192; Homburg, C.; Simon, H. (1995), Sp. 2754.

[488] Vgl. Link, J.; Hildebrand, V. (1993), S. 10 f.; Retter, G.; Bastian, M. (1995), S. 127; Siebdrat, H. (1994), S. 98. Genau genommen stellt der Einsatz von AUS keinen Wettbewerbsvorteil dar, sondern vielmehr ein Hilfsmittel zur Realisierung von Wettbewerbsvorteilen unter der Annahme des die Vorteilspotentiale ausschöpfenden Einsatzes.

[489] Vgl. Porter, M.E. (1988), S. 62 ff.

[490] Vgl. Porter, M.E.; Millar, V.E. (1986), S. 31 ff.; Siebdrat, H. (1994), S. 98. Dabei besteht kein Widerspruch zwischen der angeführten Drei-Ebenen-Kategorisierung (Kostensenkung, Rationalisierung und Differenzierung) und der von Porter vorgenommenen Zwei-Ebenen-Betrachtung (Kostenführerschaft und Differenzierung) zur Erzielung von Wettbewerbsvorteilen. Vgl. Porter, M.E. (1986), S. 31 ff. (Von der Konzentration auf Schwerpunkte kann hier abstrahiert werden, da es sich dabei lediglich um die segmentspezifische Anwendung der genannten Strategieausprägungen handelt.) Da die Rationalisierungseffekte des Einsatzes von AUS mitunter das erklärende Bindeglied zwischen dem Einsatz der Computertechnologie und den sich letztendlich in den Porter'schen Kategorien der Wettbewerbsstrategien niederschlagenden Wirkungen darstellen, erscheint ihre Einbeziehung zu der nachfolgenden differenzierten Analyse der Systemwirkungen durchaus sinnvoll. So kann etwa eine durch die Rationalisierung der Teilprozesse bedingte Erhöhung der Schnelligkeit der Angebotserstellung einerseits durch die Reduzierung des zur Marktbearbeitung notwendigen Zeitaufwandes zu einem Abbau von Personalkosten führen. Andererseits kann eine schnellere Reaktion auf Nachfragerwünsche zu Differenzierungsvorteilen führen. Vgl. auch Holzapfel, M. (1992), S.20, der auf die gleichzeitige Kosten- und Marktwirkung im Rahmen einer Analyse über den Einsatz von Produktionsautomaten hinweist.

komparativer Konkurrenzvorteil (KKV)[491] erreicht wird, der sich sowohl beim funktionalen Produkt selbst, als auch im Rahmen der Zusatzleistungen manifestieren kann.[492] Dies wird dann der Fall sein, wenn infolge des Systemeinsatzes Leistungen erbracht werden können, die mittels konventioneller Beratung bzw. Angebotserstellung nicht oder nur mit erheblichem Aufwand realisiert werden können.[493] In diesem Sinne kann der Einsatz von AUS einen primär auf der Beratungsebene ansetzenden KKV zur Sicherstellung zukünftiger Erfolgspotentiale begründen.

Die Wertschöpfungsaktivitäten lassen sich konkret in primäre und unterstützende Tätigkeiten unterscheiden.[494] Zu den primären Aktivitäten gehören alle mit der physischen Herstellung und dem Absatz des Endproduktes zusammenhängenden Tätigkeiten. Die unterstützenden Aktivitäten umfassen solche Tätigkeiten, die die erforderlichen Inputfaktoren oder die entsprechenden infrastrukturellen Bedingungen zur Abwicklung der primären Aktivitäten bereitstellen bzw. schaffen. Dabei müssen die einzelnen Aktivitäten nicht mit den institutionalisierten Funktionsbereichen in der Unternehmensorganisation übereinstimmen. Sie umfassen vielmehr die Summe aller mit der jeweiligen betrieblichen Basistätigkeit in Zusammenhang stehenden Tätigkeiten.[495] Die einzelnen Wertaktivitäten stehen nicht isoliert nebeneinander. Es können vielmehr Interdependenzen sowohl zwischen den einzelnen Aktivitäten der Hauptgruppen, als auch zwischen primären und unterstützenden Tätigkeiten vorliegen, die zur Gewährleistung eines reibungslosen Ablaufs der Erstellung und des Absatzes der Endprodukte die Koordination dieser Aktivitäten erfordert.[496]

Die Wertschöpfungsaktivitäten verfügen sowohl über eine physische als auch über eine informationelle Komponente.[497] Betrifft erstere die bei der Ausführung der Aktivität anfallenden physischen Aufgaben, umfaßt letztere die Ermittlung, Verarbeitung und Übertragung der hierzu benötigten Daten. Der Einsatz von Informationsverarbeitungstechnologien zielt dabei auf eine Verbesserung der Wertschöpfungsprozesse ab und basiert im Kern auf der höheren Informationsverarbeitungsleistung des Computers i.w.S., die zu einer Erhöhung der Effizienz und Effektivität der Prozesse durch Substitution bzw. Ergänzung der menschlichen Aktivitäten führen und damit sowohl Kosten- als auch Differenzierungsvorteile beinhalten

---

[491] Vgl. ausführlich zum Konstrukt des Wettbewerbsvorteils Faix, A.; Görgen, W. (1994), S. 160 ff. Siehe auch Hoitsch, H.H.; Lingnau, V. (1995), S. 391. Homburg, C.; Simon, H. (1995), Sp. 2754. Die Begriffe komparativer Konkurrenzvorteil und Wettbewerbsvorteil werden hier synonym verwandt.
[492] Vgl. Link, J.; Hildebrand, V. (1993), S. 11.
[493] Vgl. Link, J.; Hildebrand, V. (1993), S. 188.
[494] Vgl. dazu Porter, M. E. (1986), S. 65.
[495] Vgl. Altobelli, C.F. (1995), Sp. 2710.
[496] Vgl. Porter, M.E.; Millar, V.E. (1986), S. 27 f.
[497] Vgl. dazu Porter, M.E.; Millar, V.E. (1986), S. 28.

kann.[498] Dies gilt sowohl für die isolierte Betrachtung einzelner Aktivitäten als auch für deren Koordination im Leistungserstellungsprozeß.[499] Prinzipiell kann jede Wertaktivität tangiert werden.[500] Dies kann sich sowohl auf die physische Komponente beziehen (z.B. computergestützte flexible Fertigungssysteme) als auch den informationellen Aspekt einbeziehen (z.B. computergestützter Datenaustausch im Rahmen der administrativen Auftragsabwicklung).[501] Der Einsatz von AUS bezieht sich in erster Linie auf die informationelle Komponente des Produktes, also auf "alles, was der Kunde wissen muß, um das Produkt zu erwerben und mit den gewünschten Ergebnissen zu benutzen, also Informationen über Leistungsmerkmale, Bedienung und Anwendung,"[502] und bezieht die "maßgeschneiderte Anfertigung nach Kundenwünschen" durch die "kundenspezifische Entwicklung von Hardware-Konfigurationen"[503] ein. Gleichsam tangieren integrierte Anwendungen aber auch die auf die interne Auftragsabwicklung gerichteten Prozesse. Der Einsatz von AUS kann hier die effiziente und effektive Durchführung der damit verbundenen Tätigkeiten fördern und primär Differenzierungs- aber auch Kostenvorteile erschließen.

Aufgrund der Vielschichtigkeit der einzelnen direkten und indirekten Wirkungspotentiale des Einsatzes von AUS ist als Ausgangspunkt der Betrachtung zunächst eine Systematisierung der Vorteilspotentiale nach den betroffenen Tätigkeitsbereichen sinnvoll. Diesem Aspekt soll Rechnung getragen werden, indem im Rahmen einer Darstellung auf Unternehmensebene anhand einer differenzierten Wertkette die Implikationen der computergestützten Angebotserstellung für die einzelnen Unternehmensaktivitäten entlang der Wertkette übersichtsartig veranschaulicht werden.

Die Herausarbeitung der Differenzierungsvorteile macht genaugenommen, über die isolierte Betrachtung der Wertkette des Anbieters hinaus, eine Ausweitung der Betrachtung auf die Verflechtungen mit vor- bzw. nachgelagerten Tätigkeiten, also Wertketten der Lieferanten, der Vertriebskanäle und der Endabnehmer im Rahmen eines übergeordneten Wertsystems

---

[498] Vgl. Porter, M.E.; Millar, V.E. (1986), S. 32. Siehe auch Rüttler, M. (1991), S. 168.

[499] Vgl. Porter, M.E.; Millar, V.E. (1986), S. 27.

[500] Vgl. Porter, M.E.; Millar, V.E. (1986), S. 30; Wildemann, H. (1995), S. 96.

[501] Die Analyse der Wirkungen von Informationsverarbeitungstechnologien anhand des Wertkettenmodells wurde in der Literatur bereits vielfach angedacht, eine differenzierte Ausarbeitung der bei konkreten Anwendungen im einzelnen auftretenden Vorteilspotentiale erfolgte aber in diesem Zusammenhang nicht. Vgl. z.B. Jaspersen, T. (1995), S. 78 f.; Wildemann, H. (1995), S. 96 ff. Hermanns, A.; Flory, M. (1995a), S. 60 ff. weisen zwar auf unterschiedliche Möglichkeiten des Einsatzes von Informationsverarbeitungstechnologien zur Gestaltung von Kundenbeziehungen hin, spezifizieren die Wirkungspotentiale aber nicht weiter. Mayer, R. (1993), S. 210 erwähnt als Beispiele zur Unterstützung des Vertriebs bzw. des Kundendienstes den Einsatz tragbarer Computer bzw. die computergestützte Termin- und Tourenplanung.

[502] Porter, M.E.; Millar, V.E. (1986), S. 30.

[503] Porter, M.E.; Millar, V.E. (1986), S. 32.

notwendig.[504] Von entscheidender Bedeutung sind dabei die Verflechtungen mit den Wertketten der Endabnehmer, da Differenzierungsvorteile nur dann entstehen, wenn das Leistungsergebnis des Anbieters einen in bezug zu den vorliegenden Bedürfnissen stehenden, durch den Nachfrager wahrgenommenen, Wert entlang *seiner* Wertkette darstellt.[505] Die nachfolgend graphisch dargestellten Ansatzpunkte von AUS zur Erzielung von Kosten- bzw. Differenzierungsvorteilen orientieren sich allerdings an der Wertkette des Anbieters. Hier wäre aufgrund der Vielfalt der Wertkettenstrukturen der Abnehmer konfigurationsbedürftiger Produkte eine derartige Darstellung nicht empfehlenswert. Aus Gründen der Übersichtlichkeit erfolgt in der nachstehenden Abbildung die Darstellung aus dem Blickwinkel des Anbieters mit entsprechender Andeutung der Beziehung zur Abnehmerwertkette.

---

[504] Vgl. Porter, M. E. (1986), S. 59 f.

[505] Vgl. Porter, M.E. (1986), S. 61. Siehe auch Altobelli, C.F. (1995), Sp. 2715. Hermanns, A.; Flory, M. (1995b), S. 388 f. weisen im Zusammenhang mit der Verknüpfung zu den Wertschöpfungsprozessen des Nachfragers auf Möglichkeiten der technologischen Kundenintegration etwa in Form spezifischer Hardware- und Softwareabstimmungen (z.B. Integration von Ferndiagnosesystemen) oder im Rahmen des elektronischen Datenaustausches (EDI) hin. Dieser Fall wäre im Zusammenhang mit dem hier betrachteten AUS dann gegeben, wenn etwa dem Nachfrager die generierte Konfigurationslösung z.B. in digital gespeicherter Form in der eigenen EDV im Zusammenhang mit der Weiterverarbeitung des Beschaffungsobjektes einsetzt.

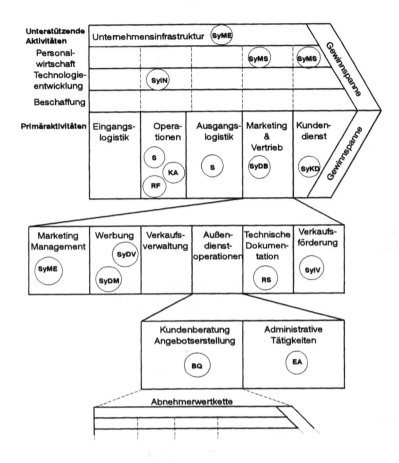

Abb. 9: Wirkungspotentiale von AUS entlang der Wertkette
Quelle: In Anlehnung an Porter, M.E. (1986), S. 74.

Erläuterungen:

BQ: Erhöhung der Beratungsqualität

EA: Rationalisierungspotential administrative Tätigkeiten

RS: Rationalisierungspotential Informationsbereitstellung

S: Erhöhung der Schnelligkeit der Leistungserstellung

RF: Reduzierung der Fehlerkosten

KA: Verbesserung der Kapazitätsauslastung

Sy(xx): Synergiepotentiale

SyME:	Managemententscheidungen	SyIN:	Innovationspolitik
SyDB:	Data Base Marketing	SyMS:	Mitarbeiterschulung
SyKD:	Technischer Kundendienst	SyDM:	Direct Mails
SyIV:	Leistungspräsentation im indirekten Vertrieb		
SyDV:	Leistungspräsentation in Datennetzen		

Der Wirkungsschwerpunkt liegt im persönlichen Verkaufskontakt, der durch das AUS primär unterstützt wird und in Anlehnung an die Originalquelle hier als Außendienstoperationen bezeichnet wird.[506] Dazu erfolgt im Anschluß eine detaillierte Darstellung der hier in aggregierter Form als Erhöhung der Beratungsqualität (BQ) bezeichneten einzelnen Vorteilspotentiale anhand einer Handlungsabfolgebetrachtung, die an den einzelnen Vorgängen bzw. Aktivitäten im Rahmen der Beratung bzw. Angebotserstellung anknüpfend, die konkreten Ansatzpunkte zur Erhöhung der Beratungsqualität und Reduzierung der Unsicherheit des Nachfragers durch den Einsatz von AUS aufzeigt.[507] In bezug auf die Tätigkeiten des Verkaufsberaters liegen Verbesserungspotentiale vor allem im Bereich der Rationalisierung, die sich einerseits auf die Verfügbarkeit des zur Beratung und Angebotserstellung notwendigen Informationsmaterials (RS), andererseits auf die im Zusammenhang mit den Nachfragerkontakten anfallenden administrativen Tätigkeiten (EA) richten.

Über das persönliche Beratungsgespräch hinaus können zudem indirekte Nutzeffekte auftreten, die zwar mit der Systemverwendung in Verbindung stehen, sich aber konkret aus der Integration in die betriebliche Datenverarbeitungsstruktur ergeben. Diese beziehen sich vor allem auf Verbesserungsmöglichkeiten im Rahmen der nachgelagerten Prozesse der Leistungserstellung. Dabei handelt es sich um Möglichkeiten der beschleunigten Auftragsabwicklung bzw. Verbesserungen im Hinblick auf die Auslastung der Produktionskapazitäten (S, KA bei Operationen; S bei Ausgangslogistik). Der Beitrag von AUS zur Qualitätssicherung führt zur Reduzierung von Fehlerkosten (RF). Damit in Verbindung steht auch die synergetische Nutzung der im Rahmen des Nachfragerkontaktes generierten Marktdaten zur Entscheidungsunterstützung des Managements (SyME), z.B. als innovationspolitische Anregungen (SyIN) bzw. im Rahmen des Data Base Marketing (SyDB). Zudem können sich Nutzenpotentiale aus der synergetischen Nutzung des Systems bzw. einzelner Module aber auch in anderen Verwendungen im Absatzbereich ergeben. Hier ist insbesondere an die Möglichkeit Leistungspräsentation im indirekten Vertrieb (SyIV), multimediale Mailings mit digitalen Speichermedien (SyDM) oder die multimediale Angebotspräsentation in virtuellen Informations- bzw. Vertriebsnetzen (SyVV) zu denken. Schließlich können einzelne Module

---

[506] Vgl. Porter, M.E. (1986), S. 74.
[507] Vgl. Kap. 6.2.2.

im Rahmen der produktspezifischen Mitarbeiterschulung (SyMS) oder zur Unterstützung des technischen Kundendienstes (SyKD) eingesetzt werden.

Die kurze Erläuterung der einzelnen Wirkungspotentiale des Einsatzes von AUS entlang der Wertkette hat an dieser Stelle zunächst übersichtsartigen Charakter. Eine detaillierte Analyse der aufgezeigten Einzelwirkungen wird in den nachfolgenden Kapiteln angeschlossen. Unterscheidet man diese entlang der Wertkette aufgezeigten Vorteilspotentiale von AUS nach ihren primär auftretenden Wirkungsbereichen in unternehmensexterne, also primär marktgerichtete, und unternehmensinterne Wirkungen, so lassen sich folgende Wirkungsfelder zusammenfassen, die Gegenstand der nachfolgenden Einzelanalysen sind:

Unternehmensexterne Wirkungen, die vor allem auf die Erhöhung der wahrgenommenen Beratungsqualität abzielen:
- Erhöhung der wahrgenommenen Beratungskompetenz
- Erhöhung der Individualisierung der Beratung und Produktkonfiguration
- Erhöhung der wahrgenommenen Kundennähe durch Intensivierung der Interaktion zwischen Verkaufsberater und Nachfrager
- Reduzierung der wahrgenommenen Komplexität der Beratung und Angebotserstellung
- Erhöhung der Schnelligkeit der Beratung und Angebotserstellung sowie der Endprodukterstellung
- Vermittlung monetärer Mehrwerte für den Nachfrager
- Positive Imagewirkung

Unternehmensinterne Wirkungen:
- Rationalisierung der Prozeßabläufe in der persönlichen Verkaufsberatung
- Möglichkeit zur synergetischen Nutzung von AUS
- Reduzierung der Fehlerkosten durch Verbesserung der Qualitätssicherung

Deutlich wird an dieser Auflistung der Vorteilspotentiale der auf die zentralen Problemfelder der Vermarktung konfigurationsbedürftiger Produkte gerichtete Systemeinsatz.[508] Dabei wird nicht nur den aus den Rahmenbedingungen der persönlichen Verkaufsberatung resultierenden Rationalisierungsanforderungen Rechnung getragen. Insbesondere können die aus den spezifischen Leistungscharakteristika konfigurationsbedürftiger Produkte begründeten Problemfelder durch die Verbesserung der Beratungsqualität entschärft werden. Im Vordergrund stehen dabei die aus der Komplexität der Produktkonfiguration respektive der Erklärungsbedürftigkeit sowie dem Individualisierungsbedarf sich ergebenden Kompetenzanforderungen an den Verkaufsberater, denen durch den Einsatz von AUS besser entsprochen werden kann.

---

[508] Vgl. Kap. 3.2.

Deutlich werden durch diese Systematisierung der Einzelwirkungen allerdings auch die nicht allein auf das konkrete Einsatzfeld des Vertriebs begrenzten Nutzungs- bzw. Wirkungspotentiale computergestützter Angebotssysteme. Transparent werden damit vor allem die nicht unerheblichen Verbesserungspotentiale in bezug auf die der Leistungserstellung dienenden Primäraktivitäten sowie insbesondere die vielfältigen synergetischen Nutzungsmöglichkeiten sowohl bei den primären als auch den unterstützenden Aktivitäten. Bei einer auf die primäre Funktionserfüllung der Unterstützung von Akquisitionsberatung und Angebotserstellung reduzierten Analyse würden die Vorteilspotentiale dieser Systeme in ihrer Gesamtheit hingegen verkürzt dargestellt und die Bedeutung ihrer Implementierung unterschätzt werden.

6. **Unternehmensexterne Vorteilspotentiale des Einsatzes computergestützter Angebotssysteme**

Die nachfolgende Erarbeitung der Wirkungspotentiale soll ausgehend von der Teilleistung Akquisitionsberatung und Angebotserstellung als zentralem Einsatzfeld der untersuchten Angebotssysteme erfolgen. Diese ihrem Charakter nach eine Dienstleistung darstellende Teilleistung läßt zur umfassenden Analyse der Wirkungspotentiale von AUS zunächst eine Betrachtung entlang der zur Qualitätsbeurteilung relevanten Leistungsdimensionen
- Bereitstellungsleistung,
- Leistungserstellungsprozeß und
- Leistungsergebnis
sinnvoll erscheinen.
Der unmittelbar unter Einbeziehung des Nachfragers erfolgende Einsatz des AUS rückt den Aspekt der wahrgenommenen Kontaktqualität als eine Determinante der empfundenen Unsicherheit stärker in das Betrachtungsinteresse. Die Analyse der Wirkungspotentiale erfährt durch die Berücksichtigung der Leistungsdimensionen somit eine Erweiterung. Die grundsätzlich prozeßorientierte Perspektive wird insofern beibehalten, als nach der Diskussion der Wirkung von AUS auf die wahrgenommene Beratungskompetenz des Verkaufsberaters als potentialbezogene Zielsetzung des Systemeinsatzes, die zentralen Vorteilspotentiale im einzelnen entlang dem Ablauf einer idealtypisch angenommenen persönlichen Verkaufsberatung unter Einbeziehung der auf den gesamten Leistungserstellungsprozeß übergreifenden Aspekte analysiert werden.

Der Struktur der eingangs dargestellten Nutzenkategorisierung wird dabei insoweit gefolgt, als eine grundsätzliche Unterteilung in unternehmensexterne und unternehmensinterne Wirkungen vorgenommen wird. Letztere zielen auf die Art und Weise der Leistungserstellung innerhalb der Anbieterorganisation und liegen damit tendenziell im Bereich der Kostenreduzierungs- und Rationalisierungspotentiale.
Unternehmensexterne bzw. marktbezogene Wirkungen beziehen sich hingegen auf die durch den Nachfrager wahrgenommenen Leistungsaspekte in bezug auf Präferenzbildung und Präferenzverschiebung, die vor allem im konkreten Leistungsergebnis, aber auch in der Einbeziehung des Nachfragers in den Prozeß der Leistungserstellung zum Ausdruck kommen und insofern auf die Differenzierung von der Konkurrenz gerichtet sind. Die auf die Marktwirkung gerichteten Zielsetzungen des Einsatzes von AUS werden in diesem Zusammenhang insbesondere auch aus dem Blickwinkel des Beitrages zur Reduzierung der Nachfragerunsicherheit analysiert.

Als Ausgangspunkt der nachfolgenden Analyse der unternehmensexternen Wirkungspotentiale soll jedoch zunächst eine kurze Einordnung der AUS in das dem Markt offerierte
Leistungsspektrum aus Sicht des Anbieters erfolgen, um letztlich die Bedeutung der Systeme
als Sekundärleistungselement und Instrument zur Differenzierung vom Wettbewerb
herauszustellen.

6.1 Bedeutung von AUS als Sekundärleistung - eine grundlegende Betrachtung als Ausgangspunkt

Das Denken in Wettbewerbsvorteilen und die Orientierung an den Bedürfnissen der Nachfrager stellen zentrale Bestandteile einer marktorientierten Unternehmensführung dar. Der
Markterfolg wird vor allem durch die Fähigkeit des Angebotes eines Leistungsspektrums
bestimmt, das sich durch die im Vergleich zur Konkurrenz bessere Entsprechung der Nachfragerbedürfnisse differenziert. Dabei kommt angesichts sich zunehmend angleichender Kernleistungen dem Angebot von Sekundärleistungen[509] in Form produktbegleitender Dienstleistungen als Differenzierungsinstrument steigende Bedeutung zu,[510] da diese aufgrund ihres
hohen Individualisierungspotentials nur schwer imitiert werden können.[511] Dies gilt insbesondere für Leistungen mit stark integrativer Ausrichtung, da hier eine besondere Abstimmung auf die Kundenbedürfnisse erfolgt. Die Verlagerung der Wettbewerbsaktivitäten vom
Leistungskern auf begleitende Leistungen soll durch das Angebot von Sekundärleistungen den
Absatz der Hauptleistung insofern fördern, als die Anbieter versuchen, den Nachfragerbedürfnissen durch Sekundärleistungen insgesamt besser entsprechen zu können.[512] Als
Beispiele für Sekundärleistungen seien in Abhängigkeit von der Beschaffenheit der Kernleistung etwa die Bereitstellung oder Vermittlung von Finanzierungen, umfassende Anwender-
beratungen, Schulung des Abnehmerpersonals oder die Bereitstellung von Nachkaufservice-
angeboten (z.B. telefonische Hotline etc.) genannt.[513] Häufig wird in diesem Zusammenhang
bereits von einem Nebenleistungswettbewerb gesprochen.[514] Insbesondere gilt es, in diesem

[509] Vgl. Hammann, P. (1982), S. 151. Es wird in diesem Zusammenhang auch von Kundendienstleistungen
gesprochen. Vgl. ausführlich Rosada, M. (1990), S. 37 ff. und die dort angegebene Literatur. Eine ausführliche Diskussion zur Abgrenzung dieses Begriffes findet sich bei Hammann, P. (1974), S. 139 ff.
[510] Vgl. z.B. Masing, W. (1995), S. 248; Töpfer, A. (1996), S. 107.
[511] Vgl. Mann, A. (1995), S. 447; Töpfer, A. (1996), S. 107.
[512] Vgl. Lödel, D. (1994), S. 3; Meyer, M. (1995), Sp. 1356; Rosada, M. (1990), S. 39; Wimmer, F.; Zerr, K.
(1994), S. 223.
[513] Vgl. dazu ausführlich Mayer, R. (1993), S. 178 f. Siehe auch Wimmer, F.; Zerr, K. (1995), S. 84; Niedetzky, H.M. (1988), S. 20.
[514] Vgl. Mayer, R. (1993), S. 171; Simon, H. (1994), S. 720. Albach, H. (1989), S. 399 führt im Rahmen seiner "Theorie der industriellen Dienstleistungen" das Wachstum des tertiären Sektors in erster Linie darauf zurück, daß infolge gestiegenen Wettbewerbsdrucks die Industrieunternehmen gezwungen sind, besonders hochwertige, mit zahlreichen begleitenden Dienstleistungen angereicherte, Erzeugnisse hervor-

Zusammenhang den Nachfrager von der Vorteilhaftigkeit des eigenen Leistungsangebotes zu überzeugen. Entscheidend ist jedoch, daß dem Nachfrager relativ zum Konkurrenzangebot nicht nur tatsächliche Vorteile geboten werden, sondern diese auch als solche wahrgenommen werden.

Letztendlich müssen die Bemühungen des Anbieters darauf gerichtet sein, die im Zusammenhang mit der Kaufentscheidung entstehenden Unsicherheiten des Nachfragers über die Alternativenauswahl zu Gunsten des eigenen Problemlösungsangebotes zu reduzieren. Je weniger eine Leistung vor dem Vertragsabschluß in bezug auf ihre unterschiedlichen Qualitätsdimensionen beurteilt werden kann, desto größer ist die mit deren Beschaffung verbundene Unsicherheit. Die im Rahmen der hier betrachteten konfigurationsbedürftigen Leistungen im Vordergrund stehenden Erfahrungs- und Vertrauenseigenschaften[515] lassen diesem Aspekt nicht unerhebliche Bedeutung für die Kaufentscheidung zukommen. Da die spezifische Kernleistung zum Zeitpunkt des Vertragsabschlusses insofern kaum zur Unsicherheitsreduzierung des Nachfragers beitragen kann, wird diese Aufgabe in den Bereich der Sekundärleistungen verlagert. Der Einsatz von AUS bietet hier wesentliche Ansatzpunkte. Die Ausführungen werden zeigen, daß der Differenzierungsbeitrag computergestützter Angebotssysteme vor allem im Bereich der Reduzierung von Beschaffungsunsicherheiten des Nachfragers liegt. Der Bedeutung dieser zusätzlichen Leistung im Rahmen der Akquisitionsberatung entsprechend und aufgrund der zunehmenden Relevanz von Sekundärleistungen zur Erzielung von Wettbewerbsvorteilen soll der Einsatz von AUS zunächst vor dem Hintergrund einer Typologisierung nach der Leistungsart beleuchtet werden.

Folgt man der Typologisierung von *Hammann*, kann das Leistungsspektrum eines Unternehmens unterteilt werden in Primär- bzw. Hauptleistungen, Sekundärleistungen und Sonderleistungen[516] (siehe Abb. 11). Unter Hauptleistung wird derjenige Teil des Leistungsspektrums verstanden, der in der Bereitstellung von Gütern und/oder Diensten besteht und als eigenständige Absatzleistung erbracht wird.[517] Beziehen sich die erbrachten Leistungen jedoch auf eine Primär- oder Hauptleistung, handelt es sich um Sekundärleistungen, zu denen wiederum *Vorleistungen*, *Nebenleistungen* und *Folgeleistungen* gehören.[518]

---

zubringen. Der Fokus des Interesses gilt dabei allerdings den Anbietern von Primärdienstleistungen, die die genannten Funktionen erfüllen und von den Industriegüteranbietern fremdbezogen werden müssen.

[515] Vgl. Kap. 2.3.1.
[516] Vgl. Hammann, P. (1974), S. 141.
[517] Vgl. Mayer, R. (1993), S. 31.
[518] Vgl. dazu und zu folgendem Hammann, P. (1974), S. 136 ff.

116

Vorleistungen stellen die Voraussetzungen der Hauptleistungen dar. Sie können bzw. müssen aus Sicht des Nachfragers vor der Erbringung der Hauptleistung erwartet werden (z.B. reine Angebotserstellung). Diese obligatorischen Leistungen (Mußleistungen) bilden die Voraussetzung dafür, daß der Anbieter überhaupt in die Kaufentscheidungsfindung des Nachfragers einbezogen wird.[519]

Nebenleistungen hingegen beinhalten zum einen Zusatzleistungen, die der Schaffung der Gebrauchs- und Verwendungsfähigkeit dienen (z.B. Anlieferungs- und Montageleistungen) und im Sinne einer Soll-Sekundärleistung[520] vom Nachfrager erwartet werden können, sofern hierauf nicht ohnehin ein Anspruch besteht. *Nebenleistungen i. e. S.* können dagegen als Kann-Sekundärleistungen[521] von den Unternehmen freiwillig erbracht werden. Solche fakultativen Dienstleistungen sind zwar zur Vermarktung des Produktes nicht zwingend notwendig, haben aber oftmals kaufscheidende Bedeutung,[522] da sie weder vom Abnehmer erwartet werden können noch aufgrund ihres freiwilligen Charakters nicht unbedingt von der Konkurrenz angeboten werden.[523] Diesen Leistungen kommt im Rahmen der Vorkaufphase bei zum Zeitpunkt des Vertragsabschlusses noch nicht existierenden Leistungen erhebliche Kaufentscheidungsrelevanz zu, da sie ein Potential zur Vertrauensbildung beinhalten und damit die mit der Kaufentscheidung verbundene Unsicherheit erheblich reduzieren können.[524] Die zur Erhaltung der Verwendungsfähigkeit notwendigen *Folgeleistungen* (z.B. Reparatur bzw. Wartungsleistungen) können dagegen wiederum vom Kunden erwartet werden. *Sonderleistungen* hingegen erfolgen auf freiwilliger Basis und stehen mit dem Aufgabenbereich der Unternehmung nur peripher in Verbindung.[525]

---

[519] Vgl. Engelhardt, W.H.; Reckenfelderbäumer, M. (1993), S. 267; Wimmer, F.; Zerr, K. (1995), S. 84.

[520] Vgl. Mayer, R. (1993), S. 175; Wimmer, F.; Zerr, K: (1995), S. 84.

[521] Vgl. Mann, A. (1995), S. 453; Mayer, R. (1993), S. 176.

[522] Vgl. Engelhardt, W.H.; Reckenfelderbäumer, M. (1993), S. 267; Hammann, P. (1974), S. 144; Mayer, R. (1993), S. 176. Dabei sei darauf hingewiesen, daß unter dynamischer Betrachtung eine Kann-Sekundärleistung sich im Zeitablauf als Branchenstandard etablieren und damit zu einer Soll-Sekundärleistung wandeln kann, deren Erbringung zur Vermeidung von Wettbewerbsnachteilen notwendig ist. Ebenso ist die Entwicklung einer Soll-Sekundärleistung zu einer Primärleistung denkbar. Vgl. Mann, A. (1995), S. 453.

[523] Vgl. Mann, A. (1995), S. 453.

[524] Vgl. Wimmer, F.; Zerr, K. (1995), S. 84.

[525] Vgl. Hammann, P. (1974), S. 137. Eine ähnliche Typologisierung findet sich z.B. bei Chisnall, P.M. (1985), S. 50, der nach dem Kriterium der Vermarktungsfähigkeit zwischen dem nicht selbständig vermarktungsfähigen Produktkern (Core Product), einem zur Gewährleistung der Vermarktungsfähigkeit mit Dienstleistungen angereicherten minimalen Leistungsbündel (Formal Product) und einem differenzierungsfähigen Leistungsbündel (Augmented Product) unterscheidet. Vgl. zu einer ähnlichen Kategorisierung auch Levitt, T. (1980), S. 84 ff.; Homburg, C.; Garbe, B. (1996b), S. 261 greifen die genannten Aspekte in ihrer Typologisierung industrieller Dienstleistungen ebenso auf, indem sie in Primärdienstleistungen und Sekundärdienstleistungen unterscheiden und letztere wiederum in obligatorische und freiwillige Leistungen trennen.

Nachstehende Abbildung faßt diese Typologisierung unter Einbeziehung des Einsatzes von AUS noch einmal zusammen. Im Zusammenhang mit dem hier zu untersuchenden Sekundärleistungscharakter des Einsatzes von AUS ist in diesem Kontext eine Erweiterung zur differenzierten Darstellung der Anknüpfungspunkte des AUS notwendig.[526]

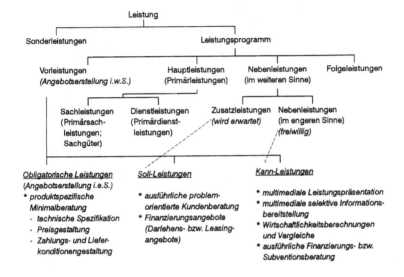

Abb. 10: Überblick über die Leistungsarten unter Berücksichtigung des Einsatzes von AUS

Quelle: In Anlehnung an Hammann, P. (1974), S. 137.

Stellt die Angebotserstellung i.e.S. eine zur Vermarktung des Produktes notwendige Teilleistung dar,[527] so hat hingegen die Bereitstellung des Funktionspotentials von AUS durchaus den Charakter freiwilliger Sekundärleistungen, die zudem aus Kostengründen vielfach durch den Computereinsatz überhaupt erst angeboten werden können.[528] Ordnet man nun den Ein-

---

[526] Es sei darauf hingewiesen, daß dem persönlichen Verkauf nicht nur Bedeutung als externe, auf den Markt gerichtete, Dienstleistungserstellung zukommt, die hier im Zentrum der Betrachtung steht. So kann etwa die Auftragserfassung und Datenweiterleitung an die Instanzen der Auftragsabwicklung im Unternehmen durchaus als interne Dienstleistung im Sinne eines "workflow services" verstanden werden. Zu einer funktionalen Untergliederung interner Dienstleistungen vgl. Stauss, B. (1995), S. 65 ff.

[527] Vgl. Hammann, P. (1974), S. 136 ff.; Homburg, C.; Garbe, B. (1996a), S. 69.

[528] Hinsichtlich der an EPK gestellten Anforderungen bezüglich des Zusatznutzens gegenüber konventioneller Leistungspräsentation und Angebotserstellung gaben im Rahmen einer empirischen Untersuchung im Investitionsgüterbereich 97% der Befragten den Wunsch nach Retrieval-Funktionen als Selektionshilfen zum unmittelbaren Auffinden der geeigneten Komponenten bzw. Produkte an. Vgl. Hermanns, A.; Flory, M. (1995b), S. 399.

satz von AUS im Rahmen der Akquisitionsberatung in diese Klassifikation ein, so handelt es sich um eine die Angebotserstellung i.e.S. ergänzende Kann-Sekundärleistung im Rahmen der Vorleistungen. Hier stellen zunächst die Bereitstellung leistungsspezifischer Informationen im Sinne einer Minimalberatung in begrenztem Umfang, die technische Spezifikation, die Preisermittlung und die Konditionenfestlegung zum Produktabsatz von jedem Anbieter notwendigerweise zu erbringende unverzichtbare Leistungen dar. In vielen Branchen werden zur Vermeidung von Wettbewerbsnachteilen allerdings weitere Leistungen, wie vor allem eine ausführliche problembezogene Analyse der Nachfragersituation und Finanzierungsleistungen[529] in Form von Kredit- oder Leasingangeboten, als notwendig angesehen und ergänzend angeboten (Soll-Leistungen). Die durch den Einsatz von AUS mögliche differenzierte Bedarfsanalyse, die multimediale Leistungspräsentation, die selektive multimediale Informationsbereitstellung, die Durchführung von technischen bzw. wirtschaftlichen Alternativenvergleichen oder ausführliche individuelle Finanzierungs- und Subventionsberatungsleistungen mit Vorteilhaftigkeitsvergleichen stellen dem Charakter nach darüber hinausgehende Ausweitungen freiwilliger Beratungsleistungen in der Vorkaufphase dar,[530] die erhebliche Vorteile in bezug auf die Unsicherheitsreduzierung gegenüber der konventionellen Vorgehensweise beinhalten und durch den Nachfrager auch unmittelbar wahrgenommen werden können.[531]

Erfolgte im Rahmen der konventionellen Kundenberatung bereits eine Analyse der nachfragerspezifischen Problemsituation, so stellt die elektronische Bedarfsanalyse vor allem auch in Verbindung mit der automatischen Generierung nach dem Problemlösungsgrad möglicherweise sogar ranggeordneter Vorschläge alternativer Basislösungen eine freiwillige Ergänzungsleistung dar. Im Zuge der weiteren produkttechnischen Beratung beinhaltet z.B. eine umfassende und detaillierte multimediale leistungsspezifische Informationspräsentation oder eine durchgeführte Bedarfsanalyse durchaus einen Vorteil für den Nachfrager, wenn hierdurch

---

[529] Vgl. Steppan, G. (1990a), S. 121. In diesem Zusammenhang stellt sich ebenfalls die Frage nach dem Leistungscharakter von Finanzierungsleistungen. Da diese oftmals nicht vom Anbieter selbst, sondern von einem dritten Unternehmen, etwa einer auf Absatzfinanzierungen spezialisierten Gesellschaft unter einem Konzerndach erbracht werden und insofern nicht zum originären Leistungsprogramm des Anbieters zählen, erscheint zunächst eine Einordnung als Sonderleistung erwägenswert. Homburg, C.; Garbe, B. (1996a), S. 69 unterstützen diese Argumentation, wenn sie im Zusammenhang mit produktbegleitenden Finanzdienstleistungen auch von *Primär*dienstleistungen sprechen. Andererseits zählt die im Kern ebenso eine Finanzierungsleistung beinhaltende Gewährung von Zahlungszielen zur Konditionengestaltung und fällt damit in den Bereich der Sekundärleistung Vorleistung. Vgl. Hammann, P. (1974), S. 137 f. Für eine Einordnung als Sekundärleistung spricht darüber hinaus, daß Finanzierungsleistungen oftmals erst die Verwendungsfähigkeit der Kernleistung in dem Sinne ermöglichen, als ohne die Kreditinanspruchnahme deren Anschaffung gar nicht möglich wäre.

[530] Vgl. Belz, C.; Bircher, B. (1991), S. 65; Mayer, R. (1993), S. 184; Hermanns, A.; Flegel, V. (1989), S. 92.

[531] Holzapfel, M. (1992), S. 140 weist in diesem Kontext auf die Möglichkeit der Veräußerung der durch den Einsatz wissensbasierter Systeme erstellter spezialisierter Beratungsleistungen im Kreditdienstleistungssektor hin.

seine Entscheidungsfindung im Hinblick auf die zur Lösung seiner vorliegenden Problemstellung geeigneten Leistungsangebote verbessert und damit die Unsicherheit in bezug auf die Auswahl einer suboptimalen Problemlösung verringert werden kann. Differenzierte technische Vergleichsanalysen der offerierten Produktalternativen wirken hier gleichgerichtet. Ähnliches gilt für die computergestützte differenzierte wirtschaftliche Vergleichsanalyse, die gegenüber der vergleichsweise unpräzisen Abschätzung der mit der Beschaffungsinvestition verbundenen Nutzungskosten eine erhebliche Leistungserweiterung beinhaltet. Schließlich kann durch die Rechnerunterstützung der Finanzierungs- und Subventionsberatung eine weit differenziertere Betrachtung der Materie und die Berücksichtigung von weitaus mehr Alternativen bei der Entwicklung eines Finanzierungsangebotes und Abstimmung individuell beanspruchbarer Fördermittelpakete erreicht werden als im Rahmen der konventionellen Vorgehensweise.

Anschließend an diese Ausgangsbetrachtung werden nun die Implikationen des Einsatzes von AUS auf die für die Wahrnehmung der Qualität der Teilleistung Akquisitionsberatung und Angebotserstellung relevanten Leistungsdimensionen erörtert, bevor die Analyse der daran ansetzenden konkreten Zielsetzungen des Systemeinsatzes erfolgt. Dabei kommt aufgrund der in unmittelbarer Anwesenheit des Nachfragers erfolgenden Leistungserstellung der wahrgenommenen Kontaktqualität besondere Bedeutung zu.

6.2 Leistungsdimensionenbezogene Implikationen des Einsatzes von AUS unter Berücksichtigung der Reduzierung von Nachfragerunsicherheit

"Qualität ist die Beschaffenheit einer Einheit bezüglich ihrer Eignung, festgelegte oder vorausgesetzte Erfordernisse zu erfüllen."[532] Bezieht man diese Qualitätsdefinition des Deutschen Institutes für Normung e.V. auf die Beratungsqualität, so macht sowohl die Leistungserstellung unmittelbar an der Schnittstelle zum Markt als auch der hier im Vordergrund des Interesses stehende Aspekt der Reduzierung der Unsicherheit des Nachfragers eine Betrachtung des Qualitätsverständnisses aus Sicht des Nachfragers notwendig.[533] Entscheidend für die Qualitätsbeurteilung ist demnach die subjektive, individuell differierende Wahrnehmung der Leistungseigenschaften durch die Nachfrager in bezug auf die Befriedi-

---

[532] Bruhn, M. (1995b), S. 23, im Original aus Deutsches Institut für Normung e.V., DIN 53350, Teil II, S. 3. Siehe auch Plötner, O.; Jacob, F. (1996), S. 59; Scharnbacher, K.; Kiefer, G. (1996), S. 26.
[533] Dies bedeutet dabei nicht, daß das Qualitätsverständnis in bezug auf die Leistungserstellung aus Sicht einer marktorientierten Unternehmensführung nicht generell aus Kundenperspektive erfolgen sollte, sondern dient vielmehr zur Verdeutlichung der später zu diskutierenden, auf die Qualität der Prozesse der internen Auftragsabwicklung bezogenen Implikationen des Einsatz von AUS.

120

gung ihrer spezifischen Bedürfnisse.[534] Beurteilt werden nicht nur die technisch-funktionalen Eigenschaften des Produktes, sondern alle im Hinblick auf die Erfüllung des zugedachten Verwendungszweckes relevanten Aspekte des Leistungsbündels.[535] Die Determinanten der subjektiven Qualitätsbeurteilung bestehen demgemäß letztendlich im Anforderungsprofil des Nachfragers in bezug auf den vorgesehenen Verwendungszweck der Leistung. In diesem Zusammenhang erfolgt zum einen eine selektive Qualitätsbeurteilung, die sich vor allem auf die subjektiv als kaufentscheidend erachteten Aspekte bezieht. Relevant ist jedoch nicht nur die absolute Qualitätswahrnehmung, sondern die Beurteilung der relevanten Eigenschaften im Vergleich zur Konkurrenz.[536] Gleichfalls wird ebenso deutlich, daß die Betonung des markt-orientierten Qualitätsverständnisses ein anbieterorientiertes, auf die Vorgabe der Einhaltung bestimmter Qualitätsstandards der Leistungserstellung gerichtetes Qualitätsverständnis ein-schließt, da letztendlich die Qualität der Prozesse und die spezifischen Merkmale des geschaffenen Leistungsergebnisses die Qualitätswahrnehmung des Nachfragers nicht unerheblich beeinflussen.[537] Der nachfragerorientierte Qualitätsbegriff stellt insofern den Ausgangspunkt der Umsetzung in eine anbieterorientierte Qualitätsauffassung dar.[538]

Der wahrgenommenen Qualität der Akquisitionsberatung und Angebotserstellung kommt insofern besondere Bedeutung zu, als durch die in diesem Teilleistungsprozeß erfolgende Leistungskonfiguration die Problemlösungseignung und damit die Qualität des letztendlich nachgefragten Endproduktes entscheidend determiniert wird. Die Analyse der Qualität der Akquisitionsberatung weist darüber hinaus die Besonderheit auf, daß es sich bei der Teillei-stung Beratung bzw. Angebotserstellung um eine Leistung handelt, die aufgrund der unmit-telbaren und intensiven Einbeziehung des Nachfragers den Aspekt der wahrgenommenen Kontaktqualität als Maßstab der Beurteilung der Leistungsqualität[539] in den Vordergrund rückt.[540] Die letztendlich beabsichtigte Wirkung der Reduzierung der Unsicherheit des Nach-

---

[534] Vgl. Arnold, A. (1996), S. 150; Bruhn, M. (1995b), S. 24; Büker, B. (1991), S. 14; Freiling, J. (1994), S. 11 f.; Jacob, F. (1995), S. 104; Scharnbacher, K.; Kiefer, G. (1996), S. 28 f.; Stauss, B.; Hentschel, B. (1991), S. 238; Zollner, G. (1995), S. 49.
[535] Vgl. Arnold, A. (1996), S. 150; Jacob, F. (1995), S. 104; Scharnbacher, K.; Kiefer, G. (1996), S. 29 f.; Töpfer, A. (1995), S. 554.
[536] Vgl. Engelhardt, W.H.; Schütz, P. (1991), S. 395; Freiling, J. (1994), S. 12 f.; Scharnbacher, K.; Kiefer, G. (1996), S. 28.
[537] In diesem Zusammenhang wird auch von einem teleologischen Qualitätsverständnis gesprochen, bei dem aus den subjektiven Bedarfsanforderungen des Nachfragers ein objektiver Maßstab für die Qualitäts-gestaltung des Anbieters abgeleitet wird. Vgl. Engelhardt, W.H. (1974), Sp. 1799 ff. Siehe auch Scharnba-cher, K.; Kiefer, G. (1996), S. 27.
[538] Vgl. Stauss, B.; Hentschel, B. (1991), S. 239. Die Diskussion des Beitrages von AUS zu einem umfassen-den Qualitätsmanagement erfolgt in Kap. 7.4.
[539] Vgl. z.B. Bruhn, M. (1995c), S. 28.
[540] Vgl. Zeithaml, V. A. u.a. (1996), S. 31 ff., die in einer empirischen Untersuchung signifikante Wirkun-gen der wahrgenommenen Dienstleistungsqualität auf die Kaufverhaltensabsichten der Befragten fest-stellten.

fragers in bezug auf die Problemlösungseignung des Leistungsangebotes ergibt sich schließlich aus der Bedeutung von Informationsdefiziten als zentraler Ursache von Unsicherheiten[541] und dem Charakter und der Zielsetzung der persönlichen Verkaufsberatung. Die Informationsvermittlung an die schlechter informierte Seite stellt somit ein wesentliches Element der Unsicherheitsreduzierung in Kaufprozessen[542] und insofern auch ein zentrales Beurteilungskriterium der wahrgenommenen Kontaktqualität der persönlichen Verkaufsberatung dar. Die Bedeutung des auf die Problemanalyse, die Bereitstellung leistungsspezifischer Informationen und die Entwicklung adäquater Lösungsvorschläge ausgerichteten persönlichen Verkaufskontaktes bei konfigurationsbedürftigen Leistungen zum Abbau von Nachfragerunsicherheiten wird hier unmittelbar einsichtig.

Allerdings darf in diesem Zusammenhang keine isolierte Betrachtung des Beratungsprozesses erfolgen, da dieser in den Prozeß der gesamten Leistungserstellung (Auftragsvergabe vorausgesetzt) eingebunden ist und durch die Konfiguration des Leistungsergebnisses bereits in der Akquisitionsphase der spätere Prozeß der physischen Leistungserstellung und damit das Endprodukt als endgültiges Leistungsergebnis entscheidend beeinflußt werden. Zudem stellen AUS ebenso wie die durch ihren Einsatz primär tangierte Leistungsfähigkeit der Verkaufsberater Potentiale der Leistungserstellung dar. Vor einer detaillierten Erörterung der Wirkungspotentiale des Einsatzes computergestützter Angebotssysteme in der persönlichen Verkaufsberatung im einzelnen sollten also zunächst die generellen Implikationen auf die Dimensionen der Leistung, -Bereitstellungsleistung, Leistungserstellungsprozesse und Leistungsergebnis-[543], analysiert werden.

Löst man die im Rahmen des Akquisitionskontaktes erbrachten Leistungen zunächst als Teilleistung aus dem gesamten Leistungserstellungsprozeß heraus, so läßt sich die in der Regel integriert erfolgende Beratung und Angebotserstellung als eigenständige Dienstleistung betrachten. Ohne die konstitutiven Elemente von Dienstleistungen hier im einzelnen zu thematisieren[544] oder die Diskussion oder deren Eignung zur Abgrenzung von Sachleistungen bzw. sachleistungszentrierten Leistungsbündeln zu vertiefen,[545] sei in bezug auf das Charakteristikum des vor der Leistungserstellung erfolgenden Absatzes auf die Besonderheit der

---

[541] Vgl. Kap. 2.3.
[542] Vgl. z.B. Kroeber-Riel, W. (1992b), S. 262; Weiber, R.; Adler, J. (1995), S. 60.
[543] Vgl. dazu und zu folgendem Engelhardt, W.H. u.a. (1993), S. 398. Vgl. auch Bruhn, M. (1995b), S. 25; Meyer, A. (1991), S. 198 f.
[544] Vgl. dazu etwa Kühnapfel, J.B. (1995), S. 24 ff.; Mösslang, A.M. (1995), S. 12.
[545] Vgl. z.B. Engelhardt, W.H. u.a. (1993), S. 348 ff.; Mösslang, A.M. (1995), S. 20 f.

fehlenden direkten Gegenleistung hingewiesen.[546] Es handelt sich zwar um eine eigenständige nutzenstiftende Beratungsleistung, die aber aufgrund ihrer Intention der Erzielung des Kaufvertragsabschlusses der gesamten Leistungserstellung untergeordnet ist und allenfalls indirekt über den Endprodukterlös ihre Gegenleistung finden kann. Anders als vertraglich zu vereinbarende und noch eher direkt zu entgeltende kernleistungsbegleitende Sekundärleistungen kann für notwendig zu erbringende Vorleistungen[547] keine Gegenleistung eingefordert werden, obwohl sowohl in bezug auf das erstellte Angebot als auch bereits durch anwenderspezifische Beratungsleistungen zur späteren konkreten Leistungsnutzung dem Nachfrager eindeutige Nutzenelemente bereitgestellt werden, das Gesamtleistungsbündel also angereichert wird.[548]

Der Dienstleistungscharakter der Beratung und Angebotserstellung läßt damit in bezug auf die Implikationen des Einsatzes von AUS hinsichtlich der Wahrnehmung der Kontaktqualität durch den Nachfrager die Analyse auf allen drei Leistungsebenen sinnvoll erscheinen.[549] Entscheidend für die Beurteilung der Kontaktqualität erscheint dabei vor allem die subjektiv wahrgenommene Qualität, die im Verhältnis zu den an die Leistung gestellten Erwartungen bewertet wird.[550] Im Rahmen der unterschiedlichen Ansätze zur Messung der Dienstleistungsqualität[551] kommt dieser Gedanke vor allem im "GAP-Modell" der Dienstleistungsqualität der Autorengruppe *Parasuraman/Zeithaml/Berry* zum Ausdruck. Identifiziert werden unterschiedliche Diskrepanzen bei der Erstellung von Dienstleistungen, die sich letztendlich in der Diskrepanz zwischen den Nachfragererwartungen und der tatsächlich wahrgenommenen Leistung konkretisieren.[552] Als zentrale Qualitätsdimensionen der Leistungssphäre des Anbieters wurden fünf Aspekte ermittelt:[553]

- Annehmlichkeit des tangiblen Umfeldes (als Gesamtheit des physischen Umfeldes) einer Dienstleistung,
- Verläßlichkeit, als Fähigkeit, zugesagte Leistungen zuverlässig und spezifikationsgemäß zu erbringen,

---

[546] Selbst im Großanlagengeschäft ist für die personalkostenintensive Akquisitionsphase (z.B. Anfertigung von Feasibility-Studien) eine Gegenleistung am Markt vielfach nicht durchsetzbar. Vgl. Engelhardt, W.H.; Günter, B. (1981), S. 121 f.

[547] Vgl. dazu ausführlicher Kap. 6.1.

[548] Vgl. dazu die Ausführungen zur Verhaltensunsicherheit des Anbieters in Kap. 2.3.2.

[549] Vgl. Homburg, C.; Garbe, B. (1996), S .73; Stauss, B.; Hentschel, B. (1991), S. 239.

[550] Vgl. Berry, L.L. u.a. (1990), S. 29; Büker, B. (1991), S. 14; Parasuraman, A. u.a. (1988), S. 15. Vgl. weiterhin die Ausführungen zu Beginn dieses Kapitels.

[551] Vgl. z.B. Büker, B. (1991), S. 46 ff.

[552] Vgl. dazu Zeithaml, V.A. u.a. (1995), S. 133 ff.

[553] Vgl. Parasuraman, A. u.a. (1988), S. 12 ff. Die Bedeutung der Qualitätsdimensionen liegt dabei vor allem in ihrem strukturierenden Charakter. Zur konkreten Erfassung der wahrgenommenen Qualitätselemente ist eine entsprechende Operationalisierung über weniger abstrakte, unmittelbar meßbare Variablen notwendig.

- Reagibilität, als Bereitschaft und Schnelligkeit bezüglich der Lösung des Nachfragerproblems,

- Leistungskompetenz, als das Wissen und die Vertrauenswürdigkeit des Anbieters,

- Einfühlungsvermögen, als die Bereitschaft, sich um die individuellen Wünsche des einzelnen Kunden zu kümmern.

Die Qualität der Leistung kann solange als zufriedenstellend angenommen werden, wie das vom Nachfrager hinsichtlich der einzelnen Leistungsdimensionen erwartete Niveau zumindest nicht unterschritten wird.[554] Besondere Bedeutung wird hier vor allem dem an die Leistung gestellten Problemlösungsanspruch und damit der wahrgenommenen Problemlösungseignung der Leistung zukommen, da die zugrunde liegende Mangelsituation der ausschlaggebende Faktor zu Kontaktierung des Anbieters war. In diesem Sinne soll nachfolgend, ausgehend von der Zielsetzung einer möglichst bedarfsgerechten Beratung und Entwicklung von Problemlösungsvorschlägen, die Beurteilung der Wirkungspotentiale des AUS an den genannten Leistungsdimensionen als Determinanten der Qualitätsbeurteilung der persönlichen Verkaufsberatung vorgenommen werden.[555]

Die *Bereitstellungsleistung* bezieht sich auf die Kombination der internen Potentialfaktoren und Verbrauchsfaktoren, die als Fähigkeit und Bereitschaft zur Durchführung von Tätigkeiten die Voraussetzung der Leistungserstellung darstellt.[556] Die wahrgenommene Potentialqualität betrifft bei der hier betrachteten Verkaufsberatung zum einen das vor allem in bezug auf Auftreten und Verhalten, Qualifikation und zuerkannte Fähigkeiten bewertete Beratungspersonal als personelle Komponente. Die der zur Leistungserstellung eingesetzten technischen Ausstattung zugemessene Leistungsfähigkeit bezieht sich auf die infrastrukurelle Komponente.[557] Der Einsatz von AUS stellt in diesem Zusammenhang nicht nur ein Element des technisches Leistungspotentiales im Sinne des tangiblen Umfeldes der Leistungserstellung dar, sondern wirkt zudem auf die Wahrnehmung der Personalqualität, da das durch das System verfügbare detail- und problemlösungsspezifische Wissen unmittelbar zu einer Erhöhung der tatsächlichen und wahrgenommenen Fach- und Problemlösungskompetenz des

---

[554] Vgl. Mösslang, A.M. (1995), S. 157.

[555] Meyer, A.; Westerbarkey, P. (1995), S. 88 sprechen in diesem Zusammenhang von "Subqualitäten", die sie um die hier im Zusammenhang mit der Integration externer Faktoren in den Leistungserstellungsprozeß integriert behandelte "Potentialqualität der Nachfrager" erweitern. Vgl. auch Bruhn, M. (1995b), S. 27.

[556] Vgl. Engelhardt, W.H. u.a. (1993), S. 398; Meyer, A.; Westerbarkey, P. (1995), S. 91 f.

[557] Vgl. z.B. Meyer, A.; Westerbarkey, P. (1995), S. 88. Auf die große Bedeutung dieser Aspekte weisen Berry, L.L. u.a. (1990), S. 29 ff. hin, die in einer branchenübergreifenden Untersuchung über die relevanten Dimensionen der Beurteilung der Dienstleistungsqualität die als "tangibles" bezeichnete Erscheinung und Annehmlichkeiten des Umfeldes einschließlich Personal und Kommunikationseinrichtungen als Determinanten der wahrgenommenen Qualität identifizieren konnten.

Verkaufsberaters im Sinne der Dimension Leistungskompetenz als Indikator der Potentialqualität des Faktors Personal beitragen kann. Die Unsicherheit des Nachfragers über die Problemlösungsfähigkeit des kontaktierten Anbieters dürfte dadurch tendenziell reduziert werden. AUS stellen aus potentialorientierter Sicht damit ein Instrument zur Sicherung und Erhöhung der Qualität der Leistungsbereitschaft dar, deren Wirkung hier unter dem Aspekt der Erhöhung der wahrgenommenen Beratungskompetenz im nachfolgenden Kapitel erörtert wird.

Der *Leistungserstellungsprozeß* entsteht durch die Aktivierung der Potentialfaktoren, die zu einer Kombination interner und gegebenenfalls externer Faktoren im Produktionsprozeß führt.[558] Maßgebliche Bedeutung für die Wahrnehmung der Prozeßqualität kommt im Rahmen der Interaktion zwischen Verkaufsberater und Nachfrager vor allem der Art und Weise der Integration der externen Faktoren zu.[559] Das die wahrgenommene Prozeßqualität der persönlichen Verkaufsberatung determinierende Wechselspiel zwischen Verkaufsberater und Nachfrager erfordert Integrationspotentiale, die eine möglichst effiziente und effektive Abstimmung der internen und externen Faktoren in bezug auf eine problemadäquate Leistungserstellung ermöglichen.[560] Hier gilt es angesichts der notwendigen intensiven Einbeziehung externer Faktoren in Form bedarfsspezifischer Informationen und des zwar grob abschätzbaren, aber nicht exakt vorhersehbaren Interaktionsverlaufs, flexibel auf die Leistungsanforderungen des Nachfragers reagieren zu können. Die der Beschaffung konfigurationsbedürftiger Leistungen vielfach zugrunde liegende Komplexität erfordert zudem Möglichkeiten, die eine möglichst differenzierte Artikulation der konkreten Anforderungen des Nachfragers an das verfügbare Leistungsangebot auf den unterschiedlichen Konfigurationsstufen der Kernleistung und im Rahmen der gewünschten Zusatzleistungen unterstützen. Zur Vermeidung von Verständnisproblemen sollte in diesem Zusammenhang auch eine möglichst unmittelbare Erfüllung der Informationswünsche des Beratenen möglich sein. In diesem Kontext gilt es, die Integration externer Faktoren durch Interaktionspotentiale zur aktiven Mitwirkung des Nachfragers zu fördern[561] und gleichzeitig diesem die Entscheidungsfindung zu erleichtern. Kann in diesem Zusammenhang einerseits die vollständige Erfassung der spezifischen Problemsituation gewährleistet und andererseits den Leistungsanforderungen und Informations-

---

[558] Vgl. Engelhardt, W.H. u.a. (1993), S. 398.
[559] Vgl. Bruhn, M. (1995), S. 28; Mösslang, A.M. (1995), S. 151 f. Vgl. auch Berry, L.L. u.a. (1990), S. 29 ff. die in ihrer empirischen Untersuchung die als "empathy" bezeichnete Bereitschaft, sich individuell um den Nachfrager zu kümmern als eine zentrale Dimension der Beurteilung der Dienstleistungsqualität ermittelten. Auf die konkreten Implikationen von AUS im Zusammenhang mit der aus der Integrativität resultierenden Problematik im persönlichen Verkaufskontakt wird in Kap. 6.2.2.1 eingegangen.
[560] Vgl. Meyer, A.; Westerbarkey, P. (1995), S. 89.
[561] Vgl. Bruhn, M. (1995), S. 28.

bedürfnissen des Nachfragers entsprochen werden, trägt auch die wahrgenommene Prozeß-qualität nicht unerheblich zur Reduzierung der Unsicherheit bei.

Das *Leistungsergebnis* beinhaltet schließlich das auf einen Nutzen für den Nachfrager zielen-de Resultat der Kombination der internen und externen Faktoren im Leistungserstellungspro-zeß.[562] Dieses bezieht sich im hier betrachteten Kontext auf das die Interaktionsprozesse zwi-schen Verkaufsberater und Nachfrager zusammenfassende konkrete Problemlösungsangebot als letztendliche Zielsetzung und unmittelbaren Beleg der erfolgten Abstimmung zwischen den internen und externen Faktoren. Bei suboptimal empfundenem Ergebnis kann erneut ein Abstimmungsprozeß, etwa im Rahmen eines weiteren Beratungskontaktes, in Gang gesetzt werden. Die wahrgenommene Qualität des erstellten Angebotes wird dabei zum einen durch das verfügbare anbieterspezifische Produktangebot bestimmt. Die bereits angedeutete enge Kopplung der Qualitätsbeurteilung an die Wahrnehmung der Prozeßdimension kommt darin zum Ausdruck, daß vor allem die Integration der bereitgestellten problemspezifischen In-formationen des Nachfragers und deren Umsetzung in den spezifischen Problemlösungsvor-schlag im Zuge des Beratungs- und Angebotserstellungsprozesses schließlich die wahrge-nommene Qualität des Ergebnisses der Beratung und Angebotserstellung bestimmt. Die Be-deutung eines individuellen, auf die spezifische Bedarfssituation gerichteten Problemlösungs-angebotes für die Reduzierung der wahrgenommenen Unsicherheit des Nachfragers wird wiederum unmittelbar einsichtig.

Der persönliche Beratungskontakt weist zum anderen eine enge Verbindung zwischen der Prozeß- und Ergebnisebene auf,[563] da aufgrund des möglichen Abbruchs und Fortführung des Beratungsprozesses zu einem späteren Zeitpunkt jeder Teilprozeß der Akquisitionsberatung Ergebnischarakter erhält. Erweitert man zudem die Perspektive über die hier im Betrach-tungsmittelpunkt stehende Teilleistung der Beratung und Angebotserstellung auf den gesam-ten Leistungserstellungsprozeß, so bestimmt die Qualität des unmittelbaren Ergebnisses An-gebot aufgrund der durch die Leistungskonfiguration erfolgende Parameterbestimmung ebenfalls die Problemlösungseignung des nachgefragten Endproduktes nicht unerheblich.

Wie in den nachfolgenden Kapiteln detailliert erläutert, können AUS die an den Beratungs-kontakt gestellten prozeß- und ergebnisbezogenen Anforderungen insofern unterstützen, als durch den verfügbaren Informationspool und selektiven Informationszugriff sowie die exper-tensystembasierte Beratungsfunktionalität die wissensbezogene Prozeßflexibilität im Sinne der Beurteilungsdimension Reagibilität und der Einbeziehung nachfragerindividueller Wünsche

---

[562] Vgl. Engelhardt, W.H. u.a. (1993), S. 398.
[563] Zur vielfach engen Verbindung zwischen Prozeß- und Ergebnisdimension vgl. auch Mösslang, A.M. (1995), S. 13. Siehe auch Woratschek, H. (1996), S. 65.

erhöht werden kann. Anwendungen der Bedarfsanalyse fördern hier die konkrete Erörterung der Problemsituation, die durch die hypermediale Informationsorganisation und multimediale Informationspräsentation zur Analyse detailspezifischer Problemstellungen mittels anschaulicher und verständlicher Informationsbereitstellung unterstützt werden. Auf der Ebene des materiellen Trägermediums können die die schriftliche Spezifikation der produkttechnischen Details ergänzenden Graphik- oder Bildausdrucke der individuellen Produktkonfiguration eine bessere Vorstellung der zu erwartenden Leistung vermitteln und damit Präferenzen im Vorteilhaftigkeitsvergleich der einbezogenen Alternativen im Anschluß an den Gesprächskontakt schaffen.

Die Verbindung zwischen der im letztendlich erstellten Angebot zum Ausdruck kommenden Ergebnisdimension der im Kontext des gesamten Leistungserstellungsprozeß als Teilleistung zu verstehenden Akquisitionsleistung und dem finalen Leistungsergebnis kommt im Sinne einer Folgequalität[564] zum Ausdruck. Durch den Produktionsprozeß erfolgt nämlich die Transformation der entwickelten Leistungskonfiguration in das nutzenstiftende Produkt, dessen Bedarfsgerechtigkeit maßgeblich bereits durch die Qualität der in der Akquisitionsphase generierten Leistungskonzeption determiniert wird.
Nachfolgende Abbildung faßt die erläuterten Beziehungen zwischen den Leistungsdimensionen noch einmal veranschaulichend zusammen.

---

[564] Meyer, A.; Westerbarkey, P. (1995), S. 89.

127

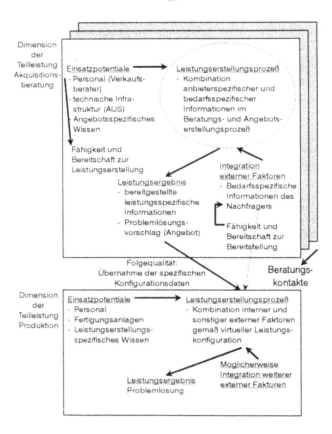

Abb. 11: Die Leistungsdimensionen der Akquisitionsberatung im Kontext der Leistungserstellung

Der zentralen Bedeutung der Prozeß- und Ergebnisebene für die wahrgenommene Qualität der Beratung und Angebotserstellung entsprechend sollen die Implikationen der Computerunterstützung in den nachfolgenden Kapiteln anhand der einzelnen teilleistungsspezifischen Interaktionsaspekte des Beratungskontaktes erörtert werden.[565]

Der hier eingeschlagenen Vorgehensweise folgend, sollen zunächst jedoch die Wirkungen des Einsatzes von AUS auf die wahrgenommene Kompetenz des Verkaufsberaters als Po-

---

[565] Vgl. Mösslang, A.M. (1995), S. 20, der auf die zentrale Bedeutung der Interaktion zwischen Anbieter und Nachfrager im Hinblick auf die wahrgenommene Qualität von Dienstleistungen hinweist und eine Differenzierung von Dienstleistungen entlang des Interaktionsgrades zwischen Anbieter und Nachfrager vornimmt.

128

tentialdimension der wahrgenommenen Kontaktqualität eingegangen werden. Die Geschlos-
senheit der Darstellung wird dabei auch insofern gefördert, als die wahrgenommene Beratungskompetenz letztlich die auf den Berater projizierte Verdichtung der durch den Nachfrager im einzelnen wahrgenommenen prozeß- und ergebnisbezogenen Wirkungspotentiale darstellt.

6.2.1 Erhöhung der wahrgenommenen Beratungskompetenz als potentialbezogene Zielsetzung

Faßt man die Kompetenz eines Unternehmens als die diesem zugeordneten Fertigkeiten und
Fähigkeiten auf,[566] so kann generell zwischen epistemischer Kompetenz und heuristischer
Kompetenz unterschieden werden. Handelt es sich bei ersterer im Sinne einer *Fachkompetenz*
um das Wissen über die Problemsituation bzw. mögliche Handlungsalternativen
(Faktenwissen), so ist letztere als *Problemlösungskompetenz* zu verstehen.[567] Diese beinhaltet
das Wissen über Mittel und Verfahrensweisen zur Transformation der Problemstellung des
Nachfragers in eine Problemlösung und umfaßt insbesondere auch bereichsübergreifendes
Wissen, mit dem in neuartigen Situationen, für die nur wenig oder kein Wissen existiert, das
für die Problemlösung erforderliche Wissen erarbeitet werden kann.[568] In diesem Sinne
handelt es sich um eine problemlösungsgerechte Verknüpfung der einzelnen Aspekte des
Fachwissens zur Entwicklung neuen Wissens. Beide Komponenten bilden zusammen die
aktuelle Kompetenz eines Unternehmens.[569]

Der Einsatz von AUS kann insofern zur Erhöhung der wahrgenommenen Kompetenz des
Verkaufsberaters beitragen, als durch das vorgehaltene Informationsvolumen und die beratungsunterstützende Analysefunktionalität das im Kundengespräch verfügbare angebots- und
leistungsspezifische Wissen des Beraters und sein funktionaler Arbeitsbereich ausgeweitet
werden. Es kann somit beiden Kompetenzaspekten Rechnung getragen werden, da zum einen
durch das während des Beratungskontaktes zur Verfügung stehende Datenvolumen über
leistungsspezifische Details, Produktbesonderheiten, Verwendungshinweise etc. das *Faktenwissen* des Beraters erhöht wird. Daneben erhöhen die computergestützte Bedarfsanalyse,
die wissensbasierte Produktkonfiguration, die Möglichkeit wirtschaftlicher und technischer
Vergleichsanalysen sowie die Möglichkeit der Entwicklung individuell abgestimmter

---

[566] Vgl. z.B. Backhaus, K. (1992b), S. 410; Zerr, K. (1994), S. 128.
[567] Vgl. Belz, C.; Bircher, B. (1991), S. 19.
[568] Vgl. Weiss, P.A. (1992), S. 61.
[569] Vgl. Backhaus, K. (1992b), S. 410; Weiss, P.A. (1992), S. 61.

Finanzierungsvorschläge das verfügbare *problemlösungsspezifische Wissen* zur Erarbeitung eines bedarfsgerechten Angebotes. Im Hinblick auf den Markterfolg sollten diese tatsächlichen spezifischen Fähigkeiten und Fertigkeiten und mit *Zerr* aus Anbietersicht als objektive Kompetenz betrachteten Komponenten mit der durch den Nachfrager wahrgenommenen subjektiven Kompetenz übereinstimmen.[570] Dabei sollten zum einen die Kompetenzaspekte vom Nachfrager auch als solche empfunden werden, um das Entstehen einer Wahrnehmungslücke zu vermeiden. Ebenso sollten die subjektiv wahrgenommenen Kompetenzelemente durch die tatsächlich vorhandenen Fähigkeiten und Fertigkeiten auch begründet werden können.[571] Der Einsatz von AUS kann beide Aspekte vereinigen. Einerseits trägt die durch den Nachfrager unmittelbar wahrnehmbare Systemfunktionalität und die durch die Bereitstellung eines erheblichen Spektrums an Zusatzleistungen[572] (Finanzierungs- ggf. Subventionsberatung, technische und wirtschaftliche Vergleichsanalysen) mögliche umfassende Beratung und Unterbreitung eines vollständigen Problemlösungsvorschlages zur Vermeidung des Entstehens einer Wahrnehmungslücke bei. Darüber hinaus kann durch die bereits angesprochene und noch im einzelnen zu erörternde Verbesserung der einzelnen Aspekte der Beratungsleistung dem Nachfrager nicht nur der Eindruck einer bereichsübergreifenden und umfassenden Expertenberatung vermittelt werden,[573] sondern durch die unmittelbare Demonstration des Fachwissens und dessen Umsetzung in eine anschaulich visualisierbare problemadäquate Lösungskonzeption der wahrgenommenen durch die tatsächliche Kompetenz entsprochen werden. Dieser Aspekt wird zudem auch dadurch gefördert, daß es sich bei dem erstellten Angebot zwar weiterhin um ein Leistungsversprechen handelt, dieses aber, wie bereits erwähnt, aufgrund seiner individuellen Bedarfsausrichtung nichts anderes als das bereits konkretisierte Pendant der zu erwartenden tatsächlichen Problemlösung darstellt. Die Wirkung der Kompetenzerhöhung auf das Unsicherheitsempfinden des Nachfragers wird hier unmittelbar einsichtig, da der bei komplexen Bedarfsfällen entstehenden Unsicherheit des Nachfragers über die Problemlösungsfähigkeit des Beraters infolge eines möglicherweise vermuteten zu geringen Kenntnisstandes damit wirksam entgegengetreten werden kann.[574]

---

[570] Vgl. Zerr, K. (1994), S. 128 f.
[571] Vgl. Wimmer, F.; Zerr, K. (1994), S. 224. Angesprochen ist damit das für die Beurteilung der Dienstleistungsqualität als zentral betrachtete Gap zwischen der erwarteten und der tatsächlich wahrgenommenen Qualität. Vgl. Zeithaml, V.A. u.a. (1995), S. 133 ff.
[572] Vgl. Kap. 6.1.
[573] Vgl. z.B. Bless, H.J.; Matzen, T. (1995), S. 302. Auf die Bedeutung der Wirkung mobiler Computer im Außendiensteinsatz weist *Flory* in seiner Untersuchung über den Einsatz von Informationsverarbeitungstechnologien im Investitionsgütersektor hin. 78 % der befragten Unternehmen maßen dem Verkaufsberater eine höhere Auskunftsfähigkeit durch den Rechnereinsatz zu, 42 % stimmten weiterhin der These einer gestiegenen Kompetenz zu. Vgl. Hermanns, A.; Flory, M. (1995b), S. 401 f.
[574] Vgl. Staub, U. (1993), S. 267.

Vor der Einzelanalyse der Wirkungspotentiale sollen nachfolgend die kompetenzrelevanten Wirkungen des Einsatzes von AUS analysiert werden. Aus systemtechnischer Perspektive beruht die durch den Einsatz wissensbasierter Systeme mögliche Verbesserung der Beratungs- und Problemlösungsqualität vor allem auf folgenden Aspekten:

- Die Wissensbasis enthält akkumuliert ohne Redundanzen das Fachwissen mehrerer Experten eines Fachgebietes und kann damit vielfach ein höheres Expertiseniveau erreichen als einzelne Personen.[575]

- Die Verfügbarmachung des Wissens von Experten unterschiedlicher Fachbereiche durch die Integration der entsprechenden Expertensystemanwendungen beinhaltet die Möglichkeit der Wissensvereinigung und damit der Arbeitsvereinigung.[576]

- Der Rückgriff auf gemeinsame Wissensquellen vermeidet Inkonsistenzen in Form unterschiedlicher Behandlung gleichartiger Problemstellungen.[577]

- Variierendes mentales Leistungsvermögen kann durch die Standardisierung der Funktionsausführung durch den Computereinsatz ausgeglichen werden.[578]

- Die gegenüber der menschlichen Informationsverarbeitungsfähigkeit höhere Verarbeitungsgeschwindigkeit läßt die Analyse von wesentlich mehr Problemstellungen bzw. Einzelaspekten innerhalb einer Problemstellung zu.[579]

In bezug auf die konkrete Nachfragerberatung und Angebotserstellung sei dabei vor allem auf die Erhöhung des im Beratungsgespräch verfügbaren Wissens[580] durch die aus dem Systemeinsatz resultierende mögliche Integration des verteilt vorliegenden Wissens von Experten unterschiedlicher Fachbereiche hingewiesen.[581] Das in den unterschiedlichen Softwaremodulen gespeicherte abnehmerspezifische Wissen (z.B. Kundendatenbank), kaufmännisches und betriebswirtschaftliches Wissen (z.B. Preiskalkulation, Finanzierungsberatung, Wirtschaftlichkeitsberechnungen) und ingenieurtechnisches Wissen (z.B. produktspezifische

---

[575] Vgl. z.B. Hart, A. (1986), S. 21.
[576] Vgl. Link, J.; Hildebrand, V. (1993), S. 145.
[577] Vgl. Zelewski, S. v. (1989), S. 73.
[578] Vgl. Reimann, E. (1994), S. 90 f. Auf diesen Aspekt wird bei der Erörterung des Individualisierungspotentials noch Bezug genommen. Vgl. Kap. 6.2.2.1.1.
[579] Auf die Implikationen dieses Aspektes wird im Zusammenhang mit den Ausführungen zum Individualisierungspotential von AUS explizit eingegangen.
[580] Einen detaillierten Überblick über die an einen Außendienstberater gestellten Wissensanforderungen findet sich z.B. bei Encarnacao, J.L. u.a. (1990), S. 67.
[581] Vgl. Link, J.; Hildebrand, V. (1993), S. 145; Roemer, M. (1994), S. 23; Schwetz, W. (1993), S. 21.

Details, Konfiguration) kann dem Kundenberater fokussiert zur Verfügung gestellt werden und ermöglicht damit eine Vereinigung der bisher von unterschiedlichen Experten durchgeführten Tätigkeiten in der Person des Verkaufsberaters.[582] Hierdurch kann vermieden werden, daß infolge von Kompetenzgrenzen des Beraters während des Beratungsgesprächs telefonischer Rat von der Unternehmenszentrale eingeholt werden bzw. der Beratungskontakt abgebrochen und ein separater Termin unter Einbeziehung der jeweiligen Experten vereinbart werden muß oder sogar das erstellte Angebot in Teilbereichen aufgrund notwendiger Detaillierungen zunächst nur als vorläufig zu verstehen ist.[583] So erfolgt beispielsweise durch die vom Verkaufsberater entwickelte Konfiguration bereits die Verlagerung der Konzipierung (Analyse des Bedarfs, Erarbeitung von Lösungsanforderungen), Gestaltung (Konkretisierung und Entwurf des Lösungskonzeptes) und Detaillierung der Problemlösung als zentrale Aufgaben der Konstruktion[584] auf den Vertrieb.[585] Die Kompetenzverlagerung kann umso stärker erfolgen, je mehr die fertigungstechnische Leistungserstellung am Baukastenprinzip ausgerichtet ist und je weniger Sonderanfertigungen notwendig werden, deren technische Realisierbarkeit durch Rücksprache mit der Konstruktion geprüft werden müssen. In letzterem Fall könnte der Verkaufsberater unter Zuhilfenahme einer CAD-Anwendung zwar noch die spezifischen Nachfrageranforderungen in einen ersten Angebotsvorschlag umsetzen, die letztendliche Feinabstimmung wird aber dennoch in der internen Fachabteilung erfolgen müssen. Ebenso dürfte die für die Finanzierungsberatung notwendige einschlägige Fachkenntnis die stark technisch ausgerichteten Vertriebsingenieure vielfach überfordern.[586] Da die Finanzierungsberatung überwiegend kundenauftragsindividuell erfolgen muß und damit die vom Verkaufsberater möglicherweise noch vorgehaltenen Standardvorschläge den Anforderungen vielfach nicht genügen dürften, können hier parallel zur Angebotsbearbeitung verfügbare Expertenlösungen Wettbewerbsvorteile bedeuten. Darüber hinaus kann der Systemeinsatz nicht nur das während des Beratungskontaktes verfügbare Wissen steigern, sondern auch zu einer Erhöhung der personenspezifischen Qualifikation führen. Insbesondere bei gegenüber

---

[582] Vgl. Mertens, P. u.a. (1993), S. 10, 12; Scheer, A. W. (1991), S. 10; Schumann, M. (1992), S. 120.

[583] Vgl. Mertens, P. (1991), S. 43; Steppan, G. (1990b), S. 62.

[584] Vgl. Becker, J. (1991), S. 39; Scheer, A.W. (1990a), S. 38.

[585] Vgl. Steppan, G. (1990a), S. 145, der die Verlagerung von Teilaufgaben der Konstruktion in das Beratungsgespräch allerdings an verschiedene Voraussetzungen knüpft (z.B. geringe Produkt- bzw. Problemkomplexität, keine Neukonstruktion, geringer Detaillierungsgrad, hohes Zeitbudget, hohe technische Qualifikation des Beraters, Verbindlichkeit der vor Ort generierten Problemlösung). Es sei in diesem Zusammenhang darauf hingewiesen, daß die in dieser Arbeit behandelte EDV-gestützte Produktzusammenstellung einen Konfigurationsvorgang darstellt und nicht mit Maßnahmen der Produktentwicklung zu verwechseln ist. Im Rahmen des Konfigurationsvorganges können zwar ebenso neuartige Leistungszusammenstellungen generiert werden, jedoch erfolgt dies durch Kombination bereits vollständig entwickelter Leistungskomponenten im Rahmen bestehender Konfigurationsvorschriften und nicht durch Modifikation oder Neugestaltung einzelner Produktbestandteile. Nichtsdestoweniger können allerdings auch nachfrageinduzierte Vorschläge für Komponentenmodifikationen bzw. neuartige Komponentenzusammenstellungen entsprechende Prozesse im Konstruktionsbereich in Gang setzen.

[586] Vgl. Steppan, G. (1990a), S. 100.

dem Systemniveau geringer ausgeprägtem Wissensstand des Verkaufsberaters können sich aus der häufigen Systemnutzung, gefördert durch die stark interaktive Ausrichtung, Lerneffekte sowohl hinsichtlich des leistungsspezifischen Detailwissens als auch in bezug auf die Problemlösungsprozesse ergeben. Assoziationen zwischen den Problemparametern und den Lösungsvorschlägen und Erklärungen des Systems reichern hier die Kompetenz des Verkaufsberaters an.[587] Mag dieser Aspekt bezüglich des leistungskernspezifischen Kenntnisstandes möglicherweise aufgrund langjähriger Erfahrungen noch weniger relevant erscheinen, so dürften aber die eigentlich fachfremden Finanzierungs- oder Subventionsberatungskenntnisse hiervon durchaus profitieren.

Im Sinne einer *Wissensmultiplikation* fördert zudem das allen Vertriebsmitarbeitern gleichsam zur Verfügung gestellte Expertenwissen den Abbau des Wissensgefälles.[588] Hierdurch kann nicht nur die Beratungsqualität wenig erfahrener bzw. minderqualifizierter Mitarbeiter verbessert[589] und die Abhängigkeit der Beratungsqualität von variierenden Tagesformen und kognitiven Schwächen des einzelnen Mitarbeiters verringert werden.[590] Ebenso kann sich auch einer fachlich-inhaltlichen, vom einzelnen Vertriebsmitarbeiter unabhängigen, einheitlichen Qualität der Beratungsleistung angenähert werden.[591] Zudem wird durch die interpersonelle Wissensflexibilität die Möglichkeit einer Beratersubstitution während mehrstufiger Beratungen durch Kompetenzmobilität verbessert. Statt einer aus Nachfragersicht möglicherweise nicht akzeptablen Anberaumung eines neuen Beratungstermins und damit einer Verzögerung der Angebotserstellung bei kurzfristigem Ausfall des zuständigen Vertriebsmitarbeiters, versetzt der Zugriff auf die zentral vorgehaltenen nachfragerspezifischen Daten den vertretenden Kollegen in den aktuellen Verhandlungsstand.[592] Insgesamt kann dadurch auch möglicherweise weniger qualifiziertes und personalkostenintensives Beratungspersonal, das z.B. nicht über das Fachwissen von Konstrukteuren bzw. Entwicklungsingenieuren verfügt, eingesetzt werden.[593] Schließlich kann die Verfügbarkeit des Expertenwissens an der

---

[587] Vgl. Holzapfel, M. (1992), S. 140.

[588] Vgl. Breuker, S. u.a. (1990), S. 148; Mertens, P. (1987), S. 193. Siehe auch Weule, H. (1993), S. 2.

[589] Vgl. Mertens, P. (1991), S. 13; Staub, U. (1993), S. 272.

[590] Vgl. Netta, F. (1987), S. 117; Reimann, E. (1994), S. 90 f.

[591] Vgl. Böcker, J. (1995), S. 188; Ernst, K.W. (1992), S. 126.

[592] Vgl. Gey, T. (1990), S. 155; Holzapfel, M. (1992), S. 138 f. Dabei ist natürlich der unterschiedliche Einsatz der zur Verfügung gestellten Beratungsunterstützung durch die einzelnen Verkaufsberater zu berücksichtigen. Zudem müssen im Hinblick auf die wahrgenommene umfassende Beratungsqualität Aspekte miteinbezogen werden, die mit unterschiedlichen psychotaktischen Vorgehensweisen und weiteren persönlichkeitsspezifischen Ausprägungen des Beraters in Verbindung stehen.

[593] Vgl. Holzapfel, M. (1992), S. 132 f.; Mertens, P. (1991), S. 13. Derartige Entscheidungen sollten im Hinblick auf die zu erwartenden Marktwirkungen jedoch sorgfältig abgewogen werden. So mag zwar bei der Endabnehmerberatung aufgrund eines tendenziell geringeren fachspezifischen Kenntnisstandes der gegenüberstehenden Marktseite ein geringeres Qualifikationsniveau sich möglicherweise nicht auf den Markterfolg auswirken. Bei der Beratung weiterverarbeitender Abnehmer dürfte hingegen ein gegenüber der Qualifikation der Mitglieder des Beschaffungsgremiums geringer ausgeprägter Ausbildungsstand

Schnittstelle zum Nachfrager unternehmensintern zu einer Entlastung der Fachexperten von Routineaufgaben führen. Die Fachexperten nehmen häufig insofern Beratungsfunktionen anderer Mitarbeiter wahr, als sie einen Teil ihrer Arbeitszeit zur Lösung von Standardproblemen des Tagesgeschäftes verwenden und Abstriche bei ihren eigentlichen Aufgabenstellungen hinnehmen müssen.[594]

Im Zusammenhang mit einem langfristigen Know-How-Aufbau besonders interessant erscheint die Möglichkeit der *Wissenssicherung*. So kann nicht nur das in früheren Beratungsprojekten generierte Wissen etwa in Know-How-Datenbanken gespeichert und in ähnlichen aktuellen Beratungssituationen wieder verfügbar gemacht werden.[595] Insbesondere bleibt das in den Datenbanken des Systems abgelegte Expertenwissen aus den unterschiedlichen Fachbereichen nach Ausscheiden der betreffenden Mitarbeiter dem Unternehmen erhalten.[596] Dies kann in bezug auf die Fähigkeit zur Entwicklung bedarfsspezifischer Problemlösungen nicht nur die Vermeidung von Wettbewerbsnachteilen beinhalten. Damit in Verbindung stehen auch die Reduzierung der Abhängigkeit von Fachexperten und die aus der mangelnden Verfügbarkeit von Fachexpertise, z.B. infolge Krankheit, Pensionierung oder Kündigung, resultierende Gefahr von Einbußen der Leistungsqualität.[597] Die wahrgenommene Beratungskompetenz dürfte dadurch insofern beeinflußt werden, als der Anbieter anschaulich seine Problemlösungsfähigkeit auch bei sehr spezifischen Problemstellungen durch verfügbares Erfahrungswissen demonstrieren kann.

Neben diesen auf die Qualität der Beratung bezogenen Aspekten der Kompetenzsteigerungen beinhalten AUS ebenso ein Potential zur Dezentralisierung von Entscheidungskompetenz,[598] woraus eine Verlagerung von ausführenden zu dispositiven Tätigkeiten des Verkaufsberaters resultieren kann. Durch die Integration von Entscheidungsregeln (z.B. Einhaltung von Mindestdeckungsbeiträgen, Schonung knapper Produktionskapazitäten) in die entsprechenden Module (z.B. Preiskalkulation) können unter weitgehender Ausschaltung des Risikos von Fehlentscheidungen Entscheidungsbefugnisse an den Vertriebsmitarbeiter delegiert werden.[599] Dies dürfte nicht nur die Unsicherheit des Beraters reduzieren[600] und den

---

recht bald auffallen und aufgrund der vielfach die Problemlösungseignung des Produktes determinierenden Akquisitionsberatung trotz der verfügbaren Computerunterstützung negative Wirkungen zeitigen. Weule, H. (1993), S. 6 weist in diesem Zusammenhang auf das in Praxiserfahrungen aufgetretene Problem des mangelnden Verständnisses der Applikation bzw. der Vorgehensweise bei der Findung von Problemlösungen bei sog. "Laienanwendern" hin.

[594] Vgl. Zelewski, S. v. (1989), S. 75.
[595] Vgl. Scheer, A. W. (1991), S. 10.
[596] Vgl. Mertens, P. (1991), S. 12; Picot, A.; Franck, E. (1988a), S. 547.
[597] Vgl. Hart, A. (1986), S. 20 f.; Zelewski, S. v. (1989), S. 74.
[598] Vgl. Hermanns, A. (1992a), S. 695.
[599] Vgl. Gey, T. (1990), S. 161; Link, J.; Hildebrand, V. (1993), S. 145.
[600] Vgl. Bless, H.J.; Matzen, T. (1995), S. 302.

Prozeß der Angebotserstellung beschleunigen, vielmehr dürfte die Erhöhung der Entscheidungskompetenz ebenso positiv auf die wahrgenommene Beratungskompetenz wirken,
da die Zunahme der Entscheidungsbefugnisse tendenziell positiv mit den Fähigkeiten und
Fertigkeiten verbunden sein dürfte, die dem Verkaufsberater zugemessen werden. Gleichermaßen dürfte die infolge der Erhöhung der tatsächlichen Kompetenz des Beraters prinzipiell mögliche Unterbreitung eines Komplettangebotes innerhalb eines Beratungskontaktes
ebenso auch die Wahrnehmung als kompetenten Problemlöser fördern.[601] Insgesamt kann
durch die dem Verkaufsberater infolge der durch die Systemfunktionalität vermittelten Ausweitung des persönlichen Leistungsspektrums die Persönlichkeitswirkung als personifizierter
Problemlöser verstärkt werden.[602] Schließlich sei auf eine infolge erhöhter Beratungs- und
Entscheidungskompetenz empfundene Steigerung des Selbstwertgefühls des Beraters
hingewiesen, die über Motivationssteigerungen tendenziell leistungsfördernd wirkt[603] und
durch entsprechende Feedback-Prozesse in der Nachfragerwahrnehmung durchaus noch
verstärkt werden kann.

6.2.2 Prozeß- und ergebnisbezogene Zielsetzungen des Einsatzes von AUS (Blue-printing der persönlichen Verkaufsberatung als Ausgangspunkt der Analyse)

Die Aufdeckung der Nutzenpotentiale computergestützter Angebotssysteme im einzelnen
macht die Darstellung der betroffenen Prozesse im Rahmen der Leistungserstellung sinnvoll.
Das Wertkettenmodell als Ausgangspunkt der Analyse diente dabei bereits als Instrument der
Strukturierung der auf den gesamten Leistungserstellungsprozeß bezogenen Wirkungspotentiale.[604] Wie vorangegangen bereits aufgezeigt, setzen die konkreten marktbezogenen
Vorteilspotentiale von AUS aber am Teilprozeß der Akquisitionsberatung und Angebotserstellung an, der wiederum in einzelne Teilprozesse oder Handlungsabfolgen unterteilt werden kann. Die prozeß- und ergebnisbezogene Beurteilung der Wirkungspotentiale von AUS
im Rahmen der Marktbearbeitung läßt damit ebenso eine Strukturierung der Vorgänge des
persönlichen Beratungskontaktes sinnvoll erscheinen.[605] Der komplexe Teilprozeß des persönlichen Beratungskontaktes stellt nämlich wiederum eine Abfolge einzelner Vorgänge zur

---

[601] Vgl. Benölken, H.; Greipel, P. (1994), S. 197.
[602] Vgl. Bless, H.J.; Matzen, T. (1995), S. 302; Hermanns, A. (1992), S. 695; Hinze, S, (1983), S. 153.
[603] Vgl. Schaffner, H. (1993), S. 15; Schumann, M. (1992), S. 120 f.
[604] Vgl. Kap. 5.2.
[605] Die Ausführungen zu den Wirkungspotentialen abstrahieren von eingeschränkter Systemfunktionalität
durch mangelnde Kenntnisse oder fehlerhafte Systembedienung durch den Anwender, d.h. es wird von
einem abgeschlossenen Implementierungsprozeß ausgegangen. Hinweise und Gestaltungsvorschläge in
bezug auf die Systemimplementierung finden sich z.B. bei Bless, H.J.; Matzen, T. (1995), S. 303 f.; Encarnacao, J. L. (1990), S. 373 ff.; Martin, R. (1995), S. 119; Schmitz-Hübsch, E. (1992), S. 182; Schwetz,
W. (1993), S. 28 f.

Vorbereitung, Durchführung (Beratung und Angebotserstellung) sowie Nachbereitung des Nachfragerkontaktes dar.[606] Da die Vorteilspotentiale von AUS an diesen einzelnen Handlungsabläufen ansetzen, erscheint zur Analyse der Vorteilspotentiale somit eine Unterteilung in einzelne Vorgänge im Sinne einer differenzierten prozeßbezogenen Darstellung entlang der Abfolgeschritte bzw. der im einzelnen durchzuführenden Teilaktivitäten geboten.[607] Es erfolgt damit insofern eine integrative Betrachtung der prozeß- und ergebnisbezogenen Vorteilspotentiale, als die durch den Nachfrager im einzelnen wahrgenommenen ergebnisbezogenen Vorteile des Einsatzes von AUS ihre Konkretisierung letztendlich unmittelbar an den Teilprozessen der Akquisitionsberatung und Angebotserstellung erfahren. Zum besseren Verständnis sollen daher nachfolgend zunächst überblickartig anhand einer Strukturierung die an diesen Vorgängen im einzelnen ansetzenden Vorteilspotentiale veranschaulicht werden.

Methodisch bietet sich eine Anlehnung an das im Zusammenhang mit der Analyse der konkreten Ausgestaltung von Dienstleistungen und im Rahmen der Messung der Zufriedenheit mit bzw. der Qualität von Dienstleistungen zur Identifikation von Kontaktpunkten mit dem Nachfrager vielfach eingesetzte Konzept des *Blueprinting* an.[608] Dabei handelt es sich um eine Methode zur systematischen Darstellung und Analyse von Leistungen in einem graphischen Ablaufdiagramm, das die Gesamtleistung in ihre wesentlichen Teilprozesse zerlegt und die Ermittlung der aufeinanderfolgenden Ereignisse ermöglicht. Die Darstellung der Abfolge der Teilprozesse soll dabei die Struktur der Leistung, konkrete Integrationspunkte externer Faktoren und die Beschaffenheit der einzelnen Teilleistungsergebnisse offenlegen.[609] Die Veranschaulichung der einzelnen möglichen Abfolgeschritte und Sequenzen stellt die Komplexität und den Ausführungsspielraum, also die Variabilität der einzelnen Teilprozesse dar.[610] Dabei kann der Beitrag einzelner Prozeßschritte zum Leistungsergebnis ermittelt und durch die Identifikation einzelner Interaktionsprozesse deren Bedeutung im Hinblick auf die Kundenzufriedenheit analysiert werden.[611]

Die Analyse der Kontaktpunkte im Rahmen des persönlichen Verkaufsgesprächs ist in erster Linie auf die zur Beratung und Angebotserstellung notwendigen, auf die einzelnen Vorgänge bezogenen, teilleistungsspezifischen Interaktionen ausgerichtet. Es existiert eine Vielzahl von

---

[606] Zu den Möglichkeiten der Prozeßdifferenzierung vgl. Flory, M. (1995), S. 8 f.
[607] Vgl. Retter, G.; Bastian, M. (1995), S. 120.
[608] Vgl. dazu ausführlich Shostack, L.G. (1987), S. 34 ff.; (1982), S. 54 ff. Siehe auch Gersch, M. (1995), S. 55. Zum Einsatz des Blueprinting im Rahmen der Zufriedenheitsmessung vgl. z.B. Töpfer, A. (1995), S. 563; Zollner, G. (1995), S. 108 f.
[609] Vgl. Gersch, M. (1995), S. 55.
[610] Vgl. Shostack, L.G. (1987), S. 35 ff.
[611] Vgl. Gersch, M. (1995), S. 56. Siehe auch Stauss, B.; Weinlich, B. (1996), S. 49 ff., die mit der sequentiellen Ereignismethode ein Konzept zur prozeßorientierten Messung von Dienstleistungsqualität vorstellen.

Einzelschritten, an denen Vorteilspotentiale des Systemeinsatzes ansetzen und damit Wettbewerbsvorteile realisiert werden können. Die durchgängig durch den Nachfrager direkt wahrnehmbare Leistungserstellung im Rahmen des unmittelbaren Beratungskontaktes macht hier den Verzicht auf die Berücksichtigung der Sichtbarkeitslinie (line of visibility) möglich, die allerdings gedanklich nach der Gesprächsvorbereitung bzw. vor der Gesprächsnachbereitung gezogen werden kann. Die Darstellung der Wirkungspotentiale von AUS im Rahmen des persönlichen Beratungsgesprächs unter Berücksichtigung konzeptioneller Elemente des Blueprinting bietet sich auch insofern an, als je nach Modulausgestaltung die verschiedenen Teilprozesse der Angebotserstellung bzw. Nachfragerberatung in unterschiedlicher Art und Weise unterstützt werden können. Dies offenbart nicht nur die Bedeutung der einzelnen Systemfunktionalitäten in bezug auf eine umfassende Akquisitionsleistung, sondern liefert auch Hinweise auf die modulspezifische Systemausgestaltung in Abhängigkeit vom transaktionsüblichen Beratungsumfang. Es wird allerdings insofern von der strengen Orientierung am Konzept des Blueprinting abgewichen, als die Variabilität der Abfolge der einzelnen Teilprozesse zwecks übersichtlicher Darstellung durch die in der Regel zu erwartende, allerdings aufgrund der Individualität des Beratungskontaktes keineswegs determinierte, Vorgangsabfolge ersetzt wird.

Die Zuordnung der an den jeweiligen Vorgängen ansetzenden Vorteilspotentiale von AUS stellt den Ausgangspunkt der in den nachfolgenden Kapiteln im einzelnen erfolgenden Analyse der Wirkungspotentiale dar und nimmt gleichzeitig auf die genannten Probleme der Erfassung der indirekten Nutzeffekte Bezug, ausgehend von der getroffenen Unterteilung der Nutzenkategorien in Kostenreduzierungs-, Rationalisierungs- und Differenzierungspotentiale. Die Einbeziehung der nur indirekt die konkrete Leistung Beratung bzw. Angebotserstellung beeinflussenden Teilaktivitäten im Rahmen der Kontaktvorbereitung und -nachbereitung erscheint insofern gerechtfertigt, als AUS durch die umfassende Unterstützung der Tätigkeit des Verkaufsberaters auch diese Vorgänge wirksam fördern können. Die nachfolgende Abbildung verdeutlicht die Zusammenhänge.

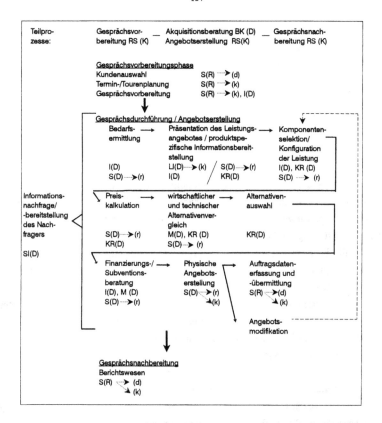

Abb. 12: Die Wirkungspotentiale von AUS entlang der Teilprozesse des persönlichen Verkaufsgesprächs

Erläuterungen:

Nutzenpotentiale:

D: Differenzierungspotential → :Abgeleitete Nutzenpotentiale (d,r,k)

R: Rationalisierungspotential

K: Kostenreduzierungspotential

Konkrete Wirkungspotentiale:

BK: Erhöhung der wahrgenommenen Beratungskompetenz

I: Erhöhung der Individualisierung der Leistungserstellung

LI:	Verbesserung der leistungsspezifischen Präsentation und
	Informationsbereitstellung
M:	Vermittlung monetärer Mehrwertleistungen
RS:	Reduzierung schriftlicher Angebotsunterlagen
S:	Erhöhung der Schnelligkeit der Leistungserstellung
SI:	Intensivierung der Einbeziehung des Nachfragers in die Beratung bzw.
	Angebotserstellung
KR:	Komplexitätsreduzierung

In bezug auf die konkreten Einzelaktivitäten ermöglicht im Rahmen der *Kontaktvorbereitung* eine entsprechende Systemausgestaltung erhebliches Potential zur schnelleren Durchführung und damit zur Rationalisierung der notwendigen administrativen Tätigkeiten (S). Durch die Computerunterstützung wird eine effiziente und effektive Durchführung der Besuchsplanung ermöglicht, die im Kern auf die höhere Informationsverarbeitungskapazität und schnellere Aufgabenbewältigung des Computers zurückzuführen ist. Durch die Optimierung der Planung der Nachfragerkontakte können allerdings nicht nur die Besuchskosten reduziert bzw. Differenzierungsvorteile im Sinne der Anpassung der Besuchskontakte an die vermuteten Besuchsprioritäten der Nachfrager erzielt werden. Die Bereitstellung auftrags- bzw. nachfragerspezifischer Informationen ermöglicht zudem eine individualisierte Vorbereitung der anschließenden Gesprächskontakte (I).

Betrachtet man zunächst die konkrete *Durchführung des Verkaufsberatungsgesprächs* als Einheit, so beinhaltet der Einsatz computergestützter Angebotssysteme allgemein das bereits angesprochene Potential zur Erhöhung der wahrgenommenen Beratungskompetenz (BK). Im Rahmen der Konkretisierung in Einzelwirkungen wird zunächst die Möglichkeit zur Erhöhung der Integration externer Faktoren in Form der Person des Nachfragers bzw. dessen bedarfsspezifische Informationen als Ausgangspunkt des Individualisierungspotentials (I) und des Potentials zur Intensivierung der Einbeziehung des Nachfragers in den Beratungs- und Angebotserstellungsprozeß (SI) analysiert. Dabei ist zunächst die auf die Erstellung eines individualisierten Problemlösungsvorschlages gerichtete zentrale Zielsetzung der persönlichen Verkaufsberatung Ansatzpunkt der Analyse der Vorteilspotentiale des Einsatzes von AUS. Handelt es sich dabei um ein aus der verbesserten Integration externer Faktoren stärker ergebnisbezogenes -nämlich auf das konkrete Teilleistungsergebnis Angebot- gerichtetes Vorteilspotential, so stellt die durch den Computereinsatz mögliche Intensivierung der Interaktion zwischen Verkaufsberater und Nachfrager den stärker prozeßgerichteten Vorteilsaspekt dar. Im Hinblick auf die Erhöhung der Individualisierung der Leistungserstellung sei vor allem auf die Computerunterstützung der Bedarfsanalyse, der leistungsspezifischen Informationsbereitstellung und der Produktkonfiguration hingewiesen. Die auf der Hypermedia-Struktur basierende ausgeprägte Dialogorientierung insbesondere bei der Komponentenauswahl ermöglicht hingegen eine stärkere Einbeziehung des Nachfragers in den gesamten Beratungs- und Angebotserstellungsprozeß, motiviert den Nachfrager zur gemeinsamen Entwicklung der Problemlösung und demonstriert Kundennähe. Aufgrund der vielfältigen Ausgestaltungsoptionen der konkreten Anbieter-Nachfrager-Interaktion zur Integration externer Faktoren wurde infolge der prinzipiell an jedem Teilprozeß ansetzenden Möglichkeiten aus Gründen der Übersichtlichkeit eine Vereinfachung der Darstellung vorgenommen.

Das Komplexitätsreduzierungs- und das Schnelligkeitspotential (KR bzw. S) des Einsatzes von AUS ist sowohl prozeß- als auch ergebnisgerichtet. Die wahrgenommene Komplexität der Angebotserstellung kann einerseits durch den Einsatz wissensbasierter Systeme und insbesondere auch durch die modulübergreifende Nutzung leistungsspezifischer Daten (z.B. automatische Ermittlung der Auswirkungen von Konfigurationsänderungen auf die technische Vorteilhaftigkeitsanalyse zwischen mehreren Alternativen), andererseits durch die Multimedialität der Informationsbereitstellung und Leistungskonfiguration (LI) reduziert werden. Hierdurch kann nicht nur das Verständnis der konkreten Vorgehensweise bei der Problemlösungsentwicklung, sondern auch das erstellte Angebot im Hinblick auf die Entsprechung der bedarfsspezifischen Anforderungen verbessert werden. Prinzipiell auf alle Teilprozesse bezieht sich auch die durch den Computereinsatz mögliche schnellere Durchführbarkeit der Aufgaben (S), die damit zu einer Verkürzung des bis zur Verfügbarkeit des Teilleistungsergebnisses, der Problemlösungsofferte, notwendigen Zeitraums beiträgt.

Daneben können dem Nachfrager monetäre Mehrwertleistungen (M) in Form von Kostenreduzierungen durch wirtschaftliche oder technische Alternativenvergleiche oder eine differenzierte Finanzierungs- und /oder Subventionsberatung vermittelt werden. Diese beziehen sich in ihrer Realisierung zwar auf den Prozeß der Beschaffung und Nutzung der Leistung, werden aber maßgeblich bereits bei der Konfiguration des Kernproduktes bzw. der Abstimmung des Finanzierungskonzeptes bestimmt. Ebenso können positive Imagewirkungen aus dem Einsatz computergestützter Angebotssysteme resultieren, die allerdings aufgrund ihres mittelbaren Wirkungscharakters in die graphische Darstellung nicht explizit einbezogen wurden. Insgesamt zielen diese Vorteilspotentiale auf eine Reduzierung der Unsicherheit des Nachfragers durch Erhöhung der Qualität der Beratungsleistung und damit der Differenzierung gegenüber dem Wettbewerb. Darüber hinaus kann generell der Einsatz schriftlicher Angebotsunterlagen (Kataloge, Konfigurationshandbücher, Preislisten) sowie schriftlichen Materials im Rahmen der Gesprächsvorbereitung und -nachbereitung reduziert werden (RS).

Schließlich können die im Rahmen der *Gesprächsnachbereitung* durchzuführenden administrativen Aufgabenbereiche des Verkaufsberaters ebenso rationalisiert werden (S). So kann die elektronische Auftragsdatenübermittlung durch eine Verringerung des administrativen Aufwands einerseits im Innendienst kostenreduzierend wirken, andererseits über eine Verkürzung des zur Leistungserstellung notwendigen Zeitraums indirekt wiederum auch Marktwirkungen beinhalten. Gleiches gilt für das elektronische Berichtswesen, das zudem aktuelle Marktinformationen am Tage ihrer Erfassung im Unternehmen verfügbar macht.

In der nachfolgenden Analyse der Wirkungspotentiale, die auch die detaillierte Erörterung der in der Graphik angedeuteten abgeleiteten Nutzenpotentiale einbezieht, erfolgt zur Vermeidung von Redundanzen eine auf die aufgezeigten Einzelwirkungen gerichtete Strukturierung der Vorgehensweise (z.B. Erhöhung der Individualisierung, intensivere Einbeziehung in den Beratungsprozeß, Schnelligkeitserhöhung, Komplexitätsreduzierung). Damit wird der Wahrnehmung der einzelnen Vorteilspotentiale durch den Nachfrager, die letztendlich auch die Wettbewerbsvorteile des Systemeinsatzes beinhalten, insofern entsprochen, als die zur theoretischen Analyse notwendige differenzierte vorgangsbezogene Darstellung der Einzelwirkungen kaum der Beurteilungsweise des Beratenen entsprechen dürfte. Zwar wird dieser einzelne Vorteile des Systemeinsatzes an zentralen Abfolgeschritten (z.B. Produktpräsentation, technische Konfiguration, Finanzierungsberatung) identifizieren können. Die Beurteilung des Einsatzes des AUS dürfte aber über eine auf einzelne Nutzendimensionen der Teilleistung Beratung und Angebotserstellung (also etwa den Grad der Individualisierung, die Einbeziehung in den Leistungserstellungsprozeß, die Verständlichkeit oder die Zeitbeanspruchung der Leistungserbringung) bezogene Wahrnehmung der Wirkungen des AUS erfolgen. Damit wird auf eine Perspektive abgestellt, die die Beratung und Angebotserstellung stärker als Einheit fokussiert. Die prozeßbezogene Ausrichtung wird insofern aufgegriffen, als die Auswirkungen der einzelnen Vorteilspotentiale über die betroffenen Prozesse bzw. Teilaktivitäten analysiert werden. Dabei wird Bezug zum Problem der Unsicherheit im Kaufentscheidungsprozeß bei konfigurationsbedürftigen Leistungen genommen, indem die dargestellten marktgerichteten Wirkungspotentiale insbesondere auch auf ihren Beitrag zur Reduzierung von Nachfragerunsicherheit untersucht werden.

6.2.2.1 Verbesserung der Integration externer Faktoren in den Prozeß der Leistungserstellung

Zentrale Bedeutung für die Integration externer Faktoren, also die Einbeziehung sich in der Verfügungsgewalt des Nachfragers befindender Faktoren,[612] kommt im Rahmen des persönlichen Verkaufskontaktes der Interaktion zwischen Verkaufsberater und Nachfrager zu.[613] Interaktion bezieht sich in diesem Zusammenhang auf die wechselseitigen Austauschprozesse zwischen den Transaktionspartnern im Sinne einer gegenseitigen Einwirkung oder Einflußnahme.[614] Interaktion und Integration lassen sich in bezug auf den persönlichen Verkaufskontakt insofern abgrenzen, als sich die Integration externer Faktoren primär auf die Einbeziehung problem- bzw. bedarfsspezifischer Informationen des Nachfragers in die Leistungserstellung bezieht, die Interaktion sich jedoch auf alle Austauschprozesse zwischen Verkaufsberater und Nachfrager während des Beratungskontaktes, die beispielsweise die Vermittlung von Informationen über das generell verfügbare Leistungsspektrum aber auch die Begrüßung und Verabschiedung oder den Austausch persönlicher Daten beinhalten. Beide Aspekte stehen in enger Beziehung zueinander. So stellt die Integration externer Faktoren einen wesentlichen Aspekt der Interaktion dar, da diese primär auf erstere gerichtet ist. Die zentrale Bedeutung der Interaktion für die Integration externer Faktoren ergibt sich hingegen aus der primären Zielsetzung der Entwicklung einer bedürfnisgerechten Problemlösungsofferte, die die Übermittlung problemspezifischer Informationen durch den Nachfrager im Rahmen der aktiven Beteiligung an der Konzeption der Leistungszusammenstellung in das Zentrum des Austauschprozesses rückt. Im Zusammenhang mit den hier betrachteten konfigurationsbedürftigen Leistungen stellt die notwendige Konfiguration der Leistung im Rahmen der Akquisitionsberatung damit den zentralen Ansatzpunkt für die Integration des Nachfragers dar. Das auf die Verbesserung der Integration externer Faktoren gerichtete Potential von AUS ergibt sich damit einerseits aus der zwingend notwendigen Einbeziehung in die Wertschöpfungsprozesse des Anbieters, andererseits aus der Zielsetzung der Realisierung eines möglichst problemlösungsadäquaten Leistungsergebnisses.

Die Bedeutung der stärkeren Integration externer Faktoren liegt aber letztlich in ihrem Potential zur Differenzierung gegenüber dem Wettbewerb. Eine Verbesserung der Einbeziehung des Nachfragers bzw. der bedarfsspezifischen leistungsauslösenden Informationen in den

---

[612] Vgl. z.B. Engelhardt, W.H. u.a. (1995), S. 675; Meffert, H. (1994), S. 523.

[613] Vgl. in ähnlicher Form Mills, P.K.; Margulies, N. (1980), S. 260 ff., die eine Differenzierung von Dienstleistungen nach ihrem Interaktionsgrad vornehmen und bei "personal interactive services" auf die hohe Ausprägung des Interaktionsgrades und dessen grundlegende Bedeutung für die die Integration externer Faktoren implizierende Entwicklung von Problemlösungen hinweisen, die auf individuelle Nachfragerbedürfnisse zugeschnitten sind.

[614] Vgl. Mösslang, A.M. (1995), S. 146.

Prozeß der Akquisitionsberatung und Angebotserstellung beinhaltet nicht unerhebliches Wettbewerbspotential. Einerseits kann intensiver auf bedarfsspezifische Problemstellungen eingegangen sowie durch die Entwicklung individueller Lösungsvorschläge zur Reduzierung von Nachfragerunsicherheit beigetragen und damit eine Differenzierung von der Konkurrenz erreicht werden. Dazu ermöglicht der intensive Austausch im Rahmen der Beziehungspflege, den Nachfrager besser kennen zu lernen und die bestehende oder gerade begonnene Beziehung zu intensivieren bzw. zu festigen. Zum anderen kann sich die stärkere Einbeziehung des Nachfragers quasi als gleichberechtigter Partner positiv auf die Motivation zur gemeinsamen Entwicklung der Problemlösung auswirken und damit zudem die Überzeugung von der erstellten Problemlösung fördern. Gleichzeitig gilt es allerdings auch, die mit steigender Einbeziehung externer Faktoren tendenziell zunehmende Unsicherheit auf beiden Seiten zu bewältigen, die sich beim Anbieter vor allem auf ausreichende Flexibilität zur Umsetzung der ständig wechselnden Nachfragerbedürfnisse in individuelle Problemlösungen beziehen. Zudem verliert der Anbieter mit steigender Mitwirkung des Nachfragers an Möglichkeiten, die Erreichung des konkreten Leistungsergebnisses zu steuern bzw. zu kontrollieren. Dies konkretisiert sich vor allem in der Problematik eines nur schwer vorhersehbaren Ablaufs des Leistungserstellungsprozesses durch ein nicht den Erwartungen des Anbieters entsprechendes Verhalten des Nachfragers.[615] Bei diesem gilt es wiederum, den mit zunehmender Ausrichtung an individuellen Bedürfnissen tendenziell steigenden Befürchtungen über eine problementsprechende Umsetzung in das Leistungsergebnis entgegenzuwirken.[616] Vordergründig erscheint demnach eine Erhöhung der Integrativität der Leistungserstellung bei gleichzeitiger Unsicherheitsreduzierung zumindest als sehr problematisch. Die Analyse wird allerdings zeigen, daß die sich aus der stärkeren Integration externer Faktoren ergebenden Wirkungspotentiale nicht nur die wahrgenommene Beschaffungsunsicherheit des Nachfragers reduzieren können, sondern daß ebenso ein Beitrag zum Abbau der angesprochenen Unsicherheitsposition beim Verkaufsberater geleistet werden kann.

Die nachfolgende Behandlung des Wirkungspotentials von AUS in bezug auf die Integration des Nachfragers in den Prozeß der Leistungserstellung erfolgt damit auf zwei Ebenen. In einem ersten Schritt erfolgt die Analyse des Potentials zur Integration externer Faktoren von AUS vor dem Hintergrund der Eigenschaftscharakteristika des hier betrachteten Teilprozesses der Angebotserstellung anhand einer erweiterten Leistungstypologie der "Neuen Leistungslehre", die die zentralen Charakteristika der Immaterialität und Integrativität fokussiert.[617] Die Ausführungen werden zeigen, daß durch den Einsatz von AUS einerseits eine in-

---

[615] Vgl. z.B. Kleinaltenkamp, M. (1993b), S. 113.
[616] Vgl. Specht, G. (1995), Sp. 2427 sowie die Ausführungen in Kap. 2.3.2.
[617] Vgl. Reckenfelderbäumer, M. (1995), S. 6 ff.

tensivere Integration des Nachfragers in die Wertschöpfungsprozesse des Anbieters möglich ist, aber gleichfalls der angedeuteten Gleichläufigkeit zwischen der Einbeziehung externer Faktoren und dem Grad der Unsicherheit entgegengewirkt werden kann.[618] Daran anschließend soll der hervorgehobenen Bedeutung der Interaktion zwischen Anbieter und Nachfrager für die Integration externer Faktoren konkret in bezug auf den Einsatz von AUS in der persönlichen Verkaufsberatung Rechnung getragen werden. Gegenstand der Analyse sind hier also die sich aus dem Integrationspotential des AUS ergebenden Zielsetzungen hinsichtlich der beabsichtigten Wirkungen auf den Nachfrager. Dabei wird einerseits das theoretisch aufgezeigte Potential zur Verbesserung der Integration externer Faktoren unter dem Aspekt der Erhöhung der Individualisierung der Leistungserstellung im Hinblick auf das Ziel der Entwicklung eines nachfragerindividuellen und problemadäquaten Angebotes analysiert. Im Hinblick auf diese beabsichtigte Wirkung ist der Blickwinkel dabei also stärker auf das Ergebnis der Akquisitionsleistung gerichtet. Die andere Perspektive bezieht sich stärker auf die prozeßbezogenen Wirkungen des Integrationspotentials. Im Zentrum der Betrachtung steht hier das sich aus der Intensivierung der Verkaufsberater-Nachfrager-Interaktion ergebende Potential zur Erhöhung der wahrgenommenen Kundennähe.

Ordnet man die Einbeziehung externer Faktoren in Form bedarfsspezifischer Informationen in die Akquisitionsberatung und Angebotserstellung zunächst nach dem Ort bzw. der Tiefe des Eingriffs der betrieblichen Wertschöpfungskette zu,[619] so erfolgt der konkrete Eingriff zunächst im Vertrieb. Im Fall einer späteren Auftragsvergabe sind darüber hinaus mittelbare Auswirkungen durch den auftragsspezifischen Datentransfer zumindest in der Produktion, möglicherweise aber auch in der Beschaffung (z.B. bei nicht bevorrateten seltener nachgefragten Komponenten) oder sogar auch im F&E - Bereich (z.B. bei kundenindividuellen Sonderanfertigungen) denkbar. Nachstehende Abbildung veranschaulicht diese Zusammenhänge noch einmal:

---

[618] Vgl. Diller, H. (1994), S. 202; Kleinaltenkamp, M. (1993b), S. 103; Woratschek, H. (1996), S. 61.
[619] Vgl. Engelhardt, W.H. u.a. (1993), S. 412 f. Genaugenommen kann die Integration bedarfsspezifischer Informationen als externe Faktoren generell nicht ausschließlich der Eingriffsebene Vertrieb und damit einer bestimmten Eingriffstiefe zugeordnet werden. Selbst wenn der Prozeß der Angebotserstellung losgelöst von einer nachträglichen Auftragsdurchführung betrachtet wird, ist z.B. für detailspezifische technische Rückfragen oder zur Abstimmung der Lieferzeit ein Informationstransfer und damit die Einbeziehung der genannten Funktionsbereiche zur bedarfspezifischen Leistungserstellung notwendig.

144

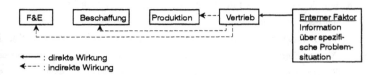

Abb. 13: Auswirkungen der Einbeziehung externer Faktoren in der Akquisitionsberatung auf die Wertschöpfung

Quelle: In Anlehnung an Engelhardt, W.H. u.a. (1993), S. 413.

Die gegenüber dem Ort des Eingriffes für die Planung und Steuerung der Leistungserstellung bedeutsamere Eingriffsintensität gibt Aufschluß über das Ausmaß und die Intensität der Integration der externen Faktoren.[620] Bei der Leistungserstellung einer Vielfalt konfigurationsbedürftiger Güter erfolgt der Eingriff externer Faktoren zwar vor allem in einer sehr frühen Phase der Leistungserstellung, der Akquisitionsphase, dafür aber vergleichsweise intensiv. Die physischen Endprodukte werden zwar durch weitgehend autonome Prozesse erstellt,[621] jedoch wird vor allem die Produktion durch die Vorgabe der Art und Weise der Komponentenzusammenstellung aus der Akquisitionsphase maßgeblich beeinflußt.

Die hier im Betrachtungszentrum stehende Integration externer Faktoren in Form des Nachfragers bzw. dessen bedarfsspezifischer Informationen läßt die Betrachtung der Implikationen von AUS in bezug auf die Integrativität entlang der Leistungsdimensionen nunmehr sinnvoll erscheinen.

Aus dieser Perspektive kann das Angebot im Rahmen der Prozeßdimension als Teilergebnis eines integrativen Teilprozesses im Rahmen der Erstellung von Absatzobjekten charakterisiert werden. Da das Teilergebnis Angebot wiederum aus Prozessen der Kombination von Potentialfaktoren unter Einbeziehung externer Faktoren resultiert, bietet sich zur Verdeutlichung der wiederum alle Leistungsdimensionen betreffenden Implikationen des Einsatzes von AUS zunächst eine leistungsdimensionenbezogene Analyse an.

---

[620] Vgl. Engelhardt, W.H. u.a. (1993), S. 413.
[621] Vgl. Engelhardt, W.H. u.a. (1993), S. 415.

Betrachtet man das AUS zunächst aus der Potentialperspektive zu Beginn des Nutzungseinsatzes, so handelt es sich in bezug auf die Hardware- bzw. Softwarekomponenten um das Ergebnis einer zunächst auf den Gesamtmarkt ausgerichteten Faktorkombination. Unterschieden werden kann dabei zwischen einer unangepaßten, lediglich auf allgemeine Marktinformationen gestützten und einer an spezifische Nachfrager(gruppen) angepaßten Faktorkombination.[622] Durch die Interaktionsprozesse mit dem Nachfrager erfolgt auf Basis der kontinuierlichen Bereitstellung sowohl einzelkundenspezifischer als auch allgemeiner Marktinformationen nun eine Anreicherung des marktbezogenen Wissens des Anbieters.[623] AUS stellen in diesem Kontext Instrumente dar, die die Transformation der gewonnenen Informationen in unternehmensinterne Wissenspotentiale ermöglichen, die sowohl im weiteren Verlauf der betrachteten Transaktion, als auch in zukünftigen Transaktionen mit demselben oder auch anderen Marktpartnern die bedarfsspezifische Leistungsgestaltung erheblich unterstützen können.

Konkret wird einerseits die Verfügbarkeit der im Laufe des Beratungseinsatzes generierten allgemeinen Marktdaten, z.B. in Form von Informationen über Innovationen, Konkurrenzangebote oder Trendentwicklungen erheblich verbessert.

Andererseits kann im Laufe der nachfragerspezifischen Beratungen oder sich entwickelnder Geschäftsbeziehungen das segment- bzw. einzelkundenspezifische Wissen, etwa Informationen über die spezifische Problemsituation, bereits vorhandene Problemlösungen oder die zukünftig zu erwartende Bedürfnissituation des Nachfragers zur Vorbereitung bzw. Durchführung konkreter Beratungskontakte erheblich gesteigert werden.[624] So kann beispielsweise der sofortige Zugriff auf die im Zuge vergangener Transaktionen in der Kundendatenbank oder einer Know-How-Datenbank systematisch gespeicherten einzelkun-

---

[622] Vgl. Engelhardt, W.H.; Freiling, J. (1995), S. 41 f. Grundsätzlich stellt auch die auf die Wahrnehmungsbedürfnisse des Nachfragers gerichtete Softwaregestaltung des AUS einen Aspekt der Potentialintegrativität dar. Allerdings ist die Systemausgestaltung auf die Gesamtheit der Nachfrager gerichtet. Zudem sind auch unter weitgehender Berücksichtigung der Wahrnehmungspräferenzen der Nachfrager gewisse technische Gestaltungsrestriktionen einzuhalten, die ebenso eher zu einer Betrachtung als Ergebnis einer nicht angepaßten Faktorkombination tendieren lassen.

[623] Vgl. Kleinaltenkamp, M. (1993b), S. 118 f. Kleinaltenkamp, M. (1993b), S. 108 und Jacob, F. (1995), S. 50 f. unterscheiden in diesem Zusammenhang zwischen der Bereitstellungsleistung im Sinne allgemeiner Marktinformationen, die zunächst unabhängig vom Bedarf zur Gestaltung der Bereitstellungsleistung eingesetzt werden und externen Faktoren (alle mit dem einzelnen Kunden verknüpften Informationen), die im Rahmen einzelner Akquisitionsprozesse erhoben und verarbeitet werden.

[624] Einzelkundenspezifisches Wissen beinhaltet gleichzeitig den Charakter allgemeiner Marktinformationen, die Trennung folgt aus theoretischen Überlegungen. Vgl. Reckenfelderbäumer, M. (1995), S. 17. In der Praxis liegen eher fließende Übergänge vor. Allerdings sei darauf hingewiesen, daß die Integration allgemein verfügbarer Marktinformationen keine Einbeziehung externer Faktoren im Sinne der Integrativität darstellt, da diese stets als ein auf den einzelnen Kunden bezogenes Phänomen zu verstehen ist. Vgl. Freiling, J.; Reckenfelderbäumer, M. (1996), S. 38; Kleinaltenkamp, M. (1993b), S. 108. Beziehen sich jedoch die zu einem Zeitpunkt als allgemein verfügbare Marktinformationen generierten Angaben ebenso auf bestehende Beziehungen zu Nachfragern, so könnte möglicherweise von einer "mittelbaren Integrativität" gesprochen werden.

denspezifischen Informationen die Gesprächsvorbereitung bzw. -durchführung in bezug auf eine möglichst individualisierte Nachfragerberatung bzw. möglichst problemgerechte Leistungskonfiguration durch Kenntnis kundenspezifischer Problemlagen erheblich effektiver gestalten.

Insgesamt handelt es sich bei AUS damit um einen flexibel einsetzbaren Faktor, mit Zügen der Potentialintegrativität, die sich bei nachfragerübergreifend nutzbaren kundenspezifischen Erfahrungswerten wiederum auf flexible, hingegen bei nur in bestehenden Geschäftsbeziehungen verwertbaren Daten auf spezifische Faktoren bezieht.[625]

Mit Bezug auf die Prozeßdimension werden als externe Faktoren der Nachfrager selbst bzw. sein Agent sowie die durch diesen übermittelten bedarfsspezifischen Informationen in den Prozeß der Beratung und Angebotserstellung eingebracht. Ist das persönliche Beratungsgespräch bereits Ausdruck hoher Integrativität,[626] so kann durch die Computerunterstützung die mentale Einbeziehung des Nachfragers durch die stärkere Berücksichtigung individueller Informationsbedürfnisse weiter erhöht und dem Grundprinzip der persönlichen Verkaufsberatung, das Problem des Nachfragers gemeinsam mit dem Nachfrager zu lösen,[627] stärker entsprochen werden. Die Integration der vom Nachfrager einzubringenden externen Faktoren in Form bedarfspezifischer Informationsbereitstellung wird durch AUS erheblich verbessert.

So wird z.B. im Rahmen der Bedarfsanalyse auf Basis nachfragerindividueller Eigenschaftsanforderungen eine erste Produktkonfiguration kreiert. Durch die konkrete Anforderungsspezifikation der Bedarfsanalyse kann zudem die Evidenz des Nachfragers hinsichtlich der von ihm zur problemgerechten Leistungserstellung einzubringenden Informationen verbessert werden.[628] Präsentationszusammenstellungen sind entsprechend der individuellen Informations- und Visualisierungswünsche nachfragerspezifisch generierbar, und die Eignung der ausgewählten Konfigurationsalternative ist in bezug auf ihre Problemlösungsadäquatheit besser zu beurteilen. Insgesamt kann durch die stärkere Berücksichtigung der Nachfragerbelange in Form der bedarfsspezifischen Informationen eine bessere Eignung des erstellten Angebotes in bezug auf die Problemlösungsgerechtigkeit erzielt werden.

---

[625] Vgl. Engelhardt, W.H.; Freiling, J. (1995), S. 41 f. Der hier vorgenommenen Darstellung liegt insofern eine dynamische Komponente zugrunde, als sich die im Rahmen der Potentialperspektive analysierten Implikationen des Einsatzes von AUS konkret in der nachfolgenden Transaktionsphase bzw. in nachfolgenden Transaktionen auswirken.
Zur Bedeutung der Integration externer Faktoren im Rahmen von Geschäftsbeziehungen vgl. Freiling, J.; Reckenfelderbäumer, M. (1996), S. 36 ff.
[626] Vgl. Mayer, R. (1993), S. 88.
[627] Vgl. Kleinaltenkamp, M. (1995), S. 82.
[628] Kleinaltenkamp, M. (1995), S. 81 spricht in diesem Zusammenhang von Prozeßevidenz.

Gleichzeitig übernimmt aber der Nachfrager im Rahmen der Leistungskonfiguration bei jedem Konfigurationsschritt Teilaufgaben der Leistungskonzeptionierung durch die Selektion der jeweils gewünschten Systemkomponenten.[629] Es entstehen hier Ansatzpunkte der Verlagerung von Wertschöpfungsprozessen im Rahmen der Akquisitionsleistungen auf den Nachfrager, die im persönlichen Beratungsgespräch den Kontaktverlust vermeiden können.[630] Statt der vielfach erfolgenden Vorgehensweise der Beurteilung bereits fertig zusammengestellter Problemlösungsvorschläge und nachträglicher Anpassung an die individuellen Kundenbedürfnisse, erfolgt quasi deren selbständige Konfiguration.[631] Durch den Einsatz von AUS kann damit auch die Interaktion zwischen Verkaufsberater und Nachfrager intensiviert werden. Indem der Nachfrager kontinuierlich in den Prozeß der Leistungskonfiguration einbezogen wird, erfolgt durch die unmittelbare Berücksichtigung der Informationswünsche und Konfigurationsentscheidungen auf jeder Stufe der Produktkonzeptionierung ein intensiverer Austausch zwischen den Akteuren. Insgesamt kann die Integrativität der Konzeption der Leistungszusammenstellung sowohl in bezug auf die vielfältigen einzelnen Teilschritte, als auch in bezug auf den Gesamtprozeß erhöht werden.

Gleichzeitig kann aber dem Anstieg der Unsicherheit auf beiden Seiten entgegengewirkt werden. Aus Anbietersicht wird es für den Verkaufsberater bei konventioneller Vorgehensweise nämlich tendenziell schwieriger, aus einer steigenden Zahl nachfragerindividueller Bedarfsanforderungen eine darauf abgestimmte schnittstellenkongruente Konfiguration zu entwickeln. Dies dürfte sich sowohl auf die Bedarfsanalyse als auch die entsprechende Verfeinerung eines ausgewählten Grundtyps beziehen. Dies antizipierend verstärkt sich tendenziell auch die Unsicherheit des Nachfragers in bezug auf die dem Verkaufsberater zugemessene Problemlösungskompetenz. Der Einsatz von AUS stellt nun insofern eine Möglichkeit zur Erhöhung der Integrativität bei gleichzeitigem Unsicherheitsabbau auf beiden Seiten dar,[632] als die auf Grundlage der bedarfsspezifischen Anforderungen erfolgende computergestützte Konfiguration die Gefahr der Vernachlässigung generell zur Problemlösung geeigneter Kom-

---

[629] Vgl. z.B. Bergmann, H. (1994), S. 216, der auf die stärkere Einbeziehung des Nachfragers in die Informationspräsentation durch multimediale Anwendungen hinweist.

[630] Vgl. Siebdrat, H. (1994), S. 24.

[631] Die Verlagerung von Wertschöpfungsaktivitäten auf den Nachfrager erscheint vor allem mit Blick auf die zur Zeit noch in den Anfängen begriffenen, zukünftig aber an Bedeutung gewinnenden, Online-Anwendungen konfiguratorintegrierter elektronischer Produktkataloge relevant. Dabei ist bei nicht komplexen Produkten durchaus die selbständige Leistungszusammenstellung des Nachfragers am eigenen PC denkbar, die über Datenfernübertragung direkt zur Produktion freigegeben werden kann und bei komplexen Leistungen als Grundlage einer im anschließenden persönlichen Beratungskontakt erfolgenden Feinabstimmung dienen kann. Vgl. Hermanns, A.; Flory, M. (1995a), S. 62.

[632] Vgl. auch Freiling, J.; Paul, M. (1995), S. 42 f., die auf die Möglichkeiten der gemeinsamen Nutzung von Integrativität und der Computertechnologie zur Reduzierung von Unsicherheit hinweisen, dies aber nicht weiter ausführen.

ponenten bzw. Kombinationsmöglichkeiten vermeidet.[633] Zudem ermöglicht die Leistungsfähigkeit der Computertechnologie die Berücksichtigung einer höheren Anzahl nachfragerspezifischer Kriterien unter Gewährleistung einer konsistenten Konfiguration, die somit den Individualisierungsgrad im Sinne der Bedarfsentsprechung der Leistungskonzeption erhöht. In diesem Sinne kann durch den Einsatz des Computers die mit zunehmenden bedarfsspezifischen Leistungsanforderungen ansteigende Unsicherheit für den Anbieter tendenziell abgebaut werden, da das Umsetzungsproblem durch die Computertechnologie übernommen wird. Insofern besteht kein Widerspruch zu der allgemein gültigen Auffassung einer mit zunehmender Integration externer Faktoren tendenziell einhergehenden Erhöhung der Unsicherheit in bezug auf die Qualität der zu erstellenden Leistung. Das AUS stellt vielmehr ein Instrument zur Reaktion auf bzw. zur Reduzierung dieses Problemfeldes dar, das im Kern auf die höhere Informationsverarbeitungskapazität des Rechners zurückzuführen ist und konkret in der effektiven Reaktion auf variierende Ausprägung externer Faktoren unter der bestehenden Zielsetzung der Entwicklung einer an individuellen Bedarfskriterien ausgerichteten spezifischen Problemlösungskonzeption zum Ausdruck kommt. Dies dürfte nicht nur zum Abbau entsprechender Unsicherheit des Verkaufsberaters beitragen, vor allem dürfte die erlebbare Leistungsfähigkeit der Computertechnologie ebenso die nachfragerseitige Unsicherheit bezüglich problemlösungsmindernder mentaler Unzulänglichkeiten des Verkaufsberaters erheblich reduziert werden. In gleicher Weise kann die schrittweise Umsetzung und Visualisierung der nachfragerindividuellen Leistungsanforderungen über die einzelnen Konfigurationsstufen die Verständnisschwierigkeiten im Rahmen des Beratungsprozesses aus Sicht des Nachfragers reduzieren.

Die durch den Einsatz von AUS mögliche Erhöhung der Prozeßintegration externer Faktoren in Form der besseren Berücksichtigung bedarfsspezifischer Informationen zeigt sich in ihrer Wirkung aber letztendlich in der <u>Ergebnisdimension</u> des Teilprozesses der Beratung und Angebotserstellung, dem erstellten Angebot.[634] Je stärker die nachfragerspezifischen Anforderungen bei der Auswahl einer Basislösung bzw. bei den einzelnen Stufen der Leistungskonfiguration berücksichtigt werden, desto problemgerechter fällt die Leistungskonzeptionierung und damit auch die physische Problemlösung aus.

---

[633] Vgl. ausführlich Kap. 6.2.2.1.1.

[634] Wird dem Nachfrager hingegen im Rahmen der multimedialen Zusammenstellung der einzelnen Produktkomponenten, z.B. zur Generierung produktspezifischer Verbesserungsanregungen, die Möglichkeit der unmittelbaren Einbringung von Modifikationsvorschlägen eingeräumt, kann die Integration externen Faktoren über die konkret erfolgende Leistungserstellung hinaus vom Vertrieb auf den F&E- Bereich ausgeweitet werden. Dabei sei angemerkt, daß hier ein Eingriff externer Faktoren erfolgt, dessen Relevanz nicht unbedingt für das betrachtete Auftragsverhältnis gegeben sein muß, sondern möglicherweise erst in nachfolgenden Transaktionen mit demselben oder anderen Nachfragern zur Wirkung kommt. In diesem Sinne kann somit auch von Potentialintegrativität gesprochen werden.

Die Möglichkeit der generell nur integrativ erfolgenden Nutzung des Angebotes greift den Gedanken der grundsätzlichen Eignung der in den Potential- bzw. Prozeßdimensionen entstehenden Teilergebnisse zur Nutzenstiftung für den Nachfrager auf.[635] Betrachtet man die durch den Einsatz von AUS ermöglichte verstärkte Integration externer Faktoren auf der Ergebnisebene des erstellten Angebotes, so zeigt sich folgendes: Je stärker sich die Integration externer Faktoren auf das erstellte Angebot auswirkt, desto intensiver wird tendenziell die Nutzung des Angebotes erfolgen. Je stärker der Angebotsvorschlag nämlich die bedarfsspezifischen Anforderungen trifft, desto intensiver wird die mentale Auseinandersetzung damit erfolgen, da tendenziell die Wahrscheinlichkeit steigt, die zukünftige Lösung für die zugrundeliegende Problemsituation gefunden zu haben, so daß der Nachfrager sich gerade mit dieser Problemlösungsalternative besonders vertieft befassen wird. Dies impliziert auch eine verstärkte Auseinandersetzung mit dem Angebot im Konkurrenzvergleich, da diese Alternative aufgrund ihrer spezifischen Problemlösungseignung im Sinne einer Referenzlösung stärker als Anker für den Vergleich mit Konkurrenzofferten herangezogen werden dürfte.

Anschließend an diese theoretische Ausgangsbetrachtung erfolgt nachstehend die Analyse der Verbesserung der Integration externer Faktoren im Hinblick auf die beabsichtigten Marktwirkungen aus ergebnis- und prozeßbezogener Perspektive. Die ergebnisbezogene Dimension bezieht sich auf die Erhöhung der Individualisierung der Leistungserstellung, die im Ergebnis einer individualisierten Problemlösungsofferte als Zielsetzung der Akquisitionsberatung und Angebotserstellung zum Ausdruck kommt. Neben diesem aus der Wettbewerbsperspektive zentralen Aspekt kommt aber auch der prozeßbezogenen Dimension der Verbesserung der Integration externer Faktoren Bedeutung zu. Angesprochen wird damit die auf den Prozeß der Beratung und Angebotserstellung gerichtete Intensivierung der Interaktion zwischen Verkaufsberater und Nachfrager durch den Einsatz von AUS, die durch die unmittelbare und umfassende Einbeziehung des Nachfragers eine gemeinsame Problemlösungsentwicklung fördert und letztendlich als Beitrag zur Erhöhung der wahrgenommenen Kundennähe ebenso wettbewerbswirksam werden kann.[636]

Die weiterhin zu erörternden Wirkungspotentiale der Reduzierung der wahrgenommenen Komplexität sowie der Erhöhung der Schnelligkeit der Akquisitionsberatung und Angebotserstellung können zumindest teilweise auch auf die Wirkung einer verstärkten Integration externer Faktoren zurückgeführt werden. So ist die transparenzfördernde Wirkung einer fle-

---

[635] Vgl. Reckenfelderbäumer, M. (1995), S. 14.

[636] Dabei sei angemerkt, daß sich die Individualisierung des Leistungsergebnisses tendenziell ebenso förderlich auf die wahrgenommene Kundennähe auswirkt. Da Ausgangspunkt beider Wirkungspotentiale aber die Integration externer Faktoren ist und sowohl die Individualisierung des Leistungsergebnisses als auch die Verkaufsberater-Nachfrager-Interaktion zentrale Wirkungspotentiale des Einsatzes von AUS darstellen, erscheint die gewählte Vorgehensweise gerechtfertigt.

xiblen Reaktion auf Informationsbedürfnisse des Nachfragers durch die unmittelbare Bereitstellung der gewünschten Angaben durchaus einleuchtend. Ebenso kann dadurch auch der Beratungs- und Angebotserstellungsprozeß beschleunigt werden. Das Komplexitätsreduzierungspotential und das Schnelligkeitspotential aber ausschließlich auf die genannten Wirkungen zu reduzieren, wäre allerdings eine verkürzte Sichtweise der Dinge. Ausgeblendet würden dann nämlich die auf den Einsatz wissensbasierter Anwendungen und die visuelle Darstellungsqualität der Informationsbereitstellung zurückgehenden Wirkungspotentiale. Zudem bliebe eine aus einer mitlaufenden Preiskalkulation resultierende Förderung der Transparenz der Angebotserstellung in bezug auf die der jeweiligen Konfigurationsstufe gegenüberstehende Gegenleistung ebenso unberücksichtigt. Ähnliches gilt für das Schnelligkeitspotential, dessen alleinige Reduzierung auf die Wirkungen eines unmittelbaren Zugriffs auf die gewünschten Informationen die auf die Funktionsintegration, etwa durch die übergreifende Verfügbarkeit von Expertenwissen, die EDV-Integration und die Datenaktualität zurückgehenden Schnelligkeitswirkungen vernachlässigen würde.

6.2.2.1.1 Erhöhung der Individualisierung der Leistungserstellung (Ergebnisbezogene Perspektive)

Unter Individualisierung wird allgemein die Fähigkeit und Bereitschaft eines Unternehmens zur fallspezifischen Gestaltung der Beziehung zum einzelnen Nachfrager verstanden.[637] Dies betrifft zum einen die Bestandteile des Endproduktes, zum anderen die Ebene der Informationsbereitstellung und Konzipierung der Leistungskonfiguration im Rahmen der Akquisitionsphase.[638] In diesem Interaktionsprozeß geht der Anbieter auf die abnehmerspezifischen Wünsche hinsichtlich der Leistungsgestaltung im Rahmen der Analyse der Problemsituation soweit wie möglich ein und versucht, eine auf den konkreten Bedarf zugeschnittene maßgeschneiderte Problemlösung zu offerieren.[639] Individualisierung impliziert generell die Integration des Nachfragers in den Leistungserstellungsprozeß in Form der Übermittlung problemspezifischer Informationen, die dem Anbieter erst die Ausrichtung seiner Produktionsfaktoren auf den nachfragerindividuellen Bedarf ermöglichen und im hier untersuchten persönlichen Beratungskontakt darüber hinaus die physische Integration des Nachfragers bzw. seines(r) Agenten beinhaltet. Dabei wird der Anbieter tendenziell dann erfolgreich sein, wenn er ceteris paribus das eigene Angebot stärker an der bedarfsspezifischen Problemsituation ausrichten und damit die Unsicherheit des Nachfragers in bezug auf eine problemgerechte Nutzenbereitstellung stärker als die Konkurrenz reduzieren kann.

Im Hinblick auf die untersuchte Wettbewerbswirkung haben damit die Art und Weise der Einbindung bzw. Verarbeitung externer Faktoren in den Leistungserstellungsprozeß entscheidende Bedeutung, wird hierdurch doch erst die bedarfsspezifische Ausrichtung der Anbieterleistung durch den Nachfrager wahrgenommen[640] und durch Vergleich mit Alternativleistungen zum Wettbewerbsfaktor.

Die wettbewerbsstrategische Bedeutung einer kundenspezifischen Leistungsgestaltung wurde bereits in verschiedenen Ansätzen thematisiert.[641] Greift man zunächst die bereits an-

---

637 Vgl. Diller, H. (1995), S. 443; Link, J.; Hildebrand, V. (1995a), S. 6; (1993), S. 13. Der Begriff der Individualisierung ist zunächst leistungsbezogen zu verstehen, da sich die Austauschprozesse zwischen Anbieter und Nachfrager auf die Entwicklung eines Leistungsangebotes beziehen, das auf die Befriedigung der vorliegenden Mangelsituation des Nachfragers gerichtet ist. Der Begriff der Beziehung ist daher primär auf die konkrete Transaktion zu beziehen, die allerdings über die konkrete Konfiguration des Produktes weitere, damit in Verbindung stehende, Elemente enthalten kann, die weitere Austauschprozesse notwendig machen. Insofern kann auch im Rahmen einer Einzeltransaktion von einer Anbieter-Nachfrager-Beziehung gesprochen werden.
638 Vgl. Diller, H. (1995), S. 443.
639 Vgl. Mayer, R. (1993), S. 41.
640 Vgl. Mayer, R. (1993), S. 39.
641 Zur Thematisierung des Konzeptes der Produktindividualisierung in der betriebswirtschaftlichen Literatur vgl. vor allem Jacob, F. (1995), S. 10 ff.

152

gesprochene Strategieoption der Differenzierung von *Porter* auf, so bezieht sich diese auf nichts anderes als auf eine vom Nachfrager als einzigartig wahrgenommene Dimension der Leistungsgestaltung[642] und insofern eine Abhebung von der Konkurrenz. Dies bedeutet wiederum, daß hierdurch den individuellen Bedürfnissen im Vergleich zum Wettbewerb besser entsprochen werden kann. *Ansoff* und *Stewart* sprechen allerdings bereits 1967 in der als "Application Engineering" bezeichneten Strategie von der Entwicklung von Produktmodifikationen zur Erfüllung individueller Bedürfnisse einzelner Nachfrager in reifen Märkten.[643] Ein weiterer Ansatz stellt aus Anbietersicht die Möglichkeit der "Flexibilität" als Wettbewerbspriorität heraus, die als Fähigkeit des Umgangs und der Abwicklung schwieriger, nicht standardisierter Aufträge verstanden wird ("to handle difficult, non-standard orders").[644] In einer Weiterentwicklung des Ansatzes von *Porter* argumentieren *Ringelstetter* und *Kirsch* mit "Differenzierung durch Varietät" und meinen damit eine im Vergleich zum Wettbewerb bessere Entsprechung individueller Präferenzen durch eine größere Variantenvielfalt einer Leistung.[645] Neuere Begriffseingrenzungen stellen zudem auf die strategische Vorgehensweise des Anbieters mit dem Ziel der Ausrichtung des Leistungsgegenstandes auf die individuellen Besonderheiten der Verwendung durch den Nachfrager ab.[646]

Letztendlich zielt Leistungsindividualisierung damit auf eine im Vergleich zur Konkurrenz bessere Erfüllung der jeweiligen Kundenwünsche durch die angebotene Leistung. Aus Sicht des Anbieters beinhaltet das mit der Strategie der Individualisierung verfolgte Ziel aus der Perspektive der Einzeltransaktion (statische Sicht) die Schaffung eines Preisspielraums gegenüber weniger bedürfnisspezifischen Leistungsangeboten.[647] In diesem Sinne wird also eine Erlössteigerung angestrebt, die durch eine Erhöhung des durch die Leistung erwarteten Nutzens erreicht werden soll und beim Nachfrager ein entsprechend höheres Entgelt der Leistung erreichen soll.[648] Aus dynamischer Sicht wird eine Erhöhung der Kundenbindung angestrebt, die sich in einer erhöhten Wiederkaufwahrscheinlichkeit äußert.[649] Je stärker sich

---

[642] Vgl. Porter, M. E. (1988), S. 65.

[643] Vgl. Ansoff, H.I.; Stewart, J. (1967), S. 71 ff.

[644] Vgl. Wheelwright, S. C. (1984), S. 81.

[645] Vgl. Ringelstetter, M.; Kirsch, W. (1991), S. 563. Kaluza, B. (1990), S. 60 ff. betrachtet in diesem Zusammenhang im Rahmen der von *Gilbert/Strebel* entwickelten "Outpacing-Strategie" (Vgl. Gilbert, X.; Strebel, P. (1988), S. 70 ff) den Wechsel von der Strategie der Kostenführerschaft zur Differenzierung als Strategie der dynamischen Produktdifferenzierung, die, ausgehend von im Zeitablauf spezifischer werdenden Nachfragerwünschen, es ermöglicht, "wechselnde Bedürfnisse der Kunden über die Zeit hinweg zu erfüllen".

[646] Vgl. Jacob, F. (1995), S. 8. Siehe auch Mayer, R. (1993), S. 40 f., der den Aspekt der notwendigen aktiven Einbindung des Nachfragers in den Prozeß der Leistungserstellung stärker hervorhebt.

[647] Vgl. dazu Mayer, R. (1993), S. 56 ff., der am Modell der neoklassischen Preistheorie argumentiert und Differenzierung durch Individualisierung als Möglichkeit der Schaffung eines begrenzten Monopols unter Wettbewerbsbedingungen betrachtet.

[648] Vgl. Reiß, M.; Beck, T.C. (1995), S. 64.

[649] Vgl. Specht, G.; Zörgiebel, W. (1989), S. 498.

die Ausgestaltung der Leistung mit dem Anspruchsprofil des Nachfragers deckt, desto eher wird dieser bereit sein, positive Erfahrungen mit einem Anbieter aus der Vergangenheit auf zukünftige Transaktionen zu übertragen und diesen erneut als Vertragspartner auszuwählen.[650]

Vor dem Hintergrund der hier betrachteten Unsicherheitsproblematik bei konfigurationsbedürftigen Leistungen soll der Aspekt der unsicherheitsreduzierenden Wirkung der individualisierten Leistungsgestaltung allerdings stärker in den Vordergrund gerückt werden. Dies steht nicht im Widerspruch zur postulierten wettbewerbsstrategischen Wirkung, wird der Nachfrager doch das Angebot präferieren, welches seine Unsicherheit über die Problemlösungsgerechtigkeit der Leistung am stärksten reduziert, mithin die an die Leistung gestellten spezifischen Nutzungserwartungen am besten zu erfüllen scheint. Zudem kann die Fähigkeit zur Leistungsindividualisierung aufgrund der marktseitig geforderten Leistungen vielfach eher als generelle Bedingung der Wettbewerbsfähigkeit angesehen werden. Infolge gesättigter Märkte in vielen Branchen und differenzierter Nachfragerwünsche[651] hat sich bereits die individuelle Leistungsgestaltung zum Marktstandard entwickelt (z.B. Automobile, Fertighäuser).[652] Da dieser Prozeß der Standardisierung auch gleichzeitig einen Selektionsprozeß impliziert, werden die Anbieter, die den sich durchsetzenden Individualisierungsstandard nicht erfüllen, vom Markt verdrängt. Entsprechend erfordert die Konkurrenzfähigkeit in solchen Märkten eine individualisierte Leistungsgestaltung, die vielfach bereits verwirklicht wurde. Dennoch bietet der Einsatz von AUS auch in diesen Fällen nicht unerhebliches Individualisierungspotential.

---

[650] Dabei sei darauf verwiesen, daß sich aus der einzelkundenbezogenen Perspektive spezifische Ausprägungen individualisierter Leistungsgestaltung auch zu einem Standard in der konkreten Anbieter-Nachfrager-Beziehung entwickeln können, der aber im Hinblick auf die Bedarfsentsprechung durchaus eine individualisierte Problemlösung darstellen kann. Gersch, M. (1995), S. 64 spricht in diesem Zusammenhang von einer gewünschten Standardisierung.

[651] Vgl. Hünerberg, R.; Heise, G. (1995), S. 12. Dabei ist allerdings zu unterscheiden zwischen der einzelfallorientierten Leistungsgestaltung eines Unternehmens und dem im Zusammenhang mit der Wertewandeldiskussion verwandten Terminus der Individualisierung im sozialpsychologischen Sinne. Letzterer, vor allem im Zusammenhang mit der Individualisierung des Konsums verwandter, Begriff bezieht sich in erster Linie auf den im Zuge des Wertewandels auftretenden Wunsch der Menschen, sich durch die Art der gekauften Güter von den Mitmenschen abzuheben, sich also zu individualisieren. Vgl. dazu Böcker, F. (1988), S. 40 ff. Hieraus folgt aber nicht notwendigerweise eine Individualisierung des Angebotes, da z.B. über einen außergewöhnlich hohen Preis eines einheitlich angebotenen Produktes (z.B. Duftwasser) die gewünschte psychologische Individualisierungswirkung auf der Nachfragerseite erreicht werden kann. Vgl. Mayer, R. (1993), S. 37. Nichtsdestoweniger kann ein solches Individualisierungsbedürfnis der Nachfrager aber auch eine bedarfsspezifische Ausrichtung der Anbieterleistung nach sich ziehen (z.B. zusätzliche bzw. modifizierte Innenausstattungs- bzw. Karosserieelemente im Rahmen des Werkstuning von Automobilen).

[652] Zur Entwicklung marktlicher Standards vgl. vor allem Kleinaltenkamp, M. (1993a), S. 141 ff.

Geht der Individualisierungsbedarf, also die Individualität der Leistungsverwendung, von der Wertkette des Nachfragers aus, so muß die erforderliche Umsetzung an der Wertkette des Anbieters ansetzen. Die variierenden Individualisierungsansprüche des Nachfragers bedeuten für den Anbieter nämlich die Notwendigkeit der flexiblen Anpassung der Potentialfaktoren an die jeweilige Bedarfssituation. Aus diesem Blickwinkel beinhalten die noch zu erläuternden Wirkungsweisen von AUS ein Flexibilitätspotential,[653] also ein einem Änderungsbedarf gegenüberstehendes Änderungspotential.[654] Im allgemeinen Begriffsverständnis kann Flexibilität generell als Potential betrachtet werden, sich im Bedarfsfall an die veränderten Gegebenheiten anzupassen, also über Handlungsspielräume zu verfügen.[655] Das hier im Zusammenhang mit der Leistungsindividualisierung in Rede stehende spezifische Begriffsverständnis bezieht sich auf die Fähigkeit zur bedarfsspezifischen Leistungserstellung durch einzelfallspezifische Ausrichtung der Produktionsfaktoren. Für den Anbieter stellt sich hier an die Bereitstellungsleistung der Anspruch der Kombination der internen Faktoren mit variierenden externen Faktoren zu bedarfsspezifischen Leistungsergebnissen.

Zur Herausarbeitung der konkreten Flexibilitätswirkungen von AUS soll der Literatur keine weitere Klassifizierung von Flexibilitätsformen hinzugefügt werden. Vielmehr erscheint die Systematisierung von *Jakob* zur Analyse des Flexibilitätspotentials von AUS besonders geeignet, da hieran zum einen die Kernpunkte der Flexibilitätswirkungen von AUS im persönlichen Nachfragerkontakt dargestellt und der die unterschiedlichen Flexibilitätsdimension verbindende Charakter der Systeme aufgezeigt werden können. Als Quellen der Flexibilität werden hier
- technisch-maschinelle Potentialfaktoren (Produktionssystem),
- das personelle Leistungspotential (System der Humanressourcen) und
- das Prinzip der Leistungszusammenstellung (Produktsystem)
unterschieden.[656]

Das *Produktionssystem* umfaßt dabei alle "nicht-menschlichen und nicht-produktbezogenen"[657] Elemente des betrieblichen Leistungserstellungspotentials, deren Struktur in hohem Maße dessen Eignung als Quelle zur individuellen Leistungserstellung darstellt. Im Kern

---

[653] Vgl. Mayer, R. (1993), S. 139 ff., der Flexibilität als Potential eines Unternehmens zur Erreichung einer den individuellen Bedarfen entsprechenden Leistungsgestaltung betrachtet. Zu den hier im Detail nicht behandelten fertigungswirtschaftlichen Voraussetzungen vgl. z.B. Jacob, F. (1995), S. 56 ff.
[654] Vgl. Knof, H.L. (1992), S. 143.
[655] Vgl. Böcker, J. (1995), S. 32; Jacob, H. (1989), S. 16; Jacob, F. (1995), S. 53; Knof, H.L. (1992), S. 143; Wieandt, A. (1995), S. 458.
[656] Vgl. Jacob, F. (1995), S. 55. Zu weiteren Konzepten zur Klassifizierung von Flexibilitätsformen vgl. z.B. Knof, H.L. (1992), S. 143 f.; Mayer, R. (1993), S. 145 ff.; Mössner, G.U. (1982), S. 62 ff.
[657] Jacob, F. (1995), S. 55.

155

handelt es sich dabei um alle Hardware- und Softwareelemente der Produktplanung, der direkten Fertigung und der innerbetrieblichen Auftragslogistik. Greift man die durch das Zusammenspiel von EPK und Konfigurationssystem ermöglichte individuelle Leistungszusammenstellung auf, so lassen sich AUS als ein auf den Vertrieb vorverlagertes technisches Teilsystem der Produktplanung interpretieren. Der prinzipielle Unterschied der computergestützten digitalisierten Modellentwicklung gegenüber der konventionellen, auf schriftliche Unterlagen gestützten Vorgehensweise liegt dabei im Kern in der höheren Informationsverarbeitungs- und Speicherkapazität der Computertechnologie, die im konkreten Fall von AUS eine flexiblere, weil unmittelbar umsetzbare und visualisierbare Reaktion auf nachfragerseitige Wünsche der Konfigurationsmodifikation bzw. der sonstigen produktspezifischen Leistungsbereitstellung beinhaltet.

Die Flexibilität des *personellen Potentials* wird durch den Einsatz von AUS insofern tangiert, als die Nachfragerberatung und Angebotserstellung eben durch den Verkaufsberater erfolgt. Die angestrebte Kongruenz zwischen Leistungsbereitschaft und Leistungsnachfrage beinhaltet hohe Anforderungen an das Vertriebspersonal, bedeutet dies doch hohe Flexibilität und Anpassungsfähigkeit an die nachfragerspezifischen Wünsche im Beratungsverlauf und bei der Angebotsausarbeitung. Hinsichtlich der Ausrichtung der personellen Kapazitäten auf die Fähigkeit zur Befriedigung nachfragerspezifischer Bedürfnisse kann aufgrund der mangelnden Informationsverarbeitungskapazität des menschlichen Gehirns[658] tendenziell von einer Trade-Off-Beziehung zwischen den den Individualisierungsgrad mitbestimmenden Faktoren der Spezialisierung auf bestimmte Wissensgebiete und der Flexibilität zwischen unterschiedlichen Wissensbereichen ausgegangen werden.[659] Insbesondere bei variantenreichen Leistungskonfigurationen ist diesem Aspekt aufgrund der über den technischen Produktkern hinausgehenden Wissensanforderungen besondere Bedeutung zuzumessen. Bezogen auf das fachspezifische Wissen eines eher spezialisierten Kundenberaters kann dies z.B. tendenziell bedeuten, daß eine sehr ausgereifte konfigurations- und komponentendetailspezifische Kenntnis vorliegt, die sich bei einem sehr breiten Sortiment möglicherweise sogar auf mehrere Produktlinien beziehen kann. Das Wissen über die übrigen Bereiche des Angebotsspektrums oder Zusatzleistungen der Angebotserstellung (z.B. Finanzierungs- oder Subventionsfragen, Wirtschaftlichkeitsanalysen) wird dagegen vergleichsweise schwach ausgeprägt sein.[660] Dagegen wird ein eher generalistisch ausgerichteter Kundenberater tendenziell über ein breites, allerdings weniger detailspezifisches Wissen verfügen. AUS ermöglichen hier die Integration der Vorteile beider Ausrichtungen, da sie sowohl sortimentsumfassendes technisches

---
[658] Vgl. Kap. 6.2.2.2.2.1.
[659] Vgl. Bruhn, M. (1995c), S. 28.
[660] Dies dürfte um so mehr zutreffen, als bei vielen Anbietern komplexer erklärungsbedürftiger Leistungen aufgrund des technisch notwendigen Know-Hows ingenieurdominierte Vertriebsstrukturen vorherrschen.

und konfigurationsspezifisches Detailwissen, als auch betriebswirtschaftliche Fachkenntnisse etwa in Form finanzierungsspezifischen Expertenwissens oder Anwendungen der Investitionsrechnungen verfügbar halten können. Computergestützte Angebotssysteme stellen somit eine Verbindung zwischen dem technisch-maschinellem Potential und dem personellen Leistungspotential dar, da der Einsatz in der persönlichen Kundenberatung in seiner Wirkung vor allem die personelle Flexibilität erhöht, indem infolge des zusätzlich verfügbaren Wissens eine flexiblere Reaktion auf variierende Nachfragerwünsche erreicht werden kann.

Letztendlich wettbewerbsrelevant ist vor allem aber die sich daraus ergebende, am *Produktsystem* anknüpfende Wirkung, da AUS hier erheblich zur vollständigen Ausschöpfung des bei Anbietern konfigurationsbedürftiger Leistungen vorherrschenden Baukastensystems als Prinzip der Leistungszusammenstellung beitragen und damit letztendlich die aus Nachfragersicht relevante Leistungsindividualisierung ermöglichen. Gerade die hypermediale Softwareaufbereitung in Verbindung mit wissensbasierten Elementen ermöglicht die Kombination der in standardardisierter Form vorgehaltenen Daten zu einer individuellen Problemlösung. Dies betrifft nicht nur den Prozeß der technischen Produktkonfiguration, sondern umfaßt ebenso die Zusatzleistungen der Finanzierungs- bzw. Subventionsberatung wie auch die leistungsspezifische Informationsbereitstellung (z.B. Nutzungs- oder Wartungshinweise) allgemein. Dieser Aspekt wird in den nachfolgenden Ausführungen zur konkreten Wirkungsweise des Einsatzes computergestützter Angebotssysteme im persönlichen Beratungskontakt verdeutlicht.

Das sich in bezug auf die Gesprächsvorbereitung ergebende Individualisierungspotential setzt an der Potentialintegrativität an. Ausgangspunkt ist hier also das im Zuge bisheriger Austauschprozesse akquirierte Wissen über die spezifische Problemsituation des Nachfragers, das in Kombination mit dem bisherigen Einsatz interner Faktoren die Basis für den jeweiligen Gesprächskontakt darstellt. Im Rahmen der Planung der Nachfragerkontakte kann zunächst durch Rückgriff auf die in der Kundendatenbank gespeicherten Daten eine nachfragerspezifische Vorbereitung des Gesprächstermins sowohl inhaltlicher als auch gesprächsstrategischer Art erfolgen.[661] Ein verbesserter Kenntnisstand der dem Beratungskontakt zugrunde liegenden nachfragerspezifischen Ausgangssituation ermöglicht die Sensibilisierung des Verkaufsberaters und erleichtert das Eingehen auf spezifische Problemstellungen des Nachfragers. Insbesondere wenn jener bestimmte Problemaspekte noch nicht oder nicht vollständig erkannt hat bzw. artikulieren kann, ist der Verkaufsberater durch das verfügbare Hinter-

---

[661] Vgl. Link, J.; Hildebrand, V. (1993), S. 142; Schumann, M. (1992), S. 91. Vgl. auch Hermanns, A.; Flegel, V. (1989b), S. 90 f., die auf die Möglichkeit des online-Zugriffs auf externe Informationsquellen zur möglichst individuellen Vorbereitung der Nachfragerkontakte hinweisen.

grundwissen eher in der Lage, bereits erste Ansätze für die Entwicklung einer Problemlösung aufzuzeigen.

Im Rahmen des nachfolgenden Kundenkontaktes kann durch das Zusammenspiel von Bedarfsanalyse, EPK und Konfigurationssystem sowohl der individuelle leistungsspezifische Informationsbedarf des Nachfragers befriedigt werden[662] als auch eine bedarfsorientierte individualisierte Angebotserstellung erfolgen.[663] Bezugspunkt zur Integration externer Faktoren ist zwar hier die Prozeßintegrativität, die sich in ihrer Wirkung allerdings in der Ergebnisdimension der betrachteten Teilleistung, dem erstellten Angebot, niederschlägt. In bezug auf die konkrete Produktkonfiguration erscheint hier vor allem das Potential zur *Erhöhung der bereichsspezifischen Wissensflexibilität* bei der technischen Leistungszusammenstellung relevant. Zwar ermöglichen bei konfigurationsbedürftigen Leistungen auch konventionelle Beratungsunterlagen die individuelle Konfiguration der Kernleistung. Dabei tragen aber häufig zum Zweck der Schnelligkeitserhöhung entwickelte Standardvorschläge in den Konfigurationshandbüchern dazu bei, daß die Leistungszusammenstellung nach einer starren Struktur im Sinne einer schematischen Kataloglösung vorgenommen und somit das technisch mögliche Individualisierungspotential nicht vollständig ausgeschöpft wird.[664] Hier wird die Individualisierung der Angebotserstellung durch die computergestützte Recherche über die den Bedarfskriterien entsprechenden Produktkomponenten zunächst konkret erhöht werden. Im Rahmen der Bedarfsanalyse wird durch die Möglichkeit der simultanen Berücksichtigung einer Vielzahl nachfragerspezifischer Kriterien bei der Auswahl oder der Erstellung eines Basistyps oder einer Grundkonfiguration eine individualisiertere Leistungserstellung ermöglicht. Können aufgrund der schnell ansteigenden Komplexität des Auswahlvorganges bei der herkömmlichen Vorgehensweise in der Regel nur wenige Kriterien bzw. Eigenschaftsausprägungsstufen berücksichtigt werden, erlaubt die Computertechnologie bereits hier eine weitaus stärkere Berücksichtigung der nachfragerspezifischen Produktanforderungen.

Ebenso wird im nachfolgenden Abstimmungsprozeß durch das gegenüber der konventionellen Beratung umfangreicher verfügbare angebotsrelevante Informationsvolumen ein spezifischeres Eingehen auf Informationswünsche des Nachfragers realisiert.[665] Hier erlaubt es die

---

[662] Vgl. Backhaus, H. (1993), S. 220; Kraatz, R. J. (1993), S. 410; Müller, B. (1989), S. 23; Mertens, P. (1993), S. 659; Müller, W. (1992), S. 593; Netta, F. (1987), S. 118; Staub, U. (1993), S. 265 f.

[663] Vgl. Dräger, U.; Schumann, M. (1990), S. 88; Link, J.; Hildebrand, V. (1995), S. 47; Mertens, P. (1987), S. 192; Hermanns, A. (1992a), S. 695; (1989), S. 23; Hermanns, A.; Prieß, S. (1987), S. 85; Müller, W. (1992), S. 593;

[664] Vgl. Dräger, U.; Schumann, M. (1990), S. 88.

[665] Diese auch von selbstverständlich zu empfehlenden Hinweisen des Beraters auf das Individualitätspotential des Systems unabhängige Wahrnehmungsmöglichkeiten sind insofern nicht zu unterschätzen, als möglicherweise nicht jeder Berater aufgrund psychologischer Hemmschwellen bereit sein dürfte, die diesbezügliche Unterlegenheit gegenüber dem Rechner offen vor dem Nachfrager zu bekunden.

selektive Auswahl von leistungsspezifischen Informationen, z.B. über ein Schlagwortverzeichnis oder die Recherche in der Hypermedia-Struktur des EPK, unmittelbar individuelle Informationswünsche des Nachfragers zu berücksichtigen. In bezug auf die Leistungspräsentation veranschaulichen die eingesetzten konventionellen visuellen Darstellungsmöglichkeiten in schriftlichen Präsentationsunterlagen in Form von Graphiken oder Bildern letztendlich nämlich nur Produktvarianten, die bereits realisiert wurden bzw. einzelne Beispiele für mögliche Produktkonfigurationen darstellen, die der spezifisch gewünschten Produktzusammenstellung allenfalls in Teilbereichen entsprechen. Vergleiche zwischen unterschiedlichen individuell zugeschnittenen Konfigurationsalternativen sind gleichermaßen nur schwerlich möglich. Die visuelle Begleitung des Konfigurationsprozesses etwa durch photorealistische Abbildungen und die unmittelbare visuelle Umsetzung der jeweils vorgenommenen Modifikation vermitteln dem Nachfrager hingegen eine konkretere Vorstellung von der individuellen Problemlösung.

Insbesondere wird aber die Gefahr des Auftretens von Informationsverlusten infolge der Vernachlässigung grundsätzlich vorhandener Konfigurationsmöglichkeiten vermieden, da der Suchalgorithmus generell alle geeigneten Komponenten und daraus zusammenstellbare, dem Anforderungsprofil entsprechende Konfigurationsalternativen einbezieht.[666] Angesichts des sich aus der Variantenvielfalt des Angebotes ergebenden komplexen, sich nachfragerspezifisch jeweils ändernden Beratungsbedarfs, werden auch bei erfahrenen und spezialisierten Beratern Wissenslücken unumgänglich sein,[667] zumal die Fülle des technischen Detailwissens zu einzelnen Komponenten nur schwer beherrschbar sein dürfte.[668] Zeitliche Beschränkungen des Beratungskontaktes verhindern in Verbindung mit Restriktionen der menschlichen Informationsverarbeitungskapazität[669] bei der konventionellen Angebotserstellung im Rahmen der Alternativenselektion somit die Berücksichtigung aller generell geeigneter Alternativen. AUS beinhalten in diesem Kontext also ein Potential zur *Reduzierung der Unsicherheit des Nachfragers über das anbieterspezifische Integrationsvermögen*, also über die Umsetzung der spezifischen Leistungsanforderungen als externe Faktoren in einen adäquaten Problemlösungsvorschlag.

---

[666] So bietet ein Nutzfahrzeughersteller z.B. ca. 2400 verschiedene Baumuster mit 200-300 Optionen pro Fahrzeug an. Vgl. Mertens, P. (1992b), S. 57.

[667] Vgl. Bunk, B. (1992), S. 62; Mertens, P. u.a. (1993), S. 16.

[668] Vgl. Dräger, U.; Schumann, M. (1990), S. 87. Dies hatte z.B. bei der MAN-Nutzfahrzeuge AG zur Folge, daß jährlich ein sechsstelliger Betrag für Um- und Nachrüstungen an Maschinen ausgegeben werden mußte, um die vom Vertriebspersonal dem Kunden gegebenen Zusagen einhalten zu können. Vgl. Mertens, P. u.a. (1993), S. 87. Hier entsteht gleichsam auch ein Potential zur Reduzierung von Fehlerkosten. Vgl. Kap. 7.4.

[669] Vgl. z.B. Kuß, A. (1993), S. 176 f.

Gleichzeitig kann der aus den Zeitrestriktionen des Beratungskontaktes zusätzlich tendenziell geförderten *Verhaltensunsicherheit* des Nachfragers und damit Zweifeln an der Problemlösungswilligkeit entgegengewirkt werden. Auch einfühlsame und sehr kundenorientierte Verkaufsberater werden eine innere Abwehrhaltung entwickeln, wenn die Beratung durch das Beharren des Nachfragers auf sehr spezifischen, schwierig zu realisierenden Abweichungen von Standardkonfigurationen erschwert wird.[670] Möglicherweise verwendet der Berater Zeit und Argumente dazu, den Verhandlungspartner von den tatsächlichen oder vermeintlichen Vorteilen einer geläufigeren Lösung zu überzeugen. Über die Einzeltransaktion hinaus gesehen besteht hier zudem die Gefahr, daß Kunden infolge eines zu geringen Individualisierungsgrades des Produktes Unzufriedenheit verspüren und zukünftige Bedarfe an flexiblere Anbieter vergeben werden.

Durch die computergestützte Vorgehensweise kann nun vermieden werden, daß infolge eines nur begrenzten Beratungszeitrahmens des Beraters notwendigerweise eine Reduzierung des zu berücksichtigenden Variantenspektrums erfolgt. Dabei besteht nämlich die Gefahr, daß eine Vorauswahl getroffen wird, indem etwa ein auf Erfahrungswissen und persönlichen Präferenzen basierender, zwar prinzipiell geeigneter Produktvorschlag erarbeitet wird, möglicherweise aber eine andere, im speziellen Fall geeignetere Alternative nicht berücksichtigt wird.[671] Individualisierungspotentiale und, sofern Akzeptanzschwellen des Nachfragers bezüglich der Bedarfsgerechtigkeit der Leistung unterschritten wurden, Umsatzpotential blieben somit unausgenutzt.[672] In diesem Kontext stellt das AUS also auch eine Einschränkung des unerwünschten Verhaltensspielraums dar, deren Wahrnehmung durch den Beratenen die empfundene Unsicherheit über die obwaltende Sorgfalt der Problemlösungsentwicklung nicht unerheblich mindern dürfte. Im Zuge der persönlichen Interaktion aufgebautes Vertrauen wird damit glaubwürdig begründet. Gleichzeitig werden aber auch entsprechende interpersonelle beraterbezogene Unsicherheiten des Nachfragers reduziert. Insgesamt wird damit dem aus der Zeitrestriktion des Beratungskontaktes resultierenden Problem des Angebotes zum Teil stark standardisierter Leistungen bzw. der Wiederverwendung einmal konfigurierter Problemlösungen, die sich somit zu beraterspezifischen Standards im Hinblick auf das Beratungsergebnis entwickeln, entgegengetreten.[673]

Betrachtet man Standardisierung als eine Einschränkung der zur Durchführung eines Prozesses zugelassenen Verhaltensweisen durch mehr oder weniger strenge Strukturierung,[674] stellt die Erhöhung der Individualisierung und damit die Reduzierung der Unsicherheit durch den

---

[670] Vgl. Niedetzky, H.M. (1988), S. 274.
[671] Vgl. Kap. 3.2.2.
[672] Vgl. Dräger, U.; Schumann, M. (1992), S. 88, Mertens, P. u.a. (1993), S. 14.
[673] Vgl. Dräger, U.; Schumann, M. (1992), S. 88; Schwetz, W. (1993), S. 22; Steppan, G. (1990a), S. 90.
[674] Vgl. Gersch, M. (1995), S. 27; Hill, W. u.a. (1989), S. 266.

Computereinsatz allerdings ebenso nichts anderes als einen Standardisierungsprozeß dar.[675] Ausgehend von der Entwicklung eines bedürfnisgerechten Angebotsvorschlages als Rahmenanforderung der Angebotserstellung verbleiben dem Verkaufsberater bei der konventionellen Vorgehensweise im Rahmen der Durchführung der einzelnen Handlungen, insbesondere in bezug auf die zu berücksichtigenden Komponenten, doch Freiheitsgrade. Durch den Einsatz des AUS erfolgt nun insofern eine zunehmende Standardisierung der Auswahlprozesse, als die in der Entscheidungsfindung des Verkaufsberaters über die in die Auswahl einzubeziehenden Alternativen liegenden Ermessensspielräume derart eingeschränkt werden, daß generell alle geeigneten Alternativen berücksichtigt werden. Nachstehende Abbildung erläutert die Zusammenhänge:[676]

---

[675] Vgl. zur unsicherheitsreduzierenden Wirkung von Standards vor allem Kleinaltenkamp, M. (1992), S. 66; Gersch, M. (1995), S. 27. Zu den unterschiedlichen Standardisierungsgraden vgl. vor allem Hill, W. u.a. (1989), S. 296.

[676] Den Ausführungen liegen hier die Konfigurationsstrukturen eines Variantenanbieters zugrunde, die z.B. im Nutzfahrzeug- oder Fertighausbereich vorherrschen.

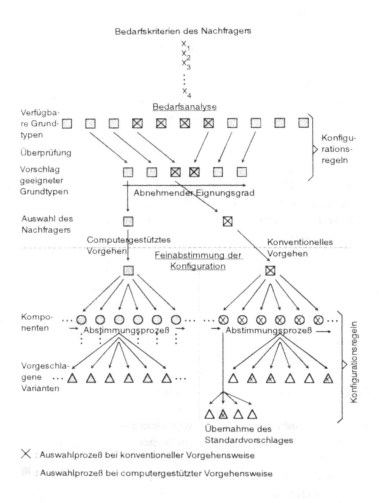

Abb. 14: Struktur der Auswahlprozesse bei konventioneller und computergestützter Konfiguration

Dies gilt sowohl für die automatische Generierung einer Erstkonfiguration im Rahmen der Bedarfsanalyse als auch für die Berücksichtigung der nach jedem einzelnen Konfigurationsschritt für den Folgeschritt zur Verfügung stehenden technisch konsistenten und damit generell geeigneten Komponenten im Rahmen der nachfolgenden Feinabstimmung bzw. Modifikation der generierten Erstkonfiguration. Bei der konventionellen Vorgehensweise besteht hier aufgrund des Informationsvorsprungs des Verkaufsberaters und der angesprochenen Verhaltensneigungen bzw. auch generellen Zeitrestriktionen durchaus die Gefahr der Auswahl der aus Gründen der unproblematischen Konfiguration opportun erscheinenden Alternativen. Während der Nachfrager sich hier schon allein aufgrund der für ihn nicht nachvollziehbaren, vielfach verschlüsselten und sehr umfangreichen Kombinationsvorschriften einem gewissen Handlungsspielraum in bezug auf die vorgeschlagenen Alternativen ausgesetzt sieht, möglicherweise also geeignetere Varianten vernachlässigt werden können, erfolgt im Rahmen der computergestützten Prozeßverrichtung die Einbeziehung aller auf der jeweiligen Konfigurationsstufe verfügbaren Elemente.[677] Hierdurch können prinzipiell alle generell geeigneten Lösungsalternativen generiert und multimedial zur Auswahl präsentiert werden. Dabei wird bei einer sehr großen Anzahl grundsätzlich geeigneter Alternativen die nachfolgende konkrete Auswahl aus der durch die Bedarfsanalyse vorgegebenen Grundtypen bzw. Erstkonfigurationen z.B. durch eine Präferenzrangfolge, etwa durch Punktwertverfahren und Gewichtung der Bedarfskriterien nach ihrer Relevanz, beschleunigt.

Bei einer anschließenden Feinabstimmung werden ebenso alle jeweils technisch konsistenten Einzelkomponenten am Rechner dem Nachfrager zur Auswahl präsentiert. Eine einschränkende Vorauswahl durch den Verkaufsberater, die im Extremfall in der Übernahme der im Grundtyp vorgeschlagenen Alternative liegt, wird vermieden.[678] Zwar können bei sehr zahlreichen Auswahlmöglichkeiten wiederum Empfehlungen des Verkaufsberaters zur Beschleunigung der Entscheidungsfindung folgen, jedoch ist dies für den Nachfrager nur eine unter mehreren Optionen, da Alternativen unmittelbar präsentiert werden. Während bei der konventionellen Vorgehensweise also Varianzen in bezug auf die Berücksichtigung der dem Nachfrager zur Auswahl vorgeschlagenen Alternativen vorliegen bzw. diese durch die Vorauswahl des Verkaufsberaters bereits stark eingeschränkt werden, erfolgt durch die computergestützte Prozeßverrichtung damit eine zunehmende Standardisierung der Auswahlprozesse, indem bei *jedem* Schritt *alle* generell geeigneten Alternativen geprüft bzw. zur Auswahl vorgeschlagen werden. Die Prozeßstandardisierung erfolgt hier konkret durch Substitution der sowohl beraterspezifisch als auch zeitpunktabhängig möglicherweise differierenden menschlichen Entscheidungsvorgänge durch Vereinheitlichung der einzelnen Teilprozesse durch die Computerunterstützung in bezug auf die *Berücksichtigung* der geeigneten Komponenten als Input der anschließenden Alternativenauswahl. Entscheidender

---

[677] Dargestellt wird hier die Vorgehensweise im Falle eines aktiven Konfigurators, dessen Regelbildung nur die für die spezifische Konfigurationsstufe jeweils technisch konsistenten Komponenten für den weiteren Konfigurationsprozeß freigibt. Vgl. Kap. 4.3.2.

[678] Hierdurch kann insbesondere der Vorgehensweise der Präsentation wenig geeigneter Gegenalternativen als strategische Verhaltensweise zur Durchsetzung der vom Verkaufsberater präferierten Variante entgegengewirkt werden.

Ansatzpunkt ist hier also der Auswahlprozeß in bezug auf die Überprüfung der für die nächste Konfigurationsstufe verfügbaren Komponentenalternativen. Erfolgt hier durch die Vorselektion des Verkaufsberaters eine Beschränkung des zur Auswahl offerierten Alternativenspektrums, wird das produktionstechnisch mögliche Individualisierungspotential bei der Umsetzung im Rahmen der Problemlösungkonzeptionierung nicht unerheblich eingeschränkt. Im Gegensatz zu der sich aus Gründen mangelnder Informationsverarbeitungskapazität bzw. Verhaltensneigungen beraterspezifisch entwickelten, tendenziell auf den Individualisierungsgrad kontraproduktiv wirkenden, standardisierten Vorgehensweise, wird durch die computergestützten standardisierten Systemroutinen also eine genau gegenteilige Wirkung erzielt und damit die Unsicherheit des Nachfragers über die obwaltende Sorgfalt bei der Komponentenauswahl sowie über die Problemlösungsgerechtigkeit des Angebotsvorschlages abgebaut.

Ordnet man den konventionellen und computergestützten Auswahlprozeß unterschiedlichen Strukturierungs- und damit Standardisierungsgraden eines Prozeßablaufs zu, so beinhaltet die konventionelle Vorgehensweise aufgrund der bestehenden Freiheitsspielräume gegenüber dem Computerprozeß damit einen vergleichsweise geringeren Strukturierungs- bzw. Standardisierungsgrad.[679] Die nachfolgende Abbildung verdeutlicht den Zusammenhang.

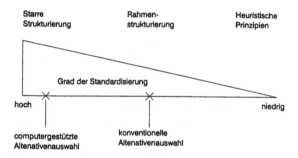

Abb. 15: Strukturierungsgrade eines Prozesses
Quelle: In Anlehnung an Hill, W. u.a. (1989), S. 296.[680]

Interessanterweise führt hier somit der prinzipiell geringere Strukturierungsgrad der konventionellen Prozeßdurchführung (höherer Freiraum des Beraters gegenüber der Systemroutine)

---

[679] Zwar können die angenommenen Rahmenbedingungen tendenziell auch zu einer Erhöhung der Strukturierung des Prozeßablaufs führen, jedoch wird die konkrete Vorgehensweise des Verkaufsberaters letztendlich ex-ante nicht bestimmt.

[680] In der Originalquelle wird anstelle von Strukturierung von Programmierung gesprochen.

unter den gegebenen Rahmenbedingungen zu einem tendenziell geringeren Individualisierungsgrad des Ergebnisses. Relevant ist hier also die Unterscheidung zwischen dem Prozeß
der Auswahl der den Nachfrageranforderungen entsprechenden generell geeigneten Alternativen und der auf dieser Alternativenvorselektion beruhenden Entscheidung des Nachfragers
über die letztendliche Einbeziehung der Komponenten in die tatsächliche Produktzusammenstellung.

Möglicherweise würde der aufgezeigte Sachverhalt aufgrund eines mangelnden Kenntnisstandes des Nachfragers über die Gesamtheit aller geeigneten Komponenten und möglichen
Konfigurationsalternativen zunächst nicht wahrgenommen werden. Direkt wettbewerbsrelevant kann die Ausschöpfung der Individualisierungsmöglichkeiten aber durch den Vergleich
zwischen computergestützter und konventioneller Angebotserstellung werden, der den Unterschied in bezug auf die Berücksichtigung geeigneter Problemlösungsalternativen offensichtlich werden[681] und damit Verhaltensunsicherheit durch die Antizipation der möglicherweise vom Verkaufsberater zu erwartenden Verhaltensweisen entstehen läßt. Ebenso
können sich zeitraumbezogen in bezug auf Wiederholungskäufe Wettbewerbsnachteile ergeben, wenn im Rahmen der Leistungsnutzung eine suboptimale Bedarfsentsprechung of-
fenbar wird.

Im Hinblick auf die über die technische Produktkonfiguration hinausgehenden Beratungsleistungen bzw. Zusatzleistungen im Rahmen der Angebotserstellung kann durch den Computereinsatz ebenso eine Steigerung der *Flexibilität zwischen den Wissensbereichen* erzielt
werden. Neben detaillierten produktspezifischen Auskünften können durch verfügbares
betriebswirtschaftliches Expertenwissen etwa im Rahmen der Finanzierungs- und Subventionsberatung oder der Wirtschaftlichkeitsbeurteilung individuelle Informationsbedarfe befriedigt werden. Die Subventionsberatung stellt beispielsweise prinzipiell ebenfalls ein Konfigura-
tionsproblem dar, bei dem aus der Vielfalt der verfügbaren Fördermittel unter Beachtung der
Kombinationsgebote und -verbote ein nachfragerspezifisches Fördermittelpaket zusammengestellt wird. Hier gilt das im Zusammenhang mit der technischen Leistungskonfiguration
erörterte Individualisierungspotential des Einsatzes von AUS analog, um so mehr, als der
subventionsspezifische Kenntnisstand des Verkaufsberaters gegenüber dem produkttechnischen Wissen tendenziell geringer ausgeprägt sein dürfte. Die Erhöhung der Flexibilität zwischen den Wissensbereichen beinhaltet insbesondere im Hinblick auf individuelle leistungs-

---

[681] In diesem Fall kann vermutet werden, daß in der subjektiven Bewertung des Nachfragers eine Erhöhung
der an ein individualisiertes Problemlösungsangebot gestellten Anforderungen erfolgt. Durch die infolge
der Computerunterstützung mögliche Berücksichtigung einer höheren Anzahl bedarfsspezifischer Kriterien und genereller Problemlösungsalternativen wird das konventionell erstellte Angebot möglicherweise
als weniger individuell wahrgenommen.

technische Modifikationswünsche Vorteile, deren Auswirkungen auf bereits entwickelte Finanzierungsvorschläge bzw. die Alternativenrangfolge in wirtschaftlichen Vergleichsanalysen durch die Datenübernahme in die entsprechenden Module unmittelbar dargelegt werden können. Hierdurch kann also auch eine stärkere Individualisierung der umfassenden Beratungsleistung und Angebotserstellung erfolgen.

Das Individualisierungspotential von AUS ist im Zusammenhang mit konfigurationsbedürftigen Leistungen primär allerdings nicht im Sinne einer hierdurch erst ermöglichten individualisierten Leistungszusammenstellung zu verstehen, sondern vielmehr als Möglichkeit zur *vollständigen Ausschöpfung* der dem Anbieter durch das Baukastensystem produktionstechnisch zur Verfügung stehenden Möglichkeiten zur individualisierten Leistungsgestaltung. In diesem Sinne handelt es sich primär also um ein Potential zur Berücksichtigung von Komplexität bei der Angebotskonfiguration,[682] das aber in seiner Wirkung einem Flexibilitäts- bzw. Individualisierungspotential entspricht.

In Verbindung mit der hier im Vordergrund der Betrachtung stehenden sachlichen Dimension der Flexibilitätswirkung von AUS steht die *zeitliche* Komponente. Eine Flexibilitätserhöhung auch aus zeitlicher Sicht besteht durch den Einsatz von AUS insofern, als infolge der Vermeidung von Neukonfigurationen bei Unterbrechungen bzw. Wiederaufnahme des Beratungsprozesses eine wirtschaftlich sinnvolle, auf das Zeitbudget des Nachfragers flexibel abgestimmte Angebotserstellung möglich wird. Je geringer der mit den Gesprächskontakten verbundene Zeitaufwand, desto besser ist tendenziell eine Anpassung an die Präferenzen des Transaktionspartners möglich. Vor dem Hintergrund der zunehmenden Bedeutung des Wettbewerbsfaktors Zeit[683] sollte die Möglichkeit der zeitlichen Individualisierung von Prozessen, die den Nachfrager als externen Faktor integrieren, ebenfalls nicht unterschätzt werden.

Die Konfigurationsfunktion des AUS befindet sich damit an der Schnittstelle von Produkt- und Kommunikationspolitik, ermöglicht diese doch sowohl die Bereitstellung individualisierter leistungsspezifischer Informationen, als auch die Zusammenstellung des im nachfolgenden Produktionsprozeß durch Übernahme der Konfigurationsdaten in die datenverarbeitenden EDV-Systeme der Fertigung zu erstellenden Endproduktes. Auch dies könnte aus Nachfragersicht einen Aspekt der Unsicherheitsreduzierung darstellen, indem zumindest für den Bereich der Informationsübertragung bis zur Fertigungsinstanz aufgrund der Vermeidung von Medienbrüchen Fehler infolge unvollständiger bzw. verzerrter produktspezifischer Daten

---

682 Vgl. Mertens, P. (1987), S 192.
683 Vgl. ausführlicher Kap. 6.2.2.3.

reduziert und damit die Unsicherheit über die Umsetzung des Leistungsversprechens in die physische Leistungserstellung reduziert wird. Hier wäre allerdings eine Verdeutlichung dieses Vorteils gegenüber dem Nachfrager im Beratungskontakt notwendig, da die Kenntnis der zugrunde liegenden hardware- und softwarestrukturellen Zusammenhänge insbesondere bei Endverbrauchern nicht unbedingt vorauszusetzen ist.

Ein Beispiel für die individualisierte computergestützte Beratung und Gestaltung der Leistungskonfiguration und -erstellung liefert bereits die industrielle Fertigung von Fertighäusern in Japan.[684] Bei einigen Unternehmen kann der Hausbauinteressent am PC zusammen mit dem Berater eine Konfiguration des gewünschte Domizils aus ca. 20.000 zur Verfügung stehenden standardisierten Bauteilen zusammenstellen, deren Daten elektronisch an das Produktions-Planungs-System weitergeleitet werden. Innerhalb von ca. 30 Tagen erfolgt die Lieferung der montierten Baugruppen und die Endmontage vor Ort.

---

[684] Vgl. Kotler, P; Bliemel, F. (1992), S. 412 f.

6.2.2.1.2 Erhöhung der Kundennähe durch Intensivierung der Interaktion zwischen Verkaufsberater und Nachfrager (Prozeßbezogene Perspektive)

Im Gegensatz zu dem von seiner Wirkung her stärker ergebnisbezogenen Individualisierungspotential, sind die nachfolgend in bezug auf die Erhöhung der wahrgenommenen Kundennähe dargestellten Wirkungen der stärkeren Einbeziehung des Nachfragers im Sinne einer Intensivierung der Interaktion der Verhandlungspartner primär prozeßorientiert ausgerichtet.[685] Die unter dem Individualisierungspotential erarbeiteten Vorteilspotentiale beziehen sich zwar letztlich konkret auch auf den Prozeß der Angebotserstellung, zielen in ihrer Wirkung aber jeweils auf die Individualisierung des Ergebnisses, sei es als bereitgestellte Produktinformation, als individuelles Problemlösungsangebot oder letztendlich als individuelles physisches Leistungsergebnis. Die nachfolgende Sichtweise stellt jedoch nicht auf das oder die Ergebnisse des Nachfragerkontaktes, sondern auf den Kontakt als solchen ab, also die die Integration externer Faktoren im Rahmen des Beratungskontaktes maßgeblich determinierende Interaktion mit dem Nachfrager und damit auf die Prozesse.[686] In den Vordergrund rückt bei dieser Betrachtung das für die Leistungsbeurteilung ebenso wichtige Prozeßerlebnis der Beratung und Angebotserstellung des Nachfragers. Der Einsatz von AUS in der Beratung bzw. Angebotserstellung wird damit stärker aus dem Blickwinkel des Erlebens einer Handlung betrachtet, das allerdings auch im Hinblick auf die angestrebte Reduzierung der Unsicherheit nicht unerhebliches Wirkungspotential entfalten kann.

Definitionen des Konstruktes Kundennähe[687] sind in der betriebswirtschaftlichen Literatur zu Lasten der Enumerierung von Beispielen für kundennahes Handeln eher rar.[688] Hier werden etwa die Differenziertheit des Leistungsangebotes, Flexibilität in bezug auf Kundenanforderungen, die Qualität von Serviceleistungen, die Einbindung des Nachfragers in den Produktentwicklungs- bzw. Leistungserstellungsprozeß, die Freundlichkeit des Kontaktpersonals oder auch die geographische Nähe zum Nachfrager genannt. Einigkeit besteht in der Forschung indes über die Bedeutung der Kundennähe als Erfolgsfaktor.[689] In einer von *Fritz* durchgeführten Auswertung von 40 Studien zur empirischen Erfolgsfaktorenforschung weist die Kundennähe als Erfolgsfaktor nach der Qualität des Humankapitals die zweithöchste Zahl

---

[685] Vgl. Engelhardt, W.H. u.a. (1995), S. 675.

[686] Woratschek, H. (1996), S. 61 spricht in bezug auf diesen Beziehungszusammenhang von einem "Zwang zur Kundennähe" infolge der durch die Anbieter-Nachfrager-Kooperation bedingten Erhöhung des Wissensstandes des Anbieters über die individuellen Nachfragerwünsche.

[687] Der Begriff Kundennähe soll hier synonym für die hier eher allgemeiner zu fassende Nähe zum Nachfrager stehen. Zur Abgrenzung von Begriffen der Markt- oder Kundenorientierung vgl. vor allem Zollner, G. (1995), S. 9 ff.

[688] Vgl. die exemplarischen Auswahlen bei Zollner, G. (1995), S. 15 ff, S. 37 und Homburg, C. (1995), S. 4, S. 10 ff.

[689] Vgl. Zollner, G. (1995), S. 22.

der Nennungen auf.[690] Explizit geht der Begriff der Kundennähe auf die Erfolgsfaktorenanalyse von *Peters/Waterman* zurück, die in einer branchenübergreifenden empirischen Langzeitstudie die Kundennähe als einen von acht zentralen Faktoren des Unternehmenserfolges ermittelten.[691] Der Begriff der Kundennähe wird hier ebenfalls nicht definiert, sondern stellt vielmehr ein durch verschiedene Einflußfaktoren charakterisiertes Konstrukt dar, das im Eingehen auf Kundenwünsche als einem zentralen Aspekt, Bezüge zur Interaktion mit dem Nachfrager aufweist. Auch in späteren Analysen wird die Interaktionsperspektive etwa durch kundenorientierte Mitarbeiter, die Einbindung des Nachfragers in die Produktentwicklung oder die intensive Kooperation mit dem Kunden im operativen Bereich als Ausdruck der Kundennähe ebenso hervorgehoben.[692] Allerdings wird auch die Nutzung moderner Informationsverarbeitungstechnologien zur Gestaltung der Kommunikation mit dem Nachfrager als Aspekt der Kundennähe betrachtet. Hier sei vor allem auf die Untersuchungen des Arbeitskreises "Kundennähe durch moderne Informationstechnologien" der *Schmalenbach-Gesellschaft* hingewiesen.[693] Als Maßnahmen zur Erzielung von Kundennähe werden in weiteren Untersuchungen z.B. die Verbesserung bei der Bereitstellung kundenbezogener Informationen oder die Integration kundenbezogener Funktionen durch den Einsatz tragbarer Rechner im Außendienst genannt.[694] *Homburg* stellt in seiner Analyse neben der Qualität und der Flexibilitätsdimension die Interaktionsebene als zentrale Dimension der Kundennähe heraus. Indikatoren stellen hier z.B. die Offenheit im Informationsverhalten gegenüber dem Kunden, Offenheit gegenüber Kundenanregungen, das Interesse des Verkaufsberaters für die Probleme des Kunden sowie die umfassende Beteiligung des Nachfragers an der Produktentwicklung dar.[695] *Zollner* hingegen definiert den Begriff der Kundennähe, kommt im Kern aber auf den bereits genannten Interaktionscharakter zurück. Die Definition wird dabei aus dem Bestreben der Unternehmen zur Sicherung des langfristigen Unternehmenserfolges vor dem Hintergrund zunehmenden Wettbewerbsdrucks entwickelt.[696] Kundennähe wird hier i.e.S. als die Qualität der Kundenkontakte und i.w.S. aus der Perspektive des Anbieters als Strategie definiert, die "mittels Verbesserung der Kundenkontakte

---

[690] Vgl. Fritz, W. (1990), S. 91 ff. Zur Bedeutung der Kundennähe als Erfolgsfaktor vgl. auch Albers, S. (1989), S. 110 ff.

[691] Vgl. Peters, T.; Waterman, R. (1982), S. 156 ff. Siehe auch Homburg, C. (1995), S. 1; Werder, A. v.; Gemünden, H.G. (1989), S. 168; Zollner, G. (1995), S. 16. Homburg weist in seiner Analyse auf Anknüpfungspunkte bereits bei Gutenberg hin, dessen Ausführungen in bezug auf die Bedeutung seines "akquisitorischen Potentials" implizit das Konstrukt der Kundennähe enthalten. Vgl. Homburg, C. (1995), S. 31 und im Original Gutenberg, E. (1976), S. 243. Zur Verwendung des Begriffs der Kundennähe in der Innovations- und Organisationsforschung vgl. Zollner, G. (1995), S. 24 ff.

[692] Vgl. Homburg, C. (1995), S. 4 und die angegebene Literatur; Zollner, G. (1995), S. 19.

[693] Vgl. dazu Frese, E.; Werder, A.v. (1989), S. 1 ff.; Werder, A. v.; Gemünden, H.G. (1989), S. 168 ff.

[694] Vgl. Albers, S. (1989), S. 117; Gemünden, H. G. (1989), S. 134. Zu den Ergebnissen einer empirischen Studie zur Bedeutung des Einsatzes von Informationsverarbeitungstechnologien zur Förderung der Kundennähe im Bankenbereich vgl. Vögtle, M.; Schober, F. (1996), S. 497 ff.

[695] Vgl. Homburg, C. (1995), S. 97 ff.; Simon, H.; Homburg, C. (1995), S. 20.

[696] Vgl. Zollner, G. (1995), S. 40 ff.

das Ziel der Kundenbindung anstrebt".[697] Neben indirekten Kontakten auf der Personen-Objekt-Ebene bzw. der reinen Objektebene wird dabei vor allem auf direkte Kontakte auf der persönlichen Ebene abgestellt. Relevant ist dabei also ebenso die konkrete Interaktion mit dem Nachfrager, die etwa in persönlichen Anschreiben, Einladungen zu Gesprächen, dem Einrichten von Beschwerdetelefonen und vor allem durch Beratungs- und Verkaufsgespräche und Außendienstbesuche zum Ausdruck kommen kann.[698] Entsprechend der besonderen Bedeutung des Kundenkontaktes soll der nachfolgenden Betrachtung diese Sichtweise zugrunde gelegt werden. Als Ansatzpunkt für die Wirkung des auf den Aspekt der Intensivierung der Einbeziehung des Nachfragers in die Interaktion gerichteten Einsatzes von AUS erscheint damit insbesondere das Konstrukt der wahrgenommenen Kundennähe geeignet. Möglichkeiten zur Operationalisierung bestehen aus dieser prozeßgerichteten Sichtweise in diesem Kontext etwa in der Erfassung der Einbeziehung des Nachfragers in den Beratungs- und Angebotserstellungsprozeß oder die Beurteilung der Zusammenarbeit mit dem Berater im Sinne einer gemeinsamen Problemlösungsfindung.

Die hier eingenommene Perspektive von AUS als Ausdruck des Strebens nach Nähe zum Nachfrager greift diese Aspekte grundsätzlich zunächst in zweifacher Weise auf. Sowohl die nachfragerorientierte Ausrichtung der Systemausgestaltung selbst, als auch der Einsatz im persönlichen Verkaufskontakt nehmen auf den Interaktionsgedanken als zentrale Dimension der Kundennähe Bezug.

Für die wahrgenommene Kundennähe entscheidend ist dabei allerdings nicht allein, daß ein Kontakt stattfindet, sondern vielmehr die Art und Weise, in der der Nachfrager einbezogen wird. Eine möglicherweise durch höhere Fachkenntnis begründete und in reiner Selbstdarstellung des Unternehmens oder der eigenen Persönlichkeit sich ergebende Beratungsleistung kann nicht Ausdruck kundennahen Handelns sein.[699] Notwendig ist es, dem Nachfrager zuzuhören,[700] ihm die Möglichkeit zu unterbreiten, die eigenen Bedürfnisse nicht nur einzubringen, sondern diese vielmehr auch in der konkreten Beratung bzw. Angebotserstellung umgesetzt zu wissen. In den Vordergrund tritt hier also die Interaktionsfähigkeit und -willigkeit des Anbieterpersonals zu einer auf die Nachfragerbedürfnisse abgestimmten Leistungserstellung. In diesem Zusammenhang bieten AUS ein nicht unerhebliches Potential zur In-

---

[697] Zollner, G. (1995), S. 46. Zum Verständnis der Kundennähe als Strategie siehe auch Albers, S. (1989), S. 108 f. Die Relevanz der Kontaktpunkte mit dem Nachfrager -auch "Augenblicke der Wahrheit"- wird zudem durch deren nicht unerhebliche Bedeutung im Rahmen der Forschungen zur Kundenzufriedenheit unterstrichen, als deren Aspekt sie interpretiert werden kann. Vgl. dazu Simon, H.; Homburg, C. (1995), S. 22, 26; Stauss, B.; Seidel, W. (1995), S. 179 ff.

[698] Vgl. Zollner, G. (1995), S. 42, 46 f. Auf die zentrale Bedeutung des persönlichen Kundenkontaktes weist auch Albers, S. (1989), S. 120 hin. Vgl. auch McQuarrie, E. (1995), S. 304 ff.

[699] Vgl. Albers, S. (1989), S. 120.

[700] Vgl. Nicklaus, H. (1989), S. 126.

tensivierung der Interaktion mit dem Nachfrager und damit der Integration externer Faktoren in den Beratungs- und Angebotserstellungsprozeß.

Versteht man das persönliche Verkaufsgespräch als auf den Informationsaustausch gerichtete soziale Interaktion und Akquisitionsleistung,[701] so ist es bereits Ausdruck hoher physischer und mentaler Nähe zum Nachfrager. Aus dem Blickwinkel der Anbieter-Nachfrager-Interaktion führt der Einsatz von AUS nunmehr allerdings nicht zu einem Wechsel von der interpersonalen Kommunikation zur Mensch-Computer-Kommunikation. Zentrales Element des Austausches bleibt weiterhin der persönliche Dialog zwischen den Verhandlungspartnern, der allein zum Zweck seiner Optimierung die ergänzenden Austauschprozesse mit dem Computer erfährt. Unter der Zielsetzung einer möglichst problemadäquaten Leistungserstellung beinhalten AUS nun ein Potential zur Förderung der Interaktion, indem die Systemnutzung konkret an den Bedürfnissen des Nachfragers ausgerichtet ist und zum Teil nicht unerheblich durch diesen mitbestimmt wird. Die Interaktion ist rein physisch betrachtet zwar indirekt,[702] mental aber durchaus direkt zu verstehen, da der Verkaufsberater als Agent des Nachfragers zumindest in gewissen Gesprächsabschnitten lediglich dessen Informationswünsche umsetzt (z.B. Präsentation unterschiedlicher Komponentenausprägungen). Der Kommunikationsprozeß im persönlichen Beratungskontakt wird dabei jedoch nicht durch die Mensch-Maschine-Interaktion dominiert, die die Persönlichkeit des Gesprächskontaktes tendenziell herabsetzt.[703] Zwar führt die multimediale und interaktive Ausgestaltung des Systems zu einer stärkeren Fokussierung des Rechners durch den Beratenen und läßt damit die klassische dyadische Verkäufer-Käufer-Beziehung zu einer Triade tendieren.[704] Jedoch kann hierdurch eine besondere Berücksichtigung der Nachfragerbedürfnisse erreicht werden, da die Einbeziehung der dargestellten Rechneranwendungen ja gerade das Potential zur Intensivierung der Einbeziehung des Nachfragers in den Beratungs- und Angebotserstellungsprozeß beinhaltet.

Voraussetzung für die effiziente Interaktion ist damit die Leistungsfähigkeit der Schnittstellengestaltung zum Anwender, die möglichst an den sensorischen, kognitiven und motorischen Bedürfnissen der Anwender ausgerichtet sein sollte.[705]

---

[701] Vgl. Zerr, K. (1994), S. 202.
[702] Vgl. Kloth, E. (1994), S. 11.
[703] Vgl. Bless, H.J.; Matzen, T. (1995), S. 303; Gey, T. (1990), S. 157.
[704] Vgl. Bless, H.J.; Matzen, T. (1995), S. 303; Schwetz, W. (1993), S. 25; Lödel, D. (1994), S. 10.
[705] Vgl. Siebdrat, H. (1994), S. 113.

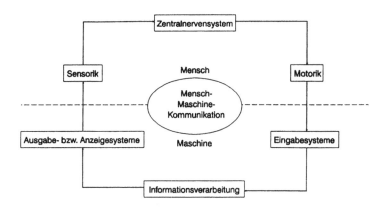

Abb. 16: Regelkreisstruktur von Mensch-Maschine-Systemen
Quelle: In Anlehnung an Geiser, G. (1990), S. 10.

Betrachtet man die Systemnutzung zunächst als Mensch-Maschine-Regelkreis in der vorstehenden Abbildung, so werden Ausgabesignale des Systems zunächst durch die Sinne (Sensorik) aufgenommen, im menschlichen Gehirn verarbeitet (Kognition) und durch eine Handlung zur weiteren Systemnutzung (Motorik) umgesetzt.[706] Abstrahiert man von Aspekten der Hardware-Gestaltung, so ermöglicht die softwareergonomische Ausgestaltung[707] von AUS einen effizienten Austauschprozeß mit dem Nachfrager. Auf der Ebene der sensorischen und kognitiven Gestaltungsebene[708] erlaubt die multimediale Informationsdarstellung, vor allem der Einsatz visueller Darstellungen, nunmehr eine bestmögliche Anpassung an die Bedürfnisse der Signalwahrnehmung und Informationsverarbeitung des Menschen und fördert damit auch die mentale Integration des Nachfragers.[709] Im Rahmen der Informationsorganisation[710] ermöglichen die die Interaktivität fördernde graphische Gestaltung der Benutzeroberflächen bzw. die hypermediale Struktur des EPK eine bestmögliche Berücksichtigung der jeweiligen Informationsbedürfnisse des Beratenen, indem etwa per Mausklick den leistungsspezifischen Informationswünschen unmittelbar entsprochen werden kann. Zudem wird über den gesamten Prozeß der Leistungskonfiguration die Kontinuität der Interaktion mit dem Nachfrager aufrecht erhalten, da prinzipiell auf jeder Interaktionsstufe

---

[706] Vgl. ausführlich die Ausführungen in Kap. 6.2.2.2.2.1.
[707] Die Softwareergonomie beinhaltet die Lehre von der Anpassung von Software-Systemen an die intellektuellen Eigenschaften und Bedürfnisse der Benutzer. Vgl. z.B. Siebdrat, H. (1994), S. 115.
[708] Vgl. Geiser, G. (1990), S. 25. Empfehlungen zur Gestaltung der Benutzeroberfläche multimedialer Anwendungen finden sich z.B. bei Kuhlmann, E. u.a. (1992), S. 49 f.
[709] Vgl. dazu ausführlich Kap. 6.2.2.1.
[710] Vgl. Geiser, G. (1990), S. 25.

durch die entsprechende Auswahl der geeigneten Komponente bzw. der damit verbundenen Informationsbereitstellung die Einbeziehung des Nachfragers erfolgt. Gegenüber dem im Rahmen der konventionellen Vorgehensweise notwendigen und für den Nachfrager nur wenig nachvollziehbaren Prozeß der Produktzusammenstellung durch Konfigurationshandbücher beinhaltet die Möglichkeit der unmittelbaren Meinungsäußerung zu der visualisierten Konfigurationsstufe ein schnell ersichtliches Interaktionspotential. Zudem können eine den Austauschprozeß zwischen Verkaufsberater und Nachfrager unterbrechende und störende Suche nach Informationsmaterial oder auch Interaktionspausen (etwa durch die konventionelle Preiskalkulation des Beraters) damit erheblich reduziert werden. Ebenso bieten Schlagwortregister oder Information-Retrieval-Funktionen[711], z.B. im Rahmen der Bedarfsanalyse, ein Dialogangebot, das in bezug auf die Effizienz der Umsetzung der Informationsbedürfnisse des Nachfragers die Leistungsfähigkeit des Verkaufsberaters bei weitem übersteigt. Die aufgezeigten Aspekte zeigen, daß prinzipiell über den gesamten Prozeß der Beratung und Angebotserstellung durch den Einsatz von AUS der Nachfrager unmittelbar in die Leistungserstellung einbezogen und damit die auf seine Bedürfnisse ausgerichtete Leistungsgestaltung unmittelbar durch den Beratenen wahrgenommen wird.

Wettbewerbsrelevant wird die Nähe zum Nachfrager durch ihren Beitrag zum Aufbau eines unsicherheitsreduzierenden Vertrauensverhältnisses, das durch die motivationalen Wirkungen zudem gefördert werden dürfte. Die Möglichkeit, sich verstärkt einzubringen, fördert die Motivation zur Beteiligung an der Leistungserstellung im Sinne der gemeinsamen Entwicklung der Problemlösung und führt zu einer höheren Identifikation mit dem Leistungsergebnis.[712] Das auf die Intensivierung der Interaktion gerichtete Wirkungspotential des AUS konkretisiert sich damit in einer stärker partnerschaftlichen Entwicklung und in demonstriertem Interesse an den Belangen des Nachfragers. Durch die kreative Zusammenarbeit am Bildschirm kann der Nachfrager eigenständig an der Entwicklung eines bedürfnisgerechten Problemlösungsangebotes mitwirken.[713] Hierdurch wird eine gewisse Teilautonomie im Rahmen der Leistungskonfiguration empfunden, die den Nachfrager sich in seinem Informations- und Leistungsbedürfnis stärker ernst genommen fühlen läßt. Die Eigenbeteiligung bei der Angebotskonzeption macht deutlich, daß das Leistungsangebot wirklich den Bedürfnissen entsprechend konzipiert wird und nicht etwa nur die Kundenwünsche durch den Berater unter Berücksichtigung der bestehenden Freiheitsspielräume in einem zwar individuellen, nicht notwendigerweise aber auch problemlösungsgerechten Angebotsvorschlag umgesetzt werden. Entsprechend kann Unsicherheit in bezug auf die Problemadäquatheit der Leistung

---

[711] Vgl. Kap. 4.3.2.
[712] Vgl. Meyer, A.; Westerbarkey, P. (1995), S. 94.
[713] Vgl. Bless, H.J.; Matzen, T. (1995), S. 301 f.; Meyer, J. A. (1995), S. 311.

reduziert werden, umso mehr, als der Nachfrager vor allem von einem durch in Eigenregie miterstellten Angebot besonders überzeugt sein dürfte. Insgesamt trägt damit das im Rahmen der stärker theoretisch orientierten leistungstypologischen Erörterungen dargestellte Systempotential zur Förderung der Integration externer Faktoren in seiner konkreten Ausgestaltung im Gesprächseinsatz aus prozeßbezogener Perspektive im Sinne der Intensivierung der Interaktion zur stärkeren Einbeziehung des Nachfragers in die Leistungserstellung bei und fördert damit tendenziell die wahrgenommene Kundennähe.

Inwieweit dieses Potential zur Intensivierung der Interaktion den individuellen Beratungsbedürfnissen der Nachfrager entspricht, kann nur im Einzelfall überprüft werden. Denkbar ist ebenso eine auf die möglichst geringfügige Inanspruchnahme der eigenen Person gerichtete Haltung des Beratenen, der nach Bereitstellung der bedarfsspezifischen Anforderungskriterien lediglich noch zur Abstimmung der fertigen Endkonfiguration bzw. zur Konditionengestaltung miteinbezogen werden möchte. Diesen Bedürfnissen kann allerdings ebenso entsprochen werden, da die interaktive Systemausgestaltung lediglich ein Potential darstellt, dessen Inanspruchnahme nicht notwendigerweise erfolgen muß. Hier wäre dann eine stärker autonome Vorgehensweise der Produktkonfiguration durch den Verkaufsberater durchzuführen, die im Nachhinein mit dem Beratenen abgestimmt werden müßte. Ist dann allerdings der Rückgriff auf vorherige Konfigurationsstufen und die Bereitstellung einzelkomponentenspezifischer Informationen erforderlich, kann der Einsatz von AUS ebenso diese Interaktionsprozesse nicht unerheblich erleichtern und intensivieren.

6.2.2.2 Reduzierung der wahrgenommenen Komplexität der Akquisitionsberatung und Angebotserstellung

Zur Erläuterung der Bedeutung der Komplexität im Zusammenhang mit der Leistungszusammenstellung konfigurationsbedürftiger Produkte bietet sich zunächst die systemtheoretische Annäherung an die Begriffsfassung an. Der sich im Rahmen der Beziehung zwischen einzelnen Systemen auf die Grenzziehung zwischen den betrachteten Systemen und der Umwelt beziehende Begriff der Komplexität wird auf der Basis der einzelnen Elemente und den zwischen den Elementen bestehenden Relationen erarbeitet.[714] Die konkrete Begriffsbestimmung der Komplexität erfolgt insoweit, als mit komplex eine "zusammenhängende Menge von Elementen" bezeichnet wird, bei der "aufgrund immanenter Beschränkungen der Verknüpfungskapazität der Elemente nicht mehr jedes Element jederzeit mit jedem anderen Element verknüpft werden kann."[715] Bei den Determinanten der Komplexität[716] handelt es sich demnach um

- die Gesamtheit der Elemente eines Systems,
- die Anzahl unterschiedlicher Ausprägungsformen der Elemente,
- die Restriktionen der Elementebeziehungen, also Freiheitsgrade zwischen den Elementen und
- die Veränderlichkeit der Elemente und deren Beziehungen im Zeitablauf.

Aus der Sichtweise des hier in den Kontext der Unsicherheitswahrnehmung des Nachfragers gestellten Komplexitätsbegriffes ist die Einbeziehung der Verständnisebene notwendig. Unter dem Komplexitätsgrad kann in diesem Zusammenhang der Grad der Kompliziertheit bzw. der Schwierigkeit des Verständnisses eines Sachverhaltes verstanden werden.[717] Je höher der Schwierigkeitsgrad einer Aufgabe, desto größer müssen die Fähigkeiten und das Wissen des Problemlösers ausgeprägt sein. Dabei sinkt tendenziell die Fähigkeit zur Problemlösung, je größer die Anzahl der zu berücksichtigenden Einzelaspekte, je vielschichtiger die kausalen Zusammenhänge zwischen den Einzelaspekten sind und je kürzer der zur Bearbeitung verfügbare Zeitraum ist.[718]

Übertragen auf konfigurationsbedürftige Leistungen bezieht sich die Komplexität auf das infolge unterschiedlicher Kombinationsmöglichkeiten der Einzelelemente und der daraus resultierenden Variantenvielfalt auftretende Problem der individuellen Leistungszusammen-

---

[714] Vgl. Luhmann, N. (1988), S. 45. Siehe auch Schroder, H. u.a. (1967), S. 14 ff.
[715] Luhmann, N. (1988), S. 46. Vgl. auch die aggregierte Begriffsfassung des Duden, der unter komplex vielfältig verflochten, zusammengefaßt versteht. Vgl. Duden (1991), S. 406.
[716] Vgl. Kirsch, W. (1988), S. 205 f.; Syring, A. (1993), S. 1.
[717] Vgl. auch Rogers, E. M. (1967), S. 130.
[718] Vgl. Holzapfel, M. (1992), S. 143.

stellung. Die vielfältigen Konfigurationsalternativen reduzieren die Transparenz des Nachfragers in bezug auf die Beurteilung der zur Lösung der spezifischen Problemstellung geeigneten Variante(n).[719] Zentraler Aspekt ist dabei die Zusammenstellung des technischen Leistungskerns. Die Determinanten der Komplexität beziehen sich in diesem Zusammenhang zum einen auf die Komponentenebene (Ebene der Einzelelemente), zum anderen auf die Beziehungen zwischen den Komponenten (Ebene der Elementebeziehungen).[720]

Auf der *Komponentenebene* ist damit einerseits die Anzahl der Einzelelemente, aus denen sich das Produkt zusammensetzt, zum anderen die Anzahl der möglichen Ausprägungsformen der einzelnen Komponenten angesprochen. Letzteres erscheint vor allem dann relevant, wenn durch die Beschaffenheit bzw. Struktur einzelner Ausprägungsformen unterschiedliche Nutzenerwartungen bzw. Funktionen des Produktes resultieren.

Auf der *Ebene der Elementebeziehungen* stellen die Anzahl und Heterogenität der Beziehungen zwischen den Elementen, also die generell bestehenden Möglichkeiten der Komponentenkombination auf den unterschiedlichen Konfigurationsstufen unter Beachtung der Verträglichkeits- bzw. Ausschlußvorschriften der Konfigurationsregeln, die Einflußfaktoren der Komplexität dar. Der Komplexitätsgrad ist dabei positiv mit der Ausprägung der Determinanten verknüpft.[721] Grundsätzlich kann davon ausgegangen werden, daß mit steigendem Komplexitätsgrad das Verständnis des Nachfragers über die den Funktionsanforderungen entsprechenden Konfigurationsvarianten erschwert wird. Infolge des bei der Kaufentscheidung an Bedeutung gewinnenden Vertrauens in die Problemlösungskompetenz des Anbieters nimmt die empfundene Unsicherheit über die Problemlösungseignung der angebotenen Leistung damit ebenfalls tendenziell zu.[722]

Mangelnde Transparenz infolge Komplexität kann sich aber auch auf die über die Zusammenstellung der technischen Kernleistung hinausgehenden Beratungsleistungen beziehen. Dies betrifft nicht nur die Auswirkungen von Konfigurationsmodifikationen etwa auf die Vorteilhaftigkeitsrangfolge im Rahmen von technischen oder ökonomischen Vergleichsanalysen. Hier ist darüber hinaus die Vielfalt möglicher Finanzierungsalternativen angesprochen, deren Auswahl durch die Unübersichtlichkeit einzelner Fördermittel bzw. geeigneter Fördermittelkombinationen zusätzlich erschwert werden kann. Insbesondere bei nachträglichen technischen Änderungen bestehen erhebliche Verständnisprobleme im Hinblick auf die zu beanspruchenden Subventionen und die entsprechenden Auswirkungen auf die Absatzfinan-

---

[719] In diesem Zusammenhang unterscheiden Wimmer, F.; Zerr, K. (1995), S. 86 zwischen der objektiven und der aus Marketingsicht relevanten subjektiven, durch den Nachfrager wahrgenommenen, Komplexität. Im Kontext der Reduzierung von Nachfragerunsicherheit ist allerdings auf die zweite Sichtweise abzustellen.
[720] Vgl. Böcker, J. (1995), S. 26 f.; Kirsch, W. (1988), S. 205 f.
[721] Vgl. Böcker, J. (1995), S. 27; Coenenberg, A.G.; Prillmann, M. (1995), S. 1231; Zerr, K. (1994), S. 207.
[722] Vgl. z.B. Wimmer, F.; Zerr, K. (1995), S. 86; Woratschek, H. (1996), S. 60; Zerr, K. (1994), S. 206.

zierungsangebote, die während des Beratungskontaktes kaum nachvollziehbar sind. Die Bedeutung von Maßnahmen zur Komplexitätsreduzierung wird auch hier unmittelbar offensichtlich.

Zur Reduzierung der aus Komplexität resultierenden Unsicherheit wird der Nachfrager bestrebt sein, Informationen über die Problemlösungseignung verfügbarer Angebote einzuholen, insbesondere über die Funktionsanforderungen einzelner Leistungskomponenten sowie über mögliche negative Folgen einer von der Nutzenerwartung abweichenden Bedarfsentsprechung der angebotenen Leistung.[723] Bei konfigurationsbedürftigen Leistungen ist allerdings aufgrund der notwendigen Kompetenz zur Abstimmung des Leistungsangebotes auf die individuelle Bedarfssituation neben der Einholung von Erstinformationen, etwa durch Kataloge oder Erfahrungsaustausch mit Nutzern ähnlicher oder gleicher Produktvarianten, die Informationsbeschaffung vor allem durch die Inanspruchnahme des persönlichen Verkaufsgesprächs gekennzeichnet.[724] Die Inanspruchnahme der Informationsquellen bemißt sich nach ihrem Beitrag zur Reduzierung der Unsicherheit bei der Kaufentscheidung.[725] Determinanten stellen hier zum einen der Informationsgehalt, zum anderen die Verständlichkeit der angebotenen Informationen dar,[726] die die wahrgenommene Komplexität der produktspezifischen Informationsbereitstellung und Angebotserstellung zentral beeinflussen. Entsprechend wird derjenige Anbieter Konkurrenzvorteile realisieren können, der im Vergleich zu Wettbewerbern das Unsicherheitsempfinden des potentiellen Käufers stärker reduzieren kann. Konkreten unsicherheitsreduzierenden Leistungen kommt daher im Rahmen der Akquisition besondere Bedeutung zu. Der Einsatz von AUS kann hier erhebliches Wirkungspotential entfalten.

Der Einstieg in die Darstellung der auf die Komplexitätsreduzierung der Beratung und Angebotserstellung gerichteten Zielsetzung des Einsatzes von AUS soll aufgrund des unmittelbaren Zusammenhangs über die *Evidenz* des Nachfragers gewählt werden.[727] Unter Evidenz kann grundsätzlich die Einsicht des Nachfragers verstanden werden, zur Lösung seiner Probleme eine bestimmte Leistung zu benötigen. Es besteht insofern ein entgegengesetzter Zusammenhang zwischen Evidenz und wahrgenommener Komplexität, als die Evidenz die Kenntnis der zur Lösung einer bestimmten Problemstellung bzw. zur Erfüllung unterschiedlicher Funktionsanforderungen konkret geeigneten Leistungszusammenstellung voraussetzt

---

[723] Vgl. Bergmann, H. (1995), S. 58; Wimmer, F.; Zerr, K. (1995), S. 86.

[724] Vgl. Kroeber-Riel, W. (1992b), S. 263, der auf die dominierende Bedeutung des persönlichen Verkaufsgesprächs bei höherwertigen Gebrauchsgütern hinweist.

[725] Vgl. Kroeber-Riel, W. (1992b), S. 262.

[726] Vgl. Grunert, K.; Saile, H. (1977), S. 441.

[727] Vgl. dazu ausführlich Engelhardt, W.H.; Schwab, W. (1982), S. 506 ff. Siehe auch Gersch, M. (1995), S. 74; Kuß, A. (1993), S. 175.

und mit zunehmender Komplexität tendenziell abnehmen dürfte. In diesem Verständnis ist vorhandene Evidenz an zwei Voraussetzungen geknüpft: Setzt man voraus, daß der Nachfrager sich des Bestehens eines Bedürfnisses bewußt ist *(Bedürfnisevidenz)*, so muß er zunächst erkennen, daß zur Lösung seines Problems überhaupt eine Leistungsinanspruchnahme notwendig ist *(Problemevidenz)*[728]. Mangelnde Problemevidenz kann darin bestehen, daß der potentielle Nachfrager sein Problem nur unvollständig erkennt oder das Problem falsch einordnet.[729] Zum anderen ist die Erkenntnis notwendig, welche konkrete Leistung zur Lösung des Problems benötigt wird *(Problemlösungsevidenz)*. Hier können Schwierigkeiten bei der Identifikation einer adäquaten Problemlösung auftreten, die auf mangelnder Kenntnis über bestehende Problemlösungsangebote beruhen. Für den Unternehmenserfolg entscheidend ist allerdings die *Anbieterevidenz*, d.h. der Nachfrager muß erkennen, daß unter den verschiedenen Konkurrenzalternativen die vom spezifischen Anbieter offerierte Problemlösung seinen individuellen Bedarf am besten decken kann.[730]

Sieht man zum Zeitpunkt der Kontaktaufnahme mit dem Anbieter die Problemevidenz als gegeben an, kann allerdings die Problemlösungsevidenz aus folgenden Gründen eingeschränkt sein: Der Nachfrager mag zwar erkennen, daß er eine Leistung benötigt, vermag diese aber nicht zu präzisieren. Darüber hinaus ist er möglicherweise auch davon überzeugt, die zur Lösung des Problems geeignet erscheinende Leistung zu kennen, unterliegt dabei aber aufgrund unzureichender Problemanalyse einem Irrtum *(Scheinevidenz)*.[731] Schließlich, falls der Nachfrager die zur Problemlösung geeignete Leistung der Art nach bereits richtig erkannt hat, besteht noch Unklarheit über den Anbieter, der dem spezifischen Bedürfnis bestmöglich entspricht. Die Wettbewerbsrelevanz vorhandener Anbieterevidenz wird hier unmittelbar einsichtig.

Der Einsatz multimedialer AUS bietet hier über die gegenüber dem menschlichen Gehirn grundsätzlich höhere Informationsverarbeitungskapazität der Computertechnologie hinaus zwei grundsätzliche Ansatzpunkte zur Komplexitätsreduzierung und zum Abbau mangelnder Evidenz des Nachfragers, die sich an den softwarekonzeptionellen Grundlagen der Systemausgestaltung orientieren. Angesprochen ist hier das stärker auf *wissensbasierten Elementen beruhende Funktionspotential* von AUS in Form der Bedarfsanalyse, dem Konfi-

---

[728] Man könnte in diesem Zusammenhang auch von *Lösungsevidenz* sprechen.
[729] Vgl. Kleinaltenkamp, M. (1993b), S. 111.
[730] Vgl. Gersch, M. (1995), S. 74; Kleinaltenkamp, M. (1993b), S. 111. Ähnlich argumentiert in diesem Zusammenhang *Cox*, der von drei Arten von Informationen als Voraussetzung für die Kaufentscheidung des Nachfragers spricht. So benötigt dieser zum einen Informationen, die ihn veranlassen, sich für das Produkt zu interessieren, also über die vorliegende Problemsituation, zum anderen Informationen über die Existenz und Verfügbarkeit adäquater Problemlösungen. Schließlich bedarf er Informationen, die ihm bei der Bewertung der Produktangebote helfen und damit zu Problemlösungsevidenz bzw. durch Vergleich unterschiedlicher Konkurrenzalternativen zu Anbieterevidenz führen. Vgl. Cox, D.F. (1976), S. 223.
[731] Vgl. Engelhardt, W.H.; Schwab, W. (1982), S. 510.

gurationssystem, technischen oder wirtschaftlichen Vergleichsanalysen, Finanzierungs- und Subventionsberatungsanwendungen, vor allem aber auch im Zusammenspiel mit dem EPK. Die nachfolgende Analyse dieser Vorteilspotentiale ist daher modulspezifisch entsprechend dem Beratungsverlauf angelegt. Darüber hinaus kann die *Multimedialität der Informationsdarstellung* ebenso das leistungsspezifische Verständnis des Nachfragers fördern.[732] Hier wiederum ist zum einen die Wirkung (audio)visueller Informationsübermittlung auf die menschliche Wahrnehmung und den Informationsverarbeitungsprozeß tangiert. Damit in Verbindung steht das infolge der breiteren Medienauswahl zur Informationsdarstellung resultierende Potential zur verständnisfördernden Erweiterung der Präsentationsmöglichkeiten.

---

[732] Vgl. Böcker, J. (1995), S. 188.

6.2.2.2.1 Reduzierung der Komplexität durch wissensbasierte Anwendungen

Betrachtet man konkret das Spektrum wissensbasierter Anwendungen eines AUS chronologisch zum Beratungsablauf, so kann zunächst die computergestützte *Bedarfsanalyse* deutlich zur Erhöhung der Problemlösungsevidenz des Nachfragers beitragen. Einerseits kann durch die Eingabe problemspezifischer Kriterien der noch unscharfe Bedarf durch die automatische Generierung erster Problemlösungsalternativen präzisiert werden. Andererseits läßt sich die Wirkung geänderter Bedarfsparameter in bezug auf die Eignung der vorgeschlagenen Basislösung unmittelbar darstellen bzw. die für die Modifikation einer bereits ermittelten Basisvariante ursächlichen Kriterienausprägung transparent machen. Ergänzend zuschaltbare Erklärungshinweise für die Wahl der selektierten Varianten können zudem verständnisfördernd wirken. Bei Scheinevidenz steht hingegen die Überzeugungsfunktion des AUS im Vordergrund. Hier muß eine Umlenkung der Nachfragerwünsche in dem Sinne erfolgen, daß dem Nachfrager verdeutlicht wird, daß die Weiterverfolgung der bestehenden Vorstellung über die geeignete Problemlösung nicht zu einer bestmöglichen Erfüllung der Bedürfnisse beiträgt. So ist es durchaus denkbar, daß ein Nachfrager mit bereits konkreter Vorstellung von der geeigneten Leistung sich von der durch die Bedarfsanalyse und die anschließende Feinabstimmung der Konfiguration ermittelten abweichenden Problemlösung überzeugen läßt, sofern die Berücksichtigung der spezifischen Anforderungen gewährleistet ist. Dies impliziert damit gleichzeitig Anbieterevidenz und ist insofern konkret wettbewerbswirksam, als der Nachfrager insbesondere den Anbieter bevorzugen wird, der ihm demonstriert, daß er nicht nur in der Lage ist, aus den vorliegenden Angaben die konkrete Problemstellung zu erkennen, sondern auch eine den Bedürfnissen entsprechende Leistung anzubieten. Dies ist vor allem auch deswegen bedeutsam, da ein auf Basis einer falsch eingeschätzten Problemlage entwickeltes Angebot letztendlich keine Problemlösung darstellt.

Angedeutet wurde damit bereits die komplexitätsreduzierende Wirkung des bei der Produktzusammenstellung im Hintergrund arbeitenden *Konfigurationssystems*. Bei einem aktiven Konfigurator besteht die transparenzfördernde Wirkung vor allem in der eindeutigen Darstellung der für den anstehenden Konfigurationsschritt jeweils verfügbaren Komponenten. Indem der Konfigurator nach jedem Teilschritt nur die zur erzeugten Konfigurationsvariante jeweils schnittstellenkongruenten Komponenten für die weitere Produktzusammenstellung zuläßt und damit irrelevante Kombinationsmöglichkeiten erst gar nicht aufzeigt, kann die Unsicherheit über die jeweilige Eignung der einzelnen Komponentenausprägungen auf den jeweiligen Konfigurationsstufen erheblich reduziert werden. Verständnisfördernd wirken hier auch zuschaltbare Informationen über die technischen Restriktionen, die die jeweiligen Kombinationsmöglichkeiten erläutern bzw. die bestehenden Ausschlußregeln begründen. Komplexitätsreduzierend wirken derartige Erklärungshinweise ebenso bei einem reaktiv arbeitenden Konfigurationssystem, das im Sinne eines Kritiksystems bei Freigabe aller verfügbaren Komponenten einer jeweiligen Konfigurationsstufe solange im Hintergrund arbeitet, bis eine schnittstelleninkonforme Elementezusammenstellung erfolgt. Problembeschreibungen und die Präsentation geeigneter alternativer Varianten erleichtern dann nicht nur die Fortsetzung des Konfigurationsprozesses, sondern erhöhen ebenso nicht unerheblich die Nachvollziehbarkeit für den Nachfrager.

Besonders augenscheinlich wird an dieser Stelle auch die Vorteilhaftigkeit des integrierten Zusammenwirkens der softwarestrukturellen Bestandteile der wissensbasierten Anwendungen und der hypermedial organisierten Informationsabfrage. So kommen in der integrierten Nutzung des EPK und des Konfigurationssystems im Rahmen des iterativen Konfigurationsprozesses die Vorteile des simultanen Zusammenwirkens beider Softwaretechnologien insofern zum Ausdruck, als durch die regelbasierte Vorauswahl des Konfigurators zunächst das Verständnis über die schnittstellenkonsistenten Möglichkeiten der Produktzusammenstellung gefördert wird. Dieser Verständnisprozeß wird aber insbesondere dadurch unterstützt, daß nicht lediglich eine Auflistung der Artikelbezeichnung der technisch kompatiblen Komponenten im Sinne einer Stücklistengenerierung erfolgt, sondern durch die visuellen photorealistischen oder graphischen Darstellungen sowohl der einzelnen Komponenten als auch der Auswirkungen der jeweiligen Konfigurationsschritte auf die Produktzusammenstellung eine unmittelbare optische Umsetzung des jeweiligen Konfigurationsschrittes erfolgt. Dies verbessert vor allem auch das Verständnis der mit der Wahl alternativer Komponenten verbundenen Wirkungen auf die Gesamtkonfiguration und hebt damit insbesondere auch die Bedeutung der Auswahl der für den Funktionsnutzen des nachgefragten Endproduktes besonders kritischen Produktparameter hervor. Insgesamt wird damit das Verständnis des Zusammenhangs zwischen Ursache und Wirkung in bezug auf die an das Leistungsergebnis gestellten Nutzenanforderungen und den zugrunde liegenden technischen Voraussetzungen wesentlich verbessert.

Die dargestellten Wirkungen der Reduzierung der Komplexität sind durchaus nicht getrennt voneinander zu betrachten. Vielmehr können die problemlösungsfördernden Wirkungen der Bedarfsanalyse ebenso zur Reduzierung der Komplexität bei der nachfolgenden Endkonfiguration beitragen. Infolge des durch die Bedarfsanalyse geschärften Wissens über die zur Problemlösung geeigneten Leistungen in Abhängigkeit von den konkreten Leistungsanforderungen (z.B. durch Überzeugung des Nachfragers von einer dem Bedarfsfall besser entsprechenden Leistungskombination) kann tendenziell auch das Verständnis für den Prozeß der Feinabstimmung der Ausprägungen einzelner Komponenten zu einer problemadäquaten Endkonfiguration verbessert werden.

Wirtschaftliche und technische Vergleichsanalysen fördern hingegen die Problemlösungsevidenz bei der Alternativenauswahl hinsichtlich differierender technischer Funktionalität bzw. ökonomischer Nutzungsimplikationen. Deutlich herabgesetzt werden kann die aus den Beziehungen zwischen den Elementen resultierende Komplexität in bezug auf die unterschiedlichen Auswirkungen wirkungszusammenhängender Komponenten auf Leistungsanforderungen bzw. die mit der direkten Leistungsnutzung verbundenen ökonomischen Konsequenzen für den Nachfrager (z.B. Auswirkungen unterschiedlicher Ausprägungen der Motorisierung, des Aufbaus und des Triebstranges eines Nutzfahrzeuges auf Fahrleistung und Verbrauch). Besonders interessant erscheint hier die Einbeziehung der Leistungsspezifikation von Konkurrenzprodukten unter Beachtung rechtlicher Restriktionen,[733] da hierdurch bestehende Vorteile anschaulich demonstriert und somit Beiträge zur Anbieterevidenz geleistet werden. Da aus Nachfragersicht hinsichtlich der finanziellen Belastung nicht nur die Anschaffungsausgaben, sondern bei langlebigen Gebrauchsgütern vor allem die über die Nutzungsdauer in Abhängigkeit unterschiedlicher Nutzungsintensitäten anfallenden Kosten mitunter erhebliche Kaufentscheidungsrelevanz einnehmen, wird vor allem bei grundsätzlich übereinstimmender Bedarfsentsprechung der vorliegenden Angebotsalternativen die Bedeutung der wirtschaftlichen Transparenz besonders deutlich. Hier wird die aus der konkreten Produktnutzung resultierende wirtschaftliche Planungsunsicherheit des Nachfragers durch die Computerunterstützung deutlich reduziert.[734] Werden über rein technische Leistungsvergleiche hinaus ergänzende Nutzwertanalysen einbezogen, lassen sich isoliert oder in einer abschließenden Kosten-Nutzen-Analyse integriert, die ausgewählten Entscheidungsalternativen vergleichen und entsprechend ihrer Eignung rangordnen.[735] Die Problemlösungsevidenz in bezug auf die technische Leistungsgestaltung kann dabei allerdings auch deduktiv in dem Sinne gefördert werden, daß in Ergänzung zu den Ergebnissen der Bedarfsanalyse die letztendlich problemgerechte Leistungsspezifikation retrograd durch entsprechende Modifikationen der technischen Konfiguration ermittelt wird.[736] Schließlich werden über den Wirtschaftlichkeitsvergleich zwischen eigenen Angebotsalternativen hinaus bei frei spezifizierbaren Leistungsvarianten auch durch den Kunden bereits genutzte Problemlösungen beurteilt.[737] Dies erscheint vor allem in bezug auf die Ersatzbeschaffung bei Nachfragern relevant, die eine Neuinvestition aufgrund zu hoch erscheinender Anschaffungsausgaben möglicherweise zunächst revidieren, sich aber z.B. durch die transparente Darstellung der

---

[733] Vgl. Steppan, G.; Mertens, P. (1990), S. 143; Steppan, G. (1990), S. 67.
[734] Vgl. Müller, B. (1989), S. 24; Weiß, H.C. (1993), S. 369.
[735] Vgl. Link, J.; Hildebrand, V. (1993), S. 130; Müller, B. (1989), S. 23 ff. Zur methodischen Vorgehensweise bzw. geeigneten Verfahren vgl. z.B. Niedetzky, H.M. (1988), S. 287; Schumann, M. (1993), S. 171.
[736] Vgl. Steppan, G. (1990), S. 67.
[737] Vgl. Mertens, P. (1992a), S. 36.

erheblichen Reduzierungen der Nutzungskosten etwa durch technische Weiterentwicklungen von der Vorteilhaftigkeit einer Neuinvestition schließlich doch überzeugen lassen.

Komplexitätsreduzierend wirkt auch die Möglichkeit der computergestützten *Subventionsberatung*. Ein generelles Problem der Subventionsberatung besteht dabei in der aus den vielfältigen Möglichkeiten und Nebenbedingungen der Inanspruchnahme resultierenden Intransparenz. Angefangen bei der Unübersichtlichkeit generell bestehender Fördermöglichkeiten (mehr als 400 Programme der Länder, des Bundes oder der EU),[738] die zudem aufgrund häufiger Änderungen schnell veralten können, sind bei der Zusammenstellung geeigneter Fördermittelpakete zur Vermeidung der Mehrfachsubventionierung zahlreiche Kombinationsvorschriften vor allem in Form von Kumulationsverboten zu beachten (z.B. Einschränkungen bei der gleichzeitigen Inanspruchnahme von Programmen unterschiedlicher Gebietskörperschaften).[739] Wechselwirkungen zwischen ausgewählten Subventionen (z.B. erfolgsneutral verrechnete Investitionszuschüsse reduzieren die Wirkung von Sonderabschreibungen, Reduzierung der Förderhöchstgrenze bei der Kombination von Zuschüssen)[740] erschweren zudem die Übersichtlichkeit. Darüber hinaus ist aufgrund des zum Teil erheblichen Beantragungsaufwandes eine genaue Prüfung der Fördervoraussetzungen zur Vorbeugung einer erfolglosen Antragstellung notwendig.[741] Schließlich wird die Bewertung der Subvention durch den Nachfrager durch unterschiedliche Rentabilitäts-, Liquiditäts- und Risikowirkungen erschwert.[742] Hier sind etwa Reduzierungen der Finanzierungskosten, Belastungen der Subventionsnutzung (z.B. Ressourcenbindung, Bearbeitungsgebühr), unterschiedliche Liquiditätszuflüsse bei der Inanspruchnahme einer Kreditsubvention gegenüber einem Zuschuß bei gleichem Subventionswert oder Einflußnahmen auf die Geschäftspolitik durch den bzw. aufgrund von Offenlegungspflichten gegenüber dem Subventionsgeber gegeneinander abzuwägen.[743] Mangelndes Fachwissen über die Möglichkeiten der Fördermittelinanspruchnahme und deren Konsequenzen führt vor allem bei kleineren und mittleren Unternehmen, insbesondere aber bei Privatabnehmern, zu einer vergleichsweise geringeren Ausschöpfung des bestehenden Potentials und kann im Extremfall eine wirtschaftlich prinzipiell mögliche Investition sogar vermeiden.[744] Die Beratung über die Inanspruchnahme öffentlicher Finanzierungshilfen macht somit den Einsatz eines Experten notwendig, soll sie nicht fehlerhaft bzw. unvollständig erfolgen.[745]

---

[738] Vgl. Michel, J. (1992), S. 659.
[739] Vgl. z.B. Mertens, P.; Lödel, D. (1993), S. 179.
[740] Vgl. zu den verschiedenen Arten der Fördermittel Hilkinger, J. (1987), S. 955.
[741] Vgl. Ponader, M. (1992), S. 32.
[742] Vgl. Hilkinger, J. (1987), S. 956.
[743] Vgl. Ponader, M. (1992), S. 34 f.
[744] Vgl. Hilkinger, J. (1987), S. 953; Ponader, M. (1992), S. 28.
[745] Vgl. Michel, J. (1992), S. 659.

Da bei jedem Beratenen auch in bezug auf die Voraussetzungen zur Inanspruchnahme von Fördermitteln eine anders geartete Ausgangssituation vorliegt, kann die Beratungsleistung kaum standardisiert erfolgen, sondern muß den individuellen Befindlichkeiten Rechnung tragen.[746] Selbst spezialisierte Subventionsberater verfügen jedoch vielfach nur in sehr wenigen Fachbereichen über einen sehr hohen Kenntnisstand. Für den primär produktorientiert ausgerichteten Verkaufsberater dürfte dies verschärft gelten.[747] Die zu bewältigende Kombinatorik und umfangreiche Berechnungen machen die computergestützte Subventionsberatung zur Ermittlung bedarfsspezifischer Fördermittelkombinationen auch für einen Experten zu einem notwendigen Werkzeug, das die Gefahr der Überforderung des Verkaufsberaters und die daraus resultierende Intransparenz des Nachfragers vermeidet.[748] Die gezielte Recherche nach bestimmten Subventionen bzw. die systemgestützte Ermittlung relevanter Fördermöglichkeiten in Abhängigkeit von den Leistungsspezifika, sowie die Darlegung der ökonomischen Konsequenzen unterschiedlicher Fördermittelkombinationen verringert das Erklärungsdefizit für den Nachfrager erheblich und damit auch die Unsicherheit über die finanzielle Belastung der Leistungsbeschaffung und die Eignung öffentlicher Fördermaßnahmen im Einzelfall. Dabei wird nicht nur die Problemlösungsevidenz hinsichtlich der Fördermittelinanspruchnahme gefördert, sondern es ergeben sich ebenso produktpolitische Implikationen. So sind möglicherweise bestimmte Komponenten(ausprägungen) vorgeschrieben, um überhaupt in den Genuß einer Subvention zu gelangen (z.B. umweltschonende Materialien). Bei der Unterschreitung einer förderungswürdigen Investitionssumme erfolgt möglicherweise die Abnahme von Zusatzausstattungen, die zum Erreichen des entsprechenden Auftragsvolumens führt. Bei zeitgebundenen Förderprogrammen ist auch das Vorziehen von Erweiterungsinvestitionen denkbar.[749]

Im Rahmen der *Finanzierungsberatung* bieten die vielfältigen Optionen der konkreten Ausgestaltungsformen über die Art der Vertragsform (z.B. Kreditkauf, Leasing, Mietkauf),[750] unterschiedliche Laufzeiten oder Eigenkapitalanteile, die Berücksichtigung steuerlicher Aspekte und die Inanspruchnahme öffentlicher Fördermittel zwar die Möglichkeit, neben einer individuellen produkttechnischen auch eine maßgeschneiderte Finanzierungslösung anbieten zu können. Für den Nachfrager besteht aber gleichzeitig aufgrund des nicht unerheblichen Erklärungsbedarfs die Gefahr, den Überblick zu verlieren bzw. sehr stark vom Berater beeinflußt zu werden.[751] Zudem wird es vielfach nicht nur *eine* determinierte optimale

---

[746] Vgl. Ponader, M. (1992), S. 85.
[747] Vgl. Ponader, M. (1992), S. 32.
[748] Vgl. Link, J.; Hildebrand, V. (1993), S. 127; Ponader, M. (1992), S. 85.
[749] Vgl. Link, J.; Hildebrand, V. (1993), S. 130 f.; Steppan, G. (1990), S. 102.
[750] Zur Diskussion über Entscheidungsfindung Leasing versus Kreditkauf vgl. vor allem Süchting, J. (1995), S. 173 ff. Siehe auch Neuhaus, D.; Lusti, M. (1993), S. 94 ff.
[751] Vgl. Mertens, P.; Lödel, D. (1993), S. 180.

Lösung geben, sondern eher eine gewisse Anzahl durch Vertragsart, Laufzeit, Optionen et cetera spezifizierte mehr oder weniger geeignete Alternativen, deren bestgeeignete schließlich durch Veränderung der Parameter iterativ ermittelt wird. Hat sich der Nachfrager noch nicht für eine bestimmte Alternative entschieden, werden zunächst durch Spezifizierung der individuellen Liquiditäts-, Risiko- und Flexibilitätsanforderungen[752] die zur Verfügung stehenden Vertragsformen etwa durch Punktbewertungsverfahren nach ihrer Eignung im Einzelfall in einer Vorschlagsliste ranggeordnet. Die Komplexität der Entscheidungsfindung wird damit bereits durch Eingrenzung der Anzahl der geeigneten Alternativen reduziert.[753] Stellt hingegen eine bestimmte monatliche Belastung die Restriktion für den Interessenten dar, können über die Ermittlung des maximal möglichen Investitionsvolumens die geeigneten Finanzierungsformen bzw. Laufzeiten ermittelt werden.[754] Im Rahmen der nachfolgenden Wirtschaftlichkeitsanalyse wird für besonders geeignete Varianten ein detaillierter Finanzplan über alle Perioden der Finanzierung erstellt.[755] Durch Variation einzelner Parameter der Vertragsalternativen (z.B. Eigenkapitalanteil, Fördermittelinanspruchnahme, Laufzeiten, tilgungsfreier Zeitraum, Restverkaufserlös et cetera) oder die vergleichende Gegenüberstellung unterschiedlicher Finanzierungsformen lassen sich im Rahmen der Wirtschaftlichkeitsanalyse die Auswirkungen auf die laufenden Kreditraten, Zins- und Tilgungsbelastungen, Liquidität, Effektivzins bzw. die letztendliche Kostenbelastung des Nachfragers unmittelbar transparent machen. Die Entscheidungsfindung kann erheblich erleichtert werden.[756]

Schließlich kann das durch das AUS verfügbar gemachte finanzierungsspezifische Wissen ebenso Wirkung auf die Motivation des Verkaufsberaters entfalten. So erfordert die Angebotserstellung spezifikationsbedürftiger Leistungen bereits umfangreiches produkttechnisches Wissen. Für eine umfassende und detaillierte Finanzierungsberatung werden allerdings entsprechende Zusatzqualifikationsmaßnahmen notwendig, die, da der Absatz von produkt-

---

[752] Liquiditätsaspekte beziehen sich auf die im Zeitablauf mit einer Finanzierungsalternative verbundenen Zahlungsströme und können aufgrund ihrer Wirkung auf das Kreditpotential des Nachfragers, letztendlich sogar für die Sicherung der Geschäftstätigkeit je nach Vertragsart durchaus unterschiedliche Bedeutung einnehmen. Risikokriterien beziehen sich hier vor allem auf die unterschiedliche Wirkung von Kreditkauf und Leasing (je nach Ausprägungsform) auf die Kapitalstruktur und damit die Kreditwürdigkeit bzw. die Unsicherheit über die Höhe eines eventuellen Restverkaufserlöses, also auf das Verwertungs-Know-How. Flexibilitätskriterien meinen die differierenden Bindungswirkungen der Vertragsformen z.B. in bezug auf die Intensität der Nutzung des Produktes, Standortwechsel oder technische Veränderungen am Investitionsobjekt. Vgl. dazu Kuhn, L. (1989), S. 202, 286 ff.; Neuhaus, D.; Lusti, M. (1993), S. 94 f.; Süchting, J. (1995), S. 173 ff.; Degener, T. (1986), S. 40 ff. Durch die Möglichkeit der nachfragerindividuellen Gewichtung der Kriterien kann jeweils unterschiedlichen Ausgangssituationen Rechnung getragen werden.
[753] Vgl. Ponader, M. (1992), S. 118. Diese Vorgehensweise ermöglicht über die reine Aufzählung möglicher Vor- und Nachteile der einzelnen Finanzierungsformen eine Bewertung unter Einbeziehung der Ziele des Investors. Vgl. Neubauer, D.; Lusti, M. (1993), S. 94 ff.
[754] Vgl. Mertens, P.; Lödel, D. (1993), S. 180.
[755] Vgl. Neubauer, D.; Lusti, M. (1993), S. 95; Ponader, M. (1992), S. 97.
[756] Vgl. Ponader, M. u.a. (1993), S. 12.

185

begleitenden Finanzierungsleistungen in der Regel nicht über Provisionen entgolten wird, tendenziell eher widerwillig in Kauf genommen werden.[757] Die Bereitstellung eines Finanzierungsmoduls mit entsprechenden Erklärungskomponenten kann hier nicht nur den notwendigen externen Zusatzqualifikationsaufwand reduzieren und damit Hemmschwellen abbauen. Gleichfalls dürfte hierdurch die Bedeutung der Absatzfinanzierung als kaufentscheidender Faktor stärker in das Bewußtsein der Verkaufsberater gerückt und damit auch stärker in der Gesprächsgestaltung berücksichtigt werden.

Im Zusammenhang mit der computergestützten *Preiskalkulation*[758] sei zunächst auf die tendenziell komplexitätsreduzierende Wirkung des Rechnereinsatzes als solcher im Rahmen der Verkaufsberatung im Sinne einer Objektivierung der Angebotserstellung hingewiesen. So ist zu vermuten, daß die computerunterlegten Informationen tendenziell objektivierter und glaubwürdiger bzw. als Beleg für die meist subjektiv gewerteten und intersubjektiv möglicherweise variierenden Behauptungen des Verkaufsberaters empfunden werden.[759] Dies kann nicht nur im Hinblick auf die Übermittlung leistungsspezifischer Informationen höhere Faktensicherheit etwa in bezug auf die tatsächliche Leistungsfähigkeit einzelner Komponenten bzw. deren Kombination im Endprodukt vermitteln. Insbesondere erscheint bei der Ermittlung des Angebotspreises durch eine mitlaufende konfigurationsbegleitende Angebotskalkulation eine Objektivierung des Preisgesprächs möglich, da der Nachfrager durchgehend über Preistransparenz bezüglich der jeweiligen Komponente bzw. Konfigurationsvariante verfügt[760] und jederzeit die angebotene Leistung zur dafür zu entrichtenden Gegenleistung ins Verhältnis setzen kann. Gegenüber der im Rahmen der konventionellen Vorgehensweise vielfach erfolgenden ausschließlichen Offenlegung des endgültigen Angebotspreises zum Abschluß der Produktkonfiguration wird nicht nur die Unsicherheit des Nachfragers über die Korrektheit des Angebotspreise im Sinne der Fähigkeit der Preisermittlung verringert. Ebenso kann das empfundene Vertrauen in den Anbieter hinsichtlich der Ehrlichkeit der Preisfindung erhöht und damit auch die aus einer befürchteten Übervorteilung resultierende Unsicherheit reduziert werden.

Bereits angedeutet und besonders transparenzfördernd erscheint vor allem auch das Zusammenspiel der genannten Module mit dem EPK bzw. dem Konfigurationssystem. Die Möglichkeit des Datentransfers zwischen den Modulen bzw. die unproblematische unmittelbare

---

[757] Vgl. Schantz, B.; Grzimek, C.D. (1995), S. 324.
[758] Die hier dargestellte Version der Preiskalkulation bedarf keiner wissensbasierten Unterstützung, soll aber aufgrund bestehender Zusammenhänge zu den hier diskutierten Funktionsmodulen an dieser Stelle erwähnt werden.
[759] Vgl. Niedetzky, H.M. (1988), S. 100; Scheer, A.W. (1991), S. 11; Staub, U. (1993), S. 267.
[760] Vgl. Bunk, B. (1992), S. 62; Bless, H.J.; Matzen, T. (1995), S. 302.

Anpassung der Parameter ermöglicht bei Änderungen der technischen Konfiguration eine sofortige Anpassung der ermittelten Ergebnisse an die erfolgten Modifikationen. So können etwa die Auswirkungen variierender Komponentenausprägungen (z.B. verschiedene Energieversorgungskonzepte eines Fertighauses) in bezug auf ihre ökonomischen Konsequenzen sowohl der Nutzung (z.B. Energieverbrauch) als auch der Anschaffung (z.B. zusätzliche Fördermittelinanspruchnahme bei Solarenergienutzung) unmittelbar transparent gemacht werden. Zudem implizieren unterschiedliche Investitionsfördermöglichkeiten unter Umständen Änderungen der Vorteilhaftigkeit einzelner Finanzierungsalternativen.[761] Ebenso ergeben sich möglicherweise bei Modifikationen der individuellen Voraussetzungen der Inanspruchnahme von Fördermitteln (z.B. Veränderungen im Rahmen der Kapitalverfügbarkeit, Sicherheiten etc.) Auswirkungen auf die ursprünglichen Finanzierungsvorschläge und letztendlich auf die Parameter der wirtschaftlichen Vergleichsanalyse. Stellt die laufende finanzielle Belastung unter Voraussetzung der Erfüllung eines bestimmten technischen Anforderungsniveaus den letztendlich kaufentscheidenden Faktor dar und wird durch die Modifikation einzelner Komponenten schließlich doch noch die Inanspruchnahme lukrativer Fördermittel erreicht, ist die komplexitätsreduzierende Wirkung des Zusammenspiels der einzelnen Systemmodule schnell einsichtig.

In bezug auf die angestrebte Problemlösungsevidenz bzw. Anbieterevidenz des Nachfragers ermöglicht das dargestellte Wirkungspotential der primär auf bestimmte Beratungsfunktionen ausgerichteten Systemfunktionen nicht nur eine Reduzierung der Komplexität im Hinblick auf die rein technische Leistungsgestaltung. Vielmehr wird der Kontext in bezug auf die Entwicklung einer umfassenden Problemlösung auf die für den Nachfrager nicht minder relevanten ökonomischen und damit auch verbundenen zeitlichen Implikationen der Beschaffungsentscheidung ausgeweitet. Zudem bedeutet die Ausweitung der Akquisitionsbemühungen durch kundenspezifische Dienstleistungen einen stärkeren Bezug zu den Wertschöpfung

6.2.2.2.2 Multimedialität der Informationsdarstellung als Möglichkeit der Komplexitätsreduzierung

6.2.2.2.2.1 Verbesserung der menschlichen Informationsverarbeitung durch multimediale Informationsbereitstellung

Im Anschluß an die primär an den einzelnen beratungsorientierten Funktionsmodulen ansetzenden komplexitätsreduzierenden Wirkungspotentialen stellt die nachfolgende Betrachtung auf die Multimedialität der Informationsvermittlung ab. Durch die Multimedialität der Leistungspräsentation und detailspezifischen Informationsbereitstellung kann die Verständlichkeit komplexer Sachverhalte erheblich erhöht werden.[763]

Das Komplexitätsempfinden des Nachfragers geht letztlich auf die im Organismus erfolgenden Prozesse der Informationsverarbeitung zurück. Nachfolgend sollen daher die Wirkungen der multimedialen Informationsvermittlung auf die menschliche Reizverarbeitung vor dem Hintergrund der angestrebten Verhaltenswirkungen vor allem unter dem Aspekt der Reduzierung der wahrgenommenen Komplexität im einzelnen erläutert werden. Der Einsatz von AUS in der persönlichen Verkaufsberatung zur konkreten Informationsübertragung auf den Nachfrager läßt die Betrachtung hier auf die intrapersonellen psychischen Determinanten des Kaufverhaltens abstellen. Die Betrachtung bezieht sich dabei auf die Erkenntnisse der Konsumentenforschung, auf die ein Großteil der Beiträge zum Kaufverhalten zurückgeht.[764]

Zur Herausarbeitung der Schwerpunkte der Wirkungen des Einsatzes von AUS auf die psychischen kaufverhaltensrelevanten Prozesse soll das auf *Krugman*[765] zurückgehende Konstrukt des *Involvement* des Nachfragers als Ausgangspunkt gewählt werden, das in der neueren Konsumentenforschung als zentrales prädisponibles Konstrukt[766] verstanden wird. Unter Involvement kann allgemein die Ich-Beteiligung, d.h. das innere Engagement und Interesse an einem Gegenstand bezeichnet werden.[767] Bei hohem Involvement setzt sich der Nachfrager entsprechend aktiv und kritisch mit dem Beurteilungsgegenstand auseinander, typisch ist hier die aktive Informationssuche, die Beachtung vieler Produktmerkmale, die Verwendung vieler Informationen, der Vergleich und die sorgfältige Abwägung zwischen mehreren Alternati-

---

[763] Vgl. z.B. Backhaus, H. (1993), S. 219; Bullinger, H.J. u.a. (1992), S. 8; Kabel, P. (1995b), S. 233; Lödel, D. u.a. (1992), S. 512. Zur kognitiven Komplexität der Informationsdarstellung vgl. Geiser, G. (1990), S. 139.

[764] Vgl. z.B. Kroeber-Riel, W. (1992b).

[765] Vgl. Krugman, H. (1965), S. 349 ff.

[766] Vgl. z.B. Kroeber-Riel, W. (1992b), S. 258; Swoboda, B. (1996), S. 54.

[767] Vgl. Kroeber-Riel, W. (1992b), S. 375; Kuß, A. (1993), S. 173; Levermann, T. (1995), S. 12; Mayer, H. (1993), S. 219; Weinberg, P. (1994), S. 175.

ven.[768] Im Zusammenhang mit der Kaufentscheidung konfigurationsbedürftiger Leistungen erscheint unter den Determinanten des komplexen Konstruktes Involvement vor allem das *persönliche* und das *produktspezifische* Involvement, das *Situations-* und *Medien*involvement von besonderer Relevanz.[769]

Dabei bezieht sich das *persönliche Involvement* auf die persönlichen Prädispositionen und zentralen Persönlichkeitszüge, die Werte, Motive und Einstellungen des Nachfragers.[770] Zum Ausdruck kommt dies etwa in einer dauerhaften Verbundenheit gegenüber Gegenständen, Themen oder Aktivitäten, für die man sich engagiert. Je stärker diese durch den Beurteilungsgegenstand tangiert werden, desto stärker wird die innere Beteiligung sein.

Das *Produktinvolvement* wird hingegen durch das dem Produkt entgegengebrachte Interesse bestimmt, das wiederum nicht unerheblich durch die wahrgenommenen funktionalen, finanziellen und sozialen Aspekte des Produkterwerbs und der Produktnutzung, den symbolischen Wert bzw. die Prestigefunktion und den emotionalen Nutzen des Produktes als Risikoquellen bestimmt wird.[771] Im Zusammenhang mit der Beschaffung konfigurationsbedürftiger Leistungen dürfte das Involvement des Nachfragers aufgrund der für die Problemlösungseignung relevanten Anpassung der Leistungszusammenstellung an die individuelle Bedarfssituation und damit verbundenen Erklärungsbedürftigkeit insbesondere durch ein hohes funktionales, bei den vielfach vergleichsweise hochwertigen Leistungen (z.B. Automobil, EDV-System) auch finanzielles Produktinvolvement geprägt sein. Persönlichkeitsspezifische Aspekte des Produktinvolvements dürften hingegen bei Endabnehmerleistungen stärker im Vordergrund stehen, die etwa Prestigefunktionen aufweisen oder eine gewisse emotionale Anziehungskraft ausüben (z.B. Automobile, Fertighäuser). Allerdings können diese Aspekte zumindest abgeschwächt auch bei investiven organisationalen Beschaffungsentscheidungen gelten, vor allem bei hoher Einzelpersonenbindung und wirtschaftlicher Bedeutung der Kaufentscheidung. Hohes persönliches Involvement wird hingegen dann vorliegen, wenn das zu erwerbende Produkt mit bestehenden Grundhaltungen (z.B. gegenüber dem Umweltschutz) kollidiert.

Das *Situationsinvolvement* hängt in erster Linie von der psychischen Situation und der Umweltsituation des Nachfragers ab, das *Medieninvolvement* wiederum von der spezifischen Kommunikationsweise der Informationsübermittlung.[772] Bei konfigurationsbedürftigen Produkten dürfte sowohl die situative Komponente durch die Situation des persönlichen Beratungsgesprächs und der damit in der Regel verbundenen Nähe zur Kaufentscheidung, als

---

[768] Vgl. Kuß, A. (1993), S. 173; Mayer, H. (1993), S. 219; Trommsdorff, V. (1995a), Sp.1070.

[769] Vgl. zu den Determinanten des Involvement z.B. Leven, W. (1991), S. 41; Levermann, T. (1995), S. 13 ff.; Kroeber-Riel, W. (1992b), S. 375 ff.; Kuß, A. (1993), S. 173; Trommsdorff, V. (1995a), Sp. 1070 ff.

[770] Vgl. z.B. Swoboda, B. (1996), S. 59; Weinberg, P. (1994), S. 176.

[771] Vgl. Trommsdorff, V. (1995a), Sp. 1071 f.

[772] Vgl. Levermann, T. (1995), S. 16; Trommsdorff, V. (1995a), Sp. 1071.

auch das Medieninvolvement vor allem durch die aktive Beteiligung des Nachfragers an der Informationsübermittlung durch Einbeziehung in die Nutzung der Computerapplikation relativ hoch ausgeprägt sein. Die Determinanten sind allerdings nicht als unabhängig voneinander angenommen zu betrachten. So ist z.B. ein positiver Zusammenhang zwischen Produkt- und Medieninvolvement derart zu vermuten, daß eine stärkere Einbeziehung des Nachfragers in die Nutzung der Applikation als Folge eines gestiegenen produktspezifischen Informationsbedarfs resultiert.[773] Ebenso kann die detaillierte produktbezogene Informationsaufbereitung die Auseinandersetzung mit bestimmten Details fördern.[774]

Die vorangegangenen Ausführungen zeigen in bezug auf die Kaufentscheidung konfigurationsbedürftiger Produkte vor allem zwei Aspekte. Erstens kann aufgrund der im persönlichen Beratungsgespräch vergleichsweise intensiven inneren Auseinandersetzung mit dem Beschaffungsgegenstand tendenziell von einem hohen Involvement ausgegangen werden. Zweitens dürfte trotz einer gewissen Relevanz emotionaler Aspekte das kognitive Involvement im Vordergrund stehen, da es sich vor allem um Informationen auf der Sachebene handelt, die z.B. die Vorzüge der technischen Ausstattung oder Verwendungsmöglichkeiten beinhalten und aktiv aufgenommen bzw. intensiv verarbeitet werden.[775]

Trotz bestehender Verflechtungen zwischen den aktivierenden und kognitiven internen Prozessen soll zur systematischen Darstellung der Wirkungspotentiale multimedialer AUS eine die einzelnen Teilprozesse fokussierende Betrachtungsweise gewählt werden.[776] *Aktivierende* Prozesse sind zunächst mit inneren Spannungen und Erregungen verbunden und stellen als allgemeine Aktivierung die Voraussetzung für die kognitiven Leistungen bzw. als spezifische aktivierende Prozesse die Antriebskräfte des Verhaltens dar. *Kognitive* Prozesse beinhalten gedankliche Vorgänge der Informationsverarbeitung wie Wahrnehmung, Beurteilung oder Lernen.[777] Aufgrund der bei konfigurationsbedürftigen Produkten im Vordergrund stehenden mentalen Auseinandersetzung mit dem Kaufgegenstand legen nachfolgende Ausführungen dementsprechend den Schwerpunkt der Erörterung der Wirkungen der multimedialen Informationsvermittlung auf die kognitiven Aspekte. Da der Einsatz multimedialer AUS aber auch affektiv-emotionale Elemente der Kaufentscheidung tangieren kann, sollen die

[773] Insofern wirken Medien immer situationsspezifisch bzw. erzeugen Situationsinvolvement.

[774] In diesem Zusammenhang empfiehlt sich insbesondere bei zentralen produktbezogenen Konkurrenzvorteilen eine entsprechend intendierte Informationsaufbereitung.

[775] Vgl. Levermann, T. (1995), S. 16. Zur Klassifizierung von Kaufentscheidungen in Abhängigkeit des kognitiven bzw. emotionalen Involvements vgl. Kroeber-Riel, W. (1992b), S. 377.

[776] Zu einer ähnlichen Systematisierung zur grundsätzlichen Behandlung des Sachverhaltes vgl. Kroeber-Riel, W. (1992b). Aufgrund der Übersichtlichkeit der Darstellung soll dabei von bestehenden Wechselwirkungen zwischen den Prozessen abstrahiert werden. Vgl. dazu etwa Kroeber-Riel, W. (1992b), S. 46 f.

[777] Vgl. Kroeber-Riel, W. (1992b), S. 47; Siebdrat, H. (1994), S. 121.

entsprechenden, zwar nur indirekt komplexitätsreduzierenden, aber dennoch kaufverhaltensrelevanten Aspekte im Sinne einer geschlossenen Darstellungsweise nachfolgend ebenso berücksichtigt werden.[778] Anhand der nachfolgenden Abbildung sollen nunmehr die internen Prozesse der menschlichen Informationsverarbeitung im Zusammenhang mit der produktspezifischen Informationsbereitstellung bei konfigurationsbedürftigen Produkten unter Berücksichtigung der Implikationen des Multimedia-Einsatzes erörtert werden.[779]

---

[778] Die Erörterung erfolgt hier konkret bezogen auf die Wirkungen multimedialer AUS auf die psychischen Determinaten des Kaufverhaltens. Zu einer ausführlichen Darstellung der generellen Prozeßabläufe der Reizverarbeitung vgl. vor allem Kroeber-Riel, W. (1992b). Die hier gewählte Darstellungsweise orientiert sich an der strukturellen Vorgehensweise im Zusammenhang mit der Diskussion der psychischen Determinanten des Konsumentenverhaltens im Rahmen der Werbewirkungsforschung. Die Übertragung auf die Analyse multimedialer interaktiver Informationssysteme mag daher zunächst fragwürdig erscheinen. Allerdings besteht zum einen hinsichtlich der Verwendung mehrerer Medien eine gewisse Affinität in bezug auf die Informationsinhalte, zum anderen greift die Interaktivität der Informationsvermittlung den Aspekt der Informationsselektion auf, allerdings aus der nachfrageorientierten Sicht eines aktiven Informationsnachfragers anstelle der anbieterorientierten Perspektive eines passiven, der Informationsüberlastung ausgesetzten Informationskonsumenten.

[779] Diese sich an die Strukturmodelle der Kaufverhaltensforschung anlehnende Vorgehensweise beinhaltet den Vorteil, daß einerseits die kaufentscheidungsbeeinflussenden Größen erfaßt und darüber hinaus die Wirkungszusammenhänge zwischen den Einflußgrößen aufgezeigt werden können. Vgl. Gerhard, A. (1995), S. 9 ff.

191

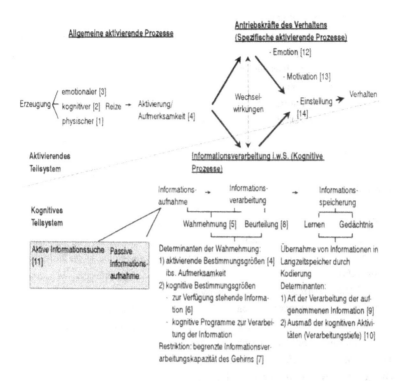

Abb. 17: Auswirkungen multimedialer Informationsvermittlung auf die psychischen Determinanten des Kaufverhaltens

Mit Blick auf die *allgemein aktivierenden Prozesse* kann ausgehend von der Situation der persönlichen Verkaufsberatung bei konfigurationsbedürftigen Gütern bereits von einer bestehenden Aktivierung (innere Spannung oder Erregung, die den Organismus in einen Zustand allgemeiner Leistungsbereitschaft versetzt)[780] bzw. Aufmerksamkeit (Bereitschaft zur Aufnahme von Reizen aus der Umwelt)[781] zur Verarbeitung produktspezifischer Informationen, ausgegangen werden. Der Einsatz von AUS stellt in diesem Zusammenhang also keine generelle Voraussetzung für die Informationsverarbeitung dar, beinhaltet gleichwohl aber eine aktivierungs- bzw. aufmerksamkeitsverstärkende Wirkung. So impliziert zunächst die äußere Gestaltung des im Beratungsgespräch eingesetzten Rechners einen physischen Reiz (1), dessen Neuartigkeit insbesondere bezogen auf die Multimedialität und Interaktivität der

---

[780] Vgl. Kroeber-Riel, W. (1992b), S. 55; Weinberg, P. (1994), S. 172.
[781] Vgl. z.B. Kroeber-Riel, W. (1992b), S. 57.

Informationsvermittlung zusätzliche kognitive Reizwirkungen (2) beinhalten kann. Als besonders aktivierungsrelevant darf hier die, wenn auch mittelbare, aber dennoch konkrete Einbeziehung des Nachfragers in die Steuerung des Ablaufs der Informationsdarstellung angenommen werden. Im Ergebnis wird durch diese, zunächst unspezifisch aus dem Computereinsatz als solchem resultierende, Aktivierung des Nachfragers als Voraussetzung für die kognitiven Prozesse der Informationsverarbeitung erhöht (4).[782] Hiervon zu trennen sind die mit dem konkreten Prozeß der Informationsbereitstellung bzw. Angebotserstellung verbundenen Wirkungen der multimedialen und interaktiven Informationsvermittlung auf die spezifisch aktivierenden Prozesse als Antriebskräfte des menschlichen Verhalten einerseits und ebenso direkt verhaltensrelevanten komplexen kognitiven Prozesse der Informationsverarbeitung i.w.S. andererseits.[783]

Die die Kaufentscheidung konfigurationsbedürftiger Produkte vornehmlich prägenden *kognitiven Prozesse* umfassen die Aufnahme und gedankliche Verarbeitung von Informationen und lassen sich in Analogie zur elektronischen Informationsverarbeitung in die Vorgänge der Informationsaufnahme, der Informationsverarbeitung i.e.S. und der Informationsspeicherung unterteilen.[784] Diese Prozesse der Informationsverarbeitung sind vor allem bei den hier betrachteten Entscheidungsprozessen von Bedeutung, da die Intensität der Informationsverarbeitung mit steigendem Involvement zunimmt und erst bei höherem Involvement eine intensive Auseinandersetzung mit der übermittelten Information erfolgt. Die Stimuli werden nicht nur im Sinne des Erkennens dechiffriert, sondern im Rahmen einer kontrollierten Auswertung als neue Informationen in das bestehende Wissen integriert.[785] Zugeordnet werden hier die für das Kaufverhalten relevanten Prozesse der Wahrnehmung, der Beurteilung und des Lernens. Die Beeinflussung dieser Prozesse zielt letztendlich jedoch auf die Entscheidung des Nachfragers, die im Kaufverhalten zum Ausdruck kommt.

Diese Zusammenhänge lassen sich durch die Argumentation im Drei-Speicher-Modell der Informationsverarbeitung verdeutlichen.[786] Voraussetzung für die gedankliche Weiterverarbeitung der über die unterschiedlichen Sinne aufgenommenen Reize stellt deren zumindest sehr kurze Speicherung im sogenannten sensorischen Speicher, auch Ultrakurzzeitspeicher ge-

---

[782] Vgl. Weinberg, P. (1994), S. 173. Von den die Leistung der Informationsverarbeitung wieder herabsetzenden Zuständen der Überaktivierung (z.B. starke Erregung oder Panik) sei im Zusammenhang mit dem Einsatz von AUS abstrahiert. Vgl. Kroeber-Riel, W. (1992), S. 76.

[783] Vgl. dazu Kroeber-Riel, W. (1992b), S. 47.

[784] Vgl. Kroeber-Riel, W. (1992b), S. 218.

[785] Vgl. Leven, W. (1991), S. 44, 46.

[786] Vgl. z.B. Hildenbrand, W. (1983), S. 127 ff.; Kroeber-Riel, W. (1992), S. 219 ff.; Siebdrat, H. (1994), S. 121 f.

nannt, dar.[787] Die Übernahme der im sensorischen Speicher vorhandenen Sinneseindrücke in den Kurzzeitspeicher (Ort der Denktätigkeit) führt durch Interpretation und Verknüpfung mit internen Informationseinheiten gedanklicher Bezugssysteme zu einer Dechiffrierung der Reize, die diese zu gedanklich weiterverarbeitbaren Informationen werden läßt, ihnen also einen Informationsgehalt verleiht.[788] Dieser Prozeß der Wahrnehmung (5) hängt dabei neben dem bereits erwähnten Aktivierungsgrad (4) vor allem von den zur Verfügung stehenden Informationen ab (6). Die Wahrnehmung erfolgt dabei umso effizienter, je stärker der natürlichen, multisensualen Wahrnehmungsweise des Menschen entsprochen werden kann, je mehr Kommunikationskanäle durch die Informationsdarstellung aufeinander abgestimmt angesprochen werden können.[789] Gleichzeitig eignen sich aber auch, wie weiter unten gezeigt wird, die verschiedenen Sinnesmodalitäten und damit die zur Informationsvermittlung eingesetzten Medien in unterschiedlicher Weise zur Verarbeitung bzw. Darstellung unterschiedlicher semantischer Sachverhalte.

Multimediale Informationsvermittlung kann beiden Aspekten entsprechen. Zum einen wird durch die mediensynchrone Vermittlung audiovisueller Informationen eine Anpassung an die natürliche Wahrnehmung erzielt.[790] Zum anderen kann individuellen Wahrnehmungspräferenzen besser entsprochen werden, indem einzelne Sachverhalte in unterschiedlicher medialer Aufbereitungsform dargestellt werden und die Wahl der Darstellungsform dem Benutzer obliegt[791] (z.B. Darstellung der Einsatzmöglichkeiten von Produkten durch Textbeschreibung, Bild, Graphik oder Video). Der Einsatz mehrerer Medien erlaubt die Informationsbereitstellung auf unterschiedlichen Abstraktionsebenen. Diese teilweise Redundanz der Darstellung ist aufgrund der Selektivität des Zugriffs kein Störfaktor, sondern fördert die Informationsaufnahme und das Verständnis der präsentierten Informationen.[792] Gleichsam erfolgt durch die Selektivität des Informationsangebotes eine Ausrichtung auf die aus der mangelnden Informationsverarbeitungskapazität des Kurzzeitspeichers resultierende Selektivität der Wahrnehmung (7).[793] Dieser Aspekt erscheint dabei nicht nur aus Sicht der Unter-

---

[787] Vgl. Hildenbrand, W. (1983), S. 129.
[788] Vgl. Hätty, H. (1989), S. 127; Hildenbrand, W. (1983), S. 130 f.; Mayer, H. (1993), S. 59. Besonderes Charakteristikum des Kurzzeitspeichers ist seine begrenzte zeitpunktbezogene Informationsverarbeitungskapazität, die von Miller auf ca. sieben *chunks* (komplexe Informationsverarbeitungseinheiten) geschätzt wurde. Vgl. Miller, G. A. (1956), S. 81 ff. Siehe auch Kuhlmann, E. u.a. (1992), S. 90; Picot, A. u.a. (1996), S. 87; Swoboda, B. (1996), S. 93.
[789] Vgl. Frischen, H. (1992), S. 90; Hünerberg, R.; Heise, G. (1995), S. 4; Koller, F. (1992), S. 7. Es wird in diesem Zusammenhang auch von unterschiedlichen Wahrnehmungssystemen gesprochen. Vgl. Neu, M. (1993), S. 186. Vgl. auch Kroeber-Riel, W. (1992b), S. 239, der auf das gemeinsame Zusammenwirken der Sinnesmodalitäten zur umfassenden Wahrnehmung von Stimuli spricht.
[790] Vgl. Koller, F. (1992), S. 4.
[791] Vgl. Bullinger, H.J. u.a. (1992), S. 8.
[792] Vgl. Frischen, H. (1993), S. 90.
[793] Vgl. dazu z.B. Kuß, A. (1993), S. 176; Schmalen, H. (1985), S. 35.

wanderung der Selektivität der Wahrnehmung eines informationsüberlasteten Nachfragers alltäglicher Konsumgüter relevant, sondern hat aufgrund des aus der Erklärungsbedürftigkeit konfigurationsbedürftiger Leistungen resultierenden, zum Teil sehr umfangreichen, Informationsangebotes durchaus auch in diesem Zusammenhang Bedeutung.[794] Insbesondere vor dem Hintergrund eines nur begrenzt verfügbaren Beratungszeitraums und auch Zeitbudgets des Nachfragers erscheint die selektive und Redundanzen vermeidende bedarfsadäquate Informationsbereitstellung im Beratungsgespräch nicht unbedeutend. In Verbindung mit diesem Prozeß der Wahrnehmung erfolgt durch Rückgriff auf die insgesamt z.b. über ein Produkt verfügbaren Informationen einerseits, bestehend aus der aktuellen Reizaufnahme und den im Gedächtnis gespeicherten kontextrelevanten Erfahrungen sowie den daraus abgeleiteten Erwartungen und kognitiven Programmen zur Verarbeitung der aufgenommenen Informationen andererseits, der Beurteilungsprozeß (8).[795] Die Wirkungen der multimedialen Informationsbereitstellung auf die wahrgenommene Komplexität der Leistungszusammenstellung durch den Nachfrager und die daraus resultierende Verbesserung der Produktbeurteilung wird hier unmittelbar einsichtig.

Lernen bedeutet aus Sicht des Informationsspeichermodells die Übernahme der Informationen des Kurzzeitspeichers in den Langzeitspeicher, das Gedächtnis.[796] Die hier auftretenden gedanklichen Verarbeitungsvorgänge der Kodierung beinhalten im Kern die Verknüpfung der aufgenommenen Informationen mit den das bereits vorhandene Wissen repräsentierenden gedanklichen Schemata bzw. Kategorien zu neuen Wissensstrukturen.[797] Hierdurch wird eine geordnete Erfassung der Realität möglich, da die implizierten Generalisierungs- und Differenzierungsvorgänge über die wahrgenommenen und für bestimmte Schemata als typisch identifizierten Attribute des Stimulus eine Zuordnung zu den entsprechenden Kategorien erlaubt. Je mehr sinnvolle gedankliche Beziehungen zwischen den bestehenden Wissensstrukturen hergestellt werden, desto größer ist die Verarbeitungstiefe und damit das Verständnis eines Sachverhaltes.[798] Determinanten des Lernens sind zum einen die positiv mit dem Lernerfolg verknüpfte Verarbeitungstiefe (10), also das bei konfigurationsbedürftigen Produkten

---

[794] Zum Problem der Informationsüberlastung vgl. vor allem Kroeber-Riel, W. (1987), S. 257 ff. Siehe auch Buettner, J. H.; Mann, A. (1995), S. 251; Frischen, H. (1992), S. 17; Kuß, A. (1993), S. 176; Levermann, T. (1995), S. 10 f.; Neu, M. (1993), S. 188.

[795] Vgl. Hätty, H. (1989), S. 127; Hildenbrand, W. (1983), S. 131; Kroeber-Riel, W. (1992b), S. 276, 295.

[796] Vgl. Kroeber-Riel, W. (1992b), S. 343. Genau genommen bedeutet "Lernen" allerdings nicht nur die Speicherung von Wissen. Vielmehr kommt es darauf an, den gespeicherten Sachverhalt im Hinblick auf seine Begründung zu internalisieren!

[797] Unter gedanklichen Schemata sind verfestigte, mehr oder weniger standardisierte und auf Erfahrungswissen beruhende Vorstellungen über Sachverhalte zu verstehen, die durch induzierende Erwartungen verhaltenswirksam werden. Vgl. Bekmeier, S. (1994), S. 94; Freksa, C. (1988), S. 7.

[798] Die Kaufverhaltensrelevanz des Lernens liegt in der Erweiterung des individuellen Verhaltenspotentials als Voraussetzung für tatsächliche Verhaltensänderungen. Vgl. Angermeier, W.F. (1984), S. 26 f.; Hätty, H. (1989), S. 99; Kroeber-Riel, W. (1992b), S. 323.

tendenziell stark ausgeprägte kognitive Involvement als Ausmaß der Verarbeitung der aufgenommenen Reize, das wiederum mit fortschreitender gedanklicher Entschlüsselung zunimmt.[799] Zum anderen wird die Lernwirkung durch die Art der Informationsverarbeitung beeinflußt (9), die durch die eingesetzten Medien der Informationsdarstellung bestimmt wird. Der semantische Inhalt vieler Sachverhalte kann durch visuelle Informationsdarbietung wirksamer kognitiv verarbeitet werden als durch andere Medien.[800] Gegenüber der zeitlich-sequentiellen Aufnahme von Text- bzw. Sprachinformationen werden Bilder ganzheitlich und analog als Ganzes aufgenommen und verarbeitet und werden später wieder analog bzw. in Einzelheiten abgerufen.[801] Bildliche Informationen werden dadurch wesentlich schneller verarbeitet als sprachliche und textuelle Informationen und weisen eine höhere Gedächtniswirkung auf.[802] Darüber hinaus verfügen Bilder über eine größere Aktivierungskraft und werden mit geringerer gedanklicher Kontrolle und Anstrengung verarbeitet.[803] Insgesamt können durch bildliche Informationsdarstellung komplexe Strukturen und Abläufe sowie Beziehungen zwischen Objekten leichter verständlich gemacht werden und angebotsspezifische Argumente besser im Gedächtnis verankert werden.[804] Bilder ohne Kontextbezug sind allerdings wenig aussagekräftig.[805] Die Informationsdarstellung durch bildhafte Informationen ist jedoch dann besonders effektiv, wenn diese repräsentative Funktionen einnehmen, in einem Mix unterschiedlicher Medien eingebettet sind und Sachverhalte darstellen, auf die durch Sprache oder Text Bezug genommen wird. Die Verknüpfung mit Sprach- oder Textinformationen dient damit der Kanalisierung der Wahrnehmung und Steuerung der Informationsaufnahme, wenn z.B. bestimmte Elemente eines Bildes selektiert werden sollen, um die Aufmerksamkeit auf die zum Verständnis des Sachverhaltes kritischen Aspekte zu lenken.[806] Dabei werden

[799] Vgl. Kroeber-Riel, W. (1992b), S. 346; Leven, W. (1991), S. 46.
[800] Vgl. Meyer, J.A. (1994), S. 307; Siebdrat, H. (1994), S. 126 f.
[801] Vgl. Levermann, T. (1995), S. 63; Siebdrat, H. (1994), S. 128. Zur modalitätsspezifischen Informationsverarbeitung, insbesondere zur Imagery-Forschung vgl. Kroeber-Riel, W. (1992), S. 351 ff.; Leven, W. (1991), S. 50 ff. Besondere Bedeutung kommt hier dem Erklärungsansatz der dualen Codierung von Paivio zu. Dieser geht von der Existenz zweier Repräsentationssysteme der Informationsverarbeitung aus. Reize werden vom verbalen System sequentiell, vom non-verbalen System analog verarbeitet. Die Informationsverarbeitungs- und Erinnerungsleistung ist um so größer, je stärker eine doppelte Repräsentation im Gedächtnis stattfindet. Ein Reiz wird wiederum umso eher dual codiert, je konkreter, d.h. je bildhafter die Wahrnehmung erfolgt. Empirischen Ergebnissen zufolge kann angenommen werden, daß die Wahrnehmung einer realen Anwendung besser behalten wird als ihre visuelle Abbildung, Bilder hingegen besser behalten werden als konkrete Worte und diese wiederum besser als abstrakte. Vgl. Paivio, A. (1971), S. 179 f.
[802] Vgl. Backhaus, H.; Glomb, H.J. (1994b), S. 16; Kroeber-Riel, W. (1994), S. 96; (1988), S. 184; Levermann, T. (1995), S. 64; Meyer, J.A. (1994), S. 306. So können innerhalb von zwei Sekunden die Informationen eines Bildes mittlerer Vielschichtigkeit aufgenommen werden, im gleichen Zeitraum aber nur 5-10 Wörter. Vgl. Kroeber-Riel, W. (1983), S. 157.
[803] Vgl. Leven, W. (1991), S. 56; Schoop, M. (1991), S. 35.
[804] Vgl. Bergmann, H. (1995), S. 100; Leven, W. (1991), S. 56; Kroeber-Riel, W. (1988), S. 184.
[805] Vgl. Wiebelinski, M.A. (1991), S. 45.
[806] Vgl. Levermann, T. (1995), S. 65.

insbesondere mit Prozeßabläufen verbundene Sachverhalte durch kontinuierliche visuelle Darstellungen (Bewegtbild oder -graphik) besser aufgenommen als durch statische visuelle Darstellungen.[807] Die aufgezeigten Wirkungszusammenhänge zeigen, daß multimediale AUS durch eine entsprechende mediale Aufbereitung der Informationsinhalte diesen Erkenntnissen Rechnung tragen und damit zu einer Verbesserung der Informationsverarbeitungsprozesse führen.[808] Insgesamt wird durch die Visualisierung der Informationsdarstellung damit eine Komplexitätsreduzierung erreicht, die sich förderlich auf den Kaufentscheidungsprozeß auswirkt.

Bei den hier im Vordergrund stehenden erklärungsbedürftigen Produkten ist die beabsichtigte Wirkung visueller Darstellungen allerdings von den im Rahmen der Werbewirkungsdiskussion intendierten Bildwirkungen zu unterscheiden.[809] Eine Beschleunigung der Informationsaufnahme und Erhöhung der Behaltensleistung der übermittelten produktspezifischen Informationen wird zwar ebenso beabsichtigt, allerdings mit anderen Zielsetzungen. Geht es im Kontext der Werbewirkungsforschung vor allem um die kommunikative Erreichbarkeit des Nachfragers und die Unterwanderung der selektiven Wahrnehmung vor dem Hintergrund eines vielfach geringen Involvements und bestehender Informationsüberlastung, steht hier die Erhöhung der Verständlichkeit und die Reduzierung der Komplexität produktbezogener Informationsbereitstellung durch visuell wahrnehmbare Darstellungen bei hohem Involvement im Vordergrund. Die Steuerung der Informationsentnahme visueller Darstellungen wird dabei vor allem durch die Situation der persönlichen Verkaufsberatung durch entsprechende sprachliche Anmerkungen und Erläuterungen des Vertriebsmitarbeiters unterstützt, die aber ebenso, z.B. als wahlweise zuschaltbare Audioinformationen oder als Texthinweise, in die Anwendung integrierbar sind.

Schließlich ist das Ausmaß der kognitiven Aktivitäten als Determinante des Verständnisses und des Lernerfolgs anzusehen (10), die unter anderem durch die Art der Beteiligung an der Informationsvermittlung mitbestimmt wird. Die bei konfigurationsbedürftigen Produkten bereits generell als vergleichsweise stark ausgeprägt anzunehmende Verarbeitungstiefe führt durch die aktive Beteiligung an der Informationsübermittlung zu einem höheren Lernerfolg,[810]

---

[807] Vgl. Johansson, G. (1974), S. 118 ff.; Levermann, T. (1995), S. 64; Koller, F. (1992), S. 4; Rominski, D. (1994), S. 121.

[808] Konkrete Möglichkeiten des Medieneinsatzes, wie etwa die Bereitstellung von Informationen über konfigurationsbedürftige Leistungen werden im Zusammenhang mit der Erweiterung des Präsentationsspektrums in Kap. 6.2.2.2.2.2 dargestellt.

[809] Vgl. dazu vor allem Kroeber-Riel, W. (1992c), S. 78 ff.; (1987), S. 262 f.

[810] Vgl. Berndt, O. (1992), S. 9; Jarzina, K.R. (1995), S. 46 f.; Levermann, T. (1995), S. 64; Marmolin, H. (1992), S. 45. So auch Kroeber-Riel, W. (1992), S. 371, der die Notwendigkeit der Berücksichtigung interaktiver Prozesse andeutet.

da die gedankliche Auseinandersetzung in bezug auf die Entscheidung über die jeweils abzurufenden Informationsinhalte durch die Antizipation bzw. Erwartung bestimmter Schemata eine intensivere kognitive Verarbeitung impliziert.[811] Dabei verbessert vor allem eine den gedanklichen Assoziationen folgende aktive Exploration der Informationen das Verständnis und die Gedächtnisleistung.[812] Gerade die hypermediale Informationsorganisation von AUS entspricht diesem Aspekt, da hierdurch zum einen im Rahmen des vorgegebenen Informationspools und der programmierten Verbindungen die Umsetzung der gedanklichen Assoziationen ermöglicht wird und zum anderen die jeweils verfügbaren Verbindungsoptionen zwischen den Informationsinhalten der einzelnen Knoten zwingend die Einbeziehung des Nutzers bzw. die gedankliche Auseinandersetzung mit den angebotenen Informationsinhalten erfordern.

Betrachtet man schließlich die in die passive Informationsübernahme und aktive Informationssuche zu unterscheidenden Möglichkeiten der Informationsaufnahme,[813] beinhaltet die aktive Informationsexploration nichts anderes als einen Aspekt bzw. eine Förderung der aktiven Informationssuche des Nachfragers (11).[814] Der Einsatz von AUS mag zunächst angesichts der hier betrachteten erklärungsbedürftigen Produkte in bezug auf eine direkte Wirkung wenig relevant erscheinen, resultiert doch die Inanspruchnahme einer persönlichen Beratung bereits aus aktivem Informationssuchverhalten. Die indirekte Wirkung der Förderung der aktiven Informationssuche während des Beratungsgesprächs ist dabei allerdings nicht zu unterschätzen, da hierdurch, wie bereits dargestellt, sowohl das Ausmaß der kognitiven Verarbeitungstiefe der aufgenommenen Informationen als auch, wie nachfolgend angesprochen, motivationale Aspekte der Kaufentscheidung positiv beeinflußt werden können.

---

[811] Vgl. Marmolin, H. (1992), S. 42; Swoboda, B. (1996), S. 43. Vgl. auch den Theorieansatz von Neisser, U. (1979).

[812] Vgl. Glomb, H.J. (1995c), S. 124; Marmolin, H. (1991), S. 45. So auch Frischen, H. (1992), S. 90. In empirischen Untersuchungen konnte eine Behaltensleistung bei rein sprachlicher bzw. sprachlich-visueller Informationsvermittlung von 25% (30%) bzw. 45% (50%) durch die interaktive Einbeziehung des Lernenden auf 70% (80%) gesteigert werden. Vgl. Donahue, T.J.; Donahue, M.A. (1983), S. 28 und Szuprowicz, B.O. (1991), S. 60. Siehe auch Wagner, R. (1995), S. 8.
Jarzina, K.R. (1995), S. 48 verweist in diesem Zusammenhang auf eine um 80 % höhere Behaltensleistung zusätzlicher interaktiver gegenüber rein passiver audio-visueller Informationsvermittlung.

[813] Vgl. Kroeber-Riel, W. (1992b), S. 254 ff. Siehe auch Meffert, H. (1979), S. 39 ff.

[814] Zu einer empirischen Studie über die Bedeutung unterschiedlicher Informationsquellen im Rahmen der auf die Unsicherheitsreduzierung gerichteten Informationssuche des Nachfragers vgl. Grunert, K.; Saile, H. (1977), S. 437 ff. Die Diskussion der Aspekte an dieser Stelle mag zunächst verwundern und erscheint mit Blick auf die bisherige sukzessive Darstellungsweise inkonsistent. Eine Herauslösung aus dem dargestellten Kontext erscheint jedoch insofern gerechtfertigt, als es sich nach Meinung des Verfassers insbesondere bei den hier relevanten Aspekt der aktiven Informationssuche um eine von der bisherigen Diskussion interner psychischer Konstrukte unterscheidende Handlungsebene handelt. Auf die Berücksichtigung dieses Aspektes soll jedoch wiederum aufgrund ihrer Wirkung auf die betrachteten internen Prozesse ebenso nicht verzichtet werden.

Abschließend sei auf die zwar nicht direkt komplexitätsreduzierend wirkenden, aber aus Gründen der zusammenhängenden Darstellung hier kurz angesprochenen Implikationen der multimedialen und interaktiven Informationsvermittlung auf die *spezifischen aktivierende Prozesse*, auch affektive Prozesse, eingegangen. Trotz gewisser kognitiver Einflüsse auf die Konstrukte Emotion, Motivation und vor allem die Einstellung wird der systematischen Vorgehensweise halber eine Zuordnung zu den aktivierenden Prozessen vorgenommen. Versteht man unter *Emotion*, mehr oder weniger bewußt, angenehm oder unangenehm erlebte innere Erregungszustände,[815] so erscheint vor allem der Einsatz visueller bzw. audiovisueller Darstellungen zur Beeinflussung der emotionalen Verhaltensaspekte geeignet (12).[816] Prozeßorientiert betrachtet können multimediale Elemente des AUS zunächst die der zwischenmenschlichen Interaktion stets innewohnenden Emotionen weiter verstärken. Dies kann stärker produktbezogen, etwa durch die visuelle Präsentation der Leistung in einem angenehm empfundenen Nutzungsumfeld, möglicherweise durch geeignete musikalische Unterlegung, erfolgen.[817] Ebenso bieten sich allerdings audiovisuelle Darstellungen, z.B. in Form spezieller Effekte oder kurzer Gags als eye- oder ear-catcher[818] zur Auflockerung der Beratungsatmosphäre etwa bei Programmeinführungen oder -wechseln an. Die Medienverwendung ist dabei nicht als spektakuläre und möglicherweise als aufdringlich und beratungsablenkende Inszenierung zu verstehen, sondern vielmehr als Element eines positiven Wahrnehmungsklimas[819] und einer abgerundeten und angenehm empfundenen Beratungsatmosphäre.[820] Multimediale produktbezogene Informationsdarstellungen können aber auch eine produktbezogene Emotionalisierung des Nachfragers bewirken. Diese Wirkung dürfte vor allem bei konfigurationsbedürftigen Konsumgütern auftreten, bei denen die Beschaffungsentscheidung in bezug auf die spätere Nutzung nicht vornehmlich unter kognitiven Aspekten erfolgt (z.B. Polstermöbelgarnitur). Hier wären visuelle oder akustische Elemente auf die Schaffung der intendierten emotionalen Nutzenerwartung zu richten. Da letztendlich aber auch die emotionalen Erwartungen an das Produkt nicht unerheblich auf der spezifischen Produktkonfiguration beruhen können und insofern in diesem Fall emotionale Beschaffungsunsicherheiten letztlich ebenso kognitiv verankert sind, dürften die angesprochenen visuellen Darstellungen letztendlich stärker kognitive Wirkungen entfalten. Insgesamt kann gegenüber der konventionellen Informationsbereitstellung eine differenziertere Emotionalisierung der

---

[815] Vgl. z.B. Hammann, P.; Erichson, B. (1994), S. 267; Kroeber-Riel, W. (1992b), S. 53; Weinberg, P. (1994), S. 172.

[816] Vgl. Backhaus, H.; Glomb, H.J. (1994b), S. 16 f.; Kabel, P. (1995b), S. 232; Leupold, M.; Schlichtkrull, J. (1995), S. 87; Staub, U. (1993), S. 265, 267. Zur emotionalisierenden Wirkung von Bildern vgl. Kroeber-Riel, W. (1983), S. 158 f.

[817] Zur Wirkung des Musikeinsatzes im Rahmen der Informationsvermittlung vgl. ausführlich Brosius, H.B. (1990), S. 44 ff.; Neu, M. (1993), S. 186 ff.

[818] Vgl. Siebdrat, H. (1994), S. 132.

[819] Vgl. Kroeber-Riel, W. (1983), S. 158.

[820] Vgl. Siebdrat, H. (1994), S. 131.

Informationsübermittlung erreicht werden.[821] Das Konstrukt der *Motivation* (13) steht für die mit einer Zielorientierung in bezug auf das Verhalten verbundenen Emotionen.[822] Motivationale Wirkungen des Multimedia-Einsatzes können sich vor allem durch die implizierte Interaktivität ergeben. Die aktive Einbeziehung des Nachfragers in die Informationsbereitstellung und Leistungskonfiguration[823] kann das Selbstwertgefühl im Sinne eines in seinen Bedürfnissen tatsächlich ernst genommenen Partners steigern und damit die Motivation zur Fortführung der Transaktion mit dem Anbieter fördern. Eng damit in Verbindung steht das für das Verhalten prädisponible Konstrukt der *Einstellung* (14). Verstanden als psychische Neigung zur positiven oder negativen Reaktion gegenüber einem Beurteilungsgegenstand,[824] fließen hier über motivationale Aspekte in Verbindung mit einer kognitiven, zu einer strukturierten Haltung führenden, Gegenstandsbeurteilung die Ergebnisse der affektiven und kognitiven Teilprozesse zusammen.[825] Der Einsatz von AUS kann insofern als einstellungsrelevant angesehen werden, als die dargestellten Wirkungen des Systemeinsatzes tendenziell eine positive Haltung gegenüber dem Anbieter bzw. der offerierten Leistungen fördern dürften. Gleichzeitig können positive Wirkungen von den Interdependenzen der psychischen Konstrukte ausgehen, indem positiv eingeschätzte Reize tendenziell eher wahrgenommen werden als negative.[826] Diese Ausführungen zeigen aber gleichfalls, daß über die isolierte Wirkung multimedialer Elemente auf den Nachfrager hinaus ebenso die emotionalen Aspekte des persönlichen Beratungskontaktes gefördert werden können. So kann der Multimedia-Einsatz die Beziehung zwischen Verkaufsberater und Nachfrager insofern unterstützen, als z.B. durch die Auflockerung der Gesprächsatmosphäre der Aufbau einer Vertrauensposition gegenüber dem Nachfrager tendenziell gefördert wird. Gleichgerichtet dürfte die stärkere Einbeziehung des Nachfragers durch die Einflußnahme und Steuerung der Informationsbereitstellung wirken, die als ein Zeichen der Offenheit und Partnerschaft zwischen Anbieter und Nachfrager interpretiert werden kann.

Im Ergebnis können die im Zentrum der Betrachtung stehenden kognitiven Wirkungen der multimedialen Informationsvermittlung zu einer Reduzierung der wahrgenommenen Komplexität und zur Verbesserung des Vorstellungsvermögens von der zu erwartenden Leistung führen. Der Beitrag des Systemeinsatzes zur Förderung der Problemlösungs- und Anbieterevidenz gilt hier entsprechend den Wirkungen der wissensbasierten Systemfunktionalität. Je präziser die Informationsdarstellung und je genauer das Verständnis über das produktspezifi-

---

[821] Vgl. Hünerberg, R.; Heise, G. (1995), S. 5 f.
[822] Vgl. Kroeber-Riel, W. (1992b), S. 50, 53.
[823] Vgl. Bless, H.J.; Matzen, T. (1995), S. 301 f.; Meyer, J.A. (1995), S. 311.
[824] Vgl. Hammann, P.; Erichson, B. (1994), S. 266; Mayer, H. (1993), S. 222.
[825] Vgl. Hammann, P.; Erichson, B. (1994), S. 267; Kroeber-Riel, W. (1992b), S. 53 f.
[826] Vgl. Mayer, H. (1993), S. 224.

sche Leistungspotential, desto besser können unter Berücksichtigung der gestellten Anforderungen der erwartete Nutzen und mögliche negative Handlungsfolgen abgeschätzt und desto stärker damit die bei der Kaufentscheidung empfundene Unsicherheit reduziert werden.[827] Dies impliziert unter der realistischen Annahme vornehmlich risikoscheuer Entscheider insofern einen Wettbewerbsvorteil, als eine klare Nutzenerwartung gegenüber einer möglicherweise mehr versprechenden, aber weniger transparenten bzw. nachvollziehbaren Angebotsalternative vorgezogen werden dürfte. Insgesamt wird zudem die Entscheidungsfindung des Nachfragers durch Reduzierung verzögernder Rückfragen und Einholung zusätzlicher Informationen gefördert.[828]

6.2.2.2.2.2 Erweiterung des Präsentationsspektrums durch multimediale Informationsbereitstellung

Im Anschluß an die am internen Prozeß der Reiz- bzw. Informationsverarbeitung aufgezeigten Vorteile der multimedialen und interaktiven Informationsvermittlung wird nachfolgend unter dem Aspekt der Reduzierung der wahrgenommenen Komplexität der Beratung und Angebotserstellung auf die konkreten Möglichkeiten der Ausweitung des Präsentationsspektrums durch den Einsatz der Multimedia-Technologie eingegangen.

Multimediale Präsentationsinformationen ermöglichen gegenüber herkömmlichen Präsentationsformen erhebliche Verbesserungen im Hinblick auf die Befriedigung individueller leistungsspezifischer Präsentationsbedürfnisse des Nachfragers.[829] Es kann eine Vielzahl von Informationen über das Angebotsspektrum bereitgehalten werden, die in dieser Qualität und Quantität vom Verkaufsberater durch konventionelle Präsentationsformen unter zumutbarem Aufwand kaum dargeboten werden können.[830] Zwar wäre unter Umständen eine mehrere Medien einbeziehende Leistungspräsentation auch mit analoger bzw. konventioneller Technik (Videorekorder, Diaprojektor, Schriftkataloge) denkbar, jedoch dürfte zum einen der damit verbundene organisatorische Aufwand für den Verkaufsberater den Einsatz insbesondere im Außendienst nicht unbedingt fördern. Zum anderen ist der unmittelbare selektive Zugriff sowohl auf individuell gewünschte Informationen, als auch auf die Art der medialen Darstellung, wenn überhaupt, nur sehr schwierig durchführbar. Gegenüber den üblicherweise verwendeten schriftlichen Unterlagen (insbesondere Kataloge und Preislisten sowie Konfigura-

---

[827] Vgl. Lang, W. (1989), S. 75.
[828] Vgl. Aschenbrenner, J. (1992), S. 43; Bless, H.J.; Matzen, T. (1995), S. 303. Vgl. dazu auch die Ausführungen in Kap. 6.2.2.3.
[829] Vgl. Hünerberg, R.; Heise, G. (1995), S. 11; Netta, F. (1987), S. 123.
[830] Vgl. Frischen, H. (1992), S. 87.

tionshandbücher)[831] kann der Umfang des während des Beratungsgesprächs zur Verfügung stehenden Informationsangebotes erhöht werden und der Berater im Außendienst von der Mitführung umfangreichen schriftlichen Informationsmaterials entlastet werden. Der Einsatz von AUS beinhaltet damit eine Erweiterung des Präsentationsspektrums und eine Steigerung der Präsentationsqualität, die ohne die Bündelung der multimedialen Informationsspeicherung bzw. Informationsausgabe durch eine Plattform nicht oder nicht mit zumutbarem Aufwand verwirklicht werden könnte.[832]

Nachfolgende Übersicht zeigt beispielhaft die Nutzungsmöglichkeiten der Multimedia-Technologie zur Produktpräsentation und Informationsbereitstellung bei konfigurationsbedürftigen Leistungen auf:[833]

Text:	Audio:
- produkt-/komponentenspezifische Detail-informationen - Bild-/Graphikerläuterungen - externe Gutachten, Testberichte	- Sprachanmerkungen zu Bild-/ Graphik-darstellungen, Video und Animation - Geräuschsimulationen der Leistungsnut-zung - Musikalische Untermalungen
Bild:	Graphik:
- Darstellungen unterschiedlicher Produkt-varianten bzw. einzelner Komponenten und Konfigurationsstufen - Darstellung des Produktes in unter-schiedlichen Verwendungssituationen und dem natürlichem Nutzungsumfeld	- Darstellung einzelner Komponenten bzw. Zwischen- und Endergebnisse des Konfi-gurationsprozesses - Darstellung real nicht sichtbarer Kom-ponenten bzw. Materialstrukturen
Bewegtbild (Video):	Bewegtgraphik (Animation):
- Darstellung des Produktes im natürlichen Nutzungsumfeld bzw. typischen Verwendungssituationen - Darstellung von produktbezogenen Pro-zeßabläufen, Anwendungen - Interviews mit zufriedenen Kunden	- Visualisierung real nicht sichtbarer Pro-zeßabläufe (z.B. Funktionsweisen von Bauteilen; Verdeutlichung von Montage-vorgängen) - Zeitrafferdarstellungen langfristiger Pro-duktveränderungen - Slow-Motion-Präsentation physikalischer oder chemischer Prozeßabläufe

Tab.2: Beispiele der Mediennutzung zur Leistungspräsentation

Im Hinblick auf die Auswahl der zur Präsentation der unterschiedlichen Informationseinheiten benutzten Medien sollten unter Berücksichtigung der gegebenen Budgetrestriktionen die

---

[831] Vgl. Encarncao, J.L. u.a. (1990), S. 36.
[832] Vgl. Gey, T. (1990), S. 164.
[833] Vgl. z.B. André, E.; Rist, T. (1993), S. 44 f.; Buettner, J.H.; Mann, A. (1995), S. 257; Koller, F. (1992), S. 3; Siebdrat, H. (1994), S. 44 ff., 130 ff. Siehe auch bereits Niedetzky, H.M.(1988), S. 100.

Medien so kombiniert werden, daß deren individuelle Stärken möglichst optimal genutzt und die Effektivität der Informationsvermittlung möglichst groß ist.[834] Allerdings ist darauf zu achten, daß die Vielfalt der Gestaltungsmöglichkeiten nicht zu einer Überfrachtung der Applikation führt, die den Benutzer überfordert.[835] Generell empfiehlt sich, unter Berücksichtigung der dem Benutzer einzuräumenden Freiheitsgrade bei der Wahl der medialen Darstellungsweise auf eine der natürlichen Wahrnehmung des Menschen weitgehend entsprechenden Integration und Koordination der Medien zu achten.[836] Dies gilt insbesondere für die Mediensynchronisation bei simultaner multimedialer Darstellungsweise. Die jeweilige Bildschirmseite sollte schnell überschaubar, die Funktionen sollten klar erkennbar sein. Zur Präsentation räumlicher Informationen bieten sich vor allem Graphiken oder Standbilder an. Durch die bild- oder graphikgestützte Darstellung einzelner Komponenten sowie der Auswirkungen unterschiedlicher Ausprägungsvarianten auf die Gesamtkonfigurationen (z.B. vergleichende Darstellung eines Fertighauses mit Klinker-, Holz- oder Putzfassade, unterschiedliche Dachformen, alternative Ausbauvarianten etc.) kann insbesondere die aus den *Beziehungen zwischen den Elementen resultierende Komplexität* reduziert werden. Kontinuierliche visuelle Darstellungen bieten sich zur Vermittlung solcher Informationen an, die insbesondere auf die Zeitabhängigkeit der Medien angewiesen sind, also mit Prozeßabläufen in Verbindung stehen. Das durch in der Realität nicht sichtbare Prozeßabläufe erschwerte Verständnis komplexer Wirkungszusammenhänge zwischen einzelnen Komponenten wird wiederum durch Animation (Bewegtgraphik) gefördert (z.B. Funktionsweise eines Anti-Blockier-Systems).[837] Verfremdungstechniken wie Slow-Motion- oder Zeitrafferdarstellungen wirken hier ebenfalls verständnisfördernd. Wahlweise zuschaltbare begleitende Text- oder auch Sprachinformationen unterstützen zudem die Erklärungen des Beraters und können vor allem bei Wissenslücken aktiviert werden. Hierdurch wird die Informationsvermittlung verdichtet und der natürlichen multimodalen Informationsaufnahme stärker entsprochen.[838] Real sichtbare Vorgänge oder Abläufe, wie etwa die Nutzung des Produktes in seinem natürlichen Umfeld bzw. in unterschiedlichen Verwendungssituationen lassen sich durch kurze Videosequenzen veranschaulichen. Geräuschsimulationen können schließlich als unterstützende Information bei der Visualisierung der Produktverwendung eingesetzt werden, musikalische Untermalungen die Kommunikationsatmosphäre fördern.[839]

---

[834] Vgl. André, E.; Rist, T. (1993), S. 42; Lödel, D. (1994), S. 108. Zur Generierung von Multimedia-Präsentationen und Gestaltungsproblemen vgl. ausführlich André, R.; Rist, T. (1993), S. 42 ff. Siehe auch Hünerberg, R.; Heise, G. (1995), S. 7.
[835] Vgl. Bless, H.J.; Matzen T. (1995), S. 309; Klümper, R. (1995), S. 334; Marmolin, H. (1992), S. 47.
[836] Vgl. Marmolin, H. (1992), S. 47. Zu den technischen Voraussetzungen für die Einbeziehung unterschiedlicher Medien in einen EPK vgl. Thesmann, S. (1995), S. 61.
[837] Vgl. Koller, F. (1992), S. 5; Thesmann, S. (1995), S. 54. Siehe auch bereits Netta, F. (1987), S. 117.
[838] Vgl. Koller, F. (1992), S. 5 f.
[839] Vgl. Siebdrat, H. (1994), S. 131.

Auf der *Ebene der Einzelelemente* können die Komponenten etwa aus unterschiedlichen Perspektiven dargestellt, im Endprodukt nicht sichtbare Einzelelemente z.B. durch Bilder visualisiert werden oder das Verständnis der strukturellen Beschaffenheit und Materialaufbauten einzelner Komponenten, z.B. durch 3-D-Graphiken oder visuelle Ausschnittshervorhebungen gefördert werden. Dies erscheint vor allem dann relevant, wenn unterschiedliche Ausprägungsformen unterschiedlichen Funktionsnutzen implizieren und beim Nachfrager Unklarheit über die Auswahl der geeigneten Alternative besteht. So dürfte z.B. die visuelle Veranschaulichung unterschiedlicher Wandstrukturen eines Nutzfahrzeugaufbaus für die Auswahl der für die zugedachte Transportaufgabe geeigneten Variante zur Reduzierung der Komplexität beitragen. Verständnisfördernd dürfte ebenso die Präsentation eines Objektes aus unterschiedlichen Perspektiven wirken.[840] Insgesamt läßt sich durch die Visualisierung nicht sichtbarer Leistungselemente der Wert der Leistung in der Nachfragerwahrnehmung erhöhen und der Leistungsnutzen stärker verdeutlichen.[841] Hierdurch werden insbesondere auch oftmals ihrer Bedeutung nicht entsprechend wahrgenommene, im Endprodukt nicht sichtbare Bestandteile des Leistungsbündels stärker hervorgehoben und sowohl in bezug auf ihren Wertanteil bzw. ihre Bedeutung für das Zusammenwirken der Komponenten relevanzadäquat verdeutlicht.

Insgesamt erleichtert die multimediale Erweiterung des Präsentationsspektrums das Verständnis produktspezifischer Details bzw. komplexer Wirkungszusammenhänge erheblich.[842] Multimediale AUS bieten sich zudem ebenso zur Präsentation solcher Leistungen an, die aufgrund ihres immobilen Charakters und räumlich getrennter Nachfrage, aus Platzgründen oder wegen der mit der physischen Präsentation verbundenen Kosten nicht oder wirtschaftlich nicht sinnvoll als Anschauungsobjekte vorgehalten werden können.[843]

Die aufgezeigte Zuordnung der Medien ist dabei jedoch nicht festgeschrieben. Bei verwendungskonkurrierenden Medien sollte die Entscheidung vielmehr durch Abwägung aller relevanter Einflußfaktoren, wie z.B. den Präferenzen und dem Vorwissen der direkten Benutzer und unterschiedlichen Nachfragertypen, den Kosten der Mediaproduktion und der Eignung der unterschiedlichen Medien im Hinblick auf das konkrete Präsentationsziel getroffen werden.[844] Darüber hinaus sollte auf das richtige Maß an Komplementarität zwischen den verwendeten Präsentationsmedien geachtet werden.[845] So ermöglicht zwar das Angebot von Medienalternativen zur Präsentation eines Sachverhaltes die optimale Anpassung an indivi-

---

[840] Vgl. Frischen, H. (1992), S. 87.
[841] Vgl. Belz, C.; Bircher, B. (1991), S. 95; Frischen, H. (1992), S. 89.
[842] Vgl. Bialetzky, J. (1993), S. 30; Koller, F. (1992), S. 4 f.
[843] Vgl. Bullinger, H.J. u.a. (1992), S. 8; Niedetzky, H.M. (1988), S. 100; Staub, U. (1993), S. 269.
[844] Vgl. André, E.; Rist, T. (1993), S. 45; Lödel, D. (1994), S. 108.
[845] Vgl. dazu André, E.; Rist, T. (1993), S. 42.

duelle Wahrnehmungspräferenzen. Besteht allerdings bei jeder Informationseinheit eine un-
eingeschränkte Auswahlmöglichkeit, so beinhaltet dies jedoch gleichzeitig die Gefahr der
durch Gewöhnung und Konzentration auf ein Medium bedingten suboptimalen Informationsvermittlung. Die Entscheidung über die Medienauswahl sollte möglichst sorgfältig getroffen
werden, da infolge der unterschiedlichen technischen Rahmenbedingungen der Medien die
anschließende Datenerfassung und -aufbereitung hinsichtlich der Zeitdauer und Kosten sehr
variieren können.[846] Generell ist bei der Ausgestaltung der multimedialen Informationsinhalte
auf eine Abstimmung auf den jeweiligen Auftritt der Präsentationsobjekte am Markt in Anlehnung an die Präsentation durch den übrigen Kommunikationsmix zu achten.[847]

Das besondere Präsentationspotential bei konfigurationsbedürftigen Leistungen besteht vor
allem im Vorteil der Visualisierung der aufgrund der Individualität ihrer Zusammenstellung
zum Zeitpunkt der Angebotserstellung noch nicht existierenden Leistungen bereits in der
konkreten gewünschten Ausprägung bzw. anhand von unterschiedlichen Alternativvarian-
ten.[848] Die multimediale Leistungspräsentation erlaubt dabei vor allem eine weder durch die
Papierform noch durch physisch vorhandene Anschauungsobjekte mögliche unmittelbare
visuelle Umsetzung individueller Konfigurationsmodifikationen und die Demonstration einer
maßgeschneiderten Problemlösung.[849] Die komplexitätsreduzierende visuelle Veranschaulichung der individuellen Produktkonfiguration vermittelt damit eine bessere Vorstellung
von der zu erwartenden Leistung und fördert die Problemlösungsevidenz des Nachfragers.
Zudem können die Vorteilhaftigkeit eines Produktes in bezug auf bestimmte Verwendungssituationen in antizipierender Form dem Nachfrager verdeutlicht und damit die Nutzenerwartungen des Nachfragers konkretisiert werden.

Dabei ist allerdings nicht nur die Verringerung der Komplexität der dargebotenen Informationen durch den Multimedia-Einsatz möglich und beratungstechnisch sinnvoll. Vielmehr
ermöglicht die multimediale Präsentationsweise auch eine bessere Anpassung an den Kenntnisstand des jeweiligen Nachfragers und den geeigneten Schwierigkeitsgrad der Darstellung.[850] In Abhängigkeit vom Kenntnisstand des Benutzers eignen sich die genannten Medien
dabei in unterschiedlicher Weise zur Verdeutlichung der relevanten Sachverhalte.[851] Ist der
Benutzer bereits mit der Problematik vertraut, bieten sich vor allem Textinformationen an
(z.B. Nutzungserfahrungen, Testberichte etc.), die etwa zur Verdeutlichung der relevanten

---

[846] Vgl. Bernold, T. u.a. (1992), S. 299.
[847] Vgl. Hünerberg, R.; Heise, G. (1995), S. 15.
[848] Vgl. Meyer, J.A. (1994), S. 311.
[849] Vgl. Frischen, H. (1992), S. 90.
[850] Vgl. Wimmer, F.; Zerr, K. (1995), S. 86.
[851] Vgl. dazu Marmolin, H. (1992), S. 47.

Details visuell unterstützt werden können. Hierdurch kann z.b. vermieden werden, daß ein bereits über generelle Problemlösungsmöglichkeiten informierter Nachfrager, der keinen breiten, aber dafür sehr spezifischen Informationsbedarf aufweist, durch aus seiner Sicht eher banal erscheinende Informationsdarstellungen im Beratungsprozeß unterfordert wird und die Beratung nicht als seinen Bedürfnissen entsprechend empfindet. Dagegen sollte einem vergleichsweise wenig informierten Interessenten, etwa vor der Durchführung einer Bedarfsanalyse, z.B. zunächst durch Bild-, Graphik- oder Videoinformationen über das verfügbare Angebotsspektrum und bereits verwirklichte segmentspezifische Problemlösungen ein genereller Überblick zur Förderung der Vorstellung über das Leistungsspektrum des Anbieters gegeben werden.

Insgesamt kann durch die infolge der (audio)visuellen Informationsdarstellung erweiterten Präsentationsmöglichkeiten des Leistungsspektrums das Verständnis komplexer Leistungszusammenhänge gefördert und die Unsicherheit über die zur Problemlösung geeigneten Angebotsalternativen reduziert werden.[852] Die Reduzierung der wahrgenommenen Komplexität kann die Produktbeurteilung und damit die Kaufentscheidung des Nachfragers erleichtern und fördert insofern die Problemlösungs- bzw. Anbieterevidenz.

---

[852] Vgl. Gey, T. (1990), S. 164.

6.2.2.3 Erhöhung der Schnelligkeit der Erstellung der Akquisitionsleistungen und des Auftragsdurchlaufs

Die zunehmende Beschleunigung von Marktprozessen rückt den Zeitaspekt als wettbewerbsrelevante Dimension verstärkt in das Betrachtungsinteresse betriebswirtschaftlicher Analysen.[853] Insbesondere aus absatzwirtschaftlicher Sicht kommt der Zeit als Erfolgsfaktor zunehmende wettbewerbsstrategische Bedeutung zu.[854] Zur Verbesserung der Wettbewerbsposition wird der Beschleunigung von Marktprozessen im Sinne einer möglichst schnellen Reaktion auf Kundenbedürfnisse und Umsetzung in adäquate Problemlösungen erhebliche Bedeutung zugemessen. Der Zeitfaktor wird zu einem zentralen Bestandteil des zu vermarktenden Leistungsbündels, da die Bedürfnisbefriedigung des Nachfragers notwendigerweise an die Zeitdimension geknüpft ist. Einerseits unterliegt die zur Erstellung einer Leistung notwendige Einbeziehung des Nachfragers in der Regel einem engen zeitlich akzeptablen Spielraum, andererseits stellt eine nicht termingerechte Erbringung einer Problemlösung vielfach keine solche dar.

In diesem Zusammenhang erscheint aus dem hier betrachteten Blickwinkel der Zeit als Erfolgspotential zunächst eine Unterscheidung zwischen objektiv meßbarer Zeit und subjektiv wahrgenommener Zeit sinnvoll.[855] Aus der objektiven Perspektive betrachtet erfolgt jedes Handeln von Wirtschaftssubjekten entlang der Handlungsdimension Zeit in zweifacher Hinsicht. Handlungen werden zum einen durch die unterschiedliche Dauer ihrer Verrichtung, zum anderen durch ihren zeitlichen Beginn determiniert.[856] Aus absatzwirtschaftlichen Aspekten bedeutsamer ist allerdings die subjektive Wahrnehmung der die Zeitabläufe bestimmenden Zeitpunkte aus Sicht der Nachfrager.[857] Für diese Betrachtung soll das in westlichen Industrieländern überwiegend vorherrschende Zeitwahrnehmungskonzept linear-teilbarer Zeit im Vordergrund stehen[858], das im Kern von der Aufteilung der Zeit in einzelne Abschnitte zur Durchführung verschiedener Aufgaben ausgeht. Zeit kann in diesem Verständnis wie etwa Geld gespart, verwendet oder auch verschwendet werden.[859] Übersteigen die zur Durchführung dieser Aufgaben benötigten Zeitmengen die dafür geplanten bzw. überhaupt verfügbaren

---

[853] Vgl. Gruner, K. (1996), S. 1; Simon, H. (1989), S. 70 ff.

[854] Vgl. Davidow, W. H.; Malone, M.J. (1993), S. 35; Herp, T. (1990), S. 78; Simon, H. (1989), S. 70 ff.; Töpfer, A. (1993), S. 53; Wildemann, H. (1995), S. 98 f.

[855] Vgl. Mösslang, A.M. (1995), S. 161; Otto, A.; Reckenfelderbäumer, M. (1993), S. 2 f.; Stauss, B. (1991), S. 82.

[856] Vgl. Kern, W. (1992), S. 41 ff. zu einer Diskussion der grundsätzlichen Bedeutung der Zeit als Dimension des wirtschaftlichen Handelns.

[857] Vgl. Stauss, B. (1991), S. 82.

[858] Vgl. Graham, R.J. (1981), S. 336; Stauss, B. (1991), S. 83. Zu weiteren Konzepten der Zeitwahrnehmung vgl. Otto, A.; Reckenfelderbäumer, M. (1993), S. 4 f.

[859] Vgl. Stauss, B. (1991), S. 83.

zeitlichen Ressourcen, entsteht das Gefühl der Zeitknappheit.[860] Tendenziell wird dabei angesichts des sich vor allem auch aus der zunehmenden Komplexität des gesellschaftlichen Zusammenlebens und daraus resultierenden steigenden Verwendungsansprüchen an das verfügbare Zeitbudget ergebenden Zeitdrucks, die nur beschränkt ausdehnbare verfügbare Zeit der Nachfrager zunehmend knapper.[861]

Im Zusammenhang mit dem hier fokussierten Prozeß der Akquisitionsberatung und Angebotserstellung hat darüber hinaus das prozedurale Zeitverständnis[862] Bedeutung. Demnach kommt es weniger auf die für eine Aktivität aufgebrachte Zeitmenge an, entscheidend ist vielmehr, den Vorgang richtig auszuführen bzw. den vorgegebenen Verlauf einzuhalten. So macht es beispielsweise wenig Sinn, ein Angebot möglichst schnell zu erstellen, dabei aber bestimmte Individualisierungsanforderungen des Nachfragers oder vollständige Teilprozesse, wie z.B. die Preiskalkulation, zu vernachlässigen. Hier ist vielmehr eine intensive persönliche Interaktion empfehlenswert. Gleichwohl stehen die genannten Zeitwahrnehmungskonzepte nicht unabhängig nebeneinander. Vielmehr ist im Hinblick auf die Beschaffung ergebnisorientierter Leistungen eine Unterordnung bzw. Einbindung des prozeduralen Zeitverständnisses unter bzw. in das lineare Zeitverständnis anzunehmen. So wird dem Nachfrager zwar durchaus einsichtig sein, daß eine unvollkommene Angebotserstellung zum Zweck der Zeitersparnis wenig Sinn macht. Ebenso wird er allerdings daran interessiert sein, den Zeitaufwand für die Durchführung aller notwendigen Teilaktivitäten zu minimieren.

Für das anbietende Unternehmen relevant wird diese Erkenntnis in Zusammenhang mit den Grundannahmen der Theorie der Zeitallokation[863]. Demnach beinhalten eingesparte oder gewonnene Zeiteinheiten einen Nutzen für die Wirtschaftssubjekte, so daß unter der Annahme der Nutzenmaximierung davon auszugehen ist, daß das verfügbare Zeitbudget auf die geplanten Aktivitäten in einer Art und Weise aufgeteilt wird, die den für bestimmte Tätigkeiten notwendigen Zeitaufwand zugunsten anderer Aktivitäten mit höherer Nutzenstiftung zu minimieren versucht. Angesichts gewisser Wahlmöglichkeiten der Individuen hinsichtlich der Zeitverwendung stellt damit die Reduzierung des zur Durchführung einer Tätigkeit notwendigen Zeitaufwandes eine Reallokation zur Erzielung eines möglichst hohen Nutzens dar.

---

[860] Vgl. Graham, R.J. (1981), S. 335.
[861] Vgl. z.B. Borschberg, E. (1983), S. 294.
[862] Vgl. z.B. Stauss, B. (1991), S. 83.
[863] Vgl. Hirschman, E. (1987), S. 56 f. Zum Konzept der Zeitallokation vgl. Feldman, L.P.; Hornik, J. (1981), S. 407 ff.

208

Der für den Nachfrager mit der Leistungsbeschaffung verbundene Zeitaufwand wird somit zu einer Qualitätsdimension,[864] deren Gestaltung durch den Anbieter dessen Wettbewerbsposition erheblich mitbestimmen kann. Vor diesem Hintergrund wird die Bedeutung einer möglichst geringfügigen Bindung des Nachfragers, zumindest im Hinblick auf die hier untersuchte ergebnisorientierte Leistungserbringung "Angebotserstellung" als Zielsetzung zunächst schnell einsichtig.[865] Der für die Beratung und Angebotserstellung notwendige Zeitaufwand kann damit als Aspekt der Beratungsqualität verstanden werden, der je nach individuellem und situationsspezifischem Zeitbudget des Nachfragers die wahrgenommene Leistungsqualität unterschiedlich beeinflussen kann.

Neben einer möglichst geringfügigen Bindung des Nachfragers erscheint aber ebenso die Abstimmung der Fixierung der Bindung des Nachfragers im Zeitkontinuum relevant. Wettbewerbsvorteile können somit dann erzielt werden, wenn die zur Leistungserstellung notwendige Bindung des Nachfragers im Vergleich zur Konkurrenz besser auf dessen zeitliche Anforderungen abgestimmt wird und damit wiederum der verfügbare Zeitspielraum zur Durchführung weiterer nutzenstiftender Aktivitäten entlastet werden kann. Mit Blick auf die Erstellung des Endproduktes ist ebenso der Wunsch einer möglichst frühzeitigen, zumindest aber termingerechten Leistungsfertigstellung einsichtig. Geht man von einem einer Leistungsnachfrage zugrunde liegenden Mangel an Bedürfnisbefriedigung aus, so erscheint eine möglichst frühzeitige Beseitigung des Mangelempfindens wünschenswert, sofern nicht ein bestimmter Zeitpunkt der Leistungsfertigstellung eine nutzenmaximale Bedürfnisbefriedigung beinhaltet.

Für das anbietende Unternehmen besteht bei der Erfüllung der nachfragerseitigen Zeitanforderungen im Rahmen der Akquisitionsberatung das Problem, dem bereits vielfach diskutierten Phänomen der Zeitfalle entgegenzuwirken.[866] Diese ergibt sich zum einen aus der Notwendigkeit einer Reduzierung der Inanspruchnahme der Zeit des Nachfragers zur Leistungserstellung bzw. der zunehmend schnelleren Verfügbarkeit des Leistungsergebnisses "Angebot" zur Erlangung von Differenzierungsvorteilen und dem aufgrund der Komplexität konfigurationsbedürftiger Produkte resultierenden nicht unerheblichen Zeitbedarf zur Erstellung dieser

---

[864] Vgl. Stauss, B. (1991), S. 81.
[865] Bei bestimmten Leistungen, deren Nutzen primär mit dem Prozeß der Leistungserstellung verbunden ist (z.B. Theateraufführung) ist diese Annahme zu relativieren. Vgl. Otto, A.; Reckenfelderbäumer, M. (1993), S. 18.
[866] Vgl. z.B. Bleicher, K. (1986), S. 81; Mackenzie, R.A. (1988); Weiss, E. (1989), S. 29 f.

Leistung.[867] Die Bedeutung einer effizienten Nutzung der Handlungsdimension Zeit als strategischer Erfolgsfaktor wird hier unmittelbar einsichtig.

Vor diesem Hintergrund beinhaltet der Einsatz von AUS zwei zentrale wettbewerbsrelevante Ansatzpunkte, die auf eine Verkürzung des zur Leistungserstellung notwendigen Zeitbedarfes zielen.[868] Eine erste, unmittelbar auf den Systemeinsatz in der Kundenberatung zurückzuführende Reduzierung des für die einzelnen Verrichtungen zur Angebotserstellung notwendigen Zeitbedarfes liegt in der vergleichsweise größeren Informationsverarbeitungskapazität und damit verbundenen Aufgabensynchronisation der Computertechnologie begründet. Hierdurch kann die zeitliche Einbindung des externen Faktors Nachfrager in das Beratungsgespräch reduziert und das ihm zur Durchführung weiterer Aktivitäten zur Verfügung stehende Zeitbudget ausgeweitet werden. Darüber hinaus ermöglicht der Computereinsatz, den Prozeß der Angebotserstellung flexibel an die zeitlichen Terminierungsbedürfnisse des Abnehmers anzupassen. Zweitens geht in Abhängigkeit des Grades der EDV-Integration eine mittelbare Wirkung auf den Prozeß der Endprodukterstellung aus. Durch die elektronische Weiterleitung der erfaßten Auftragsdaten läßt sich durch eine Beschleunigung der Informationsversorgung die Koordination und Ausführung der in den verschiedenen Unternehmensbereichen zur Auftragsabwicklung notwendigen Teilleistungen schneller durchführen. Die Fertigstellungszeit wird verkürzt und die Auslieferung beschleunigt.

Unterschieden werden können damit Wirkungen, die auf der Arbeitsplatzebene des Verkaufsberaters ansetzen von Wirkungen auf der Unternehmensebene, die im Zusammenhang mit der Endprodukterstellung anfallen.[869] In bezug auf die arbeitsplatzbezogenen Wirkungen im Rahmen der Beratung und Angebotserstellung ermöglichen AUS gegenüber der konventionellen Vorgehensweise eine schnellere Information über produkttechnische, preisliche und terminliche Aspekte des Leistungsangebotes und eine Verkürzung des zur Erstellung eines umfassenden Angebotes notwendigen Zeitbedarfes.[870] Bei einem umfangreichen Produkt-

---

[867] Vgl. Eversheim, W. (1989), S. 1 f. Dieser primär im Kontext mit der Produktneuentwicklung diskutierte Zusammenhang gilt hier nichts anderes als die Planung der späteren Leistungserstellung erfolgt, für die die Komplexitätszunahme analog gilt.
[868] Vgl. Link, J.; Hildebrand, V. (1995a), S. 47. Die Diskussion des Beitrages eines AUS zur Früherkennung von Marktentwicklungen erfolgt aufgrund des primär synergetischen Charakters dieses Vorteilspotentials in Kap. 7.3.4.1.
[869] Vgl. zu dieser Unterscheidung Schumann, M. (1992), S. 63 ff.
[870] Vgl. Backhaus, H. (1993), S. 218; Dräger, U.; Schumann, M. (1990), S. 87; Herrmanns, A.; Suckrow, C. (1993), S. 218; Link, J.; Hildebrand, V. (1993), 143; Müller, B. (1989), S. 22; Scheer, A.W. (1991), S. 29. Bei einem Textilmaschinenhersteller konnte die Konfiguration von Spinnereianlagen durch den Einsatz eines Konfigurationssystems von zwei Wochen auf 30 Minuten (!) reduziert werden. Vgl. Mertens, P. (1988), S. 58. Ein Anbieter von DV-Anlagen konnte bei insgesamt ca. 3000 zu konfigurierenden DV-Systemen Zeiteinsparungen von insgesamt 7000 Arbeitstage verzeichnen. Vgl. Mertens, P. u.a. (1993), S. 13.

spektrum mit hoher Variantenvielfalt ist die manuelle Konfiguration mittels konventionellen Konfigurationshandbüchern nur mit hohem Zeitaufwand realisierbar.[871] Zudem besteht die Gefahr eines unvollständig oder fehlerhaft abgegebenen Angebotes, das durch spätere Nachbesserungen zu weiteren Zeitverzögerungen im Kaufentscheidungsprozeß des Nachfragers führt, sofern nicht von der Berücksichtigung des Anbieters für den weiteren Auswahlprozeß Abstand genommen wird. AUS können hier erheblich zur Beschleunigung der Angebotserstellung beitragen.

Die Unterstützung der Angebotserstellung durch AUS entspricht in diesem Kontext dem Prinzip des *Simultaneous Engineering*.[872] Grundgedanke dieses vornehmlich auf den Produktentwicklungsprozeß bezogenen Konzeptes stellt die Überwindung der klassischen aufeinanderfolgenden Tätigkeitsverrichtungen entlang der Wertkette dar. Ein besseres Zeitmanagement im Sinne einer Verkürzung des insgesamt zum Erreichen der Vermarktungsfähigkeit notwendigen Zeitaufwandes soll dadurch erreicht werden, daß möglichst viele Wertkettenaktivitäten statt sequentiell nun parallel bzw. zumindestens überlappend durchgeführt werden.[873] Dabei sollen insbesondere der Entwicklung und Konstruktion frühzeitig die benötigten Informationen aus der Fertigung, dem Einkauf und dem Vertrieb zur Verfügung gestellt werden können, andererseits diesen Bereichen ebenso die relevanten Daten aus den Ingenieurbereichen zur Durchführung ihrer Aufgaben bereitgestellt werden.[874] Durch eine effiziente Abstimmung der Funktionalbereiche im Sinne einer simultanen statt sequentiellen Produktentwicklung bei gleichzeitiger Schaffung der Vermarktungsvoraussetzungen sollen im Ergebnis strategische Wettbewerbsvorteile durch den infolge reduzierter Innovationszeiten schnelleren Markteintritt erreicht werden.[875]

Greift man den Gedanken der parallelen statt sequentiellen Tätigkeitsverrichtung im Zusammenhang mit dem Einsatz von AUS auf,[876] so können durch die Funktionsintegration Teil-

[871] Vgl. Koch, R.; Körsmeier, R. (1994), S. 255.
[872] Zum Konzept des Simultaneous Engineering vgl. z.B. Beitz, W. (1995), S. 3; Eversheim, W. (1989), S. 1 ff.; Töpfer, A. (1993), S. 80; Wildemann, H. (1992), S. 18 ff.
[873] Vgl. Schröder, H.H. (1994), S. 295 ff.; Wildemann, H. (1992), S. 20.
[874] Vgl. Beitz, W. (1995), S. 5. Auf die durch Expertensystemunterstützung mögliche Zeiteinsparungen im Rahmen der Neuproduktentwicklung weist z.B. Töpfer, A. (1993), S. 83 hin.
[875] Vgl. Schröder, H.H. (1994), S. 290; Sommerlatte, T.; Mollenhauer, M. (1992), S. 26. Zur Bedeutung des Einsatzes von Informationsverarbeitungstechnologien für einen effizienten Informationsaustausch vgl. etwa Jaspersen, T. (1995), S. 79.
[876] Eine Ausweitung des Anwendungsbereiches des Simultaneous Engineering erscheint hier statthaft, da es sich um ein Prinzip handelt, dessen konkrete inhaltliche Ausgestaltung von den jeweiligen Gegebenheiten abhängt. Vgl. auch Jacob, F. (1995), S. 102, der eine Ausweitung des Konzeptes auf die Gestaltung der Absatzleistung unter Einbindung des Nachfragers vornimmt.

leistungen des Angebotserstellungsprozesses nicht nur simultan bzw. quasi simultan[877] erbracht werden, sondern auch zeitaufwendige persönliche Abstimmungsprozesse zwischen den
Beteiligten der unterschiedlichen Instanzen durch schnellere elektronische Abstimmungsverfahren automatisiert bzw. substituiert werden.[878] Dabei kann zwischen Abstimmungsprozessen unterschieden werden, die mit DV-Systemen anderer Funktionalbereiche *intersystemisch*
erfolgen und Abstimmungsverfahren, die aufgrund der Funktionalität des AUS nur noch
durch den Datentransfer zwischen den einzelnen Modulen der Anwendung *intrasystemisch*
stattfinden (z.B. Entwicklung eines auf die technische Konfiguration abgestimmten Finanzierungskonzeptes unter Berücksichtigung der Inanspruchnahme komponentenspezifischer
Subventionen). Hier erfolgt der Austausch zwischen unterschiedlichen Fachbereichen nur
noch implizit über das in den einzelnen Modulen enthaltene Wissen.[879]

Unter die intersystemische Abstimmung fällt z.B. die Substitution der zur Angabe der Auf-
tragslieferzeit notwendigen persönlichen Kontaktaufnahme mit dem Produktionsbereich durch
den direkten Zugang zum PPS-System. Verzögerungen durch Suchvorgänge nach den relevanten Informationen durch die Auskunftsperson oder gar deren Abwesenheit können damit
vermieden werden.

Zur intrasystemischen Abstimmung gehört hingegen der aus der computergestützten Leistungskonfiguration resultierende Verzicht auf intensive Abstimmungsprozesse mit der
Konstruktion oder auch der Finanzierungsabteilung. Der Informationsaustausch in bezug auf
die technische Realisierbarkeit spezifischer Komponentenkombinationen, die Erläuterung
technischer Produktdetails, die Bereitstellung technischer Zeichnungen angebotener Konfi-
gurationsvorschläge kann erheblich reduziert[880] und die Angebotserstellung entsprechend
beschleunigt werden. Gleiches gilt für die Klärung finanzierungsspezifischer Sachverhalte
oder auch die Preiskalkulation. Durch die Computerunterstützung können entsprechende
Rückfragen mit den Fachabteilungen ebenso verringert werden. Durch diesen Abbau externer
Schnittstellen wird der zur Angebotserstellung notwendige Zeitraum weiter verkürzt, in dem
der zum Aufbau einer entsprechenden Verbindung zu einem DV-System in anderen Unternehmensbereichen bzw. der zur persönlichen Kontaktaufnahme erforderliche Zeitaufwand nicht
unerheblich reduziert werden kann. Aus dem Blickwinkel der getroffenen Unterscheidung der
Wirkungspotentiale von AUS[881] stellt der Einsatz eines AUS somit nichts anderes als ein

---

[877] Dabei handelt es sich um die im Rahmen der Angebotserstellung zwar tatsächlich aufeinanderfolgenden
Teilprozesse, die aber aus dem Blickwinkel des Nachfragers, der den Beratungskontakt als geschlossene
Einheit versteht, als simultan bezeichnet werden können.

[878] Automatisierung beinhaltet die Übernahme der Steuer- und Regeltätigkeit der menschlichen Funktionsausübung durch Maschinen. Vgl. z.B. Geiser, G. (1990), S. 11; Meyer, R. (1987) S. 30.

[879] Zum Datenaustausch zwischen Softwaremodulen bzw. Datenbanken vgl. ausführlich Popp, H.; Barthel, J.
(1993), S. 222 ff.

[880] Vgl. Steppan, G. (1990a), S.144.

[881] Vgl. Kap. 5.1.

durch eine Erhöhung der Schnelligkeit der Angebotserstellung unmittelbar bzw. der Schnelligkeit der Auftragsabwicklung mittelbar wettbewerbswirksam werdendes Potential dar, das in Produktivitätssteigerungen, bezogen auf den Zeiteinsatz, begründet wird. Gleichfalls ermöglicht die Reduzierung des zur Durchführung der zur Angebotserstellung notwendigen administrativen Tätigkeiten benötigten Zeitaufwandes aber auch die Möglichkeit der Ausweitung problembezogener Beratungsleistungen. Damit entstünde wiederum ein sich indirekt aus der Schnelligkeitswirkung ergebendes Differenzierungspotential zur rein zeitlichen Ausweitung der individuellen Beratungsleistung.

Mit Blick auf den konkreten Prozeßablauf der Beratung und Angebotserstellung können die einzelnen Leistungskomponenten zunächst multimedial präsentiert und im gleichen Arbeitsschritt sukzessiv zur Problemlösungskonfiguration zusammengestellt werden. Der Computereinsatz beinhaltet zudem Entlastungspotentiale durch die Reduzierung von Routineaufgaben und administrativen Tätigkeiten während des Beratungskontaktes.[882] Beispielsweise erfolgt die konventionell sehr zeitaufwendige Generierung einer Stückliste (Ermittlung der relevanten Artikelbezeichnung unter Beachtung der Ausschlußbedingungen in bezug auf die Kombinierbarkeit mit bereits ausgewählten Komponenten) durch das AUS mitlaufend. Gleichzeitig können leistungsspezifische Informationen bereitgestellt werden. Die mitlaufende Preiskalkulation aktualisiert dabei jeweils automatisch den Angebotspreis. Der Verkaufsberater wird von zeitaufwendigen und fehleranfälligen Überschlagsrechnungen auf der Basis umfangreichen und komplexen Tabellenmaterials entlastet.[883] Verzögerungen durch Rückfragen im Innendienst zur Klärung angebotsspezifischer Details können ebenso reduziert werden, die Angebotserstellung wird beschleunigt.[884]

Bei der Konfiguration des technischen Systemkerns ermöglicht die selektive Vorauswahl im Rahmen der Bedarfsanalyse durch Einsparung überflüssiger Suchzeiten in konventionellen Verkaufsunterlagen[885] die Generierung eines ersten Angebotskonzeptes innerhalb weniger Sekunden.[886] Dies wirkt sich insbesondere bei hoher Variantenvielfalt aus, da hier durch das ungerichtete Suchen nach geeigneten Basislösungen nicht unerhebliche Zeitverluste entstehen können. Die Flexibilität der Dialogführung ermöglicht eine detaillierte Befriedigung leistungsspezifischer Informationswünsche des Nachfragers[887] ohne zeitaufwendige Rücksprache mit

---

[882] Vgl. z.B. Backhaus, H. (1993), S. 218; Rauberger, S. (1989), S. 32.
[883] Vgl. Weiß, H.C. (1993), S. 362.
[884] Vgl. Steppan, G. (1990a), S. 96.
[885] Vgl. Gey, T. (1990), S. 165.
[886] Vgl. Ernst, K. W. (1992), S. 126; Link, J.; Hildebrand, V. (1993), S. 143; Staub, U. (1995), S. 187. Bei einem Hersteller von Textilmaschinen konnte durch den DV-Einsatz der Zeitbedarf für die Angebotserstellung von 2 Wochen auf eine halbe Stunde reduziert werden. Vgl. Mertens, P. u.a. (1989), S. 125.
[887] Vgl. Ernst, K. W. (1992), S. 126; Gey, T. (1990), S. 160; Netta, F. (1987), S. 119.

innerbetrieblichen Fachleuten.[888] Im Rahmen der Feinabstimmung der technischen Leistungskonfiguration bietet der Computereinsatz bei der Ermittlung der jeweils schnittstellenkongruenten Komponenten gegenüber dem konventionellen Vorgehen mittels der oftmals mehrbändigen Konfigurationshandbücher erhebliche Zeitvorteile. Wünscht der Nachfrager zudem Abbildungen oder spezifische Informationen zu den einzelnen Komponenten, ist vielfach ein zeitaufwendiger Wechsel zu den in der Regel getrennt vorgehaltenen Präsentationsunterlagen notwendig, da die visuellen Darstellungen der Konfigurationshandbücher, wenn überhaupt, häufig nur einfache Graphikdarstellungen der Komponenten aufweisen. Denkbar ist dabei auch die Verwendung von bereits zu Baugruppen vorkonfigurierten Vorschlägen für wesentliche Leistungsbestandteile, die z.B. nur an wenigen Stellen kundenindividuell zu ergänzen bzw. zu modifizieren sind und insofern die Konfigurationszeit weiter verkürzen.[889] Die computergestützte Produktkonfiguration und die multimedialen Produktinformationen führen zu einer Reduzierung der notwendigen Zeit zur Klärung von Rückfragen des Nachfragers infolge mangelnden Vorstellungsvermögens und zusätzlichen Informationsbedarfs.[890]. Bei der abschließenden formalen Angebotserstellung kann schließlich durch die automatische Generierung der Offerte die zeitaufwendige manuelle Ausarbeitung vermieden und das ausgedruckte Angebot unmittelbar zum Abschluß des Beratungskontaktes bereitgestellt werden.

Ebenso können etwa bei weniger geläufigen Varianten zeitaufwendige Korrekturen verringert werden, die möglicherweise aus falsch eingeschätzten technischen Abhängigkeiten resultieren. Fehleingaben werden sofort angezeigt und entsprechende Korrekturen unter Hinweis auf adäquate Alternativen erzwungen.[891] Hierdurch kann die erneute Bearbeitung der Offerte und ein eventuell notwendiger weiterer Kontakt vermieden werden.

Besonders deutlich wird der Zeitvorteil der DV-gestützten Angebotserstellung bei Konfigurationsänderungen bzw. der Entwicklung von Alternativkonfigurationen. Wünscht der Nachfrager nachträgliche Modifikationen, so können diese schnell realisiert und die davon abhängigen Aktionsparameter (insbesondere der Angebotspreis unter Berücksichtigung kundenindividueller Preiszugeständnisse) sofort aktualisiert abgerufen werden.[892] Zeitaufwendige Neukalkulationen werden vollständig vermieden. Gleichfalls ist vermeidbar, daß bestimmte Preiseinflußgrößen übersehen werden und durch entsprechende Korrekturen der Zeitaufwand vergrößert wird.[893] Die Übernahme der Konfigurationsdaten in das Finanzierungsberatungsmodul ermöglicht die Entwicklung individualisierter Finanzierungsvorschläge,

---

[888] Vgl. Link, J. (1993), S. 1129; Steppan, G. (1990b), S. 62.
[889] Vgl. Martschew, E.; Witt, J. (1988), S. 61 ff.; Steppan, G. (1990), S. 62.
[890] Vgl. Bless, H. J.; Matzen, T. (1995), S. 303; Klümper, R. (1995), S. 343.
[891] Vgl. Schwetz, W. (1993), S. 22; Steppan, G. (1990a), S. 89.
[892] Vgl. Böcker, J. (1995), S. 188; Link, J. (1993), S. 1131.
[893] Vgl. Steppan, G. (1990a), S. 120.

die bei nachträglichen Konfigurationsmodifikationen automatisch an die veränderten technischen Parameter angepaßt werden. Die elektronische Subventionsberatung macht hier die verzögernd wirkende, möglicherweise einen neuen Beratungstermin beanspruchende, Heranziehung von Experten verzichtbar.[894] Gleiches gilt für wirtschaftliche und technische Alternativenvergleiche. Bei herkömmlicher Beratung müßten für diese innerhalb eines Beratungsgesprächs kaum zu bewältigenden Aufgaben allein für die Neukalkulation des Angebotspreises ein weiterer Kundenkontakt vereinbart werden.[895] Nachfolgende Graphik veranschaulicht noch einmal zusammenfassend die dargestellten Zusammenhänge:

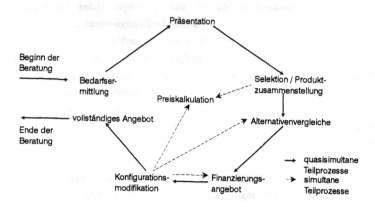

Abb. 18: Simultaneität der Tätigkeitsverrichtungen im Rahmen der Angebotserstellung

Darüber hinaus beinhaltet die Computerunterstützung der Angebotserstellung unter der Voraussetzung einer leistungsfähigen Telekommunikationsstruktur die Möglichkeit der Schnelligkeitserhöhung durch synchrone Arbeitskooperation,[896] die dem Gedanken des Simultaneous Engineering im Sinne eines tatsächlichen Zusammenwirkens unterschiedlicher Unternehmensbereiche ebenso entspricht. Bei komplexen, technisch anspruchsvollen und zeitkritischen Problemstellungen könnte der Verkaufsberater etwa durch Videokonferenz einen Kontakt zum Konstruktionsingenieur herstellen und im Sinne einer Parallelbearbeitung unter Berücksichtigung spezifischer Zugriffs- und Bearbeitungsrechte eine Leistungskonfiguration koope-

---

[894] Vgl. Link, J.; Hildebrand, V. (1993), S. 127; Thesmann, J. (1995), S. 1.
[895] Vgl. Gey, T. (1990), S. 161.
[896] Vgl. dazu Bullinger, u.a. (1992), S. 12 f. Siehe auch Silberer, G. (1995c), S. 76 ff.

rativ erstellen.[897] Nach dem WYSIWIS-Prinzip[898] (What You See Is What I See) können durch separate Bildschirmfenster die jeweils durchgeführten Tätigkeiten für die Beteiligten gleichzeitig sichtbar gemacht werden. Die synchrone Nutzung räumlich verteilten Expertenwissens erlaubt damit eine Verkürzung der Angebotserstellung auch bei technisch besonders anspruchsvollen, mit dem EPK bzw. dem Konfigurationssystem nicht mehr zu bewältigenden Speziallösungen.

Daneben können insbesondere die multimedialen und interaktiven Aspekte auch Vorteilspotentiale im Hinblick auf die subjektive Zeitwahrnehmung beinhalten, die sowohl am linearen als auch am prozeduralen Zeitwahrnehmungsverständnis ansetzen. Durch die Möglichkeit der abwechslungsreichen multimedialen Informationsdarbietung und der stärkeren Einbeziehung kann das Prozeßerleben des Nachfragers[899] intensiviert werden. In der subjektiven Wahrnehmung des Nachfragers[900] wird daher der Zeitraum für die Angebotserstellung gegenüber der konventionellen Vorgehensweise, bei der die Funktion des Nachfragers häufig auf die reine Bereitstellung bedarfsspezifischer Informationen beschränkt ist, kürzer erscheinen. Die objektive Reduzierung der Dauer der Angebotserstellung wird in Verbindung mit dem intensivierten Prozeßerleben die subjektiv wahrgenommene Zeitspanne der Angebotserstellung weiter verkürzen. Das Schnelligkeitspotential des Einsatz multimedialer AUS kann somit zweistufig wirken; über die tatsächlich meßbare und die subjektiv empfundene Zeitbeanspruchung.[901]

Betrachtet man den Zeitaspekt im Hinblick auf die Datenaktualität,[902] so können infolge eines verbesserten Informationsaustausches zur Unternehmenszentrale durch Datenfernübertragung bei der Gesprächsvorbereitung oder auch während des Beratungskontaktes Datenmodifikationen sofort übermittelt und ein aktuelles und einheitliches Informationsniveau bei den Vertriebsberatern erreicht werden.[903] Ebenso trägt die Möglichkeit einer schnelleren Korrektur veralteter Daten gegenüber dem schriftlichen Informationsmaterial zur Erhöhung der Datenaktualität bei.[904] Je nach Anwendung können produktspezifische Datenmodifikationen

---

[897] Vgl. Beitz, W. (1995), S. 8 f., der ein Konzept zur parallelen Vorgangsbearbeitung auf Basis multimedialer Breitbandkommunikation vorstellt.

[898] Vgl. Bullinger, H.J. u.a. (1992), S. 12.

[899] Vgl. Engelhardt, W.H.; Freiling, J. (1995), S. 39.

[900] Vgl. Haynes, P.J. (1990), S. 20 ff.; Stauss, B. (1991), S. 82.

[901] Dabei sei bemerkt, daß sowohl der objektive als auch der subjektive Zeitaufwand durch die elektronische Unterstützung der Angebotserstellung, etwa bei unsachgemäßer Bedienung oder zu langen Wartezeiten für einzelne Operationen auch vergrößert werden kann. Hier wird allerdings von einem ordnungsgemäßen Systemumgang und einer dem Stand der Technik entsprechenden technischen Ausstattung ausgegangen.

[902] Vgl. Backhaus, H. (1993), S. 218; Hübner, W. (1994), S. 30; Lödel, D. (1994), S. 4; Walter, G. (1995), S. 57.

[903] Vgl. Link, J.; Hildebrand, V. (1993), S. 142; Richter, B. (1989), S. 62.

[904] Vgl. Locaret-Junge, H.; Wagner, M. (1995), S. 254.

sogar durch den Verkaufsberater selbst vorgenommen werden. Der erhebliche Zeitaufwand für die Erstellung schriftlicher Angebotsunterlagen führt dazu, daß z.B. die Neuauflage eines Konfigurationshandbuches zum Zeitpunkt ihres Erscheinens vielfach in Teilen bereits wieder veraltet ist. Im Vergleich zu gedruckten Preislisten werden elektronisch gespeicherte Preise etwa durch ein Update schnell geändert und unmittelbar für alle relevanten Personen verfügbar.[905] Können bei technisch sehr anspruchsvollen Konfigurationen Rückfragen nicht vollständig vermieden werden, erlaubt bei entsprechender EDV-Integration die Datenfernübertragung die Einholung aktueller Informationen von räumlich entfernten Spezialisten (z.B. Konstruktionsingenieuren) in der Unternehmenszentrale.[906] Mangelnde Aktualität der Angebotsdaten wirkt sich insbesondere dann negativ auf die Schnelligkeit der Angebotserstellung aus, wenn infolge veralteter Angaben eine Überarbeitung des Angebotes notwendig wird. Insgesamt bewirken die aufgezeigten Potentiale zur Verkürzung des Angebotserstellungsprozesses bei gleichzeitiger Einbeziehung mehrerer Alternativen eine Reduzierung der Mehrstufigkeit der Angebotserstellung.[907]

Darüber hinaus erfolgt eine bessere Anpassung an die spezifischen Anforderungen des Nachfragers hinsichtlich Dialogdauer und Ergebnisqualität, da der Beratungsprozeß bereits mit verhältnismäßig wenig Informationen zu einem substantiellen Zwischenergebnis geführt, die Angebotserstellung jederzeit unterbrochen und zu einem späteren Zeitpunkt verfeinert werden kann.[908] Damit werden zeitraubende Neukonfigurationen bei Wiederaufnahme des Beratungsprozesses vermieden. Damit ist die flexible Reaktion in Situationen möglich, in denen der Nachfrager für die jeweiligen Kontakte nur über ein vergleichsweise geringes Zeitbudget verfügt. Insofern wird nicht nur die Zeitallokation des Nachfragers im Hinblick auf den insgesamt zur Beschaffung von Leistungen notwendigen Zeitaufwand verbessert, sondern ebenso die Terminierung der jeweiligen Zeitbeanspruchung bedürfnisgerecht gestaltet.

Im Hinblick auf die Nutzung der Vertriebspersonalkapazitäten kann schließlich durch die Produktivitätssteigerung in der Verkaufsberatung bei gleichbleibendem zeitlichen Beratungsbudget eine höhere Anzahl von Beratungsleistungen erbracht und damit ein effizienterer Einsatz des Beratungspersonals in bezug auf Umsatz und Ergebnis erreicht werden.[909]

Die Wettbewerbswirkung einer möglichst umfassenden Angebotserstellung nach wenigen Beratungskontakten (möglichst nur einem Gesprächstermin) wird vor allem dann ersichtlich,

---

[905] Vgl. Gey, T. (1990), S. 161.
[906] Vgl. Mertens, P. (1993), S. 666; Hermanns, A.; Flegel, V. (1989b), S. 92.
[907] Vgl. Link, J.; Hildebrand, V. (1993), S. 144; Bunk, B. (1992), S. 62.
[908] Vgl. Breuker, S. (1994), S. 21.
[909] Vgl. Böcker, J. (1995), S. 188; Mertens, P. u.a. (1989), S. 125.

wenn dem Nachfrager bereits ein komplett ausgearbeitetes Angebot (möglicherweise mit Alternativen) vorgelegt wird, während die Konkurrenz etwa noch den Angebotspreis kalkuliert.[910] Dies vermeidet nicht nur eine Nachfragerverärgerung infolge bruchstückhafter Angebotserstellung (z.B. kann die Ausarbeitung eines adäquaten Finanzierungsangebotes infolge der notwendigen Inanspruchnahme innerbetrieblicher Fachleute häufig erst Tage nach dem produkttechnischen Angebot erfolgen), sondern ermöglicht dem Nachfrager seinerseits auch kürzere Reaktionszeiten im Rahmen der eigenen Geschäftsprozesse. In diesem Zusammenhang können durch die kürzere zeitliche Bindung Potentiale zur alternativen nutzenstiftenden Zeitverwendung geschaffen und damit die Opportunitätskosten der Zeit reduziert werden. Erfolgt die Beschaffungsentscheidung des Nachfragers zudem unter Zeitdruck, erlangt eine schnelle Angebotserstellung besondere Bedeutung.

Denkbar ist jedoch auch die Nutzung der durch die Computerunterstützung frei werdenden Nettoberatungszeit zu einer weiteren Intensivierung des Kontaktes zum Nachfrager, sofern dies in dessen Interesse liegt.[911] Hier ergäbe sich ein Differenzierungspotential indirekt aus der Erhöhung der Schnelligkeit der Leistungserstellung, indem im Sinne einer effektiveren Zeitnutzung Zeiteinsparungen bei der Aufgabendurchführung zur Bereitstellung weiterer produktspezifischer Hintergrundinformationen oder zur Stärkung der für die Auftragszuteilung vielfach nicht minder wichtigen persönlichen Beziehung zum Nachfrager genutzt werden. Eine differenzierte Trennung beider Wirkungen dürfte jedoch sehr problematisch sein, da etwa im Zuge des unmittelbaren Zugriffs auf spezifisch gewünschte Produktinformationen möglicherweise über verfügbare Hyperlinks Interesse an weiterführenden Auskünften, z.B. nutzungsspezifischen Informationen, geweckt werden kann oder über bestehende Verwendungserfahrungen mit ähnlichen Produkten die Interaktion stärker auf den persönlichen Austausch gelenkt wird. Gleichwohl darf somit aus einer nicht direkt feststellbaren Zeitverkürzung der Beratung und Angebotserstellung, aber ebenso wenig von der Unwirksamkeit des Einsatzes von AUS in bezug auf Zeiteinsparung ausgegangen werden, da damit die möglicherweise auftretenden indirekten Wirkungen des Schnelligkeitspotentials vernachlässigt würden.

Neben diesen stärker auf die Ebene des Arbeitsplatzes des Verkaufsberaters bezogenen Wirkungen können weitere Schnelligkeitspotentiale auf der Unternehmensebene im Zuge der Erstellung des nachgefragten Endproduktes erschlossen werden.[912] Im Rahmen der <u>Auf-</u>

---

[910] Vgl. Deiss, G.; Heymann, M. (1989), S. 375; Link, J.; Hildebrand, V. (1993), S. 144.

[911] Vgl. Böcker, J. (1995), S. 188; Mertens, P. u.a. (1989), S. 125; Link, J.; Hildebrand, V. (1993), S. 147; Walter, G. (1995), S. 57; Weiß, H.C. (1993), S. 362. Dornis, P.; Herzig, A. (1992), S. 20 ermittelten in einer empirischen Studie eine Erhöhung der Kundenpräsenzzeiten von 50 %. Ein Anbieter von EDV-Systemen konnte eine Erhöhung der Nettoberatungszeiten von 25 %, der Anzahl der Kundenkontakte von 35 % und der Auftragsabschlüsse von 5 % erzielen.

[912] Vgl. Schumann, M. (1992), S. 74 ff.

tragsabwicklung kann bei entsprechender EDV-Integration[913] durch eine effiziente Koordination der vom Verkauf abhängigen Tätigkeiten die Erstellung des Endproduktes beschleunigt werden.[914] Der Grad der Effizienz der während bzw. im Anschluß an das Beratungsgespräch erfolgenden Erfassung und Weiterleitung der Auftragsdaten wird insofern erhöht, als der konventionelle Transfer der Datenübermittlung auf schriftlichem Wege vermieden und statt dessen die in elektronischen Auftragsformularen erfaßten Angaben durch Datenfernübertragung an die weiterverarbeitenden Instanzen transferiert werden.[915] Hohe Durchlaufzeiten durch lange Informationsübertragungswege infolge verzögernder manueller Weitergaben der Auftragsdaten oder periodisch erfolgende File-Transfers können weitgehend vermieden werden.[916] Notwendige Abstimmungs- und Kontrollprozesse werden ebenso reduziert.[917]

Das Vorteilspotential einer beschleunigten Auftragsabwicklung ist dabei primär sicherlich nicht in einer Auslieferung "so schnell wie möglich" zu verstehen, es sei denn, es bestünde eine entsprechende Vereinbarung. In erster Linie dient eine Reduzierung der Auftragsdurchlaufzeiten der Einhaltung zugesagter Liefertermine, denen als bedeutende Komponente der Aktivitätenplanung des Abnehmers erhebliche Wettbewerbsrelevanz zukommt (z.B. Just-in-Time-Konzept bei weiterverarbeitenden Abnehmern).[918] Durch die Reduzierung des Zeitaufwandes für die Leistungserstellung werden vielmehr Zeitpuffer geschaffen, die etwa bei Verzögerungen nachgelagerter Aktivitäten, z.B. im Bereich der physischen Distribution, im Hinblick auf die Gewährleistung der Lieferzeitzusage ausgleichend wirken. Wird dem Abnehmer darüber hinaus die Option einer vorzeitigen Inanspruchnahme des Leistungsergebnisses in Aussicht gestellt, kann dies, möglicherweise als besonderer Kundenservice interpretiert, ebenso wettbewerbswirksam werden. In diesem Zusammenhang ermöglicht die elektronische Erfassung der Auftragsdaten durch AUS während bzw. im Anschluß an den Beratungskontakt und deren Übermittlung per Datenfernübertragung zur Unternehmenszentrale eine nicht unerhebliche Reduzierung der Auftragsdurchlaufzeiten.[919] Aufgrund des durch die Vermeidung von Medienträgerbrüchen durchgängigen und schnellen papierlosen Informationsflusses zu den beteiligten Instanzen der Auftragsabwicklung können Verzögerungen bei

---

[913] Vgl. dazu die Ausführungen in Kap. 7.1.
[914] Vgl. Becker, J. (1991), S. 166; Hermanns, A. (1992a), S. 691; Holzapfel, M. (1992), S. 130. Im Rahmen einer empirischen Untersuchung wurde ein durchschnittlicher Zeitraum von 4 Tagen bei der konventionellen Auftragsübermittlung vom Außendienst an die Unternehmenszentrale auf postalischem Wege ermittelt (2 Tage externer Postweg, 2 Tage Hauspost). Vgl. Ahrens, T. (1988), S. 46 f. Entsprechend beinhaltet die Verfügbarkeit der auftragsrelevanten Daten in der Unternehmung am Tage ihrer Erfassung bzw. im Extremfall wenige Minuten nach Entgegennahme des Auftrages eine erhebliche Beschleunigung.
[915] Vgl. Gey, T. (1990), S. 169; Hermanns, A.; Prieß, S. (1987), S. 86; Richter, B. (1989), S. 62.
[916] Vgl. Becker, J. (1991), S. 166.
[917] Vgl. Schumann, M. (1992), S. 77.
[918] Vgl. Otto, A.; Reckenfelderbäumer, M. (1993), S. 19. Siehe auch Horvath, P.; Meier, P. (1988), S. 51.
[919] Vgl. Herzig, A. (1993), S. 48; Link, J. (1993), S. 1130; Link, J.; Hildebrand, V. (1993), S. 144; Wildemann, H. (1995), S. 98.

der Auftragsdatenübermittlung erheblich reduziert werden.[920] Konkret werden die sich bei der sequentiellen Weitergabe schriftlicher Auftragsunterlagen ergebenden Verzögerungen im Informationsfluß auf den unterschiedlichen Auftragsabwicklungsstufen durch die mittels der aktionsorientierten Datenverarbeitung[921] geförderte parallele Vorgangsbearbeitung weitgehend vermieden.[922] Das Zusammenspiel zwischen den einzelnen Funktionalbereichen kann damit verbessert werden. Dies impliziert ebenso Entlastungseffekte bei der Durchführung administrativer Tätigkeiten, z.B. die Vermeidung von Doppelerfassungen von Auftragsdaten in den nachgelagerten Bereichen,[923] wodurch gleichzeitig Potentiale zur Übernahme anderer Tätigkeiten in den betreffenden Organisationseinheiten freigesetzt werden. Die erneute Erfassung der während des Beratungskontaktes aufgenommenen Auftragsdaten kann somit vollständig entfallen.[924] Die Erhöhung der Schnelligkeit der Auftragsabwicklung beinhaltet jedoch nicht nur Potentiale zur Erzielung von Wettbewerbsvorteilen. Ebenso können z.B. durch die mit einem schnelleren Auftragsdurchlauf verbundene Reduzierung der Kapitalbindung infolge der schnelleren Verarbeitung der Produktionsfaktoren Kostenentlastungen resultieren.[925]

Beiträge zur Reduzierung der Lieferzeit werden auch insofern geleistet, als Aufträge mit hoher Abschlußwahrscheinlichkeit bereits avisiert und in der Kapazitätsplanung berücksichtigt werden können.[926] In diesem Zusammenhang ermöglichen online-Verbindungen zur Produktion vor bzw. während des Beratungskontaktes die Abfrage verkaufsrelevanter Fertigungsdaten (z.B. aktuelle Kapazitätsauslastungen, geplante Kapazitätsbelegungen, Lagerbestände, Durchlaufzeiten, Ausschußquoten etc.) und somit zuverlässige Aussagen über die Lieferzeiten für eine exakte Planung des Nachfragers.[927] Die Berücksichtigung der aktuellen bzw. geplanten Produktionssituation erlaubt die Ermittlung möglicher Engpaßkapazitäten bei bestimmten Produktkomponenten und zeigt damit auch den Freiraum bei der Auswahl alternativer Komponenten unter Berücksichtigung der individuellen Bedarfslage auf.[928] Hat aus

---

[920] Vgl. Encarnacao, J. L. u.a. (1990), S. 55; Herzig, A. (1993), S. 48; Niedetzky, H.M. (1988), S. 146. Bei einem Investitionsgüterhersteller konnte durch die Umstellung auf papierlose Auftragsbearbeitung die Vorgangsbearbeitungszeit um 80 % reduziert werden. Vgl. Link, J.; Hildebrand, V. (1994a), S. 183.

[921] Vgl. Kap. 4.3.2.

[922] Vgl. Niedetzky, H.M. (1988), S. 144; Steppan, G. (1990a), S. 159.

[923] Vgl. Gey, T. (1990), S. 169 f.; Hermanns, A. (1992a), S. 692; Mertens, P. (1991), S. 7; Niedetzky, H.M. (1988), S. 146; Richter, B. (1989), S. 62.

[924] Vgl. Gey, T. (1990), S. 141.

[925] Vgl. Banaschek, J. (1995), S.15; Holzapfel, M. (1992), S. 130. Es sei darauf hingewiesen, daß eine Verringerung der Kapitalbindung nur bei entsprechender Umsetzung der kürzeren Durchlaufzeit in Lieferzeiten und entsprechender Vorverlegung des nachträglichen Zahlungseingangs resultiert.

[926] Vgl. Gey, T. (1990), S. 170.

[927] Vgl. Gabriel, R. u.a. (1995), S. 291; Link, J.; Hildebrand, V. (1993), S. 131, 176; Niedetzky, H.M. (1988), S. 280; Schwetz, W. (1990), S. 143.

[928] In diesem Sinne handelt es sich also ebenso um ein auf die Abstimmung auf individuelle Nachfragerbedürfnisse gerichtetes Flexibilitätspotential, das in seiner Wirkung aber auf die zeitliche Komponente der Leistungserstellung zielt und insofern an dieser Stelle erläutert wird.

Nachfragersicht die Realisierung einer möglichst kurzen Lieferzeit unter Inkaufnahme eines gewissen Konfigurationsfreiraums Priorität, so können bereits präventiv die aus Kapazitätsgründen wünschenswerten Produktkomponenten bei der Leistungskonfiguration bevorzugt angeboten werden.[929] In diesen Kontext fällt auch der direkte Datenzugriff im Falle angekündigter Lieferterminverschiebungen bzw. nachträglicher Modifikationswünsche des Kunden für bereits erteilte Aufträge. Kann die ursprünglich zugesagte Lieferzeit nicht eingehalten, eine längere Terminverschiebung abnehmerseitig jedoch ebenso nicht akzeptiert werden, so ist durch den Datenzugriff auf das PPS-System mittels Überprüfung alternativer Auftragseinsteuerungen möglicherweise eine für beide Seiten akzeptable Lösung abstimmbar.[930] Gleiches gilt für nachträgliche Modifikationswünsche. Hier kann während des Gesprächskontaktes geprüft werden, ob die gewünschten Änderungen angesichts des Auftragsfortschritts überhaupt noch möglich sind und welche Auswirkungen gegebenenfalls auf die Lieferzeit des spezifischen Auftrages zu erwarten sind oder ob aufgrund daraus resultierender Terminverschiebungen bei anderen Aufträgen die Modifikationswünsche abschlägig beschieden werden müssen. Sind die konkreten Änderungswünsche nicht realisierbar, können durch die integrative Nutzung des EPK und der Daten des PPS möglicherweise noch für beide Seiten im Sinne eines Kompromisses akzeptable Alternativkonfigurationen unterbreitet werden. Das Ansinnen des Nachfragers wird damit zumindest in Teilen berücksichtigt, ohne allzu große Eingriffe in den Produktionsprozeß zu erfordern.[931]

---

[929] Vgl. Gabriel, R. u.a. (1995), S. 291; Mertens, P.; Steppan, G. (1988), S. 25; Steppan, G. (1990a), S. 147 f.
[930] Vgl. Niedetzky, H.M. (1988), S. 269.
[931] Vgl. Niedetzky, H.M. (1988), S. 270.

6.2.2.4   Vermittlung eines monetären Mehrwertes durch den Einsatz von AUS

Die Zielsetzung der Vermittlung eines monetären Mehrwertes durch den Einsatz von AUS bezieht sich auf die mit dem Beschaffungsobjekt für den Nachfrager verbundenen Kosten oder Erlöse.[932] Monetäre Mehrwerteffekte durch AUS können aus Leistungen für den Nachfrager resultieren, die entweder dessen Kosten senken oder ihm zusätzliche Erlöse verschaffen.

Die Kostenwirkungen können sich hier einerseits auf die konkrete Beschaffung des Produktes beziehen (z.B. Kosten einer adäquaten Finanzierung), andererseits aber auch mit der Nutzung des Beschaffungsobjektes in Verbindung stehen (z.B. Energie- und Wartungskosten eines Kraftfahrzeuges, Energiekosten eines Fertighauses). Die Bedeutung eines derartigen Kostenreduzierungspotentials als Wettbewerbsvorteil wird unmittelbar einsichtig, da der finanzielle Handlungsspielraum des Nachfragers entlastet wird. Damit in Verbindung steht allerdings auch ein Beitrag zur Reduzierung der Unsicherheit des Nachfragers. Die unsicherheitsreduzierende Wirkung bezieht sich dabei auf die Auswahl der geeigneten Alternative unter Berücksichtigung der mit der Anschaffung bzw. Nutzung verbundenen Kostenbelastungen. Die differenzierte Abschätzung der mit der Leistungsnutzung verbundenen finanziellen Belastungen des Nachfragers führt nämlich zu einer Reduzierung der wirtschaftlichen Planungsunsicherheit im Hinblick auf den über den Beschaffungszeitpunkt hinausgehenden Zeitraum. Insofern wird damit wiederum auch die Unsicherheit über die Auswahl der konkret geeigneten Produktkonfiguration reduziert, unter Ausweitung der relevanten Entscheidungstatbestände vom konkreten Bedarfsfall auf den umfassenderen wirtschaftlichen Handlungsrahmen des Nachfragers. Wird nämlich eine Alternative mit sehr hohen Nutzungskostenbelastungen gewählt, so stellt die getroffene Entscheidung im Sinne der Optimierung der bestehenden wirtschaftlichen Aktionsoptionen möglicherweise keine Problemlösung dar.

Gegenüber den noch zu erläuternden Erlöspotentialen lassen sich die durch den Einsatz von AUS dem Nachfrager entstehenden Kostenreduzierungspotentiale vergleichsweise gut abschätzen. Diese weisen zwar zunächst qualitativen Charakter auf, indem die Informationsgrundlage der Kaufentscheidung und die Evidenz des Nachfragers verbessert werden,[933]

---

[932] Vgl. Mertens, P. (1993), S. 659, 665. In der wirtschaftswissenschaftlichen Literatur wird der Begriff Mehrwert vor allem im Zusammenhang mit der Marxschen Arbeitswertlehre bzw. mit steuerlichen Aspekten in Verbindung gebracht. Vgl. z.B. Gabler Wirtschaftslexikon (1992), S. 2246; Hamel, H. (1993), Sp. 1441 f. Mehrwertleistungen sollen hier allerdings im originären Wortverständnis als zusätzliche Leistungsbestandteile verstanden werden, die für den Nachfrager einen zusätzlichen qualitativen oder quantitativen Nutzen beinhalten, also den Wert einer Leistung erhöhen. Da die Erörterung der qualitativen Wirkungen bereits im Rahmen der unsicherheitsreduzierenden Wirkungen des AUS erfolgte, soll die Betrachtung hier auf quantifizierbare Nutzenaspekte eingeschränkt werden.

[933] Vgl. Kap. 6.2.2.2.

beinhalten aber mit Blick auf die spätere Leistungsnutzung bzw. in bezug auf die aus der Beschaffung periodisch auftretenden Belastungen direkte quantifizierbare Wirkungen.

Hinsichtlich der mit der Nutzung des Beschaffungsobjektes verbundenen Kosten stellt vor allem die computergestützte *wirtschaftliche Vergleichsanalyse* einen konkreten Ansatzpunkt dar, da sich diese Betrachtung über die mit der Investition in Verbindung stehenden und bei höherwertigen Wirtschaftsgütern häufig durch ein Finanzierungskonzept abgedeckten Anschaffungsausgaben hinaus auf die mit der konkreten Nutzung des Objektes verbundenen Kosten bzw. Auszahlungsverpflichtungen erstreckt, die das laufende Budget des Kunden belasten.[934] So beinhaltet etwa für das Beispiel Fertighaus die Ermittlung der zu erwartenden Verbrauchswerte unterschiedlicher Energieträger (z.B. Strom, Gas, Öl) bei alternativen Hausbaukonzepten unter Berücksichtigung variabler Nutzerzahlen (z.B. zunächst alleinstehendes Ehepaar mit späterem Nachwuchs) oder die Abschätzung der über die Nutzungsdauer nach Ablauf der Gewährleistungsfrist typischerweise zu erwartenden Kosten für Instandhaltung einen konkreten Differenzierungsvorteil im Rahmen der Kundenakquisition. Da diese Belastungen vom Nachfrager oft lediglich ungenau abschätzbar sind, besteht die Gefahr einer nur unzureichenden Berücksichtigung dieser finanziellen Verpflichtungen bei der Investitionsentscheidung. In diesem Sinne reduziert die Wirtschaftlichkeitsanalyse nicht nur die Planungsunsicherheit des Nachfragers,[935] sondern impliziert durch die iterative Auswahl der nutzungsgünstigsten Alternative durchaus einen monetären Mehrwert für den Abnehmer. Im Bereich der fixen Belastungen können etwa unterschiedliche Abschreibungssätze oder aus unterschiedlichen Konditionen von Kredit- oder Leasingfinanzierungen resultierende Belastungen über die zur Auswahl stehenden Alternativen gegeneinander abgewogen werden. Im Bereich der variablen Nutzungskosten ermöglichen die auf die spezifischen Nutzungsgegebenheiten beim Nachfrager anzupassenden Parametereinstellungen (z.B. Laufleistung, Beladung, Geländebedingungen bei einem Nutzfahrzeug) unter Berücksichtigung simulativer Variationen die Auswahl der auf die konkrete Verwendung des Beschaffungsobjektes bezogenen kostengünstigsten Alternative. Je nach Bedeutung der auftretenden Belastungen wird entsprechend eine Konfigurationsmodifikation erfolgen und ein erneuter Analysedurchlauf vorgenommen. Werden bei der konventionellen Vorgehensweise in der Regel nur wenige Beurteilungskriterien, Varianten und vor allem Parametervariationen im Rahmen der Abschätzung der zu erwartenden Nutzungskosten herangezogen und insofern

---

[934] So kommt etwa bei der Nutzfahrzeugberatung diesem Aspekt bei einem führenden Fahrzeughersteller erhebliche Relevanz zu. Nach Auskunft von Unternehmensvertretern stellt das entsprechende Modul zur wirtschaftlichen Vergleichsanalyse im Rahmen des zur Verkaufsberatung eingesetzten Beratungsunterstützungssystems für die Kunden einen unverzichtbaren Mehrwert dar (Interview mit Vertretern der Mercedes-Benz AG, Stuttgart, 1995).

[935] Vgl. Müller, B. (1989), S. 24; Weiß, H.C. (1993), S. 369.

Kostenreduzierungspotentiale unberücksichtigt bleiben, beinhaltet der Einsatz der computer-gestützten Vergleichsanalyse die differenzierte und genaue Ermittlung der zu erwartenden Belastungen. Möglich wird auch die Einbeziehung von Konkurrenzalternativen, deren Nut-zungsbelastungen im Rahmen der konventionellen Beratung nur vergleichsweise ungenau abschätzbar sind. Werden hingegen die technischen Parameter der Konkurrenzalternativen in den Wirtschaftlichkeitsvergleich einbezogen, lassen sich die zu erwartenden Nutzungskosten schärfer fassen. Diese Vorgehensweise ist wettbewerbsrechtlich unbedenklich, solange die vergleichende Einbeziehung des Konkurrenzangebotes lediglich auf den reinen Spezifikationsdaten ohne deren jegliche Wertung basiert.[936] Konkret quantifizierbare mone-täre Vorteile können sich auch dann ergeben, wenn sich infolge der Einbeziehung einer ur-sprünglich präferierten Konkurrenzalternative herausstellt, daß durch nicht oder zu undiffe-renziert durchgeführte Nutzungskostenabschätzungen mögliche, die Zweckerfüllung nicht beeinträchtigende, aber nutzungskostenreduzierende Konfigurationsmodifikationen unter-blieben sind und insofern die Entscheidung für die kostengünstigste Variante erfolgt.

Weiteren Beitrag zur Realisierung monetärer Entlastungen kann vor allem die computerge-stützte *Finanzierungs- und Subventionsberatung* leisten. Die realisierbaren Kostenreduzie-rungen beziehen sich hier primär auf die konkret mit der Beschaffung in Verbindung stehen-den Belastungen, die allerdings aufgrund ihrer Verteilung auf die Nutzungsperioden auch dy-namische Wirkungen aufweisen und insofern ebenso in der wirtschaftlichen Vergleichsanalyse berücksichtigt werden können. Gegenüber Angeboten von branchenfremden Finanz-dienstleistern kann die Entwicklung eines Finanzierungsvorschlages unter simultaner Be-rücksichtigung der in Abhängigkeit der jeweiligen Finanzierungsform und Leistungsspezifika zu beanspruchenden Subventionen durchaus monetäre Vorteile für den Nachfrager bieten. Bei einer durch einen weniger auf die finanzierungs- und subventionsspezifischen Besonderheiten der jeweiligen Branche spezialisierten externen Finanzdienstleister würden möglicherweise infolge einer zu undifferenziert erfolgenden Beratung Möglichkeiten der Inanspruchnahme öffentlicher Fördermittel vernachlässigt. Gegenüber konventionell erstellten Finanzie-rungsangeboten von Branchenkonkurrenten hingegen, die sich in der Regel auf sehr wenige Alternativen beschränken, zeichnet sich der Einsatz von AUS vor allem auch durch die Mög-lichkeit der Entwicklung mehrerer unterschiedlicher Finanzierungsvarianten während eines Beratungskontaktes aus, die im Hinblick auf ihre Vorteilhaftigkeit nach unterschiedlichen Kriterien (z.B. effektiver Zinssatz, monatliche Belastung) in bezug auf unterschiedliche Deter-minanten (z.B. Finanzierungsart, Laufzeit, Eigenkapitalanteil) unproblematisch miteinander

---

[936] Vgl. UWG § 14. Wichtig ist dabei, daß die Angaben zu den Konkurrenzprodukten den Tatsachen entspre-chen. In diesem Zusammenhang erscheint etwa die Durchführung einer Wirtschaftlichkeitsanalyse auf Basis geschätzter Verbrauchsparameter eines Konkurrenzproduktes zumindest nicht unbedenklich.

verglichen werden können und damit ein größeres Potential zur Ermittlung der kostengünstigsten Finanzierungsvariante beinhalten. In bezug auf die iterative Vorgehensweise der Ermittlung eines aufeinander abgestimmten adäquaten Fördermittelpaketes bzw. Finanzierungsangebotes gelten im Prinzip ebenso die im Rahmen der wirtschaftlichen Vergleichsanalyse bereits angesprochenen Vorteile des Systemeinsatzes.[937]

Erlöse können sich hingegen dann ergeben, wenn das Beschaffungsobjekt dem Charakter nach ein Investitionsgut darstellt, dessen Nutzung durch den Nachfrager maßgeblich zur Leistungserstellung gegenüber den eigenen Kunden beiträgt. Erlöswirkungen sind insofern schwieriger zu quantifizieren, als der infolge der Vorteilhaftigkeit der mittels AUS konzipierten Beschaffungsleistung am Markt erzielbare Mehrerlös einerseits von der jeweiligen konkreten Marktsituation abhängt und aufgrund der vielfältigen Einflußfaktoren auf die Entscheidungsfindung der Nachfrager möglicherweise nicht trennscharf von weiteren Einflußgrößen separiert und damit zum Zeitpunkt der Beschaffung des Investitionsgutes nur schwerlich abgeschätzt werden kann.

Bedeutung dürfte in diesem Zusammenhang vor allem den die Individualisierung der Leistungserstellung fördernden Funktionen des AUS zukommen, die eine möglichst problemadäquate Produktkonzeption ermöglichen, die bei einem wiederum auf die konkrete Leistungserstellung gegenüber den eigenen Kunden gerichteten Investitionsgut letztendlich wieder an der Erfüllung dieser spezifischen Bedürfnisse ausgerichtet sein dürfte (hier ist z.B. an die auf die Erfüllung einer spezifischen Transportaufgabe gerichteten Nutzfahrzeugbedarf eines Spediteurs zu denken). Unterstützend wirken dabei die im Rahmen der komplexitätsreduzierenden Wirkungen von AUS bereits erläuterten Vorteile der iterativen multimedialen Leistungskonfiguration, die die Evidenzbildung des Nachfragers im Zusammenhang mit der Analyse des individuellen Bedarfs und der Entwicklung der adäquaten Produktkonfiguration erheblich fördern können. Allerdings erscheint insgesamt die Quantifizierung des dem Kunden durch eine durch den Einsatz von AUS entwickelte Produktkonfiguration entstehenden Mehrerlöses aufgrund der bestehenden Zurechnungsproblematik aber sehr schwierig.

---

[937] Die Ermittlung der kostengünstigsten bedarfsadäquaten Finanzierungs- und Fördermittelkombination trägt in diesem Kontext ebenfalls zur Förderung der Inanspruchnahme des Finanzierungsangebotes bei. Dies erscheint insofern relevant, als es sich bei einer produktbegleitenden Finanzierungsleistung, anders als etwa bei einer produktspezifischen Beratung, um eine zu entgeltende Sekundärleistung handelt, die positive Ergebnisbeiträge liefern kann. So stellen z.B. in der Automobilbranche die Gewinne der auf Absatzfinanzierungsleistungen spezialisierten Banken der Automobilhersteller zum Teil einen erheblichen Anteil an den Gewinnen der Automobilkonzerne dar. Vgl. Schantz, B.; Grzimek, C.D. (1995), S. 316.

6.2.2.5 Imageverbesserungen durch den Einsatz computergestützter Angebotssysteme als mittelbare Zielsetzung

Der Imagebegriff ist fester Bestandteil sowohl der Alltagssprache als auch der wissenschaftlichen Literatur geworden. Betrachtet man die Vielzahl der Definitionsversuche,[938] so liegt dem Begriff des Images als kleinster gemeinsamer Nenner das Bild zugrunde, das sich eine Person von einem Meinungsgegenstand macht.[939] Zum Ausdruck kommt hier eine Mehrdimensionalität der Beurteilung, die sich im Rahmen der einstellungsorientierten Definitionsansätze als mehrdimensionale Einstellung konkretisiert und damit auf ein differenziertes Bild von einem Meinungsgegenstand abstellt.[940] Die Bedeutung dieses als Gesamteindruck betrachteten Konstruktes im Zusammenhang mit Markttransaktionen liegt vor allem im Wissensersatz und in der Reduzierung der Komplexität bei Kaufentscheidungen.[941] Insbesondere bei komplexen Leistungsangeboten, deren einzelne Dimensionen nur schwer oder überhaupt nicht vor dem Kauf beurteilt werden können, wird das Image des Anbieters häufig als Wissenssubstitut und derivative Qualitätsinformation zur Angebotsbeurteilung herangezogen[942] und die Entscheidungsfindung durch einen "Imagefilter"[943] zur Reduzierung der empfundenen Komplexität vereinfacht. Das Image stellt ein relativ stabiles inneres Konstrukt dar, das in der Regel eher langfristig aufgebaut bzw. verändert werden kann. Rasche Imageveränderungen können sich jedoch beim Auftreten von Ereignissen ergeben, die dem vorherrschenden Bild widersprechen. Hierin findet vor allem die Funktion der Unsicherheits- bzw. Komplexitätsreduzierung des Images ihre Erklärung, da an einem einmal aufgebauten Vorstellungsbild solange festgehalten wird, bis eine starke Abweichung in der Realität zum Umdenken zwingt (z.B. negative Erfahrungen mit einem Produkt).[944]

Stellen die bisher erörterten Wirkungspotentiale des Einsatzes von AUS konkret erfahrbare Aspekte der Akquisitionsleistung dar, so handelt es sich bei der Imagewirkung in bezug auf eine konkret anstehende Beschaffungsentscheidung um die Implikationen des Systemeinsatzes auf eine der konkreten Leistung weiter entfernten Beurteilungsebene. Es handelt sich dabei

---

[938] Vgl. z.B. Bergler, R. (1986), S. 117 ff.; Hätty, H. (1989), S. 80 f.; Mayer, R. (1993), S. 84; Trommsdorff, V. (1975), S. 20. Vgl. auch Kleining, G. (1959), S. 57 ff., der bereits 10 unterschiedliche Imagedefinitionen analysiert. Auf die Problematik der Abgrenzung insbesondere vom Begriff der Einstellung weist vor allem Trommsdorff, V. (1975), S. 22 f. hin.

[939] Vgl. Hammann, P; Erichson, B. (1994), S. 268; Rosada, M. (1990), S. 73; Schweiger, G. (1995), Sp. 915.

[940] Vgl. Hammann, P.; Erichson, B. (1994), S. 268. Siehe auch Hätty, H. (1989), S. 81. Dies stellt allerdings gegenüber der Gesamtwahrnehmung eines Meinungsgegenstandes keinen Widerspruch dar, da durch die Erfassung der einzelnen Dimensionen ja gerade versucht wird, das Bild von einem Meinungsgegenstand möglichst in seiner Gesamtheit darzustellen.

[941] Vgl. Bergler, G. (1986), S. 117 ff.; Schweiger, G. (1995), Sp. 919.

[942] Vgl. Mayer, R. (1993), S. 84; Roth, G. u.a. (1993), S. 202.

[943] Meyer, A.; Mattmüller, R. (1987), S. 194.

[944] Vgl. Schweiger, G. (1995), Sp. 920.

insofern um ein mittelbares Wirkungspotential, da die bereits aufgezeigten konkreten Wirkungen zunächst in einem Gesamtbild aggregiert werden, das dann wiederum kaufverhaltensbeeinflussend wirken kann.

Betrachtet man die Wirkungen computergestützter Angebotssysteme auf das Unternehmensimage zunächst aus dem inhaltlichen Blickwinkel, so dürfte vor allem die auf die konkrete Funktionalität bezogene Beurteilung die Imagebildung des Nachfragers maßgeblich beeinflussen. Der Einsatz von AUS in der persönlichen Verkaufsberatung ermöglicht dem Anbieter durch die Neuartigkeit der multimedialen Leistungspräsentation und des vorgehaltenen Funktionsumfangs sich als modernes, innovatives und kundenorientiertes Unternehmen am Markt zu präsentieren.[945] Unterstützt wird dieser Eindruck möglicherweise auch durch die papierlose und insofern umweltschonende Leistungspräsentation, die zudem positive Imagewirkungen aus ökologischer Sicht bewirken kann.[946]

Die konkrete Beeinflussung des Unternehmensimages kann indes über unterschiedliche Ebenen erfolgen. Hier können zunächst ausgehend vom konkreten Einsatzfeld des AUS Auswirkungen über die Wahrnehmung der Beratungsleistung auftreten, die wiederum als Bestandteil des *Sekundärleistungsspektrums* auf das Unternehmensimage wirken kann. Da Beratung und Angebotserstellung gleichzeitig mit dem Produktabsatz verknüpft sind, kann aber ebenso eine Wirkung über die *Produktebene* erfolgen.[947] Im ersten Fall ist an den Transfer einer als innovativ und problemlösungsadäquat wahrgenommenen Beratungsleistung, im anderen Fall an die Übertragung der durch die Computerunterstützung konzipierten individualisierten Problemlösung auf die als nachfragerorientierten Problemlöser wahrgenommene Unternehmung zu denken. Ebenso kann die Imagebildung allerdings durch die zur Leistungserstellung eingesetzten Potentialfaktoren beeinflußt werden.[948] Dabei kann aufgrund der mit dem Systemeinsatz verbundenen Personalität einerseits eine Imagewirkung über die Ebene der *Vertriebsmitarbeiter* als Personifizierung der anbietenden Unternehmung erfolgen.[949] Darüber hinaus kann die zur Leistungserstellung eingesetzte *technische Infrastruktur* als solche imagebildend wirken.

Über welche Ebene(n) letztendlich das Gesamtbild vom Anbieter beim Nachfrager durch den Einsatz von AUS beeinflußt wird, hängt zum einen von der Differenziertheit der Wahrnehmung der Unternehmensleistung ab. Zum anderen kann aber auch gezielt eine bestimmte Wahrnehmungsebene gefördert werden, indem etwa die die Systemeinführung begleitenden

---

[945] Vgl. z.B. Bullinger, H.J. u.a. (1990), S. 8; Lödel, D. u.a. (1992), S. 512; Schumann, M. (1992), S. 122. Zur Imagewirkung multimedialer Systeme am Point of Sale vgl. Swoboda, B. (1996), S. 180.

[946] Vgl. Buettner, J.H.; Mann, A. (1995), S. 259.

[947] Vgl. Becker, J. (1993), S. 51; Rosada, M. (1990), S. 73; Roth, G. u.a. (1993), S. 202.

[948] Vgl. Mayer, R. (1993), S. 85.

[949] Vgl. auch die Ausführungen zur Wirkung des AUS auf die wahrgenommene Beratungskompetenz in Kap. 6.2.1.

kommunikationspolitischen Aktivitäten bestimmte Aspekte stärker in den Vordergrund rücken.

Nachfolgende Abbildung faßt die Ebenen der Imagewirkung von AUS noch einmal zusammen:

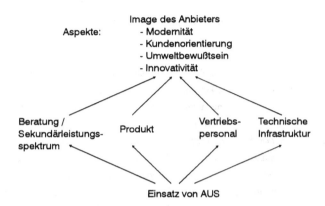

Abb. 19: Imagewirkungen computergestützter Angebotssysteme

Insbesondere bei Leistungen, die vor Vertragsabschluß noch nicht existieren und insofern im Hinblick auf die zu erwartende Ausgestaltung und Qualität mit einer gewissen Unsicherheit behaftet sind, trägt neben bestehenden eigenen Erfahrungen bzw. Erfahrungen Dritter mit dem Anbieter und bereits realisierten und kommunizierten Anschauungsobjekten vor allem die wahrgenommene Qualität der Leistungspotentiale bzw. Einsatzfaktoren zur Imagebildung bei.[950] Als Surrogat für die Leistungsfähigkeit des Anbieters dürfte dabei vor allem der wahrnehmbaren Qualifikation und dem Auftreten der Vertriebsberater als Kontaktpersonen und die zur Leistungserstellung eingesetzten technischen Betriebsmittel, also die Hardware- und Softwareausstattung des AUS, imagebildende Bedeutung zukommen. Aufgrund des umfangreichen Funktionspotentials im Rahmen der Kundenberatung wirkt der Einsatz von AUS dabei zum einen über eine Erhöhung der den Verkaufsberatern zugemessenen Beratungskompetenz positiv auf die Wahrnehmung des Potentialfaktors Personal.[951] Hier ergeben sich

---

[950] Vgl. Geissler, W. (1987), S. 79; Mayer, R. (1993), S. 84.
[951] Vgl. Kap. 6.2.1.

Übertragungseffekte von der Wahrnehmung eines kompetenten persönlichen Problemlösers auf die Unternehmung. Gleichzeitig steht die Computerunterstützung des Vertriebs für eine moderne und innovative technische Infrastruktur, die die Ausrichtung des Anbieters an den Wünschen der Nachfrager unterstreicht. Das AUS als modernes und kundenorientiertes Leistungspotential an der Schnittstelle zum Markt fördert so das Gesamtbild eines innovativen und kompetenten Problemlösers.[952]

Im Hinblick auf die Relevanz der Imagewirkung ergeben sich für unterschiedliche Nachfragergruppen nunmehr unterschiedliche Implikationen:

Bei bereits beratenen Nachfragern dürfte die wahrgenommene Kontaktqualität der konkret erlebten Akquisitionsleistung für die konkrete Kaufentscheidung von der Bedeutung her das bestehende Image dominieren. Wurde zudem bereits ein konkretes Angebot erstellt, wird die Relevanz des Gesamtbildes der Unternehmung zur Beurteilung der Leistungsfähigkeit des Anbieters weiter abnehmen. Stärker kaufentscheidungsrelevant kann das Unternehmensimage aber bei mehreren adäquaten Konkurrenzangeboten werden. Da durch den Vergleich der Erfüllung der unterschiedlichen Anforderungskriterien unter Berücksichtigung unterschiedlicher Gewichtungen sich die wahrgenommene Komplexität bei der Kaufentscheidung stärker auswirkt, wird insbesondere bei nicht eindeutiger Vorteilhaftigkeit einer Alternative möglicherweise der Gesamteindruck vom Anbieter wieder bedeutsamer. Insgesamt dürften der Imagewirkung von AUS jedoch für die anstehende Kaufentscheidung weniger Bedeutung im Sinne einer direkten Entscheidungsbeeinflussung zukommen, sondern eher im Sinne mittelbarer Wirkungen etwa für spätere Beschaffungsentscheidungen. Bei der Entscheidung über die zu kontaktierenden Anbieter wird dann die aus den bestehenden Erfahrungen resultierende Imageaufwertung die Auswahl des vertrauten Transaktionspartners tendenziell begünstigen. Zwar wird der Nachfrager sich möglicherweise nicht mehr an die Vorteile des Einsatzes computergestützter Angebotssysteme in ihren Einzelheiten erinnern können, ein die Vorteilhaftigkeit der computergestützten Beratung und Angebotserstellung zusammenfassender positiver Eindruck dürfte aber dennoch verbleiben.[953]

Die Imagewirkung auf Nachfrager ohne konkrete Erfahrungen mit dem Anbieter wird hingegen bedeutender sein. Diese potentiellen Nachfrager, deren Bedarf sich noch nicht in der

---

[952] Vgl. z.B. Bless, H.J.; Matzen, T. (1995), S. 300; Fuchs, H. (1991), S. 128; Steppan, G. (1990a), S. 90. Unterstrichen wird diese These durch eine empirische Untersuchung von *Flory*, bei der knapp 33 % der Befragten den Rechnereinsatz im Außendienst als Signal für die Innovationsfähigkeit des Anbieters werteten. Vgl. Hermanns, A.; Flory, M. (1995b), S. 402.
[953] Allerdings können derartige relative Imagevorteile etwa durch die branchenweite Diffusion dieser Systeme relativiert werden.

Inanspruchnahme eines persönlichen Beratungskontaktes konkretisiert hat, müssen zur Auswahl der zu kontaktierenden Unternehmen neben konkreten verfügbaren Informationen auf deren Image zurückgreifen. Das Wissen über den Einsatz innovativer leistungsfähiger Technologien zur Unterstützung der Akquisitionsleistungen kann hier stärker als Surrogatinformation für die Leistungsbereitschaft und Leistungsfähigkeit des Anbieters wirken. Über die Funktion des Image als Informationssurrogat für die Qualität des zu erwartenden Leistungsergebnisses[954] trägt insbesondere die Kenntnis des Leistungspotentials als Wissenssubstitut zur Erwartungsbildung über die Angebotsleistung bei. Das Wissen über eine moderne und leistungsfähige technische Ausstattung kann die Bildung eines positiven Gesamtbildes nicht unerheblich fördern. Dies verdeutlicht zugleich die Notwendigkeit der Flankierung der Einführung von AUS durch den übrigen Kommunikationsmix, dem neben Multiplikatoreffekten durch den Erfahrungsaustausch mit bereits computergestützt beratenen Nachfragern[955] erhebliche Bedeutung für die Diffusion des Wissens über die Vorteile des Einsatzes von AUS im Markt zukommt.[956] Wird aufgrund dieser Kenntnis der Anbieter in das "relevant set"[957] des Nachfragers einbezogen, entsteht hierdurch gewissermaßen die Option auf einen Wettbewerbvorteil gegenüber konventionell operierenden Konkurrenten, den es durch die nachfolgende Beratungsleistung zu manifestieren gilt.

Die konkreten Imagewirkungen des Einsatzes von AUS können damit auch in *intra*personelle und *inter*personelle Wirkungen unterschieden werden. *Intra*personelle Wirkungen ergeben sich, wenn in der Phase der Bedarfskonkretisierung das Wissen über den Einsatz von AUS die Kontaktaufnahme zum Anbieter fördert und nach erfolgter Beratungsleistung bzw. physischer Leistungserstellung etwa in bezug auf Ersatzbedarfe bzw. Folgeaufträge die Kaufentscheidung positiv beeinflußt werden kann. Die *inter*personelle Wirkungsrichtung stellt hingegen stärker auf Multiplikatoreffekte durch bereits computergestützt beratene Nachfrager ab, durch die die Wettbewerbposition des Anbieters bei potentiellen Nachfragern gestärkt und Absatzpotential erschlossen werden können.

Aus dem Blickwinkel der Imagebildung ist schließlich hinsichtlich der multimedialen Aufbereitung auf eine gewisse Anpassung an den bisherigen Marktauftritt der Absatzobjekte bzw. des Unternehmens zu achten.[958] Insbesondere in Fällen, in denen technik- bzw. innovations-

---

[954] Vgl. Netta, F. (1987), S. 120; Staub, U. (1988), S. 107.

[955] Vgl. Roth, G. u.a. (1993), S. 201 f., die darauf hinweisen, daß im Bereich der High-Tech-Systeme mehr als 30 % der Kaufentscheidungen maßgeblich durch die Beeinflussung durch Mund-zu-Mund-Kommunikation erfolgen.

[956] Vgl. Kleinaltenkamp, M.; Marra, A. (1995), S. 110 f., die auf die Bedeutung der Informationsdiffusion zwischen Nachfragern in bezug auf produkttechnische Informationen hinweisen.

[957] Böcker, F. (1994), S. 884.

[958] Vgl. Hünerberg, R.; Heise, G. (1995), S. 15.

freundliches Image dem bestehenden Gesamtbild der Nachfrager widerspricht, z.B. bei einer traditionsorientierten konservativen Auslobung, müssen durch den Einsatz der Technologieinnovation möglicherweise induzierte Imagebrüche vermieden werden. Durch eine entsprechend intendierte inhaltlich-mediale Aufbereitung kann insoweit auch den gegebenen Befindlichkeiten Rechnung getragen werden. Gleichzeitig können allerdings auch Schritte in Richtung einer Umpositionierung des Unternehmens geleistet werden, die anknüpfend am bestehenden Image ohne zu starke Friktionen Verschiebungen hin zu einem zeitgemäßen Marktauftritt erlauben.

7. Unternehmensinterne Vorteilspotentiale des Einsatzes von AUS

Beziehen sich die bisher erörterten Wirkungspotentiale aufgrund ihrer direkten Wirkung auf die wahrgenommene Beratungsqualität bzw. die empfundene Beschaffungsunsicherheit primär auf den Nachfrager als Transaktionspartner, so ist die nachfolgende Diskussion der Vorteilspotentiale von AUS auf unternehmensinterne Wirkungen bezogen. Dies schließt vor dem Hintergrund einer marktorientierten Unternehmensführung im Sinne einer an den Bedürfnissen des Marktes ausgerichteten Denk- und Handlungsweise in allen Unternehmensbereichen entsprechende Marktwirkungen in letzter Konsequenz nicht aus. Überschneidungen im Hinblick auf die mittelbaren Wirkungen können und sollen damit letztendlich nicht ausgeschlossen werden.[959] Die Unterteilung in marktgerichtete und unternehmensinterne Vorteilspotentiale von AUS erscheint allerdings insofern gerechtfertigt, als damit eine Einteilung nach der Unmittelbarkeit der Wirkung und dem Wirkungsschwerpunkt vorgenommen werden kann.

Die nachfolgende Vorgehensweise setzt zunächst an der Analyse des Integrationspotentials von AUS in die unternehmensweite EDV als stärker übergreifende Betrachtung an, da die Einbindung des Systems in die EDV eine wesentliche Voraussetzung für die Erschließung der nachfolgend erörterten Vorteilspotentiale darstellt. Hervorzuheben ist dabei die besondere Vorteilhaftigkeit gerade der Einbeziehung eines an der unmittelbaren Schnittstelle zum Markt eingesetzten Informationsverarbeitungssystems. Die abschließende Erörterung der unternehmensinternen Wirkungspotentiale beginnt dann zunächst mit der Wirkungsanalyse auf der Arbeitsplatzebene, dem unmittelbaren Ort des Einsatzes computergestützter Angebotssyteme. Untersucht wird hier der Beitrag von AUS zur Rationalisierung der Prozesse im persönlichen Verkauf. Daran anschließend erfolgt eine Analyse des synergetischen Nutzungspotentials, deren Schwerpunkt im Bereich der Kommunikationspolitik liegt, darauf aber nicht beschränkt ist. Abschließend soll der Einsatz von AUS vor dem Hintergrund eines umfassenden Qualitätsverständnisses als Element des Qualitätsmanagements analysiert werden.

---

[959] Vgl. dazu auch die Ausführungen in Kap. 5.1 und 5.2.

**7.1   Der Einsatz computergestützter Angebotssyteme als Potential zur Integration
der unternehmensweiten Datenverarbeitung als Ausgangspunkt der Betrachtung**

Im Rahmen des Auftragsdurchlaufs können im Unternehmen durch die Berührungspunkte und
Abhängigkeiten der beteiligten Bereiche Schnittstellenprobleme auftreten, die dem Ziel der
bedarfs- und termingerechten Leistungserstellung entgegenwirken können. Dabei steht die
vorherrschende funktionale Aufbauorganisation vieler Unternehmen mit dem Ablauf der
Prozesse im Rahmen der Auftragsabwicklung nicht unbedingt im Einklang.[960] Die zahlreichen
Abstimmungsbedarfe technischer, organisatorischer oder kapazitätsbedingter Art führen zu
komplexen Informationsbeziehungen zwischen den einzelnen Unternehmensbereichen.[961] Vor
allem   bei   kurzfristig   benötigten   Informationen,   beispielsweise   während   der
Akquisitionsberatung zur Bestimmung des Liefertermins bzw. zur Überprüfung der Einhaltung der abnehmerseitig gewünschten Lieferzeit, oder bei nachträglichen Modifikationswünschen eines sich bereits im Durchlauf befindlichen Auftrages ist ein unmittelbarer Zugriff auf
die relevanten Daten der tangierten Unternehmensbereiche notwendig.

Integration beinhaltet die Zusammenführung einzelner Elemente zu einem einheitlichen Ganzen und bezieht sich in der Wirtschaftsinformatik auf die Verknüpfung von Menschen, Aufgaben und Technik zu einer Einheit.[962] Das hier im Betrachtungsinteresse stehende Integrationspotential computergestützter Angebotssysteme bezieht sich vor allem auf die technische
Betrachtungsebene und meint die Einbindung von AUS in die unternehmensweite Datenverarbeitungsstruktur im Sinne eines durchgängigen rechnergestützten Informationsflusses im
Unternehmen.[963] Die Basis der Integration der unternehmensweiten Informationsverarbeitungssysteme stellt der standardisierte Datenaustausch dar.[964] Die Festlegung von Datenfor-
maten und die Normierung von Datenschnittstellen ermöglicht Programmsystemen unterschiedlicher Hersteller, miteinander zu kommunizieren. Durch den wechselseitigen Informationstransfer soll die Zusammenarbeit zwischen den einzelnen Organisationseinheiten sichergestellt und gefördert werden.[965]

---

[960] Vgl. Becker, J. (1991), S. 23.
[961] Vgl. Flory, M. (1995), S. 119.
[962] Vgl. z.B. Bruhn, M. (1992b), S. 20; Mertens, P. (1991), S. 1; Uhr, W. (1996), S. 253.
[963] In diesem Zusammenhang wird auch von Computer Integrated Business (CIB) gesprochen, dessen Vor-
läufer das auf die Integration der rechnergestützten Teilfunktionen der Fertigung ausgerichtete Konzept
des Computer Integrated Manufacturing (CIM) darstellt. Vgl. Link, J.; Hildebrand, V. (1995a), S. 56;
(1993), S. 173 f. Auch Frank, J. (1993), S. 20 weist auf die Bedeutung der Integration von CAS-Systemen
in die unternehmensweite Datenverarbeitung für eine effiziente Auftragsabwicklung hin.
[964] Vgl. Schumann, M. (1992), S. 129.
[965] Vgl. Bruhn, M. (1992b), S. 8.

Strukturiert man zunächst die Integrationsaspekte von AUS formal nach dem Integrationsgegenstand,[966] so handelt es sich um eine *Daten*integration und eine *Modul*integration[967] mit dem Ziel der *Funktions*integration. Die *Daten/Modul*integration beinhaltet die gemeinsame Verwendung von Daten/Modulen durch unterschiedliche Unternehmensbereiche[968] und ermöglicht die unmittelbare Verfügbarkeit der in einem Bereich anfallenden Daten in den integrierten Bereichen.[969] Die Datenintegration und die Modulintegration unterstützen insofern die *Funktions*integration, als die zusätzliche Verfügbarkeit der Daten zu einem Zusammenwachsen ehemals getrennter Funktionen und damit zu Umverteilungen der Aufgabenbereiche führt. In diesem Zusammenhang dient die Datenübermittlung zwischen Teilsystemen bzw. die Abstimmung einzelner Softwareprogramme im Rahmen einer integrierten DV-Struktur zur Unterstützung der zum Zwecke der betrieblichen Leistungserstellung notwendigen Integration der einzelnen Funktionen bzw. Prozesse.[970] Wie bereits angedeutet, handelt es sich bei der Einbeziehung von AUS in bezug auf die Ebene der Integrationsrichtung primär um eine horizontale Integration, die sich auf die Verbindung der unterschiedlichen Softwaresysteme entlang der betrieblichen Wertschöpfungskette bezieht.[971] Elemente der vertikalen Integration, die sich auf die Weiterverwendung von Daten über die unterschiedlichen Hierarchiestufen bis zur Unternehmensleitung bezieht,[972] finden sich etwa in der Weiterleitung der im Vertrieb generierten Marktdaten etwa in aggregierter Form an Entscheidungsunterstützungssysteme des strategischen Managements.[973]

Die Integration von AUS in die unternehmensweite Struktur der elektronischen Datenverarbeitung weist für sich gesehen allerdings zunächst keinen Nutzen auf, sondern stellt lediglich die Voraussetzung für die Erschließung von Vorteilspotentialen dar.[974] Zentrale Ziele der Integration der Informationsverarbeitungssysteme des Unternehmens bestehen vor allem in der Vermeidung der negativen Auswirkungen der isolierten Datenverarbeitung in den mehr oder weniger künstlich festgelegten Organisationsinstanzen im Rahmen der Leistungserstellung.[975] Bei der Einzelanalyse der unternehmensexternen Wirkungspotentiale wurden die Vorteile

---

[966] Vgl. Mertens, P. (1991), S. 2.
[967] Es wird in diesem Zusammenhang auch von einer Programmintegration gesprochen. Vgl. Schumann, M. (1992), S. 10.
[968] Vgl. Schumann, M. (1992), S. 10. An dieser Stelle bezieht sich die Modulintegration auf die gemeinsame Nutzung von Softwaremodulen in bezug auf den unmittelbaren Auftragsdurchlauf. Die im Rahmen der Synergiepotentiale von AUS erörterte Modulintegration (Kap. 7.3) bezieht sich hingegen auf die von der konkreten Auftragsabwicklung losgelöste übergreifende Verwendung von Softwaremodulen von AUS.
[969] Vgl. Becker, J. (1991), S. 166, 173.
[970] Vgl. Becker, J. (1991), S. 183; Mertens, P. (1991), S. 3.
[971] Vgl. Mertens, P. (1991), S. 5; Neibecker, B. (1994), S. 321; Schumann, M. (1992), S. 14 f.
[972] Vgl. Mertens, P. (1991), S. 6; Neibecker, B. (1994), S. 321.
[973] Vgl. Kap. 7.3.4.1.
[974] Vgl. Frank, J. (1993), S. 20.
[975] Vgl. Mertens. P. (1991), S. 7.

vernetzter AUS bereits angesprochen. Die nachfolgend erörterten unternehmensinternen Vorteilspotentiale des Einsatzes computergestützter Angebotssysteme werden zum Teil nicht unerheblich durch deren Integration in die unternehmensweite EDV bestimmt. Zusammenfassend stehen dabei vor allem die Schnelligkeit der Informationsverfügbarkeit, die daraus resultierende Datenaktualität und Beschleunigung der Prozeßabläufe, aber auch die Reduzierung von Fehlern infolge von Mehrfacherfassungen aufgrund der Vermeidung von Medienbrüchen im Datentransfer im Vordergrund.[976] Es ergeben sich jedoch auch Kostenersparnisse durch die Substitution des schriftlichen durch den elektronischen Datentransfer oder durch die Reduzierung von Abstimmungsprozessen innerhalb der Vertriebsorganisation durch persönliche Kontaktaufnahmen.

Als Ausgangspunkt der weiteren Betrachtung sollen damit zunächst die generelle Bedeutung der Integration von AUS in die EDV-Struktur des Unternehmens analysiert und die konkreten Ausprägungsformen herausgearbeitet werden. Zum Ausdruck kommt hier die Notwendigkeit der Ausrichtung der Integrationsbereiche an den konkreten Wirkungspotentialen der Integration, die sich letztlich an den übergeordneten strategischen Erfolgsfaktoren Kosten, Qualität und Zeit orientieren sollten.[977]

Wildemann schlägt in diesem Zusammenhang die Ermittlung der vorrangigen Integrationsbereiche in Abhängigkeit von den Integrationspotentialen vor, die wiederum durch die Informationswertigkeit und den Integrationsstatus bestimmt werden. Determinanten der Informationswertigkeit sind etwa die Relevanz der Informationen für die Aufgabenerfüllung, der bestehende Koordinationsbedarf, die Übertragungshäufigkeit sowie Aktualitäts- und Qualitätsanforderungen. Der Integrationsstatus wird durch die bisherige organisatorische und technische Informationsintegration in dem betrachteten Bereich bestimmt. Hohe Integrationspotentiale ergeben sich in solchen Bereichen, in denen Informationen mit hoher Wertigkeit noch wenig integriert sind, also einen niedrigen Integrationsstatus besitzen.[978]

Betrachtet man den Einsatz von AUS in diesem Kontext, ergibt sich deren Integrationspotential einerseits aus dem häufig noch sehr geringen Integrationsstatus des Vertriebs in die unternehmensweite DV-Struktur, die in der vielfach noch üblichen Übermittlung von spezifischen Auftrags- und allgemeinen Marktdaten auf konventionellem schriftlichen Wege bzw. der Einholung benötigter Informationen aus anderen Unternehmensbereichen durch schriftliche, fernschriftliche oder telefonische Kontaktaufnahmen zum Ausdruck kommt. Andererseits

---

[976] Vgl. auch Wildemann, H. (1995), S. 103.
[977] Vgl. vor allem Wildemann, H. (1995), S. 103.
[978] Vgl. Wildemann, H. (1995), S. 103.

macht die hohe Wertigkeit der an den Schnittstellen zum Markt sowohl *aus* anderen Unternehmensbereichen *für* die Verkaufsberatung als auch *für* andere Unternehmensbereiche *aus* den Marktransaktionen verfügbar zu haltenden Informationen das bestehende Integrationspotential unmittelbar einsichtig.[979]

Stellt man zunächst nun das AUS in den Mittelpunkt der Betrachtungsperspektive, so können *zwei* Formen der Funktionsintegration unterschieden werden. Handelt es sich um den Datenaustausch mit Informationsverarbeitungssystemen anderer Unternehmensbereiche, kann von einer *externen Funktionsintegration* gesprochen werden. Darüber hinaus findet aber auch eine Funktionsverlagerung in bezug auf die Aufgabenerfüllung anderer Unternehmensinstanzen durch die Integration spezifischer Softwaremodule im AUS in den Vertrieb statt, die die online-Verbindung zu den entsprechenden Funktionalbereichen weitgehend verzichtbar macht. So ist zur Erarbeitung eines umfassenden Problemlösungsangebotes die Einbeziehung von originär anderen Unternehmensbereichen zuzuordnenden Teilleistungen erforderlich (z.B. Erarbeitung von Finanzierungsangeboten unter Berücksichtigung der Inanspruchnahme öffentlicher Fördermittel, Bereitstellung technischer Informationen im Rahmen der Produktkonfiguration oder bei Vergleichsanalysen), die aus Nachfragersicht allerdings zeitpunktgenau während des Beratungskontaktes bereitgestellt werden sollten.[980] Gegenüber der Integration durch Vernetzung handelt es sich hier also um eine *interne Funktionsintegration*. Realisierbar ist diese Form der Integration vor allem in solchen Bereichen, in denen weniger die Notwendigkeit der Aktualität der Informationen, sondern vielmehr die Verfügbarkeit des Wissens anderer Funktionsbereiche (z.B. Finanzierungswissen im Vertrieb) im Vordergrund steht.

Die hohe Bedeutung der Informationsbereitstellung und -erfassung an der Schnittstelle zum Markt soll nachfolgend in bezug auf das Integrationspotential von AUS erläutert werden. Aufgrund der im Rahmen der Einzelanalyse erläuterten Vorteilspotentiale integrierter AUS sollen die Wirkungspotentiale hier im Hinblick auf die genannten Erfolgsfaktoren nur zusammenfassend kurz angesprochen werden. Das Integrationspotential von AUS ergibt sich damit direkt aus den Informationsströmen zwischen Anbieter und Nachfrager[981] aus zwei Perspektiven, die wiederum den grundsätzlichen Gedanken einer marktorientierten Unternehmensführung widerspiegeln. Nachfolgende Abbildung veranschaulicht die Integrationspotentiale computergestützter Angebotssysteme.

---

[979] Vgl. z.B. Schumann, M. (1992), S. 96 f., der einen Vorschlag für die Integration des Verkaufsbereichs in die unternehmensweite DV-Struktur unterbreitet.

[980] Ausdruck dieser Entwicklung stellt die bereits 1988 von Steppan und Mertens aufgrund der zunehmenden Bedeutung des Außendienstes als Entscheidungszentrum geforderten Ausdehnung des CIM-Gedankens auf den Vertrieb dar. Vgl. Steppan, G.; Mertens, P. (1988), S. 24 ff.

[981] Vgl. Kap. 1.

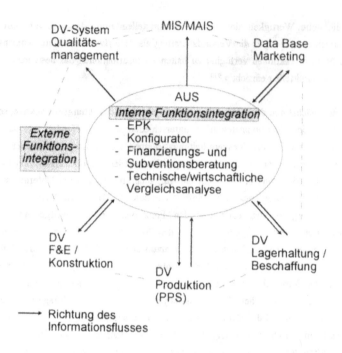

Abb. 20: Potentiale der Funktionsintegration von AUS

Aus der Perspektive des *auf den Markt gerichteten Informationsflusses* resultiert das Integrationspotential von AUS aus den sich an die Verkaufsberatung stellenden Anforderungen. Das zu vermarktende Leistungsbündel stellt letztendlich das Resultat vielfältiger Teilleistungen in den unterschiedlichen Unternehmensinstanzen dar, dessen antizipative Zusammenstellung in der persönlichen Verkaufsberatung wiederum den Rückgriff auf Informationen aus diesen Bereichen notwendig macht. Vorteilspotentiale können dabei sowohl durch die *interne* als auch die *externe* Funktionsintegration erschlossen werden.

Der Beitrag der *internen* Funktionsintegration zu den genannten strategischen Erfolgsfaktoren besteht hier vor allem in der Erhöhung der Schnelligkeit der Beratungsleistung und Verbesserung der Beratungsqualität im Sinne einer umfassenden Problemlösungskonzeption. So ist die bereits angesprochene, bei konfigurationsbedürftigen Variantenprodukten durchaus realisierbare Verlagerung von Aufgaben der Konstruktion an die Verkaufsfront durch konfiguratorintegrierte EPK Ausdruck dieser Integrationsform. Rückfragen zur Konstruktion dürften hier zwar ebenso nicht vollständig ausgeschlossen werden können, sich letztendlich aber auf sehr spezifische und seltene Ausnahmekonfigurationen reduzieren lassen. Gleiches gilt für eine umfassende Finanzierungs- und Subventionsberatung sowie die Durchführung technischer bzw. wirtschaftlicher Alternativenvergleiche, die ohne die Leistungsfähigkeit des AUS in den unternehmensinternen Fachabteilungen durchgeführt werden müßten und erst zeitverzögert und tendenziell nicht während des gleichen Beratungskontaktes bereitgestellt werden könnten.

Der nicht unerheblich durch die aktuellen Rahmenbedingungen im Beschaffungs- und Produktionsbereich determinierte Absatz von Unternehmensleistungen erfordert in diesem Zusammenhang aber auch die Verfügbarkeit verkaufsrelevanter Daten, die über das durch die systeminterne Funktionsintegration vorgehaltene Datenvolumen hinausgehen. Neben einer genauen produktspezifischen Kenntnis spielt z.B. insbesondere ein aktueller Wissensstand über die fertigungstechnischen und -organisatorischen Sachverhalte eine Rolle.[982] Im Rahmen der *externen Funktionsintegration* ermöglicht dabei der Zugriff auf Daten des PPS genaue Auskünfte über die aktuelle Kapazitätsbelegung und -planung[983] und erlaubt damit konkrete Angaben über Lieferzeiten bereits während des Beratungsgesprächs. Die online-Belegung freier Kapazitäten durch den elektronischen Datentransfer unmittelbar nach Auftragsabschluß ermöglicht Lieferzeitzusagen, die bei konventioneller Übermittlung der Auftragsdaten infolge der damit verbundenen Verzögerungen und möglicherweise zwischenzeitlich erfolgter anderweitiger Kapazitätsvergabe Korrekturen nach hinten notwendig machen würden. Gleichzeitig können durch Informationsdefizite an der Verkaufsfront implizierte Kostennachteile durch die bessere Berücksichtigung von Kapazitätsauslastungen bei der Auftragszusammenstellung und Lieferterminierung reduziert werden. Ebenso erfordern z.B. Modifikationen der Liefertermine entsprechende Abgleiche mit der Kapazitäts- bzw. Produktionsplanung und der Versanddisposition, spezifische technische Änderungswünsche machen möglicherweise Rückfragen und Abstimmungen mit der Konstruktion, Arbeitsplanung und Fertigungssteuerung notwendig.[984] In diesem Zusammenhang können Ineffizienzen im Rahmen der konventionellen Abstimmungsvorgänge (z.B. Verzögerungen durch Abwesenheit der relevanten Personen oder mangelnde Verfügbarkeit der entsprechenden Unterlagen)[985] durch die Integration der Informationsverarbeitungssysteme der einzelnen Unternehmensbereiche erheblich reduziert werden. Gleichermaßen ermöglicht die Aktualisierung der Kundendatenbank durch den elektronischen Datenaustausch mit Anwendungen des DBM (etwa durch die aktualisierten Aktionsdaten des Vertriebsinnendienstes) die genaue Kenntnis aller bisherigen nachfragerbezogenen kommunikationspolitischen Maß-

---

982 Vgl. Hermanns, A.; Flegel, V. (1992a), S. 915; Niedetzky, H.M. (1988), S. 252.
983 Vgl. Becker, J. (1991), S. 30 f.
984 Vgl. Becker, J. (1991), S. 30, 33.
985 Vgl. dazu auch die Ausführungen in Kap. 6.2.2.3.

nahmen, die wichtige Hinweise für die Verhandlungsführung liefern und redundante und möglicherweise unerwünschte Informationsbereitstellungen vermeiden können. In bezug auf die genannten strategischen Erfolgsfaktoren steht damit vor allem der in der Aktualität der bereitgestellten Informationen zum Ausdruck kommende Zeitaspekt im Vordergrund, der über die wahrgenommene Beratungsqualität ebenso wiederum den Erfolgsfaktor Qualität positiv beeinflussen dürfte.

Aus der Perspektive des nach *innen gerichteten Informationsflusses* vom Markt in die Unternehmung stellt das AUS insofern ein Integrationspotential für die betriebliche DV dar, als die innerbetrieblichen Prozesse der Leistungserstellung letztendlich maßgeblich durch die aus dem Verkauf stammenden Auftragsdaten bestimmt werden.[986] Im Vordergrund steht hier die externe Funktionsintegration, die auf die Informationsversorgung der Unternehmensbereiche zielt, deren Aufgabenerfüllung stark durch die im Rahmen des persönlichen Beratungskontaktes generierten Daten beeinflußt wird. Kundenorientiertes Handeln wird in diesem Zusammenhang durch die möglichst frühzeitige Datenerfassung und den durchgängigen Datentransfer an die Produktions-Planungs-Systeme der Fertigungsinstanzen bzw. die Datenverarbeitung des Beschaffungswesens und der Lagerhaltung erheblich gefördert.[987] Durch den schnellen und durchgängigen elektronischen Datentransfer im Rahmen der Auftragsabwicklung können Fertigstellung und Auslieferung der nachgefragten Endprodukte beschleunigt werden.[988] Indirekt gilt der Gedanke der Kundenorientierung auch für die erörterte synergetische Nutzung generierter Marktdaten.[989] So ist die Übermittlung aktueller Marktdaten an die Datenverarbeitung der strategischen Planung und deren aggregierte Nutzung in MIS oder MAIS auf die Ausrichtung der Unternehmensaktivitäten am Markt und auf die Bereitstellung eines möglichst bedarfsgerechten Leistungsangebotes zur Sicherung zukünftiger Erfolgspotentiale gerichtet. Ebenso dürften die laufende Erfassung der nachgefragten unterschiedlichen Konfigurationsalternativen sowie produktbezogene Beschwerden oder Verbesserungsvorschläge und deren Weiterleitung an die DV-Systeme der Forschung und Entwicklung Hinweise für sortimentspolitische Bereinigungen bzw. bedürfnisentsprechende Neuentwicklungen Anstöße geben. In diese Richtung zielt auch die Übermittlung qualitätsrelevanter Daten an Informationssysteme eines implementierten Qualitätssicherungssystems im Rahmen des Qualitätsmanagement, das letztendlich auf die Bereitstellung einer den Kun-

---

[986] Vgl. Gey, T. (1990), S. 139; Hermanns, A.; Flegel, V. (1992a), S. 915; Steppan, G. (1990a), S. 144.
[987] Die Betrachtung der Verflechtungen in bezug auf die einzelnen Unternehmensbereiche erfolgt hier weitgehend auf aggregierter Ebene. Eine differenzierte Darstellung des Informationstransfers zwischen dem Vertrieb und den einzelnen Unternehmensbereichen findet sich bei Becker, J. (1991), S. 27 ff. oder Mertens, P. (1991), Anlage 5.2/1.
[988] Vgl. Kap. 6.2.2.3.
[989] Vgl. Kap. 7.3.4.

239

denerwartungen entsprechenden Qualität des Leistungsangebotes ausgerichtet ist.[990] Der Transfer aktueller nachfragerbezogener Daten an Systeme des DBM dient schließlich einer zielgenauen und bedürfnisentsprechenden Ansprache des Nachfragers, die durch den Rücktransfer der aufbereiteten Daten über die Aktualisierung der Kundendatenbank des AUS unter anderem durch das persönliche Verkaufsgespräch umgesetzt wird.

Der Beitrag der Integration zu den strategischen Erfolgsfaktoren bezieht sich damit vor allem auf den Zeitaspekt. Zum einen kann durch die Erhöhung der Schnelligkeit des Auftragsdurchlaufs eine Verkürzung der Lieferzeit, zum anderen eine aktuelle Bereitstellung von Marktinformationen, insbesondere der Nachfragerbedürfnisse, in den angesprochenen Unternehmensinstanzen erreicht werden, die über die Umsetzung in ein bedarfsgerechtes Leistungsangebot bzw. eine bedarfsgerechte Leistungserstellung positiv die wahrgenommene Leistungsqualität beeinflußt. Die Reduzierung des Auftretens von Fehlern infolge der Vermeidung von Medienbrüchen und Mehrfacherfassungen wirkt sich aber wiederum förderlich auf die Produktqualität aus. Fehlerreduzierungen ebenso wie die aus dem elektronischen Datentransfer resultierende Beschleunigung der internen Prozesse der Auftragswicklung wirken hingegen wieder kostenreduzierend.[991]

Nach der Erörterung des Potentials computergestützter Angebotssysteme zur EDV-Integration sollen hier abschließend und als Ausgangspunkt der nachfolgenden Analyse der unternehmensinternen Vorteilspotentiale zusammenfassend die unterschiedlichen Wirkungsebenen kurz systematisiert werden (siehe nachstehende Abbildung). Ausgehend vom konkreten Einsatzfeld des AUS auf der Stufe des Arbeitsplatzes des einzelnen Vertriebsmitarbeiters über die Auswirkungen auf andere Funktionalbereiche bis hin zur umfassenden Unternehmensebene können damit die unterschiedlichen Ebenen der unternehmensinternen Wirkungspotentiale verdeutlicht werden.[992]

---

[990] Vgl. Kap. 7.4.
[991] Vgl. Kap. 6.2.2.3 und 7.4.
[992] Diese Form der Darstellung steht nicht im Widerspruch zu der prozeßgerichteten Systematisierung der Wirkungspotentiale von AUS entlang der Wertkette in Kap. 5.2. Vielmehr handelt es sich dabei um eine ergänzende Sichtweise, die die Reichweite der Wirkungspotentiale insofern verdeutlicht, als der Bezug der Auswirkungen des Systemeinsatzes im Hinblick auf die Ebenen der Unternehmensorganisation stärker herausgestellt und damit die unternehmensinterne Perspektive verdeutlicht wird.

240

Abb. 21: Ebenen unternehmensinterner Wirkungspotentiale der EDV-Integration von AUS

Die Unterscheidung setzt zunächst an der Arbeitsplatzebene an. Hier beinhaltet die EDV-Integration eine zentrale Voraussetzung für die Realisierung der Rationalisierung der Tätigkeiten des Vertriebsmitarbeiters im Rahmen der Verkaufsberatung. Bezug besteht dabei zu allen im Zusammenhang mit dem Gesprächskontakt auftretenden Tätigkeiten, die über den unmittelbaren Datenzugriff anderer Bereiche während des Gesprächskontaktes ebenso die Informationsbereitstellung zur Vorbereitung oder auch den Transfer von Auftragsdaten durch das elektronische Berichtswesen zu unternehmensinternen Stellen im Rahmen der Nachbereitung des Kundenkontaktes einbeziehen.

Die sich in erster Linie auf die Funktionsebene beziehenden Synergiepotentiale konkretisieren sich einerseits in Synergieeffekten auf Basis der Systemsoftware des AUS und zum anderen durch die Verfügbarkeit im Zuge des Systemeinsatzes generierter Marktdaten in anderen Unternehmensbereichen. Während erstgenannte Vorteilspotentiale nicht unmittelbar aus der EDV-Integration computergestützter Angebotssysteme resultieren (in der Abbildung kursiv), geht die Verfügbarkeit der generierten Marktdaten zum Zwecke des Data Base Marketing und zur Gewinnung von Hinweisen für Produktinnovationen allerdings direkt auf die Integration in die unternehmensweite EDV zurück. Der Funktionsbezug besteht beim Data Base Marketing in der auf den Marketingbereich gerichteten Zielsetzung der einzelfallspezifischen Gestaltung der Nachfragerbeziehungen und ergibt sich im anderen Fall aus der Nutzung der Marktdaten im F&E-Bereich. Der unmittelbare Funktionsbezug besteht für die Nutzung generierter Marktdaten zur Entscheidungsunterstützung des Marketingmanagements, etwa im

Rahmen der strategischen Marketingplanung. Im Falle der Einbeziehung dieser Daten in die Entscheidungsfindungsprozesse auf höherer Instanz erfolgt hingegen der Übergang zur Unternehmensebene.

Das sich auf der <u>Unternehmensebene</u> aus der EDV-Integration jedoch zentral ergebende Wirkungspotential besteht im Beitrag von AUS zum Qualitätsmanagement. Letztendlich konkretisieren sich die durch die EDV-Integration bedingten Vorteile der Fehlerreduzierung zwar auch an den einzelnen Prozessen bzw. Vorgängen, jedoch würde ein lediglich auf die Leistungserstellungsprozesse gründendes Qualitätsverständnis nur eine verkürzte Sichtweise eines umfassenden Qualitätsmanagements darstellen, das sich im Sinne eines auf die gesamte Unternehmung bezogenen Qualitätsbewußtseins versteht.

7.2 Potentiale zur Rationalisierung der Prozeßabläufe im persönlichen Verkauf

Die Bedeutung der EDV-Integration zur Rationalisierung der Prozesse im persönlichen Verkauf liegen vor allem in der Verfügbarkeit aktueller kunden- bzw. auftragsbezogener Daten im Rahmen der Kontaktvorbereitung und der Schnelligkeit des Transfers der erfaßten Markt- bzw. Auftragsdaten im Zusammenhang mit der Gesprächsnachbereitung. Zudem ergeben sich Kostenreduzierungspotentiale durch den Abbau schriftlicher Beratungs- und Verkaufs-unterlagen und die Substitution des schriftlichen durch den elektronischen Datentransfer, die ebenfalls zu Einsparungen im Rahmen der Abstimmungsprozesse innerhalb der Vertriebsor-ganisation führen kann.

Da die zeitlichen Entlastungseffekte des Einsatzes von AUS im Hinblick auf die Gesprächs-durchführung bereits im Zusammenhang mit dem Schnelligkeitspotential unter der Zielsetzung einer schnelleren Leistungserstellung gegenüber dem Nachfrager erörtert wurden,[993] soll nachstehend der Fokus auf die Vor- und Nachbereitung der Nachfragerkontakte gerichtet werden. Im Vordergrund steht hier die Entlastung des Verkaufsberaters von administrativen Tätigkeiten und Routineaufgaben.[994] Daneben können Ansatzpunkte zur Milderung der aus Anbieter- bzw. Verkaufsberatersicht bestehenden Unsicherheitsproblematik aufgezeigt werden. Insgesamt fördert der Einsatz von AUS im Rahmen der Kundenberatung durch Entlastungseffekte beim Verkaufsberatungspersonal den effizienten und effektiven Einsatz der personellen Ressourcen.[995]

---

[993] Vgl. Kap. 6.2.2.3.
[994] Vgl. z.B. Karcher, H.B. (1991), S. 105; Hermanns, A. (1995), Sp. 372; Herzig, A. (1993), S. 48; Link, J.; Hildebrand, V. (1993), S. 147; Weiß, H.C. (1993), S. 362.
[995] Vgl. Böcker, J. (1995), S. 188; Karcher, H.B. (1991), S. 105; Link, J.; Hildebrand, V. (1993), S. 147.

242

Durch den Einsatz von AUS können die bei der Planung der Besuchskontakte anfallenden Tätigkeiten der Nachfragerauswahl und Termin- bzw. Tourenplanung erheblich rationalisiert werden.[996] Dabei ermöglicht die Berücksichtigung einer Vielzahl von Besuchswürdigkeitskriterien im Rahmen der Kundenauswahl gegenüber der konventionellen Vorgehensweise eine effiziente Ermittlung von Besuchsprioritäten. Durch die Prüfroutinen über die gesamte Kunden- bzw. Interessentendatei wird vor allem die Vernachlässigung notwendiger Kontaktaufnahmen in der Akquisitionsphase vermieden, die bei sensibleren Nachfragern möglicherweise als Desinteresse interpretiert und entsprechend Konkurrenznachteile zur Folge haben könnte. Gleiches gilt für die im Hinblick auf Erweiterungs- bzw. Ersatzbedarfe erhebliche akquisitorische Wirkung der Kontaktpflege in der Nachkaufphase. Die elektronische Unterstützung der Termin- und Tourenplanung dient durch die Festlegung der Zeitpunkte und der Reihenfolge der Kontakte einer Optimierung der Allokation von Beratungskapazität.[997] Eine unsystematische, mit häufigen Fehlbesuchen verbundene Besuchsplanung kann vermieden werden, Reisezeiten und die Besuchskosten werden insgesamt reduziert.[998]

Im Rahmen der Gesprächsvorbereitung ermöglicht der unmittelbare Zugriff auf kundenspezifische Daten durch eine schnelle, umfassende und aktuelle Informationsversorgung die fallspezifische Aufbereitung der kunden- und auftragsspezifischen Informationen. Die zeitaufwendige manuelle Zusammenstellung der relevanten Daten aus unterschiedlichen, möglicherweise dezentral verfügbaren Quellen wird durch Rückgriff auf die aktualisierten Aktions- und Reaktionsdaten der Kundendatenbank obsolet. Durch die bedürfnisgerechte Informationsbereitstellung werden sowohl die Effektivität als auch infolge der Verkürzung der Gesprächsvorbereitungszeiten die Effizienz der Kontaktvorbereitung gefördert.[999] So kann etwa auf Berichte über vergangene Besuchskontakte schneller als auf abgelegte schriftliche Ausführungen zugegriffen werden.[1000] Unvollständige und veraltete Daten können vermieden werden, das Mitführen von Listen, Berichten und Aktenordnern wird erheblich reduziert, wenn nicht vollständig vermieden.

Auf Basis der vorhandenen Kundendaten ist möglicherweise bereits im Vorfeld des Kontaktes durch Ausarbeitung erster Angebotsvorschläge die Vorverlagerung eines Teiles der Angebotserstellung möglich. Mittels elektronischer Bedarfsanalyse können etwa auf Basis der kundenspezifischen Daten automatisch erste Angebotsvorschläge generiert werden, die im

[996] Vgl. Schwetz, W. (1993), S. 11.
[997] Vgl. Link, J.; Hildebrand, V. (1993), S. 11.
[998] Vgl. Gey, T. (1990), S. 148; Walter, G. (1995), S. 57; Schwetz, W. (1993), S. 11.
[999] Vgl. Gey, T. (1990), S. 153; Link, J.; Hildebrand, V. (1993), S. 113. Vgl. Müller, B. (1989), S. 24. Dabei sind unternehmensspezifisch sicherlich größere Schwankungen zu berücksichtigen. Einer branchenübergreifenden Untersuchung zufolge konnte durch die EDV-Unterstützung der für die Kontaktvorbereitung notwendige Zeitaufwand um ca. 40 % reduziert werden. Vgl. dazu Dornis, P.; Herzig, A. (1992), S. 18.
[1000] Vgl. Steppan, G. (1990a), S. 34.

späteren Kundenkontakt bedarfsindividuell modifiziert werden können. Der bis zum Vertragsabschluß notwendige Beratungsaufwand wird verringert und der Effektivitätsgrad der eigentlichen Beratung erhöht. Denkbar ist damit auch die Übermittlung eines ersten Angebotsvorschlages an den Kunden vor dem eigentlichen, der konkreten Angebotsausarbeitung dienenden, Kontaktgespräch. Dabei ist allerdings zu beachten, daß so zwar die effiziente Durchführung des Beratungskontaktes weiter gefördert werden kann, andererseits aber ebenso Informationen an die Konkurrenz gelangen können und der Kunde dadurch möglicherweise seine Position verhandlungstaktisch zu verbessern versucht.[1001]

Im Zusammenhang mit der Nachbereitung von Beratungskontakten ergeben sich Entlastungseffekte vor allem durch das elektronische Berichtswesen.[1002] Im Gegensatz zu zeitaufwendigen und zum Teil wenig strukturiert erstellten und durch Postlaufzeiten verzögerten konventionellen Kontaktberichten, können die Daten am Tage ihrer Erfassung bereits analysiert und aufbereitet den einzelnen Bedarfsträgern in der Unternehmenszentrale zur Verfügung gestellt werden.[1003] Zudem wird bei der elektronischen Berichterstattung auf sämtliche einmal erfaßten und im System vorhandenen Daten, wie z.B. Kundenstammdaten, Potentialdaten, Daten aus vergangenen Besuchen, zurückgegriffen und damit die Eingabe auf neue bzw. zu modifizierende Informationsinhalte beschränkt. Der für die Berichterstellung notwendige Zeitaufwand wird hierdurch zusätzlich erheblich reduziert. Daneben ermöglicht die Reduzierung des zur Datenerfassung notwendigen Zeitaufwandes die Eingabe der berichtsrelevanten Informationen auch in unproduktiven Phasen zwischen den Besuchskontakten (z.B. Wartezeit beim Kunden, auf Zug- oder Flugreisen), so daß die Gefahr von Informationsverlusten aufgrund mangelnder Gedächtnisleistung bei der bislang üblichen kollektiven abendlichen Datenerfassung reduziert wird.[1004]

Ebenso kann der elektronische Informationstransfer zur Reduzierung zeitraubender Besuche bei der zentralen Verkaufsleitung bzw. Regionalverkaufsleitern beitragen und damit weitere Freiräume schaffen. Insgesamt wird nicht nur der Verkaufsberater entlastet, sondern es werden gleichzeitig Produktivitätssteigerungen im Innendienst realisiert (z.B. durch Vermeidung der Doppelerfassung von Daten) und Potentiale zur Übernahme weiterer Aufgaben (z.B. telefonische Kundenbetreuung) freigesetzt.[1005] Für den Innendienst ergibt sich zudem weiteres Entlastungspotential im Zusammenhang mit der Informationsversorgung des Außendienstes,

[1001]Vgl. Gey, T. (1990), S. 154.
[1002]Vgl. Frank, J. (1993), S. 20; Hermanns, A. (1989), S. 23. Dornis, P.; Herzig, A. (1992), S. 18 ermittelten in einer branchenübergreifenden Untersuchung eine Zeitersparnis von ca. 20 % gegenüber der konventionellen handschriftlichen Erstellung von Kundenkontaktberichten.
[1003]Vgl. Encarnacao, J. L. u.a. (1990), S. 59; Schwetz, W. (1993), S. 8; Walter, T. (1995), S. 14.
[1004]Vgl. Gey, T. (1990), S. 188.
[1005]Vgl. Gey, T. (1990), S. 143, 170; Schumann, M. (1992), S. 77. Vgl. auch Kap. 7.2.

indem der Umfang der auftragsspezifischen Informationsübermittlung aufgrund der im System vorgehaltenen Datenbestände stark reduziert wird.[1006]

Die angeführten Wirkungspotentiale können ergänzend zu den im Zusammenhang mit dem Schnelligkeitspotential bereits erörterten und auf den konkreten Beratungskontakt bezogenen Wirkungen von AUS[1007] damit zwei an der Personalproduktivität ansetzende generelle Wirkungsrichtungen aufweisen. Aus der Zielsetzung der Kostenreduzierung betrachtet, folgt aus der Verkürzung von Beratungszeiten eine bei gleichbleibendem Arbeitsvolumen mögliche Reduzierung des Arbeitseinsatzes.[1008] Die Verringerung der Personalkosten kann in diesem Zusammenhang durch Reduzierung der Arbeitszeiten über alle Mitarbeiter verteilt werden oder durch Personalfreisetzung (z.B. Entlassungen oder Vorruhestandsregelungen) zu Lasten einzelner Mitarbeiter erfolgen. Mittelfristig würden Personalkosten abgebaut. Zum anderen ermöglicht die zeitliche Entlastung des Verkaufsberaters durch Erhöhung der Anzahl der Nachfragerkontakte insgesamt eine Intensivierung der Marktbearbeitung[1009] bei gleichbleibender Gesamtarbeitszeit, die über Neukundenakquisitionen wiederum Erlöswirkungen impliziert.

Zusammengefaßt verringern die Entlastungswirkungen des Einsatzes von AUS aus der Perspektive des Verkaufsberaters auch die spezifischen Investitionen der Beratung und Angebotsausarbeitung tendenziell. So kann zwar in bezug auf die Angebotsnutzung weiterhin die Unsicherheit über die Verhaltensweisen des Nachfragers[1010] letztendlich nicht gesenkt werden. Es wird jedoch der zu der Durchführung des persönlichen Kontaktes einschließlich Angebotsausarbeitung notwendige Zeitaufwand und damit das Ausmaß der spezifischen Investitionen pro erstellten Angebots reduziert und die daraus freiwerdenden Zeitkapazitäten für weitere erfolgversprechende Beratungsaktivitäten genutzt. Die Unsicherheit über die voraussichtlichen Zukunftslagen wird damit in bezug auf ihre wirtschaftliche Bedeutung gemildert. Damit kann einerseits aus Sicht der Vertriebsleitung die Unsicherheit in bezug auf den wirtschaftlichen Einsatz des Vertriebspersonals und gleichsam die Unsicherheit des in der Regel oft zu einem nicht unerheblichen Anteil erfolgsabhängig entgoltenen Verkaufsberaters im Hinblick auf die Einkommenserzielung reduziert werden.

[1006] Vgl. Hermanns, A.; Prieß, S. (1987), S. 80.

[1007] Vgl. Kap. 6.2.2.3.

[1008] Vgl. Holzapfel, M. (1992), S. 134.

[1009] Diese Unterscheidung erscheint insofern relevant, als eine Vielzahl der Analysen zu den Wirkungen von Informationsverarbeitungssystemen von einer unmittelbaren Umsetzung von Zeitersparnissen in Personalkostenreduzierungen ausgehen, die in der Praxis in dieser direkten Form jedoch nur selten realisierbar sein dürfte. Vgl. z.B. Holzapfel, M. (1992), S. 134.

[1010] Vgl. Kap. 3.2.2.

Legt man die Kostenperspektive in bezug auf aufbauorganisatorische Wirkungen zugrunde, resultiert daraus mittelfristig möglicherweise eine flachere Aufbauorganisation des Vertriebs.[1011] Aufgrund der durch den elektronischen Datenaustausch ermöglichten computergestützten Kommunikation zwischen Innen- und Außendienst wird ein Großteil des herkömmlichen Koordinationsbedarfs auf der Ebene der persönlichen Kommunikation, z.B. Besuche der Vertriebsmitarbeiter in regionalen Verkaufsbüros oder Gespräche mit Gebietsverkaufsleitern, entbehrlich, so daß mittlere Instanzen der Außendienstorganisation möglicherweise zur Disposition stehen.

Schließlich beinhaltet der Einsatz von AUS ein Potential zur Senkung der Papier-, Kopier- und Druckkosten durch <u>Reduzierung des Einsatzes schriftlicher Angebotsunterlagen</u>. EPK und Konfigurationssysteme machen durch die multimediale Präsentation des Leistungsangebotes und der Systemkonfiguration Konfigurationshandbücher und Preislisten überwiegend verzichtbar.[1012] Weiterhin können je nach Ausprägung der EDV-Integration durch die weitgehend papierlose Auftragsabwicklung auch hier Einsparungen erzielt werden.[1013] Schließlich werden durch die Übermittlung der Auftragsdaten zur Unternehmenszentrale durch Datenfernübertragung ebenfalls die Portokosten reduziert.[1014]

Ein zukünftig sicherlich noch an Bedeutung gewinnendes Rationalisierungspotential liegt in der multimedialen Dokumentation von Auftragsunterlagen. Stellt die Anlage einer Know-How-Datenbank bereits einen Anfang zur Dokumentation produktspezifischer Informationen dar, ermöglicht es die Multimedia-Technologie, sämtliche Dokumente der Angebotserstellung und Auftragsabwicklung in der für unterschiedliche Verwendungszwecke (z.B. Schulung, Kundendienst) geeigneten medialen Form papier- bzw. platzsparend und damit kostenreduziert ohne Qualitätsverlust über große Zeitspannen hinweg zu erhalten. Die digitalisierten Dokumente können verlustfrei vervielfältigt und dem gleichzeitigen Zugriff verschiedener Mitarbeiter verfügbar gemacht werden. Dies führt wiederum zu Einsparungen im Rahmen der Vervielfältigung und erhöht die Schnelligkeit und Bequemlichkeit des Dokumentenzugriffs.[1015]

[1011] Vgl. Hermanns, A. (1992a), S. 696.

[1012] Vgl. z.B. Leupold, M.; Schlichtkrull, J. (1995), S. 94; Mertens, P. u.a. (1993), S. 14; Weindl, G. (1988), S. 76; Weiß, H.C. (1993), S. 372. Eine zur Konfiguration von EDV-Anlagen eingesetzte wissensbasierte Anwendung ließ in über 50 % der Fälle den Einsatz von Vertriebshandbüchern obsolet werden. Vgl. Mertens, P. u.a. (1993), S. 12.

[1013] Vgl. Richter, B. (1989), S. 62; Schneider, S. (1992), S. 20; Walter, G. (1995), S. 56; Weiß, H.C. (1993), S. 372.

[1014] Vgl. Deiss, G.; Heymann, M. (1989), S. 373.

[1015] Vgl. Hünerberg, R.; Heise, G. (1995), S. 8.

7.3   Synergiepotentiale des Einsatzes computergestützter Angebotssysteme

Die Bedeutung des Begriffs Synergie läßt sich etwa mit "zusammenwirken" erfassen.[1016] Bezogen auf die unternehmerische Handlungsebene wird unter Synergie im allgemeinen das Zusammenwirken zweier oder mehrerer Einheiten verstanden, derart, daß durch Zusammenfassen von Tätigkeiten Vorteile erreicht werden, die bei getrennter Vorgehensweise nicht hätten realisiert werden können.[1017] Synergien können sich auf unterschiedlichen Unternehmensebenen ergeben. Neben Synergieeffekten durch das Zusammenwirken auf Unternehmens- bzw. Geschäftsfeldebene treten ebenso synergetische Wirkungen zwischen den Funktionalbereichen innerhalb einzelner Geschäftsfelder bzw. zwischen den einzelnen Teilbereichen eines Funktionalbereiches auf.[1018] Hier setzen die Synergiepotentiale computergestützter Angebotssysteme an. Synergetische Wirkungen des Einsatzes von AUS bestehen damit in der gemeinsamen Nutzung des Funktionspotentials der Applikation bzw. einzelner Module durch den Vertrieb und durch andere Funktionalbereiche.[1019]

Generell können die aus der gemeinsamen Nutzung des Funktionspotentials des AUS resultierenden Synergieeffekte sich in folgenden Kategorien konkretisieren:

-    Hardware-Synergien
-    Software-Synergien
-    Übergreifende Nutzung generierter Daten

Um Hardware-Synergieeffekte handelt es sich, wenn etwa der zur Kundenberatung eingesetzte PC vom Verkaufsberater oder dritten Personen für eine andere Tätigkeit außerhalb der Kundenberatung genutzt wird (z.B. Selbstschulung am PC oder Übernahme von Kundendienstleistungen durch den Verkaufsberater mittels Computereinsatz).

Die Vielseitigkeit der Verwendung multimedialer Applikationen zur Leistungspräsentation und Angebotserstellung wird aber vor allem durch Software-Synergien begründet. Die

---

[1016]Vgl. Welge, M. K. (1976), Sp. 3801.

[1017]Vgl. Doetsch, M. (1995), S. 113 f.

[1018]Dabei sei vermerkt, daß das synergetische Wirkungspotential der untersuchten AUS nicht das Zusammenwirken von Unternehmen auf unterschiedlichen Organisationsebenen, sondern das Zusammenwirken von Einheiten auf der gleichen oder zwischen unterschiedlichen Organisationsebenen meint.

[1019]Vgl. Bless, H.J.; Matzen, T. (1995), S. 305; Gräbner, G.; Lang, W. (1992), S. 763; Silberer, G. (1995c), S. 76 ff. Siehe auch Glomb, H.J. (1995c), S. 135, der auf den Einsatz in multimedialen POI-Systemen bzw. im Rahmen der computergestützten Mitarbeiterschulung hinweist. Rominski, D. (1996), S. 44 erwähnt die synergetische Verwendung einer multimedialen Verkaufsförderungsapplikation eines Automobilherstellers. Weitere Beispiele für die synergetische Verwendung multimedialer Applikationen finden sich bei Dustdar, S. (1995), S. 380 f.

Grundlage für Software-Synergieeffekte stellt der Rückgriff auf die gleiche Datenbasis dar, die je nach Verwendungsart lediglich neu strukturiert werden muß.[1020] Voraussetzung für die Nutzungsvielfalt ist dabei die Modularität der informationellen Ressourcen. Dies bedeutet, daß die Informationseinheiten so konzipiert und gespeichert werden, daß sie in unterschiedlichen Anwendungen nutzbar sind.[1021] Dies kann sowohl auf der Ebene einzelner medialer Einheiten (z.B. Verwendung von Texten, Bildern, Graphiken über Produktbestandteile in Serviceanleitungen für den Kundendienst)[1022] als auch in aggregierter Form auf der Ebene einzelner Funktionsmodule erfolgen (z.B. EPK zur produktbezogenen Schulung).

Rein formal aus dem Blickwinkel der integrierten Informationsverarbeitung betrachtet handelt es sich um eine Daten bzw. Modulintegration, die die gemeinsame Nutzung einzelner Elemente bzw. Module von Programmkomplexen durch unterschiedliche Unternehmensbereiche beinhaltet.[1023] Die Nutzenpotentiale der Wiederverwendung sind dabei umso höher, je stärker die vielfach noch vorherrschende einzelprojektbezogene Sichtweise bei Softwareentwicklungen durch eine projektübergreifende Ausrichtung ersetzt werden kann.[1024] Im Hinblick auf die praktische Umsetzung stellt allerdings die noch dominierende funktionsbezogene Projektrealisierung ein wesentliches Hindernis dar.[1025]

Die konkrete softwaresynergetische Verwendung von AUS kann sowohl im Rahmen des Marketing (z.B. multimediale Angebotspräsentation durch elektronische Produktkataloge auf CD-ROM, als Direct Mails oder in POI-Systemen bei Vertriebspartnern, auf Messen/Ausstellungen oder in Datennetzen) als auch in anderen Funktionalbereichen erfolgen, wie z. B. im Personalwesen zur produktbezogenen Mitarbeiter- und Auszubildendenschulung oder zur Unterstützung des technischen Kundendienstes.

Synergieeffekte auf Basis der übergreifenden Nutzung generierter Daten beinhalten in bezug auf die Stofflichkeit zwar ebenso Softwarebestandteile, jedoch stellen diese keinen grundsätzlichen immanenten Bestandteil des Systems dar. Gegenüber den oben angesprochenen, hinsichtlich ihrer Modifizierbarkeit im Einsatz im Tagesgeschäft *fixen* Softwareelemente handelt es sich bei den im Verkaufskontakt generierten Daten allerdings um *variable* Softwarebestandteile, die den Datenpool des AUS temporär oder dauerhaft ergänzen bzw. modifizie-

---

[1020] Vgl. Bullinger, H.J. u.a. (1992), S. 8; Fischer, C. (1995), S. 292; Niemeier, J. (1993), S. 23.

[1021] Vgl. Hermanns, A.; Suckrow, C. (1993), S. 110; Niemeier, J. (1993), S. 23. Zu der die Voraussetzung der Modularität darstellenden systeminternen Verknüpfung der einzelnen Module vgl. Zerr, K. (1994), S. 44.

[1022] Vgl. Grotelüschen, M. (1993), S. 29.

[1023] Vgl. Becker, J. (1991), S. 166; Mertens, P. (1991), S. 3.

[1024] Vgl. Rezagholi, M. (1995), S. 222.

[1025] Bruhn weist im Zusammenhang mit der Realisierung einer integrierten Unternehmenskommunikation auf "praktische Erschwernisse" durch Probleme der unternehmensinternen Entscheidungskoordination hin. Der Verfasser stellt in diesem Kontext vor allem organisatorisch-strukturelle Barrieren heraus, die durch fehlende organisatorische Verankerung bzw. Verantwortungszuweisung sowie durch ausgeprägtes Ressortdenken der funktional aufgebauten Fachbereiche zu begründen sind. Vgl. Bruhn, M. (1992b), S. 42 f. Siehe auch Bullinger, H.J.u.a. (1991), S. 307.

ren (z.B. nachfragerspezifische Informationen) und unmittelbar oder nach weiteren Verarbeitungsschritten (z.B. Aggregation) in anderen EDV-Systemen des Unternehmens ihre Verwendung finden. Deutlich wird hier gleichzeitig die zentrale Bedeutung der EDV-Integration computergestützter Angebotssysteme als Voraussetzung zur Nutzung dieses Wirkungspotentials. Die synergetische Nutzung generierter Marktdaten wäre zwar auch durch einen medienträgerinkongruenten Datentransfer - etwa über dezentrale Datenträger, wie z.B. die Diskette - möglich. Die letztendlich auf konventionellem Weg erfolgende Übermittlung würde aber den Vorteil der Datenaktualität und die damit verbundene Reduzierung der Reaktionszeiten durch die unmittelbare Datenverfügbarkeit in den Unternehmensbereichen nicht unerheblich relativieren.

Zu unterscheiden sind in diesem Zusammenhang zum einen unter operativen Gesichtspunkten synergetische Wirkungen im Bereich des Data Base-Marketing (Nutzung kunden-/produktspezifischer Daten zur individuellen Kundenansprache auf Basis einer umfassenden Kundendatenbank). Unter strategischen Aspekten können daneben bei bestehender informationstechnologischer Integration die generierten aktuellen Marktdaten an Marketinginformationssysteme (MAIS) weitergeleitet und in aggregierter Form als unterstützende Informationen bei Managemententscheidungen herangezogen werden. Darüber hinaus können durch die Generierung von Informationen über aktuelle Nachfragerbedürfnisse wichtige innovationspolitische Hinweise gewonnen werden.[1026]

Unter Wirtschaftlichkeitsaspekten betrachtet, besteht der Vorteil der genannten Synergieeffekte vor allem in Kostenreduzierungen. Realisiert werden können hier Economies of Scope, die allgemein als Kostenvorteile bezeichnet werden, die "bei gleichzeitiger Produktion mehrerer Leistungen entstehen, wenn die Summe der Kosten der jeweiligen Einzelprodukte höher ist als die Gesamtkosten der gemeinsamen Produktion."[1027] Ausgangspunkt stellt hier die Wiederverwendung der für ein spezifisches Leistungsergebnis entwickelten Teilleistungen zur Erstellung anderer Leistungsergebnisse dar.[1028]

Betrachtet man in diesem Zusammenhang die Softwareentwicklung für AUS, so können Economies of Scope durch die Wiederverwendung von Arbeitsergebnissen bzw. Teilprodukten, also etwa in Form einzelner Softwaremodule, zur Realisierung weiterer Softwareapplikationen erzielt werden, indem der Programmieraufwand und damit die Kostenentstehung für die betroffenen Softwareanwendungen reduziert werden. Zudem kann durch die Einbeziehung von Aufgabenbereichen bzw. Teilfunktionen in die Systemplanung des AUS, in denen durch

[1026]Vgl. ausführlich Kap. 7.3.4.3.
[1027]Friege, C. (1995), S. 743. Vgl. weiterhin Chandler, A.D. (1990), S. 17; Panzar, J.C.; Willig, R.D. (1981), S. 268; Teece, P.J. (1980), S. 224.
[1028]Vgl. Friege, C. (1995), S. 748; Panzar, J.C.; Willig, R.D. (1981), S. 269; Rezagholi, M. (1995), S. 222.

die Computerunterstützung der Aufgabenerfüllung zwar durchaus Verbesserungen realisierbar wären, bislang aber aufgrund zu hoher Projektkosten eine Verwirklichung unterblieb, infolge der übergreifenden Vorgehensweise nunmehr die Erschließung dieser Vorteilspotentiale ermöglicht werden.[1029] Die Vielseitigkeit der Verwendbarkeit der gleichen Daten bzw. aggregierter Module reduziert damit in Teilbereichen die Kosten der Softwareerstellung auf die Softwarezusammenstellung und Schnittstellengestaltung.[1030] Im Falle der übergreifenden Nutzung der generierten Daten werden in den entsprechenden Unternehmensbereichen hingegen die Aufwendungen für die Informationsbeschaffung verringert. Hier lassen sich z.b. Kosten für die Beschaffung aktueller Nachfrager- oder Konkurrenzinformationen im Zusammenhang mit Managemententscheidungen oder der Entwicklung von Innovationen reduzieren, indem auf die Daten des AUS zurückgegriffen wird. Nicht zuletzt kann durch die Vereinheitlichung der Produktpräsentation in den unterschiedlichen Vertriebs- und Kommunikationskanälen ein einheitlicher Marktauftritt des Unternehmens im Sinne eines Corporate Image gefördert werden.

Die im einzelnen zu analysierenden Synergiepotentiale von AUS werden in nachfolgender Abbildung zunächst übersichtsartig systematisiert. Im Anschluß erfolgt die Erörterung der zentralen Aspekte der genannten Synergiepotentiale in ihrer konkreten Umsetzung in den Unternehmensbereichen.

[1029] Ebenso können natürlich bei der Entwicklung von AUS Anleihen bei bereits implementierten Anwendungen in anderen Funktionalbereichen erfolgen.

[1030] Vgl. Rominski, D. (1994), S. 122.

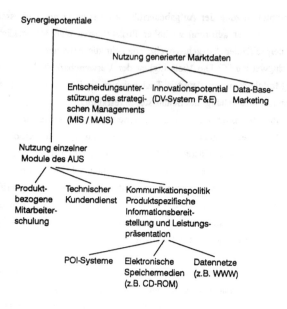

Abb. 22: Synergiepotentiale computergestützter Angebotssysteme

7.3.1 AUS als Basis eines multimedialen Kommunikationsmixes

Bezieht sich der Kommunikationsmix eines Unternehmens auf den Einsatz aller kommunikationspolitischen Instrumente, so ist unter dem multimedialen Kommunikationsmix die Zusammenfassung der auf der Multimedia-Technologie basierenden Kommunikationsinstrumente zu verstehen. Die erheblichen Kosten der Softwareerstellung auf der einen Seite sowie das aus der Modularität der Zusammenstellung resultierende Potential der Wiederverwendung einmal produzierter Software auf der anderen Seite lassen AUS nicht unerhebliche Bedeutung im Hinblick auf die Implementierung eines die konventionellen Kommunikationsmaßnahmen ergänzenden multimedialen Kommunikationsmixes zukommen. Zwar können die einzelnen Kommunikationsinstrumente hinsichtlich der konkreten Ansprache und Erreichbarkeit des Nachfragers differieren. Es liegt ihnen aber letztendlich die Gemeinsamkeit der Ausrichtung auf die Leistungspräsentation und produktspezifische Informationsbereitstellung zugrunde, so daß insofern das Potential zur Wiederverwendung der einzelnen Softwareelemente bzw. Module relativ hoch ausgeprägt ist. Marktseitig sind die Voraussetzungen für die Akzeptanz eines multimedialen Kommunikationsmixes insofern gegeben, als von einer zunehmenden

Bereitschaft der Nutzung computergestützter Informationsquellen im Rahmen der Informationsbeschaffung bzw. der Computerausstattung gewerblicher und privater Nachfrager ausgegangen werden kann.

Nachfolgende Betrachtung greift nunmehr die Wiederverwendung einzelner Softwarebestandteile im Rahmen der Informationsbereitstellung durch

- POI-Systeme,
- Mailings mit elektronischen Speichermedien und
- Leistungspräsentation in Datennetzen auf.

Da eine umfassende Darstellung des Einsatzes dieser Instrumente den Rahmen der Arbeit sprengen würde, werden die darstellenden Erörterungen relativ knapp gehalten und vor allem die Vorteilspotentiale der einzelnen Anwendungen fokussiert.[1031]

7.3.1.1 Die Nutzung von AUS im Rahmen von POI-Systemen zur Informationsbereitstellung im indirekten Vertrieb

Bei Point-of-Information-Systemen (POI-Systeme)[1032] handelt es sich um interaktive multimediale Informationssysteme, die es dem Nachfrager ermöglichen, sich durch Selbstbedienung mittels der in unterschiedlicher medialer Form aufbereiteten Informationsinhalte über das Leistungsspektrum des Anbieters zu informieren und möglicherweise bereits eine erste Angebotskonfiguration zusammenzustellen.[1033] Die hardwarekonzeptionelle Realisierung erfolgt meistens als "Kiosk-Terminal" oder "Kiosk-System".[1034] Die Schnittstelle zum Bediener eines solchen in der Regel auf Personal Computer (PC) und CD-ROM[1035] basierenden Systems ist ein berührungsempfindlicher Bildschirm (Touchscreen),[1036] über den der Benutzer

---

[1031] Aufgrund der aus der Zielsetzung des Einsatzes dieser Kommunikationsinstrumente resultierenden Marktwirkung erscheint die hier im Rahmen der unternehmensinternen Wirkungspotentiale erfolgende Diskussion zunächst fragwürdig. Allerdings erfordert die daran anschließende Erörterung des Synergiepotential im Hinblick auf die Zusammenstellung eines mehrstufigen multimedialen Kommunikationsmix zunächst die Auseinandersetzung mit den Wirkungspotentialen seiner Bestandteile. Insofern leitet sich dieses unternehmensinterne Synergiepotential vor allem aus seinen externen Wirkungen ab.

[1032] Vgl. etwa Becker, L. (1993), S. 213 ff.; Flory, M. (1995), S. 59; Kraatz, R.J. (1993), S. 409 f.; Messina, C. (1993), S. 52 ff.; Stippel, P. (1992), S. 38; Wolff, M.R. (1993), S. 18 ff.

[1033] Vgl. Mertens, P. u.a. (1994), S. 9; Bullinger, H.J. u.a.(1992), S. 7.

[1034] Vgl. Bullinger, H. J. u.a. (1992), S. 7 f.; Hermanns, A.; Suckrow, C. (1993), S. 108; Neidhart, T. (1995a), S. 26; Siebdrat, H. (1994), S. 58 f.

[1035] Die Compact Disc-Read Only Memory (CD-ROM) ist ein rein lesbares digitales Speichermedium, das Texte, Graphiken, Bilder, Animation, Bewegtbilder (Video) und Töne (Audio) aufnehmen kann. Vgl. Messina, C. (1993), S. 13. Vgl. ausführlicher Kap. 7.3.1.2.

[1036] Vgl. dazu ausführlich Charwat, H.J. (1991), S. 101 ff.; Heise, G.; Glomb, H.J. (1995), S. 32; Siehe auch Encarnacao, J. L. u.a. (1990), S. 189; Müller, W. (1993b), S. 211.

mit dem System in Interaktion treten kann. Bedient werden die Anwendungen statt mit Maus und Schreibtastatur durch leichten Fingerdruck auf die in der Regel in den Bildschirm integrierten Minimaltastaturen. Diese Art der Aktivierung von Systemfunktionen ermöglicht den erfolgreichen Umgang mit dem System, ohne über PC-Kenntnisse verfügen zu müssen.[1037] Als Alternative bzw. Ergänzung zu dem im Kiosk integrierten Speichermedium ("Standalone-System") kommt eine zusätzliche Vernetzung mit dem Hauptrechner der Unternehmenszentrale in Betracht. Dadurch kann der Nutzen vor allem durch Rückgriff auf aktualisierungsbedürftige Daten und der Möglichkeit des Zugriffs auf ein breiteres Anwendungsspektrum sowie eine breitere Datenbasis gesteigert werden.[1038]

Das synergetische Potential der Nutzung einzelner Module computergestützter Angebotssysteme ist hier aufgrund der in Regel vorliegenden Touchscreenoberfläche und des gegenüber dem Verkaufsberater nicht unbedingt computergeschulten Systembedieners auf ein niedrigeres Problemlösungsniveau abzustimmen. Zu denken ist dabei etwa an die Integration einer übersichtlich strukturierten Bedarfsanalyse, mit Übergang zum konfiguratorintegrierten EPK, der hinsichtlich der Informationsbreite zwar einen Überblick über das verfügbare Leistungsspektrum des Anbieters geben kann, möglicherweise in bezug auf den Detailgrad der Informationen aber eine Reduzierung erfährt. Zur Erstellung eines Erstangebotes ist weiterhin an die Einbeziehung einer konfigurationsbegleitenden Preiskalkulation, möglicherweise auch an Elemente der Finanzierungsberatung, zu denken, die etwa in beispielhaften Erläuterungen anhand typischer Finanzierungsformen bestehen können. Einfache Vorteilhaftigkeitsvergleiche über wenige technische Kriterien oder wirtschaftliche Nutzungsaspekte sind ebenso denkbar.

POI-Systeme können Anwendung finden auf Messen oder Ausstellungen, Fachtagungen und Kongressen, in Kundenempfangsbereichen, Vertriebsbüros oder Servicecentern. Entsprechend ihrer besonderen Bedeutung im Rahmen der Informationsbereitstellung im indirekten Vertrieb sollen nachfolgende Ausführungen sich auf den Einsatz bei Absatzmittlern beziehen.

Der Begriff des indirekten Vertriebs ist in bezug auf das Einsatzspektrum der POI-Systeme allerdings nicht auf die konkrete physische Distribution durch den Absatz des Produktes über den Vertriebspartner einzuschränken. Betrachtet man vielmehr den Prozeß der Informationsbereitstellung bzw. der Angebotserstellung als Dienstleistung im Rahmen des gesamten Leistungserstellungsprozesses, so handelt es sich auch bei der Informationsbereitstellung über Absatzmittler durchaus um eine distributionspolitische Maßnahme im Sinne des indirekten

---

[1037] Vgl. Hermanns, A.; Suckrow, C. (1993), S. 106. Siehe auch bereits Niedetzky, H.M. (1988), S. 101.
[1038] Vgl. Kinnebrock, W. (1994), S. 104; Wildhack, R. (1993), S. 24.

Vertriebs. Ziel der Distribution ist hier die Bereitstellung eines ausreichenden Informationsangebotes über das eigene Leistungsspektrum bei den Absatzmittlern.[1039] In diesem Sinne eröffnet die über die indirekte Vertriebsschiene erfolgende Informationsversorgung dem Nachfrager die Möglichkeit, selbständig über das bereit gestellte Multimedia-System einen ersten Problemlösungsvorschlag zu konfigurieren. Die detailspezifische Beratung und der endgültige Abschluß des Kaufvertrages kann dann etwa in einem nachfolgenden persönlichen Kontakt mit dem Vertriebsberater des Anbieters erfolgen. Da jedoch ein Teilbereich der im Rahmen der Angebotserstellung anfallenden Prozesse auf elektronische DV-Systeme, die örtlich bei den Absatzpartnern angesiedelt sind,[1040] ausgelagert wird, kann in diesem Zusammenhang von einer Form des indirekten Vertriebs gesprochen werden.[1041]

Der Einsatz von POI-Systemen im indirekten Vertrieb eignet sich insbesondere für im Verbund nachgefragte Leistungsbündel, deren komplementäre Einzelleistungen durch die Absatzpartner bereitgestellt werden. POI-Systeme beim Absatzpartner bieten im Sinne einer kooperativen Systemnutzung die Möglichkeit der integrierten Präsentation und Absatzförderung des Leistungsspektrums der Absatzpartner ohne zusätzliche Bindung von Beratungspersonal.[1042]

Denkbar ist dabei etwa die Integration der Komplementärleistungsangebote des Distributionspartners, die die Leistungspräsentation in Richtung eines umfassenden Problemlösungsangebotes ergänzt. Die gemeinsame Präsentation der benötigten Teilleistungen schärft zudem die Aufmerksamkeit des Nachfragers für bestehende Nachfrageverbunde und wirkt sich tendenziell förderlich auf den Absatz der Leistungen des Vertriebspartners aus. Insbesondere durch die zugrundeliegende Hypermedia-Struktur der Anwendungen wird die Realisierung von Cross-Selling-Potentialen erheblich gefördert. Die Möglichkeit der Selbstinformation des Nachfragers schafft weiterhin nicht nur zusätzlichen Spielraum für die persönliche Kundenberatung, sondern wertet diese durch die unterstützende moderierende Einbeziehung des Informationssystems zudem auf.[1043] Die gleichbleibende Informationsqualität wirkt in diesem

---

[1039] Vgl. Peters, M. (1995), S. 61.
[1040] Ausgegangen werden soll hier von rechtlich und wirtschaftlich selbständigen Organisationen.
[1041] Backhaus, H.; Glomb, H. J. (1994a), S. 145, 154 sprechen in diesem Zusammenhang von "integrierten interaktiven Distributionssystemen", beziehen allerdings den endgültigen Kaufvertragsabschluß in die Mensch-Maschine-Interaktion ein.
[1042] Vgl. Bullinger, H. J. u.a. (1992), S. 7; Silberer, G. (1995b), S. 15 f.; Steiger, P. (1995), S. 283; Thessmann, S. (1995), S. 2. So gewinnt etwa in der Fertighausbaubranche die vertriebspolitische Zusammenarbeit mit Kreditinstituten, Baufachmärkten und Inneneinrichtern zunehmend an Bedeutung. Während Kreditinstitute erste Finanzierungs- oder Baugrundstücksangebote in die Applikation integrieren können, kann der beim Absatz von Mitbau- bzw. Ausbauvarianten verbleibende Bedarf an Innenausbau bzw. Inneneinrichtung etwa durch kooperierende Baumärkte oder Inneneinrichter nicht nur bereitgestellt, sondern nachfrageverbundfördernd in die Präsentationsapplikationen des Fertighausbauanbieters eingebunden werden.
[1043] Vgl. Becker, L. (1993), S. 217; Klümper, R. (1995), S. 329.

Zusammenhang auch unzureichenden Beratungsleistungen infolge schwankender Tagesform des Beratungspersonals entgegen.[1044] Ebenso wird die Gefahr der Bindung des Verkaufsberaters durch informationswillige, aber kaufunwillige Nachfrager reduziert. Weichen diese stärker auf die bereitgestellte Selbstinformationsmöglichkeit aus, führt dies angesichts steigender Vertriebspersonalkosten zu einem effektiveren Einsatz des Verkaufs- bzw. Beratungspersonals, dessen produktspezifisches Wissen zudem in beratungsschwachen Zeiten durch Nutzung der POI-Systeme zu Selbstschulung erhöht werden kann. Schließlich sollte der Einsatz der innovativen Kommunikationstechnologie zu positiven Imagewirkungen für die Absatzpartner führen.[1045] Die Vorteile der integrierten Nutzung multimedialer interaktiver Informationssysteme für die Absatzpartner bilden damit insgesamt auch vielversprechende Voraussetzungen für die Erschließung neuer Vertriebswege.

Die Modifikation der Aufteilung der zu erbringenden Leistungen zwischen Hersteller und Distributionspartner insbesondere im Bereich der Kommunikation führt damit zu einer Entlastung des bestehenden Spannungsfeldes in Richtung einer Zielkonvergenz.[1046] So kann einerseits eine qualitativ hochwertige Beratungsleistung beim Distributionspartner erbracht werden, ohne dessen Beratungskapazität zu beanspruchen. Vielmehr profitiert der Absatzpartner von der Erhöhung des verfügbaren und leicht zugänglichen produktspezifischen Wissens. Bei Neuprodukteinführungen können somit möglicherweise Schulungen beim Absatzpartner reduziert und damit auch dessen Opportunitätskosten verringert werden. Zielkonvergenz dürfte vor allem auch im Bereich der Präferenzschaffung erreicht werden. So dürfte die Kommunikationswirkung des Einsatzes der POI-Systeme sowohl Präferenzen für den Anbieter als auch für den Distributionspartner aufbauen. Entlastungswirkungen für den Distributionspartner können sich auch im Bereich der Beschaffung ergeben. So ist bei vorübergehend nicht verfügbaren Produkten bei Online-Anwendungen durchaus eine direkte Order beim Anbieter unter Abfrage des Auslieferungstermins über das POI-System und Weiterleitung der Bestelldaten an die EDV-Systeme der Beschaffung des Distributionspartners denkbar. Insgesamt sollte die Möglichkeit zur beidseitigen Nutzung des Systems im Sinne eines Kooperationskonzeptes[1047] aufgefaßt werden, das eine neue Ebene der Zusammenarbeit zwischen den Marktpartnern eröffnet.

Darüber hinaus beinhaltet die durch das System mögliche Adressengenerierung für den Anbieter ein Potential für eine gezielte Nachfrageransprache und unterstützt auch eine spätere Neukundengewinnung, wenn der Nachfrager zum Zeitpunkt der Systemnutzung nicht an einer weitergehenden Beratung interessiert ist. Durch Speicherung der Arbeitsschritte des Kunden

---

[1044]Vgl. Staub, U. (1993), S. 265.
[1045]Vgl. Bullinger, H.J. u.a. (1992), S. 8; Stippel, P. (1992), S. 38.
[1046]Vgl. Becker, J. (1993), S. 524 f.
[1047]Vgl. Becker, J. (1993), S. 527 f.

kann z.B. in einem späteren Mailing eine an der Informationsabfrage orientierte Informationsbereitstellung erfolgen.

Die Protokollierungsfunktion der Systeme ermöglicht schließlich eine detaillierte Analyse der Informationsabfrage.[1048] In Nutzungsprotokollen können die Abfragestruktur, die Häufigkeit der Informationsabfrage, die vermittelten Inhalte und die Dauer des Kontaktes insgesamt und pro Informationseinheit gespeichert werden.[1049] Das Suchverhalten des Nachfragers bei der Informationsbeschaffung wird somit offengelegt, aktuelle Nachfragerwünsche und Trendentwicklungen sowie Hinweise für eine differenzierte Marktsegmentierung und die Sortimentsplanung können erkannt werden. Im Rahmen weiterer kommunikationspolitischer Maßnahmen ist schließlich eine gezieltere Ansprache möglich.[1050] Schließlich ist auch ein Beitrag zur Beurteilung des Erfolges anderer Kommunikationsmaßnahmen denkbar, indem die Abfragestrukturen z.B. im Vorfeld und im Anschluß an kommunikationspolitische Aktionen miteinander verglichen werden.[1051] Darüber hinaus sind Rückschlüsse über die Bedienungsfreundlichkeit der Benutzeroberfläche möglich. Effizienter Informationsbereitstellung entgegenstehende Mängel können sukzessiv beseitigt werden.[1052] Der Anbieter erhält somit ein ständiges Markt-Feedback, ohne auf zeitaufwendige und kostspielige Erhebungen zurückgreifen zu müssen.

7.3.1.2 Die Nutzung von AUS zur Angebotspräsentation mittels elektronischer Speichermedien im Rahmen von Direct Mailings

Die nachfolgend erläuterten Synergiepotentiale des Einsatzes von AUS beziehen sich auf die Verwendung einzelner Softwaremodule zur Leistungspräsentation und Informationsbereitstellung mittels elektronischer Speichermedien im Rahmen von Direct Mailings. Grundsätzlich handelt es sich dabei um die direkte und in der Regel individualisierte Ansprache des Empfängers durch Zusendung eines meist, aber nicht notwendigerweise, produktspezifische Informationen enthaltenden Informationsträgers (z.B. Werbebrief, Prospekt, Broschüre, Katalog).[1053] Generell kann bei den hier in Frage kommenden elektronischen Speicherformen

---

[1048]Vgl. Becker, L. (1993), S. 241; Biervert, B. u.a. (1989), S. 244 f.; Glomb, H. J. (1995c), S. 135; Hein, F. u.a. (1995), S. 195; Kinnebrock, W. (1994), S. 103 f.; Vichr, A. (1994), S. 53 ff.

[1049]Vgl. Silberer, G. (1995b), S. 12; Swoboda, B. (1996), S. 23. Siehe auch Neidhart, T. (1995), S. 26; Netta, F. (1987), S. 123; Petersen, W. (1992), S. 21; Vill, A. (1995), S. 13.

[1050]Vgl. Biervert, B. u.a. (1989), S. 244 f.; Brockhoff, K. (1987) S. 12 f.

[1051]Vgl. Petersen, W. (1992), S. 21.

[1052]Vgl. Backhaus, H.; Glomb, H.J. (1994a), S. 155; Backhaus, H. (1993), S. 222; Glomb, H.J. (1995b), S. 284.

[1053]Vgl. z.B. Dallmer, H. (1995), Sp. 479.

zwischen magnetischen (z.B. Diskette), optischen (z.B. CD-ROM, CD-I) und magneto-optischen (z.B. hybride MD) Datenspeichern unterschieden werden.[1054] Bei dem *magnetischen* Speichermedium Diskette werden die Daten durch Magnetisierung in konzentrischen Kreisspuren mit Hilfe eines Schreib-/Lesekopfes aufgezeichnet.[1055] Bei *optischen* Speicherplatten hingegen werden die Daten mittels Laserstrahl in die Oberflächenbeschichtung eingebrannt bzw. aufgezeichnet und zum Lesen wieder abgetastet.[1056] Nach dem Kriterium der Wiederbeschreibbarkeit wird hier zwischen Varianten, die nur lesbar sind (z.B. CD-ROM, CD-I), solchen die einmal vom Benutzer beschrieben und beliebig oft gelesen werden können (WORM-Platten) und ROD-Platten (z.B. hybride MD-Data), die beliebig oft beschreibbar und lesbar sind, unterschieden.[1057]

Vorteile magnetischer gegenüber optischen Speichermedien liegen vor allem in der beliebigen Beschreib- und Löschbarkeit und dem vergleichsweise schnellen Datenzugriff. Dieser Nachteil optischer Speichermedien wird aber durch die steigende Leistungsfähigkeit der Laufwerke zunehmend kompensiert. Nachteile insbesondere von Disketten bestehen in der relativ geringen Speicherkapazität (bei handelsüblichen Ausführungen ca. 1,4 - 2,8 Megabyte) und der Fehleranfälligkeit insbesondere gegenüber magnetischen Umwelteinflüssen, Verschmutzung etc.[1058] Optische Speicherplatten verfügen hingegen über hohe Speicherkapazität (CD-ROM bis zu 650 Megabyte) und ermöglichen dementsprechend niedrige Speicherkosten pro Informationseinheit. Zudem zeichnen sie sich durch geringe Störanfälligkeit gegenüber Umwelteinflüssen, Vermeidung des Datenverlustes durch Fehlbedienung und Softwarefehler sowie eine lange Lebensdauer aus.[1059]

Die nachfolgende Darstellung soll sich, aufgrund der hohen Verbreitung und der auch im privaten Bereich zunehmend vorhandenen hard- und softwarestrukturellen Nutzungsvoraussetzung,[1060] auf Informationsbereitstellung durch CD-ROM bzw. Disketten beschränken.

Die CD-ROM bietet aufgrund ihres hohen Speicherplatzes die Möglichkeit, einen Großteil der Produktpalette des Anbieters durch einen EPK multimedial zu präsentieren.[1061] Sie eignet

---

[1054] Vgl. dazu etwa Fuchs, H.; Kulzer, R. (1994), S. 134 ff.; Siebdrat, H. (1994), S. 51 f.; Steinbrink, B. (1992), S. 319 f.; Zilker, M. (1992), S. 617 f.
[1055] Vgl. Hansen, H.R. (1992), S. 179; Stahlknecht, P. (1993), S. 71.
[1056] Vgl. Stahlknecht, P. (1993), S. 75.
[1057] Vgl. z.B. Hansen, H.R. (1992), S. 192 f.; Siebdrat, H. (1994), S. 51, 53. Siehe auch bereits Staub, U. (1988), S. 121 f.
[1058] Vgl. Hansen, H.R. (1992), S. 183.
[1059] Vgl. Siebdrat, H. (1994), S. 52.
[1060] Vgl. Flory, M. (1995), S. 69 f.
[1061] Vgl. Flory, M. (1995), S. 69. So gestattet es z.B. eine mit moderner Datenkompressionstechnik durchgeführte CD-ROM Produktion eines Verlagshauses, den Inhalt eines 1000seitigen Printwerkes mit ca.

sich insbesondere zur Distribution aufwendiger Applikationen und großer Datenmengen, die nur in längeren Zeitabständen geändert werden müssen und einer Vielzahl von Interessenten zur Verfügung gestellt werden sollen.[1062] Geeignet für dieses auf die Produktinformation am eigenen PC gerichtete Kommunikationsmittel erscheinen in Abhängigkeit vom vorliegenden Informationsbedarf unterschiedliche Elemente des AUS. Zur Verschaffung eines Überblicks über das generelle Leistungsspektrum des Anbieters sowie zur Erstellung erster Konfigurationsalternativen bietet sich analog zum POI-System neben der Einbeziehung eines in bezug auf die Informationstiefe reduzierten konfiguratorintegrierten EPK, die Integration des Moduls Preiskalkulation zur Ermittlung eines ersten Angebotsvorschlages und zur Schaffung einer Preisvorstellung an. Ebenso können aber auch differenzierte produktpolitische Informationen zu einzelnen Produktlinien bzw. deren Grundtypen sowie Teile eines Konfigurationssystems bereitgestellt werden, wodurch bereits eine vertiefte Auseinandersetzung mit adäquaten Problemlösungsangeboten ermöglicht wird. Aspekte der Finanzierungsberatung beziehen sich entsprechend der Anwendungen im Rahmen von POI-Systemen etwa auf die beispielhafte Darstellung unterschiedlicher Finanzierungsalternativen, möglicherweise auch auf die Selbstbestimmung einzelner Parameter (z.B. unterschiedliche Vertragsalternativen, Laufzeit, monatlich gewünschte Belastung) in vorgegebenem Rahmen. Im Falle der Möglichkeit der Inanspruchnahme öffentlicher Fördermittel können gegebenenfalls erste Hinweise auf vorrangig bezuschußte Produktvarianten oder Einzelkomponenten gegeben werden. Bezieht sich die Inanspruchnahme der Subvention auf bestimmte Finanzierungsmöglichkeiten, so wird bereits an dieser Stelle im Kaufentscheidungsprozeß durch beispielhafte Produkt- und Finanzierungsvorschläge auf bestehende Optionen hingewiesen.

Wünscht der Nachfrager hingegen im Anschluß an eine im Rahmen der Nutzung von POI-Systemen bereits getroffene Vorauswahl eine detailliertere Informationsbereitstellung zu einzelnen Konfigurationsvarianten, so bietet sich auch die Verwendung von Disketten an. Diese bieten zwar aufgrund der geringen Speicherkapazität keinen allzu großen Spielraum für multimediale Applikationen, lassen aufgrund der Fortschritte der Datenkomprimierung aber bereits einzelne Graphikdarstellungen bzw. Abbildungen zu.[1063] Hier wäre etwa an die Extraktion einzelner Bereiche des EPK mit hoher Informationstiefe oder auch die Bereitstellung bereits bestehender Anwendungserfahrungen durch Extrakte der Know-How-Datenbank zu denken. Der besondere Vorteil des magnetischen Speichermediums kommt hier in der Mög-

---

70.000 Stichwörtern, 1000 Fotos, Grafiken und Tabellen, 24 Videosequenzen und 90 Minuten Ton auf einer Scheibe zu speichern. Vgl. Kreutzfeld, H. (1994), S. 28.

[1062] Vgl. Brettreich-Teichmann, W. (1992), S. 18; Siebdrat, H. (1994), S. 52; Stahlknecht, P. (1993), S. 75; Staub, U. (1988), S. 121.

[1063] Vgl. Flory, M. (1995), S. 69.

lichkeit der Zusammenstellung eines auf den individuellen Bedarf zugeschnittenen Informationsangebotes zum Ausdruck. In diesem Zusammenhang könnten z.b. zur Vor- oder Nachbereitung eines Verkaufskontaktes dem Nachfrager Informationen über spezifisch interessierende Produktalternativen oder produkttechnische, wirtschaftliche oder auch finanzierungsspezifische Vergleichsanalysen zusammengestellt werden.

Ohne die nachfragerbezogenen Vorteile der multimedialen Angebotspräsentation zu wiederholen[1064], sei auf die wesentlichen anbieterbezogenen Vorzüge des Einsatzes digitaler Speichermedien gegenüber der klassischen papiergestützten Informationsbereitstellung durch Direct Mailings eingegangen.[1065] Dabei sei vor allem auf den Zeitvorteil gegenüber der Produktion der klassischen Werbemedien Katalog oder Prospekt hingewiesen. Zwar benötigt die digitale Erfassung von Bild- und Tonmaterial auch einen gewissen Zeitraum. Ist der multimediale Katalog aber einmal fertiggestellt, sind Modifikationen etwa bei Sortimentsänderungen dann vergleichsweise wenig zeitaufwendig. Im Vergleich zu dem zeitraubenden Druckvorgang, der den Papierkatalog oft bereits vor seinem Erscheinen veralten läßt[1066] und den notwendigen Neuauflagen bei Änderungen, können die elektronischen Datenträger rasch aktualisiert und vervielfältigt werden. Kostenreduzierungen lassen sich schließlich bei Produktion und Versand der Informationsmittel realisieren.[1067] Die zusätzliche Kostenbelastung wird hingegen durch die vergleichsweise geringen Vervielfältigungskosten der Speichermedien in Grenzen gehalten.

7.3.1.3 Die Nutzung von AUS zur Angebotspräsentation in Datennetzen

Eine zunehmend an Bedeutung gewinnende Möglichkeit der Angebotspräsentation stellt die Nutzung von Datennetzen dar.[1068] Die sich zur Zeit in starkem Wachstum befindlichen Betreiber kommerzieller Computernetzwerke bieten ihren Nutzern ein breite Auswahl an Informationen, Shopping-Möglichkeiten, Service- und Unterhaltungsleistungen und gewähren einen Zugang zum Internet, dem zur Zeit meistgenutzten Datennetz.[1069] Beim Internet handelt

[1064] Vgl. vor allem Kap. 6.2.2.2.2.
[1065] Vgl. dazu Kinnebrock, U. (1994), S. 111.
[1066] Vgl. Fischer, C. (1995), S. 290.
[1067] Vgl. Rominski, D. (1994), S. 121. So geht z.B. die Siemens AG von einer 85 %igen Kosteneinsparung durch Umstellung des Produktkataloges im Bereich der Halbleiter von Papier auf CD-ROM aus. Vgl. Deutsch, C. (1994), S. 97.
[1068] Vgl. Silberer, G. (1995c), S. 78. Exemplarisch wird hier auf die Nutzungsmöglichkeiten im Internet eingegangen, die allerdings ebenso für andere Computernetze mit den entsprechenden Softwaregegebenheiten Gültigkeit haben. Ein Überblick findet sich z.B. bei Oenicke, J. (1996) oder Bachem, A. u.a. (1996), S. 697 ff.
[1069] Vgl. Oenicke, J. (1996), S. 24, der einen Überblick über die kommerziellen Netzbetreiber darstellt. Vgl. auch Buettner, J.H.; Mann, A. (1995), S. 252 ff., die das sich in der Realisierung befindende VIA-Netz

es sich um die Integration von Rechnernetzen in einem weltweiten Rechnerverbund dem ca. 45.000 Computernetze mit ca. 40 Millionen Zugangsberechtigten, davon ca. 2 Millionen in Deutschland, mit zunehmender Tendenz angeschlossen sind.[1070] Dieses ursprünglich primär aus militärischen Überlegungen entwickelte und vornehmlich zu Forschungszwecken zum Austausch wissenschaftlicher Informationen und Nachrichten genutzte Informationsnetz[1071] stellt im Gegensatz zu den kommerziellen online-Diensten einen freien Zusammenschluß weltweiter Computernetzwerke dar und wird zunehmend zu einem Produktinformations- und Vertriebsnetz kommerzialisiert.[1072] Besondere Bedeutung kommt dabei dem Informationserschließungssystem World Wide Web (WWW) zu. Das WWW stellt im Prinzip ein komplexes Hypermedia-System dar, das Dokumente verschiedener Rechner verknüpft und eine transparente Navigation zwischen verschiedenen Quellen ermöglicht.[1073] Für die Angebotspräsentation besonders interessant ist dabei die Möglichkeit der Integration und Übertragung multimedialer Daten.[1074] Daneben kommen der Möglichkeit des Ladens von Dateien anderer Computer (durch den Funktionsbereich File Transfer Protocol (FTP) sowie der (durch den Dienst Telnet) vermittelten interaktiven Nutzung der Programme und Dateien anderer Computer eine große Bedeutung für die Angebotspräsentation und Informationsbereitstellung im Netz zu.[1075]

Für das starke Wachstum der Internet-Nutzung sprechen mehrere Gründe. Grundsätzlich steht die Nutzung des Netzes jedermann offen, da jeder mit entsprechendem Modem ausgestattete Computer mit dem Netz in Interaktion treten kann.[1076] Jeder Teilnehmer kann dabei gleichzeitig als Informationsanbieter und Informationsnachfrager auftreten, wodurch mit ansteigender Netzgröße das verfügbare Informationsvolumen und entsprechend die Attraktivität des Netzes wachsen. Die zunehmende Nutzung insbesondere des WWW wird vor allem durch dessen Anwenderfreundlichkeit forciert, da die graphisch orientierte Benutzeroberfläche weder die Eingabe komplexer Suchbefehle noch Dateinamen notwendig macht, um in der hypermediaartigen Netzstruktur an die gewünschten Informationen zu gelangen. Die Integration von Multimedia-Anwendungen, wie z.B. Videokonferenzen, Homeshopping und Homebanking, multimediale Produktdemonstrationen, Bildungsangebote etc., macht das

---

vorstellen, das die produkt- bzw. produktgruppenbezogenen multimedialen Informationsangebote branchenübergreifender Anbieter integriert.
[1070] Vgl. Berthon, P. u.a. (1996), S. 44; Langbein, D.O. (1996), S. 76. Für das Jahr 1998 werden ca. 100 Millionen Internet-Nutzer prognostiziert. Vgl. Oenicke, J. (1996), S. 30.
[1071] Vgl. Herbert, I. (1995), S. 66; Hünerberg, R.; Kulla, B. (1995), S. 375; o.V. (1994a), S. 649.
[1072] Vgl. Chaoulie, M.; Charlier, M. (1994), S. 145; o.V. (1995), S. 126.
[1073] Vgl. Anduschus, M. (1996), S. 38; Berthon, P. u.a. (1996), S. 44; Langbein, D.O. (1996), S. 76; Oenicke, J. (1996), S. 30.
[1074] Vgl. Herbert, I. (1995), S. 68; Oenicke, J. (1996), S. 30; Wenke, H.G. (1995), S. 66.
[1075] Vgl. Langbein, D. O. (1996), S. 76.
[1076] Vgl. Bibus, U. (1995), S. 30.

Internet zunehmend interessanter. Schließlich ist die Nutzung sehr kostengünstig. Für die Inanspruchnahme des entgeltfrei zur Verfügung gestellten Informationsangebotes fallen als Transaktionskosten nach einmaliger Anschaffung der Hardware-Ausstattung lediglich Nutzungsgebühren für die Inanspruchnahme von Vermittlungsdienstleistern an.[1077]

Die softwaresynergetische Verwendung von AUS zur Informationsbereitstellung in Datennetzen entspricht weitgehend den bereits geschilderten Anwendungen. Konkret können etwa Elemente des EPK zur Entwicklung von WWW-Seiten zunächst zur Bereitstellung eines groben Überblicks über das Leistungsspektrum verwandt werden oder vollständige Module des AUS auf einem separaten Computer zur Abfrage detaillierterer Informationen, z.B. zur Vorbereitung auf den persönlichen Beratungskontakt, über den Dienst FTP an das Netz angebunden werden. In diesem Zusammenhang ist etwa auch an die Integration komplizierterer Anwendungen wie detaillierte wirtschaftliche oder technische Vergleichsanalysen oder Finanzierungsberatungen zu denken, die allerdings an die Voraussetzungen eines nicht auf die Systemanwendung geschulten Laien angepaßt werden, gleichwohl aber den gegenüber den mit Touchscreen ausgestatteten POI-Systemen größeren Funktionsumfang der PC-Tastatur ausnutzen sollten. Der besondere Vorteil des direkten Zugriffs auf die unternehmensinterne EDV und die dadurch implizierte Bereitstellung akualisierbarer Daten läßt zudem Auskünfte über aktuelle Lieferzeiten zu. Aus Gründen des Datenmißbrauchs sollte allerdings auf den direkten externen Durchgriff auf die internen EDV-Systeme verzichtet und einer kontinuierlichen Aktualisierung des Internet-Rechners der Vorzug gegeben werden.

Über die bereits aufgezeigten Vorteile der multimedialen Informationsbereitstellung hinaus eröffnet das Netz eine neuartige Kommunikationsschiene über die Unternehmen mit einer Vielzahl potentieller Kunden verbunden werden. Der Wechsel von der Ein-Weg- zur Zwei-Wege-Kommunikation ermöglicht einen einzelkundenbezogenen Informationsaustausch.[1078] Dazu stellt es ein ständig verfügbares und aktuelles Dialogangebot dar,[1079] dessen zeitpunktbezogene Nutzung allein durch den Nachfrager determiniert wird und Potentiale zum Aufbau einer längerfristigen Kundenbindung beinhaltet.

[1077] Vgl. Bibus, U. (1995), S. 30.

[1078] Vgl. Kabel, P. (1995a), S. 96; Oenicke, J. (1996), S. 33.

[1079] Vgl. Berthon, A. (1996), S. 44; Langbein, D.O. (1996), S. 76. Zu einer empirischen Studie über die Beurteilung der Online-Werbung im WWW durch US-amerikanische Nutzer vgl. Ducoffe, R.H. (1996), S. 21 ff. Positiv hervorgehoben wurde zum einen der unterhaltende, insbesondere aber der informative Nutzen der Online-Werbung. Dabei wurden im Zusammenhang mit der produktbezogenen Informationsbeschaffung vor allem die Unmittelbarkeit des Zugriffs, die ständige Verfügbarkeit und die Aktualität der Produktinformationen als Vorteil der Online-Werbung betont.

261

Problembereiche des online-Marketing bestehen vor allem in der Gefahr mangelnder Sicherheit und Kapazitäten.[1080] Der erste Aspekt bezieht sich einerseits auf die Gewährleistung der Datentransfersicherheit, die im Idealfall nur Sender und Empfänger eine Entschlüsselung der übermittelten Botschaften gestatten sollte. Insbesondere im Zusammenhang mit geplanten finanziellen online-Transaktionen (z.B. Netcash als Zahlungsmittel im Netz) ist hier die Entwicklung leistungsfähiger Verschlüsselungen notwendig.[1081] Ebenso relevant sind allerdings Maßnahmen zum Schutz des eigenen Computersystems, die der Gefahr der Raubkopie interner Datenbestände bzw. dem Einschleusen softwarezerstörender bzw. -modifizierender Virenprogramme vorbeugen sollen.[1082] Schließlich ist zum aktuellen Zeitpunkt noch nicht abschätzbar, in welchem Verhältnis das im Zuge der zunehmenden Kommerzialisierung ansteigende Datenvolumen durch massenhafte Informationsabfragen, Warenbestellungen und dazugehörige oder eigenständige Finanztransaktionen zur Übertragungskapazität steht und sich damit auf die Übertragungsqualität auswirken wird.[1083]

7.3.1.4 Der integrierte Einsatz der multimedialen Kommunikationsinstrumente im Kontext eines mehrstufigen Kommunikationskonzeptes

Neben der erörterten isolierten Anwendung der einzelnen vorgestellten Optionen der multimedialen Angebotspräsentation und Informationsbereitstellung eröffnet die übereinstimmende softwarekonzeptionelle Grundlage der Applikationen aber auch die Möglichkeit der Realisierung eines mehrstufigen multimedialen Kommunikationskonzeptes. Nachstehende Graphik verdeutlicht die Zusammenhänge, die im Anschluß erläutert werden:

[1080] Vgl. Bachem, A. u.a. (1996), S. 702; Bibus, U. (1995), S. 34.
[1081] Vgl. Oenicke, J. (1996), S. 137.
[1082] Vgl. Oenicke, J. (1996), S. 138.
[1083] Vgl. o.V. (1995c), S. 127.

262

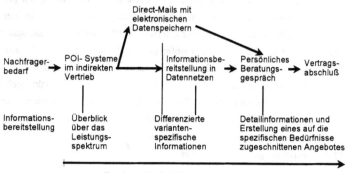

Abb. 23: Mehrstufiges multimediales Kommunikationskonzept

Ausgehend von einem bestehenden Bedarf des Nachfragers könnte je nach spezifischer Hardwareausstattung und Zugang zu Informationsquellen eine erste Informationsbeschaffung zur Vermittlung eines Überblicks über das Produktangebot z.B. durch die Nutzung eines im Rahmen des indirekten Vertriebs bei Absatzmittlern eingesetzten POI-Systems erfolgen. Der Nachfrager würde sich hier einen ersten Überblick über das Leistungsspektrum des Anbieters verschaffen, möglicherweise eine erste Produktkonfiguration oder gar bereits einen groben Angebotsvorschlag zusammenstellen. Zweckmäßigerweise sollte die Anwendung die Möglichkeit der Eingabe von Interessenschwerpunkten und persönlichen Daten beinhalten, um den Interessenten in einer Folgestufe etwa im Rahmen konventioneller Direktmarketingmaßnahmen mit spezifischen Informationen zu den gewünschten Konfigurationsalternativen versorgen zu können.[1084] Angesichts zunehmender PC-Ausstattung mit CD-ROM-Laufwerken könnte dem Interessenten durch Bereitstellung von Teilbereichen eines multimedialen EPK auf CD-ROM[1085] bzw. Informationen zu einzelnen Grundtypen bzw. spezifischen Konfigurationsvarianten auf Diskette die Möglichkeit eingeräumt werden, sich und möglicherweise weitere kaufentscheidungsrelevante Personen anschließend am eigenen PC tiefergehend über die unterschiedlichen Konfigurationsvarianten zu informieren. In diesem

---

[1084] Vgl. Hein, F. u.a. (1995), S. 198.
[1085] Vgl. Fischer, C. (1995), S. 290.

Zusammenhang bietet sich angesichts des zunehmend erschlossenen Zugangs zu Datennetzen auch der Anschluß einer vollständigen Version des EPK etwa an das Internet an, der den Abruf detaillierter produktspezifischer Details ermöglicht. Hier ist allerdings an die bereits angedeutete Bereitstellung entsprechender Nutzerhinweise im Hinblick auf die Bedienerführung zu denken. Für Applikationen in Datennetzen wie in POI-Systemen gleichermaßen sinnvoll erscheinen auch die Angabe und Vorstellung des für das jeweilige Verkaufsgebiet zuständigen Verkaufsberaters, der bei bestehendem Interesse des Nachfragers online informiert werden könnte, sich zur Vereinbarung eines persönlichen Beratungstermins mit dem Interessenten in Verbindung zu setzen.[1086] Im Rahmen der Informationsbereitstellung in Datennetzen oder bei entsprechender Vernetzung des POI-Systems sollte auch weiteres konventionelles Informationsmaterial unmittelbar bei oder nach der Systemnutzung anforderbar sein. Mit Blick auf eine abschließende persönliche Beratung wird damit das Vertriebspersonal des Anbieters insofern entlastet, als zum Zeitpunkt der Kontaktaufnahme der Nachfrager seinen Bedarf bereits umrissen hat[1087] und insofern bereits über einen höheren Grad an Problemevidenz verfügt.[1088] Der Zeitaufwand für die Bedarfskonkretisierung im Beratungsgespräch wird damit verringert und die Beratungszeit in bezug auf die Produktkonfiguration stärker auf die kompetenzunterstreichende Entwicklung von Detailabstimmungen ausgerichtet. Die persönliche Verkaufsberatung erfolgt insgesamt erheblich effizienter und effektiver. Der bis zum Vertragsabschluß notwendige Beratungsaufwand kann damit insgesamt reduziert werden, mehrstufige Verkaufsverhandlungen können möglicherweise abgebaut werden.

Diese übergreifende kommunikationspolitische Nutzung einzelner Elemente computergestützter Angebotssysteme ist damit Ausdruck eines *integrierten Kommunikationsverständnisses*,[1089] dem im Zuge der Vielfalt der eingesetzten Instrumente und der damit verbundenen Spezialisierung bei gegebenem Kommunikationsbudget im Hinblick auf die Erzielung von Economies of Scope steigende Bedeutung zukommt.[1090] Im Zentrum der integrierten Kommunikation steht dabei die formale, inhaltliche und zeitliche Abstimmung kommunikationspolitischer Maßnahmen mit dem Ziel, Synergieeffekte zwischen den eingesetzten Elementen sowie Rationalisierungseffekte beim Mitteleinsatz zu realisieren.[1091] Der Ansatz der integrierten Kommunikation fokussiert damit die konkrete Gestaltung und Realisierung des auf-

---

[1086] Vgl. Klümper, R. (1995), S. 338.
[1087] Vgl. Backhaus, H.; Glomb, H.J. (1994b), S. 145; Breuker, S. (1994), S. 3.
[1088] Vgl. Kap. 6.2.2.2.
[1089] Vgl. Berndt, R. (1995), S. 437; Bruhn, M. (1992b), S. V; Pepels, W. (1992), S. 64.
[1090] Vgl. Raffee, H. (1991), S. 87.
[1091] Vgl. Berndt, R. (1995), S. 437; Thedens, R. (1991), S. 18 f. Vgl. dazu auch die Arbeit von *Levermann*, der die Analyse der integrierten Kommunikation auf die Abstimmung von Werbemitteln im Rahmen des klassischen Kommunikationsmixes unter besonderer Berücksichtigung der Wahrnehmungsmodalität bezieht. Vgl. Levermann, T. (1995), S. 183 ff.

einander abgestimmten Einsatzes der Kommunikationsinstrumente und stellt vor allem die Beziehungen zwischen den einzelnen Instrumenten in den Vordergrund. Durch den Übergang von der isolierten Planung zur wechselseitigen Abstimmung der einzelnen Kommunikationsinstrumente soll im Rahmen einer integrierten Unternehmenskommunikation[1092] durch die Nutzung von Synergiewirkungen die Vermittlung eines konsistenten Erscheinungsbildes des Unternehmens und ein einheitlicher Marktauftritt gefördert werden.[1093] Je kompatibler sich die Instrumente gestalten lassen, desto effektiver ist tendenziell deren Einsatz im Hinblick auf den Wirkungsgrad der Informationsübermittlung.[1094] Deutlich wird hier, daß sich durch die aufgezeigte integrierte Verwendung einzelner Bestandteile des AUS im Rahmen eines multimedialen Kommunikationsmixes nicht nur Synergieeffekte unter Kostengesichtspunkten aufgrund von Verbundeffekten bei der Herstellung der Kommunikationsmittel ergeben, sondern ebenso Synergien im Hinblick auf die *marktgerichteten* Wirkungen der einzelnen Instrumente resultieren können.[1095]

Die Erörterung der Bedeutung dieser Synergiepotentiale von AUS im Rahmen eines multimedialen Kommunikationsmixes läßt sich abschließend entlang der Unterscheidung nach der Art der Integration vornehmen. Unterschieden werden dabei:[1096]
- die *formale* Integration,
- die *inhaltliche* Integration, mit der *funktionalen* Integration als zentralem Aspekt,
- die *zeitliche* Integration.

Die *formale* Integration umfaßt Maßnahmen, die die Kommunikationsmittel durch Gestaltungsprinzipien miteinander verbinden und durch die Vermittlung eines einheitlichen Erscheinungsbildes zu leichterer Wiedererkennbarkeit und höheren Lernerfolgen bei den Informationsnachfragern führen sollen.[1097] Die Wiederverwendung einzelner Softwarebausteine von AUS stellt zunächst insofern eine formale Vereinheitlichung dar, als die Gestaltungsprinzipien der Informationsbereitstellung (z.B. Informationsorganisation im Rahmen eines EPK, Layout der Informationsseite, z.B. Graphik-Text-Anordnung, Graphikelemente der Bedienerführung)

[1092] Abzugrenzen ist hiervon ist ein sich auf die Gesamtheit der Elemente des Marketing-Mix beziehendes Verständnis der integrierten Kommunikation, das vor allem auch die indirekte Kommunikationswirkung der einzelnen Instrumente einbezieht. Vgl. Kaas, K.P. (1994), S. 294 ff. Der Fokus der Betrachtung soll hier ebenfalls nicht auf Aspekte der technischen Vernetzung zur Verbesserung des Informationsaustausches verschiedener Abteilungen gelegt werden. Vgl. dazu Kap. 7.1.

[1093] Vgl. Derieth, A. (1995), S. 68; Raffée, H. (1991), S. 87.

[1094] Vgl. Derieth, A. (1995), S. 65.

[1095] Deutlich wird hier die Überschneidung mit den marktgerichteten Wirkungspotentialen computergestützter Angebotssysteme. Die Erörterung erfolgt hier allerdings aus dem unternehmensinternen Blickwinkel, da die multimediale Kommunikationsintegration auf der Wiederverwendung der Softwaremodule und den damit verbundenen Economies of Scope basiert.

[1096] Vgl. Berndt, R. (1995), S. 437; Bruhn, M. (1992b), S. 32 ff. Siehe auch Derieth, A. (1995), S. 70.

[1097] Vgl. Berndt, R. (1995), S. 442; Bruhn, M. (1992b), S. 36 f.; Derieth, A. (1995), S. 178.

sich weitgehend entsprechen. Auch wenn möglicherweise etwa im Rahmen von Mailings mit elektronischen Speichermedien aus Kapazitätsgründen nur eine vom Umfang her reduzierte Version des EPK verfügbar ist, dürfte der strukturelle Aufbau sowie das graphische oder farbliche Design der Anwenderoberfläche sich kaum von der umfassenden Variante des AUS unterscheiden. Die notwendige Wiederverwendung einzelner Gestaltungselemente in unterschiedlichen Applikationen stellt hier also keine der integrierten Kommunikation entgegenstehende Integrationsbarriere dar. Vielmehr fördert die Möglichkeit der Softwarewiederverwendung allein aus Sicht der Gestaltungsanforderungen und des technischen Handlings die formale Integration der Kommunikationsinstrumente nachdrücklich.

Wie bereits in diesen Erörterungen deutlich wurde, stellt der in der vorangegangenen Abbildung dargestellte Nutzungspfad der Kommunikationsangebote keine verbindliche Vorgabe, sondern vielmehr eine dem Nachfrager angebotene Option zur jeweils bedürfnisgerechten Nutzung dar, die gleichzeitig das Potential zur *inhaltlichen (funktionalen)* und *zeitlichen* Kommunikationsintegration zum Ausdruck bringt.

Dabei bezieht sich die *inhaltliche* Kommunikation auf die Abstimmung der Kommunikationsmittel durch thematische Verbindungen zur Herstellung inhaltlicher Konsistenz des Aussagegehaltes.[1098] Einen wichtigen Aspekt der inhaltlichen Integration stellt wiederum die *funktionale* Integration dar, die sich auf den jeweiligen Beitrag bzw. die spezifische Funktion der einzelnen Kommunikationsinstrumente zur Realisierung der Kommunikationsziele[1099] bezieht. Hier steht also die Eignung der unterschiedlichen Instrumente zur Herstellung thematischer Verbindungen im Vordergrund.

Die *zeitliche* Kommunikationsintegration beinhaltet im Kern zwei Aspekte. Zum einen ist die zeitliche Abstimmung des Einsatzes der kommunikationspolitischen Instrumente gemeint, die sich mit Blick auf die Zielerreichung bezüglich des zeitlichen Einsatzes gegenseitig unterstützen sollte. Daneben ist aber auch eine gewisse inhaltliche Kontinuität innerhalb eines Kommunikationsinstrumentes zur Vermeidung von Wirkungseinbußen etwa infolge mangelnder Wiederholungs- bzw. Lerneffekte durch hohe Wechselhäufigkeit der Kommunikationskonzepte zu gewährleisten.[1100]

Betrachtet man im Hinblick auf den Beschaffungsprozeß konfigurationsbedürftiger Produkte als vorrangiges Kommunikationsziel die Bereitstellung von dem aktuellen Kenntnisstand des Nachfragers im Beschaffungsprozeß angepaßten Produktinformationen, so wird das

---

[1098] Vgl. Bruhn, M. (1992b), S. 32; Derieth, A. (1995), S. 175; Raffee, H. (1991), S. 87.
[1099] Vgl. dazu etwa Bänsch, A. (1995), Sp. 1189 ff.; Derieth, A. (1995), S. 35 f.; Nieschlag R. u.a. (1991), S. 505.
[1100] Vgl. Bruhn, M. (1992b), S. 38; Derieth, A. (1995), S. 171.

funktionale und *zeitliche* Integrationspotential der softwaresynergetischen Nutzung computergestützter Angebotssysteme rasch einsichtig.

Die Wiederverwendung der Softwareelemente beinhaltet hier einerseits im Sinne der funktionalen Integration die Möglichkeit der Abstimmung des Kommunikationsinstrumentariums auf die durch die jeweilige Art des Informationsbedürfnisses des Nachfragers determinierten Aufgaben (z.B. Verschaffung eines groben Überblicks über das Leistungsangebot durch die Nutzung eines in bezug auf die Informationstiefe reduzierten EPK im Rahmen von POI-Systemen oder Datennetzen, Bereitstellung detailspezifischer Informationen durch individualisiert konfigurierte Disketten bzw. den Einsatz der umfassenden Version des EPK im persönlichen Beratungskontakt). In Abhängigkeit vom konkret anliegenden Informationsbedarf können die genannten Instrumente in unterschiedlicher Art und Weise genutzt werden. Hier sei auf die vorangegangenen Ausführungen zum mehrstufigen multimedialen Kommunikationsmix verwiesen.

Daneben wird das Problem der zeitlichen Abstimmung des Einsatzes der einzelnen Kommunikationsinstrumente insofern reduziert, als es sich zumindest bei der Informationsbereitstellung in Datennetzen und in POI-Systemen um ein ständig verfügbares Informationsangebot handelt, dessen zeitliche Abstimmung aufgrund der bedarfsinduzierten Inanspruchnahme dem *Nachfrager* überlassen wird und lediglich bei POI-Systemen allenfalls durch die Geschäftszeiten des Absatzpartners eine Restriktion erfährt. Die zeitliche Abstimmung wird hier also im Sinne einer dem Nachfrager eingeräumten generell verfügbaren Option zum Informationsabruf gewährleistet. Ähnliches gilt für die Verfügbarmachung von Produktinformationen durch elektronische Speichermedien im Rahmen von Direct Mails, die lediglich noch der postalischen Zustellung (CD-ROM) bzw. der individuellen Informationszusammenstellung (Diskette) bedürfen.

Implizit angesprochen ist somit auch der zweite Aspekt der zeitlichen Kommunikationsintegration, die Kontinuität des Einsatzes innerhalb eines Kommunikationsinstrumentes. Dabei werden sich die durch die formale Kommunikationsintegration begründeten und durch den Rückgriff auf die gemeinsame Ausgangsdatenbasis realisierbaren übereinstimmenden Gestaltungsprinzipien zur Vermittlung eines einheitlichen Erscheinungsbildes positiv auf die angestrebte Kontinuität des Kommunikationskonzeptes auswirken. Dies bezieht sich nicht nur auf eine möglicherweise aufgrund finanzieller Budgetrestriktionen sukzessiv erfolgende Verwirklichung eines multimedialen Kommunikationskonzeptes. Ebenso dürfte die Kontinuität des Kommunikationskonzeptes auch bei inhaltlichen Änderungen im Zeitablauf (z.B. Neuprodukteinführung oder Komponentenvariationen) durch den Rückgriff auf die gemeinsame Gestaltungsbasis gefördert werden.

Das Integrationspotential liegt damit zusammenfassend sowohl in der *Komplementarität* als auch der *Substitutionalität* der Beziehungen zwischen den einzelnen Instrumenten begründet. *Komplementarität* liegt vor, wenn die beabsichtigte Wirkung eines Kommunikationsinstrumentes durch den Einsatz der übrigen unterstützt wird. Im Falle der *Substitutionalität* der Beziehungen zwischen den Instrumenten kann hingegen die beabsichtigte Kommunikationswirkung ebenso durch ein anderes Instrument erreicht werden.[1101]

In bezug auf die multimediale Kommunikationsintegration müssen die Beziehungsgegensätze allerdings nicht notwendigerweise einen Widerspruch darstellen. So liegt hinsichtlich der Erfüllung der Informationsbedürfnisse des Nachfragers entlang des Kaufentscheidungsprozesses von der Bedarfsentstehung bis zum Vertragsabschluß tendenziell durch den dargestellten mehrstufigen Prozeß der Informationsbereitstellung ein sich gegenseitig unterstützender bzw. ergänzender Einsatz der Instrumente, also *Komplementarität*, vor. Die Inanspruchnahme der Informationsangebote im Sinne eines determinierten Ablaufs stellt allerdings keine notwendige Bedingung für die Erfüllung der Informationswünsche des Nachfragers dar. Zwar kann die Nutzung der einzelnen multimedialen Kommunikationsinstrumente in bezug auf die aktuelle Kaufentscheidungsphase durch die entsprechende Aufbereitung der wiederzuverwendenden Softwarebestandteile des AUS gewissermaßen gesteuert werden. So kann etwa ein POI-System durch eine stärker auf die Informationsbreite gerichtete Aufbereitung eher auf die Bereitstellung eines leistungsspezifischen Überblicks ausgerichtet werden, die Anbindung der vollständigen Version des EPK an das Internet hingegen eher die Nutzung bereits involvierter Interessenten mit detailspezifischen Informationswünschen fördern. Hier sind ebenso auch Kostenaspekte und die Bedienerfreundlichkeit der Applikationsgestaltung zu berücksichtigen. Allerdings werden durch die Reduzierung der umfassenden Informationsbereitstellung des AUS im Rahmen der synergetischen Wiederverwendung Flexibilitätspotentiale hinsichtlich der Eignung zur bedürfnisentsprechenden phasenspezifischen Informationsbereitstellung verschenkt.

Angesprochen ist hier nämlich das *Substitutionalitätspotential* der Softwarewiederverwendung, das die Befriedigung eines bestimmten Informationsbedürfnisses zumindest teilweise durch unterschiedliche Instrumente zuläßt und damit die Flexibilität der phasenübergreifenden Nutzung der Kommunikationsinstrumente erhöht. Die diesbezügliche Eignung der Softwarewiederverwendung des AUS wurde bereits angesprochen. Besondere Bedeutung erlangt dabei die Hypermedialität des Informationsangebotes, deren Flexibilität durch die Möglichkeit des selektiven Informationsabrufs auf Seiten des Nachfragers und hohe Freiheitsgrade hinsichtlich der Gestaltungsbreite und Gestaltungstiefe des bereitgestellten Informationspools

---

[1101] Vgl. Bruhn, M. (1992b), S. 54, 57.

seitens des Anbieters bestimmt wird. Je individualisierter und umfassender dem Nachfrager durch die genannten Instrumente der Informationszugriff ermöglicht wird, desto geringer wird zwar die Notwendigkeit der Inanspruchnahme eines weiteren Kommunikationsinstrumentes zur Befriedigung des aktuellen Informationsbedarfs, desto höher ist aber gleichzeitig das Substitutionalitätspotential des betreffenden Kommunikationsinstrumentes in bezug auf die übrigen multimedialen Kommunikationsinstrumente. Entsprechend größer ist wiederum die Möglichkeit, sich anhand einer geringen Anzahl von Informationsquellen entsprechend dem Informationsbedarf der jeweiligen Beschaffungsphase über das interessierende Leistungsangebot zu informieren. So bedeutet ein in bezug auf die Informationsbreite und Informationstiefe abgestimmtes Angebot (z.B. Überblick über das Leistungsspektrum am POI-System, differenzierte produktspezifische Informationen zu einzelnen Grundtypen und den dazugehörigen Konfigurationsvarianten auf CD-ROM, Bereitstellung der vollständigen Version des EPK mit weiteren Beratungsfunktionen im Datennetz) zwar hohe Komplementarität der Beziehung zwischen den einzelnen Kommunikationsinstrumenten. Wird hingegen jeweils die vollständige Version des EPK angedient, so besteht in Abhängigkeit vom Nutzungsverhalten des Nachfragers sowohl ein komplementärer als auch ein substitutiver Einsatz der Kommunikationsmittel, da je nach individuellen beschaffungsphasenspezifischen Informationsbedürfnissen jeweils sowohl ein erster Leistungsüberblick, als auch vertiefende, auf bestimmte Konfigurationsvarianten bezogene, Informationen übermittelt werden können. Gleichzeitig wird dem bei hoher Substitutionalität der Kommunikationsinstrumente und durch die Erweiterung des Kommunikationsmixes verschärften internen Wettbewerb um die Aufteilung eines in der Regel nur beschränkt ausdehnbaren Kommunikationsbudgets entgegengewirkt, da die Kosten der Softwareanpassung an die jeweilige Applikation reduziert werden.

Die Entscheidung über den Komplementaritäts- bzw. Substitutionalitätsgrad der Gestaltung der einzelnen Elemente des multimedialen Kommunikationsmixes bedarf allerdings eines sorgfältigen Abwägens. So sind nicht nur die für die unterschiedlichen Bereitstellungsformen anfallenden Kosten zu berücksichtigen. Ebenso sind die aus den Hardwareanforderungen der Bereitstellungsform (z.B. POI-Terminal mit Touchscreen) resultierenden Restriktionen in Betracht zu ziehen, die möglicherweise noch die vollständige Wiedergabe der Informationen eines EPK durch die reduzierten Möglichkeiten des Informationsabrufs mittels Touchscreen ermöglichen, die differenzierte Nutzung weiterer Module des AUS aber einschränken dürften. Zudem sind ebenso die möglicherweise in Abhängigkeit der Abnehmerstruktur divergierenden Präferenzen der Informationsbereitstellung bzw. nachfragerspezifische Fähigkeiten zur Erschließung des Informationsangebotes zu beachten. Betrifft dieses Problem tendenziell in geringem Umfang gewerbliche Abnehmer, so dürfte allerdings auch angesichts einer allgemeinen zunehmenden Nutzung des PC in privaten Haushalten nicht notwendigerweise jedem Nachfrager eine über eine Touchscreen-Anwendung hinausgehende Computeranwendung zugemutet werden. Insbesondere bei PC-unerfahrenen Abnehmern kann durch die an den Computereinsatz gebundene Erschließung differenzierter Produktinformationen möglicherweise auch eine Abwehrhaltung gegenüber dem Anbieter aufgebaut werden. Das auf den multimedialen Kommunikationsmix gerichtete Synergiepotential von AUS würde sich in diesem Fall entsprechend reduzieren und eine durch konventionelle Informationsangebote (Kataloge, Prospekte) begleitete Deckung des Informationsangebotes notwendig machen. Die Nutzung des durch die Möglichkeiten der Softwarewiederverwendung sich ergebenden Potentials macht damit infolge der sich aus der Informationserschließung resultierenden Implikationen eine sorgfältige segmentspezifische Eignungsanalyse erforderlich.

7.3.2 Unterstützung des technischen Kundendienstes durch die synergetische Verwendung von AUS

Vor dem Hintergrund der zunehmenden Nachfrage nach umfassenden Problemlösungen und sich angleichender Kernleistungen kommt Sekundärdienstleistungen als Ausdruck der Differenzierung vom Wettbewerb steigende Bedeutung zu.[1102] Diese vor oder nach dem Kaufabschluß erbrachten Leistungen stehen in mehr oder weniger engem Bezug zum Kernprodukt, das durch ein breites Servicespektrum zu einem umfassenden Servicepaket angereichert wird.[1103] Technische Kundendienstleistungen wie Wartung, Instandhaltung, Reparaturdienste oder Ersatzteilservice zählen als Folgeleistungen zu den im Rahmen der Nachkaufphase zu erbringenden Sekundärleistungen.[1104] Die primäre Zwecksetzung technischer After-Sales-Leistungen liegt in der Aufrechterhaltung bzw. Optimierung der Funktionsfähigkeit der gelieferten Sachgüter und der anwendungstechnischen Beratung des Abnehmers.[1105] Durch die Gewährleistung der zur Aufrechterhaltung der technischen Funktionsfähigkeit der Sachgüter vielfach notwendigen Kontaktaufnahme zum Kunden kann erhebliches Potential im Hinblick auf Imagebildung und Vertrauensaufbau erschlossen und die Akquisition von Folgeaufträgen positiv beeinflußt werden.[1106] Daneben leistet der Kundendienst durch Erfassung und Auswertung der Einsatzdaten unter Berücksichtigung auftretender Mängel an den Lieferleistungen einen Beitrag zur Verbesserung der laufenden Leistungserstellung und Erhöhung der Problemlösungsgerechtigkeit von Produktneuentwicklungen.[1107]

Das Synergiepotential von AUS in bezug auf den technischen Kundendienst besteht vor allem in Software-Synergieeffekten.[1108] Hier bietet sich in erster Linie die Nutzung des EPK und des Konfigurationssystems zur elektronisch-technischen Dokumentation als Substitution bzw. als Ergänzung schriftlicher Montage- bzw. Wartungsanleitungen und Bedienungshandbücher

---

[1102] Vgl. Buttler, G.; Stegner, E. (1990), S. 939; Meyer, M. (1995), Sp. 1352.

[1103] Vgl. Engelhardt, W.H.; Reckenfelderbäumer, M. (1993), S. 265.

[1104] Vgl. Hammann, P. (1974), S. 139; Meffert, H. (1991), S. 413. Dabei sei darauf verwiesen, daß in der Literatur Kundendienstleistungen häufig auf After-Sales-Services bzw. sogar technische Nachkaufleistungen eingegrenzt werden, um Überschneidungen mit den Aufgaben des Vertriebs zu vermeiden bzw. deren hohe Bedeutung im Rahmen der kernleistungsbegleitenden Dienste hervorzuheben. Vgl. Meyer, M. (1995), Sp. 1353; Puder, K. (1982), S. 153 ff. Dies ist insofern nicht einsichtig, als insbesondere die im Rahmen der Vorkaufphase erbrachte Kundenberatung durch Problemanalyse, die Entwicklung eines problemlösungsgerechten Angebotes, Finanzierungsvorschläge etc. erhebliche Bedeutung bei der Auftragsakquisition einnehmen und insofern erst die Voraussetzung für die Notwendigkeit der Erbringung von After-Sales-Leistungen darstellen.

[1105] Vgl. Puder, K. (1982), S. 153 f.

[1106] Vgl. Mayer, R. (1993), S. 185.

[1107] Vgl. Tein, H. (1982), S. 137.

[1108] Davon zu unterscheiden ist die Ausrüstung der Produkte mit expertensystembasierten Wartungs- und Diagnosesystemen, die etwa eine Feindiagnose zur Ermittlung von Fehlerursachen erlauben. Vgl. Schumann, M. (1992), S. 82, Steppan, G. (1990a), S. 122. Diese Anwendungen bedürfen separater Softwareentwicklungen, die die Elemente von AUS nicht beinhalten.

an.[1109] Daneben ist die multimediale Ausgestaltung ersatzteillogistischer Systeme oder der bei technisch komplizierten Leistungen zunehmend eingesetzten computergestützten Diagnosesysteme denkbar. Durch die Weiterverwendung des einmal erstellten produktspezifischen multimedialen Informationsmaterials können infolge der Vermeidung von Doppelentwicklungen und Reduzierung des Papiereinsatzes nicht nur Kosten reduziert werden.[1110] Im Hinblick auf die Aktualisierung dürften durch vergleichsweise schnelle Softwaremodifikation ebenso erhebliche Vorteilspotentiale erwachsen. Dabei ist vor allem das aus dem für die Aktualisierung schriftlicher Unterlagen notwendigen erheblichen Zeitaufwand resultierende Problem des Erscheinens zumindest in Teilbereichen bereits wieder veralteter Unterlagen vermeidbar.[1111] In bezug auf die Ersatzteildokumentation ist zudem hinsichtlich der Teilebestimmung ein erheblich komfortablerer und schnellerer Zugriff auf die relevanten Daten gegenüber den heutigen Mikrofiche-Lesegeräten zu verwirklichen.[1112]

Beim konkreten Einsatz des Kundendiensttechnikers vor Ort können durch den Einsatz multimedialer Wartungs- oder Reparaturanleitungen insbesondere durch den kombinierten Einsatz von Bewegtbild/-graphik und Audioinformationen oder Diagnosesystemen die Schnelligkeit erhöht und die Ausführungsqualität der Tätigkeit verbessert werden.[1113] Hier gelten im Prinzip die bereits für die Verkaufsberatung erarbeiteten Vorteilspotentiale in ähnlicher Weise. Angesichts komplexer werdender technischer Leistungen, deren Detailkenntnis auch die Wissenskapazität erfahrener Kundendienstmitarbeiter übersteigt,[1114] stellt der Rückgriff auf multimedial aufbereitetes Expertenwissen vor Ort eine erhebliche Erleichterung dar. Der selektive Zugriff auf komponenten- bzw. einzelteilspezifische Informationen oder die Unterstützung bei der Recherche durch geeignete Selektionsverfahren unterstützt die Fehlerlokalisierung durch Zuordnung aufgetretener Mängel zu den verursachenden Systembestandteilen.[1115] Der Einsatz eines an die Kalkulationsgrundlagen der Kundendienstleistungen angepaßten Moduls zur Angebotspreisermittlung ermöglicht dem Kunden die schnelle Entscheidung über die Zweckmäßigkeit einer Reparatur oder der alternativen Neubeschaffung von Mängelteilen.[1116] Sinnvoll erscheint in diesem Zusammenhang auch der Rückgriff auf Informationen in Know-How-Datenbanken, die bei selteneren Konfigurationsvarianten z.B. Auf-

[1109]Vgl. Hermanns, A.; Flory, M. (1995a), S. 62; Silberer, G. (1995a), S. 99. Ein Beispiel für ein multimediales Ersatzteilinformationssystem eines Automobilherstellers findet sich bei Peter, M. (o.J.), S. 28.

[1110]Vgl. Billerbeck, J.D. (1993), S. 25; Fuchs, H. (1991), S. 128; Karcher, H.B. (1991), S. 105.

[1111]Vgl. Hermanns, A.; Flory, M. (1995a), S. 62; Grotelüschen, M. (1993), S. 29.

[1112]Vgl. Broßmann, M. (1993), S. 99.

[1113]Ein Beispiel für den Einsatz eines elektronischen Kundendienstunterstützungssystems eines Investitionsgüterherstellers findet sich bei Weiß, H.C. (1993), S. 363. Siehe auch Leupold, M.; Schlichtkrull, J. (1995), S. 100.

[1114]Vgl. Encarnacao, J.L. u.a. (1990), S. 62.

[1115]Vgl. Broßmann, M. (1993), S. 98 f.; Zerr, K. (1994), S. 184.

[1116]Vgl. Messina, C. (1993), S. 49.

schluß über bereits aufgetretene Nutzungsprobleme geben, die mit bestimmten Konfigurationsausprägungen verbunden sein können. Besteht Ersatzbedarf, läßt sich durch elektronische Weiterleitung an ersatzteillogistische Systeme der Prozeß der Teilebeschaffung beschleunigen und die Wartezeit für den Kunden reduzieren.[1117] Die elektronische Unterstützung ermöglicht zudem die Ausweitung der Aufgaben des Kundendiensttechnikers um Elemente der Beratung.[1118] So können durch die anschauliche multimediale Darstellung bzw. den selektiven Informationszugriff anwendungstechnische Empfehlungen gegeben werden. Umfassende Problemlösungskompetenz kann damit auch in der Nachkaufphase demonstriert werden. Einerseits können dadurch erhebliche Akquisitionswirkungen im Hinblick auf die Erzielung von Folgeaufträgen erreicht werden, durch die beiläufige multimediale Präsentation von Produktneuentwicklungen zudem latente Ersatzbedarfe aktiviert werden. Mit Blick auf die an den Servicetechniker gestellten Qualifikationsanforderungen würden durch die multimediale Aufbereitung produktspezifischer Informationen nicht nur Verbesserungen bei der Schulung bzw. Selbstschulung des technischen Kundendienstpersonals erzielt,[1119] sondern bei nur geringem Aufwand für Zusatzqualifikationen die Aufgabenfelder erweitert.[1120] Der Spezialisierungsgrad wird dabei reduziert und die Einsatzflexibilität des technischen Kundendienstpersonals erhöht.

7.3.3 Synergetische Nutzung von AUS zur Mitarbeiterschulung

Aufgrund der raschen technischen Veränderung und steigenden Komplexität der Produkte sowie der Notwendigkeit der Kommunikation dieser Änderungen an die Nachfrager wird es für Unternehmen zunehmend wichtiger, das Vertriebspersonal durch Schulungen auf dem aktuellen Stand zu halten.[1121] Demgegenüber stehen allerdings erhebliche Kosten konventioneller Schulungsveranstaltungen, z.B. durch professionelle Trainer, Reise und Unterkunft oder Opportunitätskosten des Arbeitsausfalls.[1122] Hier können durch die im Rahmen des Einsatzes von AUS anfallenden Synergieeffekte im Hard- und Softwarebereich Potentiale zur

---

[1117]Dabei sei allerdings bemerkt, daß dieser Vorteil nicht Ausdruck eines direkten Synergiepotentials des Einsatzes von AUS ist, sondern aus der informationstechnologischen Integration resultiert. Vgl. Kap. 7.1.

[1118]Vgl. Steppan, G. (1990a), S. 122.

[1119]Vgl. dazu im einzelnen Broßmann, M. (1993), S. 100. Zudem sei auf die im Hinblick auf die Vorteilspotentiale analog gültigen nachfolgenden Aussagen zur computergestützten Verkaufsberaterschulung verwiesen.

[1120]Vgl. Flory, M. (1995), S. 215.

[1121]Vgl. Hermanns, A.; Suckrow, C. (1993), S. 109; Staub, U. (1993), S. 271.

[1122]Vgl. Becker, L. (1993), S. 217; Bullinger, H.J. u.a. (1992), S. 7; Gräbner, G.; Lang, W. (1992), S. 765.

Verbesserung der Mitarbeiterschulung bei gleichzeitigen Kostenreduzierungen erschlossen werden.[1123]

Computer Based Training (CBT), d.h. Selbstlernen durch interaktive Lernprogramme auf Basis hypermedialer Informationsdarstellung mit dialogfähigen Kommunikationssystemen,[1124] wird eingesetzt, um komplexes Wissen konzentriert und mit hoher Aufmerksamkeitswirkung zu vermitteln. Eine konkrete Anwendung stellt die produktspezifische Selbstschulung des Kundenberaters durch Nutzung des multimedialen AUS oder einzelner Softwarebereiche über die eigentlichen Bestimmungszwecke hinaus in interaktiven Lernprogrammen am PC dar.[1125] Hier wäre grundsätzlich an die Verwendung des EPK (z.B. als interaktives Nachschlagewerk) bzw. des dazugehörigen Konfigurationssystems zur reinen Produktinformation, aber auch an die stärker beratungsorientierte Softwareunterstützung zur Bedarfsanalyse, zur technischen bzw. wirtschaftlichen Vergleichsanalyse sowie zur Finanzierungs- oder Subventionsberatung zu denken. In diesem Zusammenhang impliziert die Nutzung der Softwaremodule des AUS bzw. der Anwendungen zur Vermittlung verkaufsverhandlungsrelevanten Wissens durch die Verwendung des für den Einsatz des AUS ursprünglich angeschafften PC gleichsam Hardwaresynergieeffekte. Daneben können sich Kostenreduzierungspotentiale durch computergestützte Selbstschulung vor allem durch Verzicht auf professionelles Schulungspersonal ergeben, die sich zusätzlich auf den Verzicht von Wiederholungsveranstaltungen bei mangelndem Lernerfolg infolge von Lehrveranstaltungen niedrigen Niveaus beziehen. Eine einmal produzierte computergestützte Lehranwendung kann hingegen beliebig oft reproduziert werden.[1126]

Zwar beinhaltet die Entwicklung didaktisch hochwertiger CBT-Programme erhebliche Aufwendungen, jedoch können durch günstige Vervielfältigung und Distribution der Software auf

---

[1123]Dabei sei darauf hingewiesen, daß durch den Einsatz des AUS zwar das im Kundenberatungsgespräch verfügbare Wissen steigt, vordergründig somit entsprechende Schulungsmaßnahmen und -kosten verringert werden könnten. Vgl. Mertens, P. u.a. (1990), S. 13. Allerdings dürfte ein Verkaufsberater, der im Extremfall sein Wissen fast ausschließlich aus dem Rechner bezieht, nicht unbedingt den Eindruck eines kompetenten Gesprächspartners hinterlassen. Der Verzicht auf Schulungsmaßnahmen ist dementsprechend nicht anzuraten. Hier bieten aber die vorgeschlagenen Möglichkeiten der Selbstschulung interessante Ansatzpunkte.

[1124]Vgl. Flory, M. (1995), S. 133; Gräbner, G.; Lang, W. (1992), S. 762 f.; Steppi, H. (1990), S. 8. Zur Konzeption interaktiver Lernprogramme vgl. ausführlich Steppi, H. (1990). Siehe auch Jaspersen, T. (1994), S. 447 f.

[1125]Vgl. Breuker, S. (1994), S. 11; Gey, T. (1990), S. 131; Mertens, P. u.a. (1994), S. 295; Schoop, E.; Lesch, S. (1994), S. 174. Weitere Einsatzmöglichkeiten bestehen in der Verwendung von Elementen von AUS zur Schulung von Kunden im Sinne der Unterbreitung produktspezifischer Verwendungsvorschläge oder Empfehlungen zur Vorbeugung von Abhilfe bei Mängeln. Vgl. so ähnlich Flory, M. (1995), S. 134. Thesmann, S. (1995), S. 7 weist auf die Entwicklung einer Multimedia-Applikation eines Baustoffherstellers hin, die zunächst als CBT-Programm zur Mitarbeiterschulung, aber ebenso als Informationsbasis im Vertrieb eingesetzt werden soll.

[1126]Vgl. Gey, T. (1990), S. 134; Scheider, M. (1993), S. 72.

geeigneten Datenspeichern (z.B. CD-ROM) große Personengruppen wiederum zu relativ geringen Kosten erreicht werden.[1127] Gegenüber zentralen seminarartigen Trainingsveranstaltungen vermeidet die Möglichkeit der dezentralen Schulung Aufwendungen für Reise und Unterkunft und die im Außendienst vergleichsweise hohen Opportunitätskosten durch Ausfall des Arbeitseinsatzes.[1128] Aufgrund der in der Regel nicht ausschließlich durch Festgehalt entgoltenen Außendienstmitarbeiter dürfte insofern auch die Akzeptanz dieser Schulungsform erhöht werden. Bei Neueinsteigern führt die sofortige Verfügbarkeit multimedialen produktspezifischen Lehrmaterials zur Vermeidung von Wartezeiten auf die sich erst ab einer bestimmten Teilnehmerzahl wirtschaftlich lohnenden Schulungskurse und ermöglicht eine kurzfristige Einarbeitung. Wissensbasierte Elemente von AUS unterstützen diesen Prozeß insofern, als die Problembewältigung mit Hilfe des verfügbaren Wissens von Fachexperten die Anforderungen an das Expertiseniveau der Mitarbeiter reduziert und diese damit zu einem früheren Zeitpunkt zur Lösung der vorgesehenen Aufgabenstellungen befähigt.[1129] Hierdurch können möglicherweise Einarbeitungszeiten durch Vorgesetzte bzw. Mitarbeiter und dementsprechend anfallende Opportunitätskosten verringert werden.[1130]

Die Möglichkeit der PC-gestützten Selbstschulung bietet hohe zeitliche und örtliche Flexibilität des Lernens, die sich nicht nur auf die Integration in die gewohnte Arbeitsumgebung bzw. -abläufe, z.B. Reise- oder Wartezeiten, sondern auch über die Arbeitszeit hinaus, etwa am Wochenende zu Hause, erstreckt.[1131] Zudem können unterschiedliche Lernvoraussetzungen und Lernmotivationen berücksichtigt werden.[1132] So ist eine individuelle Abstimmung der didaktischen Vorgehensweise je nach Interessenschwerpunkten, Vorkenntnissen oder verfügbarer Zeit im Hinblick auf den Schwierigkeitsgrad der Lernschritte, das Lerntempo und den Lernrhythmus möglich,[1133] die durch konventionelle Unterlagen zur Selbstschulung nicht in diesem Maße gewährleistet werden kann. Die Akzeptanz der in der Regel heterogenen Struktur der Verkaufsberater dürfte sich hierdurch erhöhen. Diese multimediale Form der Selbstschulung ist besonders effektiv, da gegenüber konventionellen Lehrveranstaltungen schwierige Lernabschnitte beliebig oft wiederholt werden können[1134] und lernpsychologischen Erkenntnissen zufolge die Behaltensleistung von Lerninhalten und damit der Lernerfolg bei einer kombinierten auditiven, visuellen und interaktiven Informationsvermittlung am größten

[1127]Vgl. Siebdrat, H. (1994), S 56.
[1128]Vgl. Dehlinger, H. (1993), S. 27; Gey, T. (1990), S. 131.
[1129]Vgl. Holzapfel, M. (1992), S. 137.
[1130]Vgl. Gey, T. (1990), S. 134.
[1131]Vgl. Lang, M. (1994), S. 11; Schoop, E.; Lesch, J. (1994), S. 173.
[1132]Vgl. Schoop, E.; Lesch, S. (1994), S. 174; Thesmann, S. (1995), S. 23.
[1133]Vgl. Hermanns, A.; Suckrow, C. (1993), S. 109; Scheider, M. (1993), S. 72; Siebdrat, H. (1994), S. 55; Szuprowicz, B. O. (1991), S. 60.
[1134]Vgl. Steinmetz, R. u.a. (1990), S. 281; Lang, M. (1994), S. 11.

ist.[1135] Zudem darf davon ausgegangen werden, daß die Motivation zum Selbststudium in der Regel größer als beim Einsatz herkömmlicher persönlich-vermittelnder Methoden sein dürfte.[1136]

Multimediale interaktive Schulungsformen führen zudem zu einer Reduzierung der Trainingszeiten und Erhöhung der Lernleistung.[1137] Dies resultiert vor allem aus der Möglichkeit der Anpassung an individuelle Wahrnehmungspräferenzen durch Aufbereitung des Lerninhaltes in unterschiedlicher medialer Form, die dem Lernenden die Wahl der Darstellungsform überlassen.[1138] Im Hinblick auf die Vermittlung produktspezifischer Lerninhalte dürfte in diesem Zusammenhang vor allem deren Einprägsamkeit durch konkrete Darstellungen mittels Bild- bzw. Bewegtbildeinsatz erhöht werden.[1139] Dabei kann durch die Möglichkeit der Visualisierung real nicht sichtbarer Strukturen bzw. Prozeßabläufe der Abstraktionsgrad der Vorstellung reduziert und damit der Lernerfolg gefördert werden. Ebenso wird dem Lernenden etwa durch Kopplung der Fortführung der Lektion an den Lernerfolg die Möglichkeit des direkten Feedback eingeräumt.[1140] Der Vorteil der Anonymisierung dürfte die Akzeptanz vieler Lernender ebenfalls erhöhen. In diesem Zusammenhang bietet die Möglichkeit der Datenfernübertragung auch formale Möglichkeiten der Lernkontrolle, z.B. durch zu bestimmten Zeitpunkten übermittelte Tests.[1141] Hier ist allerdings eine behutsame Vorgehensweise anzuraten, kann hierdurch doch bei den oftmals auf Kontrollmaßnahmen sensibel reagierenden Vertriebsmitarbeitern die Lernmotivation auch schnell wieder zunichte gemacht werden.

Einschränkend sei allerdings darauf hingewiesen, daß die hier vorgeschlagenen Möglichkeiten der Mitarbeiterschulung die herkömmlichen Schulungsmethoden nur in Teilbereichen substituieren, da sie primär der Vermittlung kognitiven Grund- bzw. Spezialwissens dienen. Zur Vermittlung der für die Interaktion mit dem Nachfrager darüber hinaus relevanten sozial-

---

[1135] Vgl. Donahue, T.J.; Donahue, M. A. (1983), S. 26 ff.; Szuprowicz, B. O. (1991), S. 60. Vgl. auch die Ausführungen zu Kap. 6.2.2.2.2.1.
[1136] Vgl. Becker, L. (1993), S. 218.
[1137] Vgl. Bajka, D. (1991), S. 31; Siebdrat, H. (1994), S. 55; Staub, U. (1993), S. 271. Empirische Untersuchungen zum Einsatz interaktiver multimedialer Lernsysteme ergaben gegenüber konventionellen Unterweisungen eine zwischen 50% und 400% höhere Behaltensleistung und eine Lernzeitersparnis von 23% und 46%. Vgl. Staub, U. (1993), S. 271. Anwendungen in der Automobilindustrie erzielten Lernzeitreduzierungen von 30 - 50 %. Vgl. Wolff, M.R. (1993), S. 20.
[1138] Vgl. Brettreich-Teichmann, W. (1994), S. 46; Hünerberg, R.; Heise, G. (1995), S. 9; Wolff, M.R. (1993), S. 20.
[1139] Vgl. Gräbner, G.; Lang, W. (1992), S. 765. Siehe auch Kap. 6.2.2.2.2.1.
[1140] Vgl. Gey, T. (1990), S. 135.
[1141] Vgl. Gey, T. (1990), S. 134.

kommunikativen Fähigkeiten lassen sich herkömmliche seminar- bzw. kursgebundene diskursiv-kommunikative Qualifizierungsformen jedoch nur sehr eingeschränkt ersetzen.[1142]

7.3.4 Synergetische Nutzung generierter Marktdaten

Der Marktforschung kommt im Hinblick auf die Bereitstellung der zur Planung, Durchführung und Kontrolle der Unternehmensaktivitäten notwendigen Umfelddaten erhebliche Bedeutung zu.[1143] Das für die Sicherung des Unternehmensfortbestandes notwendige frühzeitige Erkennen von Umfeldänderungen macht die Verfügbarkeit von Marktwissen zu einem wesentlichen Wettbewerbsfaktor.[1144] Dabei ist der Verkaufsberater an der unmittelbaren Schnittstelle der Unternehmung zum Absatzmarkt prädestiniert zur Wissensbeschaffung. Im Rahmen seines täglichen Kontaktes zu einzelnen Marktteilnehmern können aktuelle Daten über deren äußere Merkmale, wie z.B. sozio-demographische Merkmale und beobachtbare Verhaltensweisen und Anhaltspunkte über die das Marktverhalten mitbestimmenden inneren (psychischen) Merkmale, wie Motive, Einstellungen oder Wünsche gewonnen werden (demoskopische Marktforschung).[1145] Die Verläßlichkeit der durch den Verkaufsberater erfaßten Daten dürfte relativ hoch sein, da der Nachfrager ihm als Vertrauensperson des Anbieters im eigenen Interesse bereitwilliger Auskunft erteilen wird, als unbekannten Dritten.[1146]

Über die Erfassung von Marktdaten durch das elektronische Berichtswesen hinaus ermöglicht der Einsatz computergestützter Angebotssysteme im Rahmen spezifischer Erhebungen durch die geschickte Integration der Fragen in die aktivierten Applikationen vor allem eine Erhöhung der Flexibilität der Vorgehensweise. Hierdurch kann insbesondere im Vergleich zu einer im Anschluß an das Beratungsgespräch erfolgenden und dem Nachfrager stärker ins Bewußtsein rückenden und möglicherweise aufhaltenden Befragung die Akzeptanz des Befragten erhöht werden.

Im Rahmen der nachfolgenden Betrachtung steht die laufende Erfassung von Daten über (potentielle) Abnehmer (und damit indirekt auch über Konkurrenten und deren Marktverhalten) im täglichen Marktkontakt durch Einsatz computergestützter Angebotssysteme im Vordergrund. Primäre Vorteilspotentiale liegen hier vor allem in der durch die während oder kurz nach dem Kundengespräch erfolgende permanente Datenerfassung und den täglichen Datentransfer resultierende Aktualität der Marktdaten sowie der durch Prüfungsroutinen

---

[1142]Vgl. Bullinger, H.J. u.a. (1992), S. 7; Dehlinger, H. (1993), S. 27; Lang, M. (1994), S. 15.
[1143]Vgl. Hammann, P.; Erichson, B. (1994), S. 24 ff.; Nieschlag, R. u.a.(1991), S. 606 f.
[1144]Vgl. Encarnacao, J.L. u.a. (1990), S. 9.
[1145]Vgl. Hammann, P.; Erichson, B. (1994), S. 25.
[1146]Vgl. Steppan, G.; Mertens, P. (1988), S. 138.

gewährleisteten Vollständigkeit bzw. Genauigkeit der Marktinformationen.[1147] Die hier ein-
gangs bereits angesprochene EDV-Integration stellt dabei eine zentrale Voraussetzung für die
Erschließung der Vorteilspotentiale dar, die sich vor allem in den nachfolgend behandelten
Bereichen konkretisieren können.

7.3.4.1 Nutzung generierter Marktdaten im strategischen Marketingmanagement

Der Entscheidungsfindung des Managements liegt das Problem zugrunde, aus der Vielfalt der
verfügbaren Informationen die entscheidungsrelevanten Informationen zu selektieren und
diese benutzerorientiert auf den Einzelfall bezogen aufzubereiten. Zur Entschärfung dieser
Problematik werden bereits in vielen Unternehmen Management- bzw. Marketinginformati-
onssystemen (MIS bzw. MAIS) eingesetzt.[1148] Diese Systeme gehören zu den Entschei-
dungsunterstützungssystemen, die dem Management Datenbanken zur Verfügung stellen, aus
denen durch Abruf und Aufbereitung der Daten durch vorgehaltene Methoden und/oder
Einbringung in Entscheidungsmodelle eine Unterstützung der Entscheidungsprozesse erfolgt.[1149] Dabei bleibt den Nutzern in der Regel die Möglichkeit vorbehalten, über bestimmte
Parametereingaben eigenes Erfahrungswissen einfließen zu lassen.[1150] Das ursprünglich auf
Montgomery und *Urban* zurückgehende Konzept des MAIS[1151] dient der Unterstützung
marktorientierter Entscheidungsprozesse und kann aufbaustrukturell in die Komponenten
Datenbank, Methodenbank und Modellbank unterschieden werden.[1152] Dabei beinhaltet die
die Grundlage eines MAIS darstellende Datenbank z.B. Anfrage-, Auftrags-, Umsatz- oder
Reklamationsstatistiken, die im Detail etwa nach Produkten, Kunden, Absatzregionen auf-
gegliedert sein können. Darüber hinaus werden Konkurrentenprofile, Ergebnisse ausgewählter
Erhebungen und weitere kundenbezogene Daten enthalten sein.[1153] Methoden- bzw. Mo-

---

[1147]Vgl. z.B. Rauberger, S. (1989), S. 32.

[1148]Vgl. Hammann, P.; Erichson, B. (1994), S. 38. Siehe auch Gaul, W.; Both, M. (1992), S. 80; Jaspersen,
T. (1994), S. 199; Link, J.; Hildebrand, V. (1993), S. 21 f. Dabei sei auf die kontroverse Diskussion über
die Abgrenzung des MAIS von anderen Systemen zur Entscheidungsunterstützung, insbesondere den
Decision Support Systemen (DSS) hingewiesen. Vgl. Both, M. (1989), S. 111 f. Einen Ansatz zur Abgrenzung bieten Gaul, W.; Both, M. (1992), S. 78 ff., die nach den aus dem zeitlichen Entwicklungspro-
zeß resultierenden, und im Vordergrund der Systemkonzeptionen stehenden, Komponenten unterscheiden. MAIS werden dabei den informationsorientierten, DSS den modellorientierten Ansätzen zugeordnet. Im Rahmen der sich konzeptionell entsprechenden Systeme stellt das MAIS die Ausprägungsform eines MIS speziell für das Marketing-Management dar. Die nachfolgenden Ausführungen zum
strukturellen Aufbau gelten für beide Systeme.

[1149]Vgl. Gaul, W.; Both, M. (1992), S. 72; Hermanns, A.; Neumeyer, C. (1995), S. 604.

[1150]Vgl. Hermanns, A.; Neumeyer, C. (1995), S. 604.

[1151]Vgl. Montgomery, D.B.; Urban, G. L. (1969).

[1152]Vgl. Gaul, W.; Both, M. (1992), S. 80; Hammann, P.; Erichson, B. (1994), S. 38; Link, J.; Hildebrand, V.
(1994c), S. 116; Nieschlag, R. u.a. (1991), S. 958.

[1153]Vgl. Link, J.; Hildebrand, V. (1993), S. 21; Nieschlag, R. u.a. (1991), S. 973.

dellbank beinhalten hingegen die zur Aufbereitung und Präsentation der Daten notwendige Anwendungssoftware. Handelt es sich bei den Anwendungen der Methodenbank um allgemeinere, unternehmensspezifisch unabhängig einsetzbare Verfahren, wie z.B. statistische Verfahren zur Datenanalyse oder -verdichtung oder Prognosemethoden, so sind Modelle meist branchen- bzw. unternehmensspezifisch angepaßt (z.b. strategische Kundenportfolioanalyse, Marktsegmentierungsmodelle).[1154]

Das Synergiepotential des Einsatzes computergestützter Angebotssysteme betrifft hier die Funktion des Verkaufsberaters als Wissenslieferant und liegt konkret in der laufenden Erfassung aktueller Daten über Kunden und Konkurrenten und im Transfer der Daten am Tage ihrer Erhebung an das MAIS,[1155] dessen Datenbanken über spezifische Routinen bei Kopplung der Systeme aktualisiert bzw. erweitert werden.[1156] Die elektronische Berichterstattung beinhaltet damit nicht nur Effizienzpotentiale für die Aufgabenerfüllung des Verkaufsberaters durch die laufende Erfassung aktueller Daten über Abnehmer, Konkurrenten und eigene Vertriebsaktivitäten. Durch die systematische Speicherung in der Marktdatenbank und Einbeziehung in Analysemethoden und -modelle kann durch die Vielzahl der erfaßbaren Merkmale ein verfeinertes Abbild der relevanten Marktteilnehmer geschaffen werden. Die Bereitstellung von Wissen über gegenwärtige und erwartete zukünftige Marktgegebenheiten als Voraussetzung der Strategieplanung und Umsetzung in strategische Marketingentscheidungen kann somit verbessert werden.[1157] Zu denken ist dabei etwa an die Verwendung individueller Kundendaten bei der Bewertung und Selektion möglicher Zielgruppen nach ihrer Investitionswürdigkeit im Rahmen von Portfolioanalysen zur Kundenpositionierung.[1158] Im Zusammenhang mit der Analyse und Selektion zu akquirierender Kunden können durch Abgleich der Merkmalsprofile mit aktuellen Kunden besonders erfolgsträchtig erscheinende Nachfrager lokalisiert und die Marketingaktivitäten hier erhöht werden.[1159] Darüber hinaus ermöglicht die hohe Aktualität von Nachfrager- und Konkurrenzdaten ein schnelles Markt-Feedback über eigene Aktivitäten, das kurzfristige Korrekturmaßnahmen möglich macht.[1160]

Zunehmende Bedeutung für den Wettbewerbserfolg erlangt zudem das frühzeitige Wahrnehmen von Umfeldveränderungen.[1161] Im Hinblick auf die Früherkennung von Marktent-

---

[1154]Vgl. vor allem Hammann, P.; Erichson, B. (1994), S. 41 f.

[1155]Vgl. Gabriel, R. u.a. (1995), S. 286, die auf die Bedeutung der Einbindung des Vertriebs in MAIS vor dem Hintergrund der Marktorientierung der Entscheidungsfindung hinweisen.

[1156]Zur generellen Bedeutung der Zusammenarbeit zwischen Marktforschung und dem strategischen Planungsbereich vgl. Bickelmann, G. (1995), S. 631 f.

[1157]Vgl. Hermanns, A.; Flegel, V. (1989b), S. 92; Link, J.; Hildebrand, V. (1993), S. 145.

[1158]Vgl. Kreutzer, R. T. (1995), Sp. 408 f.; Müller, N. (1989), S. 7 ff.

[1159]Vgl. Link, J.; Hildebrand, V. (1994c), S. 110.

[1160]Vgl. Rauberger, S. (1989), S. 32; Schwetz, W. (1990), S. 124.

[1161]Vgl. Becker, L. (1994), S. 120.

wicklungen können durch die Verfügbarkeit aktueller Marktdaten für Abweichungsanalysen im Rahmen des MAIS oder in eigenständigen Früherkennungssystemen Änderungen im Unternehmensumfeld rasch erkannt und analysiert werden. Die Anpassung der strategischen Ausrichtung an die veränderten Bedingungen unter Einleitung entsprechender Maßnahmen erlaubt dann eine gegenüber der Konkurrenz schnellere Reaktion.[1162] Bei der Entwicklung erfolgreicher Instrumentalstrategien ist vor allem an die Verwendung aktueller Aktions- und Reaktionsdaten in Wirkungsanalysen z.B. zur zielgruppenspezifischen Erfolgskontrolle bisheriger Angebotsstrategien bzw. in lost-order-Analysen zu denken, die die Gründe für erfolglose Akquisitionsbemühungen offenlegen sollen.[1163] Die Erfassung von Konkurrenzdaten bzw. konkurrenzbezogenen Reaktionsdaten der Nachfrager (z.B. auf Konkurrenzprodukte bzw. -aktionen bezogene Einstellungen oder Verhaltensweisen) ermöglicht darüber hinaus die Analyse der Instrumentalstrategien von Wettbewerbern.[1164] Werden die entwickelten Problemlösungsvorschläge in einer Know-How-Datenbank etwa nach dem Kriterium des Markterfolges (Positiv-/Negativlösungen) laufend gespeichert, so können in Verbindung mit kundenspezifischen Daten Ansätze für zielgruppengerechte Produktdifferenzierungen gewonnen werden.[1165] In der operativen Umsetzung lassen sich Maßnahmen des Marketingmix flexibler gestalten und den Erfordernissen dynamischer Märkte besser anpassen. In diesem Zusammenhang ist etwa die unmittelbare Reaktion auf begonnene Marketingaktivitäten der Konkurrenten durch die Entwicklung von Gegenmaßnahmen zu denken, über die wiederum alle Vertriebsberater unmittelbar in Kenntnis gesetzt werden.[1166]

7.3.4.2 Nutzung generierter Marktdaten im Data Base Marketing

Data Base Marketing (DBM) beinhaltet die Planung, Gestaltung und Durchführung von Marketingaktivitäten auf Basis kundenspezifischen Wissens, das in einer Kunden- bzw. Interessentendatenbank gespeichert ist.[1167] Die in dieser Datenbasis enthaltenen Merkmalsprofile von aktuellen und potentiellen Kunden bilden den Ausgangspunkt des DBM.[1168] Durch die kontinuierliche Erfassung aller auf den Einzelkunden bezogenen Aktions- und Reaktionsdaten soll in Verbindung mit den Grund- und Potentialdaten ein detailliertes Abbild der

---

[1162] Vgl. Link, J. (1993), S. 1129. Link, J. (1991), S. 777 ff. stellt ein in ein CAS-System integrierbares eigenständiges Früherkennungssystem vor.

[1163] Vgl. Kreutzer, R. T. (1995), Sp. 404; Link, J.; Hildebrand, V. (1994c), S. 110.

[1164] Vgl. Link, J.; Hildebrand, V. (1994), S. 110.

[1165] Vgl. Matschke, R. u.a. (1984), S. 478.

[1166] Vgl. Link, J.; Hildebrand, V. (1995a), S. 49; (1993), S. 143.

[1167] Vgl. z.B. Diller, H. (1992), S. 164; Flory, M. (1995), S. 79; Kreutzer, R. T. (1995), Sp. 403, 405; Link, J.; Hildebrand, V. (1994c), S. 108; (1995a), S. 47;

[1168] Vgl. Töpfer, A. (1992), S. 666.

einzelnen Nachfrager geschaffen werden, das die fallspezifische Gestaltung der Beziehung zu diesen gestattet.[1169] Hierdurch sollen die Voraussetzungen geschaffen werden, dem jeweiligen Kunden zum richtigen Zeitpunkt ein maßgeschneidertes Informations- und Leistungsangebot unterbreiten zu können und damit Streuverluste kommunikationspolitischer Aktivitäten zu reduzieren.[1170] Der dem DBM zugrunde liegende Kerngedanke stellt dabei keine Innovation dar. Im Investitionsgüterbereich, insbesondere bei spezifikationsbedürftigen, auf die spezifischen Nachfragerbedürfnisse abgestimmten Leistungen, sowie in vielen Dienstleistungsbereichen (z.B. Banken und Versicherungen) ist das individualisierte Eingehen auf Kundenbedürfnisse keine Neuheit. Neu am Konzept des DBM ist allerdings nicht nur, daß auf der Grundlage der Datenbasis ein "segment-of-one-Marketing"[1171] auch auf Massenmärkten mit bisher anonymen Abnehmern angestrebt wird.[1172] DBM ist zudem nicht als einzelne Funktion innerhalb der Unternehmensorganisation zu verstehen, sondern im Sinne einer Querschnittsfunktion vielmehr Ausdruck einer den Kunden fokussierenden Ausrichtung des Unternehmens, die sich etwa in den strategischen und operativen Marketingbereichen konkretisieren kann.[1173]

Die Synergieeffekte des Einsatzes von AUS in bezug auf das DBM bestehen in erster Linie in der Übermittlung der täglich erfaßten Marktdaten zur Aktualisierung der Datenbasis.[1174] Förderlich wirkt sich hier die grundsätzlich enge Verzahnung zwischen dem AUS und dem DBM aus, die darin zum Ausdruck kommt, daß die jeweiligen beraterspezifischen Kundendateien des AUS letztendlich als Bestandteil der umfassenden Kundendatenbank des DBM-Systems zu verstehen sind. Die Verfügbarkeit aktueller Kundendaten bietet zum einen im Rahmen der strategischen Marketingplanung zahlreiche Ansatzpunkte, die bereits Gegenstand der Ausführungen zu den Synergiepotentialen in bezug auf die Unterstützung von Managemententscheidungen waren. Im Rahmen des operativen Marketing kann sich DBM grundsätzlich auf alle Instrumentalbereiche des Marketingmix beziehen,[1175] der Schwerpunkt dürfte allerdings in der Abstimmung der kommunikationspolitischen Aktivitäten liegen. Die Synergieeffekte bestehen hier konkret zum einen in der Übermittlung von Grund- bzw. Potentialdaten neu kontaktierter Nachfrager, die als potentielle Kunden von Interesse sind. Ebenso beziehen sie sich auf Datenveränderungen, insbesondere auf Aktions- und Reaktionsdaten bei bereits erfaßten Nachfragern. Hier kann durch die Übermittlung der Aktionsda-

[1169] Vgl. Munkelt, I. (1995), S. 102.

[1170] Vgl. Kreutzer, R. T. (1995), Sp. 404; Link, J.; Hildebrand, V. (1995a), S. 47; Rensmann, F. J. (1993), S. 98 ff.; Töpfer, A. (1992), S. 666 f.

[1171] Vgl. Herp, T. (1990), S. 77.

[1172] Zu spezifischen Verfahren der Auswertung von Kundendatenbanken vgl. Flory, M. (1995), S. 102.

[1173] Vgl. Rensmann, F.J. (1993), S. 95.

[1174] Vgl. Link, J.; Hildebrand, V. (1994c), S. 114 f.

[1175] Vgl. Kreutzer, T. (1992), S. 327 f.

ten des Verkaufsberaters (z.B. über die unterbreiteten Informations- bzw. Produktangebote) und sich auf eigene bzw. Konkurrenzaktivitäten beziehende Reaktionsdaten, die Abstimmung und damit die Wirksamkeit der übrigen kommunikationspolitischen Aktivitäten zur individuellen Nachfrageransprache erhöht werden. Interessant erscheint in diesem Zusammenhang auch die Möglichkeit der automatischen Generierung der kundenbezogenen Abfragestrukturen, die wichtige Hinweise für die weitere kommunikative Ansprache liefern können.[1176] Hier ist zwar die Gefahr von Verzerrungen aufgrund des durch den Verkaufsberater geführten Dialog gegeben, allerdings ermöglicht die Verbindung der Abfragestruktur mit den individuellen Kundendaten Hinweise auf zielgruppenspezifische Informations- und Leistungsbedürfnisse.

Im Rahmen der operativen Umsetzung kommt dem Querschnittscharakter des DBM mit Blick auf die Verwendung individueller Kundendaten vor allem in der Kommunikationspolitik besondere Bedeutung zu.[1177] Individuell zusammengestellte schriftliche Informationsunterlagen bzw. Einladungen zu Veranstaltungen oder Leistungsvorführungen durch Direct Mailings oder auch stärker einzelfallspezifisch ausgerichtete Telefonkontakte stellen hier Beispiele dar. Insbesondere im Rahmen des Direktmarketing als zentralem Wegbereiter des DBM stehen eine Vielzahl von Anwendungsmöglichkeiten zur Verfügung.[1178] Dabei steht außer Frage, daß die Ansprache von Nachfragern, die bisher keine Kenntnis vom Anbieter und dessen Leistungsspektrum hatten, anders erfolgen sollte, als bei bereits informierten Kunden. Erstkäufer sind anders anzusprechen als Kunden mit Erweiterungsbedarf. Die fallspezifische bedürfnisgerechte Kommunikation kann hier nicht nur durch aktuelle Aktions- und Reaktionsdaten erheblich verbessert werden.

Vorteilspotentiale erschließen sich darüber hinaus aus der engen Verzahnung der Datenbanken von AUS und DBM ebenso wiederum in bezug auf den konkreten Einsatz im Beratungsgespräch. Im Rahmen der persönlichen Kundenberatung stellt dabei die Verwendung der Grund- bzw. Potentialdaten der Kundendatenbank durch das AUS etwa zur Vorbereitung einer kundenindividuellen multimedialen Präsentation insofern eine konkrete Ausprägung des DBM dar. Im Hinblick auf die Produkt- und Sortimentsgestaltung können auf Grundlage der Datenbasis wiederum kunden- bzw. segmentspezifische Produktanpassungen vorgenommen werden,[1179] die im Rahmen des Einsatzes des AUS in der einzelfallspezifischen Produktkonfiguration zum Ausdruck kommen. Bezüglich der Konditionengestaltung bietet

---

[1176]Vgl. Glomb, H.J. (1995c), S. 132. Siehe auch bereits Brockhoff, K. (1987), S. 12. Vgl. auch die Ausführungen in Kap. 5.3.2.1.1 zur automatischen Generierung von Nutzungsprotokollen bei POI-Systemen zur Kundenselbstbedienung.

[1177]Vgl. Link, J.; Hildebrand, V. (1995a), S. 47.

[1178]Vgl. dazu ausführlich z.B. Dallmer, H. (1991); Holland, H. (1993); Rensmann, R.T. (1993), S. 98 ff.

[1179]Vgl. Link, J.; Hildebrand, V. (1994c), S. 111.

sich die Speicherung abnehmerbezogener Zahlungsbedingungen an, die bei der Verwendung des Moduls zur Kalkulation des Angebotspreises berücksichtigt werden können.[1180] Individuelle Finanzierungskonzepte werden im Rahmen der elektronischen Finanzierungs- und Subventionsberatung auf Basis aktueller Nachfragerdaten entwickelt. Distributionspolitische Relevanz erhalten kundenindividuelle Daten schließlich in Verbindung mit der Festlegung von Lieferzeiten durch Abstimmung mit Daten der Produktionsplanung.

7.3.4.3 Innovationspolitische Nutzung generierter Marktdaten

Innovationen bezeichnen neuartige Produkte oder Verfahren, die in den Markt oder das Unternehmen erstmalig eingeführt werden.[1181] Unter dem Aspekt der Erzielung von Wettbewerbsvorteilen durch neuartige Problemlösungen betrachtet, kann eine Einschränkung auf Marktneuheiten erfolgen,[1182] kommt hierin doch die Fähigkeit des Unternehmens zum Ausdruck, geänderten Bedürfnisstrukturen zu entsprechen, die durch das bestehende Angebot der Konkurrenz nicht vollständig befriedigt werden können. Unter strategischen Gesichtspunkten beinhalten Innovationen damit zum einen eine technisch qualitative Komponente, die in der Neuartigkeit der Eigenschaftskombination des Produktes zum Ausdruck kommt. Gleichzeitig besteht eine zeitliche Dimension, impliziert die Neuartigkeit doch, daß das einführende Unternehmen das Produkt schneller als die Konkurrenz entwickeln und auf dem Markt plazieren konnte.[1183] Der Anstoß zur Innovationstätigkeit kann dabei einmal durch die technologische Weiterentwicklung induziert werden ("Technology Push"-Innovationen).[1184] Im Hinblick auf die wettbewerbsstrategische Bedeutung erscheinen allerdings aus dem Nachfragebereich stammende Anstöße ("Demand Pull"-Innovationen)[1185] bedeutsamer, da hierin latente bzw. konkrete Bedürfnisse zum Ausdruck kommen, die nicht erst durch den Kommunikationsmix geschaffen werden müssen.[1186] Letztlich wird nur der Anbieter erfolgreich sein, der in der Lage ist, Nachfragerprobleme zu identifizieren und zu analysieren, sich ändernde bzw. neu entstehende Bedürfnisse zu erkennen und diese schneller als die Konkurrenz in innovative Problemlösungen umzusetzen.[1187] Berücksichtigt man, daß in Abhängigkeit von der Branchenzugehörigkeit zum Teil über die Hälfte der letztendlich zu marktreifen Pro-

[1180]Vgl. Link, J.; Hildebrand, V. (1995a), S. 47.
[1181]Vgl. Albach, H. u.a. (1991), S. 310; Hauschildt, J. (1989), S. 256; Perillieux, R. (1987), S. 14.
[1182]Zur Unterscheidung von Unternehmens- und Marktneuheiten vgl. Perillieux, R. (1987), S. 14.
[1183]Vgl. Hauschildt, J. (1989), S. 257.
[1184]Vgl. Albach, H. u.a. (1991), S. 311; Trommsdorff, V. (1995b), S. 3; Wolfrum, B. (1994), S. 1016.
[1185]Vgl. Riekhof, H.C. (1989), S. 240; Trommsdorff, V. (1995b), S. 3.
[1186]Vgl. zur Unterscheidung von nutzerdominierten und herstellerdominierten Innovationen Hippel, E.v. (1977), S. 61.
[1187]Vgl. Buttler, G.; Stegner, E. (1990), S. 938; Riekhof, H.C. (1989), S. 241.

dukten führenden Anstöße aus dem Markt stammen,[1188] wird die hohe Bedeutung von Marktwissen als Wettbewerbsfaktor schnell ersichtlich.

In diesem Zusammenhang stellt eine effiziente Koordination zwischen Absatzbereich und Forschung und Entwicklung eine wesentliche Voraussetzung für die tatsächliche Umsetzung der Marktanregungen in Problemlösungen dar.[1189] Erhebliche Bedeutung kommt hier einer umfassenden und detaillierten Informationsversorgung der Forschung und Entwicklung zu, um die konkreten Probleme bestimmter Teilleistungseigenschaften als Basis von Weiter- und Neuentwicklungen lokalisieren zu können und eine problemlösungsgerechte Innovationsfindung zu gewährleisten. Konkret nimmt bei der Planung und Konzipierung des Produktentwurfs (z.B. neuartige Komponente oder Komponentenkombination durch veränderte Schnittstellengestaltung) vor allem die Analyse von Kundenanfragen eine zentrale Stellung ein. Die technisch-wirtschaftliche Bewertung der in der Konzipierungsphase erarbeiteten Lösungsvarianten kann hingegen durch Daten über die Absetzbarkeit ähnlicher Varianten unterstützt werden.[1190] Besonders wichtig ist schließlich die Aktualität der Marktdaten, um ein den entstandenen Bedürfnisstrukturen hinterherhinkendes und möglicherweise zum Zeitpunkt des Markteintrittes nur noch teilweise problemlösungsgerechtes Leistungsangebot zu vermeiden. Hier stellen insbesondere die im Rahmen der persönlichen Kundenkontakte erfolgende Offenbarung der aktuellen nachfragerspezifischen Problemsituationen und die anschließende Analyse der Bedarfsstruktur eine wichtige Grundlage der Datengenerierung dar.[1191]

Diese Gedanken aufgreifend bietet der Einsatz von AUS ein nicht unerhebliches Potential der ständigen Erfassung von Marktdaten zur Generierung von Ideen für produktpolitische Weiter- bzw. Neuentwicklungen. Die laufende Gewinnung einer Vielzahl aktueller Informationen in der persönlichen Verkaufsberatung über die Problemsituation des Nachfragers und Problemlösungsangebote der Konkurrenz, die in Urteilen, Einstellungen und Beschwerden zu einzelnen Konfigurationsvorschlägen bzw. einzelnen Komponenten oder konstruktiven Änderungsvorschlägen in bezug auf einzelne Komponenten oder erwünschte neuartige Komponentenkombinationen zum Ausdruck gebracht werden, können Ansatzpunkte für Produktinnovationen im Markt aufzeigen, die dann Innovationsprozesse in Gang setzen.[1192] Die sofortige Verfügbarkeit der Daten am Tage ihrer Erfassung durch automatische Verteilerroutinen stellt

---

[1188] Vgl. Encarnacao, J.L. u.a. (1990), S. 9.
[1189] Ein ausführlicher Überblick zur Schnittstellengestaltung zwischen Vertrieb sowie Forschung und Entwicklung findet sich z.B. bei Wolfrum, B. (1994), S. 1018 ff.
[1190] Vgl. Becker, J. (1991), S. 39.
[1191] Vgl. Encarnacao, J.L. u.a. (1990), S. 44.
[1192] Vgl. Link, J.; Hildebrand, V. (1993), S. 146; Schwetz, W. (1990), S. 124.

mit Blick auf die notwendige Schnelligkeit des Innovationsprozesses ein nicht unerhebliches Vorteilspotential dar. Insbesondere die Möglichkeit der Einräumung von Verbesserungsvorschlägen unmittelbar bei der multimedialen Präsentation und Selektion der Komponenten innerhalb der einzelnen Konfigurationsstufen bietet neue Ansatzpunkte der Generierung detailspezifischer Vorschläge für Produktmodifikationen bzw. Neuentwicklungen. Die multimediale Präsentation birgt zudem die Möglichkeit, unterschiedliche Varianten von Neuentwicklungen durch die Nachfrager vergleichend beurteilen zu lassen und ist insofern ebenfalls Ausdruck nachfragerorientierter Innovationspolitik. Zukünftig könnten etwa durch CAD-Anwendungen auch im Hinblick auf die Nutzung des EPK einzelne Komponenten in bezug auf ihre konkrete Ausprägung modifikationsfähig gestaltet und den Nachfragervorschlägen entsprechend angepaßt werden. Durch den elektronischen Datentransfer zum EDV-System der Forschung und Entwicklung ließe sich eine unmittelbare Berücksichtigung der Nachfragerbedürfnisse bei der Produktentwicklung durch die direkte Einbeziehung des Entwurfs gewährleisten. Die Effizienz des Prozesses des Softwaredesigns von Produktinnovationen würde hierdurch zudem gesteigert.[1193]

Gleichzeitig würde eine konsequent kundennahe und dialogorientierte Neuproduktentwicklung marktwirksam unterstrichen, indem dem Nachfrager z.B. durch die explizite Einräumung von Verbesserungsanregungen die Bedarfsorientierung der Produktentwicklung unmittelbar bewußt gemacht wird. Innovationspolitische Bedeutung kann in diesem Zusammenhang allerdings auch einer Know-How-Datenbank zukommen. Werden die im Rahmen der Angebotserstellung konzipierten Problemlösungsvorschläge laufend gespeichert, lassen sich z.B. durch die Auswertung von Negativlösungen Innovationsanstöße finden.[1194] Schließlich beinhaltet die Berücksichtigung nachfragerindividueller soziodemographischer und psychographischer Daten die Möglichkeit zur Selektion von Testkunden oder zur Produkteinführung besonders prädestiniert erscheinender Nachfrager.[1195]

[1193] Zur Bedeutung softwarebasierter Innovationen vgl. Quinn, J.B. u.a. (1996), S. 11 ff.

[1194] Vgl. Matschke, R. u.a. (1984), S. 472, 478. In den genannten Fällen handelt es sich um einen Hybridfall der synergetischen Nutzung von Softwaremodulen und generierter Marktdaten.

[1195] Vgl. Link, J.; Hildebrand, V. (1993), S. 146.

285

7.4 AUS als Instrument eines umfassenden Qualitätsmanagements

Ausgangspunkt der nachfolgenden Analyse stellt das teleologische Qualitätsverständnis dar,[1196] bei dem ausgehend von den subjektiven Qualitätsanforderungen des Nachfragers ein objektiver Maßstab für die Qualitätsgestaltung durch den Anbieter abgeleitet wird. Gegenüber der nachfragerorientierten Betrachtung der wahrgenommenen Beratungs- bzw. Kontaktqualität soll nunmehr das Wirkungspotential von AUS als Aspekt eines umfassenden Qualitätsmanagements[1197] in der Anbieterorganisation erörtert werden, gerichtet auf die Einhaltung der Qualitätsanforderungen des Nachfragers. AUS sollen dabei allerdings nicht im Sinne explizit auf die Implementierung von Qualitätsmanagementsystem ausgerichteter computergestützter Informationssysteme -sogenannter Qualitätsinformationssysteme- verstanden werden,[1198] sondern vielmehr als ein Instrument zur Umsetzung eines umfassenden Verständnisses von Qualitätssicherung und -verbesserung.[1199]

Basierend auf der Erkenntnis einer zu kurz greifenden rein leistungsergebnisorientierten Qualitätsauffassung[1200] soll hier die Betrachtung über die Leistungserstellungsprozesse auf ein umfassendes Qualitätsverständnis ausgeweitet werden. Dabei gilt es, den Aspekt der Qualitätssicherung unter Berücksichtigung eines dynamischen Wettbewerbsumfeldes ebenso wie Bemühungen der Qualitätsverbesserung einzubeziehen.[1201] Die Begründung dieser Ausweitung des Qualitätsverständnisses liegt in der Bedeutung der Qualität als strategischer Wettbewerbsvorteil, letztendlich definiert über die subjektive Leistungsbeurteilung aus Nachfragerperspektive.[1202] Ein umfassendes Qualitätsmanagement trägt damit der Tatsache Rechnung, daß ein solches Qualitätsverständnis als Wettbewerbsfaktor von herausragender Bedeutung ist.[1203] Andererseits wird eine Ausweitung des Qualitätsbewußtseins auf das ge-

---

[1196] Vgl. Kap. 5.2.2.
[1197] Vgl. z.B. Haedrich, G. (1995), Sp. 2205 ff.; Töpfer, A. (1993), S. 8 ff. Qualitätsmanagement kann als Oberbegriff für alle qualitätsrelevanten Tätigkeiten verstanden werden. Vgl. Petrick, K.; Rühlen, H. (1994), S. 91; Scharnbacher, K.; Kiefer, G. (1996), S. 37.
[1198] Vgl. Grabowski, H. u.a. (1996), S. 65 ff. Beispiele hierfür finden sich z.B. bei Stockinger, K. (1994), S. 681 ff., der ein auf die Erfassung externer Fehler gerichtetes elektronisches System der "Marktberichterstattung und Produktbearbeitung" darstellt oder bei Doch, K. (1994), S. 959 ff., der ein die organisatorische Umsetzung der Implementierung begleitendes Informationssystem beschreibt. Becker, J. (1991), S. 165 stellt hingegen ein auf die Ermittlung der einzelnen Qualitätskosten gerichtetes System vor. Es sei allerdings darauf hingewiesen, daß Qualitätsinformationssysteme durchaus auch auftragsbezogene Daten beinhalten können. Vgl. Grabowski, H. u.a. (1996), S. 65.
[1199] Dies schließt den elektronischen Transfer von qualitätsrelevanten Daten von AUS in diese Anwendungen natürlich nicht aus. Vgl. dazu Kap. 7.1.
[1200] Vgl. Engelhardt, W.H.; Schütz, P. (1991), S. 395; Freiling, J. (1994), S. 14; Scharnbacher, K.; Kiefer, G. (1996), S. 37; Töpfer, A.; Mehdorn, H. (1993), S. 9.
[1201] Vgl. Freiling, J. (1994), S. 17.
[1202] Vgl. Haedrich, G. (1995), Sp. 2207 f.; Engelhardt, W.H.; Schütz, P. (1991), S. 395; Jacob, F. (1995), S. 104. Siehe auch Kap. 6.2.
[1203] Vgl. Jacob, F. (1995), S. 104.

samte Unternehmen notwendig, die durch eine rein leistungsergebnisorientierte Qualitätskon-
trolle nicht geleistet werden kann.[1204] Zwar dürfte die Qualitätsbeurteilung durch den
Nachfrager maßgeblich durch die wahrgenommene Qualität des nachgefragten Leistungsergebnisses als Problemlösung bestimmt werden, jedoch können bereits zahlreiche Quali-
tätsmängel an den vorgelagerten Leistungserstellungsprozessen bzw. den eingesetzten Potentialfaktoren aufgetreten sein, die eine entsprechende Ausweitung der Qualitätssicherung
auf die genannten Bereiche und Bestrebungen zur Qualitätsverbesserung im Sinne eines
Total-Quality-Begriffsverständnisses notwendig machen.[1205] Es handelt sich dabei um einen
stärker präventiv auf ein ganzheitliches Qualitätsbewußtsein ausgerichteten Denk- und
Handlungsansatz, der statt ergebnisorientierter Kontrollen Qualität als Bestandteil der Un-
ternehmensphilosophie und -kultur betrachtet und eine qualitätsorientierte Bewußtseinsbil-
dung und deren Umsetzung in organisatorische Maßnahmen zum Gegenstand hat.[1206] Ohne
konkrete Ansätze zur Umsetzung dieses Qualitätsverständnisses und Implementierungsstrate-
gien zu diskutieren[1207], sollen die Ansatzpunkte des Einsatzes von AUS als Element der
Qualitätssicherung und -verbesserung entlang der konzeptionellen Dimensionen dieses
umfassenden Qualitätsverständnisses dargestellt werden.

Als Ausgangspunkt der Betrachtung des Beitrages von AUS zur Qualitätssicherung und
Qualitätsverbesserung soll hier der an den Leistungserstellungsprozessen orientierte Qualitätskreis der DIN ISO 9004 gewählt werden, der das "Qualitätsmanagement und Elemente eines Qualitätssicherungssystems" regelt und alle qualitätsrelevanten Tätigkeiten einbezieht, die
die Erstellung einer Leistung betreffen.[1208] Dargestellt werden hier "alle Phasen von der ersten
Identifikation bis zur abschließenden Erfüllung der Forderungen und der Erwartungen des
Kunden."[1209] Die nachstehende Abbildung verdeutlicht diese Zusammenhänge.

[1204] Vgl. Haedrich; G. (1995), Sp. 2208.
[1205] Vgl. Engelhardt, W.H.; Schütz, P. (1991), S. 396; Freiling, J. (1994), S. 15. Zum Konzept des Total
Quality Management (TQM) vgl. weiterhin Bruhn, M. (1995b), S. 41 f.; Haedrich, G. (1995), Sp. 2210
ff.; Klein, H. (1995), S. 489 f.; Scharnbacher, K.; Kiefer, G. (1996), S. 37; Töpfer, A. (1995), S. 552 ff.
[1206] Vgl. Haedrich, G. (1995), Sp. 2210; Scharnbacher, K.; Kiefer, G. (1996), S. 37; Töpfer, A. (1995), S.
553.
[1207] Vgl. dazu Freiling, J. (1994), S. 24 ff.; Töpfer, A. (1993), S. 176 ff.
[1208] Vgl. Deutsches Institut für Normung (1990), S. 10. Siehe dazu auch Engelhardt, W.H.; Schütz, P. (1991),
S. 395; Scharnbacher, K.; Kiefer, G. (1996), S. 37. Die Normenreihe DIN ISO 9000-9004 des Deutschen
Institutes für Normung enthält Regeln für die zweckmäßige Gestaltung der Implementierung von Quali-
tätssicherungs*systemen*. Der Nachweis der Einhaltung der geforderten Vorschriften kann durch Zertifizierung erfolgen. Vgl. Engelhardt, W.H.; Schütz, P. (1991), S. 398; Töpfer, A. (1995), S. 552.
[1209] Deutsches Institut für Normung (1990), S. 9.

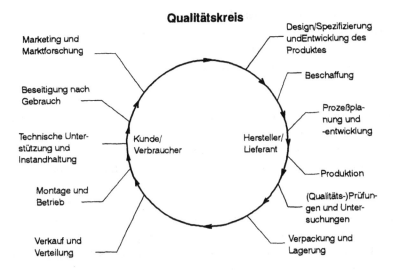

Abb. 24: Qualitätskreis

Quelle: Deutsches Institut für Normung (1990), DIN ISO 9004, S. 10.

Auch wenn diese Darstellung des Prozeßablaufs der Leistungserstellung sich eher an für den anonymen Markt vorproduzierten Austauschgütern orientiert[1210] und somit in bezug auf die konkrete Prozeßabfolge der Leistungserstellung der hier betrachteten und durch den Nachfrager zumindest in Teilbereichen individuell zu spezifizierenden konfigurationsbedürftigen Leistungen nicht vollständig entspricht (so müßte z.B. der Bereich "Verkauf und Verteilung" maßgeblich auch Aspekte des "Designs bzw. der Spezifizierung des Produktes" beinhalten), erscheint diese umfassende Darstellungsweise doch geeignet, Ansatzpunkte des Einsatzes von AUS im Rahmen eines vom Vertrieb ausgehenden Qualitätssicherungskonzeptes aufzuzeigen.[1211] Ohne auf die im einzelnen bereits ausführlich diskutierten Wirkungspotentiale von AUS entlang der Prozeßkette wiederholend einzugehen, sollen nachfolgend aber kurz dessen qualitätssicherungsrelevante Wirkungen entlang des Qualitätskreises dargestellt werden. Die konkrete Erfüllung der Anforderungen der Richtlinien an die Qualitätssicherung durch die Computerunterstützung in der Verkaufsberatung begründet damit letztendlich auch

---

[1210] Hierfür sprechen unter anderem die fehlenden Qualitätsvorschriften für das im Qualitätskreis berücksichtigte Element "Verkauf und Verteilung", die auf einen Absatz der Produkte durch außerhalb der Herstellerverantwortung liegende Distributionsinstanzen hinweisen und damit die schrittweise nachfragerspezifische Leistungskonzeptionierung in einem Interaktionsprozeß zwischen Hersteller und Nachfrager tendenziell nicht meint.

[1211] *Engelhardt* weist bereits 1974 auf die besondere Bedeutung der Qualitätssicherung im Absatzprozeß hin. Vgl. Engelhardt, W.H. (1974), Sp. 1809.

den Einsatz von AUS als Element bzw. Aspekt eines Qualitätssicherungskonzeptes, da Grundlage des Nachweises implementierter Qualitätssicherungsmaßnahmen durch Zertifizierung wiederum die Einhaltung der Anforderungen der entsprechenden Normen darstellt, die durch die Wirkungen des Rechnereinsatzes auf die Prozesse anschaulich dokumentiert werden kann.

Beginnend beim Qualitätselement *"Marketing und Marktforschung"* kommt in der durch den Systemeinsatz unterstützten laufenden Erfassung aktueller Marktdaten insbesondere in Form bestehender oder zukünftiger Nachfragerbedürfnisse und deren Sicherung als Grund- bzw. Potentialdaten doch gerade die geforderte Ermittlung der an die Leistung gestellten Markterfordernisse unter Berücksichtigung von Erwartungen und Neigungen zum Ausdruck.[1212] Ebenso beinhaltet die computergestützte Bedarfsanalyse bzw. die Unterstützung der letztendlichen Leistungsauswahl durch die multimediale Leistungskonfiguration nichts anderes als die Qualitätsverpflichtung im Bereich des *Designs und der Spezifizierung* der Produkte.[1213] Kundenzufriedenheit soll hier durch die Vermeidung von Fehlern bei der Übertragung der Kundenanforderungen in technische Spezifikationen und die Art und Weise der Faktorenkombination zur gewünschten Leistung erreicht werden.[1214] Konkrete Ausprägung der im Rahmen der Designverifizierung der entwickelten Produkte geforderten Durchführung alternativer Berechnungen oder Designvergleiche bzw. Durchführungen von Demonstrationen[1215] können durch computergestützte technische oder wirtschaftliche Alternativenvergleiche bzw. durch die multimediale Produktpräsentation im Rahmen der Produktkonzeptionierung konkret umgesetzt werden. Der geforderten Dokumentation des Designergebnisses[1216] wird letztendlich nach innen durch die Zusammenfassung der angebots- bzw. auftragsspezifischen Daten und den Transfer an die weiterverarbeitenden Organisationsinstanzen im Modul zur Auftragsdatenerfassung bzw. Auftragsdatenübermittlung entsprochen, nach außen durch die Erstellung eines die technische Spezifikation beinhaltenden Ausdrucks des Angebotsvorschlages bzw. der endgültigen Auftragsbestätigung. Dabei stellt der Datentransfer an die Produktionsinstanzen schließlich nichts anderes als eine Ausprägung der in der DIN ISO 9004 geforderten Sicherstellung der Prozeßfähigkeit[1217] in dem Sinne, daß "Arbeitsvorgänge, (...) welche einen entscheidenden Einfluß auf die Produktqualität haben können,"[1218] unter be-

---

[1212] Vgl. Deutsches Institut für Normung (1990), S. 17.
[1213] Vgl. Deutsches Institut für Normung (1990), S. 18. Im Zusammenhang mit dem hier betrachteten Einsatz von AUS gelten die nachfolgenden Ausführungen nicht für die vom spezifischen Bedarf unabhängige Faktorkombination, sondern sind in bezug auf den nachfragerindividuell zu spezifizierenden Teilbereich der Leistungsgestaltung zu verstehen.
[1214] Vgl. Deutsches Institut für Normung (1993), S. 4.
[1215] Vgl. Deutsches Institut für Normung (1993), S. 9.
[1216] Vgl. Deutsches Institut für Normung (1993), S. 9.
[1217] Vgl. Deutsches Institut für Normung (1990), S. 29.
[1218] Deutsches Institut für Normung (1990), S. 29.

herrschten Bedingungen stattfinden, die u.a. die Einhaltung der vorgegebenen Spezifikation im Rahmen des Leistungserstellungsprozesses beinhalten.[1219] AUS stellen zusammenfassend eine auf die Vertriebsprozesse bezogene Qualitätssicherung und -verbesserung dar, die sich zudem, aufgrund der für die Erstellung des nachgefragten Endproduktes entscheidenden Bedeutung, bei entsprechender Integration in die interne Datenverarbeitung ebenso in den nachgelagerten Leistungserstellungsprozessen auswirkt.

Der Gedanke der umfassenden Qualitätssicherung und -verbesserung kann jedoch auch durch eine prozeßfokussierende Ausweitung nicht vollständig realisiert werden, da die Qualität der Faktorkombination maßgeblich durch die Qualität der eingesetzten Potentialfaktoren und Vorleistungen beeinflußt wird. Ein Qualitätsverständnis im Sinne einer "Total Quality" macht hier die weitergehende Einbeziehung der Ebene der Leistungspotentiale und der Außenbeziehung, hier vor allem der Vorleistungen der Zulieferer notwendig, die in der nachfolgenden Abbildung verdeutlicht wird.

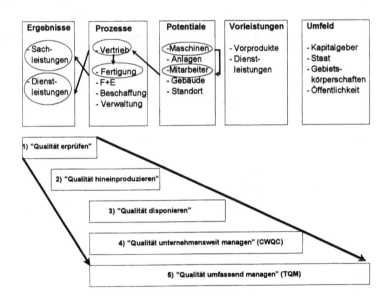

Abb. 25: Die Entwicklungsstufen zu einem umfassenden Qualitätsmanagement
Quelle: Freiling, J. (1994), S. 15.

[1219] Vgl. Deutsches Institut für Normung (1993), S. 12.

Obige Darstellung wurde gewählt, da sie einerseits die grundsätzlichen Ansatzpunkte der Qualitätssicherung des Qualitätskreises integriert, zum anderen sich aber der Potentialbezug von AUS sowie bestehende Wechselwirkungen über die unterschiedlichen Betrachtungsebenen veranschaulichen lassen. Dem Gedanken eines auf die Potentialfaktoren ausgeweiteten Qualitätsverständnisses kommt der Einsatz von AUS in der persönlichen Verkaufsberatung insofern entgegen, als es sich um einen eigenständigen Potentialfaktor handelt, der die Verfügbarkeit der durch den Verkaufsberater notwendigerweise bereitzustellenden Informationen gegenüber konventionellen Beratungsunterlagen nicht unerheblich verbessert. Einerseits trägt der Einsatz von AUS auf dieser Betrachtungsebene damit tendenziell zu einer Qualitätserhöhung der Potentialfaktoren Personal und Wissen bei (Qualität disponieren). Zum anderen fördern die aufgezeigten Wirkungspotentiale der Computerunterstützung die Qualität der konkret auf die Leistungserstellung gerichteten Prozesse der Leistungskonzeptionierung im Vertrieb und deren Umsetzung in der Fertigung (Qualität hineinproduzieren), was letztendlich auf der Ergebnisebene in der Erhöhung der wahrgenommenen Beratungsqualität bzw. der Qualität der nachgefragten Problemlösung zum Ausdruck kommt. In diesem Sinne beinhaltet der Einsatz computergestützter Angebotsformen im persönlichen Verkauf ein auf die Potentiale ausgeweitetes Verständnis des Qualitätsmanagements, das gleichzeitig eine Verbesserung der Prozeßqualität impliziert und durch die vorgelagerte Fehlerreduzierung somit zu einer Qualitätserhöhung des Leistungsergebnisses führt.

Aus Sicht einer marktorientierten Unternehmensführung ist der Beitrag von AUS zur Qualitätssicherung und -verbesserung damit primär auf eine Verbesserung der durch den Nachfrager wahrgenommenen Leistungsqualität gerichtet. Zur Analyse der Wirkungspotentiale des Einsatzes von AUS wird daher nachfolgend eine Perspektive eingenommen, die in erster Linie auf die unternehmensinternen Wirkungen abstellt, gleichwohl allerdings die marktgerichteten Wirkungspotentiale berücksichtigt. Unter der zugrunde gelegten Qualitätsperspektive stehen hier insbesondere Kostenreduzierungspotentiale im Vordergrund, die vor allem aus der computerinduzierten Verringerung von Fehlern resultieren und in sogenannten *Qualitätskosten* zum Ausdruck kommen.[1220] Je stärker die Leistungserstellung gegenüber dem Nachfrager individualisiert wird, je weniger auf standardisierte und stärker vertraute Einzelbestandteile zurückgegriffen werden kann, desto größer wird die Gefahr des Auftretens von Fehlern.[1221] Dies kann sich sowohl im Rahmen des Beratungsprozesses auf die Konzeptionierung der Leistungskonfiguration und Angebotsausarbeitung als auch auf die innerbetriebliche Datenweiterleitung im Rahmen der Auftragsabwicklung bis zur Erstellung der letzt-

---

[1220] Vgl. Engelhardt, W.H.; Schütz, P. (1991), S. 398; Töpfer, A. (1995), S. 567; Steinbach, W. (1994), S. 65. Siehe auch Redman, T.C. (1995), S. 99, der auf die Kostenbelastung durch fehlerhafte Daten hinweist.
[1221] Vgl. Mertens, P. u.a. (1993), S. 17.

endlich nachgefragten Problemlösung beziehen. Betrachtet man die auftragsbezogenen Daten von der Erfassung im Marktkontakt durch AUS und deren Weiterleitung über den Vertriebsinnendienst zur Produktion bis hin zum Versand als die die bedarfsspezifische Leistungserstellung erst ermöglichende Informationsgrundlage, so wird die Bedeutung eines fehlerfreien und vollständigen Datentransfers an die Datenverarbeitungssysteme der internen Instanzen der Auftragsabwicklung im Rahmen der gesamten Leistungserstellung schnell ersichtlich. Die Integration computergestützter Angebotssysteme in die unternehmensweite EDV leistet durch den medienträgerkongruenten Datentransfer erheblichen Beitrag zur Fehlervermeidung, den die nachfolgende Analyse der Wirkung auf die Kategorien der Fehlerkosten im einzelnen herausstellt.

Ordnet man nunmehr die Beiträge von AUS zur Vollständigkeit und Fehlerfreiheit der zur Leistungserstellung notwendigen Daten in eine Systematik der *Qualitätskosten* ein,[1222] so beinhaltet vor dem Hintergrund der fehlervermeidenden Ausrichtung eines umfassenden Qualitätsmanagements die Implementierung von AUS im Sinne einer Präventivmaßnahme zwar eine Investition in die Qualitätssicherung und -erhöhung, die zunächst zu einer Erhöhung der *Fehlerverhütungskosten*[1223] führt, aber aufgrund der fehlerverhütenden und fehlervorbeugenden Ausrichtung die übrigen Qualitätskosten tendenziell verringert.[1224]

Interne Fehlerkosten umfassen Folgekosten unzulänglicher Qualität, die sich aus der Nichterfüllung der Qualitätsanforderungen vor Auslieferung des Produktes in der Anbieterunternehmung ergeben.[1225] Solche Kosten z.B. für Korrekturmaßnahmen, Nacharbeit oder Ausschuß in der Anbieterunternehmung etwa durch fehlerhafte Übermittlung produktspezifischer Daten an die Fertigungsinstanzen können durch den Einsatz von AUS tendenziell reduziert werden. So unterstützen einerseits systeminterne Prüfroutinen die Einhaltung der Vollständigkeit und die Konsistenz der eingegebenen Daten bei der Angebotserstellung, der Erfassung der Auftragsdaten und deren Transfer an weiterverarbeitende DV-Systeme im Rahmen der Auftragsabwicklung und fördern einen reibungslosen Prozeßablauf.[1226] Inkonsistenzen bei der Informationsübermittlung infolge von Medienträgerbrüchen als häufige Fehlerquelle im

[1222] Vgl. Deutsches Institut für Normung (1990), S. 16; Engelhardt, W.H.; Schütz, P. (1991), S. 398; Holzapfel, M. (1992), S. 133; Plötner, O.; Jacob, F. (1996), S. 61; Steinbach, W. (1994), S. 67.

[1223] Vgl. Steinbach, W. (1994), S. 69.

[1224] Zu den Ergebnissen einer auf die Analyse der Auswirkungen der Informationsversorgung auf die Fehlerentstehung im Leistungserstellungsprozeß gerichteten Studie vgl. Grabowski, H. u.a. (1996), S. 65.

[1225] Vgl. Becker, J. (1991), S. 164; Deutsches Institut für Normung (1990), S. 16; Engelhardt, W.H.; Schütz, P. (1991), S. 398; Steinbach, W. (1994), S. 68 f.; Töpfer, A. (1993), S. 19.

[1226] Vgl. Becker, J. (1991), S. 166; Dräger, U.; Schumann, M. (1990), S. 87 f.; Gey, T. (1990), S. 140. So konnte beispielsweise ein Anbieter von Rechenanlagen die Fehlerrate bei der Produktkonfiguration durch den Einsatz wissensbasierter Systeme von 25% auf 1-2% reduzieren. Ein Büromaschinenhersteller konnte durch computergestützte Vollständigkeits- und Plausibilitätsprüfungen den Anteil fehlerhafter Produktionsaufträge von 10% auf 1% herabsetzen. Vgl. Mertens, P. u.a. (1993), S. 13 und 68.

betrieblichen Ablauf können weitgehend ausgeschlossen werden. Die erneute Bearbeitung von Angeboten wird reduziert, ebenso erübrigen sich Auftragseingangsprüfungen.[1227] Insbesondere die computergestützte Konfiguration reduziert hier die Anzahl der Aufträge, die erst in der Produktion bzw. Montage als inkonsistent und unvollständig erkannt werden. Hierdurch wird ein Beitrag zur Qualitätssicherung geleistet, da menschliche Fehler infolge von Irrtümern und Unzulänglichkeiten in diesem Kontext ausgeschlossen werden können. Gleichgerichtet wirkt die Übermittlung der Auftragsdaten per DFÜ oder die Weitergabe auf externen digitalen Speichermedien (z.B. Diskette), die zu einer Vermeidung des Auftretens von Fehlern infolge von Medienträgerbrüchen und Neuerfassungen bzw. Transformationsprozessen ursprünglich korrekt übermittelter Daten führen[1228] und hierdurch den Anteil der fehlerfrei an die nächste Stufe der Prozeßkette übermittelten Vorgänge (first pass yield)[1229] erhöhen.

Externe Fehlerkosten resultieren hingegen aus der Nichterfüllung der Qualitätsanforderungen, die erst nach Auslieferung an den Kunden durch diesen selbst wahrgenommen wird.[1230] Derartige Maßnahmen der Fehlerbeseitigung, z.B. Instandsetzung durch den technischen Kundendienst, Produktrückrufaktionen oder Entschädigungen stellen nicht nur Kostenbelastungen im operativen Sinne der konkreten Fehlerbeseitigung dar, sondern können sich aufgrund des Auftretens beim Kunden tendenziell negativ auf die Wettbewerbssituation des Anbieters auswirken.[1231] Durch die Mund-zu-Mund-Kommunikation mit weiteren potentiellen Interessenten oder im Rahmen der bestehenden Geschäftsbeziehung im Hinblick auf spätere Bedarfe können hier nicht unerhebliche strategische Negativwirkungen entstehen. Externe Fehler sind insofern auch besonders problematisch, als der Anbieter bei ausbleibenden Beschwerden und stillschweigendem Lieferantenwechsel des Kunden möglicherweise keine oder eine sehr verspätete Kenntnis des Defizites erhält.[1232] Die bessere Gewährleistung von Vollständigkeit und Fehlerfreiheit durch die Computerunterstützung wirkt dem entgegen.[1233] So kann beispielsweise der durch unvollständige oder falsch übermittelte Daten resultierenden Gefahr mangelnder Problemlösungsgerechtigkeit der Leistung (etwa durch die Auslieferung eines zentralen Leistungsbestandteils statt in nachfragerspezifisch angepaßter lediglich in standardisierter Form) erheblich reduziert werden. Gleiches gilt für die mit der Nutzung schrift-

---

[1227] Vgl. Steppan, G. (1990a), S. 89.
[1228] Vgl. Hürlimann, W. (1996), S. 38; Schumann, M. (1992), S. 77.
[1229] O.V. (1992e), S. 268.
[1230] Vgl. Deutsches Institut für Normung (1990), S. 16; Engelhardt, W.H.; Schütz, P. (1991), S. 398.
[1231] Vgl. Schumann, M. (1992), S. 81; Steinbach, W. (1994), S. 68; Töpfer, A. (1995), S. 567 f.
[1232] Vgl. Otto, A.; Reckenfelderbäumer, M. (1993), S. 24.
[1233] Vgl. Böcker, J. (1995), S. 186; Dräger, U.; Schumann, M. (1990), S. 88; Link, J.; Hildebrand, V. (1993), S. 144, 147; Maciejewski, P.G. (1991), S. 44; Mertens, P. (1991), S. 8; Schumann, M. (1992), S. 105; Steppan, G. (1990a), S. 89.

licher Katalog- bzw. Konfigurationsunterlagen infolge vergleichsweise zeitaufwendiger Druckprozesse verbundene Gefahr des Rückgriffs auf veraltete Daten in Verkaufsverhandlungen aufgrund mangelnder Verfügbarkeit aktualisierter Exemplare.[1234] Entstehen durch das Angebot veralteter Leistungsspezifika komparative Konkurrenznachteile, die sich im aktuellen oder zukünftigen Auftragsverlust konkretisieren, handelt es sich um Fehlerfolgekosten mit strategischer Wirkung.[1235] Wird z.B. im Rahmen der Durchführung von Lost-Order-Analysen ein eindeutiger Wirkungszusammenhang festgestellt, können derartige Konkurrenznachteile letztendlich als externe Fehlerkosten der Akquisitionsphase interpretiert werden. Derartige strategische Opportunitätskosten würden nicht unerhebliches Ausmaß erreichen, da sie je nach subjektiver Relevanz und Verhalten des Nachfragers sowohl zu Opportunitätskosten des Auftragseingangs, möglicherweise aber auch als Verlust der spezifischen Kundenbeziehung oder sogar weiterer potentieller oder aktueller Kunden führen. In diesem Zusammenhang ist mit Blick auf die Bewertung aber auf das bereits angesprochene Problem der direkten Zurechnungen dieser Wirkungen hinzuweisen.

Als Konsequenz der Reduzierung der internen und externen Fehlerkosten werden letztendlich auch die *Prüfkosten* verringert. Solche Kosten für die planmäßige Überprüfung der Einhaltung festgelegten Qualitätsanforderungen im Rahmen der Qualitätssicherung[1236] lassen sich vor allem im Bereich der Prozeßkontrollen insoweit reduzieren, als die angesprochenen systeminternen Prüfroutinen und der Verzicht auf wiederholte Erfassungen der Auftragsdaten im Rahmen des Datentransfers explizite Kontrollprozesse entbehrlich machen.[1237] Zwar resultiert der Verzicht auf Kontrollen der Vollständigkeit und Fehlerfreiheit der Auftragsdaten infolge einer durchgängigen betriebsinternen elektronischen Datenübermittlung nicht primär aus dem Einsatz vernetzter AUS an der Verkaufsfront, sondern stellt die Wirkung der Ausprägung der betrieblichen EDV-Integration dar.[1238] Die direkte Wirkung vernetzter AUS bezieht sich in diesem Zusammenhang vielmehr auf die trotz innerbetrieblicher EDV-Integration notwendige Dateneingangskontrolle an der Schnittstelle zur externen Verkaufsfront. Hier kann durch die weiterverarbeitungsgerechte medienträgerkonforme Anlieferung der Auftragsdaten im Verkaufsinnendienst auf den Abgleich der in die zur EDV-gerechten Weiterverarbeitung in das Computersystem des Verkaufsinnendienstes eingegebenen Auftragsdaten mit den vom Außendienst bereitgestellten schriftlichen Auftragsunterlagen vollständig verzichtet werden. AUS stellen in diesem Sinne eine Rationalisierung des Quali-

---

[1234] Vgl. Reinemuth, J. (1992), S. 37.
[1235] Vgl. Töpfer, A. (1995), S. 567.
[1236] Vgl. Engelhardt, W.H.; Schütz, P. (1991), S. 398; Steinbach, W. (1994), S. 67.
[1237] Vgl. Schumann, M. (1992), S. 19, 71.
[1238] Vgl. Mertens, P. (1991), S. 8. Siehe auch Kap. 7.1.

tätssicherungsprozesses durch Automatisierung[1239] dar, die im Zuge der Faktorensubstitution hinsichtlich der Prozeßverrichtung zu einer Verringerung der Prüfkosten führt.

Eine exakte Quantifizierung der einzelnen Kostenwirkungen erscheint problematisch.[1240] Zwar dürften die Fehlervermeidungskosten der Systemanschaffung und -implementierung noch vergleichsweise einfach ermittelbar sein, die exakte Quantifizierung der Einsparungen infolge des Wegfalls von Kontrollmaßnahmen und die Kosten der Fehlerbeseitigung aufgrund von Zurechnungsproblemen, z.B. in bezug auf den Anteil der Kontrollprozesse am Gesamtprozeß des Datentransfers bzw. in bezug auf die bei der Fehlerbeseitigung letztendlich beteiligten Instanzen, aber bereits problematisch werden. Die konkrete monetäre Erfassung der externen Fehlerkosten strategischer Art erscheint hingegen äußerst schwierig, da bei Kunden- oder Auftragsverlusten vielfach die Kenntnis der ausschlaggebenden Ursache fehlt bzw. mehrere Gründe mit unterschiedlicher Gewichtung vorliegen können und Opportunitätskosten in Form entgangener Gewinne potentieller Aufträge aufgrund der Unkenntnis über Auftragsvolumen und der letztendlich aushandelbaren Margen in den Bereich der Schätzungen fallen müssen.[1241] Tendenziell ist in diesem Zusammenhang allerdings von einer die Fehlerverhütungskosten übersteigenden Reduzierung der übrigen Qualitätskosten auszugehen.[1242]

Unter Berücksichtigung der angeführten Erörterung zu den Qualitätskosten kann die Rechtfertigung eines umfassenden Qualitätsmanagements damit ebenso auch aus der Kostenperspektive erfolgen. Dabei sind letztendlich die Maßnahmen der Qualitätssicherung und -erhöhung in bezug auf die Vermeidung von Fehlern und das Entstehen von Fehlerkosten tendenziell umso wirksamer, je früher sie im Rahmen der Leistungserstellung bzw. der Beschaffung und Kombination der Faktoren zur Schaffung der Bereitstellungsleistung ansetzen. Je frühzeitiger in der Wertschöpfungsstruktur die Qualitätsanforderungen erfüllt werden, desto geringer dürften die in den nachgelagerten Prozessen der Leistungserstellung auftretenden Folgefehler ausgeprägt sein und desto geringer das Auftreten von Qualitätskosten.[1243]

[1239] Vgl. Wildemann, H. (1995), S. 98 f.
[1240] Vgl. Töpfer, A. (1995), S. 568.
[1241] Prinzipiell stellt die hier vorliegende Bewertungsproblematik nichts anderes als die bereits diskutierte Problematik der Wirtschaftlichkeitsbeurteilung von AUS dar, da die aufgezeigten Potentiale der Kostenreduzierung letztendlich auch Ausdruck von Nutzeffekte von AUS sind. Vgl. dazu Kap. 5.1.
[1242] Vgl. z.B. Klein, H. (1995), S. 484; Wildemann, H. (1995), S. 97; Töpfer, A. (1993), S. 18. Eine Reduzierung der Bewertungsproblematik kann -zumindest in bezug auf die unternehmensinternen Prozesse- durch die Verwendung der Prozeßkostenrechnung erreicht werden. Vgl. Töpfer, A. (1995), S. 568 f. Zur Prozeßkostenrechnung vgl. z.B. Reckenfelderbäumer, M. (1994).
[1243] Vgl. Töpfer, A. (1993), S. 20.

8. Spezielle Problembereiche des Einsatzes von AUS

Neben den im vorangegangenen Kapitel analysierten Vorteilspotentialen ist die Einführung innovativer Technologien in Unternehmen in der Regel auch mit Problemen verbunden. Im Rahmen der nachfolgenden Ausführungen sollen dabei allerdings nicht technische Probleme der Systementwicklung bzw. -implementierung erörtert werden. Derartige Problemfelder können durch Rückgriff auf kompetente Dienstleister letztlich gelöst werden. Im Vordergrund der Betrachtung soll vielmehr die Erörterung und die Entwicklung von Lösungsansätzen von Problembereichen stehen, die im Hinblick auf die Systemeinführung und den Systemerfolg eher grundsätzlichen Charakter einnehmen.

Ein zentrales Problemfeld stellt in diesem Zusammenhang die *Akzeptanz* der von der Technologieinnovation betroffenen Bezugsgruppen dar. Neben dem Verkaufsberater als konkretem Anwender und dem Beratenen als letztendlichem Schlüsselfaktor kann über das unmittelbare Einsatzfeld der Systeme hinaus insbesondere die Unternehmensleitung ein zentraler Hemmfaktor sein. Die erfolgreiche Implementierung und Nutzung computergestützter Angebotssysteme macht insofern die Berücksichtigung der spezifischen Bedürfnisse dieser Zielgruppen notwendig.

Nicht minder schwierig, und für die Entscheidung über die Einführung einer Technologieinnovation vielfach von erheblicher Bedeutung, gestaltet sich die *Abschätzung der Wirtschaftlichkeit*. Wie in der Analyse der Vorteilspotentiale computergestützter Angebotssysteme aufgezeigt wurde, macht insbesondere die Problematik der Bewertung der marktgerichteten Wirkungen Abschätzungsverfahren notwendig, die über quantitative Größen hinaus ebenso qualitative Aspekte systematisch einbeziehen.

Schließlich sind rechtliche Anforderungen hinsichtlich *Datenschutz und Urheberschutz* zu beachten. Das Problem des Datenschutzes stellt sich dabei generell für alle Daten, die sich auf externe Dritte beziehen, insbesondere für personenbezogene Daten. Nicht nur, aber primär bei vernetzten Anwendungen, sind Anstrengungen zum Schutz dieser Daten vor unberechtigtem Zugriff zu unternehmen. Im Zusammenhang mit dem Einsatz von AUS zwar von eher untergeordneter Bedeutung, im Hinblick auf die Verwendung multimedialer Werke aber von genereller Relevanz, ist die Gewährleistung des Urheberschutzes. Zur Vermeidung von Gewährleistungsansprüchen gilt es hier, im Vorfeld der Nutzung von Medienobjekten die Rechte der Urheber zu berücksichtigen.

8.1 Die Akzeptanzproblematik des Einsatzes computergestützter Angebotssysteme

8.1.1 Das Problem der mangelnden Akzeptanz der Bezugsgruppen

Der Einsatz neuer Technologien ist generell mit der Gefahr mangelnder Akzeptanz der mit der Innovation konfrontierten Bezugsgruppen verbunden.[1244] Dem Begriff der Akzeptanz liegt dabei zunächst eine große Heterogenität der Auffassungen zugrunde,[1245] dem lediglich in seinem angelsächsischen Ursprung mit "dem zustimmenden Hinnehmen oder Bejahen des Annehmens einer Situation, eines Objektes oder einer Person"[1246] eine Abgrenzung zukommt. In der Diskussion über die Einsatzfelder innovativer Technologien wird der Begriff meist umgangssprachlich verwendet, um den Umfang der voraussichtlichen Nutzung der Technik zu umschreiben.[1247] Ebenso erfolgt im Rahmen der Akzeptanzforschung in Abhängigkeit vom Forschungsschwerpunkt eine unterschiedliche Begriffsfassung. So bezieht sich z.B. der Begriff Akzeptanz in der Organisationslehre auf das Tolerieren von Entscheidungen von Weisungsbefugten oder auf ein mit den Unternehmenszielen konformes Verhalten der Organisationsmitglieder.[1248] Im Rahmen der Diffusionsforschung, die sich mit der Analyse der Verbreitungs- und Annahmeprozesse neuer Ideen, Verfahren oder Produkte befaßt, wird Akzeptanz mit der Weitergabe dieser Innovationen und den damit verbundenen Kommunikations- und Interaktionsprozessen in Verbindung gebracht.[1249] Dabei wird in der synonymen Verwendung des Begriffes Akzeptanz von Adoption im Zusammenhang mit dem bei erstmaliger Übernahme einer Neuerung stattfindenden Entscheidungsprozeß gesprochen.[1250] Akzeptanz stellt in diesem Zusammenhang einen bedeutenden Erklärungsansatz für den sozialen und technischen Wandel dar.

Das im Hinblick auf das hier behandelte AUS bestehende Verständnis des Begriffs Akzeptanz entstammt aus den die Akzeptanzforschung bisher vornehmlich prägenden Untersuchungen im Bereich der Bürokommunikation.[1251] Akzeptanz wird hier als ein primär vom Anwender

---

[1244]Vgl. Schönecker, H. G. (1985), S. 27.

[1245]Vgl. Gaul, W.; Both, M. (1990), S. 100; Jugel, S. (1991), S. 28; Müller-Böling, D.; Müller, M. (1986), S. 18.

[1246]Pressmar, P.B. (1982), S. 324.

[1247]Vgl. Oehler, A. (1990), S. 33.

[1248]Vgl. Schönecker, H.G. (1980), S. 80. Zu kritisieren an dieser Begriffsfassung ist allerdings, daß man ebenso etwas tolerieren kann, obwohl es stört bzw. hinderlich ist.

[1249]Vgl. Döhl, W. (1983), S. 122.

[1250]Vgl. dazu Müller-Böling, D., Müller, M. (1986), S. 19 f.

[1251]Vgl. Hirschberger-Vogel, M. (1990), S. 72; Jugel, S. (1991), S. 28. Grundsätzlich ist dieser Forschungsansatz auf alle technischen Innovationen anwendbar, geprägt wurde er allerdings durch Akzeptanzuntersuchungen in Verbindung mit Bürokommunikationssystemen. Hier sei vor allem auf die von Reichwald durchgeführten Untersuchungen zur Akzeptanz der Bediener von Bürokommunikationssystemen hingewiesen. Vgl. Reichwald, R. (1982), S. 11 ff.

ausgehendes Phänomen betrachtet.[1252] Der Bezugsrahmen dieser Forschungsrichtung umfaßt die Anwendungsbedingungen und Auswirkungen neuer Technologien in der Anwenderorganisation basierend auf dem betriebswirtschaftlichen Kerngedanken, daß die Ablehnung der Nutzung der Technik durch die verschiedenen Funktionsträger letztlich eine Fehlinvestition darstellt.[1253] Ziel dieser Forschungsrichtung ist demnach die Ableitung von Erkenntnissen zur Gestaltung einer den Bedürfnissen der Anwender entsprechenden Technologie vor dem Hintergrund der betriebswirtschaftlichen Rationalität.[1254] Im Rahmen dieser Forschungsansätze wird Akzeptanz trotz einer Vielzahl einzelner Definitionsansätze[1255] als *Resultat positiver Einstellung, d. h. als innere Bereitschaft zur Nutzung der technischen Innovation und deren tatsächliche aufgabenbezogene Nutzung* verstanden.[1256] Auf dieser sich aus der Einstellungs- und Aktionskomponente zusammensetzenden Ebene des individuellen Verhaltens[1257] erfolgt die Betrachtung vornehmlich aus persönlichkeits- bzw. motivationspsychologischen Blickwinkeln. Dabei wird die Erklärung des Zustandekommens technikbezogenen Verhaltens primär durch einstellungs- bzw. motivationstheoretische Konstrukte vorgenommen.[1258]

Die Forschungsrichtung differenziert in gesellschaftliche und organisatorische Akzeptanz. Hier stehen die gesamtgesellschaftlichen Auswirkungen des Technikeinsatzes (z.B. auf den Arbeitsmarkt, das Versorgungsniveau etc.) bzw. die in Unternehmen über den Anwenderkreis hinausgehenden Wirkungen auf Strukturen und Prozesse des Informationsflusses und im Hinblick auf die ökonomische Aufgabenerfüllung im Betrachtungsinteresse.[1259] Die drei Ebenen sind dabei nicht isoliert zu verstehen, sondern stehen in einem interdependenten Verhältnis zueinander.[1260] Weitet man den Objektbereich des Forschungskonzeptes auf AUS aus, können im Hinblick auf die mit dem neuen System konfrontierten Personengruppen bzw. beeinflußten Instanzen primär folgende drei Akzeptanzebenen unterschieden werden:

[1252] Vgl. Oehler, A. (1990), S. 33.

[1253] Vgl. Schönecker, H.G. (1985), S. 28.

[1254] Vgl. Hirschberger-Vogel, M. (1990), S. 71; Oehler, A. (1990), S. 35; Schönecker, H.G. (1985), S. 31.

[1255] Vgl. Müller-Böling, D., Müller, M. (1986), S. 20 ff.

[1256] Vgl. Allerbeck, M.; Helmreich, R. (1991), S. 3; Hermanns, A.; Prieß, S. (1987), S. 89; Jugel, S. (1991), S. 28 f; Müller-Böling, D., Müller, M. (1986), S. 26 f.; Schönecker, H.G. (1985), S. 34; Zerr, K. (1994), S. 51.

[1257] Zum Teil erfolgt dabei eine weitere Unterscheidung in Bediener- und Nutzerakzeptanz. Erstere bezieht sich auf die unmittelbar mit der Technik interagierenden Aufgabenträger (z.B. Sekretär(in), letztere auf die Aufgabenträger, die nur mittelbar durch die Technik und durch Inanspruchnahme der Bediener ihre Aufgaben erfüllen (z.B. Sachbearbeiter, Abteilungsleiter). Vgl. dazu Picot, A.; Reichwald, R. (1987). Im Hinblick auf das hier betrachtete AUS kann diese Unterscheidung vernachlässigt werden, da beide Aspekte in der Personengruppe des Kundenberaters vereinigt werden.

[1258] Vgl. dazu Schönecker, H.G. (1985), S. 33.

[1259] Vgl. Picot, A.; Reichwald, R. (1987), S. 160 f.; Schönecker, H.G. (1985), S. 29 ff.

[1260] Vgl. Jugel, S. (1991), S. 29.

- Anwenderakzeptanz,
- Nachfragerakzeptanz,
- Akzeptanz aus Sicht der Unternehmensleitung.

Nachfolgend sollen mögliche Akzeptanzbarrieren der genannten Bezugsgruppen aufgezeigt werden.

8.1.1.1 Mangelnde Akzeptanz der Verkaufsberater als Anwender

Die Bestimmungsfaktoren der Akzeptanz des Verkaufsberaters als Systemanwender sind primär in den Auswirkungen des Technikeinsatzes auf die Arbeitsabläufe, die Arbeitssituation und die Aufgabenstrukturen zu sehen.[1261] Ansatzpunkte sind damit in erster Linie die Aufgabenbezogenheit und Bedienungsfreundlichkeit der Kommunikationsinnovation.[1262] Daneben ist allerdings insbesondere vor dem Hintergrund einer in der Regel zumindest anteilig leistungsbezogenen Entlohnung der Vertriebsmitarbeiter auch der durch den Technikeinsatz konkret entstehende Nutzen im Hinblick auf eine Verbesserung der Beratungsqualität zur Erhöhung der Zahl der Auftragsabschlüsse zu berücksichtigen. Hier können die aufgezeigten Vorteilspotentiale erheblich akzeptanzfördernd wirken. Bezogen auf die Komponenten Einstellungs- und Verhaltensakzeptanz beinhaltet dies eine stärkere Bedeutung einstellungsbezogener Elemente. Steht im Hinblick auf die Nutzung von Bürokommunikationssystemen letztendlich die Verhaltenskomponente im Vordergrund (die Systemnutzung kann letztlich angeordnet werden und damit zumindest eine vordergründige "äußere" Akzeptanz erzielt werden),[1263] so kann dies zwar ebenso bei AUS erfolgen. Da der Systemeinsatz hier aber mit einem direkten Nutzen für den Anwender verbunden sein kann, wird dessen Akzeptanz stärker durch die Einstellungskomponente beeinflußt und gefördert werden. Eine nicht voll überzeugte bzw. nur halbherzige Systemnutzung wird sich im Sinne einer durch den Nachfrager wahrgenommenen nur teilweisen Ausschöpfung des Leistungspotentials hingegen nicht unbedingt förderlich auf das Akquisitionsziel auswirken.

Neben der Berücksichtigung der Chancen des Systemeinsatzes müssen aber die psychischen Prädispositionen der Systemanwender im Hinblick auf konkrete akzeptanzhemmende Aspekte

---

[1261] Vgl. Picot, A.; Reichwald, R. (1987), S. 161.
[1262] Vgl. Oehler, A. (1990), S. 36.
[1263] Gaul, W.; Both, M. (1990), S. 100 f. sprechen in diesem Fall der nicht vorliegenden Einstellungsakzeptanz von einem gezwungenen Benutzer.

einbezogen werden.[1264] Möglicherweise ergibt sich zunächst eine generelle Aversion gegen die Technologieinnovation aus der Tatsache, daß deren konkrete Ausgestaltung nicht oder zu wenig durch den Anwender mitgestaltet werden kann, sondern von Dritten oktroyiert wird. So wird möglicherweise die Einführung computergestützter Angebotssysteme als Bedrohung in dem Sinne empfunden, daß Konkurrenzängste in zweifacher Hinsicht auftreten können. Zunächst steht eine das Selbstwertgefühl beeinträchtigende Abqualifizierung durch die die anstehenden Aufgaben vermeintlich besser erfüllende Technologie zu befürchten,[1265] obwohl das während der Beratung zur Verfügung stehende Leistungspotential im Hinblick auf die Informationsbereitstellung bzw. Funktionserfüllung tatsächlich erhöht wird. Dazu kann die in den divergierenden Adoptionspotentialen begründete und vor allem bei älteren Vertriebsmitarbeitern bestehende Befürchtung auftreten, daß der unmittelbare Kollege die Systembedienung schneller und besser beherrscht und sich dies entsprechend negativ auf die erzielten Auftragsabschlüsse im Mitarbeitervergleich auswirkt. Darüber hinaus mag die bei AUS zwar nicht im Vordergrund stehende Zwecksetzung der Personalreduzierung, das letztendlich dennoch grundsätzlich bestehende Rationalisierungspotential der innovativen Kommunikationstechnologie aber gewissermaßen diffuse Ängste vor dem Arbeitsplatzverlust auftreten lassen.[1266] Hiermit stehen auch mögliche Befürchtungen der Außendienstmitarbeiter im Hinblick auf eine zusätzliche Übernahme von Innendiensttätigkeiten in Zusammenhang.[1267] Die insbesondere bei starker Integration in die bestehende EDV-Struktur des Unternehmens sich verändernden Kommunikationsbezüge und -wege gefährden möglicherweise auch bestehende soziale Kontakte bzw. substituieren diese durch human-technische Beziehungen. Insbesondere dürften jedoch Vorbehalte aufgrund der Kontrollmöglichkeiten der Vertriebstätigkeit und damit verbundene Befürchtungen eines "gläsernen Außendienstes" auftreten.[1268]

Erfolgt im Rahmen akzeptanzfördernder Maßnahmen keine ausreichende Information der Betroffenen, können Prozesse des Abbaus von Akzeptanzschwellen durch Unkenntnis der Systemvorteile blockiert werden.[1269] Problematisch ist die Situation insbesondere, wenn die Betroffenen ihre psychischen Prädispositionen in der Überzeugung nicht aussprechen, ihre Belange fänden doch keine Berücksichtigung.[1270] In diesem Fall ist der Mitarbeiter möglicherweise sogar bemüht, verstärkt Anstrengungen zur Aufdeckung von Schwachstellen

[1264]Vgl. dazu und zu folgendem vor allem Glomb, H.J. (1995a), S. 259 ff. Zu den persönlichkeitsbezogenen Widerständen gegen technische Innovationen vgl. ausführlich Klöter, R. (1997), S. 75 ff.
[1265]Vgl. Zerr, K. (1994), S. 167.
[1266]Vgl. Zerr, K. (1994), S. 167.
[1267]Vgl. Richter, B. (1989), S. 60 ff.
[1268]Vgl. Link, J.; Hildebrand, V. (1993), S. 188; Richter, B. (1989), S. 61.
[1269]Vgl. Glomb, H. J. (1995), S. 260.
[1270]Vgl. Zerr, K. (1994), S. 167.

voranzutreiben, statt konstruktive Vorschläge bei auftretenden Problemen zu erbringen. Dieser Aspekt erscheint insbesondere angesichts der Nutzungsautonomie des Vertriebsmitarbeiters und der Einbeziehung des Nachfragers in die Systemnutzung nicht nur aus Imagegesichtspunkten mit Blick auf das angestrebte Ziel der Akquisitionsberatung nicht unbedeutend. Insgesamt dürfte der primär auf die Unterstützung der Vorgehensweise des Verkaufsberaters ausgerichtete Einsatz von AUS die Akzeptanz der Benutzergruppe aber fördern.[1271]

8.1.1.2 Mangelnde Akzeptanz der Nachfrager

Erhebliche Bedeutung für den Erfolg von AUS kommt der Akzeptanz des Nachfragers zu. Dabei läßt zunächst der im konkreten Kontakt zum Nachfrager stattfindende Systemeinsatz zunächst die Akzeptanz des Anwenders wiederum insofern relevant werden, als aufgrund des hohen Meinungsbildungspotentials des Verkaufsberaters die Akzeptanz des Beratenen hierdurch maßgeblich beeinflußt werden kann. Wird das System durch den Anwender zumindest unterschwellig abgelehnt und zur Beratung möglicherweise nur sporadisch oder oberflächlich eingesetzt, dürfte mangels Wahrnehmung der Systemvorteile der Nachfrager tendenziell zu einer ähnlichen Beurteilung neigen.

Für die Akzeptanz des Nachfragers ist allerdings ebenso entscheidend, daß diesem durch den Systemeinsatz konkrete Nutzenelemente gegenüber einer konventionellen Beratungsleistung entstehen und damit ein komparativer Konkurrenzvorteil im Rahmen des Beratungsservices begründet werden kann. Andernfalls besteht die Gefahr, daß der Kunde den Computereinsatz während des Beratungsgesprächs nicht nur als unnötig, sondern möglicherweise sogar als störend empfindet.

Angewandt auf die o.g. Akzeptanzdefinition beinhaltet die Einstellungsakzeptanz hier die Neigung bzw. den ausdrücklichen Wunsch des Kunden, sich computergestützt beraten zu lassen. Im Hinblick auf die Verhaltenskomponente bedeutet die aufgabenbezogene Nutzung die Interaktion mit dem AUS im Rahmen des durch den Verkaufsberater geführten Dialogs. Dabei kommt insbesondere der Einstellungsakzeptanz hohes Gewicht zu, da der Nachfrager nicht zur Systemnutzung gezwungen werden und im Extremfall möglicherweise sogar auf einer konventionellen Beratung bestehen kann. Die Einstellungskomponente wird in diesem Zusammenhang zudem nicht unerheblich durch den gesellschaftlichen Bezugsrahmen der

---

[1271] Vgl. dazu die Ergebnisse einer Studie zum Einsatz des Beratungsunterstützungssystems MBKS in der Nutzfahrzeugberatung. 70 % der befragten Verkaufsberater identifizierten sich mit dem Systemeinsatz in hohem Maße. Nur bei knapp 14 % der Befragten konnte eine niedrige Akzeptanz des Systems festgestellt werden. Vgl. Mercedes-Benz AG Nutzfahrzeuge (1994), S. 3.

Akzeptanz von Informationsverarbeitungssystemen beeinflußt.[1272] Relevante Aspekte sind hier im allgemeinen Wertewandel zu sehen, der auch die Einstellung zur Informationstechnik prägt.[1273] Empirische Untersuchungen zeigen in diesem Kontext ein differenziertes Bild. Zwar wird einerseits technischer Fortschritt am Arbeitsplatz generell positiv bewertet,[1274] gleichzeitig bestehen aber nach wie vor Befürchtungen vor informationstechnologischen Rationalisierungen, die sich möglicherweise durch Übertragungseffekte in einer allgemeinen Ablehnung des Systemeinsatzes äußern.[1275] Wird der Nachfrager hier nicht über die konkreten Auswirkungen des AUS aufgeklärt, besteht die Gefahr der Ablehnung des Einsatzes computergestützter Angebotssysteme durch negative Übertragungseffekte von allgemeiner Abneigung gegenüber der Computertechnologie zur speziellen Abneigung des eingesetzten AUS. Darüber hinaus können sich Akzeptanzbarrieren aus der Fokussierung der Systemanwendung auf den Nachfrager ergeben. Hier können vor allem Bedenken auftreten, die mit der Speicherung personenbezogener Daten im Hinblick auf die Einhaltung datenschutzrechtlicher Vorschriften zusammenhängen.[1276]

8.1.1.3 Mangelnde Akzeptanz der Unternehmensleitung

Für die Akzeptanz des Systems aus Sicht der Unternehmensleitung von entscheidender Bedeutung ist das Nutzen/Kosten-Verhältnis der informationstechnologischen Innovation[1277] und der Beitrag zur Realisierung weiterer Unternehmensziele.[1278] Darüber hinaus muß ablauf- und aufbauorganisatorischen Erfordernissen im Sinne einer Integration in die organisatorischen Rahmenbedingungen Rechnung getragen werden. Hierunter fällt zum einen die rein technische Integration in die bestehende EDV-Struktur[1279] im Sinne eines Computer Integrated Business (CIB).[1280] Daneben sollte man aber auch die Auswirkungen auf die Organisationsabläufe im Hinblick auf die Anpassungsfähigkeit an die bestehende Organisations-

---

[1272] Vgl. vor allem Müller-Böling, D.; Müller, M. (1986), S. 201 ff. Siehe auch Hirschberger-Vogel, M.; Picot, A.; Reichwald, R. (1987), S. 160 f.; Schönecker, H.G. (1985), S. 31. Der gesellschaftliche Akzeptanzkontext wirkt zwar generell auch auf den direkten Systemanwender, hat aber aufgrund der letztendlich möglichen verpflichtenden Anordnung zur Systembenutzung verglichen zum Nachfrager eine geringere Bedeutung.

[1273] Vgl. Link, J.; Hildebrand, V. (1993), S. 188.

[1274] Vgl. Emnid (1982), S. 6.

[1275] Vgl. Lange, K. (1984), S. 9.

[1276] Vgl. Link, J.; Hildebrand, V. (1993), S. 188. Siehe auch Kap. 8.3.

[1277] Vgl. Picot, A.; Reichwald, R. (1987), S. 160. Vgl. ausführlich zu Verfahren der Bewertung informationstechnologischer Investitionen Nagel, K. (1990).

[1278] Vgl. Wimmer, F.; Zerr, K. (1994), S. 224; Zerr, K. (1994), S. 51.

[1279] Vgl. Zerr, K. (1994), S. 50. Siehe auch Kap. 7.1.

[1280] Vgl. dazu Link, J.; Hildebrand, V. (1993), S. 174 f.

struktur in den Betrachtungszusammenhang ziehen.[1281] Zentrale Aspekte sind dabei der Informationsfluß zwischen Organisationseinheiten (Strukturintegration) und die Zusammenführung isolierter Arbeitsabläufe (Funktionsintegration).[1282] Hier wären vor allem Vorbehalte gegen eine mögliche Neuordnung der Entscheidungs- und Funktionsverteilung zu nennen,[1283] die nicht nur aus Sicht des einzelnen Mitarbeiters zu betrachten sind, sondern auch erheblichen organisatorischen Aufwand verursachen. Nicht vernachlässigt werden dürfen zudem mögliche Spannungen zwischen Hierarchieebenen[1284] des Vertriebs über die Erwartungshaltung der Systemwirkung etwa im Hinblick auf quantitativ festgelegte Mehrleistungen. Hier besteht die Gefahr, daß eine überzogene Forderung der Erhöhung der Auftragsabschlüsse die Einstellung der Verkaufsberater negativ beeinflußt, da sich damit der Erfolgsdruck weiter erhöht. Andererseits kann sich aber auch eine akzeptanzfördernde Wirkung im Sinne einer intensiveren und motivierteren Nutzung des Systems ergeben. Nicht zuletzt können Akzeptanzprobleme aufgrund der in der Regel bei der Einführung technologischer Innovationen im Unternehmen vorliegenden Mehr-Personen-Entscheidung auftreten.[1285] In Abhängigkeit der Verteilung der Entscheidungskompetenz und des Entscheidungsmodus im Beschaffungsgremium besteht die Gefahr, daß von der Systemimplementierung nicht unmittelbar betroffene Entscheidungsträger, z.B. aus Gründen einer gegenüber Informationsverarbeitungstechnologien unfreundlichen Grundhaltung oder simplen Rivalitätsdenkens, die Systemeinführung behindern.

8.1.2 Ansätze zur Überwindung der Akzeptanzbarrieren

Aus Sicht der die Systemeinführung letztendlich verantwortenden Unternehmensleitung sollten der Entscheidungsfindung grundsätzlich detaillierte Nutzen-Kosten-Analysen vorausgehen, die eine konkrete, an den erwarteten Wirkungen ausgerichtete Planung der Systemgestaltung ermöglichen. Dabei müßten neben abschätzbaren quantifizierbaren Effekten ebenso erwartete qualitative Wirkungen in die Bewertung einbezogen werden. Zu berücksichtigen sind aufgrund ihrer hohen Bedeutung für das Gesamtunternehmen auch organisatorische Aspekte. Trotz hoher Individualität der Systemgestaltung dürften hier bereits vorliegende Erfahrungen Dritter hilfreich sein.

[1281] Vgl. Backhaus, H.; Glomb, H.J. (1994a), S. 135; Picot, A.; Reichwald, R. (1987), S. 160 f.; Schönecker, H.G. (1985), S. 30 f.; Wimmer, F.; Zerr, K. (1994), S. 224.
[1282] Vgl. Zerr, K. (1994), S. 50.
[1283] Vgl. Hermanns, A.; Prieß, S. (1987), S. 97.
[1284] Vgl. Bruhn, M. (1992a), S. 121.
[1285] Vgl. Eder, T. (1990), S. 35.

Im Hinblick auf die Überwindung von Akzeptanzbarrieren direkter und mittelbarer System-anwender lassen sich im Rahmen der primär benutzerorientierten Akzeptanzforschung im Bereich der Bürokommunikation zwei grundsätzliche Ansatzrichtungen unterscheiden.[1286] Während motivationale Ansätze auf die Verbesserung der Motivation der Systemanwender zielen, sind konstruktionsorientierte Ansätze auf die technischen Anforderungen zur System-gestaltung zum Abbau von Akzeptanzbarrieren gerichtet.[1287] Im Rahmen der hier aber über die Benutzerebene hinausgehenden Betrachtung werden im folgenden unter Berücksichtigung der o.g Erkenntnisse Maßnahmen zur inhaltlich-technischen Gestaltung des Systems sowie organisatorische und personelle Maßnahmen diskutiert.[1288]

Bei der inhaltlichen Gestaltung des AUS sind im Sinne der konstruktionsorientierten Ansätze insbesondere Anforderungen der späteren Anwender an eine benutzerfreundliche Systemge-staltung unter Einbeziehung der Erkenntnisse der modernen Software-Ergonomie zu be-rücksichtigen.[1289] Im Hinblick auf die systeminhärenten Methoden und Modelle können gene-rell auch heute noch die im Rahmen des "Decision Calculus-Konzeptes" von Little[1290] bereits 1970 aufgestellten Anforderungen nach

- Einfachheit, im Sinne leichter Verständlichkeit zum Abbau von Komplexitätsbarrieren,
- Robustheit, im Sinne von Benutzungssicherheit, Vermeidung unsinniger Lösungen,
- Kontrollierbarkeit, im Sinne der leichten Nachvollziehbarkeit der Modellergebnisse bzw. Funktionsabläufe,
- Adoptionsfähigkeit, im Sinne der flexiblen Anpassung an die jeweilige Problemstellung,
- Vollständigkeit, im Sinne der Berücksichtigung aller relevanten Aspekte und
- Dialogfähigkeit, im Sinne der unmittelbaren und problemlosen Interaktion zwischen der Applikation und Anwender

als gültig betrachtet werden.[1291]

Im Rahmen der organisatorischen Maßnahmen bietet die Organisationsforschung zur Ein-richtung von Organisationsformen mit dem Ziel einer Förderung der Einführung technologi-scher Innovationen in Unternehmen zahlreiche Vorschläge.[1292] Neben der klassischen Me-thode zur Durchsetzung von Technologieinnovationen durch die Einführung eines Projekt-management, sind vor allem die Bildung von Arbeits- oder Projektgruppen oder interdiszi-plinärer Teams zur Gewährleistung eines effizienten Projektablaufs zu nennen.[1293] Daneben

---

[1286]Vgl. dazu Both, M. (1989), S. 175 ff.; Bruhn, M. (1992a), S. 125; Gaul, W.; Both, M. (1990), S. 104 ff.
[1287]Vgl. Both, M. (1990), S. 176 ff.; Gaul, W.; Both, M. (1990), S. 104 ff.
[1288]Vgl. dazu Bruhn, M. (1992a), S. 125; Link, J.; Hildebrand, V. (1993), S. 189.
[1289]Vgl. Link, J.; Hildebrand, V. (1993), S. 189.
[1290]Vgl. Little, J.D.C. (1970), S. 466 ff.
[1291]Vgl. Link, J.; Hildebrand, V. (1993), S. 189.
[1292]Vgl. z.B. Kirsch, u.a. (1979).
[1293]Vgl. Bruhn, M. (1992a), S. 126 ff.

wirkt sich auch die Erzeugung eines sogenannten Innovationsklimas,[1294] also die Förderung einer positiven Einstellungsbildung bei den Mitarbeitern gegenüber den Veränderungen vorteilhaft aus. Dies kann z.B. durch rechtzeitige Informationsmaßnahmen zur Schaffung von Transparenz über die Ablaufschritte realisiert werden.

Im Rahmen der personellen Maßnahmen können die grundlegenden Erkenntnisse der motivationalen Ansätze der Akzeptanzforschung zu Bürokommunikationssystemen einbezogen werden.[1295] Die hier zu unterscheidenden Ausrichtungen beziehen sich zum einen auf den Einsatz von Projektförderern, sog. "Promotoren", zum Abbau personaler Widerstände auf den verschiedenen Unternehmensebenen durch persönliche Überzeugungsleistung. Geeignet wären hierzu etwa Wirtschaftsinformatiker, die ressortübergreifend zur Entwicklung der Systemlösung beigetragen haben[1296] und damit kompetente Ansprechpartner für die in den einzelnen Bereichen auftretenden Akzeptanzbarrieren darstellen. Daneben zielt die partizipative Ausrichtung auf die Berücksichtigung der Bedürfnisse der Systemanwender und eine frühzeitige Integration der Betroffenen in den Planungs- und Implementierungsprozeß.[1297] Zum Abbau negativer Erwartungshaltungen und zur Stärkung des Engagements der späteren Systemanwender ist vor allem ein intensiver Dialog zwischen den Beteiligten zur Aufklärung über die Ziele und konkreten Auswirkungen des Einsatzes von AUS für jeden einzelnen ratsam. Dies kann etwa durch Diskussionsrunden oder durch Seminare erfolgen. Daneben erscheinen rechtzeitige, auf die spezifischen Bedürfnisse der Anwender zugeschnittene Schulungen erforderlich, die nicht nur Fähigkeitsbarrieren abbauen helfen, sondern auch die Motivation zur Systemnutzung bzw. dessen Weiterentwicklung fördern.[1298] Nicht zu vernachlässigen sind dabei auch individuelle Anreizstrukturen, die materielle oder immaterielle Vorteile für innovationsfreundliche Mitarbeiter beinhalten.[1299]

Neben diesen auf die Organisationsmitglieder gerichteten Maßnahmen kommt aber vor allem der Überzeugung des Nachfragers entscheidende Bedeutung zu. Hier ist vor allem eine auf die konkreten Vorteile und die Verbesserung des Beratungsservices zielende Information im Rahmen der kommunikationspolitischen Maßnahmen zu empfehlen.[1300] Aus der Perspektive des Promotoren-Ansatzes wäre dabei insbesondere die Überzeugungsleistung des Verkaufsberaters während des Kundenkontaktes zu nennen. Dieser sollte neben allgemeinen Infor-

---

[1294] Vgl. Link, J.; Hildebrand, V. (1993), S. 189.
[1295] Vgl. Both, M. (1990), S. 176.
[1296] Vgl. Bruhn, M. (1992a), S. 128.
[1297] Vgl. Allerbeck, M.; Helmreich, R. (1991), S. 77 f.; Bruhn, M. (1992a), S. 128; Gaul, W.; Both, M. (1990), S. 105 f.
[1298] Vgl. Bruhn, M. (1992a), S. 129.
[1299] Vgl. Link, J.; Hildebrand, V. (1993), S. 190.
[1300] Vgl. Link, J.; Hildebrand, V. (1993), S. 190.

mationen über das AUS die Vorteile der computergestützten Beratung gegenüber der herkömmlichen Vorgehensweise vorzugsweise an konkreten Beispielen demonstrieren und auch datenschutzrechtliche Bedenken durch gezielte Aufklärung beseitigen. Progressiv wäre im Verständnis der partizipatorischen Ausrichtung der motivationalen Ansätze die Einbeziehung segmentspezifischer Nachfrager in die Systemplanung und -entwicklung. Im Sinne einer marktorientierten Ausrichtung kommunikationspolitischer Maßnahmen können damit zielgruppenspezifische Bedürfnisse bereits bei der Systemkonzeption berücksichtigt werden und die Voraussetzung für eine positive Resonanz der Nachfrager im Vorfeld des Systemeinsatzes geschaffen werden. Allerdings sollten dabei im Hinblick auf die Gefahren des Informationsabflusses an die Konkurrenz, sofern möglich, entsprechende Absicherungen getroffen werden.

8.2 Die Problematik der Wirtschaftlichkeitsbeurteilung in bezug auf die Systemimplementierung

Die Problematik der Beurteilung der Wirtschaftlichkeit von AUS wurde in den vorherigen Abschnitten bereits ausführlich diskutiert.[1301] Dabei konnte anhand der aufgrund der an der Schnittstelle zum Nachfrager eingesetzten Systeme im Vordergrund stehenden Differenzierungspotentiale aufgezeigt werden, daß eindimensionale, nur die quantitativen Wirkungen des Systemeinsatzes berücksichtigende Verfahren der Wirtschaftlichkeitsbeurteilung zu kurz greifen. Eine Diskussion über die Eignung der vielfältigen Verfahren der Wirtschaftlichkeitsbeurteilung von Informationsverarbeitungssystemen soll an dieser Stelle jedoch nicht geführt werden.[1302] Vielmehr soll als Konsequenz der gewonnenen Erkenntnisse über den Charakter der Nutzenpotentiale von AUS und die Bedeutung des Einsatzes an der Schnittstelle zum Markt auf besonders geeignete Ansätze eingegangen werden.

Über die bereits erörterte Problematik der generellen Bewertbarkeit der Nutzeffekte von AUS hinaus, stellt sich zum Zeitpunkt der Entscheidung über die Systemimplementierung vor allem das Problem, daß die Abschätzung der Nutzeffekte sich naturgemäß nur auf erwartbare Größen beziehen kann und sowohl das Eintreten als auch das Ausmaß der Wirkungen insofern mit Unsicherheit verbunden ist.[1303] Dies gilt insbesondere in bezug auf die im Vordergrund der Betrachtung stehenden Marktwirkungen aufgrund der Variabilität und der mangelnden Beeinflußbarkeit weiterer Beurteilungskriterien mit Relevanz für den Nachfrager.

[1301] Vgl. Kap. 5.1.
[1302] Vgl. dazu z.B. Nagel, K. (1988); Schumann, M. (1993), S. 167 ff.
[1303] Vgl. Schumann, M. (1993), S. 168.

306

So kann etwa die Implementierung entsprechender Beratungsunterstützungssysteme bei den wichtigsten Konkurrenten oder der Einsatz dreidimensionaler Visualisierungstechniken der "Virtuellen Realität"[1304] bei gegebener Nachfragerakzeptanz die zu Beginn der Systemplanung erwarteten Nutzeffekte zum Zeitpunkt des tatsächlichen Einsatzes im Markt bereits relativieren.

Grundsätzlich sollten die eingesetzten Verfahren der Wirtschaftlichkeitsbeurteilung in der Lage sein, alle von den Entscheidungsträgern als relevant erachteten Kosten- und Nutzenaspekte erfassen und darstellen zu können.[1305] Zur Beurteilung der im Hinblick auf die Systemeinführung zur Auswahl stehenden Entscheidungsalternativen bieten sich demnach als Grundvoraussetzung zunächst Verfahren an, die über die zu erwartenden Kosten hinaus die Nutzenaspekte in Form unproblematisch, schwierig und nicht quantifizierbarer Wirkungen einbeziehen. In diesem Zusammenhang erscheinen allerdings *Kosten-Nutzen-Analysen* insbesondere aufgrund der Probleme der Transformation der qualitativen Nutzeffekte in monetäre Größen allein wenig geeignet. Vielmehr beinhaltet diese Methode die Gefahr, das tatsächliche ökonomische Wirkungspotential durch die Ausnutzung des Bewertungsspielraums absichtlich zu verfälschen. Bei den unter diesen Aspekten geeigneter erscheinenden *Nutzwert-Kosten-Analysen*[1306] sollte unter Berücksichtigung der angestrebten funktionalen Systemausgestaltung und den spezifischen Beratungs- bzw. Angebotserstellungsanforderungen der jeweiligen Branche sowie der bereits erfolgten Marktdurchdringung computergestützter Angebotsformen im Einzelfall die Vorteilhaftigkeit der geplanten Leistungscharakteristika gegenüber der konventionellen Akquisitionsberatung beurteilt werden. Hier sind im Rahmen der zur Einbeziehung qualitativer Wirkungseffekte häufig eingesetzten Nutzwertverfahren, insbesondere Punktbewertungsmethoden, zu präferieren. Bei diesem Verfahren erfolgt zunächst eine Gewichtung der als relevant erachteten Vorteilspotentiale gemäß der ihnen zugemessenen Bedeutung.[1307] Im Anschluß findet die Abschätzung der Erfüllung der Kriterien über die zur Auswahl stehenden Entscheidungsalternativen statt. Abschließend wird durch die Aufsummierung über die Produkte aus Gewichtungsfaktor und Bewertungspunkte eine Rangreihung der zur Auswahl stehenden Alternativen nach ihren Nutzenwerten vorgenommen. Im Ergebnis wird damit die rein an den quantifizierbaren Wirkungen orientierte Betrachtung um die Bewertung der erwarteten qualitativen Nutzeffekte ergänzt. Über diese Möglichkeit der Operationalisierung qualitativer Nutzeffekte hinaus besteht hier der Vorteil in der systematischen Erfassung und Gewichtung der einzelnen Vorteilspotentiale.

[1304] Vgl. Kap. 10.
[1305] Vgl. Antweiler, J. (1995), S. 58.
[1306] Es wird in der Literatur in diesem Zusammenhang auch von einer *erweiterten Wirtschaftlichkeitsrechnung* gesprochen. Vgl. Schumann, M. (1993), S. 171 und Holzapfel, M. (1992), S. 106.
[1307] Vgl. z.B. Holzapfel, M. (1992), S. 95; Niedetzky, H.M. (1988), S. 287; Schumann, M. (1993), S. 171.

Dies führt vor allem auch zu einer Sensibilisierung des Entscheiders für die Bewertungsproblematik, die somit der Gefahr der Vernachlässigung relevanter Wirkungseffekte entgegenwirken kann.[1308]

Ein weiteres Hilfsmittel zur Abschätzung der Wirtschaftlichkeit stellt die *Prozeßkettenanalyse* sowie die *Wirkungskettenanalyse* dar. Beide Verfahren eignen sich insbesondere zur Aufdeckung der zu erwartenden Nutzenpotentiale, da in beiden Fällen eine an der Prozeßabfolge der betrieblichen Leistungserstellung ansetzende Identifikation der Nutzeffekte vorgenommen wird. Die auf der Prozeßkettenanalyse basierende Analyse der Wirkungsketten[1309] unterscheidet sich von erster allerdings insofern, als primär nicht die Wirkung zu den einzelnen sukzessiv betrachteten Prozessen, sondern die Prozesse bzw. Vorgänge den aufeinanderfolgenden Wirkungen zugeordnet werden. Diese Analyse baut insofern aber auf der Prozeßkettenbetrachtung auf, als grundsätzlich ebenso Prozesse und daran ansetzende Wirkungen im Betrachtungsinteresse stehen und voneinander abhängige Nutzeffekte vielfach auch in aufeinander folgenden Prozessen bzw. Vorgängen auftreten. Diese Vorgehensweise ermöglicht damit nicht nur die Lokalisierung von Nutzenpotentialen, sondern dient gleichzeitig der Ermittlung von Abhängigkeiten zwischen den Wirkungspotentialen.[1310]

Problematisch erscheint die Entscheidung über die Einführung von AUS allein anhand von Wirtschaftlichkeitsanalysen vor allem dann, wenn computergestützte Angebotsformen in der Branche bereits stark diffundiert sind bzw. sich als Branchenstandard durchgesetzt haben.[1311] Als Folge von Nachahmungseffekten erwartet der Nachfrager dann vielfach bereits diesen Beratungsservice, so daß allein zur Vermeidung von Wettbewerbsnachteilen eine Egalisierung der Konkurrenzvorsprünge unvermeidlich erscheint.[1312] Zwar werden sich bei der absoluten Bewertung der vermuteten marktbezogenen Vorteilhaftigkeitsaspekte bzw. im Vergleich zur konventionellen Beratungsform durchaus positive Nutzenwerte ergeben. Erfolgt allerdings die Bewertung zweckmäßiger Weise relativ zum Branchenstandard dürfte das positive Ergebnis zumindest in Teilbereichen relativiert werden. Hier besteht dann die Gefahr, daß eine zur Erhaltung der Wettbewerbsfähigkeit an sich notwendige Investition aufgrund eines vergleichsweise schwachen Ergebnisses der Wirtschaftlichkeitsanalyse möglicherweise sogar

---

[1308] Vgl. Holzapfel, M. (1992), S. 106.

[1309] Vgl. Retter, G.; Bastian, M. (1995), S. 119 f.

[1310] Ein Beispiel für die Kombination von Prozeß- und Wirkungskettenanalyse findet sich bei Retter, G.; Bastian, M. (1995), S. 119 ff. Die Struktur der Prozeßkettenanalyse mit Elementen der Wirkungskettenanalyse findet sich auch implizit in der in dieser Arbeit in Kap. 5.2 erfolgten Analyse der Wirkungspotentiale computergestützter Angebotssysteme wieder.

[1311] Vgl. vor allem Kleinaltenkamp, M. (1994), S. 198 ff. Siehe auch Schumann, M. (1992), S. 64, 117 f. Vgl. auch Thesmann, S. (1995), S. 7, der auf ein multimediales Datenbankinformationssytem hinweist, das sich im Baugewerbe bereits zum Branchenstandard entwickelt hat.

[1312] Vgl. Belz, C.; Bircher, B. (1991), S. 17.

unterbleibt. Die Beurteilung der Wirtschaftlichkeit in bezug auf die Implementierungsentscheidung sollte hinsichtlich der Interpretation der Ergebnisse daher jeweils das Wettbewerbsumfeld respektive den Diffusionsgrad der Technologieinnovation berücksichtigen.

Eine die primär an konkreten ökonomischen Größen orientierten Verfahren der Wirtschaftlichkeitsbeurteilung ergänzende Betrachtung des Einsatzes innovativer Technologien stellt die *Technologiefolgenabschätzung* dar.[1313] Ziel dieser Analyse ist die Abschätzung der mit der Einführung innovativer Technologien verbundenen Risiken in Form ökonomischer, ökologischer, sozialer und politischer Auswirkungen. Diese ursprünglich zur Abschätzung und Vorbereitung forschungs- bzw. technologiepolitischer Entscheidungen eingesetzte Methode bezieht sich bei unternehmerischen Entscheidungen über Technologieinvestitionen ergänzend zu den Verfahren der Wirtschaftlichkeitsanalyse über die Abschätzung der einzelwirtschaftlichen ökonomischen Wirkungen hinaus auf die Analyse möglicher Sekundärwirkungen einer Technologie. Dabei stehen vor allem soziale bzw. organisationale Aspekte im Unternehmen sowie im Unternehmensumfeld im Vordergrund, die für den Erfolg einer Technologie nicht unerhebliche Bedeutung einnehmen können.[1314] Weiterhin stehen die erwarteten Auswirkungen auf die Beziehung zur allgemeinen Öffentlichkeit bzw. erwartete Reaktionen von Konkurrenten im Vordergrund.

Im Hinblick auf den primär auf den Markt zielenden Einsatz von AUS erscheint die ergänzende Technologiefolgenabschätzung allein schon aufgrund der Erfassung der zu erwartenden Reaktion der zur allgemeinen Öffentlichkeit zählenden Nachfrager empfehlenswert, da auch ein positives Ergebnis einer Wirtschaftlichkeitsanalyse im Grunde durch mangelnde Akzeptanz der mit dem Systemeinsatz konfrontierten Zielgruppe erheblich relativiert werden kann.[1315] Hier ist die Frühwarnwirkung einer Technologiefolgenabschätzung etwa bei einer sich ändernden gesamtgesellschaftlichen Einstellung zur Computertechnologie im allgemeinen oder zur Verwendung multimedialer Techniken zur Informationsvermittlung im besonderen nicht zu unterschätzen. Nicht uninteressant dürfte dabei auch die Abschätzung der zu erwartenden Konkurrenzreaktionen sein. Setzen sich AUS zunehmend als erwartbare Beratungsleistung durch, sehen sich möglicherweise besonders innovationsorientierte Anbieter gezwungen, den Ersatzzeitpunkt für die aktuelle Generation von AUS vorzuverlegen bzw.

[1313] Vgl. Jugel, S. (1991), S. 35 f.; Niedetzky, H.M. (1988), S. 289; Holzapfel, M. (1992), S. 91. Zuweilen wird auch von Technikfolgenabschätzung gesprochen. Vgl. Dierkes, M. (1989), S. 69.

[1314] Vgl. Dierkes, M. (1989), S. 70; Holzapfel, M. (1992), S. 91 f.; Niedetzky, H. M. (1988), S. 289. Hier wird gleichzeitig eine gewisse Ähnlichkeit zur Akzeptanzforschung deutlich, deren Ziel ebenfalls die Gewinnung von Erkenntnissen zur Vermeidung negativer Folgen innovativer Technologien darstellt. Vgl. dazu Jugel, S. (1991), S. 36.

[1315] Vgl. Kap. 8.1.

diese schon frühzeitig durch die Implementierung von Anwendungen der Virtual-Reality-Technologie[1316] zur Sicherung kommunikationspolitischer Pioniervorteile zu substituieren.

Zur Abschätzung der langfristigen Wirkungen kann ergänzend die in ähnlicher Weise wirksame *Szenario-Technik* herangezogen werden.[1317] Allgemein dient diese Technik dazu, die sich aus potentiellen Umweltänderungen für die Aktivitäten des Unternehmens ergebenden Auswirkungen aufzuzeigen. In diesem Zusammenhang gilt es, mögliche Zukunftskonstellationen zu beschreiben und unter Berücksichtigung eigener Reaktionsmöglichkeiten und deren Konsequenzen auf bestimmte Umweltereignisse den Entwicklungsverlauf offenzulegen, der zu dem jeweiligen Szenario führt.[1318] In bezug auf die Implementierungsentscheidung von AUS sollte hier etwa versucht werden, Maßnahmen der Konkurrenz (z.B. zur Modulerweiterung oder Anwendungen einer neuen Systemgeneration) unter Berücksichtigung eigener zukünftiger Reaktionsmöglichkeiten zu antizipieren. In diesem Zusammenhang sind auch wichtige Hinweise in bezug auf die notwendige Ausgestaltung des Systems ableitbar.

8.3 Rechtliche Probleme des Datenschutzes und des Urheberschutzes

Im Rahmen der mit dem Arbeitsprozeß der Vertriebsmitarbeiter verbundenen Erhebung und Umgang mit personenbezogenen Daten[1319] ist es Aufgabe des Informationsschutzes diese *Daten vor unberechtigtem Zugriff zu schützen.*[1320] Gemäß §§ 3 und 4 BDSG (Bundesdatenschutzgesetz) dürfen personenbezogene Daten temporär während des Programmlaufs im Rahmen der Angebotserstellung verwandt werden. Für die darüber hinausgehende Speicherung oder Veränderung der Daten gilt das Verarbeitungsverbot, es sei denn, der Betroffene erteilt hierzu seine schriftliche Einwilligung.[1321] Darüber hinaus dürfen im Rahmen einer Ausnahmeregelung entsprechende Daten gemäß § 28 BDSG für unternehmenseigene Zwecke gespeichert werden, wenn dies im Rahmen der Zweckbestimmung eines vertragsähnlichen Vertrauensverhältnisses mit dem Betroffenen oder zur Wahrung berechtigter Interessen des Speichernden erfolgt und kein Anlaß besteht, dadurch schutzwürdige Interessen des Betroffenen zu beeinträchtigen.[1322] Bezogen auf den Kundenkontakt des Ver-

---

[1316]Vgl. Kap. 10.

[1317]Vgl. Engelhardt, W.H.; Kleinaltenkamp, M. (1990b), S. 2; Schumann, M. (1993), S. 173.

[1318]Vgl. Engelhardt, W.H.; Kleinaltenkamp, M. (1990b), S. 2.

[1319]Dabei handelt es sich um "sämtliche Informationen über eine bestimmte oder bestimmbare natürliche Person". Vgl. Pohl, H. (1996), S. 531.

[1320]Vgl. Hermanns, A.; Prieß, S. (1987), S. 92; Lippold, H.; Wolfram, G. (1985), S. 217.

[1321]Vgl. Lödel, D. (1994), S. 33; Pohl, H. (1996), S. 532 f.

[1322]Vgl. Dörr, E.; Schmidt, D. (1991), S. 69 f.; Hermanns, A.; Prieß, S. (1987), S. 92; Lödel, D. (1994), S. 33; Pohl, H. (1996), S. 532.

triebspersonals liegt z.B. ein solches Vertrauensverhältnis vor, wenn die gegenüber dem Vertriebsmitarbeiter erfolgten persönlichen Angaben Grundlagen einer späteren Geschäftsbeziehung sind. Berechtigte Interessen umfassen generell alle vernünftigen, von der Rechtsgemeinschaft gebilligten, insbesondere also auch die wirtschaftlichen Interessen eines Unternehmens. So können etwa Personalien über einen Kunden, der im Fortgang des Kontaktverhältnisses individualisiert informiert und beraten werden möchte, unter Berücksichtigung der Verkehrssitte und von Treu und Glauben einer Kundendatei zugeführt werden. Treu und Glauben beziehen sich hier auf das verfassungsrechtlich geschützte Persönlichkeitsrecht einer Person, das u.a. die informationale Selbstbestimmung beinhaltet.[1323] Für die Speicherung personenbezogener Daten bedeutet das zum einen, daß die Datensammlung nur auf äußerlich wahrnehmbare Fakten abzielen darf, wie etwa das Konsumverhalten, nicht jedoch auf die Offenlegung der Persönlichkeitsstruktur. Ebenso kann der Kunde jederzeit die Löschung bzw. Anonymisierung der Daten verlangen.[1324] Werden personenbezogene Daten gemäß § 33 I BDSG erstmalig gespeichert, so ist der Betroffene davon in Kenntnis zu setzen. Problematisch wird die Sachlage, wenn die Übermittlung von Daten an den Hersteller durch einen Absatzmittler erfolgt, der im Sinne des § 3 IX BDSG als Dritter einzustufen ist und nicht als Filialinstanz zu verstehen ist. Da hier der Übermittlungtatbestand erfüllt ist, müßte eine Anonymisierung der Daten gemäß § 3 VII BDSG vor der Übertragung erfolgen.[1325] In Anbetracht der dargestellten rechtlichen Situation sollte ein Angebotssystem somit zumindest über eine Abfragefunktion zur Einholung der Kundeneinwilligung hinsichtlich der Speicherung und Übertragung seiner Daten verfügen. Gleichzeitig sollte auf Wunsch Einblick in die festgehaltenen Daten gewährt und auf die Vorteile der effizienten Beratung durch Rückgriff auf gespeicherte Daten beim folgenden Beratungsgespräch hingewiesen werden.[1326]

Darüber hinaus empfiehlt sich zur Gewährleistung der Datensicherheit der Aufbau und die Aufrechterhaltung eines umfassenden Informationssicherungssystems.[1327] Um die im Rahmen eines solchen Systems mit dem dezentralen Einsatz von Personal Computern verbundenen Unsicherheitsprobleme[1328] hinsichtlich des Datenschutzes, Datenmißbrauchs und Datenverlustes[1329] zu verringern, sollten über die Verpflichtung der PC-Benutzer auf das Datengeheimnis nach § 5 BDSG (Bundesdatenschutzgesetz) weitere konkrete organisatorische und

---

[1323] Vgl. Kridlo, S. (1993), S. 125; Mertens, P. u.a. (1995), S. 197.
[1324] Vgl. Kridlo, S. (1993), S. 125; o.V. (1986), S. 67.
[1325] Vgl. Lödel, D. (1994), S. 34; Maciejewski, P.G. (1991), S. 46 f.
[1326] Vgl. Lödel, D. (1994), S. 34.
[1327] Vgl. Lippold, H.; Wolfram, G. (1985), S. 217 ff., die ein Konzept eines Informationssicherungssystems vorstellen. Siehe auch Böcker, J. (1995), S. 188.
[1328] Vgl. Baldi, S. u.a. (1993), S. 49; Karcher, H.B. (1991), S. 106; Maciejewski, P. (1991), S. 45 f.
[1329] Zum Problem des Datenverlustes vgl. Schacknies, G. (1987), S. 29 f. Insbesondere bei der drahtlosen Datenfernübertragung ergibt sich das Problem des relativ unproblematisch möglichen Abhörens unverschlüsselter Datenströme. Vgl. Hansen, H.R. (1992), S. 749.

technische Maßnahmen getroffen werden, um die Daten gemäß § 9 BDSG vor dem Zugriff Unbefugter zu schützen.[1330]

Urheberrechtliche Fragen können bei Multimedia-Anwendungen sowohl bei den verwendeten Programmen als auch bei den Medienobjekten auftreten.[1331] Zur Vermeidung nachträglicher Ansprüche der Urheber müssen für die Produktion bzw. Nutzung multimedialer Werke von den Urhebern Rechtebündel erworben werden, die sich allgemein auf die folgenden Aspekte beziehen:

- Verwendung der Werke des Urhebers in einem multimedialen Werk.
- Bearbeitung bzw. Modifikation des Werkes des Urhebers bei der Produktion bzw. Nutzung eines multimedialen Werkes.
- Vervielfältigung und Verbreitung des multimedialen Werkes.
- Speicherung des multimedialen Werkes in Datenbanken und Übermittlung durch online-Dienste.

Die in den Programmen verwendeten Medienobjekte (Fotos, Graphiken, Filme etc.) stellen oft geschützte Werke der Literatur und Wissenschaft dar. Wissenschaftliche oder technische Darstellungen, wie Zeichnungen, Pläne, Karten, Skizzen oder Tabellen sind nach §§ 2 und 7 UrhG geschützt. Die freie Nutzung dieser Werke ist dabei nur zum persönlichen Gebrauch zulässig. Ablaufsteuernde Computerprogramme unterliegen dem einheitlichen urheberrechtlichen Softwareschutz, für gespeicherte Bilder oder Filmsequenzen auf CD-ROM gelten die klassischen Rechte des Film- und Laufbildschutzes.

Das ausschließliche Recht der Vervielfältigung und Verbreitung seiner Werke kommt nach §§ 15, 16, 17 UrhG (Urhebergesetz) dem Urheber zu.[1332] Ebenso bedarf die Veröffentlichung oder Verwendung von Bearbeitungen oder Umgestaltungen seiner Einwilligung (§ 23 UrhG). Die Nutzung, Bearbeitung oder Verbreitung dieser Werke in Multimedia-Systemen durch Überführung in Medienobjekte durch Digitalisierung stellt demnach bereits eine Vervielfältigung dar. Dabei ist die rein technische Vervielfältigung jedoch solange unproblematisch, wie sie den wirtschaftlichen Interessen des Urhebers nicht zuwiderläuft. In diesem Zusammenhang beinhaltet allerdings die entgeltliche Veräußerung von Computerprogrammen durch den

---

[1330]Vgl. dazu vor allem Dornis, P.; Herzig, A. (1992), 119 ff.; Hansen, H.R. (1992), S. 590 ff. Siehe auch Lippold, H.; Wolfram, G. (1985), S. 223.

[1331]Vgl. Wolff, M. R. (1993), S. 22 f. Siehe auch Vogel, R. (1994), S. 44 f.; Witte, A. (1994), S. VI. Die dargestellte Problematik betrifft zwar in erster Linie die Hersteller von Multimedia-Konzepten und -applikationen und nicht den Nutzer, sie sei aber aufgrund ihrer generellen Bedeutung in diesem Zusammenhang hier erwähnt.

[1332]Vgl. Marwitz, P. (1996), S. 330; Schwarz, M. (1996), S. 124.

Urheber bereits eine ausreichende Berücksichtigung seiner wirtschaftlichen Interessen, so daß die reine Nutzung der Software nach aktueller Rechtsprechung für unproblematisch gehalten wird.[1333]

Problematischer ist dagegen die Umgestaltung von Multimedia-Produkten. Dabei können die neu entwickelten Produkte zwar einen eigenen Rechtsschutz genießen, gleichzeitig aber Rechte Dritter am Ausgangsprodukt verletzt worden sein.[1334] Im Hinblick auf die weltweite Nutzung urheberrechtlich geschützter Werke tritt zudem das Problem bislang noch fehlender internationaler rechtlicher Standards zum Schutz von Urheberwerken auf. Da der Schutz von Urheberwerken unter das jeweils vorherrschende nationale Recht fällt, macht eine länderübergreifende Nutzung von Multimedia-Werken, die Urheberwerke enthalten, jeweils eine Abstimmung auf die nationalen Rechtsvorschriften notwendig. Aufgrund der noch bestehenden Rechtsunsicherheiten kann vor dem Umgang mit Multimedia-Produkten eine umfassende Absicherung gegenüber den Rechten Dritter empfohlen werden.

[1333] Vgl. hierzu auch eine ähnliche Auslegung der US-amerikanischen Rechtsprechung, die im Zusammenhang mit der Online-Kommunikation die Übertragung frei zugänglicher Urheberwerke in den eigenen Computer -etwa im Rahmen der Nutzung des Informationsangebotes im World Wide Web- als unproblematisch betrachtet. Vgl. Rieder, C.M. (1996), S. 861.

[1334] Vgl. Witte, A. (1994), S. VI.

Teil C: Empirische Überprüfung und Ausblick

9. Die empirische Überprüfung der aufgezeigten Vorteilspotentiale

Die empirische Untersuchung der Wirkungen anhand bereits eingesetzter computergestützter Angebotssysteme dient der Überprüfung der im Rahmen der theoretischen Ausarbeitung der Wirkungspotentiale aufgestellten Hypothesen. Die Aussagen stützen sich auf die Ergebnisse schriftlicher Befragungen zur Beurteilung von zwei multimedialen AUS zur Unterstützung der Verkaufsberatung von Anbietern konfigurationsbedürftiger Produkte. Befragt wurden in diesem Zusammenhang einerseits computergestützt beratene Nachfrager andererseits die Verkaufsberater als konkrete Systemanwender. Die Untersuchung einer größeren Anzahl von Systemen wurde zum einen eingeschränkt durch die sich erst allmählich durchsetzenden multimedialen Anwendungen in der persönlichen Verkaufsberatung, anderseits durch die fehlende Bereitschaft zahlreicher Anbieter zur Durchführung einer Systemevaluation, insbesondere auch zur Befragung der Kunden. Insofern sollen ergänzende Befunde durch Expertengespräche zu weiteren Anwendungen computergestützter Angebotssysteme in die empirische Überprüfung der Wirkungspotentiale einfließen.

9.1 Die untersuchten Anwendungen und das Erhebungsdesign

9.1.1 Der Einsatz des AUS OKAL-Selekt in der Fertighausberatung

Bei dem vom Fertighausbauanbieter Okal Bau im Rahmen der persönlichen Verkaufsberatung eingesetzten System OKAL-Selekt handelt es sich um ein multimediales AUS, das im Rahmen des Gesprächskontaktes die Konfiguration des auf die spezifischen Wünsche des Bauherrn abgestimmten Fertighauses ermöglicht. Eingesetzt wird das System in Vertriebsbüros und Musterhauszentren, denen im Fertighausmarketing zentrale Bedeutung als Vertriebs- und Demonstrationsinstanzen zukommt. Zum Zeitpunkt der Erhebung verfügte OKAL-Selekt im einzelnen über folgende Module:

- Elektronischer Produktkatalog
  (Komponenten Präsentation, Selektion, produktspezifische Informationen),
- Konfigurator,
- Preiskalkulation,
- Angebotsausdruck (Technische Spezifikation einschließlich Graphiken der spezifischen Hausbaukonfiguration bzw. einzelner Elemente),
- Vernetzung zum DV-System der Unternehmenszentrale
  (zum Zeitpunkt der Erhebung in der Planung).

OKAL-Selekt ermöglicht im Rahmen der angebotenen Produktlinien nach der Auswahl einzelner Hausbaugrundtypen (z.B. Rechteck-, Winkelhaus) und der Entscheidung über die gewünschte Raumaufteilung die Selektion der individualisiert gestaltbaren Elemente aus der Menge der jeweils verfügbaren Hausbaukomponenten und den dazugehörigen angebotenen Ausprägungsformen (Dachform und Dacheindeckung, Außenwandgestaltung, Gauben, Erker, Balkon, Türen/Fenster). Es werden sowohl die einzelnen ausgewählten Hausbauelemente als auch deren Auswirkungen auf die Gesamtkonfiguration durch die Darstellung der jeweiligen Zwischenstufen der Hausbaukonfiguration aus unterschiedlichen Perspektiven mittels annähernd realitätsgetreuer Farbgraphiken visualisiert. Dabei können zu den einzelnen Komponenten jeweils produktspezifische Textinformationen abgerufen werden, die teilweise durch Graphikabbildungen ergänzend erläutert werden. Die Gewährleistung einer schnittstellenkongruenten Produktzusammenstellung erfolgt durch ein im Hintergrund mitlaufendes Konfigurationssystem, das zu jeder Zwischenlösungsstufe durch Ausschlußregeln nur die jeweils konsistenten Komponenten für den weiteren Selektionsprozeß freigibt. Die wahlweise offen oder verdeckt mitlaufende Preiskalkulation erteilt auf jeder Konfigurationsstufe Auskunft über den aktuellen Angebotspreis. Abschließend können das erstellte Angebot mit der technischen Spezifikation sowie graphische Darstellungen des Bauobjektes ausgedruckt werden.

Die Ermittlung der Beurteilung des Systems OKAL-Selekt erfolgte durch schriftliche Befragung von Verkaufsberatern und Bauherrn mittels standardisierter Fragebögen,[1335] die im Rahmen einer Vorstudie zunächst jeweils einer Kleingruppenbeurteilung in bezug auf Verständlichkeit und Eignung unterzogen wurden.
Bei der Nachfragerbefragung standen vor allem die gegenüber der konventionellen Beratung empfundenen Vorteile, insbesondere auch im Hinblick auf die visuelle Präsentation und die stark dialogorientierte Systemanwendung, im Vordergrund. Insgesamt wurden 162 mit dem

---

[1335]Vgl. Anhang 3 und Anhang 5.

System beratene Nachfrager um Stellungnahme gebeten, der Rücklauf von 63 Fragebögen betrug damit 39%.

Die Befragung der das System einsetzenden Verkaufsberater konzentrierte sich vor allem auf die vermuteten Vorteilspotentiale in bezug auf Effizienz und Effektivität der Aufgabenerfüllung, insbesondere mit Blick auf die Unterstützung des konkreten Beratungskontaktes. Es wurden die zum Zeitpunkt der Erhebung mit dem System ausgestatteten 30 Berater vollständig befragt, der Rücklauf von 21 Fragebögen betrug hier 70%.

9.1.2 Der Einsatz des Beratungsunterstützungssystems WohnVision in der Akquisitionsberatung bei Polstermöbeln

Bei dem System WohnVision handelt es sich um ein vom Polstermöbelhersteller ROLF BENZ AG eingesetztes multimediales Beratungsunterstützungssystem, das den Vertragspartnern des Handels zur Unterstützung der Endkundenberatung dient. Die Kollektion des Anbieters umfaßt eine Vielzahl von Sofaprogrammen, Einzelmodellen und Anreihsystemen, die in bezug auf die Kombination der Sofa-Module und Auswahl der Bezüge eine auf die individuellen Wünsche des Nachfragers abgestimmte Produktkonfiguration ermöglicht. Aufgrund der immensen Gestaltungsvielfalt, die durch den Verkaufsberater im Handel durch herkömmliche Präsentations- und Beratungsmöglichkeiten kaum ausschöpfbar ist, wurde zur Optimierung der Kundenberatung das System WohnVision entwickelt. Diese Applikation enthielt zum Zeitpunkt der Erhebung folgende Komponenten:

- Elektronischer Produktkatalog
  (Komponenten Präsentation, Selektion, produktspezifische Informationen),
- Konfigurator,
- Raumplanung,
- Preiskalkulation,
- Schriftliche Angebotserstellung,
- Online-Anbindung an die Produktionsplanung des Polstermöbelherstellers
  (zum Zeitpunkt der Erhebung in der Umsetzung).

Das Präsentations- und Beratungssystem WohnVision gibt dem Nachfrager zunächst einen photorealistischen Gesamtüberblick über alle Polstermöbel der angebotenen Kollektionen des Herstellers, aus denen das gewünschte Modell für die weitere Abstimmung auf die spezifischen Wünsche des Kunden ausgewählt werden kann. Im Rahmen des weiteren Konfigurationsprozesses wird aus den unterschiedlichen Anreihkomponenten und den jeweils verfügbaren Leder- und Stoffbezügen für die Korpus- und die Rückenkissenwahl die nachfragerspezifische Polstermöbelkombination schrittweise zusammengestellt. Sowohl die zur Auswahl stehenden Bezüge als auch die jeweilige unmittelbare Umsetzung auf der Ebene der Gesamtkonfiguration weisen photorealistische Präsentationsqualität auf. Zudem ist eine Einpassung in vorgegebene Wohn-Stil-Collagen möglich, die die Integration der vom Nachfrager gewählten Polstermöbelzusammenstellung in typische Einrichtungsstile erlaubt. Ergänzend zur visuellen Präsentation können zu den einzelnen Sofakollektionen produkttechnische Informationen in Form von graphischen Darstellungen des Möbelquerschnitts mit erläuternden Textinformationen zu den einzelnen Komponenten bereitgestellt werden. Ergänzend sind ausführliche Informationen über die Gebrauchseigenschaften und die Pflege der einzelnen Bezüge abrufbar. Im mitlaufenden Modul Angebotspreisermittlung erfolgt die konfigurationsbegleitende Generierung der Typenliste der Einzelkomponenten mit Preisangaben, die durch Übernahme in das Angebotsformular, ergänzt durch die spezifischen Liefer- und Zahlungskonditionen des jeweiligen Handelspartners, zu einem vollständigen Angebot erweitert und in schriftlicher Form zur Verfügung gestellt wird. Daneben können ebenso ein Graphikausdruck der ausgewählten Polstermöbelkonfiguration sowie die graphischen und textlichen Produkt-, Gebrauchs- und Pflegeinformationen unmittelbar ausgedruckt werden. Zum Zeitpunkt der Erhebung geplant war die Online-Anbindung an das PPS des Herstellers, die zu einer rationellen Auftragsabwicklung führen und während des Beratungsgesprächs konkrete Auskünfte über Lieferzeiten für die gewünschten Polstermöbel- und Bezugkollektionen ermöglichen soll.

Ebenfalls erfolgte hier die Beurteilung des Systemeinsatzes nach Durchführung von Vorstudien mit Kleingruppencharakter durch die Befragung von Verkaufsberatern des Möbeleinzelhandels und beratenen Endkunden mittels standardisierter Fragebögen. Die jeweils erfaßten Schwerpunkte der Systembeurteilung entsprachen der zum System OKAL-Selekt durchgeführten Erhebung. Da aufgrund fehlender Nachfrageradressen eine Ansprache unmittelbar nach dem Beratungskontakt erforderlich wurde, erfolgte die Distribution der Fragebögen einerseits über die Handelspartner, andererseits über das Präsentationszentrum des Herstellers. Befragt wurden insgesamt 266 systemgestützt beratene Nachfrager, der Rücklauf betrug mit 92 Fragebögen 34%. Die Zahl der befragten Verkaufsberater betrug 144, der Rücklauf 42 Bögen, also 29%.[1336]

[1336]Hingewiesen sei im Zusammenhang mit der Befragung der Verkaufsberater auf die vergleichsweise geringe Fallzahl, die sich vor allem aus der zum Zeitpunkt der Befragung noch unvollständigen Ausstattung des Beratungspersonals mit dem AUS ergibt.

9.1.3 Der Einsatz des Beratungsunterstützungssystem MBKS in der Nutzfahrzeugberatung

Das Beratungsunterstützungssystem MBKS von Mercedes-Benz dient der Unterstützung der Verkaufsberater bei der Entwicklung einer auf die transportspezifische Bedarfslage zugeschnittenen Nutzfahrzeugkonfiguration. Aufgrund der erheblichen Produktpalette war es den Verkaufsberatern unmöglich geworden, innerhalb einer angemessenen Zeit die Vielfalt der möglichen Varianten sowie die technischen Voraussetzungen zu berücksichtigen. Um den vom Vertriebspersonal getroffenen Zusagen zu entsprechen, mußte jährlich ein nicht unerheblicher Betrag für Um- und Nachrüstungen ausgegeben werden, damit der Kunde ein seinem Bedarf entsprechendes Produkt erhielt. Allein dieser Aspekt förderte die Systemeinführung maßgeblich.

Die Systemfunktionalität wird durch wissensbasierte Anwendungen geprägt, die Leistungspräsentation erfolgt durch graphische Darstellungen der Endkonfiguration aus unterschiedlichen Perspektiven sowie Darstellungen zu einzelnen Komponenten (z.B. Fahrgestell, Aufbau, Triebstrang). Das System umfaßte zum Zeitpunkt der Untersuchung folgende Module:[1337]

- Bedarfsanalyse,
- Elektronischer Produktkatalog mit den Komponenten,
  - Fahrgestellselektion,
  - Aufbauberechnung und -selektion,
  - Triebstrangberechnung und -selektion,
- Konfigurator,
- Angebotspreiskalkulation,
- Wirtschaftlichkeitsberechnung,
- Finanzierungsberatung,
- Angebotsbearbeitung.

Geplant war zum Zeitpunkt der Erhebung die Online-Anbindung der Handelspartner an den Hersteller.

Nach der Eingrenzung der für die spezifische Transportaufgabe grundsätzlich geeigneten Fahrzeugtypen durch die Spezifizierung von Bedarfsparametern (z.B. Nutzlast, gewünschte Mindestmotorleistung, etc.) und entsprechender Vorauswahl durch das Modul Bedarfsanalyse erfolgt im Rahmen der weiteren Feinabstimmung die Selektion der für den jeweiligen

---

[1337]Vgl. auch Bunk, B. (1992), S. 58 ff.

Grundtyp verfügbaren Fahrgestelle, die Berechnung der Anforderungen an Aufbau und Triebstrang sowie die Selektion und graphische Präsentation der gewünschten, jeweils anforderungsgerechten Varianten. Im Hintergrund arbeitet auch hier ein aktives Konfigurationssystem, das nach jedem Konfigurationsschritt jeweils nur die technisch konsistenten Komponenten für die nachfolgenden Stufen freigibt. Nach Übernahme der technischen Konfigurationsdaten kann durch die computergestützte Finanzierungsberatung ein individuelles Finanzierungs- bzw. Leasingangebot entwickelt werden. Das Modul Wirtschaftlichkeitsberechung ermittelt die zu erwartenden Nutzungskosten der gewählten Fahrzeugalternative p.a. unter Berücksichtigung unterschiedlicher variabler und fixer Kostenbestandteile (z.B. Kraftstoffkosten, Reparatur- und Wartungskosten, Steuern, Versicherungsprämien, Abschreibungen, Finanzierungskosten) nach Eingabe der technischen Spezifikation und weiterer Bestimmungsparametern (z.B. voraussichtliche Laufleistung, Nutzungsdauer, geographisches Profil des Einsatzgebietes, etc.). Die Ergebnisdarstellung kann tabellarisch oder graphisch unterstützt werden. Die Übernahme der produkt- und finanzierungsspezifischen Parameter in das auf die spezifischen Daten des jeweiligen Handelspartners zugeschnittene Modul Angebotsbearbeitung ermöglicht schließlich die Erstellung des schriftlichen Angebotes. Der Kundenberater ist damit in der Lage, für jede Transportaufgabe die bestmögliche Fahrzeugkonfiguration zu ermitteln und unmittelbar ein konkretes Angebot zu unterbreiten.

Die empirische Überprüfung der vermuteten Vorteilspotentiale konnte hier durch ein mehrstündiges freies persönliches Interview mit dem für die Systementwicklung verantwortlichen Leiter Beratungssysteme und dem Vertriebsleiter Nutzfahrzeuge Deutschland erfolgen. Zwar liegt in diesem Fall keine unmittelbare Beurteilung von Verkaufsberatern und Nutzfahrzeuginteressenten bzw. -kunden vor, jedoch erscheint die Einbeziehung dieser auf Erfahrungswerten der Systembeurteilung beruhenden Befunde aufgrund der nicht unerheblichen beratungsunterstützenden Bedeutung der stärker wissensbasierten Anwendungen durchaus sinnvoll.

9.2 Die Datenanalyse und die Ergebnisinterpretation

Die Vorgehensweise bei der Datenanalyse umfaßt sowohl univariate als auch multivariate Elemente. Die Überprüfung der im einzelnen herausgearbeiteten Vorteilspotentiale des Systemeinsatzes beruht primär auf Häufigkeitsauswertungen der Beurteilungen der von den Befragten gegenüber der konventionellen Vorgehensweise bei Beratung und Angebotserstellung wahrgenommenen Vorteile der Computerunterstützung. Abgestellt wird damit auf den zur Untersuchung von Nutzeffekten von DV-Anwendungen sinnvollerweise zu verwendenden

Vergleichsmaßstab, der die Wirkungen einer DV-Innovation im Verhältnis zu der vor der Systemeinführung bestehenden Ausgangssituation erfaßt und damit die Bestimmung der für die Analyse der Systemwirkungen relevanten relativen Nutzeffekte ermöglicht.[1338] Dieses Vorgehen bezieht sich auf den Systemeinsatz in der Fertighaus- und der Polstermöbel- akquisitionsberatung. Ergänzend werden die Befunde des offenen Interviews zum Einsatz des Beratungsunterstützungssystems in der Nutzfahrzeugberatung hinzugezogen. Der multivariate Analysebereich beinhaltet faktorenanalytische Untersuchungen zur Ermittlung der zentralen Vorteilsdimensionen.

9.2.1 Die Überprüfung der Vorteilspotentiale im einzelnen

Die nachfolgende Vorstellung der Ergebnisse der empirischen Untersuchungen orientiert sich weitgehend an der Struktur der theoretischen Ausarbeitung der Wirkungspotentiale. In den Befragungen wurden vor allem die Wirkungen bzw. die Vorteilhaftigkeit der eingesetzten Systeme gegenüber der konventionellen Vorgehensweise ohne Computerunterstützung erfaßt. Die Operationalisierung der über einzelne Beurteilungskriterien erfaßten wahrgenommenen Vorteile der Computerunterstützung erfolgte weitgehend über Rating-Skalen, die dem Be- fragten die Möglichkeit zur Einschätzung seiner Beurteilung zwischen den Extrempolen "sehr starker Verbesserung" bzw. "keine Verbesserung" ließen. Zum Teil wurden die einzelnen Wirkungen thesenartig erfaßt. Hier erfolgte die Beurteilung der jeweiligen Aussagen durch eine Einstufung zwischen den Extrempolen "sehr zutreffend" und "nicht zutreffend". Bewußt wurde dabei auf die Kennzeichnung der Kategorien im einzelnen verzichtet, um Lenkungsef- fekte durch möglicherweise intendierte Aussagen zu vermeiden und die Eignung der grundsätzlich ordinalskalierten Werte in bezug auf ihre metrische Interpretation in der Daten- analyse nicht weiter einzuschränken. Dabei wurde jeweils auf sechsstellige Skalen zu- rückgegriffen, um einerseits direkte Zentralitätseffekte zu vermeiden, den Probanden aber gleichzeitig die Möglichkeit einer mittleren Bewertung einzuräumen. Auf der sechsstelligen Beurteilungsskala wurden Einstufungen an den beiden am positiven Bewertungspol ange- ordneten Kategorien (6,5) als stark ausgeprägter Vorteil des Computereinsatzes bzw. als (voll) zutreffende Aussage interpretiert. Einstufungen in den beiden mittleren Kategorien (4,3) wurden als zwar vorhandener, aber eher durchschnittlich ausgeprägt empfundener Vorteil des Einsatzes von AUS interpretiert bzw. die jeweilige Aussage als zumindest teil- weise zutreffend gewertet. Einstufungen in den beiden am ablehnenden Extrempol angeordne- ten Kategorien (2,1) wurden als nicht oder nur sehr gering empfundener Vorteil des Systemeinsatzes bzw. als kaum respektive nicht zutreffende Aussage gewertet. Ergänzend

---

[1338]Vgl. Schumann, M. (1992), S. 54 f.

wurde offen nach den als besonders wichtig empfundenen Vorteilen des jeweiligen Systemeinsatzes gefragt, aber auch die Möglichkeit zur Äußerung von Verbesserungsvorschlägen eingeräumt. Nachfolgend werden die aus den theoretisch erörterten Vorteilspotentialen abgeleiteten Hypothesen genannt und anschließend anhand geeigneter Variablen zur Operationalisierung überprüft.

H1: Verbesserung der Beratungsqualität durch den Einsatz des AUS

Als Ausgangspunkt der Betrachtung soll zunächst die Überprüfung der Wirkung des Einsatzes der Systeme auf die Beratungsqualität insgesamt gewählt werden, bevor auf die postulierten Einzelwirkungen eingegangen wird. Befragt nach der Wirkung des Systems OKAL-Selekt in bezug auf die *wahrgenommene Verbesserung der Beratungsqualität insgesamt* gaben 69 % der Befragten eine starke Verbesserung an, nur 2 % der Hausbauinteressenten konnten keine Verbesserung feststellen. Ähnliche Ergebnisse ergaben sich für den Einsatz von WohnVision. Hier gaben knapp 58 % eine starke Verbesserung an, ebenfalls nur 2 % empfanden keine Verbesserung gegenüber der konventionellen Vorgehensweise (siehe nachstehende Tabelle).

	starke Verbesserung (Kat. 6,5)	mittlere Verbesserung (Kat 4,3)	keine Verbesserung (Kat. 2,1)
OKAL-Selekt	69,3 %	29,1 %	1,6 %
WohnVision	57,6 %	37,2 %	2,2 %

Tab. 3: Wahrgenommene Beratungsqualität

Auf Basis dieser Ergebnisse kann damit für die untersuchten Anwendungen zunächst von einer wahrgenommenen Verbesserung der globalen Beratungsqualität ausgegangen werden. Diese positive Bewertung des Computereinsatzes spiegelt sich weitgehend in der nachstehenden Beurteilung der Einzelwirkungen wider.

H2: Erhöhung der Kompetenz des Verkaufsberaters durch den Systemeinsatz

Ähnlich positiv wurde die Wirkung auf die *wahrgenommene Beratungskompetenz* bewertet. Im Hinblick auf die wahrgenommene Kompetenz des Verkaufsberaters aus Nachfragersicht maßen über die Hälfte (knapp 63 %) der zum Einsatz von OKAL-Selekt Befragten der Computerunterstützung eine starke Verbesserungswirkung zu. Lediglich 6,5 % konnten keine oder nur eine sehr geringe Wirkung feststellen. Die positiven Ergebnisse werden für das System WohnVision zugunsten einer stärkeren Ausprägung der mittleren Kategorien leicht abgeschwächt. Der Anteil der Befragten, die keine oder nur sehr geringe Kompetenzwirkungen feststellen konnten, ist mit 7,6 % aber auch hier sehr gering. Möglicherweise liegen die Ergebnisdifferenzen in dem doch stärker auf die visuelle Leistungspräsentation ausgerichteten Systemcharakter von WohnVision, der bei dem auf die Angebotsunterstützung der stärker erklärungsbedürftigen Fertighäuser zielenden Einsatz von OKAL-Selekt verstärkt auf Beratungsunterstützungsfunktionen gerichtet ist.

Gestützt werden diese Ergebnisse durch die Beurteilung der Verkaufsberater. Bei der Untersuchung von OKAL-Selekt gaben 52 % der Befragten an, daß durch den Computereinsatz das im Beratungskontakt unmittelbar <u>verfügbare produktspezifische Wissen</u> durch den Rechner stark erhöht werden konnte, lediglich 20 % lehnten dies ab. Schließlich gaben insgesamt immerhin 85 % der Berater an, daß die Computerunterstützung eine <u>gleichbleibende Beratungsqualität</u> zumindest teilweise fördert und damit Schwankungen der Beratungsqualität, z.B. infolge variierender Tagesformen, reduziert werden konnten. Die Ergebnisse für das System WohnVision relativieren sich auch hier leicht zugunsten der mittleren Kategorien. Während zwar ein höherer Anteil der befragten Verkaufsberater keine bzw. nur sehr schwache Verbesserungen im Hinblick auf eine konstante Beratungsqualität feststellen konnten, wird aber in bezug auf das während des Beratungskontaktes verfügbare Wissen ebenfalls eine geringere Häufigkeit im Bereich der starken Verbesserungen festgestellt. Allerdings reduziert sich ebenfalls die Anzahl der Befragten, die Verbesserungen durch den Systemeinsatz ablehnen. Nachstehende Tabelle faßt die Ergebnisse zusammen.

	starke Verbesserung (Kat. 6,5)	mittlere Verbesserung (Kat. 4,3)	keine Verbesserung (Kat. 2,1)
Wahrgenommene Beratungskompetenz des Verkaufsberaters OKAL-Selekt/*WohnVision*	62,8 % 36,9 %	30,7 % 55,5 %	6,5 % 7,6 %
Verfügbares Wissen im Beratungsgespräch OKAL-Selekt/*WohnVision*	52,4 % 35,7 %	28,6 % 50 %	19 % 14,3 %
Konstanz der Beratungsqualität OKAL-Selekt/*WohnVision*	28,5 % 17,5 %	57,2 % 60 %	14,3 % 22,5 %

Tab. 4: Kompetenz des Verkaufsberaters

Insgesamt kann damit die Annahme einer Erhöhung der Beratungskompetenz des Verkaufsberaters zunächst bestätigt werden, sowohl in bezug auf die tatsächliche Wissenserhöhung als auch deren subjektive Wahrnehmung im Beratungskontakt durch den Nachfrager.

H3: Erhöhung der Individualisierung der Leistungserstellung durch das AUS

Die Hypothese der Erhöhung des wahrgenommenen *Individualisierungsgrades der Leistungserstellung* konnte ebenso bestätigt werden. Zunächst global nach den Verbesserungen hinsichtlich der produktspezifischen Informationsbereitstellung befragt, konnten 55 % der Probanden starke Verbesserungswirkungen durch OKAL-Selekt bestätigen, nur für 3 % stellte der Computereinsatz keine Verbesserung dar. Die Ergebnisse für das System WohnVision relativieren sich mit den Häufigkeiten von 41,4 % bzw. 8,6 % nur leicht.

Die Erhöhung des Individualisierungsgrades der Leistungserstellung kommt sowohl in der Informationsbereitstellung als auch in der Produktkonfiguration zum Ausdruck. 68 % der befragten Hausbauinteressenten konstatierten eine starke Verbesserung der Flexibilität der Informationsbereitstellung im Zusammenhang mit der Reaktion auf spezifische Informationswünsche, als auch eine starke Erhöhung des Individualisierungsgrades der Produktkonfiguration. Im letzten Fall kreuzten sogar knapp 32 % der Befragten die positive Extremkategorie an. Leichte Abschwächungen ergeben sich wiederum für das System WohnVision. Zwar konnten ebenfalls Ergebnisverschiebungen zugunsten der mittleren Kategorien festgestellt werden, jedoch gaben immer noch die Hälfte der Befragten starke Vorteile bei der Flexibilität der Informationsbereitstellung und Individualität der Leistungskonfiguration an (siehe Tabelle 5).

Die insgesamt vergleichsweise stärkere Ausprägung der Häufigkeiten im Bereich der starken Verbesserungen bei OKAL-Selekt läßt sich vermutlich auf die Komplexität und die zahlreicheren Konfigurationsstufen der Produktzusammenstellung bei Fertighäusern zurückführen, die die Vorteile im Bereich der Individualisierung der Leistungskonzeptionierung hier stärker bewußt werden lassen. Beide Ergebnisse stützen jedoch eindeutig die aufgestellte Hypothese der Erhöhung des Individualisierungsgrades der Leistungserstellung.

	starke Verbesserung (Kat. 6,5)	mittlere Verbesserung (Kat.4,3)	keine Verbesserung (Kat. 2,1)
Bereitstellung produktspezifischer Informationen OKAL-Selekt/*WohnVision*	55,5 % *41,4 %*	41,3 % *50 %*	3,2 % *8,6 %*
Flexibilität der Informationsbereitstellung OKAL-Selekt/*WohnVision*	68,2 % *50 %*	28,6 % *46,7 %*	3,2 % *3,3 %*
Individualisierung der Produktkonfiguration OKAL-Selekt/*WohnVision*	68,3 % *53,3 %*	31,7 % *42,3 %*	0 % *4,4 %*

Tab. 5: Individualisierungsgrad der Leistungserstellung

*H4: Intensivierung der Interaktion zwischen Verkaufsberater und Nachfrager durch das
AUS*

Positiv wurde der Systemeinsatz ebenfalls hinsichtlich der konkreten *Einbeziehung des
Nachfragers in die Leistungserstellung* bewertet, die sich vor allem auf das Prozeßerlebnis
der Akquisitionsberatung und Angebotserstellung bezieht. Zwei Drittel der Befragten befürworteten die postulierten Verbesserungen hinsichtlich der <u>Einbeziehung in den Prozeß der
Beratung und Angebotserstellung</u> als sehr zutreffend, knapp drei Viertel stimmten der <u>durch
den Systemeinsatz geförderten Zusammenarbeit mit dem Berater</u> zu. Grundsätzlich
ablehnende Beurteilungen gab es nur sehr wenige. Für den Einsatz des Systems WohnVision
ergibt sich hier eine weitgehend übereinstimmende Bewertung. Allerdings wird ebenfalls die
sehr positive Bewertung durch eine stärkere Ausprägung der mittleren Bewertungskategorien
leicht abgeschwächt. So stimmten jeweils 55,4 gegenüber 65 % der stärkeren Einbeziehung
und 45,7 gegenüber 74,6 % der Förderung der Zusammenarbeit mit dem Verkaufsberater zu
(siehe Tabelle 6).

	sehr zutref- fend (Kat. 6,5)	teilweise zutreffend (Kat. 4,3)	nicht zu- treffend (Kat. 2,1)
Stärkere Einbeziehung in Beratung/Ange- botserstellung OKAL-Selekt/*WohnVision*	65 % *55,4 %*	35 % *42,3 %*	0 % *3,3 %*
Förderung kreativer Zusammenarbeit mit Berater OKAL-Selekt/*WohnVision*	74,6 % *45,7 %*	23,8 % *53,3 %*	1,6 % *1 %*

Tab. 6: Integration des Nachfragers in die Leistungserstellung

Ein ähnliches Resultat weist die Beurteilung der durch die Interaktivität der Informationsbereitstellung und der implizierten intensiveren Prozeßeinbeziehung des Nachfragers vermuteten
<u>motivationsfördernden Wirkung</u> auf (siehe Tabelle 7). Knapp 60 % der zum Einsatz des
Systems OKAL-Selekt befragten Probanden stimmten der entsprechenden These zu, nur 3 %
lehnten sie ab. Auch hier weicht die Häufigkeitsverteilung für die Untersuchung der Applikation zur Unterstützung der Polstermöbelverkaufsberatung bei entsprechend geringen Werten im Bereich der Ablehnungen und ebenfalls einer Verschiebung zu den mittleren Bewertungskategorien (51,7 % gegenüber 37,1 %) ab. Möglicherweise ist auch hier die stärker
wahrgenommene Wirkung beim System OKAL-Selekt durch den insgesamt höheren Anteil an
Konfigurationsstufen zu erklären, der gegenüber der Polstermöbelzusammenstellung absolut
zu einer intensiveren Einbeziehung des Nachfragers in den Beratungs- und Angebotserstellungsprozeß führt.

	sehr zutref-fend (Kat. 6,5)	teilweise zutreffend (Kat. 4,3)	nicht zu-treffend (Kat. 2,1)
Motivationsfördernde Wirkung durch stärkere Einbeziehung des Nachfragers OKAL-Selekt/*WohnVision*	59,7 % *45 %*	37,1 % *51,7 %*	3,2 % *3,3 %*

Tab. 7: Förderung der Motivation des Nachfragers

Für gut die Hälfte der zum Systemeinsatz von OKAL-Selekt Befragten (Anteil 53,9 %) führte die durch den Systemeinsatz erfolgende Mitwirkung an der Angebotserstellung zudem eindeutig zu einer stärkeren Identifikation mit dem erstellten Angebot (siehe Tabelle 8). Für das System WohnVision schwächt sich dieses Ergebnis bei weiterhin nur sehr geringer ablehnender Haltung für die eindeutig zustimmende Beurteilung der These (33,7 %) zugunsten der mittleren Bewertungskategorien (62 %) leicht ab. Allerdings kann auch hier eine zumindest teilweise Förderung der Angebotsidentifikation bzw. -überzeugung für fast alle Befragten angenommen werden.

	sehr zutref-fend (Kat. 6,5)	teilweise zutreffend (Kat. 4,3)	nicht zu-treffend (Kat. 2,1)
Stärkere Identifikation mit / Überzeugung von ausgewählter Produktkonfiguration OKAL-Selekt/*WohnVision*	53,9 % *33,7 %*	46,1 % *62 %*	0 % *4,3 %*

Tab. 8: Identifikation mit Produktkonfiguration

Insgesamt läßt sich damit die Vermutung einer durch den interaktiven und dialogorientierten Systemcharakter bedingten Intensivierung der Interaktion zwischen Verkaufsberater und Nachfrager zumindest für die untersuchten Anwendungen nicht widerlegen. Gleiches gilt für die daraus resultierenden angenommenen motivationalen Wirkungen und den Beitrag zur Identifikation mit bzw. Überzeugung von der erstellten Produktkonfiguration.

H5: Reduzierung der wahrgenommenen Komplexität der Angebotserstellung durch den Systemeinsatz

Die *komplexitätsreduzierenden bzw. verständnisfördernden Wirkungen* der untersuchten Anwendungen wurden sowohl stärker in bezug auf die allgemeinen Wirkungen der multimedialen Computerunterstützung als auch bezogen auf die Visualisierung und den dialogorientierten Charakter des Systems gemessen (siehe Tabelle 9). Eine starke Verbesserung hinsichtlich der Transparenz der Angebotserstellung, insbesondere auch infolge der mitlaufenden Preiskalkulation, konnten 52 % der zum System OKAL-Selekt befragten Nachfrager feststellen. Starke Verständnisverbesserungen im Hinblick auf den Vergleich unterschiedlicher Konfigurationsalternativen gaben ca. 44 % an. Die Zahl derer, die keine oder nur sehr geringe Verbesserungen empfanden war jeweils sehr gering ausgeprägt. Ähnlich gut erfolgte die Beurteilung der Verbesserung der Anschaulichkeit und Verständlichkeit der Produktpräsentation allgemein. Hier gaben sogar 84 % der Befragten starke Verbesserungen an. Die Ergebnisse der Untersuchung für das System WohnVision weisen nur geringere Abweichungen auf. Während sich die Zahlen für die wahrgenommenen Verbesserungen in bezug auf die Transparenz der Angebotserstellung weitgehend entsprechen, verschiebt sich das Resultat für die Anschaulichkeit und Verständlichkeit der Produktpräsentation zugunsten der mittleren Bewertungskategorien. Möglicherweise erklärbar ist dieses Ergebnis durch die bereits angesprochene produktspezifisch bedingte bessere Vorstellbarkeit individueller Problemlösungskonfigurationen bei Polstermöbeln gegenüber umfassenden Fertighauskonzeptionen, die den wahrgenommenen Vorteil der Computerunterstützung gegenüber der konventionellen Vorgehensweise für erstgenannte Produkte entsprechend relativieren. Immerhin knapp zwei Drittel der Befragten konnten aber noch starke Verbesserungswirkungen angeben. Auf die explizite Erfassung der Beurteilung der Wirkung des Systemeinsatzes auf den Vergleich von Konfigurationsalternativen wurde bei der Untersuchung des Systems WohnVision verzichtet. Die Beurteilung erfolgte hier indirekt im Zusammenhang mit den bereits genannten Ergebnissen zur "Flexibilität der Informationsbereitstellung", die sich auch auf den Vergleich unterschiedlicher Komponentenausprägungen bezog.[1339] Die Ergebnisse entsprechen dabei weitgehend der expliziten Erfassung zum System OKAL-Selekt.

	starke Verbesserung (Kat. 6,5)	mittlere Verbesserung (Kat. 4,3)	keine Verbesserung (Kat. 2,1)
Transparenz der Angebotserstellung OKAL-Selekt/WohnVision	52,4 % / 48,9 %	42,8 % / 44,6 %	4,8 % / 6,5 %
Vergleich von Konfigurationsalternativen OKAL-Selekt	44,5 %	37,6 %	7,9 %
Anschaulichkeit/Verständlichkeit der Präsentation OKAL-Selekt/WohnVision	84,1 % / 65,2 %	14,3 % / 31,5 %	1,6 % / 3,3 %

Tab. 9: Reduzierung der wahrgenommenen Komplexität der Beratung und Angebotserstellung

---

[1339] Vgl. Tabelle 5.

Konkret nach den Wirkungen der visuellen Darstellungen befragt, wurden erwartungsgemäß auch die zur Visualisierung der einzelnen Komponenten bzw. der jeweiligen Konfigurationsstufe eingesetzten Farbgraphiken bei OKAL-Selekt als verständnisfördernd bewertet. Eine ähnlich gute Bewertung erhielten die photorealistischen Komponenten- und Konfigurationsdarstellungen sowie die Graphikabbildungen der Produktquerschnitte des Systems WohnVision. Die Beurteilung erfolgte hier durch die Bewertung von Thesen entlang sechsstufiger Ratingskalen von "sehr zutreffend" bis "nicht zutreffend" (siehe Tabelle 10).

Dabei wurde den postulierten Verbesserungswirkungen des Systemeinsatzes sowohl hinsichtlich der <u>Vorstellung von der zu erwartenden Leistung</u> als auch bezüglich des <u>Verständnisses komplexer Zusammenhänge</u> in beiden Fällen eindeutig zugestimmt. Gleiches gilt für den <u>kombinierten Medieneinsatz</u> von Schrift und Bild bzw. Graphik. Aufgrund der differierenden Medienaufbereitung der Applikationen erfolgte die Messung hier für die Anwendung zur Unterstützung der Fertighausberatung. Gut zwei Drittel (71,4 %) der Probanden stimmten der These der Verständnisverbesserung durch den integrativen Medieneinsatz voll zu, grundsätzliche Ablehnungen waren sehr gering ausgeprägt. Der postulierten Verbesserung der Vorstellung der individuellen Problemlösung stimmten ebenfalls jeweils gut vier Fünftel der Befragten voll zu. Jeweils über zwei Drittel der Probanden bewerteten auch die These zur Verständnisverbesserung als sehr zutreffend. Ablehnungen waren in beiden Fällen ebenfalls sehr gering ausgeprägt.

Die vermuteten Verständnisverbesserungen durch graphische bzw. photorealistische Visualisierungen können damit zumindest für die untersuchten Anwendungen angenommen werden. Gleiches gilt für die angenommene Vorteilhaftigkeit des kombinierten Medieneinsatzes, die zumindest für die Medien Text und Bild bzw. Graphik bestätigt werden konnte.

	sehr zutreffend (Kat. 6,5)	teilweise zutreffend (Kat. 4,3)	nicht zutreffend (Kat. 2,1)
Bessere Vorstellung von der Leistung OKAL-Selekt/*WohnVision*	80,9 % *84,8 %*	14,3 % *14,1 %*	4,8 % *1,1 %*
Besseres Verständnis komplexer Zusammenhänge OKAL-Selekt/*WohnVision*	74,6 % *66,3 %*	25,4 % *30,4 %*	0 % *3,3 %*
Verständnisverbesserung durch Kombination von Bild- und Textinformationen OKAL-Selekt	71,4 %	27 %	1,6 %

Tab. 10: Reduzierung der wahrgenommenen Komplexität durch visuelle Darstellungen

Schließlich wurde auch der interaktiven Informationsabfrage durch die auf den unmittelbaren Informationszugriff gerichtete flexible Dialogsteuerung die <u>Förderung des Verständnisses</u>

komplexer Sinnzusammenhänge zuerkannt (siehe Tabelle 11). Auftretende komponenten-
oder konfigurationsspezifische Verständnisprobleme bei der Hausbaukonzeption konnten
durch den unmittelbaren Zugriff auf die relevanten Informationen erheblich reduziert werden.
Knapp über die Hälfte der Befragten (OKAL-Selekt) bzw. fast jeder Zweite (WohnVision)
beurteilten die entsprechende These als sehr zutreffend, grundsätzliche Ablehnungen waren
auch hier jeweils sehr gering ausgeprägt.

	sehr zutref-fend (Kat. 6,5)	teilweise zutreffend (Kat.4,3)	nicht zu-treffend (Kat. 2,1)
Besseres Verständnis komplexer Zusam-menhänge durch flexible Dialogsteuerung OKAL-Selekt/*WohnVision*	55,5 % *48,9 %*	42,9 % *47,8 %*	1,6 % *3,3 %*

Tab. 11: Reduzierung der wahrgenommenen Komplexität durch Interaktivität

Insgesamt kann damit auf Basis der vorliegenden Ergebnisse die Vermutung der komplexitätsreduzierenden und verständnisfördernden Wirkung von AUS als zutreffend angesehen
werden.

Ergänzt werden diese Befunde durch die Beurteilung des Einsatzes des Beratungsunterstützungssystems MBKS in der Nutzfahrzeugverkaufsberatung. In persönlichen Interviews mit
den für den Systemeinsatz Verantwortlichen der Softwareentwicklung und des Vertriebs maßen die Befragten basierend auf eigenen Untersuchungen bei den Verkaufsberatern insbesondere der Bedarfsanalyse und der Wirtschaftlichkeitsberechnung erhebliche transparenzschaf-
fende Wirkung bei der Auswahl der geeigneten Fahrzeugkonfiguration zu. Die Bedarfsanalyse
führt zunächst durch die unmittelbare Umsetzung der zuvor spezifizierten An-
forderungsparameter in eine Auswahl grundsätzlich geeigneter Grundtypen unmittelbar von
der Problemevidenz zur Problemlösungsevidenz des Nachfragers. Nach Fertigstellung der
Endkonfiguration verschafft die Möglichkeit der vergleichenden Abschätzung der Nutzungskosten unterschiedlicher Angebotsalternativen in Abhängigkeit variierender Einsatz-
parameter darüber hinaus Transparenz über die mit der Nutzfahrzeuginvestition verbundene
Kostenbelastung des Fahrzeugeinsatzes als eines der zentralen Entscheidungskriterien bei der
Nutzfahrzeugbeschaffung. Entsprechende komplexitätsreduzierende Wirkungen sind ebenso
für die computergestützte Finanzierungsberatung anzunehmen, da dem Nachfrager hier die
Auswirkungen von Parametervariationen etwa auf die monatliche Belastung oder den Effektivzins unmittelbar verdeutlicht werden.

Hinweise ergaben sich auch in bezug auf die vermuteten *emotionalen Wirkungen* der multimedialen und interaktiven Informationsvermittlung.

H6: Positive Wirkung des AUS auf die Gesprächsatmosphäre

Zunächst global nach der Wirkung des Computereinsatzes auf die Gesprächsatmosphäre befragt, wurde der Einsatz der Systeme weitgehend befürwortet. Insgesamt 57,1 % der zum Einsatz von OKAL-Selekt befragten Probanden bewerteten die Wirkung auf die Gesprächsatmosphäre als positiv, ein Fünftel der Befragten sogar als sehr positiv. Nur 4,8 % empfanden den Computereinsatz als störend. Die Wirkung des Systems WohnVision wird in diesem Zusammenhang ähnlich positiv beurteilt, es fand lediglich eine Verschiebung zu den als eher neutral eingestuften mittleren Beurteilungskategorien statt. Eine Störung durch den Computereinsatz gaben aber auch hier weniger als 5 % der Befragten an (siehe Tabelle 12).

	sehr/leicht positiv (Kat. 5,4) *(sehr) positiv (Kat. 6,5)*	neutral (Kat. 3) *(Kat.4,3)*	leicht/sehr störend (Kat. 2,1) *(sehr)störend (Kat. 2,1)*
Wirkung des Systemeinsatzes auf die Gesprächsatmosphäre OKAL-Selekt/*WohnVision*	57,1 % *41,6 %*	38,1 % *53,9 %*	4,8 % *4,5 %*

Tab. 12: Wirkung auf die Gesprächsatmosphäre

H7: Vermittlung eines Produkterlebnisses durch den Systemeinsatz

Hinweise für stärker produktbezogene emotionale Wirkungen der multimedialen Informationsvermittlung konnten zudem bei der Beurteilung des Systems WohnVision gewonnen werden. Allerdings relativieren sich die Ergebnisse gegenüber den stärker kognitiv ausgerichteten Wirkungen. Eine durch die visuellen Produktdarstellungen, insbesondere der Integration der konfigurierten Sofagarnitur in typische Wohn-Stilcollagen, bedingte Erzeugung einer mit der Produktnutzung verbundenen Stimmung stimmten zwar ein Fünftel der Befragten voll zu, knapp der gleiche Anteil lehnte diese Wirkung aber auch ab. Ebenfalls vorsichtiger wurde die antizipative Vermittlung eines Produkterlebnisses durch die visuellen Effekte bewertet. Gegenüber der Messung der Erzeugung der Nutzungsstimmung waren hier die zustimmenden und ablehnenden Beurteilungen jeweils stärker ausgeprägt (siehe Tabelle 13).

	sehr zutref-fend (Kat. 6,5)	teilweise zutreffend (Kat.4,3)	nicht zu-treffend (Kat. 2,1)
Erzeugung einer mit der Nutzung des Pro-duktes verbundenen Stimmung	20,7 %	61,9 %	17,4 %
Vermittlung einer Vorstellung des zu er-wartenden Produkterlebnisses	26 %	52,3 %	21,7 %

Tab. 13: Vermittlung eines Produkterlebnisses

Die sich auf die positiven emotionalen Wirkungen der multimedialen und interaktiven Informationsvermittlung beziehenden Vermutungen können damit auf Basis der vorliegenden Ergebnisse zumindest in bezug auf die Gesprächsatmosphäre und Beteiligung des Nachfragers am Prozeß der Beratung und Angebotserstellung als zutreffend betrachtet werden. Vorsichtiger muß hingegen die Bewertung der auf das Produkt bezogenen emotionalen Wirkungen erfolgen. Obwohl für die Kaufentscheidung einer Polstermöbelkonfiguration durchaus auch emotionale Beeinflussungsaspekte anzunehmen sind, stehen bei der Beurteilung der Verbesserung der produktbezogenen Wirkungen der multimedialen und interaktiven Aspekte des Systemeinsatzes insgesamt doch stärker die kognitiven Aspekte im Vordergrund.

H8: Positive Imagewirkung des Einsatzes von AUS

Positiv wurde ebenfalls die *Imagewirkung* des Systemeinsatzes bewertet. In bezug auf die dem Anbieter zugemessene Modernität, Innovativität und Zukunftsorientierung gaben bei beiden Untersuchungen knapp zwei Drittel der Beratenen eine starke Förderung dieser Imagepositionen an. Sehr gering war jeweils wiederum der Anteil der die Imagewirkung grundsätzlich ablehnenden Probanden. Nachstehende Tabelle zeigt die Ergebnisse im einzelnen:

	starke Wir-kung (Kat. 6,5)	mittlere Wir-kung (Kat.4,3)	keine Wir-kung (Kat. 2,1)
Imagewirkung des Systemeinsatzes OKAL-Selekt/*WohnVision*	65,2 % *66,3 %*	33,3 % *32,6 %*	1,5 % *1,1 %*

Tab. 14: Imagewirkung

H9: Erhöhung der Schnelligkeit der Angebotserstellung

Bestätigt werden konnten auch die Annahmen über das vermutete *Schnelligkeitspotential* des Systemeinsatzes (siehe Tabelle 15). Knapp drei Viertel der zum Einsatz von OKAL-Selekt um Stellungnahme gebetenen Probanden stimmten hier starken Verbesserungen im Sinne einer Verkürzung des für die Angebotserstellung notwendigen Zeitraums zu. Die Ergebnisse relativieren sich leicht für die Untersuchung des Systems WohnVision. Hier stimmten lediglich 40 % starken Verbesserungswirkungen zu. Keine Zeitvorteile gegenüber der konventionellen Vorgehensweise konnten allerdings nur 7,7 % feststellen.

Zur besseren Interpretation dieser Differenzen sei auf die in zeitlicher Hinsicht differierenden Kaufentscheidungsprozesse hingewiesen. Während für die Entscheidungsfindung bei einer Polstermöbelgarnitur vielfach lediglich einer, maximal zwei Beratungstermine in Anspruch genommen werden müssen, liegt die Anzahl der bis zur Erstellung eines vollständigen Fertighausangebotes notwendigen Beratungskontakte mit durchschnittlich 5-8 Kontakten doch erheblich höher. Eine Verkürzung des zur Durchführung dieser Akquisitionsleistungen notwendigen Zeitaufwandes durch den Computereinsatz wird sich demzufolge mit zunehmendem Abstimmungsbedarf entsprechend stärker auf die wahrgenommene Zeiteinsparung auswirken.

Zur Vermeidung von Bewertungsverzerrungen seitens des Nachfragers aufgrund der Neuartigkeit des Computereinsatzes wurde hier ergänzend die entsprechende Beurteilung der Verkaufsberater erfaßt, die allerdings der Nachfragerbewertung weitgehend entspricht. Ein ähnliches Ergebnis ergibt sich für das System WohnVision. Auch hier wurden die Zeitvorteile der computergestützten Vorgehensweise bestätigt. Bei gleichbleibenden Werten für die ablehnende Position fällt gegenüber der Nachfragerbeurteilung der Anteil derer, die starke Zeitverkürzungen feststellen konnten sogar höher aus (56,1 % gegenüber 40,2 %).

Ergänzend wurde für das System WohnVision explizit die Wirkung auf den subjektiv empfundenen Zeitraum der Beratung und Angebotserstellung erfaßt, die bei dem für die Polstermöbelbeschaffung vielfach notwendigen einzigen Beratungsgespräch besser als bei der mehrstufigen Verkaufsberatung des Fertighauskaufs gemessen werden konnte. Der These eines durch die stärkere Einbeziehung des Nachfragers in den Beratungsprozeß kürzer erscheinenden Beratungsgesprächs stimmten immerhin 28,3 % der Probanden voll zu, während nur 13 % diese Stellungnahme grundsätzlich ablehnten.

	starke Ver-besserung (Kat. 6,5)	mittlere Ver-besserung (Kat 4,3)	keine Ver-besserung (Kat. 2,1)
Schnelligkeit der Angebotserstellung	73 %	27 %	0 %
Nachfrager/(Verkaufsberater)	(61,9 %)	(38,1%)	(0%)
OKAL-Selekt/*WohnVision*	*40,2 %*	*52,1 %*	*7,7 %*
	(56,1 %)	*(36,6 %)*	*(7,3 %)*
Beratungsgespräch erscheint durch stärke-re Einbeziehung kürzer *WohnVision*	*28,3 %*	*58,7 %*	*13 %*

Tab.15: Erhöhung der Schnelligkeit der Angebotserstellung

Dabei trugen insbesondere auch die aus der visuellen Informationsdarstellung resultierenden Verständnisverbesserungen und die damit verbundene Reduzierung von Rückfragen während der Beratung und Angebotserstellung zu deren Beschleunigung bei. Über die Hälfte der be-fragten Bauinteressenten stimmten dieser These voll zu, grundsätzliche Ablehnungen waren hier sehr gering ausgeprägt. Eine ähnlich gute, nur leicht abgeschwächte Bewertung ergab sich für den Einsatz des Systems WohnVision. Auch hier wurden die Bewertungen der Ver-kaufsberater einbezogen, die die Nachfragerbeurteilung weitgehend bestätigen (siehe Tabelle 16).

	sehr zutref-fend (Kat. 6,5)	teilweise zutreffend (Kat 4,3)	nicht zu-treffend (Kat. 2,1)
Reduzierung von Rückfragen durch visuel-le Informationsdarstellung	53 %	44,5 %	1,6 %
Nachfrager/(Verkaufsberater)	(52,4 %)	(47,6%)	(0%)
OKAL-Selekt/*WohnVision*	*42,4 %*	*51,1 %*	*6,5 %*
	(35,8 %)	*(54,7 %)*	*(9,5 %)*

Tab. 16: Reduzierung von Rückfragen

Insgesamt können damit die aufgestellten Hypothesen sowohl für die tatsächlichen und zu-mindest eingeschränkt auch für die subjektiv empfundenen zeitbezogenen Wirkungen der Computerunterstützung angenommen werden.

H10: Reduzierung der Unsicherheit durch den Einsatz des AUS

Direkt nach der *unsicherheitsreduzierenden Wirkung* des Systems OKAL-Selekt bei der Kaufentscheidung befragt, gaben immerhin die Hälfte der befragten Nachfrager an, daß kon-kret der Einsatz des AUS zumindest teilweise zur Reduzierung der wahrgenommenen Beschaffungsunsicherheit beigetragen habe (siehe Tabelle 17). Immerhin knapp 5 % der Befragten konnten eine sehr starke Reduzierung der Unsicherheit feststellen. Die Ergebnisse stehen dabei nicht im Widerspruch zu den häufiger angegebenen stark ausgeprägten Verbesserungswirkungen des Systemeinsatzes bei der Einzelbeurteilung der Vorteilspotentiale. Vielmehr kann davon ausgegangen werden, daß immerhin bei der Hälfte der Befragten allein der Computereinsatz zu einer teilweisen Reduzierung der empfundenen Unsicherheit bei der Kaufentscheidung beigetragen und diese zugunsten des Anbieters gefördert hat.

Die Beurteilung der unsicherheitsreduzierenden Wirkung des Systems WohnVision fällt hingegen positiver aus. Für gut 28 % der Befragten hatte der Systemeinsatz eine stark unsicherheitsreduzierende Wirkung, immerhin zwei Drittel empfanden zumindest eine teilweise Reduzierung ihrer Beschaffungsunsicherheit. Lediglich gut 5 % lehnten dies ab. Die Erklärung für diese relativ stark voneinander abweichenden Ergebnisse ist vermutlich wiederum in der Bedeutung des Beschaffungsobjektes, insbesondere in seinem Wert zu sehen. Die Entscheidung für den Eigenheimbau ist im Rahmen des Planungshorizontes eines privaten Bauherrn in der Regel eine einmalige Angelegenheit und beeinflußt vielfach die nachfolgenden Dekaden im Hinblick auf die wirtschaftlichen Handlungsoptionen maßgeblich. So kann zwar die empfundene Unsicherheit über die zum Zeitpunkt der Bauentscheidung geeignete bedarfsspezifische Hausbaukonzeption durch den Einsatz von AUS durchaus reduziert werden; eine Gewähr für die Eignung des gewählten Konzeptes zur Erfüllung zukünftiger, etwa alters- oder krankheitsbedingter Bedürfnisse des Bauherrn kann aber trotz gewisser Möglichkeiten einer ruhestandsgerechten Produktgestaltung insgesamt nicht gegeben werden. Ebenso mag etwa unter Gesichtspunkten der langfristigen finanziellen Belastung oder angesichts steigender Mobilitätsanforderungen eine gewisse Unsicherheit in bezug auf die grundsätzliche Richtigkeit der Entscheidung verbleiben. Aufgrund der vergleichsweise hohen Bedeutung der Kaufentscheidung für das zukünftige Planungsspektrum sind hier weitere kaufentscheidungsrelevante Unsicherheitsaspekte zu berücksichtigen. Die in diesem Fall relativ zurückhaltende Beurteilung der Befragten scheint somit nicht verwunderlich zu sein.

Im Gegensatz dazu dürfte die bei der Beschaffung einer Polstermöbelgarnitur empfundene Unsicherheit stärker produktspezifisch ausgerichtet sein. Zwar mag die aus einer hochwertigen Anschaffung resultierende finanzielle Belastung auch zu kurz-, möglicherweise noch zu mittelfristigen Beeinträchtigungen der Planungsflexibilität des Käufers führen, das Ausmaß der Folgewirkungen einer Eigenheimanschaffung dürfte aber nicht erreicht werden. Tendenziell werden in diesem Fall die stärker produktbezogenen Unsicherheitsaspekte die Unsicherheit der Kaufentscheidung determinieren, die sich vor allem auf die Auswahl der geeigneten Bezüge unter Aspekten der Belastbarkeit oder den räumlichen oder farblichen "Fit" zur bereits vorhandenen Einrichtung beziehen. Aufgrund der stärker auf diese Aspekte zielenden

Wirkung von AUS wird die bessere Beurteilung des Systems WohnVision plausibel. Genau in diesem Sinne ist auch das Ergebnis der für das System OKAL-Selekt explizit erfaßten produktbezogenen unsicherheitsreduzierenden Wirkung der visuellen Produktdarstellungen zu verstehen, das trotz Verschiebungen zur positiven Bewertungskategorie in der Tendenz den entsprechenden Ergebnissen zum System WohnVision entspricht (siehe Tabelle 17). Mit Blick auf die produktfokussierenden Vorteile der Systemausgestaltung gaben knapp 51 % der Befragten eine starke unsicherheitsreduzierende Wirkung an, nur knapp 10 % der Nachfrager konnten keinen oder einen nur sehr geringen Beitrag zur Reduzierung ihrer Unsicherheit vermerken.

	(sehr) stark (Kat. 6,5)	teilweise (Kat. 4,3)	nicht gegeben (Kat. 2,1)
Beitrag zur Reduzierung der wahrgenommen Unsicherheit OKAL-Selekt/*WohnVision*	4,8 % *28,3 %*	45,2 % *66,3 %*	50 % *5,4 %*
Unsicherheitsreduzierung durch visuelle Produktdarstellung OKAL-Selekt	50,8 %	39,7 %	9,5 %

Tab. 17: Reduzierung der wahrgenommenen Unsicherheit

Insgesamt kann damit die Vermutung einer unsicherheitsreduzierenden Wirkung multimedialer AUS für die untersuchten Applikationen bestätigt werden.

Gestützt werden die aufgezeigten Ergebnisse über die vermuteten Vorteilspotentiale von AUS durch die mittels offener Fragestellung erfaßten, von den Nachfragern als *besonders wichtig empfundenen Vorteile des Systemeinsatzes*. Bei beiden untersuchten Anwendungen standen hier eindeutig die durch die visuellen Darstellungen bedingte Verbesserung der Anschaulichkeit und Vorstellung von der individuellen Leistungskombination und die Verbesserung des Verständnisses der Produktkonfiguration durch die Visualisierung der einzelnen Komponenten und Konfigurationsstufen im Vordergrund.

Beim System OKAL-Selekt wurde hier weiterhin vor allem die Individualität der Produktkonfiguration und Informationsbereitstellung, insbesondere auch die unmittelbare Umsetzung und damit bessere Berücksichtigung der Informationswünsche des Beratenen genannt. Ebenfalls häufiger erwähnt wurde die Schnelligkeit und Transparenz bzw. Klarheit der Angebotserstellung, die sich insbesondere auch auf den Prozeß der Preisermittlung bezog. In diesem Zusammenhang wurde auch der Vorteil der besseren Vergleichbarkeit unterschiedlicher Konfigurationsalternativen angesprochen.

Bei der Untersuchung des Systems WohnVision äußerten die Befragten mehrheitlich explizit auch die aus der visuellen Darstellungsqualität resultierende Reduzierung der Unsicherheit bei der Komponentenauswahl, insbesondere in bezug auf die Eignung der Produktkonfiguration zur Entsprechung der spezifischen Bedarfssituation. Häufiger wurde auch hier die Schnelligkeit der Angebotserstellung, konkret in diesem Kontext vor allem auch die Preisermittlung und die unmittelbare Reaktion auf individuelle Informationswünsche genannt. Schließlich wurde auch die Individualisierung der Produktzusammenstellung und Informationsbereitstellung mehrfach erwähnt.

Zusammenfassend kommen auch in den offen erfaßten, als besonders relevant erachteten Vorteilen der Computerunterstützung die auf die Individualisierung der Leistungserstellung, die Reduzierung der wahrgenommenen Komplexität der Beratung und Angebotserstellung und die Schnelligkeit der Leistungserstellung gerichteten zentralen Vorteilsaspekte zum Ausdruck, die auch explizit genannt werden. Implizit angesprochen wird allerdings auch die aus dem Systemeinsatz resultierende Verbesserung der Integration des externen Faktors in Form der Einbeziehung des Nachfragers in den Leistungserstellungsprozeß, die vor allem in den wahrgenommenen Vorteilen der flexiblen und unmittelbaren Reaktion auf Informationswünsche des Beratenen zum Ausdruck kommt.

Direkte *Verhaltenswirksamkeit* des Einsatzes der Systeme im Sinne einer ausschließlich aufgrund der Computerunterstützung der Beratung erfolgten Kaufentscheidung konnte erwartungsgemäß nicht nachgewiesen werden. Nach der Bedeutung des Systemeinsatzes als für die Kaufentscheidung letztendlich ausschlaggebenden Faktor befragt, verneinten 95 % der Hausbauinteressenten diese Frage. Auch wurde von keinem der zum System WohnVision Befragten der Systemeinsatz als ausschlaggebender Faktor der Kaufentscheidung angegeben. Eine tendenzielle Verhaltensbeeinflussung läßt sich aber dennoch aus den Untersuchungsergebnissen ableiten. Hier kann zunächst auf die durchweg positive Beurteilung der eingesetzten Systeme in bezug auf die bereits dargestellten Einzelwirkungen verwiesen werden, die sich tendenziell ebenso positiv auf die Kaufentscheidung auswirken.

Neben den bereits genannten Wirkungen des Systemeinsatzes zur Reduzierung der Beschaffungsunsicherheit des Nachfragers sei aber ergänzend auf die nachfolgenden Befunde als weitere *Indikatoren für die Beeinflussung* des Kaufverhaltens hingewiesen.
In diesem Kontext gaben zunächst 73 % der Probanden an, daß der Einsatz von OKAL-Selekt zumindest teilweise zur Überzeugung vom Leistungsangebot des Anbieters beigetragen habe. Lediglich für die restlichen 27 % leistete die Computerunterstützung keinen Überzeugungsbeitrag. Ebenso leistete der Einsatz von WohnVision für 77,2 % der Befragten einen Beitrag zur Überzeugung vom Leistungsangebot, für knapp 8 % förderte die Computerunter-

stützung sogar maßgeblich die Entscheidung für eine Polstermöbelgarnitur des Anbieters (siehe Tabelle 18).

Beide Ergebnisse lassen auf eine positive Beeinflussung der Kaufentscheidung durch den Computereinsatz schließen. Schließlich gaben auch 88 % (bei WohnVision sogar 95 %) der Befragten an, den Anbieter auch aufgrund des Einsatzes des Angebotsunterstützungssystems weiter zu empfehlen. Eine Entscheidung, die zwar keine direkten Rückschlüsse auf das eigene Kaufentscheidungsverhalten zuläßt, jedoch zumindest auf positive Erfahrungen mit der computergestützten Beratung schließen läßt und damit die Kaufentscheidung tendenziell positiv beeinflußt.

	sehr stark (Kat. 6,5)	teilweise (Kat.4,3)	gar nicht (Kat. 2,1)
Überzeugung vom Leistungsangebot Nachfrager OKAL-Selekt (Verkaufsberater) OKAL-Selekt und *WohnVision*	28,6% (38,1%) *(40,5 %)*	44,4 % (61,9 %) *(57,1 %)*	27 % (0 %) *(2,4 %)*

	entscheid. Faktor	maßgeb-lich	teilweise	gar nicht
Überzeugung vom Leistungsangebot Nachfrager *WohnVision*	0 %	7,6 %	69,6 %	22,8 %

Tab. 18: Beeinflussung der Kaufentscheidung

Einbezogen wurden hier auch die Ergebnisse der Verkaufsberaterbefragung. Dabei wurde die Überzeugungswirkung der Computerunterstützung von den Fertighausberatern sogar noch höher als von den Bauherrn eingeschätzt. Hier maßen 38 % der Befragten dem Systemeinsatz eine starke Überzeugungswirkung zu. Generell abgelehnt wurde die Überzeugungswirkung von keinem der Befragten. Ein ähnliches Resultat weist die Beurteilung der das AUS Wohn-Vision einsetzenden Berater auf. Während 40,5 % starke Überzeugungswirkungen angaben, lehnten nur 2,4 % der Befragten dies kategorisch ab.

Ergänzt wurden diese Beurteilungen durch Hinweise auf quantitative Wirkungen der Compu-terunterstützung. Zwar können festgestellte Erhöhungen der Absatzzahlen ebenso auf zahlreiche weitere Einflußfaktoren zurückzuführen sein, jedoch lassen sich aus den Ergebnissen zumindest Hinweise ableiten (siehe Tabelle 19). In diesem Zusammenhang stellten immerhin über ein Drittel (35 %) der Fertighausberater eine Erhöhung der Auf-tragsabschlüsse seit Einsatz des Systems fest. Diese wurden auch mehrheitlich (in 87,5 % der Fälle) von den Verkaufsberatern auf den Einsatz der Computerunterstützung zurückgeführt.

Die Einrichtungsberater konnten sogar in 62,5 % der Fälle eine Erhöhung der Polstermö-
belverkäufe seit Einsatz von WohnVision verzeichnen. Ebenfalls von mehr als vier Fünfteln
der Berater wurde die Erhöhung auch auf den Systemeinsatz zurückgeführt. Während die
Angabe der konkreten Erhöhung der Verkaufszahlen bei den Fertighausberatern durch eine
hohe Anzahl fehlender Werte gekennzeichnet war, lag die durchschnittliche Absatzerhöhung
der Polstermöbel von ROLF BENZ bei 18 %.

	Zustimmung	Ablehnung
Erhöhung der Auftragsabschlüsse seit Einsatz des AUS OKAL-Selekt/WohnVision	35 % 62,5 %	65 % 27,5 %
Erhöhung der Auftragsabschlüsse ist auch auf den Einsatz des AUS zurückzuführen OKAL-Selekt/WohnVision	87,5 % (84 %)	12,5 % (16 %)

Tab. 19: Wirkung auf die Auftragsabschlüsse

Zwar kann damit letztendlich kein eindeutiger Rückschluß auf die Rechnerunterstützung als
verursachenden Faktor erfolgen, jedoch dürfen tendenziell positive Wirkungen des Systemeinsatzes auf das Kaufverhalten für die untersuchten Anwendungen angenommen werden.

Die im Rahmen der Ausarbeitung der unternehmensinternen Wirkungen des Einsatzes von
AUS entwickelten Vorteilspotentiale konnten primär für den Beitrag zur Rationalisierung der
Prozesse im persönlichen Verkauf überprüft werden. Hinweise wurden allerdings auch für die
synergetische Verwendung der Applikationen gewonnen. Die Überprüfung des im Zusammenhang mit dem aus der EDV-Integration resultierenden Potentials zur Reduzierung der
Fehlerkosten konnte aufgrund der noch ausstehenden bzw. sich zum Zeitpunkt der Erhebung
in der Umsetzung befindlichen Integration in die unternehmensweite DV empirisch nicht erfolgen. Hier sei auf die im Rahmen der theoretischen Ausarbeitung aus der Literatur ent-
nommenen und exemplarisch angeführten Verbesserungen bei diversen integrierten Anwendungen hingewiesen.

H11: Rationalisierung der Prozeßabläufe im persönlichen Verkauf

Zu den *Verbesserungen der Prozeßabläufe* im Rahmen der persönlichen Verkaufsberatung
zunächst nach dem Beitrag zur Unterstützung der persönlichen Vorgehensweise befragt,
betrachteten knapp 62 % der befragten Fertighausberater das System OKAL-Selekt als gut
bzw. sehr gut geeignet (siehe Tabelle 20). Für diesbezüglich absolut ungeeignet wurde das
System von keinem der Befragten befunden. Diese positive Beurteilung ergab sich in diesem

Zusammenhang auch für das System WohnVision. Hier zeigte sich allerdings eine Verschiebung zwischen den zustimmenden und ablehnenden Bewertungskategorien zugunsten der letzteren. Während die Hälfte der Befragten WohnVision als (sehr) gute Unterstützung ihrer persönlichen Vorgehensweise beurteilten, sprachen knapp 10 % dem Computereinsatz diese Eignung ab.

Knapp die Hälfte der Fertighausberater befürworteten zudem auch ausdrücklich die Eignung zur Förderung eines systematischen Ablaufs des Beratungsgesprächs.

	sehr gut (Kat. 6,5)	teilweise (Kat. 4,3)	gar nicht (Kat. 2,1)
Eignung zur Unterstützung der persönlichen Vorgehensweise OKAL-Selekt/*WohnVision*	61,9 % *50 %*	38,1 % *40,5 %*	0 % *9,5 %*

Tab. 20: Unterstützung der persönlichen Vorgehensweise

Die Messung der durch den Einsatz der Systeme ermöglichten Zeitersparnis ergab ergänzend zu den bereits bei der Beurteilung des Schnelligkeitspotentials aufgezeigten Befunden folgende Ergebnisse (siehe Tabelle 21). Zu berücksichtigen ist hier zusätzlich die abweichende Zielsetzung der untersuchten Anwendungen. Während einerseits der Einsatz von OKAL-Selekt stärker auf die umfassende Unterstützung der Verkaufskontakte einschließlich Vor- und Nachbereitung gerichtet ist, liegt das Haupteinsatzfeld des AUS WohnVision in der konkreten Unterstützung der Beratungskontakte.

Über die Hälfte (57 %) der befragten Fertighausberater konnte infolge des Systemeinsatzes eine Verkürzung des für die Durchführung des Beratungsgesprächs notwendigen Zeitaufwandes feststellen, der im Durchschnitt bei 39 % Zeitersparnis lag. Bei der im Rahmen der Fertighausberatung auch zur Gesprächsnach- und -vorbereitung eingesetzten Anwendung wurden ebenfalls Zeitersparnisse verbucht. Demgegenüber stellten nur 26 % der Inneneinrichtungsberater durch den Einsatz von WohnVision eine Reduzierung des Zeitaufwandes für die Durchführung der Kundenberatung fest. Dieser lag mit durchschnittlich 23,3 % ebenfalls unter dem Wert von OKAL-Selekt.

	Durchführung	Vorbereitung	Nachbereitung
Anteil der Berater mit Zeitersparnis durch Systemeinsatz OKAL-Selekt/*WohnVision*	57,1 % 26,2 %	28,6 %	47,6 %
Durchschnittliche Zeitersparnis OKAL-Selekt/*WohnVision*	38,9 % 23,3 %	22 %	29,3%

Tabelle 21: Zeitersparnis bei Beratung und Angebotserstellung

Diese abweichende Bewertung scheint zunächst im Widerspruch zu den bereits im Zusammenhang mit dem Schnelligkeitspotential dargestellten Resultaten zu stehen. Allerdings sei hier zunächst auf die bereits erwähnten mehrstufigen Verkaufsverhandlungen im Fertighausbereich hingewiesen, die mit Zunahme der durchzuführenden Tätigkeiten den Zeitvorteil der Computerunterstützung gegenüber der meist einstufigen Polstermöbelberatung stärker hervortreten lassen. Zudem bedeutet eine durch den Computereinsatz ermöglichte schnellere Durchführung der Angebotserstellung nicht notwendigerweise auch eine Reduzierung des Zeitraums des Beratungskontaktes. Bestehen nämlich kundenseitig keine Zeitrestriktionen, so ist eine Nutzung der durch den Systemeinsatz freiwerdenden Zeitkapazität für den nicht produktbezogenen persönlichen Austausch durchaus denkbar. Dies gilt umso mehr, als der meist nur einstufige Verkaufsverhandlungsprozeß bei Polstermöbeln gegenüber mehrmaligen Beratungskontakten entsprechend weniger Zeit zum Aufbau einer Kundenbindung einräumt, an der ein in einem durch zukünftige Ersatz- oder Erweiterungsbedarfe gekennzeichneten Geschäftsfeld tätiger Anbieter durchaus interessiert sein dürfte.

Verwirklicht werden konnte auch die auf die Reduzierung der bis zum Vertragsabschluß notwendigen Anzahl der kostenintensiven persönlichen Beratungskontakte gerichtete Zielsetzung des Einsatzes von OKAL-Selekt. Immerhin ein Drittel der befragten Fertighausberater bestätigten seit Einsatz von OKAL-Selekt eine Reduzierung der bis zum Vertragsabschluß notwendigen Beratungskontakte, die bei 37,5 % auf zwei Kontakte, bei den übrigen 62,5 % einen Gesprächstermin betrug. Insgesamt sind die auf die Rationalisierung der Prozessabläufe in der persönlichen Verkaufsberatung gerichteten vermuteten Vorteile für die untersuchten Anwendungen weitgehend zu bestätigen.

Hinweise ergaben sich ebenfalls für die *synergetische Nutzung* der Systeme. Zwar erfolgte die Entwicklung der untersuchten Anwendungen im Rahmen von Einzelprojekten, deren Umsetzung eine synergetische Verwendung einzelner Funktionsmodule bzw. Softwarebestandteile explizit nicht vorsah. Hinweise für eine zukünftig mögliche synergetische Nutzung im Rahmen der Kommunikationspolitik konnten aber sowohl für den Einsatz von POI-Systemen als auch für die Bereitstellung von Produktinformationen auf CD-ROM und online gewonnen werden.

In diesem Zusammenhang bekundeten rund die Hälfte (47,6 %) der befragten Bauherrn starkes Interesse an der Bereitstellung eines POI-Systems etwa bei Kreditinstituten oder Baufachmärkten, an dem vor Aufnahme eines persönlichen Beratungskontaktes bereits eine differenzierte und individualisierte Informationsvermittlung über das Leistungsspektrum des Anbieters möglich wäre. Sogar 65 % der Hausbauinteressenten zeigten Interesse an der entsprechenden Bereitstellung eines EPK auf CD-ROM, von denen wiederum knapp drei Viertel (74,4 %) auch zur Entgeltung dieser Leistung bereit waren. Bei der Untersuchung des Systems WohnVision bekundeten immerhin knapp die Hälfte (49,4 %) der Befragten Interesse an einem EPK auf CD-ROM. Von diesen waren allerdings nur knapp ein Fünftel (18,2 %) bereit, diese Zusatzleistung zu entgelten. Interesse wurde hier auch an der Information über das Produktangebot des Herstellers über Datennetze bekundet. Hier zeigten sich ein Drittel der Befragten (33,7 %) an der entsprechenden online-Bereitstellung eines multimedialen EPK interessiert.

Ebenso konnten Hinweise für die synergetische Nutzung des Systems zur produktbezogenen Selbstschulung durch die Verkaufsberater gewonnen werden. Dabei gaben 71,4 % der befragten Verkaufsberater an, das AUS zur eigenen Information über produktspezifische oder angebotsrelevante Details zu nutzen, ein Drittel (33,4 %) nutzten diese Möglichkeit sogar sehr intensiv. Lediglich 28,6 % machten hiervon keinen bzw. nur sehr geringen Gebrauch. Das System WohnVision nutzten sogar 40 % der Berater in starkem Maße zu Selbstinformation. Nur knapp jeder achte verzichtete auf diese Nutzungsmöglichkeit (siehe Tabelle 22).

	sehr stark (Kat. 6,5)	teilweise (Kat. 4,3)	gar nicht (Kat. 2,1)
Selbstinformation über produktspezifische Details OKAL-Selekt/*WohnVision*	33,4 % *40,4 %*	38 % *47,7 %*	28,6 % *11,9 %*

Tabelle 22: Nutzung des Systems zur Selbstschulung

Bei den untersuchten Anwendungen konnten damit durchaus Hinweise für synergetische Verwendungen der eingesetzten Anwendungen nachgewiesen werden. Erfolgte im Rahmen der leistungsbezogenen Selbstschulung, wenn auch nicht institutionalisiert, bereits eine konkrete Nutzung der gegebenen Synergiepotentiale, gilt es, die sich im Bereich der Kommunikationspolitik bietenden Synergiepotentiale zu erschließen. Hinweise auf bestehende Bedarfe konnten in den Untersuchungen jedenfalls nachgewiesen werden.

9.2.2 Die Ermittlung der zentralen Vorteilsdimensionen aus Nachfragersicht

Die Ermittlung der für den Nachfrager zentralen Vorteilsdimensionen des Einsatzes der AUS erfolgte jeweils mit Hilfe der Faktorenanalyse.[1340] Dieses Verfahren dient der Verdichtung einer Variablenmenge auf eine geringere Anzahl möglichst unkorrelierter Faktoren, die eine bessere Interpretation der hinter den Variablen stehenden Struktur ermöglicht und damit zu einer Erhöhung des Aussagegehaltes beiträgt. Um eine möglichst hohe Aussagekraft über die Variablenstruktur zu erlangen, soll ein möglichst hoher Anteil der Streuung der Variablen durch die extrahierten Faktoren erklärt werden. Für die Interpretation der Faktoren werden vor allem die Variablen herangezogen, die hohe Korrelationen zu dem Faktor aufweisen, also mit dem Faktor im Hinblick auf ihre inhaltliche Aussage in enger Verbindung stehen.

Bei der Untersuchung des Systems *OKAL-Selekt* wurde die Verdichtung von 16 Variablen durchgeführt, die zur Messung der wahrgenommenen Vorteilswirkungen des Systemeinsatzes herangezogen wurden. Nach dem Eigenwertkriterium konnten vier zentrale Vorteilsdimensionen ermittelt werden, die 67,4 % der Gesamtstreuung der Variablen erklären. Im Anschluß an die Varimax-Rotation des Faktorenmusters ergab sich folgende interpretative Zuordnung der Variablen zu den Faktoren (in Klammern sind jeweils die Faktorladungen angegeben, in denen die Korrelation der Variablen mit dem Faktor zum Ausdruck kommt):[1341]

Faktor 1: *"Leistungsspezifische Beratung"* (Varianzerklärungsanteil 35,9 %)
Zugeordnete Variablen:
- Informationsbereitstellung über das Gesamtangebot (0,65)
- Produktspezifische Informationsbereitstellung (0,65)
- Verständlichkeit der Produktpräsentation (0,77)
- Flexibilität der Informationsbereitstellung (0,78)
- Individualität der Produktkonfiguration (0,75)
- Vergleich von Angebotsalternativen (0,70)
- Schnelligkeit der Angebotserstellung (0,69)
- Klarheit der Angebotserstellung (0,62)

Mit Ausnahme der Variable "Schnelligkeit" können die Variablen sinnvoll dem Faktor zugeordnet werden.

[1340]Vgl. Backhaus, K. u.a. (1996), S. 188 ff.; Hammann, P.; Erichson, B. (1994), S. 201 ff.; Überla, K. (1972). Eine ausführlichere Darstellung der Analyseergebnisse findet sich in Anhang 11 und 12.
[1341]Zugeordnet wurden zu den Faktoren Variablen mit einer Faktorladung > 0,5.

Faktor 2: *"Dialogorientierung"* (Varianzerklärungsanteil 15,2 %)

Zugeordnete Variablen:

- Dialogorientierte Informationsbereitstellung (0,71)
- Einbeziehung des Nachfragers in die Angebotserstellung (0,76)
- Identifikation mit dem Angebot (0,71)

Ausschlaggebend für die Interpretation dieses Faktors waren die ersten beiden Variablen. Der dritten Variablen kommt insofern indirekte Bedeutung für die Interpretation zu, als die Identifikation mit dem Angebot als Folge der dialogorientierten Informationsbereitstellung bzw. der Einbeziehung des Nachfragers verstanden werden kann.

Faktor 3: *"Transparenz der Angebotserstellung"* (Varianzerklärungsanteil 8,8 %)

Zugeordnete Variablen:

- Klarheit der Angebotserstellung (0,52)
- Objektivität der Angebotserstellung (0,87)
- Physische Angebotserstellung (0,79)

Maßgeblich für die Interpretation waren hier die beiden ersten Variablen. Verbesserungen der physischen Angebotserstellung, etwa durch Ausdruck der individuellen Leistungskonfiguration, fördern allerdings ebenso die Transparenz der Angebotserstellung, wodurch die vergleichsweise hohe Korrelation mit dem Faktor zu erklären ist.

Faktor 4: *"Verständnisverbesserung durch visuelle Präsentation"*
(Varianzerklärungsanteil 7,5 %)

Zugeordnete Variablen:

- Verbesserung der Vorstellung von der zu erwartenden Gesamtleistung durch Visualisierung (0,64)
- Verständnisverbesserung durch Visualisierung produktspezifischer Details (0,88)
- Verständnisverbesserung durch Visualisierung komplexer Funktionszusammenhänge (0,56)

Diese auf die visuelle Präsentationsqualität des Systems abzielenden Variablen konnten eindeutig dem Faktor zugeordnet werden. Die Abgrenzung zwischen den Faktoren 3 und 4 kann insofern vorgenommen werden, als erster stärker auf das Verständnis des gesamten Angebotserstellungsprozesses zielt, während letzter sich stärker auf die Verständnisverbesserung der Produktkonfiguration bezieht.

Ein ähnliches Bild weist die Reduktion des Variablenraumes bei der Untersuchung des Systems *WohnVision* auf. Die Verdichtung von 14 zur Messung der wahrgenommenen Vorteilswirkungen des Systemeinsatzes herangezogenen Variablen resultierte in der Extraktion von ebenfalls vier Faktoren nach dem Eigenwertkriterium, die einen Anteil von 63,4 % der Varianz der einbezogenen Variablen erklärten. Ebenfalls nach Rotation des Faktorenmusters durch die Varimax-Methode ergab sich im einzelnen folgende Faktoreninterpretation:

Faktor 1: *"Dialogorientierte Beratung und Angebotserstellung"*
(Varianzerklärungsanteil 33,6 %)
Zugeordnete Variablen:
- Dialogorientierte Informationsvermittlung (0,66)
- Einbeziehung in die Angebotserstellung (0,58)
- Motivation zur Mitwirkung (0,76)
- Überzeugung vom erstellten Angebot (0,78)
- Individualität der Leistungskonfiguration (0,53)
- Vermittlung einer Nutzungsstimmung (0,59)

Dominiert wird der Faktor durch die wahrgenommenen Verbesserungen infolge des interaktiven und dialogorientierten Systemcharakters, die in den ersten vier Variablen zum Ausdruck kommen. Gefördert wird hierdurch insbesondere auch die auf die individuelle Bedarfslage abgestimmte Leistungskonfiguration (Variable 5).

Faktor 2: *"Verständnisverbesserung durch Visualisierung"*
(Varianzerklärungsanteil 13,4 %)
Zugeordnete Variablen:
- Verständlichkeit der Produktpräsentation (0,82)
- Leistungsvorstellung durch Visualisierung (0,78)
- Flexibilität der Informationsbereitstellung (0,65)

Hoch geladen wird dieser Faktor durch die beiden ersten Variablen, die die Verbesserungen der Produktpräsentation insbesondere durch die photorealistischen Darstellungen der Komponenten und Konfigurationsstufen sowie Graphiken der jeweiligen Produkt- und Komponentenquerschnitte zum Ausdruck bringen. Die flexible Reaktion auf die Präsentationswünsche des Beratenen (Variable 3) fördert zudem das Verständnis der Leistungszusammenstellung.

Faktor 3: *"Effizienz der Angebotserstellung"* (Varianzerklärungsanteil 8,8 %)

Zugeordnete Variablen:

- Schnelligkeit der Angebotserstellung (0,66)
- Klarheit der Angebotserstellung (0,60)
- Physische (schriftliche) Angebotserstellung (0,68)
- Produktspezifische Informationsbereitstellung (0,75)

Die ersten drei Variablen zielen auf die Verbesserungen des Systemeinsatzes in Richtung eines rationellen und transparenten Prozesses der Angebotserstellung, der sich insbesondere auf die Bereitstellung produktspezifischer Informationen bezieht (Variable 4).

Faktor 4: *"Konkretisierung des Bedarfs"* (Varianzerklärungsanteil 7,6 %)

Zugeordnete Variable:

- Bedarfseingrenzung (0,85)

Der durch eine einzelne Variable erklärte Faktor zielt auf die insbesondere durch die visuelle Präsentationsqualität des Systems bedingte Unterstützung der konkreten Produkteingrenzung.

Nachfolgende Tabelle faßt noch einmal die faktorenanalytisch ermittelten zentralen Vorteilsdimensionen der untersuchten Anwendungen zusammen. In Klammern ist der jeweilige Varianzerklärungsanteil der Faktoren wiedergegeben:

Faktor:	OKAL-Selekt		WohnVision	
1	Leistungsspezifische Beratung	(35,9 %)	Dialogorientierte Beratung und Angebotserstellung	(33,6 %)
2	Dialogorientierung	(15,2 %)	Verständnisverbesserung durch Visualisierung	(13,4 %)
3	Transparenz der Angebotserstellung	(8,8 %)	Effizienz der Angebotserstellung	(8,8 %)
4	Verständnisverbesserung durch Visualisierung	(7,5 %)	Konkretisierung des Bedarfs	(7,6 %)

Tabelle 23: Zentrale Vorteilsdimensionen der untersuchten Anwendungen

Diese Ergebnisse stellen noch einmal deutlich die zentralen Vorteilsdimensionen des Einsatzes von AUS heraus. Im Vordergrund stehen beim System *OKAL-Selekt* dabei eindeutig die primär als produktspezifische Beratungsunterstützung wahrgenommenen Vorteile gegenüber der konventionellen Vorgehensweise, der die explizite Kundenorientierung zum Ausdruck bringende Verbesserung der Einbeziehung des Nachfragers in die Leistungskonzipierung folgt. Ergänzt werden diese bereits 51 % der Variablenstreuung erklärenden Dimensionen durch den Systembeitrag zur Erhöhung der Verständlichkeit des Angebotserstellungsprozesses, sowie durch die explizit auf die annähernd realistischen Farbgraphiken des Systems zurückgehenden produktspezifischen Verständnisverbesserungen.

Ähnlich gestalten sich die faktorenanalytischen Ergebnisse zum System *WohnVision*. Im Vordergrund stand hier allerdings der interaktive, dialogorientierte Charakter der Beratungsunterstützung, der allein ein Drittel der Varianz der einbezogenen Variablen erklärt. An zweiter Stelle folgen die durch die qualitativ hochwertigen photorealistischen Darstellungen der Produktkomponenten sowie der konfigurierten Problemlösung und die Graphiken der Produktquerschnitte resultierenden Verständnisverbesserungen der Leistungskonfiguration. Weitere Vorteilsdimensionen liegen in der Effizienz der Angebotserstellung sowie in der durch den selektiven Vergleich einzelner Konfigurationsvarianten bedingten Konkretisierung des Bedarfs.

Faßt man die Ergebnisse dieser beiden Untersuchungen zusammen, so liegen die zentralen Vorteile der untersuchten Anwendungen in der Beratungsfunktionalität und im interaktiven Charakter der Informationsbereitstellung. Die Dominanz dieser Faktoren verwundert insofern nicht, als die leistungsspezifische Beratung von der Bedarfsanalyse über die produktspezifische Informationsbereitstellung bis zur endgültigen Feinabstimmung der Problemlösungskonfiguration durch den iterativen dialogischen Austausch zwischen Verkaufsberater und Nachfrager erfolgt. Die interaktive Systemausrichtung ermöglicht einen unmittelbaren und selektiven Informationszugriff sowie den systematischen und schrittweisen Informationsaustausch über den Konfigurationsprozeß und begleitet den Nutzer über den gesamten Prozeß der Beratung und Angebotserstellung durch die Möglichkeit eines unmittelbaren Feedback auf die jeweiligen Informationsbedürfnisse. Ergänzt wird dieser Prozeß durch die komplexitätsreduzierende Wirkung der visuellen Darstellung der einzelnen Komponenten bzw. ihres strukturellen Aufbaus sowie der jeweiligen Zwischen- und Endkonfiguration, die dem Nachfrager das Verständnis in bezug auf den Problemlösungsprozeß und die zur Problemlösung geeigneten Produktvarianten erleichtern.

Neben diesen auf zentrale Aspekte der Beratungsqualität gerichteten wahrgenommenen Vorteile des Systemeinsatzes konnten aber ebenso Vorteile bezüglich der Transparenz und Effizienz der Angebotserstellung festgestellt werden, die in Verbesserungen im Bereich der Klarheit und Schnelligkeit des Angebotserstellungsprozesses und in den wesentlichen Erleichterungen bei der Generierung des schriftlichen Angebotes zum Ausdruck kommen.

Faßt man die vorliegenden Erkenntnisse zusammen, so stellen AUS durchaus einen Ansatzpunkt dar, die sich an den Vertrieb konfigurationsbedürftiger Leistungen verschärft stellende Anforderung der Bewältigung eines zweiseitigen Balanceaktes der Rationalisierung und effizienten Nutzung der Vertriebskapazität bei gleichzeitiger Verbesserung der Qualität der Akquisitionsleistungen im Sinne einer bedarfsgerechten Problemlösungsentwicklung und Reduzierung der Beschaffungsunsicherheit des Nachfragers in Einklang zu bringen. Durch den Einsatz computergestützter Angebotssysteme im persönlichen Verkauf kann damit sowohl die Effizienz als auch Effektivität der Akquisitionsleistungen gesteigert werden.

10. Fazit der Betrachtung und Ausblick

Die vorangegangenen Analysen haben das nicht unerhebliche Wirkungspotential computer-gestützter Angebotssysteme in der persönlichen Verkaufsberatung konfigurationsbedürftiger Produkte aufgezeigt. Basis dieser neuen Generation der Computerunterstützung des persönlichen Verkaufs stellt die Softwareweiterentwicklung vor allem im Bereich wissensbasierter Systeme und hypermedialer Anwendungen sowie insbesondere deren integrative Nutzung in AUS dar, die ein innovatives Instrument zur Unterstützung der persönlichen Verkaufsberatung beinhaltet.

Die noch zögerliche Verbreitung der hier skizzierten Systeme vor allem auch im mittelständischen Bereich ist einerseits durch die zur Zeit noch vergleichsweise hohen Kosten der Realisierung einer qualitativ hochwertigen Anwendung bedingt. Zunehmende Standardisierung im Bereich der Softwareentwicklung und die Verlagerung der Softwareproduktion in weniger lohnkostenintensive Regionen lassen hier mittelfristig allerdings Preisreduzierungen erwarten. Ein weiterer Hemmfaktor liegt andererseits in der mangelnden Transparenz über die konkreten Vorteile des Einsatzes von AUS. Die Vielfältigkeit der Einzelwirkungen läßt ein eher diffuses Bild entstehen, das bei den Entscheidungsträgern möglicherweise noch in die Überzeugung von einer allgemeinen Eignung zur Unterstützung des persönlichen Verkaufs mündet, eine konkrete Präzisierung der einzelnen Verbesserungen gegenüber der konventionellen Vorgehensweise der Beratung und Angebotserstellung steht aber vielfach noch aus. Die auf die Analyse der Einzeleffekte gerichtete Vorgehensweise in dieser Arbeit stellt hier einen Beitrag zur Transparenzförderung dar.

Vor dem genannten Hintergrund ist auch die empirische Überprüfung der aufgestellten Hypothesen über die Vorteilhaftigkeit des Systemeinsatzes zu sehen, die zunächst an zwei realisierten Applikationen erfolgte. Die analytisch erarbeiteten Vermutungen über die Vorteilspotentiale des Systemeinsatzes wurden als tatsächlich wahrgenommene Vorteile durch den Nachfrager weitgehend bestätigt. Dies erscheint insbesondere relevant, als der an der unmittelbaren Schnittstelle zum Markt erfolgende und auf die konkrete Leistungserstellung gegenüber dem Nachfrager gerichtete Einsatz der Systeme schließlich diesen zum Entscheider über den Systemerfolg werden läßt, letztendlich auch über das Kaufverhalten. Zwar wird auch eine sehr hochwertige Applikation bei mangelnder Qualität der Kernleistung die Kaufentscheidung nicht zum Positiven beeinflussen können. Dies wäre aber auch nur von einem Verkäufer von "Zitronen" im Sinne *Akerlofs* anzustreben,[1342] nicht aber von einem am langfristigen Markterfolg interessierten Anbieter. Positive Verhaltenswirkungen beim Nachfrager konnten

---

[1342] Vgl. Akerlof, G.A. (1970), S. 488 ff.

jedoch empirisch nachgewiesen werden.[1343] Zwar stellt der Einsatz des AUS nur für einen sehr geringen Teil der Befragten den letztlich kaufentscheidenden Faktor dar. Ungeachtet der Problematik der exakten Quantifizierung maß der Großteil der Probanden dem AUS aber einen Beitrag zur Überzeugung vom Leistungsangebot bzw. zur Kaufentscheidung für den jeweiligen Anbieter zu. Der Charakter des Wettbewerbsvorteils wird hierdurch unterstrichen. Zusammenfassend kann auf Basis dieser Ergebnisse einer zunehmenden Verbreitung des Einsatzes von AUS in der persönlichen Verkaufsberatung zuversichtlich entgegengesehen werden.

Vor dem Hintergrund der fortschreitenden software- und hardwaretechnologischen Entwicklung bleibt die konkrete technische Systemausgestaltung jedoch abzuwarten. Richtet man den Blick von den in dieser Arbeit analysierten computergestützten Angebotssystemen auf zukünftige realisierbare Formen der technologischen Unterstützung des persönlichen Verkaufsgesprächs, so weist vor allem die Entwicklung von Anwendungen der Virtuellen Realität (VR) zur Leistungspräsentation und -konfiguration insbesondere für Anbieter konfigurationsbedürftiger Produkte eine interessante Perspektive auf. Dementsprechend soll als Abschluß dieser Arbeit ein kurzer Anriß des Einsatzspektrums von Anwendungen der VR als mögliche zukünftige Gestaltungsoption der Computerunterstützung der persönlichen Verkaufsberatung gegeben werden.

Als VR wird eine softwarekonzeptionell auf der graphischen Datenverarbeitung basierende Technologie zur Wahrnehmung und Manipulation computergenerierter künstlicher Welten bezeichnet.[1344] Dieser bereits in den 60er und 70er Jahren vor allem in der militärischen, aber auch zivilen Forschung in Anfängen eingesetzten Technologie der graphischen Simulation gelang aufgrund mangelnder Rechnerkapazitäten erst in den 90er Jahren der Durchbruch für eine breiter angelegte Nutzung.[1345] VR bezeichnet die audiovisuelle und taktile Ausgestaltung künstlicher Umgebungen unter unmittelbarer Miteinbeziehung des Benutzers.[1346] Es handelt es sich um eine Konstruktion der Wirklichkeit, die von dem einbezogenen Individuum als real empfunden wird.[1347] Ein VR-System ist damit eine Mensch-Maschine-Schnittstelle, die den

---

[1343] Vgl. Kap. 9.
[1344] Vgl. Astheimer, P. u.a. (1994), S.2; Ellis, S.R. (1994), S. 17; Flory, M. (1995), S. 121; Göbel, M. (1992), S. 1 f.; Machover, C.; Tice, S.E. (1994), S. 15; Warnecke, H.J. (1993), S. 9. Als virtuell kann eine Wahrnehmung bezeichnet werden, die durch künstliche Stimulierung der Sinne im Bewußtsein eines Individuums Bilder von Objekten, Abläufen, Strukturen oder Wirkungen erzeugt, die in bezug auf Raum, Zeit und Inhalt nicht existieren, aber als "wahre" Wirklichkeit empfunden werden. Vgl. Palupski, R. (1995), S. 265.
[1345] Vgl. Kaczmarczyk, R. (1996), S. 51.
[1346] Vgl. Latta, J.N.; Oberg, D.J. (1994), S. 23; Ludwig, P. (1995), S. 531.
[1347] Vgl. Palupski, R. (1995), S. 265.

Benutzer die künstliche Umgebung visuell, akustisch und haptisch in Echtzeit erleben läßt.[1348] Das Bewegen in der künstlichen Welt erfolgt durch Interaktionstechniken, die zum heutigen Stand der Technik mittels Monitorbrille (Head Mounted Display) und Datenhandschuh vollzogen werden und den Wünschen des Benutzers entsprechende Modifikationen der künstlichen Umgebung ermöglichen.[1349] Sensoren erfassen die Kopf- und Handbewegungen und übermitteln Position und Ausrichtung an den Rechner, der die Steuerung des Benutzers durch die künstliche Welt in Echtzeit durch Erzeugung der jeweiligen Umgebung und deren Übermittlung an das Stereodisplay der Monitorbrille vornimmt.[1350]

Anwendungen der Virtuellen Realität zur Unterstützung der Akquisitionsberatung bieten sich unter Präsentationsaspekten vor allem für solche Produkte an, deren Nutzung die Integration des Nachfragers in die Leistung als wesentlichen Bestandteil der künstlichen Umgebung impliziert und bei denen die Wahrnehmung des zu erwartenden Produkterlebnisses gegenüber zweidimensionalen Visualisierungstechniken aufgrund der Möglichkeit der Integration des Nachfragers verbessert werden kann. Es bieten sich hier vor allem Leistungen im Architekturbereich bzw. der Innenraumgestaltung an.[1351] Realisiert wurden in diesem Zusammenhang bereits Applikationen von Küchenherstellern, die den potentiellen Kunden ermöglichen, die nachfragerspezifisch konfigurierte Küche virtuell zu begehen (sog. Walkthrough) und Modifikationen der Design- und Farbgestaltung nach Umsetzung in die Präsentationssoftware nach ca. einer Woche bereits vorab zu erproben. Eine Version, die eine unmittelbare Begehung der jeweils gewünschten Konfigurationsvariante ermöglicht, ist in der Entwicklung.[1352] Weitere Anwendungen wurden im Rahmen der Wartehallengestaltung für Flughäfen und der Büroeinrichtungen verwirklicht.[1353] Eine für einen Büromöbelhersteller entwickelte Applikation ermöglicht die Positionierung einzelner Möbelstücke in einem frei definierbaren Raum, in den Modifikationen der künstlichen Umgebung in Form des Möbelaustausches und der Änderung der Farben und der Beleuchtungsverhältnisse vorgenommen werden können.[1354] Im Maschinenbaubereich wurde für einen Hersteller für Abfüllanlagen ein zwar primär zur Konstruktion der Produkte entwickeltes, durchaus aber im Vertrieb zu Präsentationszwecken einsetzbares System konzipiert, das neben der Konstruktion der Anlage die Berechnung der spezifischen Kapazität, die Simulation der Funktionsweise und die Durchführung von

---

[1348] Vgl. Flory, M. (1995), S. 122; Latta, J.N.; Oberg, D.J. (1994), S. 24.

[1349] Vgl. Göbel, M. (1992), S. 3; Ludwig, P. (1995), S. 532; Pimentel, K.; Teixeira, K. (1993), S. 187 f.

[1350] Vgl. Flory, M. (1995), S. 122. Zu den Hardwareanforderungen der Anwendungen der Virtuellen Realität vgl. vor allem Ludwig, P. (1995), S. 531 ff. Siehe auch Ellis, S.R. (1994), S. 18 ff.; Latta, J.N.; Oberg, D.J. (1994), S. 26 f.

[1351] Vgl. Astheimer, P.; Felger, B. (1993), S. 53 ff.

[1352] Vgl. Ludwig, P. (1995), S. 533; Warnecke, H. J. (1993), S. 10.

[1353] Vgl. Astheimer, P.; Felger, B. (1993), S. 54 f.

[1354] Vgl. Ludwig, P. (1995), S. 534.

Umrüstvorgängen in der virtuellen Welt ermöglicht.[1355] Denkbar sind auch Anwendungen im Rahmen der Akquisitionsberatung im Fertighausmarketing, die dem potentiellen Bauherrn ergänzend zum visuellen Erlebnis etwa durch Simulation thermischer Verhältnisse, unterschiedlicher Beleuchtungssituationen oder der Raumakustik bereits einen ganzheitlichen Zugang zu seinem zukünftigen Eigenheim gestatten.[1356]

Hinsichtlich des Einsatzes von Anwendungen der Virtuellen Realität im Rahmen der Akquisitionsberatung konfigurationsbedürftiger Produkte ist allerdings einschränkend anzumerken, daß der Einsatz dieser Systeme ein bereits fortgeschrittenes Stadium der Produktkonzeptionierung voraussetzt, da die Objekte der künstlichen Welten vielfach einen noch zu geringen Detaillierungsgrad aufweisen.[1357] Besser geeignet erscheinen zum heutigen Stand der Technik derartige Produkte, die auf Basis von Grundtypen (z.B. Fertighäuser) im Rahmen des Konfigurationsprozesses eine auf den spezifischen Bedarf zugeschnittene Endabstimmung erfahren.

Als entscheidender Unterschied zu den klassischen Kommunikationstechnologien bietet VR dem Nachfrager die Möglichkeit, das Produkt bereits vor seiner technischen Herstellung durch Einbeziehung in die virtuelle Umgebung zu "erfahren" bzw. zu "erleben".[1358] Bereits vor der Kaufentscheidung kann so eine annähernd realistische Wahrnehmung des zu erwartenden Nutzens vermittelt werden. Die audio-visuelle Simulation kann insofern nicht unerheblich zur Unsicherheitsreduzierung des Nachfragers beitragen. Dabei werden durch die spezifischen Wahrnehmungsbedingungen (hohe Konzentration, Abschirmung gegen Umfeldeinflüsse) die Informationsinhalte besonders gut aufgenommen und entsprechend effektiv vermittelt.[1359] Ebenso können durch VR-Systeme in kurzer Zeit wesentlich mehr Informationen an den Nachfrager übermittelt werden, da der umfassend vermittelte Leistungseindruck Verständnisvorteile gegenüber konventionellen Verkaufsgesprächen beinhaltet.[1360] Dem Nachfrager wird insofern eine wesentliche Entscheidungshilfe im Produktgestaltungsprozeß zur Verfügung gestellt, da verglichen mit einer Angebotsentwicklung mittels zweidimensionaler CAD-Technik in Verbindung mit der Präsentation bereits verwirklichter Problemlösungen die VR-Technik die Möglichkeit bietet, das den Wünschen entsprechende Leistungsbündel realitätsgetreu zu erfahren.[1361]

[1355]Vgl. Ludwig, P. (1995), S. 534.
[1356]Vgl. Brandt, F. u.a. (1996), S. 186 ff.
[1357]Vgl. Flory, M. (1995), S. 122 f.
[1358]Vgl. Palupski, R. (1994), S. 13.
[1359]Vgl. Palupski, R. (1995), S. 675.
[1360]Vgl. Waehlert, A. (1994), S. 67.
[1361]Vgl. Hermanns, A.; Flory, M. (1995a), S. 64.

Die durch das selbstbestimmte Bewegen in der virtuellen Umgebung weiter verstärkte Integration des Nachfragers in den Leistungserstellungsprozeß[1362] kann zudem zu positiven Motivationseffekten führen. Die Mitgestaltung der Leistung verstärkt tendenziell weiterhin das Gefühl eines gleichberechtigten Partners im Produktionsprozeß und einer wirklich an den Bedürfnissen orientierten Leistungserstellung. Die durch die dreidimensionale Simulation implizierte neuartige Erlebniskomponente kann zudem einen stimulierenden psychologischen Zusatznutzen erzeugen und den Kaufprozeß als solchen für den Kunden zum Erlebnis werden lassen. Aufgrund der Erhöhung des Transparenzgrades der Leistungskonfiguration und den daraus für den Nachfrager resultierenden Möglichkeiten, das Produkt in einer frühen Phase bereits in bezug auf den zu erwartenden Nutzen detailliert bewerten und gegebenenfalls Änderungsvorschläge vorbringen zu können, scheint der Einsatz von Anwendungen der Virtuellen Realität in der Akquisitionsberatung für eine Vielzahl konfigurationsbedürftiger Leistungen durchaus erwägenswert.[1363]

Die der Implementierung von VR-Systemen zur Zeit noch entgegenstehenden Hemmfaktoren liegen in den für eine Hochleistungspräsentation nicht unerheblichen Kosten.[1364] Gravierender als das Kostenargument ist aber möglicherweise das Akzeptanzproblem. Ein VR-System kann seine positiven Wirkungen nicht entfalten, wenn seine Benutzer die Anwendung verweigern. Die aufgezeigten Vorteile lassen jedoch vermuten, daß die Akzeptanzbarrieren überwindbar sind. Insgesamt dürfte bei jüngeren Zielgruppen, die mit computergestützten Kommunikationstechnologien aufwachsen, die Akzeptanzschwelle sehr gering sein.[1365] Die vergleichsweise einfache Bedienerführung dürfte zudem dazu beitragen, daß Hemmschwellen, die in der Neuartigkeit und mangelnder Kenntnis der innovativen Kommunikationstechnologie begründet sind, herabgesetzt werden können. Trotzdem ist eine Betreuung des Kunden bei der Nutzung des VR-Systems unbedingt notwendig, da Erläuterungen zur Navigation in der künstlichen Umgebung und den einzelnen Interaktionen gegeben werden müssen. Darüber hinaus sollte bei anfänglichen Orientierungsschwierigkeiten Hilfestellung gewährt werden und auf produktspezifische Besonderheiten hingewiesen werden, da gerade bei erstmaliger Nutzung der neuen Technologie möglicherweise einige der dem Anwender offenstehenden Informationsmöglichkeiten übersehen werden könnten.[1366] Allerdings besteht hier auch die Gefahr der Reaktanz beim Verkaufs- bzw. Beratungspersonal, da die Mitarbeiter nicht nur im Sinne der o.g. Betreuung das technische Handling des VR-Systems beherrschen müssen,

---

[1362]Pimentel, K.; Teixeira, K. (1993) S. 187 ff. sprechen in diesem Zusammenhang von "customer driven production".

[1363]Vgl. Flory, M. (1995), S. 123.

[1364]Während PC-basierte Einstiegsmodelle bereits für DM 100.000,- verfügbar sind, können die Kosten für Hochleistungssysteme durchaus DM 500.000,- betragen.

[1365]Vgl. Palupski, R. (1994), S. 21.

[1366]Vgl. Waehlert, A. (1994), S. 66.

sondern darüber hinaus ihr produktspezifisches Fachwissen dem Informationsstand des VR-Systems anpassen sollten, um auf der Basis des erweiterten Informationsstandes des Nachfragers nach der Systemnutzung die Beratung effizient fortführen zu können.[1367] Hier sind entsprechende Schulungsmaßnahmen vorzunehmen. Zudem dürfte auch die Überzeugung der Nachfrager von der Vorteilhaftigkeit der Technologieinnovation wiederum die Akzeptanz der Berater fördern.

Von besonderer Bedeutung ist die Integration der VR in das gesamte Kommunikationskonzept des Anbieters. Da die technischen Möglichkeiten der Systeme zur Zeit noch bedingen, daß der Nachfrager zur Nutzung der Anwendung den Anbieter aufsuchen muß und diesen damit bereits für einen möglichen Problemlöser erachtet, hat zu diesem Zeitpunkt bereits die wichtige erste Kontaktaufnahme mit dem Unternehmen stattgefunden. Damit der Nachfrager aber von der Nutzungsmöglichkeit der VR-Technologie erfährt, ist eine entsprechende Einbeziehung in das Kommunikationsmix unter Hinweis auf die Vorteile der Nutzung der VR im Rahmen der Akquisitionsberatung und Angebotserstellung zu empfehlen.

[1367]Vgl. Waehlert, A. (1994), S. 67.

Literaturverzeichnis

355

A

Ahrens, T.: **(1988)**	Einführung von Datenfernübertragung, in: CIM-Management, 4. Jg., 1988, Nr. 3, S. 46f.
Akerlof, G.A.: **(1970)**	The Market for "Lemons" - Qualitiy Uncertainty and the Market Mechanism, in: Quaterly Journal of Economics, 84. Jg., 1970, S. 488-500.
Albach, H.: **(1989)**	Dienstleistungsunternehmen in Deutschland, in: Zeitschrift für Betriebswirtschaft, 59. Jg., 1989, Nr. 4, S. 397-420.
Albach, H.; **de Pay, D.;** **Rojas, R.:** **(1991)**	Quellen, Zeiten und Kosten von Innovationen, in: Zeitschrift für Betriebswirtschaft, 61. Jg., 1991, S. 309-324.
Albers, S.: **(1989)**	Kundennähe als Erfolgsfaktor, in: Albers, S. (Hrsg.): Elemente erfolgreicher Unternehmenspolitik in mittelständischen Unternehmen, Stuttgart 1989, S. 101-122.
Alchian, A.A.; **Woodward, S.:** **(1988)**	The Firm is Dead - Long Live the Firm, in: Journal of Economic Literature, 26. Jg., 1988, S. 65-79.
Allerbeck, M.: **(1991)**	Gute Produkteinführung als Voraussetzung für Akzeptanzerfahrungen mit dem modernen Telefon im Büro, in: Helmreich, R. (Hrsg.): Bürokommunikation und Akzeptanz, Heidelberg 1991, S. 167-175.
Allerbeck, M.; **Helmreich, R.:** **(1991)**	Akzeptanz planen - Wie man die Weichen richtig stellt, in: Helmreich, R. (Hrsg.): Bürokommunikation und Akzeptanz, Heidelberg 1991, S. 1-13.
Altobelli, C.F.: **(1993)**	Die "Neuen Medien" als Werbeträger, in: Berndt, R.; Hermanns, A. (Hrsg.): Handbuch Marketing-Kommunikation, Wiesbaden 1993, S. 438-462.
Altobelli, C.F.: **(1995)**	Wertkette, in: Tietz, B. (Hrsg.): Handwörterbuch des Marketing, 2. Aufl., Stuttgart 1995, Sp. 2709-2716.
Andre, E.; **Rist, T.:** **(1993)**	Von Textgeneratoren zu Intellimedia-Präsentationssystemen, in: Künstliche Intelligenz, 7. Jg., 1993, Nr. 2, S. 40ff.

Angermeier, W.F.:   Lernpsychologie, Basel und München 1984.
(1984)

Ansoff, H.I.;   Strategies for Technology-Based Business, in: Harvard Business
Stewart, J.M.:   Review, 45. Jg., 1967, Nr. 6, S. 71-81.
(1967)

Anton, W.F.:   Gesprächsführung in Verkaufsgesprächen unter dem besonderen
(1989)   Aspekt der Beratung, Diss., Lüneburg 1989.

Antweiler, J.:   Wirtschaftlichkeitsanalyse von Informations- und Kommunika-
(1995)   tionssystemen auf der Basis von Wirtschaftlichkeitsprofilen, in:
    Information Management, 10. Jg., 1995, Nr. 4, S. 56-64.

Arbeitskreis   Standardisierung und Individualisierung - ein produktpolitisches
"Marketing in der   Entscheidungsproblem, in: Engelhardt, W.H.; Laßmann, G.
Investitionsgüterindu-   (Hrsg.): Anlagen-Marketing, Zeitschrift für betriebs-
strie der Schmalenbach-   wirtschaftliche Forschung, Sonderheft Nr. 7, Opladen 1977, S.
gesellschaft":   39-52.
(1977)

Arnold, U.:   Beschaffungsmanagement, Stuttgart 1995.
(1995)

Aschenbrenner, J.:   Chancen durch Multimedia, in: Süddeutsche Zeitung, 49. Jg.,
(1993)   1993, Nr. 124, S. 43.

Assländer, F.;   Auf dem Weg zum CAS - Einsatzmöglichkeiten des PC im
Grosse-Kreul, H.D.:   Versicherungsaußendienst, in: Versicherungswirtschaft, 36. Jg.,
(1981)   1981, Nr. 8, S. 551-554.

Astheimer, P.;   Virtuelle Realität in der Architektur, in: Bau-Informatik, 3. Jg.,
Felger, W.:   1993, Nr. 2, S. 53-58.
(1993)

Astheimer, P.;   Industrielle Anwendungen der Virtuellen Realität - Beispiele,
Felger, W.;   Erfahrungen, Probleme und Zukunftsperpektiven, Arbeitspapier
Göbel, M.;   des Fraunhofer-Instituts für Graphische Datenverarbeitung
Müller, S.;   (IGD), Darmstadt 1994.
Ziegler, R.:
(1994)

Aufderheide, D.;   Institutionenökonomische Fundierung des Marketing - Der
Backhaus, K.:   Geschäftstypenansatz, in: Kaas, K.P. (Hrsg.): Kontrakte,
(1995)   Geschäftsbeziehungen, Netzwerke, Zeitschrift für betriebswirt-
    schaftliche Forschung, Sonderheft Nr. 35, Düsseldorf und
    Frankfurt a. M., 1995, S. 43-60.

B

Bachem, A.;
Heesen, R.;
Pfennig, J.T.:
(1996)

Digitales Geld für das Internet, in: Zeitschrift für Betriebswirtschaft, 66. Jg., 1996, Nr. 6, S. 697-713.

Backhaus, H.:
(1993)

Interaktives Multimedia-Marketing: ASKOT - Ein Tourismusbeispiel, in: Arnold, U.; Eierhoff, K. (Hrsg.): Marketing focus: Produktmanagement, Stuttgart 1993, S. 215-222.

Backhaus, H.;
Glomb, H.J.:
(1994a)

Multimedia-Marketing - Kommunikative Rationalisierung, in: Becker, L.; Lukas, A. (Hrsg.): Effizienz im Marketing: Marketingprozesse optimieren statt Leistungspotentiale vergeuden, Wiesbaden 1994, S. 133-158.

Backhaus, H.;
Glomb, H.J.:
(1994b)

Interaktive Absatzsysteme - Multimedia im Marketing, Arbeitspapiere des Fachbereichs Wirtschaftswissenschaft der Universität Wuppertal, Nr. 166, Wuppertal 1994.

Backhaus, K.:
(1992a)

Systemgeschäfte verändern Marktprozesse, in: Absatzwirtschaft, 35. Jg., 1992, Nr. 8, S. 60-63.

Backhaus, K.:
(1992b)

Investitionsgütermarketing, 3. Aufl., München 1992.

Backhaus, K.;
Aufderheide, D.;
Späth, G.M.:
(1994)

Marketing für Systemtechnologien, Stuttgart 1994.

Backhaus, K.;
Erichson, B.;
Plinke, W.;
Weiber, R.:
(1996)

Multivariate Analysemethoden, 8. Aufl., Berlin u.a.O. 1996.

Backhaus, K.;
Späth, G.M.:
(1994)

Herausforderungen systemtechnologischer Vertrauensgüter an das Marketing-Management, in: Zahn, E. (Hrsg.): Technologie-Management und Technologien für das Management, Stuttgart 1994, S. 19-31.

Backhaus, K.;
Weiber, R.:
(1987)

Systemtechnologien - Herausforderungen des Investitionsgütermarketing, in: Harvard Manager, 9. Jg., 1987, Nr. 4, S. 70-80.

Backhaus, K.;　　　Entwicklung einer Marketing-Konzeption mit SPSS/PC+,
Weiber, R.:　　　　Heidelberg 1989.
(1989)

Backhaus, K;　　　Das industrielle Anlagengeschäft - ein Dienstleistungsgeschäft?
Weiber, R.:　　　　in: Simon, H. (Hrsg.): Industrielle Dienstleistungen, Stuttgart
(1993)　　　　　　1993, S. 67-84.

Backhaus, K.;　　　Kompetenz - die entscheidende Dimension im Marketing,
Weiss, P.A.:　　　　in: Harvard Manager, 11. Jg., 1989, Nr. 3, S. 107-114.
(1989)

Bänsch, A.:　　　　Kommunikationspolitik, in: Tietz, B. (Hrsg.): Handwörterbuch
(1995)　　　　　　des Marketing, 2. Aufl., Stuttgart 1995, Sp. 1186-1200.

Baldi, S.;　　　　　Datenbanken für die Multimediakommunikation, in: Theorie und
Cordes, R.;　　　　Praxis der Wirtschaftsinformatik, 30. Jg., 1993, Nr. 169, S. 39-
Peyn, H.;　　　　　56.
Sokolowsky, P.:
(1993)

Bagozzi, R.P.:　　　Sales Force Performance and Satisfaction as a Function of
(1978)　　　　　　Individual Difference, Interpersonal and Situational Factors,
　　　　　　　　　　in: Journal of Marketing Research, 11. Jg., 1978, S. 517-531.

Bajka, D.:　　　　 Multimedia - ein neuer Umgang mit Informationen, in: i.o.
(1991)　　　　　　Management, 60. Jg., 1991, Nr. 6, S. 31.

Banaschek, J.:　　　Die Zeit als treibende Kraft für die Steigerung der Produktivität,
(1995)　　　　　　in: Zeitschrift für Betriebswirtschaft, 65. Jg., 1995, Nr. 2
　　　　　　　　　　(Ergänzungsband), S. 13-23.

Bauer, D.;　　　　 Unterstützende Komponenten für wissensbasierte Mensch-
Böcker, H.D.;　　　Computer-Kommunikation, in: Angewandte Informatik, 31. Jg.,
Gunzenhäuser, R.;　1989, Nr. 8, S. 351 ff.
Herberg, A. von der;
Maier, D.;
Rothke, M.;
Ressel, M.;
Schwab, T.:
(1989)

Bauer, H.H.;　　　 Zur Relevanz prinzipal-agenten-theoretischer Aussagen für das
Bayon, T.:　　　　 Kontraktgütermarketing, in: Kaas, K.P. (Hrsg.): Kontrakte,
(1995)　　　　　　Geschäftsbeziehungen, Netzwerke, Zeitschrift für betriebs-
　　　　　　　　　　wirtschaftliche Forschung, Sonderheft Nr. 35, Düsseldorf und
　　　　　　　　　　Frankfurt a. M., 1995, S. 79-100.

Bauml, J.; **Lukas, B.:** **(1986)**	EDV-gestützte Entscheidungstechniken zur Beurteilung von Investitionsalternativen, Sindelfingen 1986.
Baur, H.: **(1991)**	Kommunikationstechnik in den 90er Jahren, in: Siemens Zeitschrift, 65. Jg., 1991, Nr. 6, S. 4-8.
Becker, J.: **(1991)**	CIM-Integrationsmodell - Die EDV-gestützte Verbindung betrieblicher Bereiche, Berlin u.a.O. 1991.
Becker, J.: **(1993)**	Grundlagen des strategischen Marketing-Managements, 5. Aufl., München 1993.
Becker, J.: **(1995)**	Strategisches Marketing, in: Tietz, B. (Hrsg.): Handwörterbuch des Marketing, 2. Aufl., Stuttgart 1995, Sp. 2411-2425.
Becker, L.: **(1994)**	Integrales Informationsmanagement als Funktion einer marktorientierten Unternehmensführung, Bergisch-Gladbach 1994.
Beding, D.: **(1993)**	Total-Quality-Management als zentraler Bestandteil einer Erfolgsstrategie, in: Droege, W.P.J.; Backhaus, K.; Weiber, R.(Hrsg.): Strategien für Investitionsgütermärkte, Landsberg 1993.
Behrens, G.: **(1991)**	Konsumentenverhalten, 2. Aufl., Heidelberg 1991.
Behrens, G.: **(1995)**	Verhaltenswissenschaftliche Grundlagen des Marketing, in: Tietz, B. (Hrsg.): Handwörterbuch des Marketing, 2. Aufl., Stuttgart 1995, Sp. 2554-2564.
Beitz, W.: **(1995)**	Simultaneous Engineering - Eine Antwort auf die Herausforderungen Qualität, Kosten und Zeit, in: Zeitschrift für Betriebswirtschaft, 65. Jg., 1995, Nr. 2 (Ergänzungsband), S. 3-11.
Bekmeier, S. : **(1994)**	Emotionale Bildkommunikation mittels nonverbaler Kommunikation. Eine interdisziplinäre Betrachtung der Wirkung nonverbaler Bildreize, in: Forschungsgruppe Konsum und Verhalten (Hrsg.): Konsumentenforschung, München 1994, S. 89-105.
Bellmann, K.: **(1991)**	Prozeßorientierte Organisationsgestaltung im Büro, in: Zeitschrift für Organisation, 60. Jg., 1991, Nr. 2, S. 107-111.
Belz, C.; **Bircher, B.:** **(1991)**	Erfolgreiche Leistungssysteme - Anleitung und Beispiel, Stuttgart 1991.

Benölken, H.;
Greipel, P.:
(1994)
Dienstleistungsmanagement - Service als strategischer
Erfolgsfaktor, 2. Aufl., Wiesbaden 1994.

Benschek, W.:
(1993)
CD-ROM im Direktmarketing, in: Greff, G.; Töpfer, A. (Hrsg.):
Direktmarketing mit neuen Medien, 3. Aufl., Landsberg/Lech, S.
219-234.

Berghäuser, B.:
(1992)
Informationssysteme auf Messen, in: Hermanns, A.; Flegel, V.
(Hrsg.): Handbuch des Electronic Marketing, München 1992, S.
574-590.

Bergler, R.:
(1986)
Länderimages, in: Österreichische Werbewissenschaftliche
Gesellschaft (Hrsg.): Image Österreichs - Wirklichkeit und
Traum, Bericht der 33. Werbewirtschaftlichen Tagung, Wien
1986, S. 117-121.

Bergmann, H.:
(1995)
Kommunikationsstrategien im Systemgeschäft, Wiesbaden 1995.

Bergmann, L.;
Möhrle, R.;
Herb, A.:
(1996)
Datenschutzrecht. Handkommentar Bundesdatenschutzgesetz,
Datenschutzgesetz der Länder und Kirchen, bereichsspezifischer
Datenschutz, Stuttgart 1996.

Berndt, O.:
(1992)
Nichts überstürzen, in: Diebold Management Report, 22. Jg.,
1992, Nr. 8/9, S. 9ff.

Berndt, R.:
(1995)
Marketing 2. Marketing-Politik, 3. Aufl., Berlin u.a.O. 1995.

Berndt, R.:
(1993)
Kommunikationspolitik im Rahmen des Marketing, in: Berndt,
R.; Hermanns, A. (Hrsg.): Handbuch Marketing-
Kommunikation, Wiesbaden 1993, S. 3-18.

Bernold, T.;
Hofmann, W.;
Weiss, R.:
(1992)
The Medium is the Message - Interaktive Multimedia mehr als
ein Schlagwort? In: Curth, M.; Lebson, H.E. (Hrsg.):
Wirtschaftsinformatik in Forschung und Praxis, München und
Wien 1992, S. 288-312.

Bernskötter, H.:
(1995)
Multimedia, in: Marketing Journal, 28. Jg., 1995, Nr. 5, S. 372-
374.

Berry, L.L.;
Zeithaml, V.A.;
Pavasaramon, A.:
(1990)
Five Imperatives for Improving Service Quality, in: Sloan
Management Review, 31. Jg., 1990, Nr. 4, S. 29-38.

Berthon, P.; **Pitt, L.F.;** **Watson, R.T.:** **(1996)**	The World Wide Web as an Advertising Medium, in: Journal of Advertising Research, 36. Jg., 1996, Nr. 1, S. 43-54.
Betge, P.: **(1995)**	Wirtschaftlichkeitsanalysen, in: Tietz, B. (Hrsg.): Handwörterbuch des Marketing, 2. Aufl., Stuttgart 1995, Sp. 2762-2776.
Bettman, J.R.: **(1979)**	An Information Processing Theorie of Consumer Choice, Reading 1979.
Bialetzki, J.: **(1993)**	Multimedia-Kommunikation, in: Theorie und Praxis der Wirtschaftsinformatik, 30. Jg., 1993, Nr. 169, S. 29-37.
Bibus, U.: **(1995)**	Das Internet als Direktmarketinginstrument, in: Direkt Marketing, 31. Jg., 1995, Nr. 4, S. 30-34.
Bickelmann, G.: **(1995)**	Herausforderungen und Problembereiche der internationalen Automobilmarktforschung, in: Hünerberg, R. u.a. (Hrsg.): Internationales Automobilmarketing, Wiesbaden 1995, S. 625-650.
Biervert, B.; **Monse, K.;** **Hilbig, M.:** **(1989)**	Integrierte und flexibilisierte Dienstleistungen durch neue Informations- und Kommunikationstechnologien, in: Biervert, B.; Dierkes, M. (Hrsg.): Informations- und Kommunikationstechnologien im Dienstleistungssektor - Rationalisierung oder neue Qualität, Wiesbaden 1989, S. 19-58.
Biethahn, J.; **Fischer, D.:** **(1992)**	Einige ausgewählte Anwendungsperspektiven von Hypertext-Systemen im Bereich wissensbasierter Systeme - anstelle einer Einführung, in: Biethahn, J. u.a. (Hrsg.): Wissensbasierte Systeme in der Wirtschaft, Wiesbaden 1992, S. 11-17.
Billerbeck, J.D.: **(1993)**	Elektronische Handbücher für den Servicetechniker, in: VDI-Nachrichten, 47. Jg., 1993, Nr. 15, S. 25.
Blab, K.A.: **(1991)**	Vorkehrungen für Datensicherheit bei ISDN-Telekommunikations-Anlagen, in: Helmreich, A. (Hrsg.): Bürokommunikation und Akzeptanz, Heidelberg 1991, S. 190-208.
Bleicher, K.: **(1986)**	Zeitkonzeptionen der Gestaltung und Entwicklung von Unternehmungen, in: Gaugler, E.; Meißner, H.G.; Thom, N. (Hrsg.): Zukunftsaspekte der anwendungsorientierten Betriebswirtschaftslehre, Stuttgart 1986, S. 75-90.

362

Bless, H.-J.;   Optimierung von Verkaufsgesprächen und individueller
Matzen, T.:   Produktpräsentation mittels PC, in: Hünerberg, R.; Heise, G.
(1995)   (Hrsg.): Multimedia und Marketing, Wiesbaden 1995, S. 297-
                        310.

Bode, J.;   Die Produktion von Dienstleistungen - Ansätze zu einer
Zelewski, S.:   Betriebswirtschaftslehre der Dienstleistungsunternehmen?, in:
(1992)   Betriebswirtschaftliche Forschung und Praxis, 44. Jg., 1992, S.
                        594-607.

Böcker, F.:   Präferenzpolitik, in: Diller, H. (Hrsg.): Vahlens Großes
(1994)   Marketing Lexikon, München 1994.

Böcker, F.:   Polarisierung und Individualisierung, in: Gablers Magazin, 2. Jg.,
(1988)   1988, Nr. 12, S. 40-43.

Böcker, J.:   Marketing für Leistungssysteme, Wiesbaden 1995.
(1995)

Bogaschewsky, R.:   Integration von Hypermedia und Wissensbasierten Systemen -
(1992)   Ein Überblick, in: Biethahn, J.; Bogaschewski, R.; Hoppe, U.;
                        Schumann, M. (Hrsg.): Wissensbasierte Systeme in der
                        Wirtschaft, Wiesbaden 1992, S. 19-48.

Bohr, K.:   Effizienz und Effektivität, in: Wittmann, W. u.a. (Hrsg.): Hand-
(1993)   wörterbuch der Betriebswirtschaft, 5. Aufl., Stuttgart 1993, Sp.
                        855-869.

Borschberg, E.:   Die Zeit als Ware, in: Die Unternehmung, 37. Jg., 1983, S. 289-
(1983)   296.

Both, M.:   Computergestützte Entscheidungshilfen im Marketing. Die
(1989)   Integration informationsorientierter, modellorientierter und
                        wissensbasierter Ansätze im Rahmen eines Systems zur
                        Unterstützung der Analyse von Marktdaten, Frankfurt a.M.
                        u.a.O. 1989.

Brandt, F.;   Marketingstrategien für kleine und mittlere Unternehmen des
Hammann, P.;   Deutschen Fertigbaus, Forschungsbericht des Lehrstuhls für
Palupski, R.:   Angewandte Betriebswirtschaftslehre IV (Marketing) der Ruhr-
(1996)   Universität Bochum, Bochum 1996.

Brandt, F.;   Multimediale Unterstützung des Vertriebs von Fertighäusern, in:
Hammann, P.;   Wilde, K.D. (Hrsg.): Computer-Based Marketing - Das
Palupski, R.:   Handbuch zur Marketinginformatik, Wiesbaden 1998, S. 519-
(1998)   530.

Brauchlin, E.;
Heene, R.:
(1995)
Problemlösungs- und Entscheidungsunterstützungsmethodik,
4. Aufl., Bern und Stuttgart 1995.

Brecheis, D.:
(1991)
Marketing für Objektsysteme, Augsburg 1991.

Brettreich-Teichmann,
W.:
(1992)
Multimedia - Kurzbeschreibung wichtiger technischer
Komponenten, in: Office Management, 40. Jg., 1992, Nr. 6, S.
16f.

Brettreich-Teichmann,
W.:
(1994)
Multimedia in der Aus- und Weiterbildung, in: Office
Management, 42. Jg., 1994, Nr. 3, S. 46f.

Breuker, S.:
(1994)
Eine effiziente Systemarchitektur für ein CAS-Softwarepaket,
Diss., Nürnberg 1994.

Breuker, S.;
Büttel-Dietsch, I.;
Mertens, P.;
Ponader, M.:
(1990)
Ein Konzept zur wissensbasierten Angebotsunterstützung mit
Finanzierungsberatung, in: VDI-Bericht Nr. 839, Düsseldorf
1990, S. 147ff.

Brockhoff, K.:
(1987)
Marketing durch Kunden-Informationssysteme, Stuttgart 1987.

Brosius, H.B.:
(1990)
Bewertung gut, Behalten schlecht - Die Wirkung von Musik in
Informationsfilmen, in: Medienpsychologie, 2. Jg., 1990, Nr. 1,
S. 44-55.

Broßmann, M.:
(1993)
Multimedia - Die Technik zum Informieren, Instruieren und
Kommunizieren im After-Sales-Bereich, in: DIN-Mitteilungen,
72. Jg., 1993, Nr. 2, S. 98-101.

Bruhn, M.:
(1992a)
Implementierung des Electronic Marketing in der Unternehmung
und im Markt, in: Hermanns, A.; Flegel, V. (Hrsg.): Handbuch
des Electronic Marketing, München 1992, S. 101-132.

Bruhn, M.:
(1992b)
Integrierte Unternehmenskommunikation, Stuttgart 1992.

Bruhn, M.:
(1995a)
Sicherstellung der Dienstleistungsqualität durch integrierte
Kommunikation, in: Bruhn, M.; Stauss, B. (Hrsg.):
Dienstleistungsqualität, 2. Aufl., Wiesbaden 1995, S. 161-187.

Bruhn, M.: (1995b)   Qualitätssicherung im Dienstleistungsmarketing - eine Einführung in die theoretischen und praktischen Probleme, in: Bruhn, M.; Stauss, B. (Hrsg.): Dienstleistungsqualität, 2. Aufl., Wiesbaden 1995, S. 19-46.

Büker, B.: (1991)   Qualitätsbeurteilung investiver Dienstleistungen, Frankfurt a. M. 1991.

Buettner, J.H.; Mann, A.: (1995)   Multimediale Kommunikations- und Vertriebspolitik mit VIA, in: Hünerberg, R.; Heise, G. (Hrsg.): Multimedia und Marketing, Wiesbaden 1995, S. 249-262.

Bullinger, H.J.; Bauer, W.: (1994a)   Strategische Dimensionen der Virtual Reality (1), in: Office Management, 42. Jg., 1994, Nr. 3, S. 14-18.

Bullinger, H.J.; Bauer, W.: (1994b)   Strategische Dimensionen der Virtual Reality (2), in: Office Management, 42. Jg., 1994, Nr. 4, S. 14-20.

Bullinger, H.J.; Fröschle, H.P.; Hofmann, J.: (1992)   Multimedia - Von der Medienintegration über die Prozeßintegration zur Teamintegration, in: Office Management, 40. Jg., 1992, Nr. 6, S. 6-13.

Bullinger, H.J.; Fröschle, H.P.: (1994)   Neue Unternehmensstrukturen und ihre Anforderungen an die Telekommunikation, in: Telekom Praxis, o. Jg., 1994 , Nr. 1, S. 19-23.

Bullinger, H.J.; Führberg-Baumann, J.; Müller, R.: (1991)   Neue Wege der Kundenauftragsabwicklung, in: Zeitschrift für Organisation, 60. Jg., 1991, Nr. 5, S. 306-313.

Bunk, B.: (1992)   Produkte differenzieren - Beratung bündeln, in: Absatzwirtschaft, 35. Jg., 1992, Nr. 7, S. 58-62.

Busch, P.; Wilson, P.T.: (1976)   An Experimental analysis of a Salesman's Expert and Referent Basis of Social Power in the Buyer-Seller Dyad, in: Journal of Marketing Research, 13. Jg., 1976, S. 3-11.

Busse von Colbe, W.; Laßmann, G.: (1991)   Betriebswirtschaftstheorie, Bd. 1, Grundlagen, Produktions- und Kostentheorie, 5. Aufl., Berlin u.a.O. 1991.

Bußmann, W.T.; Rulschke, K.: (1996)   Sind Teams bessere Verkäufer?, in: Absatzwirtschaft, 39. Jg., 1996, Nr. 6, S. 48-52.

Buttler, G.;
Stegner, E.:
(1990)

Industrielle Dienstleistungen, in: Zeitschrift für betriebswirtschaftliche Forschung, 42. Jg., 1990, Nr. 11, S. 931-946.

C

Chandler, A.D.:
(1990)

Scale and Scope, London 1990.

Chaouli, M.;
Charlier, M.:
(1994)

Internet - Virtueller Buchladen, in: Wirtschaftswoche, 48. Jg.,
1994, Nr. 42, S. 145-151.

Charwat, H.J.:
(1991)

Von der Tastatur zum Berührbildschirm, in: Helmreich, R.
(Hrsg.): Bürokommunikation und Akzeptanz, Heidelberg 1991,
S. 101-131.

Child, P.:
(1991)

The Management of Complexity, in: The McKinsey Quarterly,
27. Jg., 1991, Nr. 4, S. 52-68.

Chisnall, P.M.:
(1985)

Strategic Industrial Marketing, Englewood Cliffs (N.J.) 1985.

Coenenberg, A.G.;
Prillmann, M.:
(1995)

Erfolgswirkungen der Variantenvielfalt und Variantenmanage-
ment, in: Zeitschrift für Betriebswirtschaft, 65. Jg., 1995, Nr. 11,
S. 1231-1253.

Corsten, H.:
(1986)

Zur Diskussion der Dienstleistungsbesonderheiten und ihrer
ökonomischen Auswirkungen, in: Jahrbuch der Absatz- und
Verbrauchsforschung, 32. Jg., 1986, S. 16-41.

Corsten, H.:
(1990)

Betriebswirtschaftslehre der Dienstleistungsunternehmen, 2.
Aufl., München und Wien 1990.

Cox, D.F.:
(1976)

Informationssuche und Kommunikationskanal, in: Specht, K.G.;
Wiswede, G. (Hrsg.): Marketing-Soziologie, Berlin 1976, S.
214-234.

D

Dallmer, H.:
(1995)

Direct Marketing, in: Tietz, B. (Hrsg.): Handwörterbuch des
Marketing, 2. Aufl., Stuttgart 1995, Sp. 477-492.

Darby, M.R.;
Karni, E.:
(1973)

Free Competition and the Optimal Amount of Fraud, in: Journal of Law and Economics, 16. Jg., 1973, S. 67-88.

Davidow, W.H.;
Malone, M.S.:
(1993)

Das virtuelle Unternehmen, Frankfurt und New York 1993.

Degener, T.:
(1986)

Die Leasing-Entscheidung bei beweglichen Anlagegütern, Schriftenreihe des Instituts des Kreditwesens der Westfälischen Wilhelm-Universität, Frankfurt 1986.

Dehlinger, H.:
(1993)

Learning by Doing - Multimedia in der Aus- und Weiterbildung, in: Business Computing, 3. Jg., 1993, Nr. 12, S. 26f.

Deiss, G.;
Heymann, M.:
(1989)

Die Investition in Bürokommunikation, in: Karcher, H.B. (Hrsg.): Office Automation 1989, München 1989, S. 371-388.

Delpho, H.:
(1992)

Prognos: Kräftiges Wachstum für Multimedia-Anwendungen, in: Computerwoche, 19. Jg., 1992, Nr. 48, S. 47f.

Delpho, H.:
(1993)

Kundenanforderungen und Akzeptanzbarrieren im europäischen Multimediamarkt - Perspektiven aus der aktuellen Prognos-Studie, in: Lehmann, R.G. (Hrsg.): Corporate Media, Landsberg/Lech 1993, S. 305-310.

Delpho, H.:
(1994)

Multimedia-Anwendungen in Unternehmen, in: Office Management, 42. Jg., 1994, Nr. 3, S. 22-24.

Denger, K.;
Wirtz, B.:
(1995)

Die digitale Revolution, in: Gablers Magazin, 9. Jg., 1995, Nr. 3, S. 20-24.

Derieth, A.:
(1995)

Unternehmenskommunikation - eine Analyse zur Kommunikationsqualität von Wirtschaftsorganisationen, Opladen 1995.

Derigs, U.;
Grabenbauer, G.:
(1993)

Rechnergestützte Vertriebstourenplanung, in: Theorie und Praxis der Wirtschaftsinformatik, 30. Jg., 1993, Nr. 173, S. 116-127.

Deutsch, C.:
(1992)

Im Leistungsdschungel, in: Wirtschaftswoche, 46. Jg., 1992, Nr. 12, S. 56f.

Deutsch, C.:
(1994)

Unternehmenspublikationen - Erkennbar zur Familie, in: Wirtschaftswoche, 48. Jg., 1994, Nr. 38, S. 97.

Deutsches Institut für Normung: (1990)	Qualitätsmanagement und Elemente eines QSS-Leitfaden, DIN ISO 9004, Berlin 1990, S. 4-44.
Deutsches Institut für Normung: (1993)	Qualitätsmanagementsysteme, DIN ISO 9001, Berlin 1993, S. 1-21.
Diedrich, A.: (1993)	Vertriebsstrategien der Neunziger mit zukunftsgerichteten Systemen - High Tech-High Method, in: Klingler, A.; Benölken, H. (Hrsg.): Vertriebsstrategien der Neunziger, Bad Wörishofen 1993, S. 57-68.
Dierkes, M.: (1989)	Technologiefolgenabschätzung in Unternehmen - Notwendigkeit, Möglichkeiten und Grenzen, in: Biervert, B.; Dierkes, M. (Hrsg.): Informations- und Kommunikationstechniken im Dienstleistungssektor - Rationalisierung oder neue Wege, Wiesbaden 1989, S. 59-85.
Diller, H.: (1992)	Expertensysteme, in: Vahlens großes Marketing-Lexikon, München 1992, S. 293-296.
Diller, H.: (1995)	Beziehungs-Marketing, in: Wirtschaftswissenschaftliches Studium, 24. Jg., 1995, Nr. 9, S. 442-447.
Döhl, W.: (1983)	Akzeptanz innovativer Technologien in Büro und Verwaltung: Grundlagen, Analyse und Gestaltung, Göttingen 1983.
Dörr, E.; Schmidt, D.: (1992)	Neues Bundesdatenschutzgesetz - Handkommentar und Arbeitshilfe für Wirtschaft und Verwaltung, 2. Aufl., Köln 1992.
Doetsch, R.: (1995)	Ideenwettbewerb - Synergetische Effekte als Erfolgsquelle im Marketing, in: Brockhoff, K. (Hrsg.): Marketing im Spannungsfeld von Wirtschaft und Gesellschaft, Stuttgart 1995, S. 112-127.
Dolch, K.: (1994)	Rechnergestützte Informationssysteme, in: Masing, W. (Hrsg.): Handbuch Qualitätsmanagement, 3. Aufl., München und Wien, 1994, S. 959-978.
Dommann, D.: (1993)	Erfolgreicher persönlicher Verkauf, in: Berndt, R.; Hermanns, A. (Hrsg.): Handbuch Marketing - Kommunikation, Wiesbaden 1993, S. 749-768.
Donahue, T.J.; Donahue, M.A.: (1983)	Understanding Interactive Video, in: Training and Development Journal, 37. Jg., 1983, Dezember Ausgabe, S. 26-31.

Dornis, P.; **Herzig, A.:** **(1992)**	Marktspiegel - CAS-Standardsoftware zur dezentralen Vertriebs- und Außendienststeuerung mit PC, Köln 1992.
Dräger, U.; **Schumann, M.:** **(1990)**	Konfiguratoren im Vertrieb in: Absatzwirtschaft, 37. Jg., 1990, Nr. 3, S. 86-89.
Ducoffe, R.H.: **(1996)**	Advertising Value and Advertising on the Web, in: Journal of Advertising Research, 36. Jg., 1996, Nr. 5, S. 21-35.
Duden **(1991)**	Rechtschreibung der deutschen Sprache, Bd. 1, 20. Aufl., Mannheim u.a.O. 1991.
Dustdar, S. : **(1995)**	Business Process Redesign durch interaktive Multimedia- informationssysteme, in: Wirtschaftsinformatik, 37. Jg., 1995, Nr. 4, S. 377-383.

E

Eberwein, M.: **(1994)**	Drahtlose DFÜ - Wenn es endlich zueinander paßt, in: Computer Persönlich, 19. Jg., 1994, Nr. 6, S. 138-140.
Eder, T.: **(1990)**	Computer Aided Selling - Einsatzmöglichkeiten und Akzeptanzprobleme, in: Office Management, 38. Jg., 1990, S. 32-39.
Ellis, S. R.: **(1994)**	What are Virtual Environments, in: IEEE Computer Graphics & Applications, 14. Jg., 1994, S. 17ff.
Elschen, R.: **(1988)**	Agency-Theorie, in: Die Betriebswirtschaft, 48. Jg., 1988, S. 248-250.
Emnid: **(1982)**	Studie im Auftrag der IBM Deutschland GmbH, Teil I: Bevölkerungsfragen 1982, Bielefeld 1982.
Encarnacao, J.L.; **Lockenmann, P.C.;** **Rembold, U.:** **(1990)**	Audius - Außendienstunterstützungssystem: Anforderungen, Konzepte und Lösungsvorschläge, Berlin u.a.O. 1990.
Engelhardt, W.H.: **(1974)**	Qualitätspolitik, in: Tietz, B. (Hrsg.): Handwörterbuch der Absatzwirtschaft, Stuttgart 1974, Sp. 1799-1816.

Engelhardt, W.H.: (1989)	Dienstleistungsorientiertes Marketing - Antwort auf die Herausforderung durch neue Technologien, in: Adam, D.; Backhaus, K.; Meffert, H.; Wegner, H. (Hrsg.): Integration und Flexibilität, Wiesbaden 1989, S. 269-288.
Engelhardt, W.H.: (1993a)	After-Sales-Services im Investitionsgütermarketing - Trends und Perspektiven, in: Droege, W.P.J.; Backhaus, K.; Weiber, R. (Hrsg.): Strategien für Investitionsgütermärkte, Landsberg/Lech 1993, S. 377-391.
Engelhardt, W.H.: (1993b)	Vom Produkt zur Dienstleistung, in: VDI-Bericht Nr. 1062, Düsseldorf 1993, S. 85-104.
Engelhardt, W.H.: (1995)	Potentiale - Prozesse - Leistungsbündel: Diskussionsbeiträge zur Leistungstheorie, Arbeitspapier Nr. 32 der Schriftenreihe zum Marketing der Ruhr-Universität Bochum, Bochum 1995.
Engelhardt, W.H.; Freiling, J.: (1995)	Integrativität als Brücke zwischen Einzeltransaktionen und Geschäftsbeziehungen, in: Marketing-ZFP, 17. Jg., 1995, Nr. 1, S. 37-43.
Engelhardt, W.H.; Freiling, J.; Reckenfelderbäumer, M.: (1995)	Die Bedeutung der Integrativität für das Marketing - Ein Überblick anhand ausgewählter theoretischer und anwendungsbezogener Aspekte, in: Marketing-ZFP, 17. Jg., 1995, Nr. 1, S. 48-53.
Engelhardt, W.H.; Günther, B.: (1981)	Investitionsgütermarketing, Stuttgart u.a.O. 1981.
Engelhardt, W.H.; Kleinaltenkamp, M.: (1990a)	Strategische Planung I, Lehrbrief für das Weiterbildende Studium "Technischer Vertrieb" der Freien Universität Berlin, Berlin 1990.
Engelhardt, W.H.; Kleinaltenkamp, M.: (1990b)	Strategische Planung II, Lehrbrief für das Weiterbildende Studium "Technischer Vertrieb" der Freien Universität Berlin, Berlin 1990.
Engelhardt, W.H.; Kleinaltenkamp, M.; Reckenfelderbäumer, M.: (1992)	Dienstleistungen als Absatzobjekt, Arbeitsbereich Nr. 52 des Instituts für Unternehmensführung und Unternehmensforschung der Ruhr-Universität Bochum, Bochum 1992.

Engelhardt, W.H.;
Kleinaltenkamp, M.;
Reckenfelderbäumer,
M.:
(1993)

Leistungsbündel als Absatzobjekte, Zeitschrift für betriebswirtschaftliche Forschung, 45. Jg., 1993, S. 395-426.

Engelhardt, W.H.;
Kleinaltenkamp, M.;
Reckenfelderbäumer,
M.:
(1995)

Leistungstypologien als Basis des Marketing - ein erneutes Plädoyer für die Aufhebung der Dichotomie von Sachanlagen und Dienstleistungen, in: Die Betriebswirtschaft, 55. Jg., 1995, Nr. 5, S. 673-677.

Engelhardt, W.H.;
Reckenfelderbäumer,
M.:
(1993)

Trägerschaft und organisatorische Gestaltung industrieller Dienstleistungen, in: Simon, H. (Hrsg.): Industrielle Dienstleistungen, Stuttgart 1993, S. 263-293.

Engelhardt, W.H.;
Schütz, P.:
(1991)

Total Quality Management, in: Wirtschaftswissenschaftliches Studium, 20. Jg., 1991, Nr. 8, S. 394-399.

Engelhardt, W.H.;
Schwab, W.:
(1982)

Die Beschaffung von investiven Dienstleistungen, in: Die Betriebswirtschaft, 42. Jg., 1982, S. 503-513.

Ernd, W.:
(1991)

Integration des persönlichen Verkaufs in den Direct-Marketing-Mix, in: Dallmer, H. (Hrsg.): Handbuch Direct Marketing, 6. Aufl., Wiesbaden 1991, S. 247-272.

Ernst, K.W.:
(1992)

Leichtes Angebot, in: Absatzwirtschaft, 35. Jg., 1992, Nr. 9, S. 122-126.

Ernst, K.W.;
Menhelt, J.:
(1991)

Kompetenz neu vermessen, in: Absatzwirtschaft, 34. Jg., 1991, Nr. 1, S. 38-57.

Esser, W.M.:
(1989)

Die Wertkette als Instrument der strategischen Analyse, in: Riekhof, H.C. (Hrsg.): Strategieentwicklung, Stuttgart 1989, S. 191-211.

Eversheim, W.:
(1989)

Simultaneous Engineering - eine organisatorische Chance, in: VDI-Berichte Nr. 758, Düsseldorf 1989, S. 1-27.

F

Faix, A.; **Görgen, W.:** **(1994)**	Das Konstrukt Wettbewerbsvorteil, in: Marketing-ZFP, 16. Jg., 1994, Nr. 3, S. 160-166.
Feldmann, L.P.; **Hornik, J.:** **(1981)**	The Use of Time: An Integrated Conceptual Model, in: Journal of Consumer Research, 8. Jg., 1981, Nr. 7, S. 407-419.
Fink, D.H.: **(1996)**	Aufbruch in das Internet-Marketing, in: Direct Marketing, 32. Jg., 1996, Nr. 4, S. 37-42.
Fink, D.H.; **Meyer, N.:** **(1995)**	Key-Account-Management, in: Marktforschung & Management, 39. Jg., 1995, Nr. 2, S. 76-80.
Fink, D.H.; **Meyer, N.:** **(1996)**	Multimedia - wie Visionen zu Geld werden, in: Absatzwirtschaft, 39. Jg., 1996, Nr. 3, S. 56-62.
Fink, D.H.; **Meyer, N.;** **Wamser, C.:** **(1995)**	Multimedia-Einsatz im Marketing, in: Marketing Journal, 28. Jg., 1995, Nr. 6, S. 468-470.
Fischer, C.: **(1995)**	Electronic Publishing und elektronischer Katalog - Chancen für neue Wege in der Verkaufsförderung, in: Hünerberg, R.; Heise, G. (Hrsg.): Multimedia und Marketing, Wiesbaden 1995, S. 287-295.
Fischer, G.; **Mastaglio, T.:** **(1991)**	A Conceptual Framework for Knowledge - Based Critic Systems, in: Decision Support Systems, 7. Jg., 1991, Nr. 4, S. 355f.
Fischer, H.: **(1992)**	Proover - Ein wissensbasiertes System, in: Biethahn, J.; Bogaschewsky, R.; Hoppe, U.; Schumann, M. (Hrsg.): Wissensbasierte Systeme in der Wirtschaft, Wiesbaden 1992, S. 61-85.
Fließ, S.: **(1996)**	Interaktionsmuster bei der Integration externer Faktoren, in: Meyer, A. (Hrsg.): Grundsatzfragen und Herausforderungen des Dienstleistungsmarketing, Wiesbaden 1996, S. 1-19.
Flory, M.: **(1995)**	Computergestützer Vertrieb von Investitionsgütern, Wiesbaden 1995.

Folberth, S.:
(o.J.)

ROLF BENZ und Multimedia, unveröffentlichtes Manuskript der ROLF BENZ AG, Nagold o.J.

Frank, J.:
(1993)

Unterstützung für den Vertrieb: CAS - Computer Aided Selling, in: ExperPraxis, o.Jg., 1993, S. 20f.

Freiling, J.:
(1994)

Die Umsetzung von Total Quality Management - Bestandsaufnahme und Implementierungsschwerpunkte aus Marketingsicht, Arbeitspapier zum Marketing Nr. 30 des Seminars für Angewandte Wirtschaftslehre der Ruhr-Universität Bochum, Bochum 1994.

Freiling, J.;
Reckenfelderbäumer,
M:
(1996)

Integrative und autonome Prozeßkonstellationen als Basis und Herausforderung eines auf Handlungsebenen bezogenen Marketing, in: Meyer, A. (Hrsg.): Grundsatzfragen und Herausforderungen des Dienstleistungsmarketing, Wiesbaden 1996, S. 21-67.

Freiling, J.;
Paul, M.:
(1995)

Die Immaterialität - ein eigenständiges Typologisierungskriterium neben der Integrativität, in: Engelhardt, W.H. (Hrsg.): Potentiale-Prozesse-Leistungsbündel: Diskussionsbeiträge zur Leistungstheorie, Schriften zum Marketing der Ruhr-Universität Bochum Nr. 32, Bochum 1995, S. 27-49.

Freiss, P.L.:
(1992)

Datenbankgestützte Verkaufsförderung, in: Hermanns, A.; Flegel, V. (Hrsg.): Handbuch des Electronic Marketing, München 1992, S. 558-571.

Freksa, C.:
(1988)

Cognitive Science - Eine Standortbestimmung, in: Heyer, G.; Krems, J.; Görz, G. (Hrsg.): Wissensarten und ihre Darstellung - Beiträge aus Philosophie, Psychologie, Informatik und Linguistik, Informatik Fachberichte Nr. 169, Berlin u.a.O. 1988, S. 1-12.

Frese, E.;
Werder, A. von:
(1989)

Kundenorientierung als organisatorische Gestaltungsoption der Informationstechnologie, in: Frese, E.; Werder, A. von (Hrsg.): Kundennähe durch moderne Informationstechnologien, Zeitschrift für betriebswirtschaftliche Forschung, Sonderheft Nr. 25, 41. Jg., 1989, S. 1-26.

Frese, E.;
Werder, A. von:
(1992)

Bürokommunikation, in: Handwörterbuch der Organisation, 3. Aufl., Stuttgart 1992, Sp. 374-390.

Friege, C.:
(1995)

Economies of Scope als Entscheidungsgrundlage für Angebot und Zusammenstellung von Leistungsverbunden, in: Die Betriebswirtschaft, 55. Jg., 1995, Nr. 6, S. 743-760.

Frischen, H.: (1993)	Marketingperspektiven - Multimedia im Handel, in: Multimedia Praxis, Bd. 2, München 1993.
Fritz, W.: (1990)	Marketing - ein Schlüsselfaktor des Unternehmenserfolges, in: Marketing-ZFP, 12. Jg., 1990, Nr. 2, S. 91-110.
Fuchs, H.: (1991)	Winzlinge im Vormarsch, in: Wirtschaftswoche, 45. Jg., 1991, Nr. 17, S. 128-134.
Fuchs, H.; Kulzer, R.: (1994)	Offene Wünsche - Die ersten multimedialen Laptops sind leistungsschwach oder zu schwer, in: Wirtschaftswoche, 48. Jg., 1994, Nr. 4, S. 134-137.
Fuhr, N.: (1990)	Repräsentationen und Anfragefunktionalität in multimedialen Informationssystemen, in: Herget, J.; Kuhlen, R. (Hrsg.): Pragmatische Aspekte beim Entwurf und Betrieb von Informationssystemen, Proceedings des 1. internationalen Symposiums für Informationswissenschaft, Konstanz 1990, S. 274-285.

G

Gabler Wirtschaftslexikon: (1992)	Mehrwert, 13. Aufl., Wiesbaden 1993, Sp. 2246f.
Gabler Wirtschaftslexikon: (1992)	Spezifikation, 13. Aufl., Wiesbaden 1993, Sp. 1601.
Gabriel, R.: (1992)	Künstliche Intelligenz - Wissensbasierte Systeme in der Praxis, Hamburg 1992.
Gabriel, R.; Frick, D.: (1991)	Expertensysteme zur Lösung betriebswirtschaftlicher Problemstellungen, in: Zeitschrift für betriebswirtschaftliche Forschung, 43. Jg., 1991, Nr. 6, S. 544-565.
Gabriel, R.; Knittel, F.; Krebs, S.; Maucher, I.: (1995)	Einsatz und Bewertung von Informations- und Kommunikationssystemen aus Anwender- und Benutzersicht, in: Wirtschaftsinformatik, 37. Jg., 1995, Nr. 1, S. 24-32.

Gaul, W.; Both, M.: (1990)	Computergestütztes Marketing, Berlin u.a.O. 1990.
Gaul, W.; Both, M.: (1992)	Interdisziplinarität und Integration als Anforderungen an das Electronic Marketing, in: Hermanns, A.; Flegel, V. (Hrsg.): Handbuch des Electronic Marketing, München 1992, S. 72-99.
Gaul, W.; Decker, R.; Pesch, M.: (1993)	Wettbewerbsvorteile durch Informationstechnik, Wissens- basierte Entscheidungsunterstützung im Verkauf, in: Wirtschaftswissenschaftliches Studium, 22. Jg., 1993, Nr. 1, S. 37ff.
Geiser, G.: (1990)	Mensch-Maschine-Kommunikation, München und Wien 1990.
Geissler, W.: (1987)	Schaffung von Realisierungsvoraussetzungen, in: VDI-Bericht Nr. 646, Düsseldorf 1987, S. 79-94.
Gellersen, H.W.; Mühlhäuser, M.: (1995)	Arbeitsplatzintegration und Medienintegration - Mensch- Computer-Interaktion in kooperativen Anwendungen, in: Böcker, H.D. (Hrsg.): Software Ergonomie '95 - Mensch- Computer-Interaktion, Stuttgart 1995, S.143-162.
Gemünden, H.G.: (1985)	Wahrgenommenes Risiko und Informationsnachfrage - Eine systematische Bestandsaufnahme der empirischen Befunde, in: Marketing-ZFP, 7. Jg., 1985, Nr. 1, S. 27-38.
Gerhard, A.: (1995)	Die Unsicherheit des Konsumenten bei der Kaufentscheidung, Wiesbaden 1995.
Gersch, M.: (1995)	Die Standardisierung integrativ erstellter Leistungen, Arbeitsbericht Nr. 57 des Institutes für Unternehmungsführung und Unternehmensforschung der Ruhr-Universität Bochum, Bochum 1995.
Gey, T.: (1990)	EDV-orientierte Außendienststeuerung - Einsatz in der Konsum- güterindustrie, Wiesbaden 1990.
Giehl, M.; Mertes, H.J.: (1995)	Mit ADIS den Außendienst gezielt einsetzen, in: Marketing Journal, 28. Jg., 1995, Nr. 6, S. 562-565.
Gilbert, X.; Strebel, P.: (1988)	Developing Competitive Advantage, in: Quinn, J.B. u.a. (Hrsg.): The Strategy Process, Englewood Cliffs 1988, S. 70-79.

Glinz, M.; **Dahlhoff, H.D.:** **(1986)**	Mikrocomputer: Mit "COVIS" auf dem Mikro den Außendienst steuern, in: Marketing Journal, 19. Jg., 1986, Nr. 2, S. 159-166.
Glitz, R.: **(1994)**	Virtuelle Realität - Arbeitsbericht zur Technikfolgenabschätzung, VDI-Technologiezentrum Physikalische Technologien, Düsseldorf 1994.
Glomb, H.J.: **(1995a)**	Multimedia-Akzeptanz bei Kunden, Management und Mitarbeitern, in: Silberer, G. (Hrsg.): Marketing mit Multimedia, Stuttgart 1995, S. 256-268.
Glomb, H.J.: **(1995b)**	Multimedia am POS - Der Karstadt Music Master, in: Hünerberg, R.; Heise, G. (Hrsg.): Multimedia und Marketing, Wiesbaden 1995, S. 263-285.
Glomb, H.J.: **(1995c)**	Lean-Marketing durch den Einsatz von interaktiven Multimedia-Systemen im Marketing-Mix, in: Hünerberg, R.; Heise, G. (Hrsg.): Multimedia und Marketing, Wiesbaden 1995, S. 121-139.
Göbel, M.: **(1992)**	Virtuelle Realität - Technologie und Anwendungen, Arbeitspapier Nr. FIGD-92PO42 des Fraunhofer Instituts für Graphische Datenverarbeitung, Darmstadt 1992.
Göbel, M.: **(1993)**	Was nicht ist, kann bald schon werden - Virtuelle Realität: das neue Zeitalter der Mensch-Maschine-Kommunikation, in: Frankfurter Allgemeine Zeitung, 45. Jg., Ausgabe vom 22.03.1993, Sonderbeilage CEBIT'93, S. B29.
Grabowski, H.; **Fürrer, M.;** **Renner, D.;** **Schmid, K.:** **(1996)**	Qualitätsmanagement per Internet, in: i.o. Management, 65. Jg., 1996, Nr. 9, S. 65-68.
Gräbner, G.; **Lang, W.:** **(1992)**	Interaktive elektronische Systeme (IES) in den Phasen des Marketing, in: Hermanns, A; Flegel, V. (Hrsg.): Handbuch des Electronic Marketing, München 1992, S. 761-775.
Graham, R.J.: **(1981)**	The Role of Perception of Time in Consumer Research, in: Journal of Consumer Research, 8. Jg., 1981, Nr. 7, S. 335-342.
Gramm, W.; **Hermann, F.:** **(1988)**	OCEX - Ein Expertensystem zur Überprüfung von Kundenaufträgen und zur Konfiguration von Produktionssteuerungsanforderungen, in: Fähnrich, U.P. (Hrsg.): Expertensysteme in Planung und Produktion, Velbert 1988, S. 13.1.01ff.

Grotelüschen, M.: (1991)	Expertensysteme gehen in die Normalität über, in: VDI-Nachrichten, 45. Jg., 1991, Nr. 39, S. 26.
Grotelüschen, M.: (1993)	Technische Dokumente am Bildschirm kreiert, in: VDI-Nachrichten, 47. Jg., 1993, Nr. 19, S. 29.
Gruner, K.: (1996)	Beschleunigung von Marktprozessen - modellgestützte Analyse von Einflußfaktoren und Auswirkungen, Wiesbaden 1996.
Grunert, K.G.; **Saile, H.:** (1977)	Der Risikoreduzierungsansatz bei der Ermittlung von Informationsbedarf und Informationsangebot, in: Biervert, B.; Fischer-Winkelmann, W.F.; Haarland, H.P.; Köhler, G.; Rock, R. (Hrsg.): Verbraucherpolitik, Diskussionsbeiträge für das 3. Wuppertaler Wirtschaftswissenschaftliche Kolloquium (WWK), Bd., Wuppertal 1977, S. 436-446.
Gutenberg, E.: (1976)	Grundlagen der Betriebswirtschaftslehre, Bd. II: Der Absatz, 15. Aufl., Berlin u.a.O. 1976.

H

Haedrich, G.: (1995)	Qualitätsmanagement, in: Tietz, B. (Hrsg.): Handwörterbuch des Marketing, 2. Aufl., Stuttgart 1995, Sp. 2202-2214.
Hätty, H.: (1989)	Der Markentransfer, Heidelberg 1989.
Hamel, H.: (1993)	Mehrwert, in: Dichtl, E.; Issing, O. (Hrsg.): Vahlens großes Wirtschaftslexikon, Bd. 2, 2. Aufl., München 1993.
Hammann, P.: (1974)	Sekundärleistungspolitik als absatzpolitisches Instrument, in: Hammann, P.; Kroeber-Riel, W.; Meyer, G.W.G. (Hrsg.): Neuere Ansätze zur Marketingtheorie, Berlin 1974, S. 135-154.
Hammann, P.: (1979)	Personal Selling, in: EJM Monograph Series, 13.Jg., 1979, Nr. 6 (Sonderheft), S. 140-176.
Hammann, P.: (1982)	Das Optimierungsproblem im Kundendienst - Aussagewert und Stand der Diskussion, in: Meffert, H. (Hrsg.): Kundendienst-Management, Frankfurt a.M. und Bern 1982, S. 145-170.

Hammann, P.:
(1997)

Markenführung und Integrativität externer Faktoren im Konsumgüterbereich, in: Backhaus, K.; Günther, B.; Kleinaltenkamp, M.; Plinke, W.; Raffée, H. (Hrsg.): Marktleistung und Wettbewerb. Strategische und operative Perspektiven der marktorientierten Leistungsgestaltung. Festschrift für Werner Hans Engelhardt zum 65. Geburtstag, München 1997, S. 449-466.

Hammann, P.;
Erichson, B.:
(1994)

Marktforschung, 3. Aufl., Stuttgart und Jena 1994.

Hampl, R.:
(1985)

Vertriebssteuerung mit Branchenkennzahlen, Frankfurt a. M. 1985.

Hansen, H.R.:
(1992)

Wirtschaftsinformatik I, 6. Aufl., Stuttgart 1992.

Hanser, P.:
(1995a)

Die neue Welt des Marketing - Aufbruch in den Cyberspace, in: Absatzwirtschaft, 38. Jg., 1995, Nr. 8, S. 35-39.

Hanser, P.:
(1995b)

Die großen Vertriebsorganisationen zwischen Kosten und Kunden, in: Absatzwirtschaft, 38. Jg., 1995, Nr. 10, S. 38-49.

Hansohm, J.:
(1989)

PC-gestützte Marktforschung, in: Spremann, K.; Zur, E. (Hrsg.): Informationstechnologie und strategische Führung, Wiesbaden 1989, S. 311-324.

Hart, A.:
(1986)

Knowledge Acquisition for Expert Systems, New York u.a.O. 1986.

Hauschild, J.:
(1989)

Innovationsstrategien und ihre organisatorischen Konsequenzen, in: Riekhof, H.C. (Hrsg.): Strategieentwicklung, Stuttgart 1989, S. 239-254.

Haynes, P.J.:
(1990)

Hating to wait - managing the final ferrie encounter, in: The Journal of Services Marketing, 4. Jg., 1990, Nr. 4, S. 20-26.

Heigenk, G.J.;
Hou, X.;
Niemeiers, I.G.:
(1994)

Communication Systems Supporting Multimedia-User Applications, in: IEEE Network, 8. Jg., 1994, Nr. 1, S. 34-37.

Hein, F.;
Vichr, A:W.;
Segerer, J.:
(1995)

Wirtschaftlichkeitsbetrachtungen und Einsatzpunkte von interaktiven Verkaufsförderungssystemen, in: Hünerberg, R.; Heise, G. (Hrsg.): Multimedia und Marketing, Wiesbaden 1995, S. 193-206.

Hein, M.;
Tank, W.;
Kraetzschmar, G.;
Messer, B.:
(1990)

Konzeptionen zur innerbetrieblichen Integration. Einbindung des Vertriebs in CIM, in: Krallmann, H. (Hrsg.): Innovative Anwendungen der Informations- und Kommunikationstechnologien in den 90er Jahren, München und Wien 1990, S. 197-276.

Heiob, W.:
(1987)

Integrierter CAD-Einsatz im technischen Vertrieb, in: CAD-CAM Report, 6. Jg., 1987, Nr. 5, S. 104-108.

Heise, G.:
(1993)

Multimedia im Hersteller-Marketing, unveröffentlichtes Manuskript am Institut für Marketing und Handel der Georg-August Universität Göttingen, Göttingen 1993.

Heise, G.;
Glomb, H.J.:
(1995)

Technologische Rahmenbedingungen von Multimedia, in: Hünerberg, R.; Heise, G. (Hrsg.): Multimedia und Marketing, Wiesbaden 1995, S. 23-37.

Herbert, L.:
(1995)

Internet - Weltweit größtes Computer-Netzwerk, in: Office Management, 43. Jg., 1995, Nr. 4, S. 66-69.

Hermanns, A.:
(1988)

CAS-Systeme für das DBM, in: Jahrbuch der Absatz- und Verbrauchsforschung, 34. Jg., 1988, Nr. 3, S. 263-283.

Hermanns, A.:
(1989)

Mobile Computer im Außendienst, in: Thexis, 6. Jg., 1989, Nr. 4, S. 20ff.

Hermanns, A.:
(1992a)

Computer Aided Selling, in: Hermanns, A.; Flegel, V. (Hrsg.): Handbuch des Electronic Marketing, München 1992, S. 683-701.

Hermanns, A.:
(1992b)

Computer Aided Selling, in: Vahlens Großes Marketing Lexikon, München 1992, S. 147-151.

Hermanns, A.:
(1993)

Charakterisierung und Arten des Sponsoring, in: Berndt, R.; Hermanns, A. (Hrsg.): Handbuch Marketing-Kommunikation, Wiesbaden 1993, S. 627-648.

Hermanns, A.:
(1995)

Computer-Aided-Selling (CAS), in: Tietz, B. (Hrsg.): Handwörterbuch des Marketing, 2. Aufl., Stuttgart 1995, Sp. 365-375.

Hermanns, A.;
Bochum, U.:
(1989)

Informations- und Kommunikationstechnik im Marketing, in: Marktforschung & Management, 34. Jg., 1989, Nr. 1, S. 2-6.

Hermanns, A.;
Flegel, V.:
(1989a)

Integrierte Kommunikationssysteme im Investitionsgütermarketing - Konzeption eines Entscheidungsunterstützungs-
modells, in: Information Management, 4. Jg., 1989, Nr. 4, S.
16ff.

Hermanns, A.;
Flegel, V.:
(1989b)

Digitale Herausforderung, in: Absatzwirtschaft, 32. Jg., 1989,
Nr. 10, S. 90-98.

Hermanns, A.;
Flegel, V.:
(1992a)

Einsatzbereiche, Integrationspotentiale und Perpektiven des
Electronic Marketing, in: Hermanns, A.; Flegel, V. (Hrsg.):
Handbuch des Electronic Marketing, München 1992, S. 906-
924.

Hermanns, A.;
Flegel, V.:
(1992b)

Sind Beratungscomputer vertriebstauglich? In: Absatzwirtschaft,
35. Jg., 1992, Nr. 1, S. 84ff.

Hermanns, A.;
Flegel, V.:
(1993)

Electronic Marketing - Informations- und Kommunikationssysteme zur Steigerung der Wettbewerbsfähigkeit, in:
Information Management, 8. Jg., 1993, Nr. 4, S. 6-14.

Hermanns, A.;
Flegel, V.:
(1994)

Electronic Marketing als strategischer Wettbewerbsfaktor, in:
Marketing-Journal, 27. Jg., 1994, Nr. 1, S. 1-35.

Hermanns, A.;
Flory, M.:
(1995a)

Typologisierung der Wertschöpfungsstrukturen im Investitionsgütermarketing, in: Zeitschrift für Betriebswirtschaft, 65. Jg.,
1995, Nr. 1, S. 49-67.

Hermanns, A.;
Flory, M.:
(1995b)

Elektronische Kundenintegration im Investitionsgütermarketing,
in: Jahrbuch der Absatz- und Verbrauchsforschung, 41. Jg.,
1995, Nr. 4, S. 387-406.

Hermanns, A.;
Neumeyer, C.:
(1995)

Elektronische Entscheidungsunterstützungssysteme - Überblick
und zukünftige Entwicklungen, in: Lonsert, M.; Preuß, K.J.;
Kucher, E. (Hrsg.): Handbuch Pharma-Management, Wiesbaden
1995, S. 601-619.

Hermanns, A.;
Prieß, S.:
(1987)

Computer Aided Selling (CAS), München 1987.

Hermanns, A.;
Püttmann, M.:
(1988)

Computer Aided Selling (CAS) - Der Einsatz mobiler Computer
im Außendienst, in: Markenartikel, 50. Jg., 1988, Nr. 5, S. 220-
223.

Hermanns, A.;
Suchrow, C.:
(1993)

Aufbruch in das Multimedia-Zeitalter im Marketing, in:
Management und Computer, 1. Jg., 1993, Nr. 2, S. 105-112.

Herp, T.:
(1990)

Anders statt besser! In: Absatzwirtschaft, 33. Jg.,
Sondernummer Oktober 1990, S. 76-80.

Herzig, A.:
(1993)

Computer Aided Selling (CAS) - Einordnung heutiger
Standardsoftware in Vertriebsstrategien und -systeme, in:
Theorie und Praxis der Wirtschaftsinformatik, 30. Jg., 1993, Nr.
173, S. 47-55.

Hildenbrand, W.:
(1983)

Informationsmarketing in der Kommunikation zwischen
Hersteller und Handelsvertreter, Frankfurt 1983.

Hilke, W.:
(1989)

Grundprobleme und Entwicklungstendenzen des Dienstleistungsmarketing, in: Hilke, W. (Hrsg.): Dienstleistungsmarketing,
Wiesbaden 1989, S. 5-44.

Hilkinger, K.:
(1987)

Subventionsverluste im Unternehmen sind vermeidbar, in: Der
Betrieb, 40. Jg., 1987, S. 953-956.

Hill, W.;
Fehlbaum, R.;
Ulrich, P.:
(1989)

Organisationslehre I - Ziele, Instrumente, Bedingungen, Bern
und Stuttgart 1984.

Hinkel, M.:
(1986)

Zeitgemäßes Verkaufsmanagement - Neue Trends und
Ausbildung, Landsberg/Lech 1986.

Hinze, S.:
(1980)

Zur Bedeutung sozialpsychologischer Ansätze der Erklärung des
Verhaltens von Außendienst-Mitarbeitern für Wirkungs-
funktionen des persönlichen Verkaufs, Diss., Bonn 1980.

Hinze, S.:
(1983)

Neuere Entwicklungstendenzen im Bereich des persönlichen
Verkaufs, in: Zeitschrift für betriebswirtschaftliche Forschung,
35. Jg., 1983, Nr. 2, S. 147-157.

Hippel, E.v.:
(1977)

The Dominant Role of the User in Semiconductor and Electronic
Subassembly Process Innovation, in: IEEE Transactions on
Engineering and Management, 24. Jg., 1977, Nr. 2, S. 60-71.

Hirschberger-Vogel,
M.:
(1990)

Die Akzeptanz und die Effektivität von Standardsoftware-
systemen, Berlin 1990.

Hirschman, E.: (1987)	Theoretical Perspectives of Time Use: Implications for Consumer Behavior Research, in: Sheth, J.N.; Hirschman, E. (Hrsg.): Research in Consumer Behavior, Greenwich 1987, S. 55-81.
Hölzler, E.; Kraus, H.: (1990)	Konfiguration von System-Produkten - Von der Anforderung zu Angebot und Stückliste, in: VDI-Bericht Nr. 839, Düsseldorf 1990, S. 65-83.
Hoffmann, D.L.; Novak, T.P.: (1996)	Marketing in Hypermedia Computer-Mediated Environments - Conceptual Foundations, in: Journal of Marketing, 60. Jg., 1996, Nr. 7, S. 50-68.
Hirshleifer, J.; Riley, J.G.: (1979)	The Analytics of Uncertainty and Information. An Expository Survey, in: Journal of Economic Literature, 17. Jg., 1979, S. 1374-1421.
Hofmann, J.: (1987)	Aktionsorientierte Datenverarbeitung unter besonderer Berücksichtigung des industriellen Fertigungsbereichs, Berlin u.a.O. 1987.
Hofmann, M.: (1991)	Hypertextsysteme - Begrifflichkeit, Modelle, Problemstellungen, in: Wirtschaftsinformatik, 33. Jg., 1991, Nr. 3, S. 177-185.
Holzapfel, M.: (1992)	Wirtschaftlichkeit wissensbasierter Systeme, Wiesbaden 1992.
Homburg, C.: (1995a)	Kundennähe von Industrieunternehmen, Wiesbaden 1995.
Homburg, C.: (1995b)	Optimierung der Kundenzufriedenheit durch Total Quality Management, in: Simon, H.; Homburg, C. (Hrsg.): Kundenzufriedenheit, Wiesbaden 1995, S. 229-240.
Homburg, C.; Garbe, B.: (1996a)	Industrielle Dienstleistungen - lukrativ, aber schwer zu meistern, in: Harvard Business Manager, 1996, Nr. 1, S. 68-75.
Homburg, C.; Garbe, B.: (1996b)	Industrielle Dienstleistungen - Bestandsaufnahme und Entwicklungsrichtungen, in: Zeitschrift für Betriebswirtschaft, 66. Jg., 1996, Nr. 3, S. 253-287.
Homburg, C.; Rudolph, B.: (1995a)	Wie zufrieden sind Ihre Kunden tatsächlich? In: Harvard Business Manager, 17. Jg., 1995, Nr. 1, S. 43-50.

Homburg, C.;   Theoretische Perpektiven zur Kundenzufriedenheit, in: Simon,
Rudolph, B.:   H.; Homburg, C. (Hrsg.): Kundenzufriedenheit, Wiesbaden
(1995b)   1995, S. 29-49.

Homburg, C.;   Wettbewerbsstrategien, in: Tietz, B. (Hrsg.): Handwörterbuch
Simon, H.:   des Marketing, 2. Aufl., Stuttgart 1995, Sp. 2753-2762.
(1995)

Hopf, M.:   Informationen für Märkte und Märkte für Informationen,
(1983)   Frankfurt a.M. 1983.

Hoppe, U.:   Einsatz von Hypertext/Hypermedia zur Verbesserung der Erklä-
(1992)   rungsfähigkeit Wissensbasierter Systeme, in: Biethahn, J.;
                        Bogaschewsky, R.; Hoppe, U.; Schumann, M. (Hrsg.): Wissens-
                        basierte Systeme in der Wirtschaft 1992, Wiesbaden 1992, S.
                        171-195.

Hopper, M.O.:   Rattling SABRE - New Ways to Compete on Information, in:
(1990)   Harvard Business Review, 68. Jg., 1990, Nr. 3, S. 118-125.

Horvath, P.;   CIM-Wirtschaftlichkeit aus Controller Sicht, in: CIM
Mayer, R.:   Management, 4. Jg., 1988, Nr. 4, S. 48-53.
(1988)

Hübner, W.:   Wettbewerbsvorteile mit Multimedia, in: Office Management,
(1994)   42. Jg., 1994, Nr. 3, S. 29-31.

Hünerberg, R.;   Multimedia - Grundlagen und Anwendungen,
Heise, G.:   in: Hünerberg, R.; Heise, G. (Hrsg.): Multimedia und Marketing,
(1995)   Wiesbaden 1995, S. 1-21.

Hünerberg, R.;   Multimedia - Die Marketing-Kommunikation der Zukunft? In:
Kulla, B.:   Hünerberg, R.; Heise, G. (Hrsg.): Multimedia und Marketing,
(1995)   Wiesbaden 1995, S. 369-392.

Hürlimann, W.:   Elektronische Dokumentation - Möglichkeiten und Perspektiven,
(1996)   in: i.o. Management, 65. Jg., 1996, Nr. 10, S. 37-41.

J

Jacob, F.:   Produktindividualisierung - Ein Ansatz zur innovativen
(1995)   Leistungsgestaltung im Business to Business Bereich, Wiesbaden
                        1995.

Jacob, H.: **(1989)**	Flexibilität und ihre Bedeutung für die Betriebspolitik, in: Adam, D. u.a. (Hrsg.): Integration und Flexibilität - Eine Herausforderung für die allgemeine Betriebswirtschaftslehre, Wiesbaden 1989, S. 15-60.
Janko, W.H.; **Geyer-Schulz, A.;** **Taudes, A.:** **(1989)**	Entscheidungsunterstützungssysteme zur Kreditbewertung auf der Basis der Theorie der unscharfen Mengen, in: Spremann, K.; Zur, E. (Hrsg.): Informationstechnologie und strategische Führung, Wiesbaden 1989, S. 275-290.
Janko, W.; **Schröter, N.;** **Stucky, W.:** **(1983)**	Elektronische Mailbox-Systeme, in: Angewandte Informatik, 25. Jg., 1983, Nr. 1, S. 1-9.
Jarzina, K.R.: **(1995)**	Wirkungs- und Akzeptanzforschung zu interaktiven Multimedia-Anwendungen im Marketing, in: Hünerberg, R.; Heise, G. (Hrsg.): Multimedia und Marketing, Wiesbaden 1995, S. 39-56.
Jaspersen, T.: **(1994)**	Computergestütztes Marketing, München und Wien 1994.
Jaspersen, T.: **(1995)**	Zur Implementierung multimedialer Systeme, in: Hünerberg, R.; Heise, G. (Hrsg.): Multimedia und Marketing, Wiesbaden 1995, S. 57-84.
Johannsen, G.: **(1993)**	Mensch-Maschine-Systeme, Berlin u.a.O. 1993.
Johansson, G.: **(1974)**	Projective Transformations as Determing Visual Space Perception, in: MacLeod, R.; Pick, H. (Hrsg.): Perception - Essays in the Honour of J.J. Gibson, Ithaca und London 1974, S. 117-138.
Jopp, U.; **Chaouli, M.:** **(1994)**	Datensicherheit - Neue Qualität, in: Wirtschaftswoche, 48. Jg., 1994, Nr. 42, S. 120-124.
Jugel, S.: **(1991)**	Ansatzpunkte einer Marketing-Konzeption für technologische Innovationen, Stuttgart 1991.

K

Kaas, K.P.: **(1990)**	Marketing als Bewältigung von Informations- und Unsicherheitsproblemen im Markt, in: Die Betriebswirtschaft, 50. Jg., 1990, S. 539-548.

Kaas, K.P.: (1991a)	Kontraktmarketing als Kooperation von Prinzipalen und Agenten, Arbeitspapier Nr. 12 der Forschungsgruppe Konsum und Verhalten der Johann Wolfgang Goethe Universität Frankfurt, Frankfurt a.M. 1991.
Kaas, K.P.: (1991b)	Marktinformationen - Screening und Signaling unter Partnern und Rivalen, in: Zeitschrift für Betriebswirtschaft, 61. Jg., 1991, S. 357-371.
Kaas, K.P.: (1992)	Marketing und Neue Institutionenlehre, Arbeitspapier Nr. 1 des Forschungsprojektes Marketing und ökonomische Theorie der Johann-Wolfgang Goethe Universität Frankfurt, Frankfurt a.M. 1992.
Kaas, K.P.: (1994)	Ansätze einer institutionenökonomischen Theorie des Konsumentenverhalten, in: Forschungsgruppe Konsum und Verhalten (Hrsg.): Konsumentenforschung, München 1994, S. 245-260.
Kabel, P.: (1995a)	Multimedia macht die Marke zum Medium, in: Horizont, 12. Jg., 1995, Nr. 13, S. 96f.
Kabel, P.: (1995b)	Multimedia am Point-of-Fun und Point-of-Sale, in: Hünerberg, R.; Heise, G. (Hrsg.): Multimedia und Marketing, Wiesbaden 1995, S. 229-237.
Kaczmarczyk, R.: (1996)	Virtuelle Realität - was bringt die neue Technik für die Unternehmen? In: i.o. Management, 65. Jg., 1996, Nr. 10, S. 51-53.
Kaluza, B.: (1990)	Wettbewerbsstrategien und sozio-ökonomischer Wandel, in: Czap, H. (Hrsg.): Unternehmensstrategien im sozio-ökonomischen Wandel, Berlin 1990, S. 57-73.
Kamada, T.; Matsuoka, S.; Tahahashi, S.; Yonezawa, A.: (1991)	A General Framework for Bidirectional Transaction between Abstract and Pictural Data, in: ACM Transactions on Graphics, 10. Jg., 1991, Nr. 1, S. 408-437.
Karcher, H.B.: (1989)	Management by Mobile Computing, in: Office Management, 37. Jg., 1989, Nr. 11, S. 35ff.
Karcher, H.B.: (1991)	Das mobile Büro, in: FB/IE, 40. Jg., 1991, Nr. 3, S. 100-107.
Kellerbach, U.: (1987)	Mit dem Computer in der Hand, in: Absatzwirtschaft, 30. Jg., 1987, Nr. 2, S. 57-59.

Kern, W.: (1992)	Die Zeit als Dimension betriebswirtschaftlichen Denkens und Handelns, in: Die Betriebswirtschaft, 52. Jg., 1992, Nr. 1, S. 41-58.
Kieliszek, K.: (1994)	Computer Aided Selling - Unternehmenstypologische Marktanalyse, Wiesbaden 1994.
Kinnebrock, W.: (1994)	Marketing mit Multimedia - Neue Wege zum Kunden, Landsberg/Lech 1994.
Kirsch, W.: (1988)	Die Handhabung von Entscheidungsproblemen, München 1988.
Kirsch, W.; **Esser, W.M.;** **Gabele, E.:** (1979)	Das Management des geplanten Wandel von Organisationen, Stuttgart 1979.
Klein, H.: (1995)	Qualitätsmanagement der Deutschen Lufthansa AG, in: Bruhn, M.; Stauss, B. (Hrsg.): Dienstleistungsqualität, 2. Aufl., Wiesbaden 1995, S. 477-493.
Kleinaltenkamp, M.: (1992)	Investitionsgütermarketing aus informationsökonomischer Sicht, in: Zeitschrift für betriebswirtschaftliche Forschung, 44. Jg., 1992, Nr. 9, S. 51-73.
Kleinaltenkamp, M.: (1993a)	Standardisierung und Marktprozeß - Der Einfluß überbetrieblicher Standards auf den Marktprozeß von CIM-Komponenten und Systemen, Wiesbaden 1993.
Kleinaltenkamp, M.: (1993b)	Investitionsgütermarketing als Beschaffung externer Faktoren, in: Thelen, E.; Mairamhof, G.B. (Hrsg.): Dienstleistungsmarketing, Frankfurt a.M. 1993, S. 101-126.
Kleinaltenkamp, M.: (1994)	Technische Standards als Signale im Marktprozeß, in: Zahn, E. (Hrsg.): Technologiemanagement und Technologien für das Management, Stuttgart 1994, S.197-226.
Kleinaltenkamp, M.: (1995)	Customer Integration - Kundenorientierung und mehr, in: Absatzwirtschaft, 38. Jg., 1995, Nr. 8, S. 77-83.
Kleinaltenkamp, M.; **Marra, A.:** (1995)	Institutionenökonomische Aspekte der "Customer Integration", in: Kaas, K.P. (Hrsg.): Kontrakte, Geschäftsbeziehungen, Netzwerke, Zeitschrift für betriebswirtschaftliche Forschung, Sonderheft Nr. 35, Düsseldorf und Frankfurt a. M. 1995, S. 101-118.

Kleinaltenkamp, M.;
Rohde, H.:
(1988)

Mit Kompetenzzentren Barrieren überwinden, in:
Absatzwirtschaft, 31. Jg., 1988, Nr. 11, S. 106-115.

Kleining, G.:
(1959)

Zum gegenwärtigen Stand der Imageforschung, in: Psychologie
und Praxis, 3. Jg., 1959, Nr. 2, S. 57-65.

Klöter, R.:
(1997)

Opponenten im organisationalen Beschaffungsprozeß,
Wiesbaden 1997.

Kloth, E.:
(1994)

Mit intelligenter Beratung zum Erfolg, in: Versicherungsbetriebe,
17. Jg., 1994, Nr. 2, S. 10f.

Klümper, R.:
(1995)

Erfolgsfaktoren multimedialer Systeme im Bankengeschäft, in:
Hünerberg, R.; Heise, G. (Hrsg.): Multimedia und Marketing,
Wiesbaden 1995, S. 325-346.

Kneisel, G.:
(1990)

Expertensysteme zur Konfiguration von Endprodukten, in:
Behrendt, R.: (Hrsg.): Angewandte Wissensverarbeitung,
München u.a.O. 1990, S. 239-247.

Knof, H.L.:
(1992)

Identifizierung organisatorischen Flexibilisierungspotentials, in:
Wirtschaftswissenschaftliches Studium, 21. Jg., 1992, Nr. 3, S.
143-147.

Kob, H.:
(1995)

Wachstumsmarkt Multimedia - Unsere interaktive Zukunft, in:
Ruhr-Wirtschaft - Zeitschrift der Industrie und Handelskammer
zu Dortmund, 45. Jg., 1995, Nr. 4, S. 9-11.

Koch, R.;
Körsmeier, R.:
(1994)

Rechnerunterstützte Konfiguration und automatisierte
Angebotserstellung für komplexe Produkte, in: Konstruktion,
46. Jg., 1994, S. 255-260.

Köhn, L.:
(1989)

Finanzierungsleasing oder Kreditkauf, Diss., Hagen 1989.

Koller, F.:
(1992)

Gestaltung von Multimedia Systemen, in: Ziegler, J. (Hrsg.):
Mitteilungen des Fachausschusses 2.3. Ergonomie in der
Informatik Nr. 17, Themenheft Multimedia, Stuttgart 1992, S.
3ff.

Kopisch, M.:
(1993)

Räumliche Beziehungen beim Konfigurieren von Passagier-
kabinen des Airbus A 340, in: Puppe, F.; Günther, A. (Hrsg.):
Expertensysteme 1993, Berlin u.a.O. 1993, S. 84ff.

Koreimann, D.:
(1987)

Wirtschaftlichkeitsanalyse dezentraler Systeme, in: Koreimann,
D. u.a. (Hrsg.): Das Zusammenspiel zentraler und dezentraler
Datenverarbeitung, Sindelfingen 1987, S. 84-93.

Kotler, P.;
Bliemel, F.:
(1992)

Marketing-Management, 7. Aufl., Stuttgart 1992.

Kraatz, R.J.:
(1993)

Elektronische Broschüren zur Kundenberatung, in:
Betriebswirtschaftliche Blätter, 42. Jg., 1993, Nr. 8, S. 409f.

Krause, F.-L.;
Abuosba, M.;
Golm, F.;
Schlingheider, J.:
(1993)

Rechnerunterstütze Angebotserstellung im Werkzeugmaschinen-
bau, in: Zeitschrift für wirtschaftliche Fertigung, 88. Jg., 1993,
Nr. 4, S. 180-182.

Krause, F.-L.;
Jansen, H.;
Timmermann, M.:
(1988)

Handskizzenentwurf - Eine neue Möglichkeit zur Gestaltung der
Benutzeroberflächen von CAD-Systemen, in: Valk, R. (Hrsg.):
Vernetzte und komplexe Informatik-Systeme, 18. GI-Jahres-
tagung, Informatik Fachberichte 187, Berlin u.a.O. 1988, S. 722-
754.

Kreutzer, R.T.:
(1995)

Database-Marketing, in: Tietz, B. (Hrsg.): Handwörterbuch des
Marketing, 2. Aufl., Stuttgart 1995, Sp. 403-414.

Kreutzfeld, H.:
(1994)

Electronic Books - Mehr als gedruckte Bücher, in: Office
Management, 42. Jg., 1994, Nr. 3, S. 26-28.

Kridlo, S.:
(1993)

Rechtliche Aspekte beim Einsatz des Direktmarketing, in: Greff,
G.; Töpfer, A. (Hrsg.): Direktmarketing mit neuen Medien, 3.
Aufl., Landsberg/Lech 1993, S. 117-127.

Kroeber-Riel, W.:
(1983)

Wirkung von Bildern auf das Konsumentenverhalten - Neue
Wege der Marketingforschung, in: Marketing-ZFP, 5. Jg., 1983,
Nr. 3, S. 153-160.

Kroeber-Riel, W.:
(1987)

Informationsüberlastung durch Massenmedien und Werbung in
Deutschland, in: Die Betriebswirtschaft, 47. Jg., 1987, Nr. 3, S.
257-264.

Kroeber-Riel, W.:
(1988)

Kommunikation im Zeitalter der Informationsüberlastung, in:
Marketing-ZFP, 10. Jg., 1988, Nr. 3, S. 182-189.

Kroeber-Riel, W.:
(1991)

Strategie und Technik der Werbung, 3. Aufl., Stuttgart u.a.O.
1991.

Kroeber-Riel, W.:
(1992a)

Bildkommunikation (Visuelle Kommunikation), in: Diller, H.
(Hrsg.): Marketing-Lexikon, München 1992, S. 118-121.

Kroeber-Riel, W.:
(1992b)

Konsumentenverhalten, 5. Aufl., München 1992.

Kroeber-Riel, W.: (1992c)	Bildkommunikation - Strategien und Techniken der Werbung, in: Werbeforschung und Praxis, 37. Jg., 1992, Nr. 3, S. 78-80.
Kroeber-Riel, W.: (1993)	Bildkommunikation - Imagery Strategien für die Werbung, München 1993.
Kroeber-Riel, W.: (1994)	Visuelle Kompetenz - Imagery Strategien für die Unternehmens- kommunikation, in: Absatzwirtschaft, 37. Jg., 1994, Nr. 3, S. 94-99.
Kroeber-Riel, W.: (1995)	Konsumentenverhalten, in: Tietz, B. (Hrsg.): Handwörterbuch des Marketing, 2. Aufl., Stuttgart 1995, Sp. 1234-1246.
Krugman, H.: (1965)	The Impact of Television Involvement, in: Public Opinion Quarterly, 29. Jg., 1965, S. 349-365.
Kühnapfel, J.B.: (1995)	Telekommunikations-Marketing - Design von Vermarktungskonzepten auf Basis des erweiterten Dienstleistungsmarketing, Wiesbaden 1995.
Küpper, H-U.: (1992)	Rationalisierung, in: Dichtl, E.; Issing, O. (Hrsg.): Vahlens Großes Wirtschaftslexikon, Bd. 3, 2. Aufl., München 1992, S. 1773-1776.
Kuhlen, R.: (1991)	Hypertext - Ein nicht-lineares Medium zwischen Buch und Wissensbank, Berlin 1991.
Kuhlen, R.; Finke, W.F.: (1988a)	Informationsressourcen-Management, Information und Technologiepotentiale professionell für die Organisation verwenden, Teil I, in: Zeitschrift für Organisation, 57. Jg., 1988, Nr. 5, S. 314-323.
Kuhlen, R.; Finke, W.F.: (1988b)	Informationsressourcen-Management, Information und Technologiepotentiale professionell für die Organisation verwenden, Teil II, in: Zeitschrift für Organisation, 57. Jg., 1988, Nr. 6, S. 399-403.
Kuhlmann, E.; Brünne, M.; Sowarka, B.H.: (1992)	Interaktive Informationssysteme in der Marktkommunikation, Heidelberg 1992.
Kurbel, K.: (1992)	Entwicklung und Einsatz von Expertensystemen - Eine anwendungsorientierte Einführung in wissensbasierte Systeme, 2. Aufl., Berlin 1992.
Kuß, A.: (1991)	Käuferverhalten, Stuttgart 1991.

Kuß, A.:
(1993)

Das Konsumentenverhalten, in: Berndt, R.; Hermanns, A. (Hrsg.): Handbuch Marketing-Kommunikation, Wiesbaden 1993, S. 169-192.

L

Lang, M.:
(1994)

Computer Based Training (CBT) - Mit Multimedia als Anheizer, in: Diebold Management Report, 22. Jg., 1994, Nr. 11, S. 10-16.

Lang, W.:
(1989)

Effiziente Warenwirtschaft und Präsentation mit IES, in: Thexis, 6. Jg., 1989, Nr. 5, S. 73-77.

Langbein, D.O.:
(1996)

Das Internet birgt große Kaufkraft, in: Horizont, 13. Jg., 1996, Nr. 11, S. 76.

Lange, K.:
(1984)

Das Image der Computer in der Bevölkerung, St. Augustin 1984.

Latta, J.N.;
Oberg, D.J.:
(1994)

A Conceptual Virtual Reality Model, in: IEEE Computer Graphics & Applications, 14. Jg., 1994, S. 23-29.

Latz, H.-W.:
(1990)

Einsatz von CAD-Graphiken und Hypertext in der technischen Dokumentation, in: Krallmann, H. (Hrsg.): Innovative Anwendungen der Informations- und Kommunikationstechnologien in den 90er Jahren, München und Wien 1990, S. 321-349.

Laudwein, N.;
Brinkop, A.:
(1993)

Konfigurieren von Rührwerken mit COMIX, in: Puppe, F.; Günther, A. (Hrsg.): Expertensysteme 1993, Berlin u.a.O. 1993, S. 112ff.

Layman, J.;
Hall, W.:
(1990)

Applications of Hypermedia in Education, in: EURIT 90 - A European Conference on Technology and Education, Dänemark 1990.

Lebsanft, E.:
(1992)

Computer-Aided Sales, in: Curth, M.; Lebsanft, E. (Hrsg.): Wirtschaftsinformatik in Forschung und Praxis, München und Wien 1992, S. 351-368.

Leupold, M.;
Schlichtkrull, J.:
(1995)

Multimedia im Automobil-Marketing, in: Silberer, G. (Hrsg.): Marketing mit Multimedia, Stuttgart 1995, S. 85-104.

Leven, W.:
(1991)

Blickverhalten von Konsumenten - Grundlagen, Messung und Anwendung in der Werbeforschung, Heidelberg 1991.

390

Levermann, T.: (1995)	Expertensysteme zur Beurteilung von Werbestrategien, Wiesbaden 1995.
Levitt, T.: (1980)	Marketing Success through Differentiation of Anything, in: Harvard Business Review, 58. Jg., 1980, Nr. 1, S. 83-91.
Link, J.: (1991)	Aufbau und Einsatz eines datenbankgestützten Früherkennungssystems im mittelständischen Unternehmen, in: Zeitschrift für Betriebswirtschaft, 61. Jg., 1991, S. 777-791.
Link, J.: (1993)	Die Erringung strategischer Wettbewerbsvorteile durch Systeminnovationen, in: Zeitschrift für Betriebswirtschaft, 63. Jg., 1993, S. 1117-1136.
Link, J.; Hildebrand, V.: (1993)	Database Marketing und Computer Aided Selling, München 1993.
Link, J.; Hildebrand, V.: (1994a)	Verbreitung und Einsatz des Database Marketing und Computer Aided Selling, München 1994.
Link, J.; Hildebrand, V.: (1994b)	Database Marketing und Computer Aided Selling - Auf dem Weg zum Standard, in: Absatzwirtschaft, 1994, Nr. 12, S. 78-87.
Link, J.; Hildebrand, V.: (1994c)	Database Marketing und Computer Aided Selling - Leistungspotential, Abgrenzungsprobleme und Synergieeffekte, in: Marketing-ZFP, 16. Jg., 1994, Nr. 2, S. 107-120.
Link; J.; Hildebrand, V.: (1995a)	Wettbewerbsvorteile durch kundenorientierte Informationssysteme, in: Journal für Betriebswirtschaft, 45. Jg., 1995, Nr. 1, S. 46-62.
Link, J.; Hildebrand, V.: (1995b)	Database Marketing und Computer Aided Selling - Kundenorientierte Informationssysteme, in: Gablers Magazin, 8. Jg., 1995, Nr. 4, S. 36-39.
Link, J.; Hildebrand, V.: (1995c)	Stand und Entwicklung kundenorientierter Informationssysteme im Mittelstand, in: Link, J.; Hildebrand, V. (Hrsg.): EDV-gestütztes Marketing im Mittelstand, München 1995, S. 239-254.
Link, J.; Hildebrand, V.: (1995d)	EDV-gestütztes Marketing im Mittelstand - Wettbewerbsvorteile durch kundenorientierte Informationssysteme, in: Link, J.; Hildebrand, V. (Hrsg.): EDV-gestütztes Marketing im Mittelstand, München 1995, S. 1-21.

Lippold, H.;
Wolfram, G.:
(1985)

Die Gestaltung eines Informationssicherheitssystems als
Herausforderung für die Unternehmung, in: Zeitschrift für
Organisation, 54. Jg., 1985, Nr. 4, S. 217-226.

Little, J.D.C.:
(1970)

Models and Managers - The Concept of a Decision Calculus, in:
Management Science, 16. Jg., 1970, S. 466-485.

Locarek-Junge, H.;
Wagner, M.:
(1995)

Eine kurze Übersicht empirischer Forschungsergebnisse zum
Thema Elektronischer Produktkatalog, in: Wirtschaftsinformatik,
37. Jg., 1995, Nr. 3, S.251-258.

Lödel, D.:
(1994)

Die Produktberatung in einem Angebotsunterstützungssystem
unter besonderer Berücksichtigung der Kundentypologie
(Verkaufsassistent), Diss., Nürnberg 1994.

Lödel, D.;
Büttel-Dietsch, I.;
Breuker, J. ;
Ponader, M.;
Mertens, P.;
Thesmann, S. :
(1992)

Kombination von Hypermedia und wissensbasierten Elementen
in einem elektronischen Produktkatalog der Büromaschinen-
industrie, in: Biethan, J.; Bogaschewsky, D.; Hoppe, U.;
Schumann, M. (Hrsg.): Wissensbasierte Systeme in der
Wirtschaft, Wiesbaden 1992, S. 49-60.

Lödel, D.;
Thesmann, S. ;
Mertens, P.;
Breuker, J.;
Ponader, M.;
Kohl, A.;
Büttel-Dietsch, I.:
(1992)

Elektronische Produktkataloge - Entwicklungsstand und
Einsatzmöglichkeiten, in: Wirtschaftsinformatik, 34. Jg., 1992,
Nr. 5, S. 509-516.

Lorenzen, M.:
(1996)

Verbesserung der Kundenbeziehungen, in: Absatzwirtschaft, 39.
Jg., 1996, Nr. 9, S. 150.

Ludwig, P.:
(1995)

Virtual Reality, in: Wirtschaftswissenschaftliches Studium, 24.
Jg., 1995, Nr. 10, S. 531-534.

Luft, A.L.:
(1987)

Information-Retrieval, in: Mertens, P. u.a. (Hrsg.): Lexikon der
Wirtschaftsinformatik, Berlin u.a.O. 1987, S. 182-184.

Luhmann, N.:
(1988)

Soziale Systeme - Grundriß einer allgemeinen Theorie, Frankfurt
a. M. 1988.

M

Maciejewski, P.G.: (1991)	Nur Systemintegration macht Laptops wirklich effizient, in: Computerwoche, 18. Jg., 1991, Nr. 49, S. 43-47.
Maciejewski, P.G.: (1992)	Multimedia - Die Grenze des Machbaren ist eine Kostenfrage, in: Computerwoche, 19. Jg., 1992, Nr. 20, S. 30-34.
Machoyer, C.; Tice, S. E.: (1994)	Virtual Reality, in: IEEE Computer Graphics and Applications, 14. Jg., 1994, Nr. 1, S. 15f.
Mackenzie, R.A.: (1988)	Die Zeitfalle - Sinnvolle Zeiteinteilung und Zeitnutzung, 8. Aufl., Heidelberg 1988.
Mann, A.: (1995)	Grundlagen der Service-Politik im internationalen Automobilwettbewerb, in: Hünerberg, R. u.a. (Hrsg.): Internationales Automobilmarketing, Wiesbaden 1995, S. 443-474.
Marmolin, H.: (1992)	Multimedia from the Perspectives of Psychology, in: Kjelldahl, L. (Hrsg.): Multimedia - Systems, Interaction and Applications, First European Workshop in Stockholm, 18/19 April 1991, Berlin u.a.O. 1992, S. 39-52.
Martin, R.: (1995)	EDV - Was über den Erfolg entscheidet, in: Harvard Business Manager, 17. Jg., 1995, Nr. 1, S. 112-120.
Martschew, E.; Witt, J.: (1988)	IKON - Lebensgeschichte eines Expertensystems, in: Künstliche Intelligenz, 2. Jg., 1988, Nr. 1, S. 61ff.
Marwitz, P.: (1996)	Der Multimedia-Vertrag, in: Markenartikel, 58. Jg., 1996, Nr. 7, S. 329-333.
Masing, W.: (1995)	Planung und Durchsetzung der Qualitätspolitik im Unternehmen - zentrale Prinzipien und Problembereiche, in: Bruhn, M.; Stauss, B. (Hrsg.): Dienstleistungsqualität, 2. Aufl., Wiesbaden 1995, S. 239-253.

Matschke, R.; **Grosse, W.;** **Kempf, W.;** **Mertens, P.;** **Schiller, W.;** **Springer, R.;** **Zielinski, B.:** **(1984)**	Das Konzept einer Know-How-Datenbank im Industriebetrieb, in: Angewandte Informatik, 11. Jg., 1984, S. 471-479.
Mayer, R.: **(1993)**	Strategien erfolgreicher Produktgestaltung - Individualisierung und Standardisierung, Wiesbaden 1993.
McAleese, R.: **(1989)**	Navigation and Browsing in Hypermedia, in: McAleese, R. (Hrsg.): Hypertext Theory into Practice, Oxford 1989, S. 6-45.
McQuarrie, E.: **(1995)**	Der Beitrag von Kundenbesuchen zur Kundenzufriedenheit, in: Simon, H.; Homburg, C. (Hrsg.): Kundenzufriedenheit, Wiesbaden 1995, S. 293-310.
Medialab: **(1994)**	Ganzheitliches Marketing - Kommunikation mit Multimedia, Presseinformation der Multimedia Agentur Medialab, Taufkirchen, 18.05.1994.
Meffert, H.: **(1979)**	Die Beurteilung und Nutzung von Informationsquellen beim Kauf von Konsumgütern, in: Meffert, H.; Steffenhagen, H.; Freter, H. (Hrsg.): Konsumentenverhalten und Information, Wiesbaden 1979, S. 39-65.
Meffert, H.: **(1986)**	Marketing - Grundlagen der Absatzpolitk, 7. Aufl., Wiesbaden 1986.
Meffert, H.: **(1991)**	Marktorientierte Unternehmensführung und Direct Marketing, in: Dallmer, H. (Hrsg.): Handbuch Direct Marketing, 6. Aufl., Wiesbaden 1991.
Meffert, H.: **(1994)**	Marktorientierte Führung von Dienstleistungsunternehmen - Neuere Entwicklungen in Theorie und Praxis, in: Die Betriebs-wirtschaft, 54. Jg., 1994, S. 519-541.
Meier, R.: **(1993)**	Bildplattengestütztes Lehr- und Lernsystem - Beispiel für pädagogische Anwendungen interaktiver Medien, in: Lehmann, R.G. (Hrsg.): Corporate Media, Landsberg/Lech 1993, S. 221-224.
Meißner, H.; **Gersch, M.:** **(1995)**	Die Rolle des Nachfragers im Anlagengeschäft und ihre theoretische Erklärung mit Hilfe des Principal-Agent Ansatzes, Arbeitspapier Nr. 31 der Schriftenreihe zum Marketing der Ruhr-Universität Bochum, Bochum 1995.

Mercedes Benz AG **Nutzfahrzeuge:** **(1994)**	Akzeptanz des Mercedes-Benz Kundenberatungssystems (MBUS) bei Verkäufern, Bericht Nr. 30/94, Stuttgart 1994.
Mertens, P.: **(1987)**	Expertensysteme in den betrieblichen Funktionsbereichen - Chancen, Erfolge, Mißerfolge, in: Brauer, W.; Wahlster, W. (Hrsg.): Wissensbasierte Systeme - 2. Internationaler GI- Kongreß, München Oktober 1987, Proceeding-Informatik Fachbericht Nr. 155, Berlin 1987, S. 181-206.
Mertens, P.: **(1988a)**	Industrielle Datenverarbeitung I: Administrations- und Dispositionssysteme, 7. Aufl., Wiesbaden 1988.
Mertens, P.: **(1988b)**	Industrielle Datenverarbeitung II: Informations- und Planungs- systeme, 5. Aufl., Wiesbaden 1988.
Mertens, P.: **(1991)**	Integrierte Informationsverarbeitung, 8. Aufl., Wiesbaden 1991.
Mertens, P.: **(1992a)**	Computergestützte Angebotssysteme, in: Diller, H. (Hrsg.): Vahlens großes Marketing-Lexikon, München 1992, S. 34-36.
Mertens, P.: **(1992b)**	Informationsverarbeitung als Mittel zur Verbesserung der Wettbewerbssituation, in: Hermanns, A.; Flegel, V. (Hrsg.): Handbuch des Electronic Marketing, München 1992, S. 53-69.
Mertens, P.: **(1993)**	Die Verantwortung des Informationsmanagements für die Kundenbedienung, in: Scheer, A.W. (Hrsg.): Handbuch des Informationsmanagement, Wiesbaden 1993, S. 665-672.
Mertens, P.: **(1994)**	Vergleich zwischen Methoden der Künstlichen Intelligenz und alternativen Entscheidungsunterstützungstechniken, in: Unternehmung, 48. Jg., 1994, Nr. 1, S. 3-16.
Mertens, P.: **(1995)**	Mass Customization (Massen-Maßfertigung), in: Wirtschafts- informatik, 37. Jg., 1995, Nr. 5, S. 503-505.
Mertens, P.; **Bodendorf, F.;** **König, W.;** **Schumann, M.:** **(1995)**	Grundzüge der Wirtschaftsinformatik, 3. Aufl., Berlin u.a.O. 1995.
Mertens, P.; **Borkowski, V.;** **Griese, W.:** **(1993)**	Betriebliche Expertensystem-Anwendungen - Eine Material- sammlung, 3. Aufl., Berlin u.a.O. 1993.

Mertens, P.; **Breuker, P.;** **Lödel, D.;** **Ponader, M.;** **Popp, H.;** **Thesmann, S.:** (1994)	Angebotsunterstützung für Standardprodukte, in: Informatik Spektrum, 17. Jg., 1994, Nr. 7, S. 291-301.
Mertens, P.; **Griese, J.:** (1991a)	Industrielle Datenverarbeitung II - Informations- und Planungssysteme, 6. Aufl., Wiesbaden 1991.
Mertens, P.; **Griese, J.:** (1991b)	Integrierte Informationsverarbeitung 2 - Planungs- und Kontrollsysteme in der Industrie, 6. Aufl., Wiesbaden 1991.
Mertens, P.; **Lödel, D.:** (1993)	Ein wissensbasiertes hypermediales Angebotssystem, in: Management und Computer, 1. Jg., 1993, Nr. 3, S. 175-181.
Mertens, P.; **Schumann, M.;** **Hohe, U.:** (1989)	Informationstechnik als Mittel zur Verbesserung der Wettbewerbspositionen, in: Spremann, K.; Zur, E. (Hrsg.): Informationstechnologien und strategische Führung, Wiesbaden 1989, S. 109-136.
Mertens, P.; **Steppan, G.:** (1988)	Die Ausdehnung des CIM-Gedankens auf den Vertrieb, in: CIM-Management, 4. Jg., 1988, Nr. 3, S. 24-28.
Mertens, P.; **Thesmann, S.:** (1992)	Wenn elektronische Produktkataloge den Vertrieb unterstützen, in: Blick durch die Wirtschaft, 35. Jg., 1992, Nr. 156, S. 1.
Mertens, P.; **Wedel, T.;** **Hartinger, M.:** (1991)	Management by Parameters, in: Zeitschrift für Betriebswirtschaft, 61. Jg., Nr. 5/6, S. 569-588.
Messina, C.: (1993)	Was ist Multimedia?, München und Wien 1993.
Meyer, A.: (1991)	Dienstleistungs-Marketing, in: Die Betriebswirtschaft, 51. Jg., 1991, S. 195-209.
Meyer, A.; **Mattmüller, R.:** (1987)	Qualität von Dienstleistungen - Entwurf eines praxisorientierten Qualitätsmodells, in: Marketing-ZFP, 9. Jg., 1987, Nr. 3, S. 187-195.

Meyer, A.; **Westerbarkey, P.:** **(1995)**	Bedeutung der Kundenbeteiligung für die Qualitätspolitik von Dienstleistungsunternehmen, in: Bruhn, M.; Stauss, B. (Hrsg.): Dienstleistungsqualität, 2. Aufl., Wiesbaden 1995, S. 81-103.
Meyer, J.A.: **(1994)**	Multimedia in der Werbe- und Konsumentenforschung, in: Forschungsgruppe Konsum und Verhalten (Hrsg.): Konsumentenforschung, München 1994, S. 305-321.
Meyer, M.: **(1995)**	Kundendienst, in: Tietz, B. (Hrsg.): Handwörterbuch des Marketing, 2. Aufl., Stuttgart 1995, Sp. 1351-1362.
Meyer-Wegener, K.: **(1991)**	Multimedia-Datenbanken, Stuttgart 1991.
Michel, J.: **(1992)**	Auftragsorientierte Konditionengestaltung durch wissensbasierte Systeme - Das Beispiel GENO-Star der WGZ-Bank, in: Hermanns, A.; Flegel, V. (Hrsg.): Handbuch des Electronic Marketing, München 1992, S. 657-662.
Miller, G.A.: **(1956)**	The Magical Number Seven, Plus or Minus Two - Some Limits on our Capacity for Processing Information, in: Psychological Review, 63. Jg., 1956, Nr. 2, S. 81-97.
Mills, P.K.; **Margulies, N.:** **(1980)**	Toward a Core Typology of Service Organizations, in: Academy of Management Review, 5. Jg., 1980, S. 255-265.
Mösslang, A.M.: **(1995)**	Internationalisierung von Dienstleistungsunternehmen, Wiesbaden 1995.
Mössner, G.U.: **(1982)**	Planung flexibler Unternehmensstrategien, München 1982.
Montgomery, P.B.; **Urban, G.L.:** **(1969)**	Management Service im Marketing, Englewood Cliffs 1969.
Müller, B.: **(1989)**	Portable PC's im Außendienst des Maschinenbaus, in: Marktforschung und Management, 33. Jg., 1989, Nr. 1, S. 23-28.
Müller, N.: **(1989)**	Neue Wege der Außendienststeuerung und Außendienstkontrolle, München 1989.
Müller, W.: **(1992)**	Interaktive elektronische Systeme in der Kommunikationspolitik, in: Hermanns, A.; Flegel, V. (Hrsg.): Handbuch des Electronic Marketing, München 1992, S. 591-604.

Müller-Böling, D.; Müller, M.: (1986)	Akzeptanzfaktoren der Bürokommunikation, München und Wien 1986.
Munkelt, I.: (1995)	Kundendaten - Wie Sie von Ihren Informationen profitieren, in: Absatzwirtschaft, 38. Jg., 1995, Nr. 10, S. 101-111.

N

Nagel, K.: (1988)	Die sechs Erfolgsfaktoren des Unternehmens, 2. Aufl., Landsberg/Lech 1988.
Nagel, K.: (1989)	Bewertung strategischer Vorteile durch Informationssysteme, in: Spremann, K.; Zur, E. (Hrsg.): Informationstechnologie und strategische Führung, Wiesbaden 1989, S. 49-64.
Nagel, K.: (1990)	Nutzen der Informationsverarbeitung: Methoden zur Bewertung von strategischen Wettbewerbsvorteilen, Produktivitäts- verbesserungen und Kosteneinsparungen, 2. Aufl., München und Wien 1990.
Neibecker, B.: (1994)	Computergestützte Wissensintegration im Marketing, in: For- schungsgruppe Konsum und Verhalten (Hrsg.): Konsumenten- forschung, München 1994, S. 321-337.
Neidhardt, T.: (1995a)	Multimedia-Kiosk soll Erfolg garantieren, in: Horizont, 12. Jg., 1995, Nr. 10, S. 26.
Neidhardt, T.: (1995b)	Preisliste und Sondermodelle auf CD-ROM, in: Horizont, 12. Jg., 1995, Nr. 12, S. 74.
Neisser, U.: (1979)	Kognition und Wirklichkeit, Stuttgart 1979.
Nelson, P.: (1970)	Information and Consumer Behaviour, in: Journal of Political Economy, 78. Jg., 1970, S. 311-329.
Netta, F.: (1987)	Marketing mit der Bildplatte, in: Simon, H. (Hrsg.): Marketing im technologischen Umbruch, Stuttgart 1987, S. 117-123.
Netta, F.; Staub, U.: (1989)	Anwendungsmöglichkeiten neuer Speichermedien für Beratung und Verkauf, in: Biervert, B.; Dierkes, M. (Hrsg.): Informations- und Kommunikationstechniken im Dienstleistungssektor, Wiesbaden 1989, S. 161-178.

Netta, F.: (1991)	Einsatzmöglichkeiten interaktiver Bildplatten im Rahmen von Direct-Marketing-Konzepten, in: Dallmer, H. (Hrsg.): Handbuch Direct Marketing, 6. Aufl., Wiesbaden 1991.
Neu, M.: (1993)	Musik als Schlüsselreiz zur Erhöhung der Werbeeffizienz, in: Wirtschaftsstudium, 22. Jg., 1993, Nr. 3, S. 186-189.
Neuhaus, D.; **Lusti, M.:** (1993)	Ein Expertensystem zur Entscheidung "Leasing oder Kreditkauf" in: i.o. Management Zeitschrift, 62. Jg., 1993, Nr. 6, S. 94-98.
Nicklaus, H: (1989)	Marketing, Kundennähe, Erfolgstrategien - Aufgaben für mittelständische Unternehmen, in: Albers, S. u.a. (Hrsg.): Elemente erfolgreicher Unternehmenspolitik in mittelständischen Unternehmen, Stuttgart 1989, S. 123-128.
Niedetzky, H.-M.: (1988)	Neue Medien im Außendienst - Einsatzmöglichkeiten und Zukunftsperspektiven, Diss., Mannheim 1988.
Niemeier, J.: (1993)	Blick in die Zukunft, in: Business Computing, 3. Jg., 1993, Nr. 12, S. 20-23.
Nieschlag, R.; **Dichtl, E.;** **Hörschgen, H.:** (1991)	Marketing, 16. Aufl., Berlin 1991.
Nippa, M.: (1995)	Kosten und Nutzen vernetzter multimedialer Anwendungen, in: Glowalla, U. u.a. (Hrsg.): Multimedia `94 - Grundlagen und Praxis, Berlin u.a.O. 1994, S. 200-207.
Nüttgens, M.: (1993)	Hypermediabasierendes Informationsmanagement, in: Scheer, A.W. (Hrsg.): Handbuch des Informations-Management, Wiesbaden 1993, S. 899-922.
Nüttgens, M.; **Scheer, A.W.:** (1993)	Hypermedia - Auf dem Weg zu benutzerzentrierten Informationssystemen, in: Theorie und Praxis der Wirtschaftsinformatik, 30. Jg., 1993, Nr. 169, S. 57-69.

O

Oehler, A.: (1990)	Die Akzeptanz der technisch gestützten Selbstbedienung im Privatgeschäft von Universalbanken, Stuttgart 1990.

Oenicke, J.: (1996)	Online-Marketing - Kommerzielle Kommunikation im interaktiven Zeitalter, Stuttgart 1996.
Otto, A.; **Reckenfelderbäumer,** **M.:** (1993)	Zeit als strategischer Erfolgsfaktor im "Dienstleistungsmarketing", Arbeitspapiere zum Marketing Nr. 27 des Seminars für Angewandte Wirtschaftslehre der Ruhr-Universität Bochum, Bochum 1993.
o.V.: (1992a)	Multimedia - Was ändert sich im Marketing?, in: Absatzwirtschaft, 35. Jg., 1992, Nr. 6, S. 32-36.
o.V.: (1992b)	Multimediale Techniken dienen dem Verkauf und der Ausbildung, in: PC-Woche, 7. Jg., 1992, Nr. 19, S. 9.
o.V.: (1992c)	Argumente aus der Zeit des Dampf-CBT, in: Multimedia, 2. Jg., 1992, Nr. 7, S. 1-3.
o.V.: (1992d)	Zeit ist Geld, in: Manager Magazin, 22. Jg., 1992, Nr. 11, S. 263-269.
o.V.: (1993)	Schöne neue Welt der virtuellen Realität, in: IBM-Nachrichten, 43. Jg., 1993, Nr. 313, S. 50-54.
o.V.: (1994a)	Information Highway - Der vernetzte Verbraucher, in: Wirtschaftsstudium, 23. Jg., 1994, Nr. 8-9, S. 649-650.
o.V.: (1994b)	Probefahrt im Cyberspace, in: Wirtschaftswoche, 48. Jg., 1994, Nr. 3, S. 76.
o.V.: (1994c)	Unter dem Datenhelm werden selbst Steine lebendig, in: Frankfurter Rundschau, 50. Jg., 1994, Ausgabe vom 16.04.1994.
o.V.: (1994d)	Mobile Systeme werden im Außendienst stärker gefragt, in: PC-Magazin, o. Jg., 1994, Nr. 7, S. 32-34.
o.V.: (1994e)	Der zweite Berater - OKAL Handbuch, in: Absatzwirtschaft, 37. Jg., 1994, Nr. 11, S. 11.
o.V.: (1995a)	Selbstbedienung am High-Tech-Kiosk, in: Horizont, 12. Jg., 1995, Nr. 20, S. 69.
o.V.: (1995b)	Medien im Jahr 2020, in: Marketing-Journal, 28. Jg., 1995, Nr. 2, S. 86-88.
o.V.: (1995c)	Virtual Reality fördert die Zusammenarbeit, in: Blick durch die Wirtschaft, 5. Jg., 1995, Ausgabe vom 19.06., S. 20.

400

o.V.:   Nächste Abfahrt Wohnzimmer, in: DM, 35. Jg., 1995, Nr. 4,
(1995d)   S. 38-58.

o.V.:   Virtueller Silberdollar, in: Der Spiegel, 49. Jg., 1995, Nr. 10,
(1995e)   S. 126-128.

P

Paivio, A.:   Imagery and Verbal processes, New York u.a.O. 1971.
(1971)

Palupski, R.:   Unternehmer, Wissen und Virtualität, Arbeitspapier des
(1994)   Lehrstuhls für Angewandte Betriebswirtschaftslehre IV der
                         Ruhr-Universität Bochum, Bochum 1994.

Palupski, R.:   Virtual Reality und Marketing, in: Marketing-ZFP, 17. Jg., 1995,
(1995)   Nr. 4, S. 264-272.

Panyr, J.:   Automatische Klassifikation und Information Retrieval,
(1986)   Tübingen 1986.

Panyr, J.:   Information-Retrieval-Methoden in regelbasierten Experten-
(1990)   systemen, in: Herget, J.; Kuhlen, R. (Hrsg.): Pragmatische
                         Aspekte beim Entwurf und Betrieb von Informationssystemen,
                         Proceedings des 1. Internationalen Symposiums für Informa-
                         tionswissenschaft an der Universität Konstanz, 17.-19.10.1990,
                         Konstanz 1990, S. 204-218.

Panzar, J.C.;   Economies of Scope, in: The American Economic Review, 71.
Willig, R.D.:   Jg., 1981, Nr. 2, S. 268-272.
(1981)

Parasuraman, A.;   Servqual - A Multiple-Item Scale for Measuring Consumer
Zeithaml, V.A.;   Perceptions of Service Quality, in: Journal of Retailing, 64. Jg.,
Berry, L.L.:   1988, Nr. 1, S. 12-40.
(1988)

Paul, M.;   Preispolitik und Kostenmanagement - Neue Perspektiven unter
Reckenfelderbäumer,   Berücksichtigung von Immaterialität und Integrativität, in:
M.:   Kleinaltenkamp, M. (Hrsg.): Dienstleistungsmarketing - Konzep-
(1995)   tionen und Anwendungen, Wiesbaden 1995, S. 225-260.

Pepels, W.:   Integrierte Marketing-Kommunikation, in: Betriebswirtschaft-
(1992)   liche Forschung und Praxis, 27. Jg., 1992, Nr. 1, S. 64-83.

Perillieux, R.:
(1987)

Der Zeitfaktor im strategischen Technologiemanagement, Berlin 1987.

Peter, M. (Hrsg.):
(o.J.)

Electronic Office - Optimierung von Geschäftsprozessen, Gräfelfing o.J.

Petermann, F.:
(1985)

Psychologie des Vertrauens, Salzburg 1985.

Peters, M.:
(1995)

Besonderheiten des Dienstleistungsmarketing - Planung und Durchsetzung der Qualitätspolitik im Markt, in: Bruhn, M.; Stauss, B. (Hrsg.): Dienstleistungsqualität, 2. Aufl., Wiesbaden 1995, S. 47-63.

Peters, T.;
Waterman, R.:
(1987)

In Search of Excellence - Lessons from Americas Best-Run Companies, New York 1987.

Petersen, W.:
(1992)

Multimedia im Marketing-Mix, in: Multimedia, o. Jg., 1992, Nr. 3, S. 20f.

Petrick, K.;
Rühlen, H.:
(1994)

Qualitätsmanagement und Normung, in: Masing, W. (Hrsg.): Handbuch Qualitätsmanagement, 3. Aufl., München und Wien 1994, S. 89-108.

Pfadler, W.:
(1994)

Multimediakommunikation, in: Office Management, 42. Jg., 1994, Nr. 4, S. 50-55.

Picot, A.:
(1991)

Ökonomische Theorie der Organisation - Ein Überblick über neuere Ansätze und betriebswirtschaftliche Anwendungspotentiale, in: Ordelheide, D.; Rudolph, B.; Büsselmann, E. (Hrsg.): Betriebswirtschaftslehre und ökonomische Theorie, Stuttgart 1991, S.143-170.

Picot, A.;
Franck, E.:
(1988a)

Die Planung der Unternehmensressource Information (I), in: Wirtschaftsstudium, 17. Jg., 1988, Nr. 11, S. 544-549.

Picot, A.;
Franck, E.:
(1988b)

Die Planung der Unternehmensressource Information (II), in: Wirtschaftsstudium, 17. Jg., 1988, Nr. 10, S. 608-614.

Picot, A.;
Reichwald, R.:
(1987)

Bürokommunikation - Leitsätze für den Anwender, 3. Aufl., München 1987.

Picot, A.; **Reichwald, R.;** **Wigand, R.T.:** (1996)	Die grenzenlose Unternehmung - Information, Organisation und Management, Wiesbaden 1996.
Pidduck, D.: (1991)	Interactive Multimedia in Retailing, Brighton 1991.
Pimentel, K.; **Teixera, K.:** (1993)	Virtual Reality, New York u.a.O. 1993.
Plinke, W.: (1995)	Außendienst, in: Tietz, B. (Hrsg.): Handwörterbuch des Marketing, 2. Aufl., Stuttgart 1995, Sp. 118-130.
Plötner, O.: (1995)	Das Vertrauen des Kunden, Wiesbaden 1995.
Plötner, O.; **Jacob, F.:** (1996)	DIN ISO 9000-9004 und die Auswirkungen für das Marketing im Business-to-Business-Sektor, in: i.o. Management, 65. Jg., 1996, Nr. 9, S. 59-64.
Pohl, H.: (1996)	EU-Datenschutzrichtlinie, in: Wirtschaftsinformatik, 38. Jg., 1996, Nr. 5, S. 531-535.
Ponader, M.: (1992)	Wissensbasierte Subventions- und Finanzierungsberatung im Rahmen der Angebotsunterstützung, Diss., Nürnberg 1992.
Ponader, M.; **Mertens, P.;** **Breuker, J.;** **Lödel, D.;** **Popp, H.:** (1993)	Integration von Hypermedia und Künstlicher Intelligenz-Komponenten am Beispiel eines umfassenden Angebots-unterstützungssystems, in: Nagel, M.; Online GmbH (Hrsg.): Congress VI, Kongreßband der Online 93, 16. Europäische Congreßmesse für technische Kommunikation, Hamburg 08.02. bis 12.02.1993, Hamburg 1993, S. 1-16.
Popp, H.; **Barthel, J.:** (1993)	Kommunikation im hybriden Expertenystem ELDAR zur wissensbasierten Stoffdatenversorgung, in: Puppe, F.; Günther, A. (Hrsg.): Expertensysteme 1993, Berlin u.a.O. 1993, S. 222-234.
Porter, M.E.: (1986)	Wettbewerbsvorteile, Frankfurt a.M. 1986.
Porter, M.E.: (1988)	Wettbewerbsstrategie, 5. Aufl., Frankfurt a.M. 1988.

Porter, M.E.; **Millar, V.E.:** **(1985)**	How Information gives you Competetive Advantage, in: Harvard Business Review, 63. Jg., 1985, Nr. 4, S. 144-160.
Porter, M.E.; **Millar, V.E.:** **(1986)**	Wettbewerbsvorteil durch Information, in: Harvard Manager, 8. Jg., 1986, Nr. 1, S. 26-35.
Potocnik, L: **(1992)**	Auswirkungen der Implementierung von CAS-Systemen, Studien- und Arbeitspapiere Marketing Nr. 14, Universität der Bundeswehr, München 1992.
Pressmar, P.B.: **(1982)**	Zur Akzeptanz von computergestützen Planungssystemen, in: Krallmann, H. (Hrsg.): Unternehmensplanung und -steuerung in den 80er Jahren, Berlin u.a.O. 1982, S. 324-348.
Puder, K.: **(1982)**	Innerbetriebliches Zusammenwirken als Voraussetzung für einen erfolgreichen Kundendienst, in: VDI-Bericht Nr. 414, Düsseldorf 1982, S. 153-158.
Pulic, A.: **(1993)**	Elemente der Informationswirtschaft, Wien u.a.O. 1993.

Q

Quinn, J.B.; **Baruch, J.J.;** **Zien, K.A.:** **(1996)**	Software-Based Innovation, in: Sloan Management Review, 37. Jg., 1996, Nr. 2, S. 11-24.

R

Raab, P.: **(1985)**	CAS - Computer Aided Selling: Wettbewerbsvorteile durch Bearbeitungsgeschwindigkeit, in: EDV-Magazin, 3. Jg., 1985, Nr. 8, S. 7-8.
Raffée, H.: **(1991)**	Integrierte Kommunikation, in: Werbeforschung und Praxis, 36. Jg., 1991, Nr. 3, S. 87-90.
Rauberger, S.: **(1989)**	Computer Aided Selling stärkt den Außendienst, in: Online, 27. Jg., 1989, Nr. 9, S. 32-34.

Reckenfelderbäumer, M.: (1994)	Entwicklungsstand und Perspektiven der Prozeßkostenrechnung, Wiesbaden 1994.
Reckenfelderbäumer, M.: (1995)	Immaterialität und Integrativität als Leistungsargument - Kritische Analyse und weiterführende Überlegungen, in: Engelhardt, W.H. (Hrsg.): Potentiale - Prozesse - Leistungsbündel: Diskussionsbeiträge zur Leistungstheorie, Schriften zum Marketing Nr. 32, Bochum 1995, S. 1-25.
Redman, T.C.: (1994)	Improve Data Quality for Competitive Advantage, in: Sloan Management Review, 36. Jg., 1994, Nr. 2, S. 99-107.
Reichwald, R.: (1982)	Neue Systeme der Bürotechnik und Büroarbeitsgestaltung - Problemzwänge, in: Reichwald, R. (Hrsg.): Neue Systeme der Bürotechnik, Berlin 1982, S. 11-48.
Reichwald, R.: (1987)	Modell einer Wirtschaftlichkeitsberechnung, Einsatz moderner Informations- und Kommunikationstechnik, Orientierung für die Praxis, in: CIM-Managment, 3. Jg., 1987, Nr. 3, S. 6-11.
Reimann, E.: (1994)	Verbesserte Servicequalität ist eine Herausforderung der kommenden Jahre, in: Office Management, 42. Jg., 1994, Nr. 6, S. 90f.
Reinemuth, J.: (1992)	Es geht auch ohne Papier, in: Cogito, 8. Jg., 1992, Nr. 1, S. 37-40.
Reinemuth, J.; Birkhofer, H.: (1994)	Hypermediale Produktkataloge - Flexibles Bereitstellen und Verarbeiten von Zulieferinformationen, in: Konstruktion, 46. Jg., 1994, S. 395-404.
Reiß, M.; Beck, T.C.: (1995)	Performance-Marketing durch Mass Customization, in: Marktforschung & Management, 39. Jg., 1995, Nr. 2, S. 62-74.
Rensmann, F.J.: (1993)	Database-Marketing - Die Renaissance des individuellen Marketing, in: Greff, G.; Töpfer, A. (Hrsg.): Direktmarketing mit neuen Medien, 3. Aufl., Landsberg/Lech 1993, S. 93-116.
Retter, G.; Bastian, M.: (1995)	Kombination einer Prozeß- und Wirkungskettenanalyse zur Aufdeckung der Nutzenpotentiale von Informations- und Kommunikationssystemen, in: Wirtschaftsinformatik, 37. Jg., 1995, Nr. 2, S. 117-128.
Rezagholi, M.: (1995)	Management der Wiederverwendung in der Softwareentwicklung, in: Wirtschaftsinformatik, 37. Jg., 1995, Nr. 3, S. 221-230.

Richter, B.: (1989)	Was den Außendienst freischaufelt, in: Absatzwirtschaft, 32. Jg., 1989, Nr. 7, S. 60-67.
Rieder, C. M.: (1996)	Copyrights im Cyberspace - Copyright Probleme im Internet aus US-amerikanischer Sicht, in: Wettbewerb in Recht und Praxis, 42. Jg., 1996, Nr. 9, S. 859-866.
Riekhof, H.C.: (1989)	Das Management des Innovationsprozesses, in: Riekhof, H.C. (Hrsg.): Strategieentwicklung, Stuttgart 1989, S. 239-254.
Rimek, G.: (1993)	Software findet Dokumente im elektronischen Archiv, in: VDI- Nachrichten, 47. Jg., 1993, Nr. 13, S. 21.
Ringelstetter, M.; **Kirsch, W.:** (1991)	Varianten einer Differenzierungsstrategie, in: Kirsch, W. (Hrsg.): Beiträge zum Management strategischer Programme, München 1991, S. 563-574.
Roemer, M.: (1994)	Informationsverarbeitungsunterstützung zur Erstellung wettbewerbsorientierter Allfinanzangebote - Konzeption und prototypische Realisierung, in: Wirtschaftsinformatik, 34. Jg., 1994, Nr. 1, S. 15-24.
Rogers, E.M.: (1967)	Diffusion of Innovations, New York 1967.
Rominski, D.: (1996)	Glanz oder Blendwerk - Präsentieren, Trainieren, Verkaufen mit der CD-ROM, in: Absatzwirtschaft, 39. Jg., 1996, Nr. 11, S. 40- 48.
Rominski, D.: (1994)	Multimedia - Wie kommt die digitale Botschaft an?, in: Absatzwirtschaft, 37. Jg., 1994, Nr. 11, S. 120-126.
Rosada, M.: (1990)	Kundendienststrategien im Automobilsektor - Theoretische Fundierung und Umsetzung eines Konzeptes zur differenzierten Vermarktung von Sekundärdienstleistungen, Berlin 1990.
Roth, G.; **Zerr, K.;** **Hagmaier, K.:** (1993)	Helpware - Allgemeine Grundlagen und marketingpolitische Funktionen, in: Wimmer, F.; Bittner, L. (Hrsg.): Software- marketing - Grundlagen, Konzepte, Hintergründe, Wiesbaden 1993, S. 191-204.
Rüttler, M.: (1991)	Information als strategischer Erfolgsfaktor - Konzepte und Leit- linien für eine informationsorientierte Unternehmensführung, Berlin 1991.

S

Salton, G.;
McGill, M.J.:
(1987)

Information Retrieval - Grundlegendes für den Informations-wissenschaftler, Hamburg und New York 1987.

Schacknies, G.:
(1987)

Anforderungen an Informationssysteme zur Angebots-bearbeitung, in: VDI-Bericht Nr. 647, Düsseldorf 1987, S. 19-34.

Schaffner, H.:
(1993)

Mobile Business - Computer Aided Selling bei Reemtsma, in: Office Management, 41. Jg., 1993, Nr. 4, S. 13-15.

Schanda, F.:
(1993)

Multimedia und Lernen, in: Lehmann, R.G. (Hrsg.): Corporate Media, Landsberg/Lech 1993, S. 317-322.

Schantz, B.;
Grzimek, C.D.:
(1995)

Bedeutung und Grenzen von Finanzdienstleistungen als Marketinginstrument von Automobilherstellern, in: Hünerberg, R. u.a. (Hrsg.): Internationales Automobilmarketing, Wiesbaden 1995, S. 311-337.

Scharnbacher, K.;
Kiefer, G.:
(1996)

Kundenzufriedenheit, München und Wien 1996.

Scheer, A.W.:
(1990a)

EDV-orientierte Betriebswirtschaftslehre, 4. Aufl., Berlin u.a.O. 1990.

Scheer, A.W.:
(1990b)

CIM: Computer Integrated Manufacturing - Der computergestützte Industriebetrieb, 4. Aufl., Berlin 1990.

Scheer, A.W.:
(1991)

Papierlose Beratung - Werkzeugunterstützung bei der Datenverarbeitungsberatung, in: Information Management, 6. Jg., 1991, Nr. 4, S. 6-16.

Scheider, M.:
(1993)

Multimedia in der Praxis, in: Theorie und Praxis der Wirtschaftsinformatik, 30. Jg., 1993, Nr. 169, S. 71ff.

Scheller, N.:
(1994)

Mit multimedialen Selbstbedienungsgeräten mehr Professionalität und Effizienz, in: Office Management, 42. Jg., 1994, Nr. 6, S. 89-91.

Schierl, T.:
(1996)

Multimedia ante portas, in: Marketing Journal, 29. Jg., 1996, Nr. 1, S. 40-44.

Schmalen, H.: (1985)   Kommunikationspolitik und Werbeplanung, Stuttgart 1985.

Schmidt, G.: (1993)   Expertensysteme, in: Scheer, A.W. (Hrsg.): Handbuch des Informations-Management, Wiesbaden 1993, S. 847-867.

Schmitz-Hübsch, E.: (1992)   CAS - Computer Aided Selling. Vernetzte Vertriebsinformationssysteme, Landsberg/Lech 1992.

Schneider, D.: (1993)   Betriebswirtschaftslehre, Bd. I: Grundlagen, München und Wien 1993.

Schneider, D.: (1995)   Informations- und Entscheidungstheorie, München und Wien 1995.

Schneider, S.: (1992)   Laptops sind ein effizientes Werkzeug für den Außendienst, in: Computerwoche, 19. Jg., 1992, Nr. 29, S. 19f.

Schneider, U.: (1991)   Die elektronische Stütze in der persönlichen Kommunikation, in: Absatzwirtschaft, 35. Jg., 1991, Nr. 5, S. 122-125.

Schneider, U.: (1995)   Multimedia als Baustein im Kommunikationsmix bei Messen und Ausstellungen der Volkswagen AG, in: Hünerberg, R.; Heise, G. (Hrsg.): Multimedia und Marketing, Wiesbaden 1995, S. 359-368.

Schneider, V.: (1995)   Grenzen und Alternativen des Multimediaeinsatzes im Produktmarketing aus Sicht des Anbieters, in: Silberer, G. (Hrsg.): Marketing mit Multimedia, Stuttgart 1995, S. 61-71.

Schnupp, P.: (1992)   Hypertext, in: Handbuch der Informatik, Oldenburg 1992.

Schönecker, H.G.: (1980)   Bedienerakzeptanz und technische Innovation, München 1980.

Schönecker, H.G.: (1985)   Kommunikationstechnik und Bedienerakzeptanz, München 1985.

Schönhut, J.: (1992)   Multimedia Technologietrends, in: Office Management, 40. Jg., 1992, Nr. 6, S. 23-27.

Schoop, E.: (1991)   Hypertext Anwendungen - Möglichkeiten für den betrieblichen Einsatz, in: Wirtschaftsinformatik, 33. Jg., 1991, Nr. 3, S. 198ff.

Schoop, E.;
Lesch, J.:
(1995)

Computer in der beruflichen Weiterbildung - Entwicklungsstand und Perspektiven, in: Glowalla, U. u.a. (Hrsg.): Multimedia `94 - Grundlagen und Praxis, Berlin u.a.O. 1994, S. 173-178.

Schoop, M.:
(1991)

Multimedia - Vom Abenteuer zum Wettbewerbsvorteil?, in: i.o. Management, 60. Jg., 1991, Nr. 6, S. 35-37.

Schroder, H.;
Driver, M.;
Streufert, S.:
(1967)

Human Information Processing - Individuals and Groups Functioning in Complex Social Situations, New York u.a.O., 1967.

Schröder, H.-H.:
(1994)

Die Parallelisierung von Forschungs- und Entwicklungs-Aktivitäten als Instrument zur Verkürzung der Projektdauer im Lichte des "Magischen Dreiecks" aus Projektdauer, -kosten und -ergebnissen, in: Zahn, E. (Hrsg.): Technologiemanagement und Technologien für das Management, Stuttgart 1994, S. 289-324.

Schulte-Döninghaus,
U.:
(1991)

Idealer Rettungsanker Multimedia, in: Wirtschaftswoche, 45. Jg., 1991, Nr. 42, S. 119ff.

Schumann, M.:
(1992)

Betriebliche Nutzeffekte und Strategiebeiträge der großintegrierten Informationsverarbeitung, Berlin u.a.O. 1992.

Schumann, M.:
(1993)

Wirtschaftlichkeitsbeurteilung für Informationsverarbeitungs-systeme, in: Wirtschaftsinformatik, 35. Jg., 1993, Nr. 2, S. 167-178.

Schwarz, M.:
(1996)

Urheberrecht im Internet, in: Markenartikel, 58. Jg., 1996, Nr. 3, S. 120-125.

Schweiger, G.:
(1995)

Image und Imagetransfer, in: Tietz, B. (Hrsg.): Handwörterbuch des Marketing, 2. Aufl., Stuttgart 1995, Sp. 915-928.

Schwetz, W.:
(1988)

Computerunterstützter Vertrieb, in: Information Management, 3. Jg., 1988, Nr. 4, S. 50-57.

Schwetz, W.:
(1990)

Computerunterstützte Angebotserstellung im Rahmen integrativer Vertriebssteuerungssysteme, in: VDI-Bericht Nr. 839, Düsseldorf 1990, S. 112-145.

Schwetz, W.:
(1992)

Die Qual der Wahl, in: Absatzwirtschaft, 35. Jg., 1992, Nr. 11, S. 90-101.

Schwetz, W.:
(1993)

Integrierte Vertriebssteuerungssysteme im technischen Vertrieb, in: Zahn, E. (Hrsg.): Marketing- und Vertriebscontrolling, Loseblattsammlung, Landsberg/Lech 1993, Kap. XIX.

| Sewing, E.: (1994) | Die Absatzwegewahl des Herstellers, Wiesbaden 1994. |

Sewing, E.:
(1994)
Die Absatzwegewahl des Herstellers, Wiesbaden 1994.

Shaw, J.;
Giglierano, J.;
Kallis, J.:
(1989)
Marketing Complex Technical Products - The Importance of Intangible Attributes, in: Industrial Marketing Management, 18. Jg., 1989, S. 45ff.

Shiera, B.;
Albers, S.:
(1994)
COSTA - Ein Entscheidungsunterstützungssystem zur deckungsbeitragsmaximalen Einteilung von Verkaufsgebieten, in: Zeitschrift für Betriebswirtschaft, 64. Jg., 1994, Nr. 10, S. 1261-1283.

Shostack, L.G.:
(1982)
How to Design a Service, in: European Journal of Marketing, 16. Jg., 1982, Nr. 1, S. 49-63.

Shostack, L.G.:
(1987)
Service Positioning through Structural Change, in: Journal of Marketing, 51. Jg., 1987, Nr. 1, S. 34-43.

Siebdrat, H.:
(1994)
Multimediale und wissensbasierte Systeme in der Finanzwissenschaft, Diss., Wiesbaden 1994.

Silberer, G.:
(1995a)
Marketing mit Multimedia, in: Hünerberg, R.; Heise, G. (Hrsg.): Multimedia und Marketing, Wiesbaden 1995, S. 85-103.

Silberer, G.:
(1995b)
Marketing mit Multimedia im Überblick, in: Silberer, G. (Hrsg.): Marketing mit Multimedia, Stuttgart 1995, S. 4-31.

Silberer, G.:
(1995c)
Multimedia im Marketing-Einsatz - Verlockende Vielfalt, in: Absatzwirtschaft, 38. Jg., 1995, Nr. 9, S. 76-81.

Silvermann, B.G.:
(1992)
Survey of Expert Critizising - Practical and Theoretical Frontiers, in: Communications of the ACM, 35. Jg., 1992, Nr. 4, S. 106ff.

Simon, H.:
(1989)
Die Zeit als strategischer Erfolgsfaktor, in: Zeitschrift für Betriebswirtschaft, 59. Jg., 1989, Nr. 1, S. 70-92.

Simon, H.;
Homburg, C.:
(1995)
Kundenzufriedenheit als strategischer Erfolgsfaktor - Einführende Überlegungen, in: Simon, H.; Homburg, C. (Hrsg.): Kundenzufriedenheit, Wiesbaden 1995, S. 15-27.

Sommerlatte, T.;
Mollenhauer, M.:
(1992)
Qualität, Kosten, Zeit - das magische Dreieck, in: Little, A.D. (Hrsg.): Management von Spitzenqualität, Wiesbaden 1992, S. 26-36.

Specht, G.:
(1995)
System-Marketing, in: Tietz, B. (Hrsg.): Handwörterbuch des Marketing, 2. Aufl., Stuttgart 1995, Sp. 2425-2436.

Specht, G.: **Zörgiebel, W.:** **(1989)**	Technologieorientierte Wettbewerbsstrategien, in: Raffée, H.; Wiedmann, K.P. (Hrsg): Strategisches Marketing, 2. Aufl., Stuttgart 1989, S. 491-517.
Spremann, K.: **(1990)**	Asymmetrische Information, in: Zeitschrift für Betriebswirtschaft, 60. Jg., 1990, S. 561-586.
Stahlknecht, P.: **(1993)**	Einführung in die Wirtschaftsinformatik, 6. Aufl., New York u.a.O. 1993, S. 416.
Staub, U.: **(1988)**	Video und Bildplatte, in: Greff, G.; Töpfer, A. (Hrsg.): Direktmarketing mit neuen Medien, 2. Aufl., Landsberg/Lech 1988, S. 103-122.
Staub, U.: **(1993)**	Einsatzmöglichkeiten elektronischer Medien im Direktmarketing, in: Greff, G.; Töpfer, A. (Hrsg.): Direktmarketing mit neuen Medien, 3. Aufl., Landsberg/Lech 1993, S. 263-278.
Staub, U.: **(1995)**	Akzeptanz - Erfahrungen von Multimedia am POS, in: Hünerberg, R.; Heise, G. (Hrsg.): Multimedia und Marketing, Wiesbaden 1995, S. 181-191.
Stauss, B.: **(1995)**	Internal Services: Classification and Quality Management, in: International Journal of Service Industry Management, 6. Jg., 1995, Nr. 2, S. 62-78.
Stauss, B.: **(1991)**	Dienstleister und die vierte Dimension, in: Harvard Manager, 13. Jg., 1991, Nr. 2, S. 81-89.
Stauss, B.; **Hentschel, B.:** **(1991)**	Dienstleistungsqualität, in: Wirtschaftswissenschaftliches Studium, 21. Jg., 1991, S. 238-244.
Stauss, B.; **Seidel, W.:** **(1995)**	Prozessorische Zufriedenheitsermittlung und Zufriedenheits- dynamik bei Dienstleistungen, in: Simon, H.; Homburg, C. (Hrsg.): Kundenzufriedenheit, Wiesbaden 1995, S. 179-203.
Stauss, B.; **Weinlich, B.:** **(1996)**	Die sequentielle Ereignismethode - ein Instrument der prozeßorientierten Messung von Dienstleistungsqualität, in: Der Markt, 35. Jg., 1996, Nr. 136, S. 49-58.
Steiger, P.: **(1995)**	Die Akzeptanzprüfung bei Multimedia-Anwendungen, in: Silberer, G. (Hrsg.): Marketing mit Multimedia, Stuttgart 1995, S. 270-308.
Steinbach, W.: **(1994)**	Qualitätsbezogene Kosten, in: Masing, W. (Hrsg.): Handbuch Qualitätsmanagement, 3. Aufl., München und Wien 1994, S. 65- 88.

Steinbrink, B.: (1992)	Multimedia - Einstieg in eine neue Technologie, München 1992.
Steinbrink, B.: (1994)	Datenkompression, in: Screen-Multimedia, 2. Jg., 1994, Nr. 4, S. 54f.
Steinbrink, B.: (1995)	Techniktrends und Perspektiven, in: Silberer, G. (Hrsg.): Marketing mit Multimedia, Stuttgart 1995, S. 312-323.
Steinmetz, R.: (1993)	Multimedia-Technologie - Einführung und Grundlagen, Berlin u.a.O. 1993.
Steinmetz, R.; **Herrtwich, R.G.:** (1991)	Integrierte verteilte Multimedia-Systeme, in: Informatik-Spektrum, 14. Jg., 1991, S. 249-260.
Steinmetz, R.; **Rückert, J.;** **Rocke, W.:** (1990)	Multimedia-Systeme - Das aktuelle Schlagwort, in: Informatik-Spektrum, 13. Jg., 1990, S. 280-282.
Steppan, G.: (1990a)	Informationsverarbeitung im industriellen Vertriebsaußendienst - Computer Aided Selling (CAS), Berlin u.a.O. 1990.
Steppan, G.: (1990b)	Know-How Datenbank mit einer integrierten Zeichnungsverwaltung im Angebotswesen, in: VDI-Bericht Nr. 839, Düsseldorf 1990, S. 43-46.
Steppan G.; **Mertens, P.:** (1990)	Computer Aided Selling - Neuere Entwicklungen in der Datenverarbeitungsunterstützung des industriellen Vertriebs, in: Informatik-Spektrum, 13. Jg., 1990, S. 137-150.
Steppi, H.: (1990)	CBT - Computer Based Training: Planung, Design und Entwicklung interaktiver Lernprogramme, 2. Aufl., Stuttgart 1990.
Stigler, G.J.: (1961)	The Economics of Information, in: Journal of Political Economy, 69. Jg., 1961, S. 213-225.
Stippel, P.: (1992)	So ändert die neue PC-Generation das Marketing, in: Absatzwirtschaft, 35. Jg., 1992, Nr. 6, S. 38ff.
Süchting, J.: (1995)	Finanzmanagement, 6. Aufl., Wiesbaden 1995.

Sujan, H.;   Knowledge Structure Differences between More Effective and
Sujan, M.;   Less Effective Salespeople, in: Journal of Marketing Research,
Bettmann, J.R.:   25. Jg., 1988, Nr. 2, S. 81-86.
(1988)

Swoboda, B.:   Interaktive Medien am Point-of-Sale - Eine verhaltenswissen-
(1996)   schaftliche Analyse der Wirkung multimedialer Systeme,
                    Wiesbaden 1996.

Syring, A.:   Management innovativer Informationssysteme, Göttingen 1993.
(1993)

Szuprowicz, B.O.:   Customer Service Interfaces in a Multimedia Marketplace, in:
(1990)   Expert Systems - Planning, Implementation, Integration, 2. Jg.,
                    1990, Nr. 2, S. 60-62.

Szuprowicz, B.O.:   Marketing Expert Systems - The Multimedia Connection, in:
(1991)   Expert Systems - Planning, Implementation, Integration, 3. Jg.,
                    1991, Nr. 1, S. 59-63.

T

Tank, W.:   Wissensbasiertes Konfigurieren - Ein Überblick, in: Künstliche
(1993)   Intelligenz, 7. Jg., 1993, Nr. 1, S. 7-10.

Tapscott, D.;   Paradigm Shift - The New Promise of Information Technology,
Caston, A.:   New York 1993.
(1993)

Teece, P.J.:   Economies of Scope and the Scope of the Enterprise, in: Journal
(1980)   of Economic Behaviour and Organization, 1. Jg., 1980, S. 223-
                    247.

Tein, H.:   Kundendienst, in: VDI-Bericht Nr. 461, Düsseldorf 1982,
(1982)   S. 137-140.

Thedens, R.:   Integrierte Kommunikation - Einbettung der Direkt-Marketing-
(1991)   Kommunikation in das Kommunikationsorchester, in: Dallmer,
                    H. (Hrsg.): Handbuch des Direktmarketing, Wiesbaden 1991,
                    S. 17-29.

Thesmann, S.:   EPK-Editor - Ein Werkzeug für Aufbau und Pflege
(1995)   Elektronischer Produktkataloge zum Einsatz in kleinen und
                    mittelständischen Unternehmen, Diss., Nürnberg 1995.

Thuy, N.H.C.; **Schnuch, M.:** **(1989)**	Der Postexperte - Ein wissensbasiertes Beratungssystem konfiguriert Telefonanlagen, in: Künstliche Intelligenz, 3. Jg., 1989, Nr. 1, S. 48-52.
Tins, M.; **Poeck, K.:** **(1992)**	Tutorielle Nutzung von Expertensystemen zur Qualifizierung von Mitarbeitern, in: Biethahn, J. (Hrsg.): Wissensbasierte Systeme in der Wirtschaft, Wiesbaden 1992, S. 151-170.
Toemmler-Stolze, K.: **(1996)**	Signale und ihre Wirkung, in: Absatzwirtschaft, 39. Jg., 1996, Nr. 1, S. 64-67.
Töpfer, A.: **(1992)**	Direktmarketing mit neuen Medien, in: Hermanns, A.; Flegel, V. (Hrsg.): Handbuch des Electronic Marketing, München 1992, S. 664-682.
Töpfer, A.: **(1993)**	Erfolgsfaktoren beim Einsatz von Direktmarketing, in: Greff, G.; Töpfer, A. (Hrsg.): Direktmarketing mit neuen Medien, 3. Aufl., Landsberg/Lech 1993, S. 25-58.
Töpfer, A.: **(1995)**	Total Quality Management in der Automobilindustrie, in: Hünerberg, R. u.a. (Hrsg.): Internationales Automobilmarketing, Wiesbaden 1995, S. 547-588.
Töpfer, A.: **(1996)**	Dienstleistungsqualitäten in der Investitionsgüterbranche - Bedeutung, Entwicklung, Umsetzung, in: Der Markt, 35. Jg., Nr. 137, 1996, S. 107-115.
Töpfer, A.; **Mehdorn, H.:** **(1993)**	Total Quality Management - Anforderungen und Umsetzung im Unternehmen, Neuwied u.a.O. 1993.
Trommsdorff, V.: **(1975)**	Die Messung von Produktimages für das Marketing - Grundlagen und Operationalisierung, Köln u.a.O. 1975.
Trommsdorff, V.: **(1995a)**	Involvement, in: Tietz, B. (Hrsg.): Handwörterbuch des Marketing, 2. Aufl., Stuttgart 1995, Sp. 1067-1078.
Trommsdorff, V.: **(1995b)**	Fallstudien zum Innovationsmarketing, München 1995.

U

Überla, K.: **(1972)**	Faktorenanalyse, 2. Aufl., Berlin u.a.O. 1972.

Uhr, W.: (1996)	Computer Integrated Business (CIB) - Konsequenzen für Standardsoftware, in: Wirtschaftswissenschaftliches Studium, 25. Jg., 1996, Nr. 5, S. 253-256.

V

Velte, M.: (1987)	Steuern Sie ihre Kundenbesuche "erfolgsorientiert" - Die Portfolioanalyse bietet sich an, in: Marketing-Journal, 20. Jg., 1987, S. 128-132.
Vichr, A.: (1994)	Kottan ermittelt - Was ist Protokollierung?, in: Screen Multimedia, 2. Jg., 1994, Nr. 6, S. 52-58.
Vill, A.: (1995)	Wo die Autos fliegen und die Früchte tanzen, in: Facts and Fiction - das Magazin für audiovisuelle Werbung, MGM Media Gruppe, München 1995, S. 8-13.
Vögtle, M; Schober, F.: (1996)	Ergebnisse einer empirischen Studie über die Bedeutung intelligenter Informationssysteme für das Bankgeschäft, in: Wirtschaftsinformatik, 38. Jg., 1996, Nr. 5, S. 497-502.
Völcker, T.; Lange, M.: (1994)	Expertensysteme in der Mediaplanung, in: Planung und Analyse, 3. Jg., 1994, Nr. 4, S. 56-61.
Vogel, R.: (1994)	Das Narrenschiff auf dem Informationhighway, in: Office Management, 42. Jg., 1994, Nr. 3, S. 44f.
Vojdani, N.; Jehle, E.; Schröder, A.: (1995)	Fuzzy-Logik zur Entscheidungsunterstützung im Logistik- und Umweltschutz Management, in: Betriebswirtschaftliche Forschung und Praxis, 47. Jg., 1995, Nr. 3, S. 287-305.

W

Waehlert, A.: (1994)	Der Einsatz von Virtueller Realität im Marketing, in: Dotzler, G. (Hrsg.): Computerartfaszination - Hersteller und Dienstleister, Frankfurt a.M. 1994, S. 61-67.
Wage, J.L.: (1981)	Arbeitshandbuch Planung, Organisation, Kontrolle im Verkauf, München 1981.

Wagner, R.:
(1995)

Wie Vertriebssoftware verkaufen hilft und Controlling unterstützt, in: Zahn, E. (Hrsg.): Marketing- und Vertriebscontrolling, Bd. I, Teil II 8.2., 22. Nachlieferung 11/1995, o.O., S. 1-10.

Walter, G.:
(1995)

Außendienststeuerung - Was dem Vertrieb nutzt, nutzt dem Kunden, in: Absatzwirtschaft, 38. Jg., 1995, Nr. 2, S. 54-57.

Warnecke, H.J.:
(1993)

Virtual Reality - Anwendungen und Trends, in: Warnecke, H.J.; Bullinger, H.J. (Hrsg.): Virtual Reality - Anwendungen und Trends, Berlin u.a.O. 1993, S. 9-16.

Weber, S.:
(1995)

Computerunterstützte Verkaufsabwicklung von Einbauküchen, in: Wirtschaftsinformatik, 37. Jg., 1995, Nr. 4, S. 363-371.

Weiber, R.;
Adler, J.:
(1995)

Informationsökonomisch begründete Typologisierung von Kaufprozessen, in: Zeitschrift für betriebswirtschaftliche Forschung, 47. Jg., 1995, Nr. 1, S. 43-65.

Weinberg, P.:
(1981)

Das Entscheidungsverhalten der Konsumenten, Paderborn 1981.

Weinberg, P.:
(1994)

Emotionale Aspekte des Entscheidungverhaltens - ein Vergleich von Erklärungkonzepten, in: Forschungsgruppe Konsum und Verhalten (Hrsg.): Konsumentenforschung, München 1994, S. 171-181.

Weindl, G.:
(1988)

Brummis vom Bildschirm, in: Mega, 3. Jg., 1988, Nr. 2, S. 76f.

Weinhardt, C.:
(1993)

Klassifikation/Selektion versus Konstruktion/Konfiguration in Wissensbasierten Systemen am Beispiel zweier finanzwirtschaftlicher Anwendungen, in: Puppe, F.; Günther, A. (Hrsg.): Expertensysteme 1993, Berlin u.a.O. 1993, S. 235-247.

Weis, H.C.:
(1993)

Verkauf, 3. Aufl., Ludwigshafen 1993.

Weis, H.C.:
(1995)

Persönlicher Verkauf, in: Tietz, B. (Hrsg.): Handwörterbuch des Marketing, 2. Aufl., Stuttgart 1995, Sp. 1979-1989.

Weiss, E.:
(1989)

Management diskontinuierlicher Technologie-Übergänge - Analyse und Therapie hemmender Faktoren, Göttingen 1989.

Weiss, P.A.:
(1992)

Die Kompetenz von Systemanbietern - ein neuer Ansatz im Marketing von Systemtechnologien, Berlin 1992.

Welge, M.K.:
(1976)

Synergie, in: Grochla, E.; Wittmann, W. (Hrsg.): Handwörterbuch der Betriebswirtschaft, 4. Aufl., Stuttgart 1976, Sp. 3800-
3810.

Wenke, H.G.:
(1995)

Netze als ökonomischer Schlüsselfaktor, in: Horizont, 12. Jg.,
1995, Nr. 15, S. 66.

Werder, A.v.;
Gemünden, H.G.:
(1989)

Kundennähe und Informationstechnologie - Zusammenfassende
Würdigung der Unternehmungsberichte, in: Frese, E.; Werder,
A.v. (Hrsg.): Kundennähe durch moderne Informationstechno-
logie, Sonderheft der Zeitschrift für betriebswirtschaftliche
Forschung, 41. Jg., 1989, Nr. 25, S. 167-190.

Wessling, E.:
(1991)

Individuum und Information - Die Erfassung von Information
und Wissen in ökonomischen Handlungstheorien, Reihe: Die
Einheit der Gesellschaftswissenschaften, Bd. 71, Tübingen 1991.

Weule, H.:
(1993)

Expertensysteme im industriellen Einsatz, in: Puppe, F.; Günther,
A. (Hrsg.): Expertensysteme 1993, Berlin u.a.O., S. 1-13.

Wheelwright, S. C.:
(1984)

Manufacturing Strategy: Defining the Missing Link, in: Strategic
Management Journal, 5. Jg., 1984, Nr. 1, S. 77-91.

Wieandt, A.:
(1995)

Die Entstehung von Märkten durch Innovation, in: Betriebswirtschaftliche Forschung und Praxis, 47. Jg., 1995, Nr. 4,
S. 447-471.

Wielebinski, M.A.:
(1991)

Schwachstellen der Informationsexplosion - Das Medium
Computer wandelt sich, in: c't, 8. Jg., 1991, Nr. 11, S. 44-46.

Wikström, S.:
(1996)

Value Creation by Company-Consumer Interaction, in: Journal
of Marketing Management, 12. Jg., 1996, S. 359-374.

Wilde, G.:
(1988)

Persönlicher Kontakt zum Kunden, in: Greff, G.; Töpfer, A.
(Hrsg.): Direktmarketing mit neuen Medien, 2. Aufl.,
Landsberg/Lech 1988, S. 141-156.

Wildemann, H.:
(1992)

Simultaneous Engineering als Baustein für Just-in-Time in
Forschung, Entwicklung und Konstruktion in: VDI-Zeitschrift,
134. Jg., 1992, Nr. 12, S. 18-23.

Wildemann, H.:
(1995)

Der Erfolgsfaktor Informationsverarbeitung in kundennahen,
schlanken Unternehmen, in: Wirtschaftsinformatik, 37. Jg., 1995,
Nr. 2, S. 95-104.

Wildhack, R.:
(1993)

Multimedia Anwendungen für ISDN-Workstations, in: Telekom
Praxis, o. Jg., 1993, Nr. 10, S. 23-28.

Willett, R.P.; **Pennington, A.L.:** **(1976)**	Verkaufsinteraktion - Kunde und Verkäufer, in: Specht, K.G.; Wiswede, G. (Hrsg.): Marketing-Soziologie, Berlin 1976, S. 303-321.
Williamson, O.E.: **(1990)**	Die ökonomischen Institutionen des Kapitalismus. Unternehmen, Märkte und Kooperationen, Tübingen 1994.
Wimmer, F.; **Zerr, K.:** **(1994)**	Systemplanung als Aufgabe des Systemmarketing, in: Marketing-ZFP, 16. Jg., 1994, Nr. 4, S. 221-233.
Wimmer, F.; **Zerr, K.:** **(1995)**	Service für Systeme - Service mit System, in: Absatzwirtschaft, 38. Jg., 1995, Nr. 7, S. 82-87.
Wiswede, G.: **(1976)**	Ansätze zur Theorie der Informationsneigung, in: Specht, K.G.; Wiswede, G. (Hrsg.): Marketing-Soziologie, Berlin 1976, S. 235-255.
Witte, A.: **(1994)**	Mit Printmedien kaum konform - Der Rechtsschutz von Multimedia Produkten, in: Süddeutsche Zeitung, 50. Jg., 1994, Nr. 61, Sonderbeilage Cebit, S. VI.
Wittmann, W.: **(1959)**	Unternehmen und unvollkommene Information, Köln und Opladen 1959.
Wöhe, G.: **(1990)**	Einführung in die Allgemeine Betriebswirtschaftslehre, 17. Aufl., München 1990.
Wolff, M.R.: **(1993)**	Multimediale Informationssysteme, in: Theorie und Praxis der Wirtschaftsinformatik, 30. Jg., Nr. 109, S. 9-26.
Wolfrum, B.: **(1994)**	Schnittstellenprobleme zwischen Forschung & Entwicklung und Marketing im Innovationsmanagement, in: Wirtschaftsstudium, 23. Jg., 1994, Nr. 12, S. 1016-1022.
Woratschek, H.: **(1996)**	Die Typologie von Dienstleistungen aus informationsökono- mischer Sicht, in: Der Markt, 35. Jg., 1996, Nr. 136, S. 59-71.

Z

Zacharias, M.: **(1986)**	Den Außendienst über Elektronik aufwerten, in: Absatzwirtschaft, 29. Jg., 1986, Nr. 7, S. 69-72.

418

Zeithaml, V.A.:   How Consumer Evaluation Processes Differ between Goods and
(1984)   Services, in: Lovelock, C.H.: (Hrsg.): Services Marketing,
    Englewood Cliffs 1984, S. 191-199.

Zeithaml, V.A.;   Qualitätsservice, Frankfurt und New York 1992.
Berry, L.L.;
Parasuraman, A.:
(1992)

Zeithaml, V.A.;   Kommunikations- und Kontrollprozesse bei der Erstellung von
Berry, L.L.;   Dienstleistungsqualität, in: Bruhn, M.; Stauss, B. (Hrsg.):
Parasuraman, A.:   Dienstleistungsqualität, 2. Aufl., Wiesbaden 1995, S. 131-160.
(1995)

Zeithaml, V.A.;   The Behavioural Consequences of Service Quality, in: Journal of
Berry, L.L.;   Marketing, 60. Jg., 1996, Nr. 4, S. 31-46.
Parasuraman, A.:
(1996)

Zelewski, S.v.:   Einsatz von Expertensystemen in den Unternehmen - Anwen-
(1989)   dungsmöglichkeiten, Bewertungsaspekte und Probleme künst-
    licher Intelligenz, Ehringen 1989.

Zerr, K.:   Systemmarketing, Wiesbaden 1994.
(1994)

Zeutschel, U.;   BMW - Jetzt wird auch der Verkauf super gemacht, in: Harvard
Hinzpeter, R.;   Business Manager, 17. Jg., 1995, Nr. 1, S. 65-74.
Patzelt, B.:
(1995)

Ziep, K.D.:   IBM Tele-Akademie - Innovative Weiterbildung im
(1993)   Breitbandnetz, in: Lehmann, R.G. (Hrsg.): Corporate Media,
    Landsberg/Lech 1993, S. 231-244.

Zilker, M.:   Computer gestützte Präsentationstechnik, in: Hermanns, A.;
(1992)   Flegel, V. (Hrsg.): Handbuch des Electronic Marketing,
    München 1992, S. 605-619.

Zindel, M.:   Sales Support Systems, in: Verkauf und Marketing, 17. Jg.,
(1989)   1989, Nr. 2, S. 29-31.

Zollner, G.:   Kundennähe im Dienstleistungsunternehmen, Wiesbaden 1995.
(1995)

Anhang

Liste der geführten Interviews

OKAL BAU Otto Kreibaum Gmbh & Co. KG

06.12.1994	Hr. Lemke	Leiter Vertrieb
26.06.1995	Hr. Köpe	Leiter Marketing und Werbung

Kampa Haus AG

03.02.1995	Hr. Zimmermann	Leiter Vertrieb

Mercedes-Benz AG, Stuttgart

22.09.1995	Hr. Epple	Leiter Beratungssysteme Nutzfahrzeuge
22.09.1995	Hr. Vischer	Leiter Vertrieb Nutzfahrzeuge Deutschland

MAN AG

03.11.1995	Hr. Selmayr	Leiter Beratungssysteme Nutzfahrzeuge

ROLF BENZ AG

13.03.1996	Hr. Folberth	Projektleiter Beratungsunterstützungssystem WohnVision

Zusammenfassende Darstellung der technischen Determinanten der Wirkungspotentiale

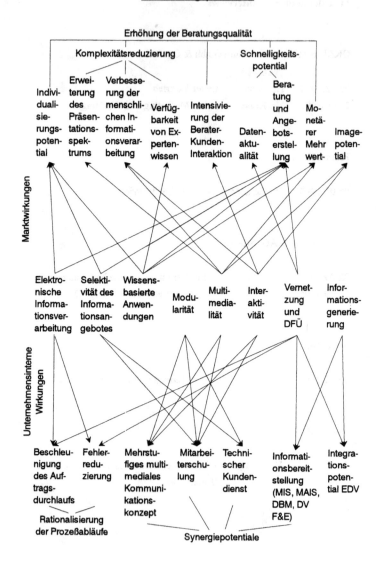

423

RUHR-UNIVERSITÄT BOCHUM

Fakultät für Wirtschaftswissenschaft
Angewandte Betriebswirtschaftslehre IV (Marketing)
Professor Dr. Peter Hammann

Kundenfragebogen

Bitte beantworten Sie folgende Fragen zum Einsatz des PC-gestützten Beratungsunterstützungssystems **OKAL-Selekt** im Rahmen der Kundenberatung!

1. Bitte beurteilen Sie zunächst folgende Aussagen zur **visuellen Darstellung** der einzelnen Hausbaukomponenten und Konfigurationsstufen!

	trifft sehr zu						trifft nicht zu

● Die farbige und perspektivische visuelle Darstellung vermittelt eine bessere Vorstellung von der zu erwartenden Hausbauleistung.

● Durch die Kombination von Bild- und Textinformation wird das Verständnis der einzelnen Leistungskomponenten verbessert.

● Die visuelle Darstellung beschleunigt das Verständnis komplexer Zusammenhänge (z.B. besseres Verständnis unterschiedlicher Kombinationsmöglichkeiten einzelner Hausbaukomponenten).

● Als Folge der genannten Aspekte kann die mit der Kaufentscheidung verbundene Unsicherheit reduziert werden.

● Insgesamt führt das bessere Verständnis der zu erwartenden Leistung zu einer Reduzierung von Rückfragen und Beschleunigung des Entscheidungsprozesses.

● Die Kombination bildhafter Darstellungen und Textinformationen fördert die Erinnerungsfähigkeit.

● Die Neuartigkeit der Leistungspräsentation fördert die Aufmerksamkeitsbildung.

2. OKAL-Selekt ermöglicht einen durch den Kundenberater geführten Dialog mit dem Anbieter. Bitte beurteilen Sie nachstehende Aussagen zur **dialogischen Wechselbeziehung mit dem System** im Rahmen der Kundenberatung!

	trifft sehr zu						trifft nicht zu

● Die dialogische Informationsvermittlung fördert die Berücksichtigung von Informationswünschen des Kunden.

● Die Möglichkeit der Dialogsteuerung wirkt sich förderlich auf das Verständnis komplexer Sinnzusammenhänge aus.

2

	trifft sehr zu					trifft nicht zu

● Die Einflußnahme auf die Steuerung der Informationsvermittlung fördert die Erinnerungsfähigkeit.

● Die Möglichkeit des Dialogs mit dem System ermöglicht eine stärkere Einbeziehung des Nachfragers in
den Prozeß der Angebotserstellung.

● Hierdurch wird der Prozeß der Angebotserstellung i.S.
einer kreativen Zusammenarbeit gefördert.

● Die Mitwirkung bei der Angebotserstellung führt zu
einer stärkeren Identifikation mit dem Angebot.

● Die bedürfnisorientiert steuerbare Informationsbereitstellung wirkt sich motivationsfördernd aus.

● Die Möglichkeit des Systemdialogs ist ein Zeichen für
einen an den Bedürfnissen des Kunden ausgerichteten
Anbieter.

● Die mit der Dialogsteuerung verbundene individuelle
Informationsbereitstellung und Produktzusammenstellung erhöht die dem Anbieter zugemessene Problemlösungskompetenz.

3. Der Einsatz von OKAL-Selekt dient der Optimierung der Kundenberatung und Angebotserstellung. Sofern Sie über Erfahrungen mit Beratungen ohne Computereinsatz verfügen, beurteilen Sie bitte im einzelnen, inwiefern durch den Einsatz des Systems die nachfolgenden
Aspekte der Beratung und Angebotserstellung gegenüber einer nicht computergestützten Beratungsleistung verbessert werden konnten?

	starke Verbes- serung					keine Verbes- serung

● Information über das zur Verfügung stehende Gesamtangebot innerhalb der Produktlinie

● Anschauliche und verständliche Präsentation des Produktangebotes

● Bereitstellung produktspezifischer Informationen

● Flexibilität der Informationsbereitstellung (z.B. bei
Modifikationswünschen)

● Individualität der Zusammenstellung der einzelnen
Hausbaukomponenten zum vollständigen Fertighaus

● Vergleich von Angebotsalternativen

● Schnelligkeit der Produktzusammenstellung/Angebots-
erstellung

● Transparenz/Klarheit der Angebotserstellung (z.B.
durch mitlaufende Preiskalkulation)

● Objektivität der Angebotserstellung (z.B. durch unter-
legte Computerdaten)

	starke Verbes- serung							keine Verbes- serung

● Schriftliche Angebotserstellung (z.B. Graphik des konfigurierten Fertighauses)

● Sonstiges

_____

● Sonstiges

_____

Bitte geben Sie an, inwiefern durch den Einsatz von OKAL-Selekt die **Qualität der Kundenberatung und Angebotserstellung** insgesamt verbessert werden konnte!

sehr stark [| | | | | |] **gar nicht**

Inwiefern hat der Einsatz des Systems OKAL-Selekt zur Reduzierung der von Ihnen empfundenen Unsicherheit bei der Kaufentscheidung beigetragen?

sehr stark [| | | | | |] **gar nicht**

4. Inwiefern hat der Einsatz von OKAL-Selekt dazu beigetragen, die von Ihnen wahrgenommene **Kompetenz** des Kundenberaters im Sinne eines Fachexperten zu **fördern**?

sehr stark [| | | | | |] **gar nicht**

5. Bitte beurteilen Sie den Einsatz von OKAL-Selekt im Hinblick auf die **Gesprächsatmosphäre**! Wie haben Sie den Computereinsatz empfunden?

☐ sehr positiv,
☐ leicht positiv,
☐ neutral,
☐ leicht störend,
☐ sehr störend.

6. Wie stark hat der Einsatz des Systems dazu beigetragen, Sie vom **Leistungsangebot des Herstellers** zu **überzeugen**?

sehr stark [| | | | | |] **gar nicht**

4

Kann die durch die Funktionalität von **OKAL-Selekt** vermittelte Leistungsfähigkeit des Anbieters als letztendlich **ausschlaggebender Faktor** Ihrer **Kaufentscheidung** angesehen werden?

❏ ja ❏ nein

7. **Inwiefern steht der Einsatz moderner Kommunikationstechnologie im Rahmen der Kundenberatung und Angebotserstellung mit folgenden Aspekten in Verbindung?**

	trifft sehr zu					trifft nicht zu
● Problemlösungs- und Kundenorientierung						
● Innovationsorientierung						
● Modernität/Zukunftsorientierung						

8. **Würden Sie das Unternehmen aufgrund der computerunterstützten Beratung und Angebotserstellung weiterempfehlen?**

❏ ja ❏ nein

Wenn nein, warum nicht?

_____

_____

9. **Geben Sie bitte abschließend die von Ihnen als besonders wichtig empfundenen Vorteile der computerunterstützten Kundenberatung und Angebotserstellung stichwortartig an!**

_____   _____

_____   _____

_____   _____

_____   _____

10. Unterstellt, Sie hätten Ihre Kaufentscheidung noch nicht getroffen. Hätten Sie vor Aufnahme eines persönlichen Beratungskontaktes bereits daran Interesse, sich selbständig an einem bereitgestellten Informationssystem (z.B. bei Kreditinstituten oder Baufachmärkten), differenziert und individuell über das Angebotsspektrum des Fertighausanbieters zu informieren?

starkes Interesse ☐☐☐☐☐☐ kein Interesse

Für PC/CD-ROM-Nutzer:

11. Unterstellt, Sie hätten Ihre Kaufentscheidung noch nicht getroffen. Hätten Sie an der Bereitstellung einer CD-ROM zur Information über das Leistungsspektrum des Fertighausanbieters am eigenen PC Interesse?

☐ ja   ☐ nein

Sofern Interesse besteht: Wären Sie bereit, diesen zusätzlichen Service zu entgelten?

☐ ja   ☐ nein

Wenn ja, in welcher Höhe?

☐ < 5 DM

☐ 5 - 10 DM

☐ 10 - 15 DM

☐ 15 - 20 DM

☐ > 20 DM

Wir bedanken uns sehr herzlich für Ihre Mitarbeit !

428

RUHR-UNIVERSITÄT BOCHUM

Fakultät für Wirtschaftswissenschaft
Angewandte Betriebswirtschaftslehre IV (Marketing)
Professor Dr. Peter Hammann

Ruhr-Universität Bochum, Angewandte BWL IV (Marketing)
D-44780 Bochum

Universitätsstraße 150

D-44780 Bochum

Gebäude GC 4/157

An die Teilnehmer
der Erhebung zum Einsatz von
Angebotsunterstützungssystemen

Telefon (0234) 700-6596

Telefax (0234) 7094-272

Telex 17-234356

-Bauherren/Bauinteressenten-

Teletex 2627-234356 = RuhrUni

Den 30.06.1995

Schriftliche Befragung zum Einsatz des Beratungsunterstützungssystems OKAL-Selekt im Rahmen der Kundenberatung

Sehr geehrte Damen und Herren,

der beiliegende Erhebungsbogen dient als empirische Grundlage einer Dissertation über ökonomische Wirkungen des Einsatzes von Angebotsunterstützungssystemen in der persönlichen Verkaufsberatung. Dabei sollen theoretisch entwickelte Wirkungspotentiale des Einsatzes computergestützter Angebotsformen den tatsächlichen, durch die Erhebung festzustellenden, Wirkungen gegenübergestellt werden. Im Vordergrund stehen hier vor allem die Marktwirkungen, die sich in erster Linie auf eine Optimierung der Beratungsleistung und daraus resultierende komparative Wettbewerbsvorteile richten. Sofern Sie im Zusammenhang mit Ihrer Kaufentscheidung bereits über Beratungserfahrung ohne Computerunterstützung verfügen, würden wir gerne Ihre Beurteilung des Beratungsunterstützungssystems OKAL-Selekt anonym erfahren. Neben PC-gestützt beratenen Bauherren und Bauinteressenten werden darüber hinaus Verkaufsberater als konkrete Systemanwender ebenfalls anonym um Stellungnahme gebeten.

Wir würden uns über Ihre Mitarbeit durch Beantwortung und Rücksendung des Erhebungsbogens bis Ende September 1995 an die Forschungsstelle in beiliegendem adressierten Freiumschlag sehr freuen. Sollten Fragen oder Unklarheiten bei der Bearbeitung des Fragebogens auftreten, steht Ihnen Herr Dipl.-Ökon. Brandt (Tel. 0234 - 700 5146), der Bearbeiter des Forschungsprojektes, jederzeit gerne zur Verfügung.

Wir dürfen Ihnen versichern, daß Ihre Angaben selbstverständlich absolut vertraulich behandelt werden und nur in der genannten Forschungsarbeit Verwendung finden. Für Ihre Mitarbeit und Unterstützung der betriebswirtschaftlichen Forschung bedanken wir uns sehr herzlich.

Mit freundlichen Grüßen

(Prof. Dr. Hammann)   (Brandt, wiss. Mitarbeiter)

Anlage: Fragebogen

RUHR-UNIVERSITÄT BOCHUM
Fakultät für Wirtschaftswissenschaft
Angewandte Betriebswirtschaftslehre IV (Marketing)
Professor Dr. Peter Hammann

Fragebogen für die Vertriebsmitarbeiter

Bitte beantworten Sie nachstehende Fragen zum Einsatz des PC-gestützten Beratungsunterstützungssystems **OKAL-Selekt** im Rahmen der Kundenberatung!

1. Wie oft setzen Sie das System **OKAL-Selekt im Rahmen der Kundenkontaktvorbereitung, Gesprächsdurchführung und Gesprächsnachbereitung** in den Fällen ein, in denen aufgrund des nachgefragten Produkttyps das System generell benutzt werden kann? Bitte geben Sie den ungefähren Prozentanteil an!

   • Bei der Kundenkontaktvorbereitung   in ca. _____ % der Fälle

   • Bei der Gesprächsdurchführung   in ca. _____ % der Fälle

   • Bei der Gesprächsnachbereitung   in ca. _____ % der Fälle

2. Bitte beurteilen Sie folgende Aussagen zur **visuellen Darstellung** der einzelnen Hausbaukomponenten und Konfigurationsstufen!

	trifft sehr zu				trifft nicht zu

   • Die farbige und perspektivische visuelle Darstellung vermittelt eine bessere Vorstellung von der zu erwartenden Hausbauleistung.

   • Durch die Kombination von Bild- und Textinformation wird das Verständnis der einzelnen Leistungskomponenten verbessert.

   • Die visuelle Darstellung beschleunigt das Verständnis komplexer Zusammenhänge (z.B. besseres Verständnis unterschiedlicher Kombinationsmöglichkeiten einzelner Hausbaukomponenten).

   • Als Folge der genannten Aspekte kann die mit der Kaufentscheidung verbundene Unsicherheit reduziert werden.

   • Insgesamt führt das bessere Verständnis der zu erwartenden Leistung zu einer Reduzierung von Rückfragen und Beschleunigung des Entscheidungsprozesses.

   • Die Kombination bildhafter Darstellungen und Textinformationen fördert die Erinnerungsfähigkeit.

   • Die Neuartigkeit der Leistungspräsentation fördert die Aufmerksamkeitsbildung.

2

3. OKAL-Selekt ermöglicht einen durch den Kundenberater geführten Dialog mit dem Anbieter. Bitte beurteilen Sie nachstehende Aussagen zur **dialogischen Wechselbeziehung** mit dem System im Rahmen der Kundenberatung!

	trifft sehr zu						trifft nicht zu

● Die dialogische Informationsvermittlung fördert die Berücksichtigung von Informationswünschen des Kunden.

● Die Möglichkeit der Dialogsteuerung wirkt sich förderlich auf das Verständnis komplexer Sinnzusammenhänge aus.

● Die Einflußnahme auf die Steuerung der Informationsvermittlung fördert die Erinnerungsfähigkeit.

● Die Möglichkeit des Dialogs mit dem System ermöglicht eine stärkere Einbeziehung des Nachfragers in den Prozeß der Angebotserstellung.

● Hierdurch wird der Prozeß der Angebotserstellung i.S. einer kreativen Zusammenarbeit gefördert.

● Die Mitwirkung bei der Angebotserstellung führt zu einer stärkeren Identifikation mit dem Angebot.

● Die bedürfnisorientiert steuerbare Informationsbereitstellung wirkt sich motivationsfördernd aus.

● Die Möglichkeit des Systemdialogs ist ein Zeichen für einen an den Bedürfnissen des Kunden ausgerichteten Anbieter.

● Die mit der Dialogsteuerung verbundene individuelle Informationsbereitstellung und Produktzusammenstellung erhöht die dem Anbieter zugemessene Problemlösungskompetenz.

4. Durch den Einsatz des Systems soll die Kundenberatung und Angebotserstellung optimiert werden! Bitte beurteilen Sie im einzelnen, inwiefern die nachfolgenden Aspekte der Kundenberatung <u>gegenüber einer nicht computergestützten Beratungsleistung</u> durch den Einsatz von OKAL-Selekt verbessert werden konnten?

	starke Verbesserung						keine Verbesserung

● Information über das zur Verfügung stehende Gesamtangebot innerhalb der Produktlinie

● Anschauliche und verständliche Präsentation des Leistungsangebotes

● Bereitstellung produktspezifischer Informationen

● Individualität/Problemlösungsnähe der Angebotserstellung/Leistungskonfiguration

	starke Verbes- serung						keine Verbes- serung
● Konstanz der Qualität der Informationsbereitstellung							
● Transparenz der Angebotserstellung							
● Schnelligkeit der Produktkonfiguration/Angebots- erstellung							
● Flexibilität der Informationsbereitstellung (z.B. bei Modifikationswünschen des Nachfragers)							
● Vergleich von Angebotsalternativen							
● Argumentation bei Kundeneinwänden (z.B. durch im Programmhintergrund verfügbare Informationen)							
● Fehlerreduzierung/Vollständigkeit der Angebotserstel- lung							
● Vermeidung von Mißverständnissen durch anschau- liche visuelle Darstellung							
● Aktualität der Angebotsdaten							
● Schriftliche Angebotserstellung (z.B. Graphik der konfigurierten Hausbaulösung)							
● Sonstige Verbesserungen der Beratungsleistung _____							
● Sonstige Verbesserungen der Beratungsleistung _____							

Bitte geben Sie an, inwiefern Ihrer Meinung nach durch den Einsatz von OKAL-Selekt insge- samt die **Qualität der Kundenberatung** erhöht werden konnte!

sehr stark [ ][ ][ ][ ][ ][ ] gar nicht

5. Konkret zur **mitlaufenden Angebotskalkulation**:

● Wie nutzen Sie die Option der mitlaufenden Angebotskalkulation?

❑ Aktivierung während des gesamten Prozesses der Angebotserstellung

❑ Teilweise, pointierte Aktivierung, z.B. beim Vergleich unterschiedlicher Pro- duktalternativen

❑ Deaktivierung mit Ausnahme der Präsentation des endgültigen Angebotspreises

4

● Bitte beurteilen Sie folgende Aussagen!

| | trifft sehr zu | | | | | trifft nicht zu |

● Durch die mitlaufende Angebotskalkulation kann
eine bessere Ausnutzung des finanziellen Budgets
des Nachfragers, z.B. durch Einbeziehung von Zusatzleistungen, erreicht werden

● Die mitlaufende Preiskalkulation fördert die Vermeidung von Preis- bzw. Kalkulationsirrtümern

● Die mitlaufende Preiskontrolle fördert die Klarheit
und Transparenz der Angebotserstellung

6. Inwiefern trägt der strukturierte **Programmaufbau** zur Förderung eines systematischen Ablaufs des Beratungsgespräches bei?

sehr stark　　　　　　　　　　　　überhaupt nicht

7. Inwiefern ermöglicht der Systemeinsatz eine **Erhöhung** des Ihnen während des Beratungskontaktes **sofort zur Verfügung stehenden Wissens** (z.B. über Produktspezifika, sofortige
Preisauskünfte)?

sehr stark　　　　　　　　　　　　überhaupt nicht

8. Bitte beurteilen Sie die Informationsbereitstellung und Funktionalität des Beratungsunterstützungssystems im Hinblick auf die von Ihnen **empfundene Sicherheit** während des Beratungsgesprächs!

starke Verbesserung　　　　　　　　keine Verbesserung

9. Beurteilen Sie bitte den Einsatz von OKAL-Selekt darüber hinaus im Hinblick auf die **Überzeugung des Nachfragers** vom Leistungsangebot des Herstellers!

starke
Überzeugungswirkung　　　　　　　keine
Überzeugungswirkung

10. Wie gut eignet sich das System zur **Unterstützung/Ergänzung Ihrer persönlichen Vorgehensweise** bei der Kundenberatung (z.B. pointierte Präsentation bestimmter Information)?

sehr gut　　　　　　　　　　　　überhaupt nicht

5

11. Bitte beurteilen Sie die **Imagewirkung** von OKAL-Selekt im Hinblick auf Modernität, Innovativität, Zukunftsorientierung?

starke Wirkung ☐☐☐☐☐☐ **keine Wirkung**

12. Wie stark nutzen Sie das **System, um sich selbst** über bestimmte produktspezifische oder angebotsrelevante Details **zu informieren?**

sehr stark ☐☐☐☐☐☐ **überhaupt nicht**

13. a) Konnte durch den Einsatz von OKAL-Selekt die Anzahl der wahrgenommenen Kundenkontakte insgesamt erhöht werden?

☐ ja   ☐ nein

Wenn ja, in welcher Höhe?

ca. _____ %

b) Konnte seit Einsatz des Systems eine **Erhöhung der Auftragsabschlüsse** festgestellt werden?

☐ ja   ☐ nein

Wenn ja, führen Sie dies zumindest auch teilweise auf die elektronische Beratungsunterstützung zurück?

☐ ja   ☐ nein

Wenn ja, wie hoch schätzen Sie

a) die primär auf die Überzeugungswirkung des Systems OKAL-Selekt zurückgehende Erhöhung der Auftragsabschlüsse?

ca. _____ %

b) die primär auf die durch den Systemeinsatz bedingte Erhöhung der Anzahl der Kundenkontakte zurückgehende Erhöhung der Auftragsabschlüsse?

ca. _____ %

6

14. Wurde infolge des Systemeinsatzes eine **Zeitersparnis** in folgenden Bereichen erzielt?
    Wenn ja, geben Sie bitte den prozentualen Anteil der Zeitersparnis an!

  • Kundenkontaktvorbereitung

  ☐ ja ☐ nein   ca. _____ %

  • Durchführung des Kundenberatungsge-
    sprächs

  ☐ ja ☐ nein   ca. _____ %

  • Nachbereitung des Beratungskontaktes

  ☐ ja ☐ nein   ca. _____ %

15. Konnte durch den Einsatz der elektronischen Beratungsunterstützung die Anzahl der bis zur **Erstellung des endgültigen Angebotes** notwendigen **Kundenkontakte pro beratenem Kunden reduziert** werden?

  ☐ ja   ☐ nein

Wenn ja, in welcher Höhe?

  um ca. _____ %

  um ca. _____ **Kontakte**

16. Geben Sie bitte die Ihrer Meinung nach **wichtigsten Verbesserungen** an, die durch den Einsatz von OKAL-Selekt erzielt wurden.

  a) im Rahmen der Vorbereitung des Beratungskontaktes

  _____   _____

  _____   _____

  _____   _____

  _____   _____

  b) bei der Durchführung der Kundenberatung

  _____   _____

  _____   _____

  _____   _____

  _____   _____

7

c) im Hinblick auf die Nachbereitung des Beratungskontaktes

_____   _____

_____   _____

_____   _____

_____   _____

Sehen sie Ansatzpunkte für funktionale Verbesserungen des Systems?

_____

_____

_____

_____

_____

17. Bitte beurteilen Sie abschließend folgende Aspekte der **Benutzerfreundlichkeit**!

	sehr hoch					sehr gering
● Flexibilität des Systemeinstiegs						
● Flexibilität und Bedürfnisorientierung der Dialogsteuerung						
● Einheitlichkeit der Systembedienung in den Menüs bzw. Untermenüs						
● Intuitionsorientierte Bedienerführung						
● Funktionalität von Orientierungs- und Navigationshilfen						
● Erklärungskomponenten im Hinblick auf die Bedienerführung						
● Leistungsfähigkeit des Hilfemoduls						
● Verständlichkeit/Genauigkeit von Rückmeldungen bei Fehleingaben						

8

18. Sehen Sie Ansatzpunkte zur **Verbesserung** der **Benutzerfreundlichkeit**?

_____

_____

_____

_____

_____

19. Sehen Sie die Möglichkeit der **Substitution** von **Musterhäusern** als Präsentations- und Anschauungsobjekte **durch die elektronischen Visualisierungsmöglichkeiten**

   a) des (möglicherweise erweiterten) Systems OKAL-Selekt?

vollständige Substitution der   **keine Substitution der**
Musterhäuser möglich   **Musterhäuser möglich**

   b) von Anwendungen der Virtual-Reality-Technologie?

vollständige Substitution der   **keine Substitution der**
Musterhäuser möglich   **Musterhäuser möglich**

Wir bedanken uns sehr herzlich für Ihre Mitarbeit !

437

RUHR-UNIVERSITÄT BOCHUM

Fakultät für Wirtschaftswissenschaft
Angewandte Betriebswirtschaftslehre IV (Marketing)
Professor Dr. Peter Hammann

Ruhr-Universität Bochum, Angewandte BWL IV (Marketing)
D-44780 Bochum

An die Teilnehmer
der Erhebung zum Einsatz von
Angebotsunterstützungssystemen

-Verkaufsberater-

Universitätsstraße 150

D-44780 Bochum

Gebäude GC 4/157

Telefon (0234) 700-6596

Telefax (0234) 7094-272

Telex 17-234356

Teletex 2627-234356 = RuhrUni

Den 30.06.1995

Schriftliche Befragung zum Einsatz des Beratungsunterstützungssystems OKAL-Selekt im Rahmen der Kundenberatung

Sehr geehrte Damen und Herren,

der beiliegende Erhebungsbogen dient als empirische Grundlage einer Dissertation über ökonomische Wirkungen des Einsatzes von Angebotsunterstützungssystemen in der persönlichen Verkaufsberatung. Dabei sollen theoretisch entwickelte Wirkungspotentiale des Einsatzes computergestützter Angebotsformen den tatsächlichen, durch die Erhebung festzustellenden, Wirkungen gegenübergestellt werden. Im Vordergrund stehen hier vor allem die Marktwirkungen, die sich in erster Linie auf eine Optimierung der Beratungsleistung und daraus resultierende komparative Wettbewerbsvorteile richten. In diesem Zusammenhang würden wir gerne Ihre Beurteilung des Beratungsunterstützungssystems OKAL-Selekt anonym erfahren. Neben Kundenberatern als konkrete Systemanwender, werden darüber hinaus mit Hilfe des Systems beratene Bauherren und Bauinteressenten ebenfalls anonym um Stellungnahme gebeten.

Wir würden uns über Ihre Mitarbeit durch Beantwortung und Rücksendung des Erhebungsbogens bis Ende September 1995 an die Forschungsstelle in beiliegendem adressierten Freiumschlag sehr freuen. Sollten Fragen oder Unklarheiten bei der Bearbeitung des Fragebogens auftreten, steht Ihnen Herr Dipl. Ökon. Brandt (Tel. 0234 - 700 5146), der Bearbeiter des Forschungsprojektes, jederzeit gerne zur Verfügung.

Wir dürfen Ihnen versichern, daß Ihre Angaben selbstverständlich absolut vertraulich behandelt werden und nur in der genannten Forschungsarbeit Verwendung finden. Für Ihre Mitarbeit und Unterstützung der betriebswirtschaftlichen Forschung bedanken wir uns sehr herzlich.

Mit freundlichen Grüßen

(Prof. Dr. Hammann)   (Brandt, wiss. Mitarbeiter)

<u>Anlage</u>: Fragebogen

438

RUHR - UNIVERSITÄT BOCHUM
Fakultät für Wirtschaftswissenschaft
Angewandte Betriebswirtschaftslehre IV (Marketing)
Professor Dr. Peter Hammann

Kundenfragebogen

Sie wurden mit dem Beratungssystem **WohnVision von ROLF BENZ** beraten. Bitte beantworten Sie folgende Fragen zur Beurteilung des Systems in der persönlichen Kundenberatung!

1. Der Einsatz des Systems WohnVision dient der Optimierung der Kundenberatung und der Erleichterung der Kaufentscheidung. Bitte beurteilen Sie im einzelnen, inwiefern durch den Einsatz des Systems die nachfolgenden Aspekte der Beratung und Angebotserstellung <u>gegenüber einer nicht computergestützten Beratungsleistung</u> verbessert werden können?

	starke Verbesserung				keine Verbesserung
● Bedarfseingrenzung und Konkretisierung der Produktauswahl					
● Anschaulichkeit und Verständlichkeit der ausgewählten Variante(n)					
● Bereitstellung produktspezifischer Informationen (z.B. Gebrauchseigenschaften und Pflege von Bezugsstoffen, Aufbau der Polstermöbel)					
● Flexibilität der Reaktion auf Ihre Informationswünsche (z.B. sofortiger Vergleich unterschiedlicher Sitzbezüge oder Anreihmöglichkeiten etc.)					
● Individualität der Zusammenstellung der Sitzgarnitur (z.B. durch individuelle Grundrißabstimmung und Raumplanung, Bezug- und Musterauswahl)					
● Schnelligkeit der Erstellung eines vollständigen Angebotes					
● Transparenz/Klarheit der Angebotserstellung durch schnelle und gezielte Preisermittlung durch Typenliste mit Preisangaben					
● Schriftliche Angebotserstellung (z.B. durch Graphikausdruck des Grundrisses von Anreihsystemen, individuelle Produkt- und Pflegeinformationen im Rahmen des Beratungspaketes)					

2

Bitte geben Sie an, inwiefern durch den Einsatz des Systems WohnVision die **Qualität der Kundenberatung** insgesamt verbessert werden konnte!

sehr stark ☐☐☐☐☐☐☐ überhaupt nicht

Inwiefern trägt der Einsatz von WohnVision zur **Erleichterung** Ihrer **Kaufentscheidung** bei?

sehr stark ☐☐☐☐☐☐☐ überhaupt nicht

2. Bitte beurteilen Sie folgende Aussagen zur **bildlichen Darstellung** der einzelnen Produktkomponenten und der zusammengestellten Sitzgarnitur!

trifft sehr zu   trifft nicht zu

● Die photorealistische Darstellung vermittelt eine bessere Vorstellung von dem zu erwartenden Produkt.

☐☐☐☐☐☐☐

● Die graphische Darstellung von Möbelquerschnitten in Verbindung mit Textinformationen beschleunigt das Verständnis des komplexen hochwertigen Produktaufbaus (z.B. besseres Verständnis der Funktion/Beschaffenheit einzelner Produktkomponenten).

☐☐☐☐☐☐☐

● Die Integration der ausgewählten Möbelgarnitur in Wohn-Stilcollagen vermittelt eine realistischere Vorstellung des erwarteten Produkterlebnisses.

☐☐☐☐☐☐☐

● Hierdurch kann eine mit der Nutzung der Möbelgarnitur verbundene Stimmung erzeugt werden.

☐☐☐☐☐☐☐

● Insgesamt führt das bessere Verständnis der zu erwartenden Leistung zu einer Reduzierung von Rückfragen/Mißverständnissen und beschleunigt die Kaufentscheidung.

☐☐☐☐☐☐☐

3. Die computergestützte Beratung beinhaltet einen durch den Verkaufsberater geführten **Dialog** mit dem System WohnVision. Bitte beurteilen Sie nachstehende Aussagen zur **Wirkung auf das Verkaufsgespräch**!

trifft sehr zu   trifft nicht zu

● Durch den direkten Informationszugriff im Rahmen des Dialogs mit WohnVision können Informationswünsche besser berücksichtigt werden.

☐☐☐☐☐☐☐

● Die Möglichkeit des selektiven Informationszugriffs wirkt sich förderlich auf das Verständnis aus (z.B. des Produktaufbaus, der Stoffqualitäten).

☐☐☐☐☐☐☐

	trifft sehr zu					trifft nicht zu

● Der Dialog mit WohnVision ermöglicht eine stärkere Einbeziehung in das Verkaufsgespräch.

● Hierdurch wird der Prozeß der Angebotserstellung im Sinne einer kreativen Zusammenarbeit mit dem Berater gefördert.

● Dies fördert auch die Motivation zur Mitwirkung bei der Möbelzusammenstellung.

● Die Mitwirkung bei der Angebotserstellung fördert die Überzeugung von der ausgewählten Polstergarnitur.

● Durch die stärkere Einbeziehung in den Prozeß der Angebotserstellung erscheint das Beratungsgespräch kürzer.

● Der Dialog mit WohnVision ermöglicht eine bessere Berücksichtigung des individuellen Bedarfs.

4. Der Kauf hochwertiger Möbel ist mit einer Investition gleichzusetzen. Inwiefern konnten die wahrgenommenen Vorteile des Systems von ROLF BENZ zur **Reduzierung** der mit der **Kaufentscheidung verbundenen Unsicherheit über die Auswahl der richtigen Alternative** beitragen?

sehr stark ☐☐☐☐☐☐ **überhaupt nicht**

5. Bitte beurteilen Sie folgende Aussage! Insgesamt wird durch den Einsatz von WohnVision die **Problemlösungskompetenz des Verkaufsberaters** erhöht.

trifft sehr zu ☐☐☐☐☐☐ **trifft nicht zu**

6. Wie bewerten Sie den Systemeinsatz in bezug auf die **Beeinflussung des Dialogs** mit dem Verkaufsberater? Bitte kreuzen Sie die zutreffende Aussage an!

● Der Systemeinsatz fördert den persönlichen Dialog in dem Sinne, daß die Beratungsanforderungen (z.B. sofortige Verfügbarkeit gewünschter Informationen) bestmöglich erfüllt werden können. ☐

● Der Systemeinsatz wirkt sich neutral auf den persönlichen Dialog aus, es erfolgt weder eine nennenswerte Förderung noch Behinderung. ☐

4

- Das System stört den persönlichen Dialog, indem durch eine Verlagerung zum Mensch-Maschine-Austausch eine für den Beratungsablauf nicht wünschenswerte Gesprächsablenkung erfolgt. ▢

- Sonstiges:

_____

_____

Bitte beurteilen Sie noch einmal zusammenfassend die Wirkung von WohnVision auf die Gesprächsatmosphäre!

sehr positiv ▢▢▢▢▢▢ **sehr störend**

7. Hat der Einsatz von **WohnVision** insgesamt dazu beigetragen, Sie vom **Leistungsangebot** der **ROLF BENZ AG** zu überzeugen?

▢ ja ▢ nein

Sofern Sie sich für ein Angebot von ROLF BENZ entschieden haben, wie stark ist Ihre **Kaufentscheidung durch WohnVision** unterstützt worden?

▢ Die Vorteile von WohnVision waren der letztendlich ausschlaggebende Faktor meiner Kaufentscheidung.

▢ Meine Kaufentscheidung wurde maßgeblich durch den Einsatz von WohnVision gefördert.

▢ Die Entscheidung für ein Angebot von ROLF BENZ wurde unter anderem auch durch WohnVision unterstützt.

▢ Der Einsatz von WohnVision hatte keine Bedeutung für meine Kaufentscheidung.

8. Wie schätzen Sie die **Imagewirkung** von WohnVision in bezug auf Modernität, Innovativität, Zukunftsorientierung ein?

starke Wirkung ▢▢▢▢▢▢ **keine Wirkung**

5

9. Würden Sie den Anbieter ROLF BENZ auch aufgrund der computerunterstützten Beratung weiterempfehlen?

☐   ja   ☐   nein

Wenn nein, warum nicht?

_____

_____

_____

10. Geben Sie bitte abschließend die von Ihnen als besonders wichtig empfundenen Vorteile der computerunterstützten gegenüber der konventionellen Kundenberatung und Angebotserstellung stichwortartig an!

_____

_____

_____

_____

Für PC/CD-ROM-Nutzer:

11. Hätten Sie an der **Bereitstellung eines elektronischen Produktkataloges auf einer CD-ROM** zur Vorabinformation über das Möbelangebot der ROLF BENZ AG vor einem persönlichen Beratungsgespräch Interesse?

    ❏ ja   ❏ nein

Sofern Interesse besteht: Wären Sie bereit, diesen zusätzlichen Service zu entgelten?

    ❏ ja   ❏ nein

Wenn ja, in welcher Höhe?

    ❏ < 5 DM   ❏ 15 - 20 DM

    ❏ 5 - 10 DM   ❏ > 20 DM

    ❏ 10 - 15 DM

12. Hätten Sie an der **On-line-Bereitstellung eines elektronischen Produktkataloges** zur Information über das Möbelangebot der ROLF BENZ Interesse?

    ❏ ja   ❏ nein

13. Teilen Sie uns bitte abschließend Ihre Erfahrungen mit (multimedialen) Computeranwendungen vor der Beratung mit WohnVision mit.
Mehrfachnennungen sind möglich.

    ❏ Keine Erfahrung

    ❏ Erfahrung durch PC-gestützte Beratung

    ❏ Erfahrung durch PC-gestützte Beratung mit multimedialen Anwendungen

    ❏ Erfahrung durch eigenen PC

    ❏ Erfahrung durch multimediale Anwendungen am eigenen PC

14. Verraten Sie uns noch einige persönliche Daten?

Geschlecht: ☐ männlich   ☐ weiblich

Alter:
☐ < 30   ☐ 51 - 60
☐ 31 - 40   ☐ > 60
☐ 41 - 50

Anzahl der Personen in Ihrem Haushalt: _____

Wurde die Kaufentscheidung durch Sie alleine getroffen?

☐ ja   ☐ nein

Wenn nein, wer war daran beteiligt?
(z.B. Freund(in), Lebenspartner(in), Ehegatte, Eltern etc.)

_____

Beruf:
☐ Angestellte(r)
☐ Selbständige(r), Freiberufler(in)
☐ Arbeiter(in)
☐ Beamter(in), Angestellte(r) des öffentlichen Dienstes
☐ Student(in), Auszubildende(r)
☐ Rentner(in)
☐ Sonstige: _____

Wir bedanken uns sehr herzlich für Ihre Mitarbeit !

RUHR-UNIVERSITÄT BOCHUM

Fakultät für
Wirtschaftswissenschaft
Marketing

Prof. Dr. P. Hammann, Fakultät für Wirtschaftswissenschaft
Ruhr-Universität Bochum, 44780 Bochum, Germany

An die Teilnehmer der Erhebung
zum Einsatz des Beratungsunterstützungssystems WohnVision
in der persönlichen Verkaufsberatung

-Kunden-

Dipl.Ökon. F. Brandt

Lehrstuhl für Angewandte Betriebswirtschaftslehre IV

44780 Bochum

Gebäude: GC/ Etage 4/ Zimmer 154

Telefon: 0234/700-6611

Telefax: 0234/7094-272

Email: hammapbb@rz.ruhr-uni-bochum.de

Datum: Mai 96

Schriftliche Befragung zum Einsatz des Beratungsunterstützungssystems WohnVision

Sehr geehrte Damen und Herren,

der beiliegende Erhebungsbogen dient als Grundlage einer Forschungsarbeit über ökonomische Wirkungen des Einsatzes von Beratungsunterstützungssystemen in der persönlichen Verkaufsberatung. Der Computereinsatz läßt hier erhebliche Vorteile vermuten. Im Rahmen dieser Erhebung sollen die Vorteile für den Kunden durch die Bewertung des Systems WohnVision der ROLF BENZ AG ermittelt werden. Sofern Sie im Zusammenhang mit Ihrer Kaufentscheidung bereits über Beratungserfahrung ohne Computerunterstützung verfügen, würden wir gerne Ihre Beurteilung des Systems WohnVision anonym erfahren.

Wir würden uns über Ihre Mitarbeit durch Beantwortung des beiliegenden Erhebungsbogens sehr freuen. Sollten Fragen oder Unklarheiten bei der Bearbeitung des Fragebogens auftreten, steht Ihnen der Bearbeiter des Projektes, Herr Dipl.-Ökon. F. Brandt (Tel. 0234-700 6611 bzw. 6596), jederzeit gerne zur Verfügung. Wir bitten Sie, den ausgefüllten Fragebogen in beiliegendem Freiumschlag baldmöglichst an die Forschungsstelle zurückzusenden.

Wir dürfen Ihnen versichern, daß Ihre Angaben selbstverständlich absolut vertraulich behandelt werden und nur in der genannten Forschungsarbeit Verwendung finden. Für Ihre Mitarbeit und Unterstützung der betriebswirtschaftlichen Forschung bedanken wir uns sehr herzlich.

Mit freundlichen Grüßen

(Prof. Dr. P. Hammann)   (F. Brandt, wiss. Mitarbeiter)

Anlage: Fragebogen
        Freiumschlag

RUHR - UNIVERSITÄT BOCHUM
Fakultät für Wirtschaftswissenschaft
Angewandte Betriebswirtschaftslehre IV (Marketing)
Professor Dr. Peter Hammann

Fragebogen für die Verkaufsberater

Bitte beantworten Sie nachstehende Fragen zum Einsatz des Beratungsunterstützungssystems **WohnVision** von **ROLF BENZ!**

1. Wie häufig setzen Sie das System WohnVision zur Beratung von Kunden ein, die an dem Möbelangebot von ROLF BENZ interessiert sind?

☐ bei (fast) jedem Beratungsgespräch

☐ häufig

☐ manchmal

☐ gar nicht

Wenn Sie WohnVision zur Kundenberatung einsetzen, zu welchem Zeitpunkt des Verkaufsgesprächs benutzen Sie das System?

☐ zu Beginn, um dem Kunden einen Überblick zu vermitteln

☐ am Ende, um das Verkaufsgespräch abzuschließen

☐ während des gesamten Gesprächs

☐ sporadisch während des Gesprächs

Wenn Sie WohnVision zur Kundenberatung einsetzen, wie oft verwenden Sie die einzelnen Module?

	(fast) immer	häufig	manchmal	gar nicht
Modul Beziehen	☐	☐	☐	☐
Modul Raumplanung	☐	☐	☐	☐
Modul Preisermittlung	☐	☐	☐	☐
Modul Beratungspaket	☐	☐	☐	☐

2. Setzen Sie das System über die konkrete Kundenberatung hinaus auch zur Vorbereitung des Kundenkontaktes ein? Wenn ja, in wieviel Prozent der Fälle?

● Vorbereitung   ☐ ja   ☐ nein   _____ %

3. Ist eine automatische Auftragserfassung bzw. ein Online-Anschluß an die ROLF BENZ AG gewünscht?

    ☐ ja   ☐ nein

4. Der Einsatz des Systems WohnVision dient der Optimierung der Kundenberatung und der Erleichterung der Kaufentscheidung. Bitte beurteilen Sie im einzelnen, inwiefern die nachfolgenden Aspekte der Kundenberatung gegenüber einer nicht computergestützten Beratungsleistung durch den Einsatz von WohnVision verbessert werden können?

	starke Verbes- serung					keine Verbes- serung

● Bedarfseingrenzung des Nachfragers und Konkretisierung der Produktauswahl

● Anschaulichkeit und Verständlichkeit der Präsentation des Produktangebotes

● Bereitstellung produktspezifischer Informationen (z.b. Gebrauchseigenschaften und Pflege von Bezugsstoffen, Aufbau der Polstermöbel)

● Individualität der Zusammenstellung der Polstergarnitur

● Förderung gleichbleibender Beratungsqualität

● Schnelligkeit der Erstellung eines vollständigen Angebotes

● Flexibilität der Präsentation und Informationsbereitstellung (z.B. bessere Reaktion auf spezifische Präsentationswünsche des Kunden)

● Vergleich unterschiedlicher Angebotsalternativen

● Argumentation bei Kundeneinwänden

● Schriftliche Angebotserstellung (z.B. durch Graphikausdruck des Grundrisses von Anreihsystemen, Typenliste mit Preisen, individuelle Produkt- und Pflegeinformationen)

● Sonstige Verbesserungen der Beratungsleistung

Bitte geben Sie an, inwiefern Ihrer Meinung nach durch den Einsatz von WohnVision insgesamt die **Qualität der Kundenberatung** erhöht werden konnte!

    sehr stark   gar nicht

5. Bitte beurteilen Sie folgende Aussagen zur **bildlichen Darstellung** der einzelnen Produktkomponenten und der konfigurierten Möbelzusammenstellung!

	trifft sehr zu						trifft nicht zu

● Die photorealistische Darstellung vermittelt eine bessere Vorstellung von dem zu erwartenden Produkt.

● Die graphische Darstellung von Möbelquerschnitten in Verbindung mit Textinformationen beschleunigt das Verständnis des komplexen hochwertigen Produktaufbaus (z.B. besseres Verständnis der Funktion/Beschaffenheit einzelner Produktkomponenten).

● Die Integration der ausgewählten Möbelgarnitur in Wohn-Stilcollagen vermittelt eine realistischere Vorstellung des erwarteten Produkterlebnisses.

● Hierdurch kann eine mit der Nutzung der Möbelgarnitur verbundene Stimmung erzeugt werden.

● Insgesamt führt das bessere Verständnis der zu erwartenden Leistung zu einer Reduzierung von Rückfragen/Mißverständnissen und beschleunigt die Kaufentscheidung.

6. Die computergestützte Beratung beinhaltet einen durch den Verkaufsberater geführten **Dialog** mit dem System WohnVision. Bitte beurteilen Sie nachstehende Aussagen zur **Wirkung auf das Verkaufsgespräch!**

	trifft sehr zu						trifft nicht zu

● Durch den selektiven direkten Informationszugriff im Rahmen des Verkaufsgesprächs können Informationswünsche des Kunden besser berücksichtigt werden.

● Die Möglichkeit des selektiven Informationszugriffs wirkt sich förderlich auf das Verständnis aus (z.B. des Produktaufbaus, der Stoffqualitäten).

● Der Dialog mit WohnVision ermöglicht eine stärkere Einbeziehung des Kunden in das Verkaufsgespräch.

● Hierdurch wird der Prozeß der Angebotserstellung im Sinne einer kreativen Zusammenarbeit mit dem Verkaufsberater gefördert.

● Dies fördert auch die Motivation des Kunden zur Mitwirkung bei der Möbelzusammenstellung.

● Die Mitwirkung bei der Angebotserstellung fördert die Überzeugung von der ausgewählten Polstergarnitur.

● Der Dialog mit WohnVision ermöglicht eine bessere Berücksichtigung des individuellen Bedarfs.

4

7. Wie bewerten Sie den Systemeinsatz in bezug auf die **Beeinflussung des Dialogs** mit dem Kunden? Bitte kreuzen Sie die zutreffende Aussage an!

- Der Systemeinsatz fördert den persönlichen Dialog in dem Sinne, daß die Beratungsanforderungen (z.B. sofortige Verfügbarkeit gewünschter Informationen) bestmöglich erfüllt werden können. ☐

- Der Systemeinsatz wirkt sich neutral auf den persönlichen Dialog aus, es erfolgt weder eine nennenswerte Förderung noch Behinderung ☐

- Das System stört den persönlichen Dialog, indem durch eine Verlagerung zum Mensch-Maschine-Austausch eine für den Beratungsablauf nicht wünschenswerte Gesprächsablenkung erfolgt ☐

- Sonstiges:

_____

_____

Bitte beurteilen Sie noch einmal zusammenfassend die Wirkung von WohnVision auf die **Gesprächsatmosphäre!**

sehr positiv ⊓⊔⊔⊔⊔⊓ sehr störend

8. Wie gut eignet sich das System zur **Unterstützung/Ergänzung** Ihrer persönlichen Vorgehensweise bei der Kundenberatung (z.B. pointierte Präsentation bestimmter Informationen, bessere Steuerung des Gesprächsverlaufs)?

sehr gut ⊓⊔⊔⊔⊔⊓ überhaupt nicht

9. Inwiefern ermöglicht der Systemeinsatz eine **Erhöhung** des Ihnen während des Beratungskontaktes sofort zur Verfügung stehenden produktbezogenen Wissens?

sehr stark ⊓⊔⊔⊔⊔⊓ überhaupt nicht

450

5

10. Bitte beurteilen Sie die Informationsbereitstellung und Funktionalität des ROLF-BENZ-Systems im Hinblick auf die von Ihnen empfundene Sicherheit während des Beratungsgesprächs!

starke Verbesserung ▯▯▯▯▯▯ keine Verbesserung

11. Beurteilen Sie darüber hinaus bitte den Einsatz von WohnVision in bezug auf die Überzeugung der Kunden vom Angebot von ROLF BENZ!

starke
Überzeugungswirkung ▯▯▯▯▯▯ keine
Überzeugungswirkung

12. Wie schätzen Sie die Imagewirkung von WohnVision in bezug auf Modernität, Innovativität, Zukunftsorientierung ein?

starke Wirkung ▯▯▯▯▯▯ keine Wirkung

13. Wie stark nutzen Sie das System, um sich selbst über bestimmte produktspezifische oder angebotsrelevante Details zu informieren?

sehr stark ▯▯▯▯▯▯ überhaupt nicht

14. Konnte durch den Einsatz von WohnVision der für die Durchführung der Kundenberatung notwendige Zeitaufwand reduziert werden?

▢ ja   ▢ nein

Wenn ja, geben Sie bitte den ungefähren Anteil der Zeitersparnis an!

ca. _____ %

6

15. Haben Sie seit Einsatz von WohnVision eine **Erhöhung der Verkäufe** von ROLF BENZ-Möbeln festgestellt?

◻ ja ◻ nein

a) **Wenn ja**, in welcher Größenordnung?

ca. _____ %

b) **Wenn ja**, führen Sie dies auch auf die elektronische Beratungsunterstützung zurück? **Bitte kreuzen Sie die zutreffende Aussage an !**

◻ Ja, die Erhöhung der Verkäufe resultiert maßgeblich aus dem Einsatz von WohnVision.

◻ Die Erhöhung der Verkaufsabschlüsse ist unter anderem auch auf den Einsatz von WohnVision zurückzuführen.

◻ Die Erhöhung der Verkaufsabschlüsse hat andere Ursachen.

16. Geben Sie bitte zusammenfassend noch einmal die von Ihnen als besonders wichtig empfundenen **Vorteile von WohnVision** stichwortartig an.

_____

_____

_____

_____

_____

17. Bitte beurteilen Sie abschließend folgende Aspekte der **Benutzerfreundlichkeit**!

	sehr hoch					sehr gering
● Einheitlichkeit der Systembedienung in den Menüs bzw. Untermenüs						
● Verständlichkeit der Erklärungskomponenten im Hinblick auf die Bedienerführung						

18. Wie beurteilen Sie die einzelnen Module von WohnVision zusammenfassend auf der Schulnotenskala? Kreuzen Sie bitte die jeweils zutreffende Kategorie an!

	sehr gut	gut	befriedigend	ausreichend	mangelhaft
Modul Beziehen	☐	☐	☐	☐	☐
Modul Raumplanung	☐	☐	☐	☐	☐
Modul Preisermittlung	☐	☐	☐	☐	☐
Modul Beratungspaket	☐	☐	☐	☐	☐

19. Sehen sie Ansatzpunkte für **funktionale** Verbesserungen der einzelnen Module von WohnVision? Wenn ja, welche?

Beziehen: Raumplanung:

_____   _____

_____   _____

_____   _____

Preisermittlung: Beratungspaket:

_____   _____

_____   _____

_____   _____

Wir bedanken uns sehr herzlich für Ihre Mitarbeit !

453

Fakultät für
Wirtschaftswissenschaft
Marketing

Prof. Dr. P. Hammann, Fakultät für Wirtschaftswissenschaft
Ruhr-Universität Bochum, 44780 Bochum, Germany

Dipl.Ökon. F. Brandt

Lehrstuhl für Angewandte Betriebswirtschaftslehre IV

44780 Bochum

Gebäude: GC/ Etage 4/ Zimmer 154

Telefon: 0234/700-6611

Telefax: 0234/7094-272

Email: hammapbb@rz.ruhr-uni-bochum.de

An die Teilnehmer der Erhebung
zum Einsatz des Beratungsunterstützungssystems <u>WohnVision</u>
in der persönlichen Verkaufsberatung

-Verkaufsberater-

Datum: Mai 96

**Schriftliche Befragung zum Einsatz des Beratungsunterstützungssystems
WohnVision**

Sehr geehrte Damen und Herren,

der beiliegende Erhebungsbogen dient als Grundlage einer Forschungsarbeit über ökonomische
Wirkungen des Einsatzes von Beratungsunterstützungssystemen in der persönlichen
Verkaufsberatung. Der Computereinsatz läßt hier erhebliche Vorteile vermuten. Im Rahmen
dieser Erhebung sollen die Vorteile durch die Bewertung des Systems WohnVision der ROLF
BENZ AG ermittelt werden. In diesem Zusammenhang würden wir gerne Ihre Beurteilung des
Systems WohnVision anonym erfahren.

Wir würden uns über Ihre Mitarbeit durch Beantwortung des beiliegenden Erhebungsbogens sehr
freuen. Sollten Fragen oder Unklarheiten bei der Bearbeitung des Fragebogens auftreten, steht
Ihnen der Bearbeiter des Projektes, Herr Dipl.-Ökon. F. Brandt (Tel. 0234-700 6611 bzw. 6596),
jederzeit gerne zur Verfügung. Wir bitten Sie, den ausgefüllten Fragebogen in beiliegendem
Freiumschlag baldmöglichst an die Forschungsstelle zurückzusenden.

Wir dürfen Ihnen versichern, daß Ihre Angaben selbstverständlich absolut vertraulich behandelt
werden und nur in der genannten Forschungsarbeit Verwendung finden. Für Ihre Mitarbeit und
Unterstützung der betriebswirtschaftlichen Forschung bedanken wir uns sehr herzlich.

Mit freundlichen Grüßen

(Prof. Dr. P. Hammann)   (F. Brandt, wiss. Mitarbeiter)

<u>Anlage</u>: Fragebogen
          Freiumschlag

Ergebnisse Faktorenanalyse zum System OKAL-Selekt

Final Statistics:

Variable	Communality	*	Factor	Eigenvalue	Pct of Var	Cum Pct
WBVGESAM	,47201	*	1	5,74333	35,9	35,9
WBVPRAES	,75213	*	2	2,42525	15,2	51,1
WBVINFO	,77156	*	3	1,41443	8,8	59,9
WBVFLEX	,71616	*	4	1,20228	7,5	67,4
WBVINDI	,68727	*				
WBVALT	,59821	*				
WBVSCHN	,57181	*				
WBVTRAN	,67232	*				
WBVOBJE	,81885	*				
WBVSCHR	,80839	*				
DIA1	,61120	*				
DIA4	,71854	*				
DIA6	,60816	*				
VIS1	,55941	*				
VIS2	,77987	*				
VIS3	,64040	*				

Rotated Factor Matrix:

	Factor 1	Factor 2	Factor 3	Factor 4
Information über Gesamtangebot	,64645	,18951	,13095	,03227
Verständlichkeit der Produktpräsentation	,77266	,27128	,06005	,27914
Produkspezifische Informationsbereitstellung	,65160	-,40987	,24401	,34560
Flexibilität der Informationsbereitstellung	,78326	,31153	-,07325	,01565
Individualität der Leistungskonfiguration	,74972	,32167	,14402	-,03132
Vergleich von Angebotsalternativen	,70362	,20508	,22996	-,09052
Schnelligkeit der Angebotsersstellung	,69882	,15982	,20927	-,11882
Klarheit d. Angebotserstellung	,62956	-,09173	,51571	-,04000
Objektivität der Angebotserstellung	,23535	-,11166	,86511	,05072
Physische Angebotserstellung	,14081	,33643	,79754	-,19825
Dialogorientierte Informationsvermittlung	,27856	,71482	,13137	,07335
Einbeziehung in Angebotserstellung	,25564	,76140	,14428	,22943
Identifikation mit Angebot	,20610	,71388	-,18674	,14555
Leistungsvorstellung durch Visualisierung	-,17433	,17668	-,30482	,63631
Visualisierung produktspezifischer Details	,03243	,08622	-,01240	,87763
Visualisierung komplexer Funktionszusammenhänge	,25077	,45573	,24127	,55822

Ergebnisse Faktorenanalyse zum System OKAL-Selekt

Kaiser-Meyer-Olkin Measure of Sampling Adequacy = ,74905

Bartlett Test of Sphericity = 483,96534, Significance = ,00000

Anti-image Correlation Matrix:

	WBVGESAM	WBVPRAES	WBVINFO	WBVFLEX	WBVINDI	WBVALT	WBVSCHN
WBVGESAM	,68525						
WBVPRAES	-,14801	,93467					
WBVINFO	,17379	-,16452	,59953				
WBVFLEX	,14174	-,17616	-,09004	,78685			
WBVINDI	-,12346	-,24310	-,13037	-,41432	,86205		
WBVALT	-,40948	-,11588	-,28116	-,19074	,09604	,78723	
WBVSCHN	-,35255	-,01498	-,25113	-,03491	-,10331	,16836	,78908
WBVTRAN	-,05251	-,04394	,00033	-,38871	,13304	-,12774	-,26670
WBVOBJE	-,17563	-,01884	-,44432	,25051	-,06357	,13191	,30184
WBVSCHR	,27369	,09224	,30015	,14471	-,19123	-,25947	-,19326
DIA1	-,29202	-,02803	,29055	-,39411	,14123	,03936	,00215
DIA4	,08641	-,07102	,32845	,05862	-,03674	-,24364	-,29387
DIA6	-,08626	-,05878	-,14953	-,01490	-,19612	,09518	,19264
VIS1	,28913	-,07812	,20014	-,17936	,13562	-,15215	,07605
VIS2	-,42288	-,05472	-,38334	,10750	,14961	,35495	,18367
VIS3	,26314	-,16964	-,08555	,03796	-,14297	-,02928	-,05905

	WBVTRAN	WBVOBJE	WBVSCHR	DIA1	DIA4	DIA6	VIS1
WBVTRAN	,82016						
WBVOBJE	-,35288	,60386					
WBVSCHR	-,18519	-,47360	,68207				
DIA1	,22252	-,20600	-,07625	,75535			
DIA4	,05162	-,13437	,00375	-,09858	,77000		
DIA6	,08808	,23959	-,16283	-,12670	-,42963	,71757	
VIS1	-,02449	-,02218	,13076	,09165	,03938	-,20544	,56264
VIS2	-,03680	,12681	-,01654	-,03183	-,27234	,10666	-,42121
VIS3	,03099	,01917	-,11102	-,26886	-,17409	,08388	-,06398

	VIS2	VIS3
VIS2	,43695	
VIS3	-,30338	,82336

Ergebnisse Faktorenanalyse zum System WohnVision

Final Statistics:

Variable	Communality	*	Factor	Eigenvalue	Pct of Var	Cum Pct
WBVBEDAR	,78858	*	1	4,70107	33,6	33,6
WBVVERST	,73840	*	2	1,87561	13,4	47,0
WBVINFO	,59138	*	3	1,23323	8,8	55,8
WBVFLEX	,60179	*	4	1,05938	7,6	63,4
WBVINDI	,58641	*				
WBVSCHN	,62791	*				
WBVTRAN	,61141	*				
WBVSCHR	,62972	*				
DIAINFO	,66955	*				
DIAINTE	,50494	*				
DIAMOTIV	,63670	*				
DIAUEBER	,66940	*				
VISVORST	,64075	*				
VISSTIM	,57237	*				

Rotated Factor Matrix:

	Factor 1	Factor 2	Factor 3	Factor 4
Bedarfseingrenzung	,01752	,22850	,13175	,84776
Verständlichkeit der Produktpräsentation	,03122	,82075	,09251	,23502
Produktspezifische Informationsbereitstellung	,11068	,04427	,75383	,09438
Flexibilität der Informationsbereitstellung	-,08128	,65168	,32062	,26019
Individualität der Leistungskonfiguration	,53032	,48243	,20678	,17228
Schnelligkeit der Angebotserstellung	,32223	,11069	,67592	,23441
Klarheit der Angebotserstellung	,07386	,43972	,60160	-,22512
Physische Angebotserstellung	,39063	,09696	,68286	-,03771
Dialogorientierte Informationsvermittlung	,66340	,23000	,23000	-,21394
Einbeziehung in Angebotserstellung	,57593	,33582	,24279	,03900
Motivation zur Mitwirkung	,76538	,00423	,22550	-,00491
Überzeugung von erstelltem Angebot	,77699	-,12077	,22252	,03974
Leistungsvorstellung durch Visualisierung	,17021	,77751	-,01547	-,08380
Vermittlung einer Nutzungsstimmung	,59330	-,01582	-,11468	,45493

Ergebnisse Faktorenanalyse zum System WohnVision

Kaiser-Meyer-Olkin Measure of Sampling Adequacy = ,76985

Bartlett Test of Sphericity = 427,97948, Significance =   ,00000

Anti-image Correlation Matrix:

	WBVBEDAR	WBVVERST	WBVINFO	WBVFLEX	WBVINDI	WBVSCHN	WBVTRAN
WBVBEDAR	,60044						
WBVVERST	-,17474	,73403					
WBVINFO	-,03212	,11405	,78524				
WBVFLEX	-,30527	-,28179	-,14742	,67614			
WBVINDI	,11325	-,24290	,10776	-,28083	,80559		
WBVSCHN	-,18184	-,10909	-,26850	,22216	-,27231	,75321	
WBVTRAN	,13121	,00048	,01135	-,32621	,16421	-,31973	,72394
WBVSCHR	,09833	-,08550	-,27072	,02010	-,08893	-.16609	-,17923
DIAINFO	,24505	-,17103	-,05983	-,04852	-,02519	,03127	-,18556
DIAINTE	-,14485	,11402	-,08262	-,11140	,07591	-,18052	,18020
DIAMOTIV	-,09982	,18930	,15963	,11501	-,31019	-,11316	-,12551
DIAUEBER	-,05223	,13313	-,12252	,04526	-,13320	,14896	,04397
VISVORST	-,01241	-,38819	-,11399	,15365	-,18250	,24936	-,23483
VISSTIM	-,18735	-,05836	,03154	,14982	-,10248	-,07774	,08780

	WBVSCHR	DIAINFO	DIAINTE	DIAMOTIV	DIAUEBER	VISVORST	VISSTIM
WBVSCHR	,87427						
DIAINFO	,03414	,82647					
DIAINTE	-,04040	-,38464	,79525				
DIAMOTIV	-,05714	-,14772	-,15301	,80619			
DIAUEBER	-,24010	-,19703	-,05221	-,30282	,80338		
VISVORST	,03023	,02559	-,32197	,04568	,08474	,67293	
VISSTIM	,01593	-,12815	,02449	,02428	-,21450	-,01072	,78894

Measures of Sampling Adequacy (MSA) are printed on the diagonal.

Aus unserem Programm

Georg Jungwirth
Geschäftstreue im Einzelhandel
Determinanten - Erklärungsansätze - Meßkonzepte
1997. XX, 287 Seiten, Broschur DM 98,-/ ÖS 715,-/ SFr 89,-
GABLER EDITION WISSENSCHAFT
ISBN 3-8244-6322-9
Im Mittelpunkt der Untersuchung stehen verschiedene käuferverhaltenstheore-
tische Ansätze zur Erklärung von Geschäftstreue, die wichtigsten Meßkonzepte
sowie die aus Sicht des Einzelhandels bedeutendsten Determinanten der Ge-
schäftstreue.

Martin Schröder
Informationsverarbeitung im Kundendienst
Einsatz- und Gestaltungsmöglichkeiten
1997. XI, 159 Seiten, 6 Abb., Broschur DM 89,-/ ÖS 650,-/ SFr 81,-
DUV Wirtschaftsinformatik
ISBN 3-8244-0331-5
Der Kundendienst wird bisher nur unzureichend von der Informationsverarbeitung
unterstützt. Ausgehend von den einzelnen Phasen des Kundendienstprozesses
zeigt der Autor mit Hilfe von Praxisbeispielen Möglichkeiten dazu auf.

Annette Schüppenhauer
Multioptionales Konsumentenverhalten und Marketing
Erklärungen und Empfehlungen auf Basis der Autopoiesetheorie
1998. XVI, 249 Seiten, 42 Abb., Broschur DM 98,-/ ÖS 715,-/ SFr 89,-
GABLER EDITION WISSENSCHAFT
ISBN 3-8244-6670-8
Mit der Zunahme der Konsummöglichkeiten ändert sich das Verhalten der Kon-
sumenten: Es wird multioptional, d.h. vielschichtig in einer Person, instabil über
die Zeit und divergierend über die Konsumentengruppen. Die Autorin beschreibt
das Phänomen und zeigt Konsequenzen auf.

Anja Stöhr
Air-Design als Erfolgsfaktor im Handel
Modellgestützte Erfolgsbeurteilung und strategische Empfehlungen
1998. XII, 262 Seiten, 30 Abb., 65 Tab., Broschur DM 98,-/ ÖS 715,-/ SFr 89,-
GABLER EDITION WISSENSCHAFT
ISBN 3-8244-6608-2
Wie kann die Anziehungskraft von Handels- und Dienstleistungsstandorten durch
Duftstoffe erhöht werden? Air Design ist eine Strategie, die Einkaufsumwelten im
Gefühls- und Erfahrungsbereich der Kunden zu verankern.

GPSR Compliance
The European Union's (EU) General Product Safety Regulation (GPSR) is a set
of rules that requires consumer products to be safe and our obligations to
ensure this.

If you have any concerns about our products, you can contact us on

ProductSafety@springernature.com

In case Publisher is established outside the EU, the EU authorized
representative is:

Springer Nature Customer Service Center GmbH
Europaplatz 3
69115 Heidelberg, Germany